# 供用电实用计算手册

季发军　孙建中　编著

知识产权出版社
全国百佳图书出版单位

**图书在版编目（CIP）数据**

供用电实用计算手册/季发军，孙建中编著. —北京：知识产权出版社，2018.9
ISBN 978-7-5130-5362-4

Ⅰ.①供… Ⅱ.①季… ②孙… Ⅲ.①供电管理—手册 ②用电管理—手册
Ⅳ.①F407.61-62 ②TM92-62

中国版本图书馆 CIP 数据核字（2017）第 310585 号

**内容提要**

编者根据自己多年从事供用电技术管理工作中所积累的经验，整理编写了本书。本书介绍了常用的电力计算公式、工程计算实例和有关技术数据，供日常携带和参考。本书适合供电企业、小水电从事电气设备运行管理、规划设计、运行维护等的工程技术员使用，也可用作大中专院校电力电气的专业课程教材，当然亦可作为工矿企业电工和农村电工技术培训时的辅助教材。

**责任编辑**：高志方　　**责任校对**：谷　洋
**封面设计**：陈　曦　陈　珊　　**责任印制**：孙婷婷

**供用电实用计算手册**

季发军　孙建中　编著

**出版发行**：知识产权出版社有限责任公司　　**网　　址**：http://www.ipph.cn
**社　　址**：北京市海淀区气象路 50 号院　　**邮　　编**：100081
**责编电话**：010-82000860 转 8512　　**责编邮箱**：gaozhifang@cnipr.com
**发行电话**：010-82000860 转 8101/8102　　**发行传真**：010-82000893/82005070/82000270
**印　　刷**：北京虎彩文化传播有限公司　　**经　　销**：各大网上书店、新华书店及相关专业书店
**开　　本**：787mm×1092mm　1/16　　**印　　张**：23.75
**版　　次**：2018 年 9 月第 1 版　　**印　　次**：2018 年 9 月第 1 次印刷
**字　　数**：523 千字　　**定　　价**：98.00 元

ISBN 978-7-5130-5362-4

# 本书编委会


**编　著：** 季发军　孙建中

**编　委：** 王忠强　姚　楠　华大鹏　程凤鸣

王文豪　马新攀　孙怡斐　史宏伟

张露江　张　利　肖承仟　付　晓

潘　勇　肖　寒　景国明　李亚娟

朱海翔　吴蔚然　管世超　洪　浩

全　帅　龙　洁　张　媛　凌建琴

# 前　言

电力系统是国民经济的重要能源系统，随着科技、经济的发展，电力广泛应用在社会生活的各个领域，全社会也对供电企业的供用电技术服务水平提出了更新更高的要求。为了适应新形势下供电、用电中的规划、建设、管理、运行方面的需要，利于供电企业和工矿企业技术人员在工作中随时查阅数据、解决工作中所遇到的且必须进行的电气计算，编者根据自己多年从事供用电技术管理工作中所积累的经验，整理编写了本书。本书介绍了常用的计算公式、工程计算实例和有关技术数据，供日常携带和参考。

本书共分十二章，主要介绍了供用电企业负荷计算、绩效指标考核、架空线路、电力变压器、电动机、无功补偿、短路电流计算、继电保护整定、接地与防雷等方面的计算内容。配合所精选的计算实例，深入浅出，简明扼要，力求涵盖供、用电技术管理工作中时常遇到的必要计算。对于简单的计算，只列出计算公式；对有多种计算方法的计算工作，列出了目前常用的几种计算方法和计算实例；对于可以精算亦可在不同场合下速算或估算的项目，列出了精算和估算的方法，便于现场查阅和计算时参考。

本书适合供电企业、小水电从事电气设备运行管理、规划设计、运行维护等的工程技术人员使用，也可用作大中专院校电力电气的专业课程教材，当然亦可作为工矿企业电工和小水电站运行管理人员及农村电工技术培训时的辅助教材。

由于编者水平有限，书中错误和不足之处在所难免，诚恳地希望广大读者批评和指正。

编者

2017 年 4 月

# 目　　录

第一章　供用电中常用电工基础公式及定义 …… 1

第一节　常用电工基础的计算 / 1

第二节　交流电路中常用物理量的定义与计算 / 12

第三节　三相功率、电流和电压的关系诺模图 / 19

第二章　县级电网技术管理的常用计算 …… 21

第一节　负荷计算 / 21

第二节　供用电管理中常用经济指标的计算公式 / 31

第三节　农村供用电各类负荷计算 / 33

第四节　农村电网负荷规划设计中几个重要指标的计算 / 36

第五节　供电企业绩效考核指标的计算公式 / 39

第三章　架空电力线路的常用计算 …… 45

第一节　架空电力线路电气参数的计算 / 45

第二节　输电线路充电功率的计算 / 53

第三节　架空电力线路物理参数的计算 / 54

第四节　常用电工线材的简易计算 / 72

第五节　架空电力线路导线截面面积的选择计算 / 74

第六节　铜、铝导线的等效换算 / 80

第七节　简单实用的电工电气估算 / 85

第四章　变压器运行管理的计算 …… 89

第一节　变压器铭牌上一些主要技术数据的关系计算 / 89

第二节　变压器变压比和匝数的计算 / 93
第三节　变压器并联运行的计算 / 94
第四节　变压比不同时变压器并联运行的计算分析 / 96
第五节　短路阻抗不等时变压器并联运行的分析计算 / 98
第六节　变压器经济运行的计算 / 98
第七节　配电变压器中性线电流的计算 / 101
第八节　电力变压器档位电压的计算 / 104
第九节　电力变压器档位电压的调整计算 / 106

**第五章　电动机运行管理的相关计算** …………………………………………………… 110
第一节　电动机铭牌中主要技术数据的关系计算 / 110
第二节　电动机型号和容量的选择计算 / 112
第三节　电动机不同运行状态下的分析计算 / 116
第四节　有关电动机运行的简易估算口诀 / 121

**第六章　电网无功补偿设备的选择及计算** ……………………………………………… 125
第一节　无功功率与线路损耗 / 125
第二节　电网线路、设备进行无功补偿的益处 / 126
第三节　补偿装置投资回收年限的计算 / 129
第四节　功率因数的测算 / 130
第五节　并联电力电容器补偿容量的计算 / 134
第六节　单台异步电动机随机补偿容量的计算 / 141
第七节　电容器组放电电阻的计算 / 143

**第七章　电能计量计费抄核收的计算** …………………………………………………… 148
第一节　电能计量与互感器 / 148
第二节　退补电量的计算 / 156
第三节　变更用电及违章用电的处理计算 / 162
第四节　电费回收率与力率考核的计算 / 164
第五节　利用电能表计算多种数据 / 165

**第八章　农村电网短路电流计算** ………………………………………………………… 168
第一节　短路电流计算的步骤和方法 / 168
第二节　用有名值和标幺值算法计算三相短路电流 / 172

第三节　短路电流的实用简化计算法 / 191
第四节　低压配电网络短路电流的计算 / 196

**第九章　农村电网继电保护整定计算** …… 211
第一节　整定计算中必须考虑的几个要素 / 211
第二节　变压器常用的几种保护范围和整定计算原则 / 213
第三节　10~35kV 电力线路常用继电保护的整定计算 / 237
第四节　10kV 并联补偿电容器继电保护整定计算 / 250
第五节　电动机继电保护的整定计算 / 257
第六节　发电机继电保护的整定计算 / 261
第七节　小水电站发电机飞车自动保护（水阻）装置的制作和计算 / 265
第八节　中性点不接地系统接地电流保护的计算 / 266
第九节　消弧线圈补偿容量的计算 / 271

**第十章　配电网线路、设备损耗的理论计算** …… 272
第一节　线损计算中常用名词及计算公式 / 272
第二节　架空线路的功率损耗与电能损耗的计算 / 273
第三节　变压器的功率损耗与电能损耗的计算 / 278
第四节　线路和变压器中电能损耗的计算 / 283
第五节　架空线路和变压器的电压损耗的计算 / 284
第六节　电力网的功率分布计算 / 288

**第十一章　输配电网电气设备的选择与计算** …… 293
第一节　选择电气设备的共同条件 / 293
第二节　主要电气设备的选择与计算 / 297

**第十二章　电网中接地方式及防雷保护的计算** …… 332
第一节　电气设备接地保护的计算 / 332
第二节　接零保护的要求和计算 / 338
第三节　电气设备的防雷保护计算 / 339

**附录表** …… 341

# 第一章　供用电中常用电工基础公式及定义

## 第一节　常用电工基础的计算

### 1. 电路中常用计量单位及符号

电路就是导电的回路，其作用是传输和分配电能；通过电路可实现其他形式的能量相互转换，进而实现控制、信号处理。电路一般可分为四个主要部分，即电源、负载、连接导线与控制装置。电路中所呈现的主要物理量有电压、电流、电阻、电感、电磁、频率、电功率等。电路中常用的物理量计量单位及符号见表 1-1。

**表 1-1　常用物理量计量单位及符号**

| 物理量 | | 计量单位 | | | |
|---|---|---|---|---|---|
| 名称 | 符号 | 基本单位 | | 辅助单位 | |
| | | 名称 | 符号 | 名称 | 符号 |
| 电量、电荷 | $Q$、$q$ | 库［仑］ | C | | |
| 电流 | $I$、$i$ | 安［培］ | A | 千安<br>毫安<br>微安 | kA（$1kA=10^3A$）<br>mA（$1mA=10^{-3}A$）<br>μA（$1\mu A=10^{-6}A$） |
| 电流密度 | $J$、$j$ | 安/毫米² | $A/mm^2$ | | |
| 电压、电位差<br>电位（电势）<br>电动势 | $V$、$U$、$u$<br>$E$、$e$ | 伏［特］ | V | 千伏<br>毫伏<br>微伏 | kV（$1kV=10^3V$）<br>mV（$1mV=10^{-3}V$）<br>μV（$1\mu V=10^{-6}V$） |
| 电阻 | $R$、$r$ | 欧［姆］ | Ω | 千欧<br>兆欧 | kΩ（$1k\Omega=10^3\Omega$）<br>MΩ（$1M\Omega=10^6\Omega$） |
| 电阻率 | $\rho$ | 欧·米 | Ω·m | | |
| 电阻温度系数 | $\alpha$ | | | | |
| 电感、自感<br>互感 | $L$<br>$M$ | 亨［利］ | H | 毫亨<br>微亨 | mH（$1mH=10^{-3}H$）<br>μH（$1\mu H=10^{-6}H$） |
| 电容 | $C$ | 法［拉］ | F | 微法<br>皮法 | μF（$1\mu F=10^{-6}F$）<br>pF（$1pF=10^{-12}F$） |

续表

| 物理量 | | 计量单位 | | | |
|---|---|---|---|---|---|
| 名称 | 符号 | 基本单位 | | 辅助单位 | |
| | | 名称 | 符号 | 名称 | 符号 |
| 感抗 | $X_L$ | 欧［姆］ | Ω | | |
| 容抗 | $X_C$ | 欧［姆］ | Ω | | |
| 阻抗 | $Z$、$z$ | 欧［姆］ | Ω | | |
| 频率 | $f$ | 赫［兹］<br>周/秒 | Hz<br>（C/s） | 千赫<br>兆赫 | kHz（$1kHz=10^3Hz$）<br>MHz（$1MHz=10^6Hz$） |
| 周期 | $T$ | 秒 | s | | |
| 波长 | $\lambda$ | 米 | m | 厘米<br>埃 | cm（$1cm=10^{-2}m$）<br>Å（$1Å=10^{-3}cm$） |
| 有功功率<br>（平均功率） | $P$ | 瓦［特］ | W | 毫瓦<br>千瓦 | mW（$1mW=10^{-3}W$）<br>kW（$1kW=10^3W$） |
| 无功功率 | $QP_Q$ | 乏 | var | 千乏 | kvar（$1kvar=10^3var$） |
| 视在功率<br>（表观功率） | $SP_S$ | 伏安 | V·A | 千伏安 | kV·A（$1kV\cdot A=10^3V\cdot A$） |
| 功率因数 | $\cos\varphi$ | | | | |
| 磁感应强度<br>（磁通密度） | $B$ | 特［斯拉］ | T | 高斯 | Gs（$1Gs=10^{-4}T$） |
| 磁通［量］ | $\Phi$ | 韦［伯］ | Wb | 麦克斯韦 | Mx（$1Mx=10^{-8}Wb$） |

## 2. 直流电路中常用物理量的定义与计算

**（1）电流的计算** 单位时间内通过导体任一横截面的电量称为电流强度，简称电流，用 $I$ 表示，基本单位是 A（安培，简称安）。

$$I=\frac{q(电荷)}{t(时间)} \qquad 式1-1$$

**（2）电压的计算** 电场力把 1 库仑正电荷从一点移到另一点所做的功为 1 焦耳（J）时，该两点之间的电压 $U$ 为 1 伏特，单位为伏特（V），简称伏，用 V 表示。通俗地讲，1 伏特就是 1 安培电流通过 1 欧姆电阻时，电阻两端的电压。

$$U=\frac{W(焦耳)}{q(库仑)} \qquad 式1-2$$

**（3）电阻的计算** 电流在导体中流动时都要受到一定的阻力，这种对于通电所表现的阻力称为电阻，用$R$表示，单位为欧姆（Ω），简称欧。

$$R=\rho\frac{l}{S} \tag{式1-3}$$

式中：$\rho$—导体的电阻率（Ω·m）；

$l$—导体的长度（m）；

$S$—导体的横截面积（$mm^2$）。

**（4）导电系数的计算**　衡量导体传导电流性能好坏的物理量称为电导。它是电阻的倒数，用$G$表示，$G=\frac{1}{R}$，单位为S。电阻率$\rho$的倒数称为电导率，是衡量物质导电性能的参数，用$\gamma$表示，单位为S/m。

$$\gamma=\frac{1}{\rho} \tag{式1-4}$$

电导率与电阻的关系是

$$\gamma=\frac{l}{RS} \tag{式1-5}$$

$$R=\frac{l}{\gamma S} \tag{式1-6}$$

**（5）导体与温度的关系**　导体的电阻率随温度的变化而改变，所以导体的电阻也随温度的改变而改变（一般，金属的电阻都随温度的上升而增大，但碳的电阻则随温度的上升而下降）。在一般温度工作范围内，电阻与温度之间的关系用下式表示：

$$R_2=R_1[1+\alpha(t_2-t_1)] \tag{式1-7}$$

$$t_2-t_1=\frac{R_2-R_1}{R_1\alpha} \tag{式1-8}$$

式中：$t_1$、$t_2$—导体的温度（℃）；

$R_1$—温度为$t_1$时导体的电阻（Ω）；

$R_2$—温度为$t_2$时导体的电阻（Ω）；

$\alpha$—以温度$t_1$为基准时的导体电阻的温度系数。

**（6）一段电路的欧姆定律**　欧姆定律是电工理论的最基本的定律。它表明了闭合电路中电流、电压、电阻三者之间的关系。线路图见图1-1。实践证明，**一段电路上电流的大小与电压的大小成正比，与电阻的大小成反比**。也就是说，电路中的电压越高电流就越大，电路中的电阻越大电流就越小。用公式和符号表示如下：

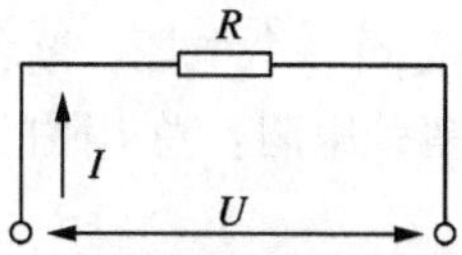

**图1-1　部分电路的欧姆定律线路图**

$$I=\frac{U}{R} \tag{式1-9}$$

$$R=\frac{U}{I} \tag{式1-10}$$

$$U=IR \tag{式1-11}$$

式中：$U$—电路两端的电压（V）；

$I$—电路中的电流（A）；

$R$—电路中的电阻（Ω）。

**(7) 全电路欧姆定律** 线路图见图 1-2。在闭合电路中电流的大小与电动势成正比，与全部电阻值成反比。

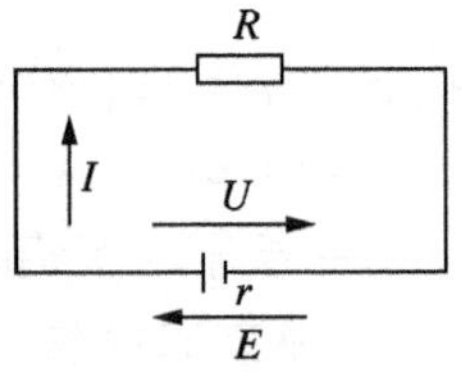

图 1-2 全电路的欧姆定律线路图

$$I=\frac{E}{r+R} \quad \text{式1-12}$$

式中：$E$—电源的电动势（V）；

$I$—电路中的电流（A）；

$r$—电源的内阻（Ω）；

$R$—电路中的电阻（Ω）。

**(8) 串联方式连接参数的计算** 电路中，若 $R_1$，$R_2$，…，$R_n$ 等几个电阻首尾相连，通过同一个电流，这种连接方式叫串联，见图 1-3。分析计算电路时，常用一个等值电阻（总电阻）$R$ 来代替这几个电阻。替代的条件是：替代前后电路中的电磁作用不变。这种替代变换叫等效变换。等效电阻也叫总电阻。用公式表示时，等效电阻为：

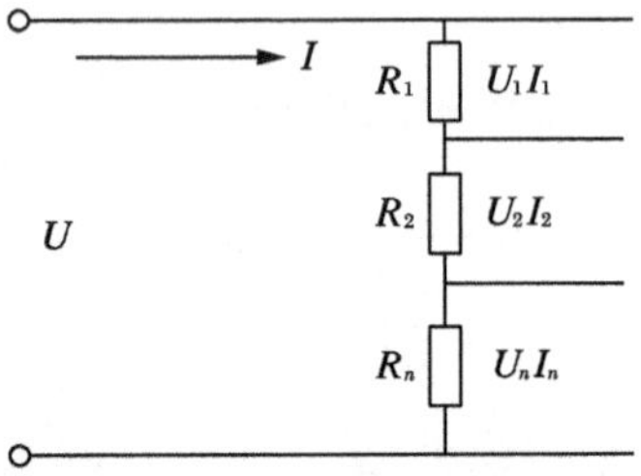

图 1-3 串联电路连接图

$$R_{\Sigma}=R_1+R_2+\cdots+R_n \quad \text{式1-13}$$

即电路中串联电阻的等效电阻等于各电阻之和。

电路中的电压：总电压等于各段电压之和。

$$U_{\Sigma}=U_1+U_2+\cdots+U_n \quad \text{式1-14}$$

电路中的电流：各支路电流均等于总电流。

$$I_{\Sigma}=I_1=I_2=\cdots=I_n \quad \text{式1-15}$$

**(9) 并联方式连接参数的计算** 在电路中，若 $R_1$，$R_2$，…，$R_n$ 等几个电阻的首端连接在一起，尾端也连接在一起，承受同一个电压，这种连接方式叫并联，见图 1-4。电路中的等值电阻：总电阻的倒数等于各电阻倒数之和。

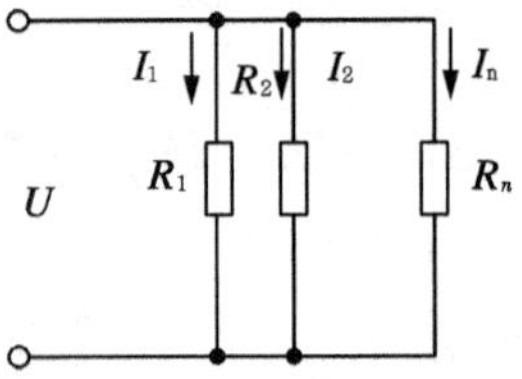

图 1-4 并联电路连接图

$$\frac{1}{R_{\Sigma}}=\frac{1}{R_1}+\frac{1}{R_2}+\cdots+\frac{1}{R_n} \quad \text{式1-16}$$

**【例1-1】** 把一只电炉接到 220V 电源上，电流为 5.5A，求电炉的电阻值。

**解：** 由部分电路欧姆定律得出：

$$R=\frac{U}{I}=\frac{220}{5.5}\Omega=40\Omega$$

**【例1-2】** 在 220V 电源上串联两个额定电压为 110V 的灯泡，一个灯泡的额定功率是 100W，另一个灯泡的额定功率是 40W，当开关合闸时会发生什么现象？

**解：** 根据欧姆定律可知，

40W 灯泡的电阻：$R_{40}=\dfrac{U^2}{P_{40}}=\dfrac{110^2}{40}\Omega=302.5\Omega$

100W 灯泡的电阻：$R_{100}=\dfrac{U^2}{P_{100}}=\dfrac{110^2}{100}\Omega=121\Omega$

40W 灯泡承受的电压：$U_{40}=\dfrac{220}{302.5+121}\times 302.5\text{V}=157\text{V}>110\text{V}$

100W 灯泡承受的电压：$U_{100}=\dfrac{220}{302.5+121}\times 121\text{V}=62.9\text{V}<110\text{V}$

由计算结果可知，当合闸送电后，100W 的灯泡由于电压低于额定电压而亮度不足，一定时间后 40W 的灯泡由于过电压而烧毁。

**（10）并联回路总电阻的另一种算法**　基本规律是：并联电路总电阻与所有并联电阻的值的积成正比，与这个积分别和各电阻值的商的和成反比。若用 $R_{总}$ 表示总电阻，$R_1$，$R_2$，…，$R_n$ 分别表示并联电路的各分电阻，则运算公式可用下式表示：

$$R_{\Sigma}=\frac{R_1R_2\cdots R_n}{\dfrac{R_1R_2\cdots R_n}{R_1}+\dfrac{R_1R_2\cdots R_n}{R_2}+\cdots+\dfrac{R_1R_2\cdots R_n}{R_n}} \qquad \text{式1-17}$$

**【例1-3】**一闭合电路中，有 $R_1=5\Omega$，$R_2=17\Omega$，$R_3=121\Omega$ 的三个电阻并联，求总电阻值。

**解：**

a. 写出具体表达式，将各电阻值代入：

$$R_{\Sigma}=\frac{R_1R_2R_3}{\dfrac{R_1R_2R_3}{R_1}+\dfrac{R_1R_2R_3}{R_2}+\dfrac{R_1R_2R_3}{R_3}}=\frac{5\times17\times121}{\dfrac{5\times17\times121}{5}+\dfrac{5\times17\times121}{17}+\dfrac{5\times17\times121}{121}}\Omega$$

b. 算出除式和被除分子，约去除式各分母：

$$R_{\Sigma}=\frac{10285}{\dfrac{10285}{5}+\dfrac{10285}{17}+\dfrac{10285}{121}}\Omega=\frac{10285}{2057+605+85}\Omega$$

c. 加除运算，求总电阻：

$$R_{\Sigma}=\frac{10285}{2747}\Omega\approx3.7\Omega$$

从上分步解题可知，应用计算时的具体步骤为：**“写出公式，代入数据，算出分子，约去分母，加除运算，求得总阻”**。

**（11）混联方式连接参数的计算**　电路中既有元件的串联又有元件的并联，则称为混联电路，也叫复联电路。

对于混联电路的计算，要根据电路的具体情况应用有关串联和并联的特点来进行。一般步骤为：

a. 求出各元件串联和并联的等效电阻值，再计算电路的总电阻值；

b. 由电路总电阻值和电路的端电压，根据欧姆定律计算出电路的总电流；

c. 根据元件串联分压关系和元件并联的分流关系，逐步推算出各部分的电压和电流。

**【例1-4】** 有三只电阻串联在电路中，如图 1-5 所示，已知 $U=300\text{V}$，$R_1=150\text{k}\Omega$，$R_2=100\text{k}\Omega$，$R_3=50\text{k}\Omega$，求 $U_1$、$U_2$、$U_3$。

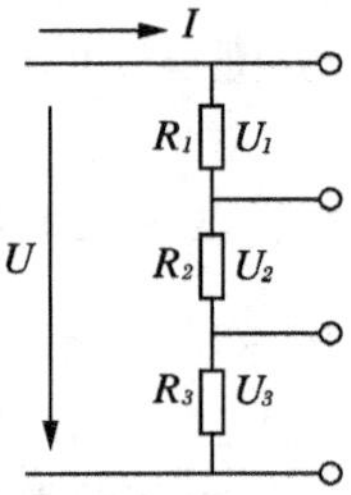

图 1-5 例题 1-4 的电路

**解：** 电阻串联时，电路中的电压计算为：

$$U=U_1+U_2+U_3$$

先求 $U_1$

$$U_1=U-U_2-U_3=U-IR_2-IR_3$$

而 $$I=\frac{U}{R_1+R_2+R_3}$$

代入 $U_1$ 得 $$U_1=U-U\frac{R_2+R_3}{R_1+R_2+R_3}$$

$$=U\frac{R_1}{R_1+R_2+R_3}=300\times\frac{150}{150+100+50}\text{V}=150\text{V}$$

同理 $$U_2=U\frac{R_2}{R_1+R_2+R_3}=300\times\frac{100}{150+100+50}\text{V}=100\text{V}$$

$$U_3=U\frac{R_3}{R_1+R_2+R_3}=300\times\frac{50}{150+100+50}\text{V}=50\text{V}$$

**【例1-5】** 已知 $R_1=R_4=4\Omega$，$R_2=6\Omega$，$R_3=3.6\Omega$，$R_5=0.6\Omega$，$R_6=1\Omega$，$E=4\text{V}$，如图 1-6 所示，求各支路电流及各段电压。

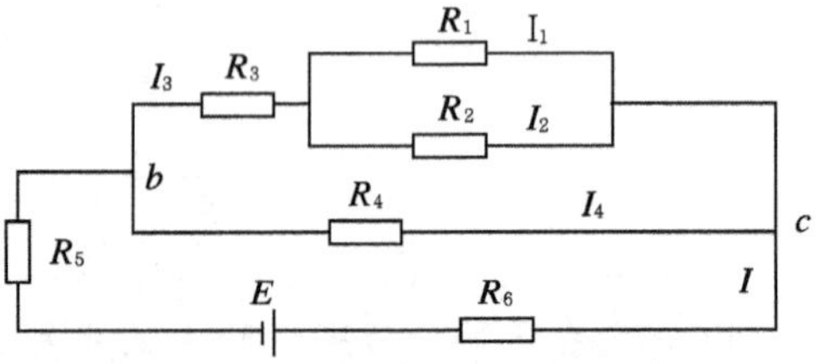

图 1-6 例题 1-5 的电路

**解：** 已知各电阻及电源电动势值，求各支路电流，一般可分为以下三个步骤：

a. 求 $R_\Sigma$

$R_1$、$R_2$相并联的等效电阻为

$$R_{1,2}=\frac{R_1R_2}{R_1+R_2}=\frac{4\times6}{4+6}\Omega=2.4\Omega$$

$R_1$、$R_2$并联后与 $R_3$相串联，其等效电阻为

$$R_{1,2,3}=3.6\Omega+2.4\Omega=6\Omega$$

又 $R_{1,2,3}$与 $R_4$相并联，其等效电阻为

$$R_{cb}=\frac{R_{1,2,3}R_4}{R_{1,2,3}+R_4}=\frac{6\times4}{6+4}\Omega=2.4\Omega$$

故 $R_\Sigma = R_5 + R_6 + R_{cb} = 0.6\Omega + 1\Omega + 2.4\Omega = 4\Omega$

b. 求总电流 $I_\Sigma$

总电流 $I_\Sigma$ 也就是通过 $R_5$及 $R_6$的电流，即

$$I_\Sigma = \frac{E}{R_\Sigma} = \frac{4}{4}\text{A} = 1\text{A}$$

c. 求各支路的电流及电压

先求出 $c$、$b$ 两点电压 $U_{cb}$：

$$U_{cb} = I_\Sigma R_{cb} = 1\times 2.4\text{V} = 2.4\text{V}$$

$$I_4 = \frac{U_{cb}}{R_4} = \frac{2.4}{4}\text{A} = 0.6\text{A}$$

$$I_3 = \frac{U_{cb}}{R_{1,2,3}} = \frac{2.4}{6}\text{A} = 0.4\text{A}$$

又 $$U_{R_1} = U_{R_2} = 0.4\times 2.4\text{A} = 0.96\text{A}$$

故 $$I_1 = \frac{U_{R_1}}{R_1} = \frac{0.96}{4}\text{A} = 0.24\text{A}$$

$$I_2 = \frac{U_{R_2}}{R_2} = \frac{0.96}{6}\text{A} = 0.16\text{A}$$

**【例1-6】** 试计算图 1-7 中的总电势 $E_\Sigma$、总电流 $I_\Sigma$ 和各部分的电流及电压。已知每个电池的电动势 $E=2.4\text{V}$，内阻 $r=0.4\Omega$。

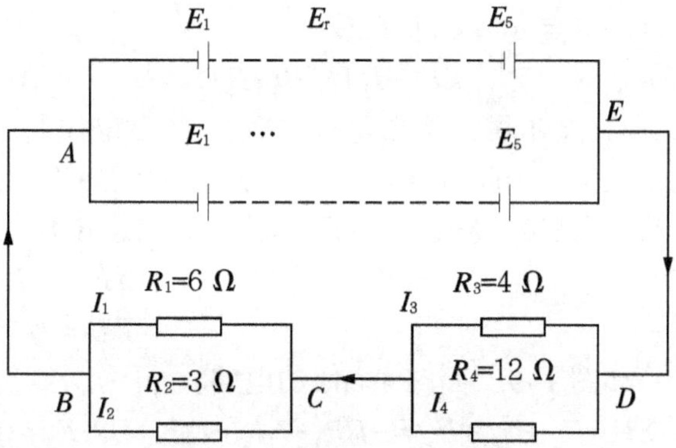

图 1-7　例题 1-6 的电路

**解**：总电动势 $E_\Sigma$ 为

$E_\Sigma = 5E = 5\times 2.4\text{V} = 12\text{V}$

总内阻 $r_\Sigma$ 为

$r_\Sigma = \frac{5r}{5} = \frac{5\times 0.4}{2}\Omega = 0.1\Omega$

总电阻 $R_\Sigma$ 为

$$R_\Sigma = \frac{R_1R_2}{R_1+R_2} + \frac{R_3R_4}{R_3+R_4} = \frac{6\times 3}{6+3}\Omega + \frac{4\times 12}{4+12}\Omega = 2\Omega + 3\Omega = 5\Omega$$

所以 $$I_\Sigma = \frac{E_\Sigma}{R_\Sigma + r_\Sigma} = \frac{12}{5+1}\text{A} = 2\text{A}$$

各部的电压为

$$U_{BC} = \frac{R_1R_2}{R_1 + R_2}I = \frac{6\times 3}{6+3}\times 2\text{V} = 4\text{V}$$

$$U_{CD} = \frac{R_3R_4}{R_3 + R_4}I = \frac{4\times 12}{4+12}\times 2\text{V} = 6\text{V}$$

$$U_{AB} = U_{BC} + U_{CD} = 4\text{V} + 6\text{V} = 10\text{V}$$

电源内部电压 $U'=E_{\Sigma}-U_{AB}=12V-10V=2V$

各部分电流为

$$I_1=\frac{U_{BC}}{R_1}=\frac{4}{6}A=0.67A$$

$$I_2=\frac{U_{BC}}{R_2}=\frac{4}{3}A=1.33A$$

$$I_3=\frac{U_{CD}}{R_3}=\frac{6}{4}A=1.5A$$

$$I_4=\frac{U_{CD}}{R_4}=\frac{6}{12}A=0.5A$$

**（12）基尔霍夫定律及其计算**

1）基尔霍夫第一定律（节点电流定律）。在复杂电路中，对于任何一个节点而言，所有流进节点的电流之和等于流出该节点的电流之和，如图 1-8 所示。即

$$\Sigma \dot{I}_r=\Sigma I_{ch} \qquad 式1-18$$

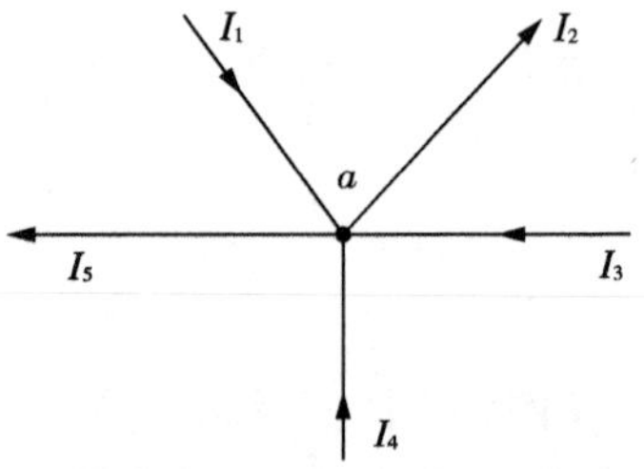

图 1-8 节点电流示意

定律的另一种形式：对于任何节点，流出（或流入）该节点的电流代数和等于零。即

$$\Sigma I=0 \qquad 式1-19$$

对节点 $a$ 有如下关系：

$$\Sigma I=-I_1+I_2-I_3-I_4+I_5=0 \qquad 式1-20$$

2）基尔霍夫第二定律（回路电压定律）。在复杂电路任何一个闭合回路中，电动势的代数和等于各电阻上电压降的代数和。也可表达为从一点出发绕回路一周到该点时，各段电压的代数和恒等于零，即

$$\Sigma E=\Sigma IR$$
$$\Sigma U=0 \qquad 式1-21$$

如图 1-9，回路 abcde 的电路：

$$\Sigma U=U_{ac}+U_{ce}+U_{ea}=-I_1R_1-I_2R_2+I_3R_3+E_1-E_2=0$$
式1-22

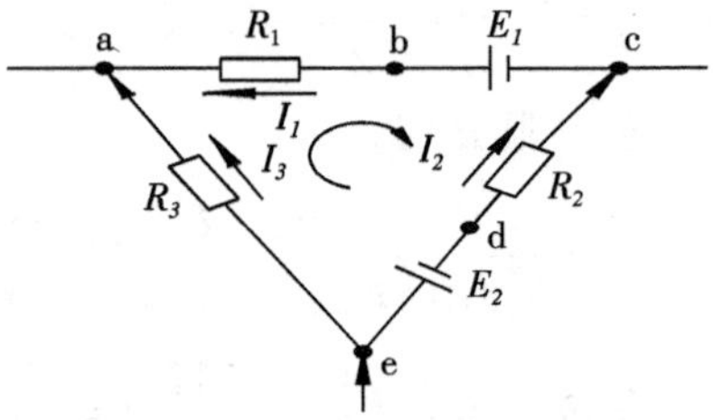

图 1-9 回路 abcde 的电路

**（13）电功和电功率的计算**

1）电功。电功即电流所做的功，也称电能或电能量，用 $W$ 表示。电动机转动、电炉发热、电灯发光都是电流做功的表现。电功可用下式计算：

$$W=qU=UIt=I^2Rt=\frac{U^2}{R}t \qquad 式1-23$$

式中：$W$—电功（J）；

$q$—通过导线横截面的电量（C）；

$U$—电阻两端的电压（V）；

$I$—通过电阻的电流（A）；

$t$—时间（s）。

2）电功率。单位时间内电流所做的功叫电功率（简称功率）。电功率用字母 $P$ 表示，单位为瓦特，用符号 $W$ 表示。能量和功率的单位见表 1-2。电功率的算式如下：

$$P = \frac{W}{t} = UI = I^2R = \frac{U^2}{R} \qquad \text{式1-24}$$

式中：$U$—电阻两端的电压（V）；

$R$—电阻值（Ω）；

$P$—功率（W）。

**表1-2　能量和功率的单位**

| 单　位 | 缩　写 | 定义或等价量 |
|---|---|---|
| 瓦特 | W | J/s（0.74ft · lbf/s） |
| 千瓦 | kW | 1000W（1.34hp） |
| 兆瓦 | MW | 1000kW 或 $10^6$W |
| 毫瓦 | mW | 0.001W |
| 千瓦时 | kW · h | 1kW 功率在 1h 内产生的能量（3500Btu） |
| 英制热单位 | Btu | 将 1lb 水的温度由 600F 升至 610F 所需的能量（1055J） |
| 焦耳 | J | 0.74ft · lbf；1N · m |
| 英尺磅力 | ft · lbf | 用 1lb 的力移动 1ft 所需的能量 |
| 马力 | hp | 550ft · lbf/s（745.7W） |

在工程技术中电功率还常用 kW（千瓦）、mW（毫瓦）、μW（微瓦）、hp（马力）等单位。

在实际生产中，电功率常用的单位是 kW · h（千瓦时）。1kW · h 表示 1kW 的电气设备使用 1h 所消耗的电能。

$$1\text{kW} \cdot \text{h} = 1\text{kW} \times 1\text{h}$$

**【例1-7】** 某车间使用 25W 电烙铁 50 支，40W 电烙铁 25 支，每天用电 6h，每月按 25 天计，问用电多少千瓦时？

**解：** $W_1 = P_1t$　　$W_2 = P_2t$

$W = W_1 + W_2 = (P_1 + P_2)\ t = (25\text{W}\times50 + 40\text{W}\times25)\times25\times6\text{h}/1000 = 337.5\text{kW}\cdot\text{h}$

**（14）焦耳定律(电流的热效应）及其计算**

电流通过导体时产生热量的现象，称为电流的热效应。电流通过导体时产生的热量与电流的平方成正比，与导体的电阻和通电时间成正比。利用电流的热效应，可制作各种电热设备，同时电流的热效应也决定了电气设备的额定值。数学表达式为

$$Q = I^2Rt = IUt = \frac{U^2}{R}t \qquad \text{式1-25}$$

根据欧姆定律得　$Q = IUt = Pt$　　式1-26

式中：$Q$—热量（J）；

$I$—电流（A）；

$U$—电压（V）；

$R$—电阻（Ω）；

$P$—功率（W）；

$t$—时间（s）。

**【例1-8】** 有一个电炉。其电阻是48.4Ω，接在220V的电源上，求：

（1）通过的电流是多少?

（2）消耗的功率是多少?

（3）使用30min后放出多少热量?

**解：** ①由欧姆定律可知

$$I=\frac{U}{R}=\frac{220}{48.4}\text{A}=4.545\text{A}$$

②消耗的功率为

$$P=I^2R=\frac{U^2}{R}=\frac{(220)^2}{48.4}\text{W}=1000\text{W}$$

③使用30min后放出的热量为

$$Q=Pt=1000\times30\times60\text{J}=1800000\text{J}=1800\text{kJ}$$

**【例1-9】** 有一个容积为500 $cm^3$的电热水壶，现装入10℃的水，将其在5min内升到100℃，问需要多少瓦的电功率?假设电热水壶的效率为90%，为蒸发而耗用的热量忽略不计。

**解：** 将500 $cm^3$的水从10℃加热到100℃所需的热量$Q_1$为

$$Q_1=cm\Delta t=4.2\times10^3\times1\times10^3\times500\times10^{-6}\times(100-10)\text{J}=189\times10^3\text{J}$$

设电热水壶的电功率为$P$（kW）、效率为$\eta$，而在5min内供给的热量$Q_2$为

$$Q_2=Pt\eta=P\times(5\times60)\text{s}\times\eta$$

令$Q_1=Q_2$，得

$$P=\frac{189\times10^3}{5\times60\times0.9}\text{W}\approx700\text{W}$$

**【例1-10】** 某客户根据生产需要，在配电室装有一台三相500kV·A和单相50kV·A的变压器各一台。为了将变压器运行中产生的热量排至室外，试求所需冷却风扇的排气量（$m^3/s$）。设排气扇的吸气与排气的温差为5℃，空气的密度为1.2kg/$m^3$，比热容为1000J/(kg·℃)，并且变压器的满载效率为98%。

**解：** 设变压器的效率为$\eta$，额定输出功率为$P$，功率损耗为$W$，功率因数为1，则有

$$\eta=\frac{P}{P+W}$$

所以 $$W=\frac{P}{\eta}-P=\frac{(500+50)}{0.98}\text{kW}-(500+50)\text{kW}=11.22\text{kW}$$

由这一功率损耗$W$产生的每分钟发热量为$Q_2$（J）、排气量为$M$（$m^3$/min）、密度为$\rho$（kg/$m^3$），比热容为$c$［J/(kg·℃)］，温差为$\theta$(℃)，则有下式：

$$Q_2 = M\rho c\theta$$

令变压器的发热量 $Q_1$ 与风扇排出的热量 $Q_2$ 相等，并求排气量 $M$，则有

$$M = \frac{W \times 10^3 \times 60}{\rho c\theta} = \frac{11.22 \times 10^3 \times 60}{1.2 \times 1000 \times 5}\ \mathrm{m^3/min} \approx 112\mathrm{m^3/min}$$

**说明**：若比热容的单位用 cal/(kg · ℃) 表示，发热量 $Q_2$ 的单位是 cal；若比热容的单位用 J/(kg · ℃) 表示，发热量 $Q_2$ 的单位就是 J。

**（15）电容器电容的计算**　电容器是两个彼此绝缘又互相靠近的导体，是储存电能的元件。导线与导线之间或导线与大地之间，中间存在空间距离，也构成电容器。实验证明，电容器每一极板上的电量 $Q$ 与加到极板间的电压 $U$ 成正比，即

$$Q = CU$$

式中：C—电容量，简称电容。

电容值的计算公式为

$$C = \frac{Q}{U} \qquad \text{式1-27}$$

式中：$Q$—进入电容器的电荷量（C）；

$U$—电容器两端的电压（V）；

$C$—电容器的电容（F）。

电容器的连接及计算见表 1-3。

**表1-3　电容器的连接及计算**

| 接线方式 | 公　式 | 图　例 |
|---|---|---|
| 串　联 | $\frac{1}{C_z} = \frac{1}{C_1} + \frac{1}{C_2} + \cdots + \frac{1}{C_n}$<br>若 $n$ 个电容量相等的电容 $C_0$ 串联，则<br>$C_z = \frac{C_0}{n}$ | 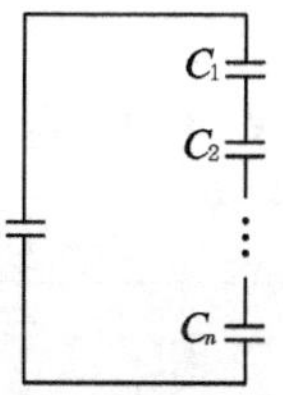 |
| 并　联 | $C_z = C_1 + C_2 + \cdots + C_n$<br>若 $n$ 个电容量相等的电容 $C_0$ 并联，则<br>$C_z = nC_0$ | 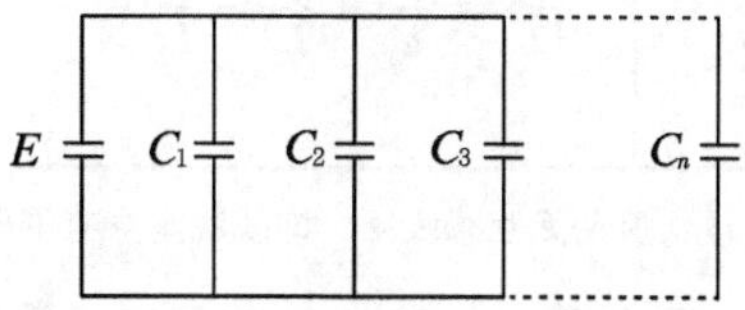 |
| 混　联 | 既有串联又有并联的电容组合叫电容器的混联。在计算总容量时，按照具体情况分别运用串、并联的方法即可求出 | 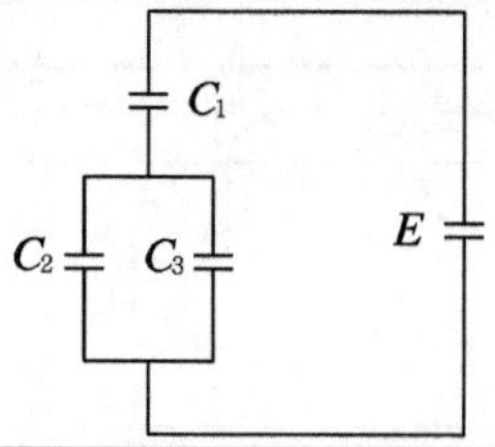 |

续表

| 接线方式 | 公　式 | 图　例 |
| --- | --- | --- |
| 说　明 | 1. 电容器串联时，总电容的倒数等于各个电容的倒数之和。电容器串联使用时，相当于增大了两极的距离，所以总电容小于每个电容器的电容量。<br>2. 电容器并联时，总电容等于各并联电容器的电容之和。电容器并联使用时，总电容大于每个电容器的电容量，但耐压能力不变。<br>3. 若电容元件在正弦交流电路中，电容器两端的电压和电流相位不同，它们的瞬时值之间的关系也不服从于欧姆定律。 | |

# 第二节　交流电路中常用物理量的定义与计算

## 1. 互感线圈的连接

在一个铁芯中绕有两个线圈，当线圈 1 中有电流 $i_1$ 通过时，产生的磁通有一部分通过线圈本身而闭合，也有一部分穿过线圈 2，因而在线圈 2 中也要产生一个感应电动势。一个线圈中的电流变化，使它附近的线圈产生感应电动势的现象叫互感。无互感线圈的连接与计算见表 1-4，有互感线圈的连接见表 1-5。

**表1-4　无互感线圈的连接**

| 方式 | 公式 | 接线图 | 额定电流 |
| --- | --- | --- | --- |
| 串联 | $L = L_1 + L_2 + L_3 + \cdots$ | 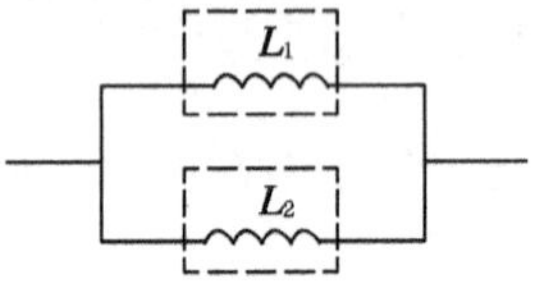 | 以其中最小的额定电流为准 |
| 并联 | $\frac{1}{L} = \frac{1}{L_1} + \frac{1}{L_2} + \frac{1}{L_3} + \cdots$ | 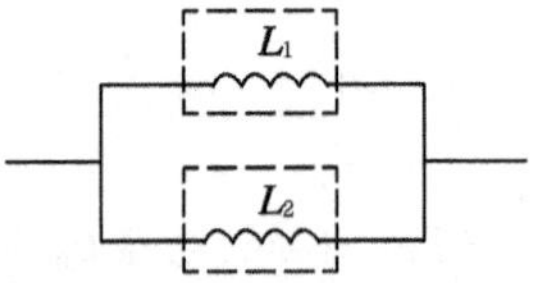 | 各线圈额定电流之和 |

注：所谓无互感线圈，即线圈本身有屏蔽，两线圈之间没有互感。

**表1-5　有互感线圈的连接**

| 方式 | | 公式 | 接线图 |
| --- | --- | --- | --- |
| 串联 | 顺串 | $L_{sh} = L_1 + L_2 + 2M$ | 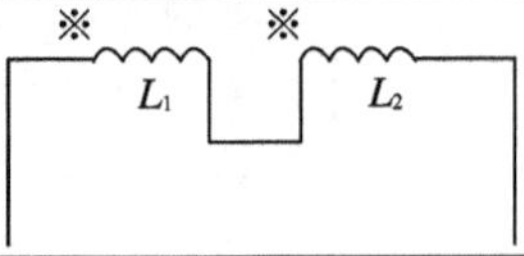 |
| | 反串 | $L_f = = L_1 + L_2 - 2M$ | 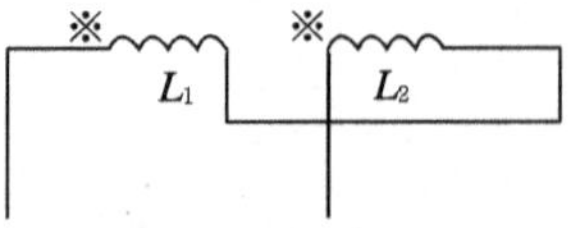 |

续表

| 方式 | 公式 | 接线图 |
| --- | --- | --- |
| 并联 | $L_b = \dfrac{L_1L_2 - M^2}{L_1 + L_2 - 2M}$ | 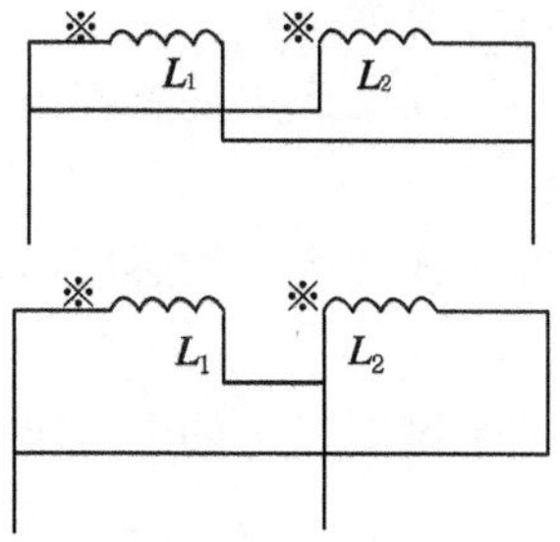 |

注：$M$—线圈的互感量，均为正值。

## 2. 磁场和磁路的基本定律

（1）**欧姆定律**　如果把铁磁材料制成一定形状，磁力线就按照一定路径通过，这种路径称为磁路。磁路的计算与电路的计算相似。对于任一段均匀磁路，其欧姆定律为

$$U_m = \Phi R_m = \Phi \frac{l}{\mu S} = Hl = NI \qquad 式1-28$$

式中：$U_m$—磁路中任意两点之间的磁压（V）；

$\Phi$—磁通（Mx）；

$R_m$—磁阻（Ω），磁路是非线性的，$R_m$不是常量；

$\mu$—磁导率（不是常量）；

$S$—磁铁面积（$cm^2$）；

$l$—磁路长度（mm）；

$H$—磁场强度（A/cm）；

$N$—线圈的匝数；

$I$—线圈中的电流（A）。

（2）**基尔霍夫定律**（见表1-6）

**表1-6　磁路的基尔霍夫定律**

| 名称 | 第一定律 | 第二定律 |
| --- | --- | --- |
| 内容与表达式 | 穿出磁路节点的磁通代数和恒等于零<br>$\Sigma\Phi = 0$ | 以一特定的方向沿任一闭合磁回路，磁压代数和等于磁动势代数和<br>$\Sigma Hl = \Sigma NI$ |
| 依　据 | 磁通的连续性原理 | 全电流定律 |
| 注意事项 | 应包括穿出该节点的漏磁通 | 磁路两点间的磁压与所取的路径有关 |

## 3. 三相交流电的有关计算

（1）**线圈产生的感应电势的计算**　三相交流电是由三相交流发电机产生的，三相

交流发电机每一相有一个绕组，故叫三相绕组。在制造时，将它们的始端与始端（尾端与尾端）之间的相对位置互差120°，那么，当发电机旋转起来后，线圈产生的感应电动势的计算如下：

第一个线圈产生的感应电动势为

$$e_A = E_{Am}\sin\omega_A t \quad 式1-29$$

第二个线圈产生的感应电动势为

$$e_B = E_{Bm}\sin(\omega_B t - 120°) \quad 式1-30$$

第三个线圈产生的感应电动势为

$$e_C = E_{Cm}\sin(\omega_C t - 240°) = E_C m\sin(\omega_C t + 120°) \quad 式1-31$$

**（2）交流电路的周期（*T*）、角频率（*ω*）和频率（*f*）的计算**

①周期。正弦交流电完成一次变化全过程所需的时间，用 $T$ 表示，单位是s。

$$T = \frac{2\pi}{\omega} \quad 式1-32$$

②角频率。用每秒钟所变化的电气角度来表示交流电变化快慢，称为角频率（或角速度），用 $\omega$ 来表示，其单位是rad/s。交流电变化一个周期，电角度变化360°，或2πrad，其关系为

$$\omega = \frac{2\pi}{T} \quad 式1-33$$

$$\omega = 2\pi f \quad 式1-34$$

③频率。交流电在每秒钟周期变化的次数叫交流电的频率。用 $f$ 表示，单位是赫兹（简称赫），用Hz表示。

$$f = \frac{1}{T} \quad 式1-35$$

千赫、兆赫分别用kHz及MHz表示，其关系为

1kHz = 100Hz

1MHz = 1000kHz

电力供电的频率称为工频，我国的标准是50Hz。

**（3）相角与相角差** 正弦交流电瞬时值的表达式 $i = I_m\sin(\omega t + \Phi)$，式中的电角度（$\omega t + \Phi$）称为正弦交流电的相角或相位。当 $t = 0$ 时的相角称为初相角，简称初相。两个同频率的正弦量的初相之差叫做它们的相角差或相位差。相角差为0的两个正弦量，称为同相。

正弦量的三要素：正弦量中的幅值（或有效值）、角频率（或频率、周期）与初相。只要确定正弦量的三要素，即能唯一确定该正弦量。

①最大值。正弦交流电变化过程中的最大瞬时值，也称为振幅、幅值或峰值。用 $E_m$、$U_m$、$I_m$ 来表示。

②有效值。交流电通过电阻性负载时，若损失的能量与直流电在相同时间内通过同一负载所损失的能量相等，这一直流电的大小就是交流电的有效值，常用 $I$ 表示。

在电工技术中，如无特别说明，凡是讲交流电动势、电压与电流，都是指有效值。

电气设备和元件所称的额定电压和额定电流，以及交流仪表上电压和电流的刻度一般也是指有效值。

③平均值。正弦交流电的波形，正负半周所包括的面积是相同的。所以一般所指的平均值是指一个周期内绝对值的平均值，也就是正半周的平均值。

综上所述，有效值与最大值的关系为

电流　$$I=\frac{I_m}{\sqrt{2}}\approx 0.707I_m$$　式1-36

电动势　$$E=\frac{E_m}{\sqrt{2}}\approx 0.707U_m$$　式1-37

电压　$$U=\frac{U_m}{\sqrt{2}}\approx 0.707U_m$$　式1-38

平均值与最大值的关系为

电流　$$I_a=\frac{2}{\pi}I_m\approx 0.637I_m$$　式1-39

电动势　$$E_a=\frac{2}{\pi}E_m\approx 0.637E_m$$　式1-40

电压　$$U_a=\frac{2}{\pi}U_m\approx 0.637U_m$$　式1-41

**(4) 交流电路中纯电阻、纯电容和纯电感的计算见表1-7。**

**表1-7　交流电路中纯电阻、纯电容和纯电感的计算**

| 名　　称 | 纯电阻电路（$R$） | 纯电容电路（$C$） | 纯电感电路（$L$） |
|---|---|---|---|
| 电路图 | 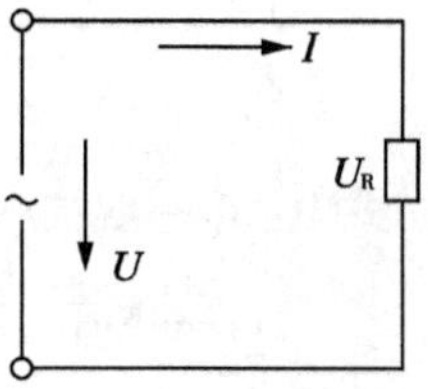  | 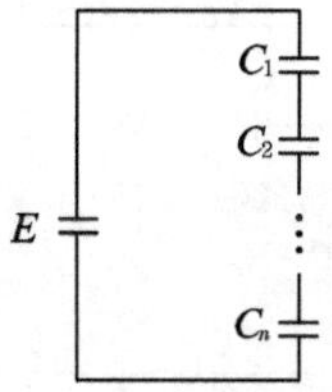  | 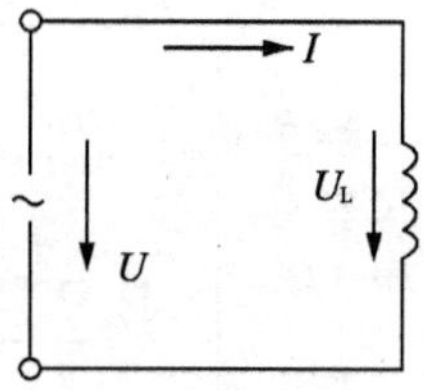  |
| 电流与电压的数量关系式 | $U_{Rm}=I_mR$<br>$U_R=IR$<br>$I=\frac{U_R}{R}$ | $U_{Cm}=\frac{I_m}{\omega C}$<br>$U_C=\frac{I}{\omega C}$<br>$I=\frac{U_C}{X_C}$<br>$X_C=\frac{1}{\omega C}$<br>$X_C$ 为容抗（Ω） | $U_{Lm}=\omega LI_m$<br>$U_L=\omega LI$<br>$I=\frac{U_L}{X_L}$<br>$X_L=\omega L=2\pi fL$<br>$X_L$ 为感抗（Ω） |

续表

| 名　　称 | 纯电阻电路（$R$） | 纯电容电路（$C$） | 纯电感电路（$L$） |
|---|---|---|---|
| 电流与电压的相位关系式 | <br>$\dot{I}$ 与 $\dot{U}_R$ 同相位<br>$u = U_m \sin\omega t$<br>$i = I_m \sin\omega t$ | 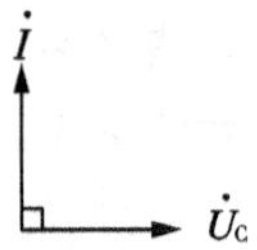<br>$\dot{I}$ 超前 $\dot{U}_C$ 90°<br>$u = U_m \sin\omega t$<br>$i = I_m \sin(\omega t + \frac{\pi}{2})$ | 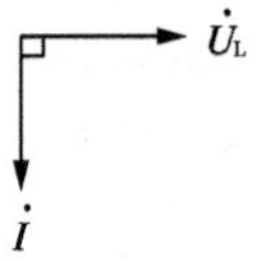<br>$\dot{I}$ 滞后 $\dot{U}_L$ 90°<br>$i = I_m \sin\omega t$<br>$u = U_m \sin(\omega t + \frac{\pi}{2})$ |
| 平均功率 | $P = U_R I$ | $P_C = 0$ | $P_L = 0$ |
| 无功功率 | $Q = 0$ | $Q_C = U_C I = I^2 X_C$<br>$\omega C U_C{}^2 = 2\pi f C U_C{}^2$ | $Q_L = U_L I = \omega L I^2$<br>$= 2\pi f L I^2$ |

（5）交流电路中电阻、电容和电感串、并联的阻抗计算见表 1–8。

**表1–8　交流电路中电阻、电容和电感串、并联的阻抗计算**

| 连接方式 | 电　路　图 | 计　算　公　式 |
|---|---|---|
| 电阻 $R$<br>电感 $L$<br>串　联 | 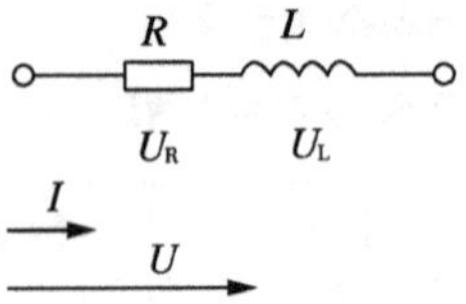 | $Z = \sqrt{R^2 + X_L^2}$<br>式中：$X_L$—感抗（Ω），$X_L = 2\pi f L$.<br>$L$—电感（H），$f$—频率（Hz） |
| 电阻 $R$<br>电容 $C$<br>串　联 | 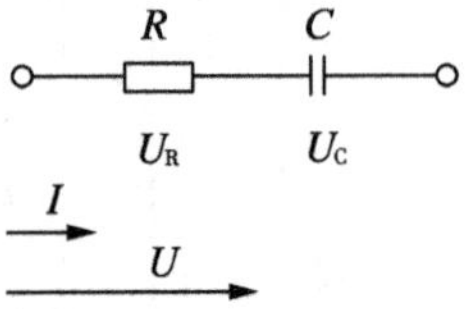 | $Z = \sqrt{R^2 + X_L^2}$<br>式中：$X_C$— 容抗(Ω)；$X_C = \frac{1}{2\pi f C}$(Ω)<br>$C$—电容（F）；$f$—频率（Hz） |
| 电阻 $R$<br>电感 $L$<br>电容 $C$<br>串　联 | 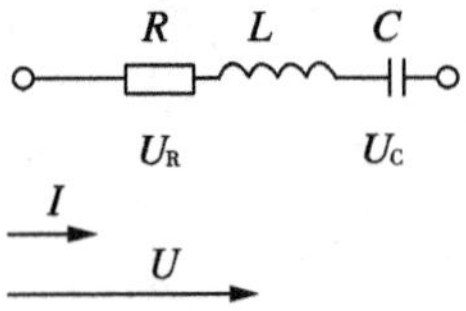 | $Z = \sqrt{R^2 + (X_L - X_C)^2}$<br>式中：$X_L - X_C = X$(Ω)；<br>$X$—电抗（Ω） |
| 电阻 $R$<br>电感 $L$<br>并　联 | 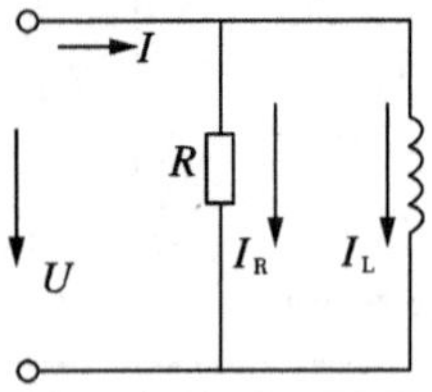 | $Z = \sqrt{(\frac{1}{R})^2 + (\frac{1}{X_L})^2}$<br>式中：$\frac{1}{R} = G$(电导)；$\frac{1}{X_L} = b_L$(感纳) |

续表

| 连接方式 | 电　路　图 | 计　算　公　式 |
|---|---|---|
| 电阻 $R$<br>电容 $C$<br>并　联 | 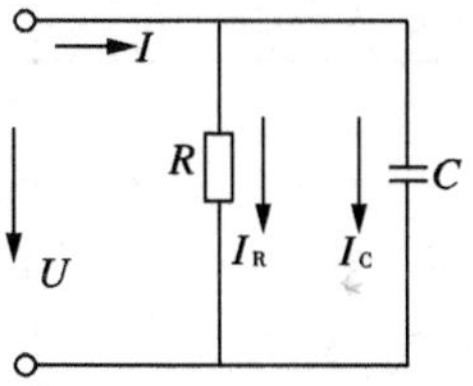 | $Z=\sqrt{(\frac{1}{R})^2+(\frac{1}{X_C})^2}$<br>式中：$\frac{1}{R}=G$(电导)；$\frac{1}{X_C}=b_L$(容纳) |
| 电阻 $R$<br>电感 $L$<br>电容 $C$<br>并　联 | 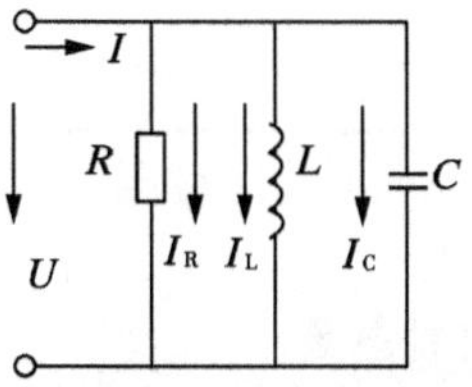 | $Z=\sqrt{(\frac{1}{R})^2+(\frac{1}{X_L}-\frac{1}{X_C})^2}$<br>式中：$\frac{1}{R}=G$(电导)；$\frac{1}{X_L}-\frac{1}{X_C}=b$(电纳) |

**（6）交流电路中功率和功率因数的计算见表1-9。**

**表1-9　交流电路中功率和功率因数的计算**

| 项　目 | 公　式 | 单　位 | 说　　明 |
|---|---|---|---|
| 有功功率 | 单相 $P=UI\cos\varphi=S\cos\varphi$<br>三相 $P=\sqrt{3}UI\cos\varphi$ | W | $U$—电压（V）<br>$I$—电流（A） |
| 视在功率 | $S=UI$ | V·A | |
| 无功功率 | 单相 $Q=UI\sin\varphi$<br>三相 $Q=\sqrt{3}UI\sin\varphi$<br>$Q_L=U_LI=I^2X_L$<br>$Q_C=U_CI=I^2X_C$ | var | $Q_L$—电感线圈中的无功功率（W）<br>$Q_C$—电容器中的无功功率（W） |
| 功率因数 | $\cos\varphi=\frac{P}{S}=\frac{P}{UI}$ | | |

**（7）三相交流电路负载的连接见表1-10。**

**表1-10　三相交流电路负载的连接**

| 接法 | 图形 | 线电压与相电压关系式 | 线电流与相电流关系式 |
|---|---|---|---|
| 星形连接（Y） | 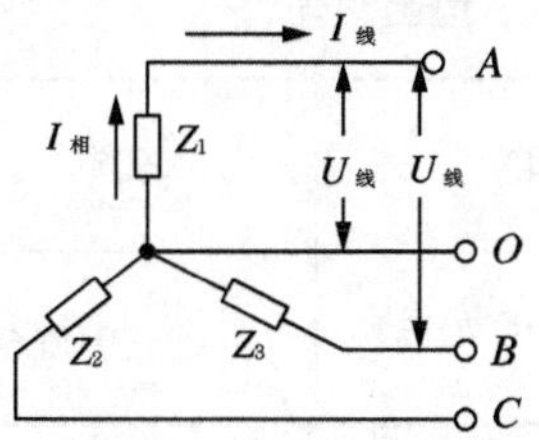 | 线电压是相电压的$\sqrt{3}$倍<br>$U_线=\sqrt{3}U_相$ | 线电流等于相电流<br>$I_线=I_相$ |

续表

| 接法 | 图形 | 线电压与相电压关系式 | 线电流与相电流关系式 |
|---|---|---|---|
| 三角形连接（△） | 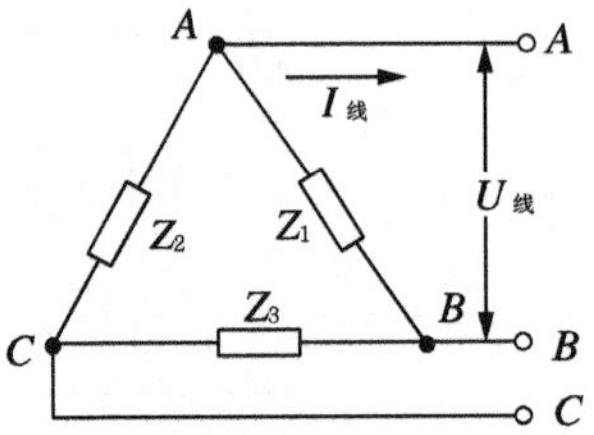  | 线电压等于相电压<br>$U_{线} = U_{相}$ | 线电流是相电流的$\sqrt{3}$倍<br>$I_{线} = \sqrt{3}I_{相}$ |

（8）利用三角形计算各种电量（见表1-11）。

表1-11　利用三角形计算各种电量

| 图形名称 | 图形 | 计算公式及说明 |
|---|---|---|
| 电压三角形 | 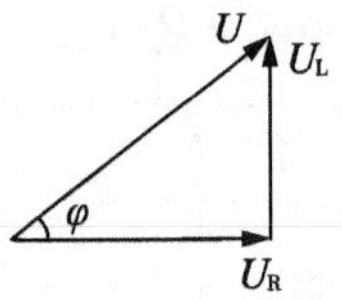  | 在电阻、电感串联的电路中，由电阻电压降$U_R$、电感电压降$U_L$以及端电压$U$在向量上组成的三角形，根据勾股定理，端电压的大小为<br>$U^2 = U_R^2 + U_L^2 = (IR)^2 + (IX_L)^2$<br>$U = I\sqrt{U_R^2 + X_L^2}$ |
| 阻抗三角形 | 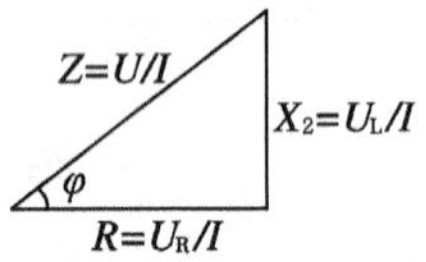  | 在$R$–$L$串联的电路中，若把电压三角形的三个边分别乘电流$I$，则可得到一个和电压三角形相似的三角形，这个三角形的三个边分别是电阻$R$、感抗$X_L$和阻抗$Z$。根据勾股定理，阻抗的大小为<br>$Z = \sqrt{R^2 + X_L^2}$ |
| 功率三角形 | 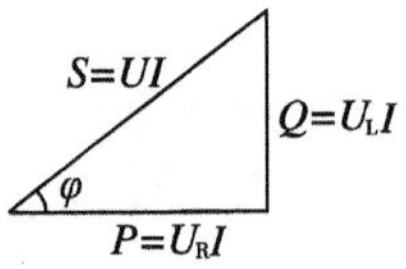  | 把电压三角形的三个边都乘电流$I$，则电压三角形就变成了功率三角形。它的斜边是视在功率$S$，两个直角边分别代表有功功率$P$和无功功率$Q$。根据勾股定理有<br>$S = UI = \sqrt{P^2 + Q^2}$　　$\cos\varphi = \dfrac{P}{S}$ |

（9）特殊角的三角函数值见表1-12。

表1-12　特殊角的三角函数值

| 函数<br>角度 | 0° | 30° | 45° | 60° | 90° |
|---|---|---|---|---|---|
| sin | 0 | $\frac{1}{2} = 0.5$ | $\frac{1}{\sqrt{2}} = 0.70711$ | $\sqrt{\frac{3}{2}} = 0.86603$ | 1 |

续表

| 函数<br>角度 | 0° | 30° | 45° | 60° | 90° |
| --- | --- | --- | --- | --- | --- |
| cos | 1 | $\sqrt{\frac{3}{2}}=0.86603$ | $\frac{1}{\sqrt{2}}=0.70711$ | $\frac{1}{2}=0.5$ | 0 |
| tan | 0 | $\frac{1}{\sqrt{3}}=0.57735$ | 1 | $\sqrt{3}=1.73205$ | ∞ |
| cot | ∞ | $\sqrt{3}=1.73205$ | 1 | $\frac{1}{\sqrt{3}}=0.57735$ | 0 |

## 第三节　三相功率、电流和电压的关系诺模图

三相功率、电流和电压的计算较为麻烦，根据相功率、电流和电压的关系计算，绘制一个功率、电流、电压诺模图，如图 1-9 所示，方便工作中使用。

### 1. 功率、电流、电压诺模图

已知总功率和电压，可以从图 1-9 上求电流。已知电流和电压，可以从图 1-9 上求功率。在两个标尺上取已知数值的两点，连接此两点画一直线与第三标尺相交于一点，即得出欲求的未知数。从计算公式 $S=\sqrt{3}UI$ 可知，视在功率 $S$ 与电流 $I$ 成正比。在电压标尺Ⅰ上，电压 $U$ 的数值与功率标尺Ⅰ上 $S$ 的数值相对应。在电压标尺Ⅱ上，$U$ 的数值与功率标尺Ⅱ上 $S$ 的数值相对应。

**【例1-11】** 若已知三相电压为 10kV，输送功率 $S$=480kV · A，求电流 $I$。

**解：** 以直线连接标尺上选出的两点，即$U_{Ⅱ}$=10kV 和 $S_{Ⅱ}$=0.48MV · A，该直线（虚线 1）与Ⅰ标尺相交于一点，得 $I$=28A。

**【例1-12】** 若已知三相电压为 380V，电流为 35A，求三相回路功率。

**解：** 以直线连接标尺上选出的两点，即 $I_1$=35A 和 $U_1$=0.38kV，该直线（虚线 2）与 $S$ 标尺相交于一点，得 $S$=23kV · A。

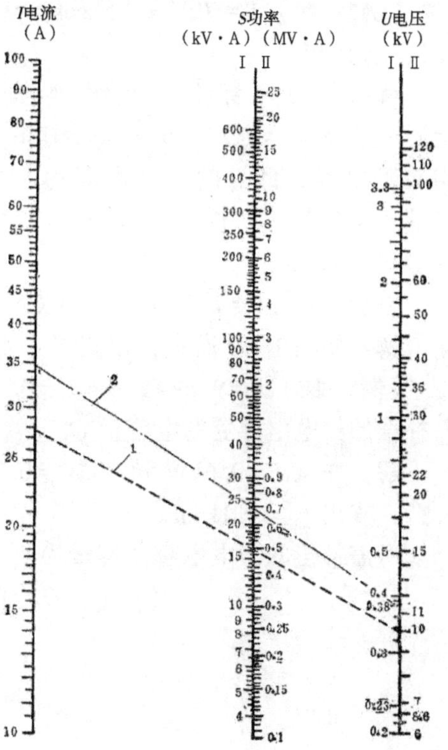


图 1-10　三相功率、电流和电压的关系诺模图

## 2. 有功功率、无功功率、功率因数的关系诺模图

在工作中，经常遇到有功功率 $P$、无功功率 $Q$、视在功率 $S$、功率因数 $\cos\varphi$ 四个参数的计算，虽然计算并不复杂，但稍有不慎，就会算错，同时也得花费一定的时间。根据 $S=\sqrt{P^2+Q^2}$、$P=S\cos\varphi$、$Q=S\sin\varphi$ 的计算公式来绘制 $P$、$Q$、$S$、$\cos\varphi$ 的关系诺模图，如图 1-10 所示。

采用图解法，就能从已知任何两项数值很快地查检出其他两项数值，且非常简单便利。

**【例1-13】** 有功功率 $P=4\text{kW}$，无功功率 $Q=3\text{kvar}$，求视在功率 $S$ 和功率因数 $\cos\varphi$。

**解：** 在纵坐标上查得 $P=4\text{kW}$，在横坐标上查得 $Q=3\text{kW}$，相交于 $A$ 点得 $S=5\text{kV}\cdot\text{A}$，$\cos\varphi=0.8$。

**【例1-14】** $S=7\text{kV}\cdot\text{A}$，$\cos\varphi=0.6$，求 $P$ 和 $Q$。

**解：** 在横坐标上（或纵坐标上）查得 $S=7\text{kV}\cdot\text{A}$ 与 $\cos\varphi=0.6$ 相交于 $B$ 点，此点的纵坐标即为所求的 $P=4.2\text{kW}$，横坐标即为所求的 $Q=5.6\text{kvar}$。

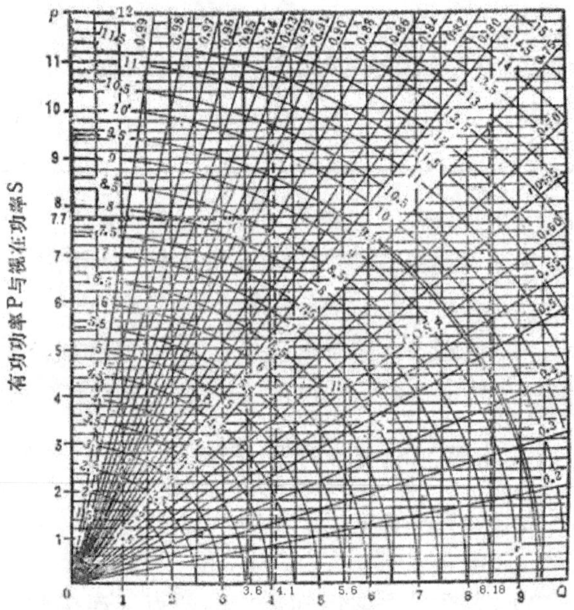

图 1-11　$P$、$Q$、$S$、$\cos\varphi$ 的关系诺模图

**【例1-15】** $P=7.7\text{kW}$，$Q=3.6\text{kvar}$，求 $S$ 和 $\cos\varphi$。

**解：** 如图 1-10 所示，相交于 $C$ 点，得 $S=8.5\text{kV}\cdot\text{A}$，$\cos\varphi=0.905$。

**【例1-16】** $P=9.6\text{kV}$，$\cos\varphi_1=0.75$，要求将功率因数提高到 $\cos\varphi_2=0.92$，求所需要补偿的静电电容器的电容量 $Q_k$。

**解：** 先从 $P=9.6\text{kW}$ 和 $\cos\varphi_1=0.75$ 查出 $Q_1=8.45\text{kvar}$；再从 $P=9.6\text{kW}$ 和 $\cos\varphi_2=0.92$，查出 $Q_2=4.1\text{kvar}$。

所需补偿的静电电容器容量为

$$Q_k=Q_1-Q_2=8.4\text{kvar}-4.1\text{kvar}=4.3\text{kvar}$$

# 第二章　县级电网技术管理的常用计算

## 第一节　负荷计算

负荷计算是分析县级电网供电规划的基础，与电源的配置、网络的布局以及电网内各种电气设备的选择有着十分重要的关系。负荷计算过大或过小都不利于国民经济的发展。只有计算得比较准确，才能使设备和资金都能得到充分的发挥和利用，电网才能取得更大的效益。

### 1. 负荷计算中几个名词的基本概念

（1）**设备额定容量 $P_e$**　在用电设备中，设备额定容量是指设备铭牌上所标识的数据。以设备额定容量计算负荷时，要明确设备额定容量的统计范围。用多台设备组成的用电设备组，则设备总额定容量就是这组设备中各自的额定容量总和，包括停止工作的用电设备在内，但不包括备用设备。因为停止工作的设备随时都有投入的可能，而备用设备则只有当工作设备退出时，才会代替工作中的设备而投入运行。各用电设备额定容量之和，以 $\Sigma_P$或 $\Sigma_S$来表示，这里不包括备用容量。

（2）**计算负荷**　为了合理设计和选择工矿企业供电系统中的电气设备和导线，需要根据用电设备的容量对有关的电力负荷进行统计计算，所得到的负荷为计算负荷。计算负荷确定得是否合理，直接关系到电气设备的选择是否合理。如果计算负荷确定过大，会增加投资和造成有色金属的浪费；而计算负荷确定得过小，又会造成电气设备和导线长期过热，这不仅增加电能损耗，而且影响设备的使用寿命和用电安全。**按发热条件选择供电系统元件所需计算的负荷功率或负荷电流，称为计算负荷。**根据电力负荷计算中常用到的有功功率 $P$、电压 $U$、电流 $I$、视在功率 $S$ 四个不同的物理量之间关系的计算公式，可将常用千瓦、安培量值的互换关系以及高电压和低电压的功率因数、电流、功率之间互换关系对照值制成表格，分别见表 2-1～表 2-5，以方便使用。

（3）**负荷系数 $K_f$**　在选择设备容量时，往往使其稍大于实际负荷的需要。另外，许多用电负荷也在不断地变化。因此在多数情况下，实际负荷总是比设备铭牌的额定容量要小，这一差别可用负荷系数 $K_f$来表示。所谓的负荷系数就是用电设备的实际有功负荷 $P$ 与设备的额定容量 $P_e$的比值，即

$$K_f = \frac{P}{P_e} \qquad \text{式2-1}$$

表2-1　不同电压级功率与电流速算表

| 线电压/V | 每千瓦换算安培 | | | | 每安培换算千瓦 | | | |
|---|---|---|---|---|---|---|---|---|
| | 三相电路功率因数 cosφ | | | | | | | |
| | 1.00 | 0.90 | 0.80 | 0.70 | 1.00 | 0.90 | 0.80 | 0.70 |
| 220 | 2.628 | 2.92 | 3.28 | 3.75 | 0.381 | 0.343 | 0.304 | 0.266 |
| 380 | 1.521 | 1.69 | 1.90 | 2.17 | 0.657 | 0.592 | 0.526 | 0.460 |
| 400 | 1.45 | 1.61 | 1.81 | 2.06 | 0.692 | 0.623 | 0.554 | 0.484 |
| 3000 | 0.193 | 0.214 | 0.241 | 0.275 | 5.19 | 4.67 | 4.15 | 3.63 |
| 3300 | 0.175 | 0.195 | 0.219 | 0.25 | 5.71 | 5.14 | 4.57 | 4.00 |
| 6000 | 0.0963 | 0.1070 | 0.1204 | 0.1376 | 10.38 | 9.34 | 8.30 | 7.27 |
| 6300 | 0.0918 | 0.1019 | 0.1147 | 0.1311 | 10.90 | 9.81 | 8.72 | 7.63 |
| 6600 | 0.0875 | 0.0972 | 0.1093 | 0.1251 | 11.42 | 10.28 | 9.13 | 7.99 |
| 10000 | 0.0577 | 0.0642 | 0.0721 | 0.0825 | 17.30 | 15.60 | 13.90 | 12.20 |
| 35000 | 0.0165 | 0.0184 | 0.0206 | 0.0237 | 60.60 | 54.50 | 48.40 | 42.40 |
| 110000 | 0.00526 | 0.00584 | 0.00657 | 0.00751 | 190.30 | 171.30 | 152.2 | 132.2 |

表2-2　380V 电压的功率因数、电流、功率之间关系换算表

| cosφ / 功率/kW / 电流/A | 0.50 | 0.55 | 0.60 | 0.65 | 0.70 | 0.75 | 0.80 | 0.85 | 0.90 | 0.95 | 1.00 |
|---|---|---|---|---|---|---|---|---|---|---|---|
| 1 | 0.3 | 0.4 | 0.4 | 0.5 | 0.5 | 0.5 | 0.6 | 0.6 | 0.6 | 0.7 | 0.7 |
| 2 | 0.7 | 0.8 | 0.8 | 0.9 | 1.0 | 1.0 | 1.1 | 1.2 | 1.2 | 1.3 | 1.4 |
| 3 | 1.0 | 1.1 | 1.1 | 1.3 | 1.5 | 1.6 | 1.7 | 1.8 | 1.9 | 2.0 | 2.1 |
| 4 | 1.4 | 1.5 | 1.7 | 1.8 | 1.9 | 2.1 | 2.2 | 2.3 | 2.5 | 2.6 | 2.8 |
| 5 | 1.7 | 1.9 | 2.1 | 2.2 | 2.4 | 2.6 | 2.8 | 2.9 | 3.1 | 3.3 | 3.5 |
| 10 | 3.5 | 3.8 | 4.2 | 4.5 | 4.8 | 5.2 | 5.5 | 5.9 | 6.2 | 6.6 | 6.9 |
| 15 | 5.2 | 5.7 | 6.2 | 6.7 | 7.3 | 7.8 | 8.3 | 8.8 | 9.4 | 9.9 | 10.4 |
| 20 | 6.9 | 7.6 | 8.3 | 9.0 | 9.7 | 10.4 | 11.1 | 11.7 | 12.5 | 13.1 | 13.7 |
| 25 | 8.6 | 9.5 | 10.4 | 11.2 | 12.1 | 13.0 | 13.9 | 14.7 | 15.6 | 16.4 | 17.3 |
| 30 | 10.4 | 11.4 | 12.5 | 13.5 | 14.6 | 15.6 | 16.6 | 17.6 | 18.7 | 19.7 | 20.8 |
| 35 | 12.1 | 13.3 | 14.6 | 15.7 | 17.0 | 18.2 | 19.4 | 20.5 | 21.8 | 23.0 | 24.3 |
| 40 | 13.8 | 15.2 | 16.6 | 18.0 | 19.4 | 20.8 | 22.2 | 23.5 | 25.0 | 26.3 | 27.7 |
| 45 | 15.6 | 17.1 | 18.7 | 20.2 | 21.8 | 23.4 | 24.9 | 26.4 | 28.1 | 29.6 | 31.2 |
| 50 | 17.3 | 19.1 | 20.8 | 22.5 | 24.2 | 26.0 | 27.7 | 29.3 | 31.2 | 32.8 | 34.6 |
| 60 | 20.8 | 22.9 | 25.0 | 27.0 | 29.0 | 31.2 | 33.2 | 35.2 | 37.4 | 39.4 | 41.5 |
| 70 | 24.3 | 26.7 | 29.2 | 31.5 | 33.8 | 36.4 | 38.7 | 41.1 | 43.6 | 46.0 | 48.4 |
| 80 | 27.8 | 30.5 | 33.4 | 36.0 | 38.6 | 41.6 | 44.2 | 47.0 | 49.8 | 52.6 | 55.3 |
| 90 | 31.3 | 34.3 | 37.6 | 40.5 | 43.4 | 46.8 | 49.7 | 52.9 | 56.0 | 59.2 | 62.2 |
| 100 | 34.6 | 38.1 | 41.6 | 45.0 | 48.5 | 51.9 | 55.4 | 58.7 | 62.4 | 65.7 | 69.3 |

表2-3　10kV 电压级的功率数、电流、功率之间的关系换算表

| 电流/A \ 功率/kW \ cosφ | 0.50 | 0.55 | 0.60 | 0.65 | 0.70 | 0.75 | 0.80 | 0.85 | 0.90 | 0.95 | 1.00 |
|---|---|---|---|---|---|---|---|---|---|---|---|
| 1 | 8.6 | 9.5 | 10 | 11 | 12 | 13 | 14 | 15 | 16 | 16 | 17 |
| 2 | 17 | 19 | 21 | 23 | 24 | 26 | 28 | 29 | 31 | 33 | 35 |
| 3 | 26 | 28 | 31 | 34 | 37 | 39 | 42 | 44 | 47 | 49 | 52 |
| 4 | 35 | 38 | 42 | 45 | 49 | 52 | 56 | 59 | 62 | 66 | 69 |
| 5 | 43 | 47 | 52 | 56 | 61 | 65 | 69 | 73 | 78 | 82 | 86 |
| 10 | 86 | 95 | 104 | 113 | 122 | 130 | 139 | 147 | 156 | 165 | 173 |
| 15 | 129 | 142 | 156 | 169 | 183 | 195 | 208 | 220 | 234 | 247 | 259 |
| 20 | 173 | 190 | 208 | 226 | 244 | 260 | 278 | 294 | 312 | 330 | 346 |
| 25 | 216 | 237 | 260 | 285 | 305 | 325 | 347 | 367 | 390 | 412 | 432 |
| 30 | 259 | 285 | 312 | 339 | 366 | 390 | 417 | 441 | 468 | 495 | 519 |
| 35 | 302 | 332 | 364 | 395 | 427 | 455 | 486 | 514 | 546 | 577 | 605 |
| 40 | 346 | 380 | 416 | 452 | 488 | 520 | 556 | 588 | 624 | 660 | 692 |
| 45 | 389 | 427 | 468 | 508 | 549 | 585 | 625 | 661 | 702 | 742 | 778 |
| 50 | 432 | 475 | 520 | 565 | 610 | 650 | 695 | 735 | 780 | 825 | 865 |
| 60 | 518 | 570 | 624 | 678 | 732 | 780 | 834 | 882 | 936 | 990 | 1038 |
| 70 | 604 | 665 | 728 | 791 | 854 | 910 | 973 | 1029 | 1092 | 1155 | 1211 |
| 80 | 690 | 760 | 832 | 904 | 976 | 1040 | 1112 | 1176 | 1248 | 1320 | 1384 |
| 90 | 776 | 855 | 936 | 1017 | 1098 | 1170 | 1251 | 1323 | 1404 | 1485 | 1557 |
| 100 | 860 | 950 | 1040 | 1130 | 1220 | 1300 | 1390 | 1470 | 1560 | 1650 | 1730 |

表2-4　35kV 电压级的功率因数、电流、功率换算表

| 电流/A \ 功率/kW \ cosφ | 0.50 | 0.55 | 0.60 | 0.65 | 0.70 | 0.75 | 0.80 | 0.85 | 0.90 | 0.95 | 1.00 |
|---|---|---|---|---|---|---|---|---|---|---|---|
| 1 | 30 | 33 | 36 | 39 | 42 | 45 | 48 | 51 | 54 | 57 | 61 |
| 2 | 61 | 67 | 73 | 79 | 85 | 91 | 97 | 103 | 109 | 115 | 121 |
| 3 | 91 | 100 | 109 | 118 | 127 | 136 | 145 | 154 | 163 | 172 | 182 |
| 4 | 121 | 133 | 145 | 157 | 169 | 182 | 194 | 206 | 218 | 230 | 242 |
| 5 | 151 | 166 | 181 | 196 | 211 | 227 | 242 | 257 | 272 | 288 | 303 |
| 10 | 303 | 333 | 363 | 393 | 423 | 454 | 485 | 515 | 545 | 575 | 606 |
| 15 | 454 | 500 | 544 | 589 | 634 | 681 | 727 | 772 | 817 | 862 | 909 |
| 20 | 606 | 666 | 726 | 786 | 846 | 908 | 970 | 1030 | 1090 | 1150 | 1212 |
| 25 | 757 | 832 | 907 | 982 | 1057 | 1135 | 1212 | 1287 | 1362 | 1437 | 1515 |
| 30 | 909 | 999 | 1089 | 1179 | 1269 | 1362 | 1455 | 1545 | 1635 | 1725 | 1818 |
| 35 | 1060 | 1165 | 1270 | 1375 | 1480 | 1589 | 1697 | 1802 | 1907 | 2012 | 2121 |
| 40 | 1212 | 1332 | 1452 | 1572 | 1692 | 1816 | 1940 | 2060 | 2180 | 2300 | 2424 |
| 45 | 1363 | 1498 | 1633 | 1768 | 1903 | 2043 | 2182 | 2317 | 2452 | 2587 | 2727 |
| 50 | 1515 | 1665 | 1815 | 1965 | 2115 | 2270 | 2425 | 2575 | 2725 | 2875 | 3030 |

续表

| cosφ<br>功率/kW<br>电流/A | 0.50 | 0.55 | 0.60 | 0.65 | 0.70 | 0.75 | 0.80 | 0.85 | 0.90 | 0.95 | 1.00 |
|---|---|---|---|---|---|---|---|---|---|---|---|
| 60 | 1818 | 1998 | 2178 | 2358 | 2538 | 2724 | 2910 | 3090 | 3270 | 3450 | 3636 |
| 70 | 2121 | 2331 | 2541 | 2751 | 2961 | 3178 | 3395 | 3605 | 3815 | 4025 | 4242 |
| 80 | 2424 | 2664 | 2904 | 3144 | 3384 | 3632 | 3880 | 4120 | 4360 | 4600 | 4848 |
| 90 | 2727 | 2997 | 3267 | 3537 | 3807 | 4086 | 4365 | 1635 | 4905 | 5175 | 5454 |
| 100 | 3030 | 3330 | 3630 | 5930 | 4230 | 4540 | 4850 | 5150 | 5450 | 5750 | 6060 |

**表2-5 110kV电压级的功率因数、电流、功率换算表**

| cosφ<br>功率/kW<br>电流/A | 0.50 | 0.55 | 0.60 | 0.65 | 0.70 | 0.75 | 0.80 | 0.85 | 0.90 | 0.95 | 1.00 |
|---|---|---|---|---|---|---|---|---|---|---|---|
| 1 | 95 | 104 | 114 | 123 | 133 | 142 | 152 | 161 | 171 | 180 | 190 |
| 2 | 191 | 209 | 228 | 247 | 266 | 285 | 304 | 323 | 342 | 361 | 380 |
| 3 | 286 | 313 | 342 | 370 | 399 | 427 | 456 | 484 | 513 | 541 | 570 |
| 4 | 382 | 418 | 456 | 494 | 532 | 570 | 608 | 646 | 684 | 722 | 760 |
| 5 | 477 | 522 | 570 | 617 | 665 | 712 | 760 | 807 | 855 | 902 | 950 |
| 10 | 955 | 1045 | 1140 | 1235 | 1330 | 1425 | 1520 | 1615 | 1710 | 1805 | 1900 |
| 15 | 1432 | 1567 | 1710 | 1852 | 1995 | 2137 | 2280 | 2422 | 2566 | 2707 | 2850 |
| 20 | 1910 | 2090 | 2280 | 2470 | 2660 | 2850 | 3040 | 3230 | 3420 | 3610 | 3800 |
| 25 | 2387 | 2612 | 2850 | 3087 | 3325 | 3562 | 3800 | 4037 | 4275 | 4512 | 4750 |
| 30 | 2865 | 3135 | 3420 | 3705 | 3990 | 4275 | 4560 | 4845 | 5130 | 5415 | 5700 |
| 35 | 3342 | 3657 | 3990 | 4322 | 4655 | 4987 | 5320 | 5652 | 5985 | 6317 | 6650 |
| 40 | 3820 | 4180 | 4560 | 4940 | 5320 | 5700 | 6080 | 6460 | 6840 | 7220 | 7600 |
| 45 | 4297 | 4702 | 5130 | 5557 | 5985 | 6412 | 6840 | 7267 | 7695 | 8122 | 8550 |
| 50 | 4775 | 5225 | 5700 | 6175 | 6650 | 7125 | 7600 | 8075 | 8550 | 9025 | 9550 |
| 60 | 5730 | 6270 | 6840 | 7410 | 7980 | 8550 | 9120 | 9690 | 10260 | 10830 | 11450 |
| 70 | 6685 | 7315 | 7980 | 8645 | 9310 | 9975 | 10640 | 11305 | 11970 | 12635 | 13350 |
| 80 | 7640 | 8360 | 9120 | 9880 | 10640 | 11400 | 12160 | 12920 | 13680 | 14440 | 15250 |
| 90 | 8595 | 9405 | 10260 | 11115 | 11970 | 12825 | 13680 | 14535 | 15390 | 16245 | 17150 |
| 100 | 9550 | 10450 | 11400 | 12350 | 13300 | 14250 | 15200 | 16150 | 17100 | 18050 | 19000 |

（4）**同时系数$K_t$**　在计算区域性负荷时，通过计算可知道县级供电企业各类用电的最大负荷，但是各类用电的最大负荷并不是在同一时间出现。这是因为各类用电的情况随着季节的不同也时常发生变化，如冬季就没有排涝负荷，而取暖负荷就较大，有的设备处于检修，有的停止工作，有的处于空载或轻载状态。因此该供电区的实际最大负荷值，比各分类最大负荷值之和要小，我们通常把供电区综合的最大负荷值（实际最大负荷值）$P_{Z\cdot max}$与各分类最大负荷值之和$\Sigma P_{max}$之比，称为同时系数$K_t$，即

$$K_t = \frac{P_{Z\cdot max}}{\Sigma P_{max}}$$ 式2-2

由上述可知，同时系数 $K_t$ 总是小于1的。由式2-2可知，该供电区的最大负荷为

$$P_{Z\cdot max} = K_t \Sigma P_{max}$$ 式2-3

由式2-3得知，如果已知该供电区的各分类用电的最大负荷，再知道这一地区负荷的同时系数，就可求出该地区的综合最大负荷。

**(5) 需用系数 $K_x$** 需用系数反映某一时间电气设备的用电程度。通常把同类用户的用电最大负荷 $P_{t\cdot max}$ 与同类用户的装机设备额定容量总和 $\Sigma P_{te}$ 之比，称为需用系数 $K_x$，即

$$K_x = \frac{P_{t\cdot max}}{\Sigma P_{te}}$$ 式2-4

式中：$K_x$—需用系数，通常只能通过实测，是一个综合性系数，见表2-6～表2-9。

则该类用户的最大负荷为

$$P_{t\cdot max} = K_x \Sigma P_{te}$$ 式2-5

某类负荷的 $K_x$ 值，实际上是该类负荷的负载系数 $K_f$ 与同时系数 $K_t$ 的乘积，即 $K_x = K_f K_t$。

由上述可知，如果已知某地区的同类工业或农业用电设备总额定容量，再知道该地区的需用系数 $K_f$ 和同时系数 $K_x$，利用公式就可以求出该地区同类用电的最大负荷。

## 2. 工矿企业负荷的计算

**(1) 工厂负荷计算公式**

$$S_{js} = K_x K_\Sigma P_s$$ 式2-6

式中：$S_{js}$—计算负荷（kV·A或kW）；

$K_x$—需用系数，是与用电设备台数、效率、工作性质等多种因素有关的计算系数，一般可以从电工手册中查出；

$K_t$—同时系数，对变配电所来说一般取0.95～1；

$P_s$—计算需要的设备容量（kV·A或kW）。

**(2) 工厂电力负荷计算资料**

1）班平均负荷。指一个工作班内（一般为8h）的平均负荷。可用 $P_P$、$Q_P$、$S_P$ 及 $I_P$ 四个量表示。

2）半小时最大负荷。在一个最大负荷班内找出其中某个最大的半小时平均负荷值，此值称为半小时最大负荷，其计算用的四个量分别为 $P_{js}$、$Q_{js}$、$S_{js}$ 及 $I_{js}$。

3）尖峰负荷。所谓的尖峰负荷是指用电设备（或用电设备组）可能通过持续1～2s的最大瞬时负荷电流，一般用 $I_{jf}$ 表示。它用来计算电压波动，选择熔断器、断路器、整定继电保护装置及检验电动机自起动条件等。

尖峰电流的计算

a. 单台用电设备尖峰电流按下式计算：

$$I_{jf}=K_qI_e \quad \text{式2-7}$$

式中：$I_e$—用电设备的额定电流（A）；

$K_q$—用电设备的起动电流倍数，鼠笼式电动机为6~7，绕线式电动机为2~3，直流电动机为1.7，电焊变压器为3或稍大。

b. 引至多台用电设备的线路上的尖峰电流按下式计算：

$$I_{if}=K_t\times\Sigma I_{e(n-1)}+I_{q\cdot max} \quad \text{式2-8}$$

或

$$I_{jf}=I_{js}+(I_q-I_e)_{max} \quad \text{式2-9}$$

式中：$I_{q\cdot max}$和（$I_q$-$I_e$）$_{max}$—用电设备中起动电流与额定电流之差为最大的那台用电设备的起动电流及该台设备的起动电流与额定电流之差值（A）；

$\Sigma I_{e(n-1)}$—起动电流与额定电流之差最大的那台用电设备除外的其他所有用电设备的额定电流之和（A）；

$K_t$-（$n$-1）台用电设备的同时系数，按台数多少来取，一般为0.7~1；

$I_{js}$—全部用电设备接入时线路上的计算电流（A）。

**【例2-1】** 有一条380V线路，供给4台电动机，其负荷资料如下所示。试计算其线路的尖峰电流。

**【例2-1】负荷资料**

| 参　数 | 电　动　机 | | | |
|---|---|---|---|---|
| | 1D | 2D | 3D | 4D |
| 额定电流/A | 5.8 | 5 | 35.8 | 27.6 |
| 起动电流/A | 40.6 | 35 | 197 | 193.2 |

**解：** 先找出起动电流与额定电流之差最大的电动机。

1D：$I_q-I_e=40.6A-5.8A=34.8A$

2D：$I_q-I_e=35A-5A=30A$

3D：$I_q-I_e=197A-35.8A=161.2A$

4D：$I_q-I_e=193.2A-27.6A=165.6A$

由计算结果可知，电动机4D的起动电流与额定电流之差为最大。因此按式$I_{jf}=K_t\times\Sigma I_{e(n-1)}+I_{q\cdot max}$可求得线路的尖峰电流（取$K_t=0.9$）为

$$I_{jf}=0.9\times(5.8+5+35.8)A+193.2A=235A$$

4）设备容量$P_s$或$S_s$。对一般电动机是指铭牌容量$P_e$；对反复短时工作的电动机是指暂载率$\varepsilon=25\%$时的额定容量。如$\varepsilon$值不为25%，则按下式进行换算，使其成为25%时对应的额定容量。

$$P_s=\sqrt{\frac{\varepsilon_e}{\varepsilon_{25}}}P_e=2\sqrt{\varepsilon_e}P_e \quad \text{式2-10}$$

式中：$P_e$为$\varepsilon=\varepsilon_e$时的电动机额定容量（kV·A）。

5）连接容量$P_{lj}$或$S_{lj}$。指额定负荷和额定电压下所需要的容量，计算公式如下：

$$P_{lj}=\frac{P_s}{\eta_e} \qquad 式2-11$$

或

$$S_{lj}=\frac{P_s}{\eta_e\cos\varphi_e} \qquad 式2-12$$

式中：$\eta_e$—额定负荷时电动机的效率；

$\cos\varphi_e$—额定负荷时的功率因数。

6）负荷系数 $K_f$。在最大负荷时所有工作的用电设备实际所需功率，与全部被投入用电设备总容量的比值。用下式表示：

$$K_f=\frac{P}{P_s} \qquad 式2-13$$

7）同时使用系数 $K_0$。最大负荷时某组工作着的用电设备容量与接于线路中全部用电设备总容量的比值，即

$$K_0=\frac{P_{gs}}{\Sigma P_s} \qquad 式2-14$$

式中：$P_{gs}$—工作中的用电设备容量（kW）；

$\Sigma P_s$—接于线路中全部用电设备总容量（kW）。

（8）需要系数 $K_x$。是计算负荷 $P_{js}$（半小时最大有功负荷）与设备容量之比，即

$$K_x=\frac{P_{js}}{P_s} \qquad 式2-15$$

$$K_x=\frac{K_0k_f}{\eta_e\eta_x} \qquad 式2-16$$

式中：$\eta_e$—设备效率；

$\eta_x$—线路效率；

$K_x$—通常只能通过实测，是一个综合性系数，其计算负荷如下式：

$$P_{js}=K_xP_s \qquad 式2-17$$

**（3）负荷计算公式**

1）基本计算公式

$$P_{js}=bP_s+cP_e \qquad 式2-18$$

式中：$bP_s$—用电设备的平均负荷；

$cP_n$—用电设备组中 $n$ 台容量较大的设备运行时的附加负荷，$P_e$为 $n$ 台最大容量设备的总容量；

$b$、$c$—二项式系数，（见表2-6）。

2）多组用电设备计算负荷的确定

$$P_{js}=\Sigma(bP_s)i+(cP_e)m \qquad 式2-19$$

$$Q_{js}=\Sigma(bP_s\tan\varphi)i+(cP_e\tan\varphi)m \qquad 式2-20$$

式中：$\Sigma(bP_s)i$ 和 $\Sigma(bP_s\tan\varphi)i$—所有各组的有功和无功平均负荷的总和；

$(cP_n)_m$和（$cP_n\tan\varphi)_m$—各组有功和无功附加负荷中最大值。

3）车间低压负荷计算

$$P_{\Sigma2}=K_0（P_{js.1}+P_{js.2}+\cdots+P_{js.n}）=K_0\Sigma P_{js}$$ 式2-21

$$Q_{\Sigma2}=K_{0q}（Q_{js.1}+Q_{js.2}+\cdots+Q_{js.n}）=K_{0q}\Sigma Q_{js}$$ 式2-22

式中：$K_{0q}$—无功负荷同时系数，通常采用$K_0$的相似值。

当$P_{\Sigma2}$和$Q_{\Sigma2}$确定后，再加上车间变压器有功及无功损耗，即可得出车间变压器高压侧有功及无功负荷。

**（4）企业总计算负荷** 企业总计算负荷是总降压变电所低压母线上的负荷加上变压器及电力网供电线路中的损耗（包括无功负荷及移相电容器的补偿容量）。

1）全厂需要系数$K_x$

$$K_x（全厂）=\frac{P_{js}（全厂）}{P_s（全厂）}$$ 式2-23

式中：$q$—单位产品的电能消耗量（kW·h）；

$m$—企业全年的总产量，以产品的单位计算。

2）企业年需电量$A$

$$A=qm$$ 式2-24

式中：$q$—单位产品的电能消耗量（kW·h）；

$m$—企业全年的总产量，以产品的单位计算。

3）企业平均负荷$P_p$（kW·h）、最大负荷$P_m$（kW·h）

$$P_p=\frac{A}{t}$$ 式2-25

$$P_m=\frac{A}{t_m}$$ 式2-26

式中：$t_m$—该企业最大负荷利用小时（h），可查表2-9；

$A$—企业一年内实际消耗电量（kW·h）。

**表2-6 计算负荷二项式中的系数**

| 用电设备类别 | 台数 $n$ | 二项式系数 $b$ | 二项式系数 $c$ | $\cos\varphi$ | $\tan\varphi$ | 需要系数 $K_x$ |
|---|---|---|---|---|---|---|
| 大批生产和流水作业的热工车间 | 5 | 0.26 | 0.5 | 0.65 | 1.17 | 0.3~0.4 |
| 大批生产的金属冷加工车间 | 5 | 0.14 | 0.5 | 0.5 | 1.73 | 0.2~0.25 |
| 小批单件生产的金属冷加工车间 | 5 | 0.14 | 0.4 | 0.5 | 1.73 | 0.16~0.2 |
| 通风机、水泵、空压机及发电机组 | 5 | 0.65 | 0.25 | 0.8 | 0.75 | 0.75~0.85 |
| 连续运输机械和铸工车间内的整砂机无联锁装置 | 5 | 0.4 | 0.4 | 0.75 | 0.88 | 0.6~0.7 |
| 有联锁装置 | 5 | 0.6 | 0.2 | 0.75 | 0.88 | 0.65~0.7 |
| 锅炉房、修理车间、装配车间和机房内的吊车（$\varepsilon$=25%） | 3 | 0.06 | 0.2 | 0.5 | 1.73 | 0.1~0.15 |
| 翻砂铸造车间的吊车（$\varepsilon$=25%） | 3 | 0.09 | 0.3 | 0.5 | 1.73 | 0.15~0.3 |
| 自动连续装料的电阻炉设备 | 2 | 0.7 | 0.3 | 0.95 | 0.33 | 0.6~0.8 |
| 非自动连续装料的电阻炉设备 | 1 | 0.5 | 0.6 | 0.95 | 0.33 | 0.6~0.7 |
| 实验室用的小型电热设备（干燥箱、加热设备） | — | 0.7 | — | 1.0 | — | — |

### 3. 地区用电需要量计算

**(1) 工业需电量 $A_g$**

$$A_g = \sum_{i=1}^{i=n} g_i m_i \ (\mathrm{kW \cdot h}) \qquad 式2-27$$

式中：$g_i$ —某一工业产品的单位产品耗电量；

$m_i$ —某一工业产品的产量；

$i$ —几种产品的第 $i$ 种。

**表2-7　一般工厂的全厂需用系数及功率因数**

| 工厂类别 | 需用系数 $K_x$ | | 功率因数 | |
|---|---|---|---|---|
| | 变动范围 | 建议采用 | 变动范围 | 建议采用 |
| 汽轮机制造厂 | 0.38~0.49 | 0.38 | — | 0.88 |
| 锅炉制造厂 | 0.26~0.33 | 0.27 | 0.73~0.75 | 0.75 |
| 柴油机制造厂 | 0.32~0.34 | 0.33 | 0.74~0.84 | 0.74 |
| 重型机械制造厂 | 0.25~0.47 | 0.35 | — | 0.79 |
| 机床制造厂 | 0.13~0.30 | 0.20 | — | — |
| 重型机床制造厂 | 0.32 | 0.32 | — | 0.71 |
| 工具制造厂 | 0.34~0.35 | 0.34 | — | — |
| 仪器仪表制造厂 | 0.31~0.42 | 0.37 | 0.80~0.82 | 0.81 |
| 滚珠轴承制造厂 | 0.24~0.34 | 0.28 | — | — |
| 量具、刃具制造厂 | 0.26~0.35 | 0.26 | — | — |
| 石油机械制造厂 | 0.45~0.50 | 0.45 | — | 0.78 |
| 电气开关制造厂 | 0.30~0.60 | 0.35 | — | 0.75 |
| 阀门制造厂 | 0.38 | 0.38 | — | — |
| 铸管厂 | — | 0.50 | — | 0.78 |
| 通用机器厂 | 0.34~0.43 | 0.40 | — | — |
| 小型造船厂 | 0.32~0.50 | 0.33 | 0.60~0.80 | 0.70 |
| 中型造船厂 | 0.35~0.45 | 有电炉时取高值 | 0.78~0.80 | 有电炉时取高值 |
| 大型造船厂 | 0.35~0.40 | 有电炉时取高值 | 0.70~0.80 | 有电炉时取高值 |
| 有色冶金企业 | 0.60~0.70 | 0.65 | — | - |

**(2) 城市给排水用电量 $A_{gs}$**

$$A_{gs} = \frac{Q_Z \times 365 \times H \times 10^{-6}}{102 \times \eta \times 3.6} \qquad 式2-28$$

式中：$Q_Z$—每昼夜给水量（$m^3$）；

$H$—平均扬程（$m^3$）；

$\eta$ —水泵及电动机总效率。

**(3) 城市交通运输年用电量**

$$A_{zt} = nS_p q \qquad 式2-29$$

式中：$n$—每一居民年平均乘车次数；

$S_p$—平均每人每次乘车距离（km）；

$q$—每人一千米耗电量。

**（4）市政生活用电量 $A_s$**

$$A_s = A_{zm} + A_{gs} + A_j + A_{cn} + A_{tf} \tag{式2-30}$$

式中：$A_{zm}$—照明用电量（kW·h）；

$A_{gs}$—给水用电量（kW·h）；

$A_j$—交通用电量（kW·h）；

$A_{cn}$—采暖用电量（kW·h）；

$A_{tf}$—通风用电量（kW·h）。

**（5）地区系统总需电量 $A_\Sigma$**

$$A_\Sigma = A_g + A_n + A_j + A_s \tag{式2-31}$$

式中：$A_g$—工业用电量（kW·h）；

$A_n$—农业用电量（kW·h）；

$A_j$—交通运输用电量（kW·h）；

$A_s$—市政生活用电量（kW·h）。

**表2-8　各种车间的全车间需用系数及功率因数**

| 工厂类别 | 需用系数 $K_x$ | | 功率因数 | |
|---|---|---|---|---|
| | 变动范围 | 建议采用 | 变动范围 | 建议采用 |
| 铸钢车间（不包括电炉） | 0.3~0.49 | | 0.65 | |
| 铸铁车间 | 0.35~0.40 | | 0.70 | |
| 锻压车间（不包括高压水泵） | 0.20~0.30 | | 0.55~0.65 | |
| 热处理车间 | 0.40~0.60 | | 0.65~0.70 | |
| 焊接车间 | 0.25~0.30 | | 0.45~0.50 | |
| 金工车间 | 0.20~0.30 | | 0.55~0.65 | |
| 木工车间 | 0.28~0.35 | | 0.60 | |
| 工具车间 | 0.30 | | 0.65 | |
| 修理车间 | 0.20~0.25 | | 0.65 | |
| 落锤车间 | 0.20 | | 0.65 | |
| 废钢铁处理车间 | 0.45 | | 0.68 | |
| 电镀车间 | 0.40~0.62 | | 0.85 | |
| 中央实验室 | 0.40~0.60 | | 0.60~0.80 | |
| 充电站 | 0.60~0.70 | | 0.80 | |
| 煤气站 | 0.50~0.70 | | 0.65 | |
| 氧气站 | 0.75~0.85 | | 0.80 | |
| 冷冻站 | 0.70 | | 0.75 | |
| 水泵站 | 0.50~0.65 | | 0.80 | |
| 锅炉房 | 0.65~0.75 | | 0.80 | |
| 压缩空气站 | 0.70~0.85 | | 0.75 | |

表2-9　各种工厂年最大负荷利用小时数

| 工厂类别 | 年最大负荷利用小时数 | |
|---|---|---|
| | 有功负荷年利用小时数 $t_m$ | 无功负荷年利用小时数 $t_m$ |
| 化工厂 | 6200 | 7000 |
| 石油提炼厂 | 7100 | — |
| 苯胺颜料厂 | 7100 | — |
| 氮肥厂 | 7000~8000 | — |
| 重型机械制造厂 | 3770 | 4840 |
| 机床厂 | 4345 | 4750 |
| 工具厂 | 4140 | |
| 滚珠轴承厂 | 5300 | 6130 |
| 起重运输设备厂 | 3300 | 3880 |
| 汽车拖拉机厂 | 4960 | 5240 |
| 农业机械制造厂 | 5330 | 4220 |
| 仪器制造厂 | 3080 | 3180 |
| 电器工厂 | 4280 | 6420 |
| 汽车修理厂 | 4370 | 3200 |
| 车轮修理厂 | 3560 | 3660 |
| 金属加工厂 | 4355 | 5880 |

## 第二节　供用电管理中常用经济指标的计算公式

**（1）受载率 $K_{sz}$**　反映用电设备的实际负荷（kW）与设备额定容量的比值。用公式表示为

$$K_{sz}=\frac{P_{sj}}{P_{sb}} \quad \text{式2-32}$$

式中：$P_{sj}$—用电设备的实际负荷（kW）；

$P_{sb}$—设备的额定容量（kW）；

$K_{sz}$—受载率，范围为0.4~0.7。

**（2）同时率**

$$K_{ts}=\frac{P_{zd}}{\Sigma P_{js}} \quad \text{式2-33}$$

式中：$P_{zd}$—实际投入运行的最大计算负荷（kW）；

$\Sigma P_{js}$—负荷区内所有计算负荷之和（kW）；

$K_{ts}$—同时率，范围为0.5~0.7。

**（3）平均负荷**

$$P_{pj}=\frac{A}{T} \quad \text{式2-34}$$

式中：$A$—在时间间隔 $T$ 小时内的用电量（kW·h）

**(4) 负荷率** 一个时段内（一天或一月）平均负荷与最大负荷的比值。用公式表示为

$$K_{fh}=\frac{P_{pj}}{P_{zd}} \qquad 式2-35$$

$P_{pj}$和 $P_{zd}$参看负荷曲线图，日负荷率可从日负荷曲线中算出。

**(5) 年最大负荷利用小时数**

$$T_{zd}=\frac{A}{P_{zd}}(h) \qquad 式2-36$$

式中：$A$—负荷全年消耗电能或消耗电量（kW·h）；

$P_{zd}$—年最大负荷值（kW）。

年最大负荷利用小时数的选取可参考表 2-9。

**(6) 年最大负荷利用率**

$$\delta=\frac{T_{zd}}{8760} \qquad 式2-37$$

**(7) 负荷曲线** 一般绘制日负荷曲线或年持续负荷曲线。研究负荷曲线可以使负荷调整运行得更加合理。

**(8) 日用电量** 指用电设备每天 24h 内所需用电能的数量。

日用电量=电能表读数差×电能表的实际倍率　　式2-38

**(9) 日平均负荷** 指在某一段时间内电力负荷的平均值。平均有功负荷用符号 $P_P$ 表示，单位是 kW 或 MW。

$$日平均负荷\ P_P=\frac{日用电量\ (kW\cdot h)}{24\ (h)} \qquad 式2-39$$

**【例2-2】** 某厂日用电量为 240000kW·h，该厂的平均负荷为

$$日平均负荷\ P_P=\frac{240000(kW\cdot h)}{24(h)}=10000kW$$

**(10) 负荷率** 负荷率是一个小于 1 的数，它是衡量平均负荷与最高负荷之间差异程度的一个系数。从经济运行角度考虑，负荷率越接近 1 表明设备利用率越高，用电也越经济。

$$负荷率=\frac{平均负荷}{最高负荷}\times100\% \qquad 式2-40$$

1）日负荷率。日负荷率是指日平均有功负荷与日最高有功负荷的比值。即

$$日负荷率\ \gamma=\frac{P_{av}}{P_{max}}\times100\% \qquad 式2-41$$

式中：$P_{av}$—日平均负荷（kW），它等于日耗电量除以 24h；

$P_{max}$—日最高有功负荷（kW），就是一天之内的最大负荷。

2）月平均日负荷率。月平均日负荷率是指当月每日负荷率的总和除以当月天数。

$$月平均日负荷率=\frac{\sum 日负荷率}{当月天数}\times100\% \qquad 式2-42$$

**【例2-3】** 某工厂某月日负荷率的总和为25.6，当月为31天，则月平均日负荷率$=\frac{25.6}{31}=0.8258=82.58\%$。

(11) **力率**　力率是指有功功率和视在功率的比值，是一个小于1的数。它是衡量平均负荷与最高负荷之间差异程度的一个系数。从经济运行角度考虑，力率值越接近1表明设备或线路的无功损耗越小，用电越经济。反之，力率值越小，表明设备或线路的无功损耗越大，供用电越不经济。

$$力率\cos\varphi（瞬时值）=\frac{有功功率}{视在功率}\times100\%$$

$$=\frac{有功功率}{\sqrt{(有功功率)^2+(无功功率)^2}}\times100\% \qquad 式2-43$$

加权平均力率用相应的有功电量和无功电量计算，日加权平均力率可表示为

$$\cos\varphi=\frac{有功电量}{\sqrt{(有功电量)^2+(无功电量)^2}}\times100\% \qquad 式2-44$$

实际应用中，一般都是用力率速算表简化计算，即用无功电量与有功电量的比值$\tan\varphi$求得相对应的$\cos\varphi$。

瞬间有功功率（kW）的表达式为

$$瞬间有功功率P=\frac{\sqrt{3}IU\cos\varphi}{1000} \qquad 式2-45$$

设备利用率是指用电设备实际综合最高负荷与设备额定容量之和的比值，即

$$设备利用率=\frac{设备综合最高负荷(kW)}{设备额定容量总和(kW)}\times100\% \qquad 式2-46$$

(12) **线损率**　线损率是指线路损失电量与供电量之比，用百分数表示。

## 第三节　农村供用电各类负荷计算

### 1. 用电单耗法

$$A=CD \qquad 式2-47$$

式中：$A$—全年用电量（kW·h）；

$C$—产品产量或效益总量（t）；

$D$—单位产品或效益的耗电定额（kW·h/t）。

$$P_{max}=\frac{A}{T_{max}} \qquad 式2-48$$

式中：$P_{max}$—最大负荷（kW）；

$A$—年用电量（kW·h）；

$T_{max}$—年最大负荷利用小时。

适用范围：排灌、农副产品加工、饲料粉碎、县及以下工业用电负荷的计算。

### 2. 需用系数法

$$P_{max} = K_x P_\Sigma \qquad \text{式2-49}$$

式中：$P_{max}$—最大负荷（kW）；

$K_x$—需用系数；

$P_\Sigma$—用电设备装机总容量（kW）。

$$A = P_{max} T_{max} \qquad \text{式2-50}$$

式中：$P_{max}$—最大负荷（kW）；

$A$—年用电量（kW·h）；

$T_{max}$—年最大负荷利用小时（h）。

适用范围：用于全县、全供电区、全站、主干线路或某个行业的综合最大负荷的计算。

### 3. 设备定额法

$$P_x = \frac{D}{D_p} \qquad \text{式2-51}$$

式中：$P_x$—用电设备所需功率（kW）；

$D$—产品产量或效益总量（t）；

$D_p$—用电平均定额（kW/t）。

$$A = P_{max} T_{max} \qquad \text{式2-52}$$

式中符号同式2-50。

适用范围：用于扩大指标计算项目（排灌、农副产品加工、生活照明用电等）的负荷计算。

### 4. 年递增法

$$A_n = A_1(1 + F)^n \qquad \text{式2-53}$$

式中：$A_n$—$n$年后期末用电量（kW·h）；

$A_1$—基期用电量（kW·h）；

$F$—年平均递增率（%）；

$n$—计算年数。

适用范围：用于匡算电量。

### 5. 排灌负荷计算法

（1）一般灌区

$$P_x = \frac{2.72KmSH}{tT\eta} \times 10^{-3} \qquad \text{式2-54}$$

式中：$P_x$—排灌所需电动机功率（kW）；

$K$—备用功率系数，取1.1~1.15；

$m$—每亩需水量（t）；

$S$—灌溉面积（亩）；

$H$—水泵总扬程（m）；

$t$—电动机每天工作小时数（h）；

$T$—作物轮灌天数（天）；

$\eta$—水泵效率（%），取0.5~0.8。

**（2）大型排灌站**

1）按流量扬程计算

$$P_{设备}=9.81\frac{QH}{\eta} \quad 式2-55$$

式中：$P_{设备}$—所需电动机功率（kW）；

$Q$—排灌站水的流量（$m^3/s$；）

$H$—总扬程（m），包括损失扬程；

$\eta$—电动机、水泵传输效率，取0.5~0.7。

计算负荷

$$P_{js}=K_{sz}K_{ts}P_{设备} \quad 式2-56$$

式中：$K_{sz}$—设备受载系数；

$K_{ts}$—同时率。

2）按每千瓦控制面积计算，适用于机井灌区规划。

$$P_{js}=\frac{M}{D_{pk}} \quad 式2-57$$

式中：$P_{js}$—计算负荷（kW）；

$M$—所需灌溉面积（亩）；

$D_{pk}$—每千瓦装机控制面积（亩）。

## 6. 农村生活照明用电计算法

$$P_1=D_{P_1}W\times10^{-3} \quad 式2-58$$

式中：$P_1$—生活照明用电负荷（kW）；

$D_{P_1}$—用户平均需用生活照明容量（瓦）；

$W$—户数。

$$P_2=D_{P_2}S\times10^{-3} \quad 式2-59$$

式中：$P_2$—生活照明用电负荷（kW）；

$D_{P_2}$—单位建筑面积需用生活照明容量（$W/m^2$）；

$S$—建筑使用面积（$m^2$）。

## 第四节　农村电网负荷规划设计中几个重要指标的计算

### 1. 电网规划设计中的容载比

所谓的容载比是指电网变电总容量（kV·A）在满足供电可靠性基础上与对应的供电总负荷（kW）之比，它是反映电网供电能力的重要技术经济指标之一，是宏观控制变电总容量和规划安排变电容量的依据。容载比可按下式估算：

$$R_S = \frac{K_1K_4}{K_2K_3} \qquad \text{式2-60}$$

式中：$R_S$—容载比（kV·A/kW）；

$K_1$—负荷分散系数；

$K_2$—平均功率因数；

$K_3$—变压器运行率；

$K_4$—储备系数。

### 2. 经济供电半径的两种计算方法

（1）常用计算法

$$\text{经济供电半径 } L_j = \frac{U_e^2\Delta U \times 10^3}{\sqrt{3}j\rho U_e\cos\varphi + X_0(\tan\varphi)P} \qquad \text{式2-61}$$

式中：$L_j$—经济供电半径（km）；

$\Delta U$—线路允许电压降百分数，35kV 为±5%，10kV 为±7%；

$\rho$—导线电阻率，铝导线$\rho = 31.2\Omega \cdot mm^2/km$；

$j$—经济电流密度（$A/mm^2$）；

$\cos\varphi$—供电区平均功率因数；

$X_0$—线路导线每千米电抗值，可取 0.4Ω/km；

$P$—供电区最大负荷（kW）。

或

$$L_j \approx 10\sqrt{\frac{K_1}{\sigma}} \qquad \text{式2-62}$$

式中：$K_1$—计算常数。

$\sigma$—其与 $K_1$ 关系见表2-10。

表2-10　$K_1$ 和 $\sigma$ 的对应关系

| σ | <10 | 10~25 | 26~40 | >40 |
|---|---|---|---|---|
| $K_1$ | 23 | 27 | 31 | 34 |

（2）差哈林公式

$$L = 1.2\sqrt[3]{\frac{1.45n\Delta UU^2}{\rho r_0}} \qquad \text{式2-63}$$

式中：$n$—变电站出线回路数；

$\Delta U$—允许电压降百分数，取值同前；

$U$—线路电压（kV）；

$r_0$—导线每千米电阻（Ω/km）；

$\rho$—导线电阻率（$\Omega \cdot mm^2/km$）。

### 3. 10kV 供电半径的计算

变电所的 10kV 出线回数一般不多于六回。这是因为与其他多种回数出线的方案比较，唯有六回出线有最好的经济指标。据此，推导出农村 110kV 配电线路的经济供电的半径的计算公式为

$$\rho_f = \frac{1500}{L_j^2} + \frac{16000}{L_j^2} \qquad 式2-64$$

式中：$\rho_f$—供电范围内的平均负荷密度（$kW/km^2$）；

$L_j$—10kV 配电线路经济供电半径（km）。

由式 2-64 求得在不同 $\rho_f$ 的情况下，10kV 配电线路的经济供电半径见表 2-11。

**表2-11　农村 10kV 线路经济供电半径**

| 负荷密度 $\rho_f$/($kW/km^2$) | 经济供电半径 $L_j$/km |
|---|---|
| 5 以下 | 20 |
| 5~10 | 20~16 |
| 10~20 | 16~12 |
| 20~30 | 12~10 |
| 30~40 | 10~8 |
| 40 以上 | <8 |

在选取上述 10kV 线路经济供电半径时，相应地 35kV 变电所的供电范围可用下式计算：

$$M = 2\sqrt{3}\ L_j^2 \qquad 式2-65$$

式中：$M$—供电范围（$km^2$）；

$L_j$—经济供电半径（km）。

### 4. 35kV 线路经济供电半径的计算

当 35kV 线路无分支，仅有末端集中负荷时，其允许供电半径的计算式为

$$L_y \approx \frac{122.5}{2.17\cos\varphi + 0.4\mathrm{tg}\varphi P_{max}} \qquad 式2-66$$

式中：$L_y$—35kV 线路允许供电半径（km）；

$\cos\varphi$—35kV 线路的负荷功率因数；

$P_{max}$—35kV 线路最大供电负荷（kW）。

由式 2-60 计算得出在不同功率因数下，35kV 线路的允许供电半径见表 2-12。

表2-12　在不同功率因数下35kV线路的允许供电半径

| 输送功率 P/MW | | 2.0 | 3.0 | 5.0 | 7.0 | 9.0 | 10.0 | 12.0 |
|---|---|---|---|---|---|---|---|---|
| 允许供电半径 $L_y$/km | $\cos\varphi=0.9$ | 49.8 | 46.1 | 40.0 | 35.4 | 31.8 | 30.2 | 27.5 |
| | $\cos\varphi=0.8$ | 52.6 | 46.6 | 38.0 | 32.0 | 27.7 | 25.9 | 23.0 |
| | $\cos\varphi=0.7$ | 50.6 | 44.9 | 34.7 | 28.0 | 23.9 | 21.3 | 19.4 |

## 5. 负荷密度的计算

所谓的负荷密度是指在规划供电区内的最大用电负荷。其计算公式为

$$\rho_f=\frac{P_{max}}{S}\qquad 式2-67$$

式中：$P_{max}$—供电规划区内最大负荷（kW）；

$S$—规划供电区内的土地面积（$km^2$）。

**【例2-4】** 某负荷区的面积为400$km^2$，该区最大用电负荷为8000kW，功率因数为0.8，试求10kV配电线路经济供电半径。

**解**：根据已知条件　$M=400km^2$，$P_{max=}8000kW$，则该地区负荷密度为

$$\rho_f=\frac{8000}{400}kW/km^2=20\ kW/km^2$$

由表2-11查得，当$\rho_f=200kW/km^2$时，10kV线路经济供电半径为

$$L_j=12km$$

验算：当$L_j=12km$时，该35kV变电所的控制面积为

$$M=2\sqrt{3}\ L_j^2=2\sqrt{3}\ \times 12km^2=498\ km^2$$

由验算可知，该地区建一座35kV变电所可满足要求。

## 6. 电网规划设计方案的经济技术评价

经济技术评价就是对电网规划项目的技术措施和投资方案进行分析、对比和评价，研究如何利用同样的劳动消耗取得最大的经济效益。规划设计方案的经济技术比较方法较多，常用的方法有两种。

**（1）偿还年限法**

$$N=\frac{Z_1-Z_2}{F_1-F_2}\qquad 式2-68$$

式中：$Z_1$、$F_1$—甲方案的投资和年运行费用（元）；

$Z_2$、$F_2$—乙方案的投资和年运行费用（元）；

$N$—偿还年限，一般取5年。

当$N<5$年时，投资高而运行费用低的方案有利；当$N>5$年时，投资低而运行费用高的方案有利。偿还年限法的缺点是没有考虑时间因素对资金使用的影响。

**（2）计算费用法**

$$F_j=F+P_H Z\qquad 式2-69$$

式中：$P_H$—投资效果系数，其值为0.125~0.15；

$Z$—投资金额（元）；

$F_j$—年运行费用。

当$F_j$为最小时，便是经济合理的方案。在进行若干方案比较时，选用年计算费用最小的方案。

## 第五节　供电企业绩效考核指标的计算公式

### 1. 送电线路完好率

$$送电线路完好率=\frac{完好条数}{总条数}\times 100\% \qquad 式2-70$$

### 2. 高压配电线路完好率

$$高压配电线路完好率=\frac{完好条数}{总条数}\times 100\% \qquad 式2-71$$

### 3. 送电事故率

$$送电事故率=\frac{事故次数}{百公里\cdot年} \qquad 式2-72$$

### 4. 变电事故率

$$变电事故率=\frac{事故台数}{台\cdot年} \qquad 式2-73$$

### 5. 主变压器完好率

$$主变压器完好率=\frac{全年设备平均完好台数}{全年设备平均台数}\times 100\% \qquad 式2-74$$

### 6. 断路器完好率

$$断路器完好率=\frac{平均完好台数}{平均台数}\times 100\% \qquad 式2-75$$

### 7. 安措（反措）计划完成率

$$安措（反措）计划完成率=\frac{完成安措项数}{计划安措项数}\times 100\% \qquad 式2-76$$

### 8. 重点技措完成率

$$重点技措完成率=\frac{实际技措完成项目数}{计划技措完成项目数}\times 100\% \qquad 式2-77$$

### 9. 重大紧急缺陷消除率

重大紧急缺陷消除率 = 无重大紧急缺陷　　式2-78

### 10. 培训率

$$培训率=\frac{培训职工人数}{年末职工总数}\times 100\% \qquad 式2-79$$

### 11. 线损率

$$线损率=\frac{供电量-售电量}{供电量}\times 100\% \qquad 式2-80$$

### 12. 供电电压合格率

电网用户受端供电电压允许偏差值为：

1）35kV 及以上用户供电电压正负偏差绝对值之和不超过额定电压的 10%。其电压允许值应在系统额定电压的 90%~110%范围内。

2）10kV 及以下三相供电电压允许偏差为系统额定电压的±7%。

3）380V 电力用户的电压允许偏差值为系统额定电压的±7%。

4）220V 单相供电电压允许偏差为额定电压的±7%−10%即：236V~198V。

$$A=\left(1-\frac{\sum 电压监测点超出偏差时间(\mathrm{min})}{\sum 电压监测点运行时间(\mathrm{min})}\right)\times 100\% \qquad 式2-81$$

$$B=\left(1-\frac{\sum 电压监测点超出偏差时间(\mathrm{min})}{\sum 电压监测点运行时间(\mathrm{min})}\right)\times 100\% \qquad 式2-82$$

$$C=\left(1-\frac{\sum 电压监测点超出偏差时间(\mathrm{min})}{\sum 电压监测点运行时间(\mathrm{min})}\right)\times 100\% \qquad 式2-83$$

$$综合电压合格率=0.5A+0.3B+0.2C$$

注：$A$ 为变电所二次侧电压合格率；$B$ 为高压用户电压合格率；$C$ 为低压用户电压合格率。

电压监视点电压合格率（%）

$$电压监视点电压合格率（\%）=\frac{电压合格时间}{运行时间}\times 100\% \qquad 式2-84$$

$$电压合格时间=运行时间-电压不合格时间 \qquad 式2-85$$

注：系统电压监视点、供电电压监视点电压合格率系同级电压监视点电压合格率的算数平均值。

$$A\text{级电压监视点电压合格率}\% = \frac{A_1\text{电压监视点合格率}+A_2\text{电压监视点合格率}+\cdots+A_n\text{电压监视点合格率}}{n}$$

式2-86

$$\text{供电综合电压合格率}\% = 0.5A + 0.5\left(\frac{B+C+D}{3}\right)$$

式2-87

### 13. 农村触电死亡事故率

$$\text{农村触电死亡事故率}=\frac{\text{一年农村触电死亡人次}}{\text{农村高低压线路(含电缆)总长度(km)}}$$

式2-88

### 14. 农村低压配电装置完好率

$$\text{农村低压配电装置完好率}=\frac{\Sigma\,\text{完好率}}{\Sigma\,\text{总数}}\times 100\%$$

式2-89

$$\text{一类率}=\frac{\Sigma\,\text{一类数}}{\Sigma\,\text{总数}}\times 100\%$$

式2-90

### 15. 漏电保护器三率

$$\text{安装率}=\frac{\Sigma\,\text{已装台数}}{\Sigma\,\text{总数}}\times 100\%$$

式2-91

$$\text{报运率}=\frac{\Sigma\,\text{已报运台数}}{\Sigma\,\text{应报运台数}}\times 100\%$$

式2-92

$$\text{正确动作率}=\frac{\Sigma\,\text{正确动作次数}}{\Sigma\,\text{总试验次数}}\times 100\%$$

式2-93

### 16. 提案处理率

$$\text{提案处理率}=\frac{\text{处理提案件数}}{\text{提案件数}}\times 100\%$$

式2-94

### 17. 张榜公布率

$$\text{张榜公布率}=\frac{\text{实际张榜数}}{\text{应张榜数}}\times 100\%$$

式2-95

### 18. 季节用电保证率

$$\text{季节用电保证率}=\frac{\Sigma\,\text{每条线路实际供电小时数}}{\Sigma\,\text{每条线路应供电小时数}}\times 100\%$$

式2-96

## 19. 居民生活用电保证率

$$居民生活用电保证率=(1-\frac{\Sigma 每条线路照明期间停电小时数}{计算周期日历天数\times 6h\times 线路总条数})\times 100\%$$

式2-97

## 20. 资产保值增值率

$$资产保值增值率=\frac{期末所有者权益}{期初所有者权益}\times 100\%$$ 式2-98

## 21. 多产收入增长率

$$多产收入增长率=\frac{本年年末收入}{上年年末收入}\times 100\%$$ 式2-99

## 22. 供电可靠率

$$供电可靠率=(1-\frac{用户平均停电时间-用户平均受外部影响停电时间}{统计期间时间})\times 100\%$$

式2-100

## 23. 年平均供电可靠率

$$年平均供电可靠率R=(\frac{1-\Sigma n_1 t_1}{TN})\times 100\,\%$$ 式2-101

式中：$R$—年平均供电可靠率（%）；

$n_1$—“$T$”时间中，每次停电（包括计划检修和事故停电）影响用户数；

$t_1$—“$T$”时间中每次停电的持续小时数（h）；

$T$—统计时间内的小时数（h）；

$N$—统计用户数。

## 24. 继电保护装置正确动作率

$$继电保护装置正确动作率=\frac{正确动作次数}{总动作次数}\times 100\%$$ 式2-102

## 25. 继电保护装置正确投入率

$$继电保护自动装置正确投入率=\frac{装置投入运行时间}{\Sigma 应投入运行时间}\times 100\%$$

$$=\frac{\Sigma 装置投入运行时间}{\Sigma(日历时间-不应投入运行时间)}\times 100\%$$ 式2-103

## 26. 线路重合成功率

$$线路重合成功率=\frac{线路重合成功次数}{线路故障应重合次数+线路越级跳闸应重合次数+线路误跳闸应重合次数}$$

式2-104

$$电容器可用率=\frac{运行/kvar\cdot h+备用/kvar\cdot h}{安装容量/kvar\cdot h\times 日历时间}\times 100\%$$ 式2-105

## 27. 劳动生产增长率

$$全员劳动生产率=\frac{工业总产值(不变价)}{职工平均人数}[元/(人\cdot 年)]$$ 式2-106

## 28. 母线电量不平衡率

$$母线电量不平衡率=\frac{输入电量-输出电量}{输入电量}\times 100\%$$ 式2-107

注：输入母线的电量为输入电量，由母线输出的电量为输出电量。

变电所电容器损耗按0.003~0.004kW/kvar计算。

发电厂和220kV变电所母线的电量不平衡率不应超过±1%；220kV以下变电所母线电量不平衡率不应超过±2%。

## 29. 月末及月末日24点抄见电量比重（%）

$$月末及月末日24点抄见电量比重（\%）=\frac{月末及月末日24点抄见电量}{月售电量}\times 100\%$$

式2-108

注：月末一般系指月末最后2~3天，各单位可根据情况自行规定。

## 30. 高压电能表校前合格率

$$高压电能表校前合格率（\%）=\frac{校前合格只数}{实际校验只数}\times 100\%$$ 式2-109

## 31. 电能表校验率

$$电能表校验率（\%）=\frac{实际校验的电能表数}{按规定周期应校验电能表数}\times 100\%$$ 式2-110

## 32. 低压电能表轮换表率

$$低压电能表轮换表率（\%）=\frac{实际轮换电能表数}{按规定周期轮换电能表数}\times 100\%$$

式2-111

## 33. 电容器高峰投运率

$$电容器高峰投运率（\%）=\frac{实际投入电容器容量\times 高峰时投入的天数}{电容器总容量\times 月日历小时数}\times 100\% \quad 式2-112$$

## 34. 电容器可调率

$$电容器可调率（\%）=\frac{电容器可调容量\times 可调}{电容器总容量\times 月日历小时数}\times 100\% \quad 式2-113$$

## 35. 变电所所用电量

$$变电所所用电量=\frac{月、季、年所用电量}{月、季、年变压器供电量}\times 100\% \quad 式2-114$$

# 第三章　架空电力线路的常用计算

## 第一节　架空电力线路电气参数的计算

架空电力线路主要由导线、避雷线、杆塔、绝缘子、金具等元件组成，敷设在大气中的空间部位，利用它把发电厂、变电所和用电设备联系起来，形成输、变、配电系统。也有将电缆敷设在地下或部分架空，称作电力电缆线路。所谓的电力线路实质上是分布参数的电路，沿导线每一长度单元各相都存在电阻（$R$）、电导（$G$）、电抗（$X$）和电纳（$B$）。各相之间有互感、电容和电导。正确计算这四个参数量，对于保证电网的安全运行（如短路电流计算、继电保护及安全自动装置的整定）以及电网经济运行（如降损节能措施的制定），具有十分重要的意义。

### 1. 架空线路的等值电路

架空线路的等值电路如图 3-1 所示。

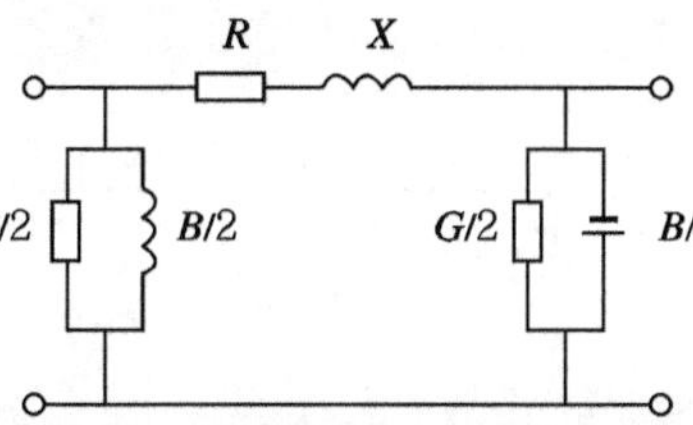


**图 3-1　架空线路的等值电路**

### 2. 线路电阻的计算

架空铝、铜电力线路导体电阻的大小，与导线的材料、长度、粗细、温度有关。其长度愈长，电阻愈大；截面愈大，电阻愈小；随着温度的升降，电阻略有变化。导线电阻的计算

$$R = \frac{\rho L}{S} = \frac{10^3}{\gamma S} \qquad 式3-1$$

式中：$\rho$—导线材料的电阻系数（$\Omega \cdot mm^2/km$）；$\rho_{铝} = 31.5\Omega \cdot mm^2/km$，$\rho_{铜} = 18.8\Omega \cdot mm^2/km$；

$L$—导线长度（km）；

$S$—导线截面面积（$mm^2$）；

$\gamma$—导线材料的电阻率（$\Omega \cdot mm^2$），铝线 $\gamma = 32\Omega \cdot mm^2$。

常用金属材料的电阻系数可从表 3-1 中查出。

**表3-1　常用金属材料的电阻系数**

| 导　体　材　料 | 电阻系数/(Ω · mm²/m) |
|---|---|
| 银 | 0. 016 |
| 铜 | 0. 017 |
| 铝 | 0. 029 |
| 铁 | 0. 13 |
| 铅 | 0. 20 |

**【例3-1】** 有一个车间，低压照明用的铝导线总长度是 500m，截面面积是 $10mm^2$，问它的电阻是多少？

**解：** $R=\frac{\rho L}{S}$（查表可知 $\rho=0.029\Omega\cdot mm^2/m$）$=0.029\times\frac{500}{10}\Omega=1.45\Omega$

它的电阻是 1. 45Ω。

## 3. 线路电抗的计算

三相交流电力线路的电抗数值，主要与导线之间的距离、排列方式及导线的直径有关。架空线路导线的不同排列方式如图 3-2 所示。当频率 $f$=50Hz 时，每相每公里的电抗可由下式求出：

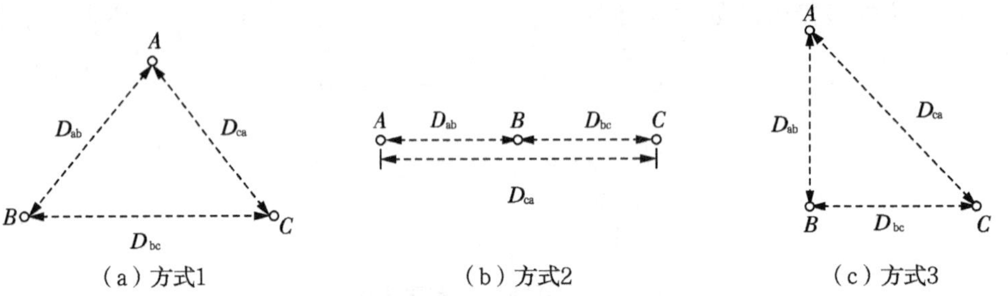


**图 3-2　架空线路导线的不同排列方式**

$$x_0=2\Pi f\left(4.6\lg\frac{D_{av}}{r}+0.5\mu\right)\times10^{-4}\qquad 式3-2$$

式中：$x_0$—每相每公里的导线电抗（Ω/km）；

$f$—50Hz；

$\mu$—导线材料磁导系数，对铝、铜 $\mu=1$；

$r$—导线计算半径（mm）；

$D_{av}$—三相导线几何均距（mm）。

导线间的几何均距 $D_{av}$，和导线的排列方式、相互间的距离 $D$ 有关，对任意排列的三相导线，其相间几何均距是不一样的，可用下式计算。

当三相导线间的距离为 $D_{ab}$、$D_{bc}$、$D_{ca}$时，其几何均距为

$$D_{av}=\sqrt[3]{D_{ab}D_{bc}D_{ca}}\qquad 式3-3$$

如果三相导线正好排列在一个等边三角形上，则

$$D_{av}=D_{ab}=D_{bc}=D_{ca} \qquad \text{式3-4}$$

当三相导线水平排列时，中相与两边相的距离为 $D$，其相间几何均距为

$$D_{av}=\sqrt[3]{D \cdot D \cdot 2D}=1.26D \qquad \text{式3-5}$$

当每相线路长度为 $l$ 时，其总电抗为

$$X=X_0 l \qquad \text{式3-6}$$

为了使用方便，对于不同型号、不同几何均距的架空线路常用导线的电阻值和电抗值制成表格，见表3-2~表3-4。常用的导线规格见表3-5~表3-10，使用时查表即可。在查 $X_0$ 时，表格中的“线间几何均距”是三相线路中各相线间距离的几何平均值，如图3-2（a）、图3-2（b）、图3-2（c）所示。有时进行工程计算时，也常用 $X_0=0.4\Omega/km$ 来做近似计算。

**表3-2　LGJ 型钢芯铝绞线的电阻和电抗值**

| 导线型号（LGJ） | LGJ-16 | LGJ-25 | LGJ-35 | LGJ-50 | LGJ-70 | LGJ-95 | LGJ-120 | LGJ-150 | LGJ-185 | LGJ-240 | LGJ-300 | LGJ-400 |
|---|---|---|---|---|---|---|---|---|---|---|---|---|
| 单位长度电阻/(Ω/km) | 2.04 | 1.38 | 0.85 | 0.65 | 0.46 | 0.33 | 0.27 | 0.21 | 0.17 | 0.132 | 1.107 | 0.082 |
| 计算直径/mm | 5.4 | 6.6 | 8.4 | 9.6 | 11.4 | 13.7 | 15.2 | 17.0 | 19.0 | 21.6 | 24.2 | 28.0 |
| 线间几何均距/m | 电抗/(Ω/km) | | | | | | | | | | | |
| 1.0 | 0.387 | 0.374 | 0.359 | 0.351 | 0.345 | 0.334 | 0.327 | 0.319 | 0.311 | — | — | — |
| 1.25 | 0.401 | 0.388 | 0.373 | 0.365 | 0.359 | 0.347 | 0.341 | 0.333 | 0.323 | — | — | — |
| 1.5 | 0.412 | 0.400 | 0.385 | 0.376 | 0.365 | 0.354 | 0.347 | 0.340 | 0.335 | — | — | — |
| 2.0 | 0.432 | 0.418 | 0.403 | 0.391 | 0.383 | 0.372 | 0.365 | 0.358 | 0.351 | — | — | — |
| 2.5 | 0.444 | 0.432 | 0.417 | 0.408 | 0.397 | 0.386 | 0.379 | 0.372 | 0.365 | 0.357 | — | — |
| 3.0 | 0.456 | 0.443 | 0.429 | 0.420 | 0.409 | 0.398 | 0.391 | 0.384 | 0.377 | 0.369 | — | — |
| 3.5 | 0.466 | 0.453 | 0.438 | 0.420 | 0.418 | 0.406 | 0.400 | 0.394 | 0.386 | 0.378 | 0.371 | 0.362 |
| 4.0 | | | 0.4456 | 0.435 | 0.425 | 0.414 | 0.408 | 0.401 | 0.394 | 0.386 | | |
| 4.5 | | | | | 0.433 | 0.422 | 0.416 | 0.409 | 0.402 | 0.394 | | |
| 5.0 | | | | | 0.440 | 0.429 | 0.423 | 0.416 | 0.409 | 0.401 | | |
| 5.5 | | | | | 0.446 | 0.435 | 0.429 | 0.422 | 0.415 | 0.407 | 0.399 | 0.391 |
| 6.0 | | | | | | | | | | 0.413 | 0.405 | 0.397 |
| 6.5 | | | | | | | | | | | 0.410 | 0.402 |
| 7.0 | | | | | | | | | | | 0.414 | 0.406 |
| 7.5 | | | | | | | | | | | 0.418 | 0.410 |
| 8.0 | | | | | | | | | | | 0.422 | 0.414 |

**表3-3　LJ 型裸铝导线的电阻和电抗值**

| 导线型号（LJ） | LJ-16 | LJ-25 | LJ-35 | LJ-50 | LJ-70 | LJ-95 | LJ-120 | LJ-150 | LJ-185 | LJ-240 |
|---|---|---|---|---|---|---|---|---|---|---|
| 电阻/(Ω/km) | 1.98 | 1.28 | 0.92 | 0.64 | 0.46 | 0.34 | 0.27 | 0.21 | 0.17 | 0.132 |
| 线间几何均距/m | 电抗/(Ω/km) | | | | | | | | | |
| 0.6 | 0.358 | 0.344 | 0.335 | 0.323 | 0.312 | 0.303 | 0.295 | 0.287 | 0.281 | 0.273 |
| 0.8 | 0.377 | 0.363 | 0.352 | 0.341 | 0.330 | 0.321 | 0.313 | 0.305 | 0.299 | 0.291 |
| 1.0 | 0.391 | 0.377 | 0.366 | 0.355 | 0.344 | 0.335 | 0.327 | 0.319 | 0.313 | 0.305 |
| 1.25 | 0.405 | 0.390 | 0.380 | 0.369 | 0.358 | 0.349 | 0.341 | 0.333 | 0.327 | 0.319 |
| 1.5 | 0.416 | 0.402 | 0.392 | 0.380 | 0.369 | 0.360 | 0.353 | 0.345 | 0.339 | 0.330 |
| 2.0 | 0.434 | 0.420 | 0.410 | 0.398 | 0.387 | 0.378 | 0.371 | 0.363 | 0.356 | 0.348 |
| 2.5 | 0.448 | 0.434 | 0.424 | 0.412 | 0.401 | 0.392 | 0.385 | 0.377 | 0.371 | 0.362 |
| 3.0 | 0.459 | 0.445 | 0.435 | 0.424 | 0.413 | 0.403 | 0.396 | 0.388 | 0.382 | 0.374 |
| 3.5 | — | — | 0.445 | 0.433 | 0.423 | 0.413 | 0.406 | 0.398 | 0.392 | 0.383 |

表3-4 TJ型铜绞线的电阻和电抗值

| 导线截面面积/mm² | 10 | 16 | 25 | 35 | 50 | 75 | 95 | 120 |
|---|---|---|---|---|---|---|---|---|
| 导线电阻/(Ω/km) | 1.84 | 1.20 | 0.74 | 0.54 | 0.39 | 0.28 | 0.20 | 0.158 |
| 计算直径/mm | 3.5 | 5.1 | 6.3 | 7.5 | 9.0 | 10.6 | 12.4 | 14.0 |
| 线间几何均距/m | 电抗/(Ω/km) | | | | | | | |
| 0.40 | 0.355 | 0.333 | 0.319 | 0.308 | 0.297 | | | |
| 0.60 | 0.381 | 0.358 | 0.345 | 0.336 | 0.325 | 0.309 | 0.300 | |
| 0.80 | 0.399 | 0.377 | 0.363 | 0.352 | 0.341 | 0.327 | 0.318 | |
| 1.00 | 0.413 | 0.391 | 0.377 | 0.366 | 0.355 | 0.341 | 0.332 | |
| 1.25 | 0.427 | 0.405 | 0.391 | 0.380 | 0.366 | 0.355 | 0.346 | |
| 1.50 | 0.438 | 0.416 | 0.402 | 0.391 | 0.380 | 0.366 | 0.351 | |
| 2.00 | 0.457 | 0.435 | 0.421 | 0.410 | 0.398 | 0.385 | 0.376 | 0.368 |
| 2.50 | | 0.449 | 0.435 | 0.424 | 0.413 | 0.399 | 0.390 | 0.382 |
| 3.00 | | 0.460 | 0.446 | 0.435 | 0.423 | 0.410 | 0.401 | 0.393 |
| 3.50 | | 0.470 | 0.456 | 0.445 | 0.433 | 0.420 | 0.411 | 0.403 |
| 4.00 | | 0.478 | 0.464 | 0.453 | 0.441 | 0.428 | 0.419 | 0.411 |
| 4.50 | | | 0.471 | 0.460 | 0.448 | 0.435 | 0.426 | 0.418 |
| 5.00 | | | | 0.463 | 0.456 | 0.442 | 0.433 | 0.425 |
| 5.50 | | | | | | 0.433 | 0.439 | 0.431 |
| 6.00 | | | | | | 0.454 | 0.445 | 0.437 |

## 4. 线路容纳（也称为电纳）的计算

在$f$=50Hz的情况下，经过完整换位的线路，每相每公里的电纳为

$$B_0 = \frac{7.58}{\lg \frac{D_{av}}{r}} \times 10^{-6} \quad (\text{S/km}) \qquad \text{式3-7}$$

式中：$D_{av}$—导线的几何均距；

$r$—导线的计算半径。

钢芯铝绞线，在不同几何均距、不同电压等级时的电纳值可见表3-11。

## 5. 线路电导的计算

在高压架空输电线路中，除了导线电阻的有功损耗外，还有在绝缘介质中产生的与电压平方成正比的有功功率损耗。在绝缘介质中产生的损耗主要指电晕损耗、沿绝缘子漏电的损耗，并用参数电导来表明。对于110kV及以下的架空线路，由于电晕损耗、绝缘子泄漏电流所产生的有功损耗极小，可忽略不计。

**表3-5 裸导线的载流量**

**（导线最高允许工作温度 70℃、环境温度 25℃）**

| 导线型号 | 允许载流量/A | 导线型号 | 允许载流量/A | 导线型号 | 允许载流量/A |
|---|---|---|---|---|---|
| LJ-16 | 105 | LGJ-16 | 105 | TJ-4 | 50 |
| LJ-25 | 135 | LGJ-25 | 135 | TJ-6 | 70 |
| LJ-35 | 170 | LGJ-35 | 170 | TJ-10 | 95 |
| LJ-50 | 215 | LGJ-50 | 220 | TJ-16 | 130 |
| LJ-70 | 265 | LGJ-70 | 275 | TJ-25 | 180 |
| LJ-95 | 325 | LGJ-95 | 335 | TJ-35 | 220 |
| LJ-120 | 375 | LGJ-120 | 380 | TJ-50 | 270 |
| LJ-150 | 440 | LGJ-150 | 445 | TJ-70 | 340 |
| LJ-185 | 500 | LGJ-185 | 515 | TJ-95 | 415 |
| LJ-240 | 610 | LGJ-240 | 610 | TJ-120 | 485 |
| | | LGJ-300 | 700 | TJ-150 | 570 |
| | | LGJ-400 | 865 | TJ-185 | 645 |

**表3-6 裸导线载流量温度校正系数**

| 环境温度/℃ | -5 | 0 | +5 | +10 | +15 | +20 | +25 | +30 | +35 | +40 | +45 | +50 |
|---|---|---|---|---|---|---|---|---|---|---|---|---|
| 校正系数 $K$ | 1.29 | 1.24 | 1.20 | 1.15 | 1.11 | 1.05 | 1.00 | 0.94 | 0.88 | 0.81 | 0.74 | 0.67 |

**表3-7 LGJ 型钢芯铝绞线规格**

| 标称截面面积/mm² | 根数/(直径/mm) 铝股 | 根数/(直径/mm) 钢芯 | 电线外径/mm | 20℃时直流电阻/(Ω/km) | 质量/(kg/km) | 计算拉断力/kg | 载流量/A（户外） |
|---|---|---|---|---|---|---|---|
| 25 | 6/2.2 | 1/2.2 | 6.6 | 1.38 | 92 | 665 | 140 |
| 35 | 6/2.8 | 1/2.8 | 8.4 | 0.85 | 150 | 1077 | 170 |
| 50 | 6/3.2 | 1/3.2 | 9.6 | 0.65 | 196 | 1410 | 220 |
| 70 | 6/3.8 | 1/3.8 | 11.4 | 0.46 | 275 | 1980 | 275 |
| 95 | 28/2.08 | 7/1.8 | 13.7 | 0.33 | 404 | 3160 | 335 |
| 120 | 28/2.29 | 7/2.0 | 15.2 | 0.27 | 492 | 3840 | 380 |
| 150 | 28/2.59 | 7/2.2 | 17.0 | 0.21 | 617 | 4890 | 445 |
| 185 | 28/2.87 | 7/2.5 | 19.0 | 0.17 | 771 | 6030 | 515 |
| 240 | 28/3.29 | 7/2.8 | 21.6 | 0.132 | 997 | 7860 | 610 |
| 300 | 28/3.66 | 7/3.2 | 24.2 | 0.107 | 1257 | | 700 |
| 400 | 28/4.24 | 19/2.2 | 28.0 | 0.08 | 1660 | | 800 |

表3-8 LGJQ 轻型钢芯铝绞线规格

| 标称截面面积/$mm^2$ | 根数/(直径/mm) | | 电线直径/mm | | 20℃时直流电阻/(Ω/km) | 质量/(kg/km) | 制造长度/不小于，m |
|---|---|---|---|---|---|---|---|
| | 铝 | 钢 | 电线 | 钢芯 | | | |
| 150 | 24/2.76 | 7/1.8 | 16.44 | 5.4 | 0.207 | 537 | 1500 |
| 185 | 24/3.06 | 7/2.0 | 18.24 | 6.0 | 0.168 | 661 | 1500 |
| 240 | 24/3.67 | 7/2.4 | 21.88 | 7.2 | 0.117 | 951 | 1500 |
| 300 | 24/3.98 | 7/2.6 | 23.72 | 7.8 | 0.0994 | 1117 | 1000 |
| 300 | 54/2.65 | 7/2.6 | 23.7 | 7.8 | 0.0997 | 1116 | 1000 |
| 400 | 24/4.6 | 7/3.0 | 27.4 | 9.0 | 0.0774 | 1491 | 1000 |
| 400 | 54/3.06 | 7/3.0 | 27.36 | 9.0 | 0.0748 | 1487 | 1000 |
| 500 | 54/3.36 | 19/2.0 | 30.16 | 10.0 | 0.062 | 1795 | 1000 |
| 600 | 54/3.7 | 19/2.2 | 33.2 | 11.0 | 0.0511 | 2175 | 1000 |
| 700 | 54/4.04 | 19/2.4 | 36.24 | 12.0 | 0.0429 | 2592 | 1000 |

表3-9 LGJJ 加强型钢芯铝绞线规格

| 标称截面面积/$mm^2$ | 根数/(直径/mm) | | 电线直径/mm | | 20℃时直流电阻/(Ω/km) | 质量/(kg/km) | 制造长度/不小于，m |
|---|---|---|---|---|---|---|---|
| | 铝 | 钢 | 电线 | 钢芯 | | | |
| 150 | 30/2.5 | 7/2.5 | 17.5 | 7.5 | 0.202 | 677 | 1500 |
| 185 | 30/2.8 | 7/2.8 | 19.6 | 8.4 | 0.161 | 850 | 1500 |
| 240 | 30/3.2 | 7/3.2 | 22.4 | 9.6 | 0.123 | 1110 | 1500 |
| 300 | 30/2.2 | 7/2.2 | 25.68 | 11.0 | 0.0937 | 1146 | 1000 |
| 400 | 30/2.5 | 19/2.5 | 29.18 | 12.5 | 0.0726 | 1868 | 1000 |

表3-10 HLAGJ 型钢芯铝合金绞线规格

| 标称截面面积/$mm^2$ | 根数/(直径/mm) | | 电线外径/mm | 20℃时直流电阻/(Ω/km) | 质量/(kg/km) |
|---|---|---|---|---|---|
| | 铝合金 | 钢 | | | |
| 10 | 6/1.5 | 1/1.15 | 4.4 | 3.137 | 42.9 |
| 16 | 6/1.8 | 1/1.18 | 5.4 | 2.178 | 62 |
| 25 | 6/2.2 | 1/2.2 | 6.6 | 1.458 | 92 |
| 35 | 6/2.8 | 1/2.8 | 8.4 | 0.90 | 150 |
| 50 | 6/3.26 | 1/3.2 | 9.6 | 0.689 | 196 |
| 70 | 6/3.8 | 1/3.8 | 11.4 | 0.489 | 275 |
| 95 | 28/2.07 | 7/1.8 | 13.7 | 0.356 | 401 |
| 95 (1) | 7/4.14 | 7/1.8 | 13.7 | 0.363 | 398 |
| 120 | 28/2.3 | 7/2.0 | 15.2 | 0.288 | 495 |

续表

| 标称截面面积/mm² | 根数/(直径/mm) | | 电线外径/mm | 20℃时直流电阻/(Ω/km) | 质量/(kg/km) |
|---|---|---|---|---|---|
| | 铝合金 | 钢 | | | |
| 150 | 28/2.53 | 7/2.2 | 17 | 0.239 | 598 |
| 185 | 28/2.88 | 7/2.5 | 19 | 0.164 | 774 |
| 240 | 28/3.22 | 7/2.8 | 21.3 | 0.147 | 969 |
| 300 | 28/3.8 | 19/2.0 | 25.2 | 0.106 | 1348 |
| 400 | 28/4.17 | 19/2.2 | 27.7 | 0.088 | 1626 |

**表3-11 架空 LGJ 型钢芯铝绞线的电纳 $B_0$（$10^{-6}$S/km）**

| 导线截面面积/mm² | | 35 | 50 | 70 | 95 | 120 | 150 | 185 | 240 |
|---|---|---|---|---|---|---|---|---|---|
| 计算直径/mm | | 8.4 | 9.6 | 11.4 | 13.7 | 15.2 | 17.0 | 19.0 | 21.6 |
| 几何均距/mm | 2.0 | 2.83 | 2.91 | | | | | | |
| | 2.5 | 2.73 | 2.81 | | | | | | |
| | 3.0 | 2.65 | 2.72 | 2.79 | 2.87 | 2.92 | 2.97 | 3.03 | 3.10 |
| | 3.5 | 2.59 | 2.66 | 2.73 | 2.81 | 2.85 | 2.90 | 2.96 | 3.02 |
| | 4.0 | 2.54 | 2.61 | 2.68 | 2.75 | 2.79 | 2.85 | 2.90 | 2.96 |
| | 4.5 | 2.49 | 2.56 | 2.62 | 2.69 | 2.74 | 2.79 | 2.84 | 2.89 |
| | 5.0 | 2.46 | 2.52 | 2.58 | 2.65 | 2.69 | 2.74 | 2.82 | 2.85 |
| | 5.5 | 2.43 | 2.48 | 2.54 | 2.61 | 2.67 | 2.70 | 2.74 | 2.80 |
| | 6.0 | | | | | 2.64 | 2.68 | 2.71 | 2.76 |
| | 6.5 | | | | | 2.60 | 2.63 | 2.69 | 2.72 |
| | 7.0 | | | | | | 2.60 | 2.66 | 2.70 |

## 6. 架空绝缘导线

10kV 架空绝缘导线在我国已得到普遍使用，运行证明其优点较多，线路与树木（或建筑物）安全距离的矛盾问题基本得到解决，线路接地故障率明显降低。减少了运行维护的工作量，线路的安全可靠性得到提高。按其绝缘材料可分为三种：即聚氯乙烯绝缘线；聚乙烯绝缘线和交联聚乙烯绝缘线。

聚氯乙烯绝缘线有较高的机械强度和阻燃性能。但其介电性能和耐热性能差。

聚乙烯绝缘线有较好的介电性能，但耐热性能差，易延燃，常发生应力龟裂现象。

10kV 绝缘架空导线的主要参数见表 3-12。

表3-12 6~10kV 绝缘导线规范性能

| 标称截面面积/$mm^2$ | 导体结构根数/直径/mm | 绝缘层厚度/mm | 电线标称外径/mm | 20℃时直流电阻/(Ω/km) | | 载流量/A ($T$=30℃) | | | |
|---|---|---|---|---|---|---|---|---|---|
| | | | | | | 交联聚乙烯绝缘线 | | 聚氯乙烯绝缘线 | |
| | | | | 铜 | 铝 | 铜 | 铝 | 铜 | 铝 |
| 10 | 7/1.35 | 3.4 | 11.9 | 1.867 | — | — | — | — | — |
| 16 | 7/1.70 | 3.4 | 13.0 | 1.173 | — | 134 | | 104 | 81 |
| 25 | 7/2.26 | 3.4 | 14.0 | 0.742 | 1.20 | 182 | 141 | 142 | 111 |
| 35 | 7/2.65 | 3.4 | 15.0 | 0.534 | 0.868 | 224 | 174 | 175 | 136 |
| 50 | 7/3.10 | 3.4 | 16.3 | 0.395 | 0.641 | 277 | 215 | 216 | 168 |
| 70 | 19/2.26 | 3.4 | 18.0 | 0.273 | 0.443 | 352 | 274 | 275 | 214 |
| 95 | 19/2.65 | 3.4 | 19.6 | 0.197 | 0.320 | 440 | 341 | 344 | 267 |
| 120 | 36/2.16 | 3.4 | 21.0 | 0.156 | 0.253 | 513 | 398 | 400 | 311 |
| 150 | 36/2.42 | 3.4 | 22.8 | 0.126 | 0.206 | 586 | 454 | 459 | 356 |
| 185 | 36/2.68 | 3.4 | 24.4 | 1.101 | 0.164 | 684 | 531 | 536 | 416 |
| 240 | 36/3.05 | 3.4 | 26.6 | 0.077 | 0.125 | 820 | 635 | 641 | 497 |

【例3-2】某 60kV 输电线路，长 10km，导线型号为 LGJ-70，在杆塔上作上字形排列，相间距离如图 3-3 所示。试用公式计算和查表两种方法，求线路的电气参数。

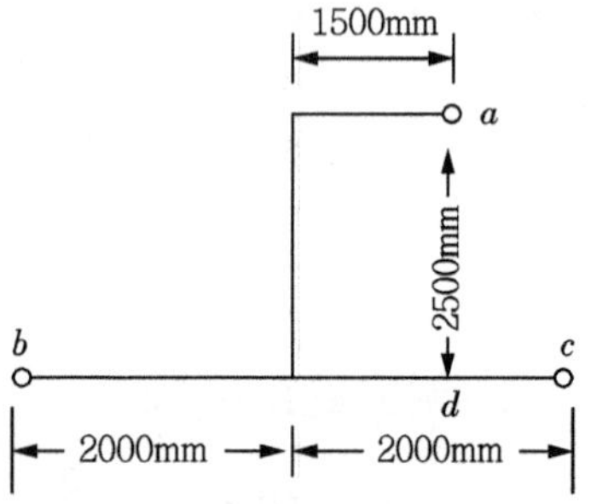


图 3-3 【例 3-2】图

**解**：用公式计算线路的电气参数如下：

(1) 按式 3-1 和式 3-2 求线路电阻

$$R_0=\rho\frac{1}{S}=31.5\times\frac{1}{70}\Omega/\text{km}=0.45\Omega/\text{km}$$

$$R=R_0l=0.45\times10\Omega=4.5\Omega$$

(2) 求线路电抗

①如图 3-2 所示，按式 3-3 得导线几何均距为

$$D_{ab}=\sqrt{D_{ad}^2+(D_{bc}+D_{ca})^2}=\sqrt{2.5^2+(4-0.5)^2}\text{m}=4.3\text{m}$$

$$D_{ac}=\sqrt{D_{cd}^2+D_{ad}{}^2}=\sqrt{0.5^2+2.5^2}\text{m}=2.6\text{m}$$

故几何均距 $D_{av}=\sqrt[3]{D_{ab}D_{bc}D_{ca}}=\sqrt[3]{4.3\times4\times2.6}\text{m}=3.6\text{m}$

②查表 3-2 得 LGJ-70 的计算直径为 11.4mm，半径 $r$=5.7mm。

按式 3-2 求得每千米线路的电抗为

$$X_0=(0.1445\lg\frac{D_{av}}{r}+0.016)\Omega/\text{km}=(0.1445\lg\frac{3.6\times10^3}{5.7}+0.016)\Omega/\text{km}=0.42\Omega/\text{km}$$

线路的电抗为

$X = X_0 l = 0.42 \times 10\Omega = 4.2\Omega$

③求线路的电纳。按式 3-7 求得线路每千米的电纳为

$$B_0 = \frac{7.58}{\lg \frac{D_{av}}{r}} \times 10^{-6} = \frac{7.58}{\lg \frac{3.6\times10^3}{5.7}}\times10^{-6}\text{S/km} = 2.71\times10^{-6}\text{S/km}$$

用查表法重算【例 3-2】线路的电气参数如下：

在工程计算上常用查表求得 $R_0$、$X_0$、$B_0$，再乘线路长度 $l$ 即可求得线路电抗 $X$，可大大简化计算过程。

（1）求线路电阻

查表 3-2 得 LGJ-70 的 $R_0 = 0.46\Omega/\text{km}$，则

$$R = R_0 l = 0.46\times10\Omega = 4.6\Omega$$

（2）求线路电抗

由计算求得导线的几何均距后，查表 3-2 得：当 $D = 3.6\text{m}$ 时

$$X_0 = 0.417\times10\Omega = 4.17\Omega$$

（3）求线路的电纳

查表 3-11 得，当 $D_{av} = 3.6\text{m}$ 时，$B_0 = 2.73\times10^{-6}\text{S/km}$，则线路的电纳为

$$B = B_0 l = 2.73\times10^{-6}\text{S}$$

## 第二节　输电线路充电功率的计算

高压输电线路电容功率的产生，主要是由于导线与导线、导线与大地之间存在电容，线路也就像电容器一样，成为无功功率的发生者。加压的输电线路即使不接负载，也有电容电流和充电功率。因此，充电的输电线路是一种无功功率电源。由线路产生的无功功率，一般称为电容功率或充电功率并以 $Q_{CL}$ 表示。

$$Q_{CL} = U^2 B_0 L = U^2 B \qquad \text{式3-8}$$

式中：$Q_{CL}$—线路的电容功率（Mvar）；

$U$—线路电压（kV）；

$B_0$—每公里线路的电纳（S/km）；

$B$—线路总电纳（S）。

当线路输送功率时，由于线路本身存在感抗（$X_L$），它要消耗一部分无功功率；当线路感抗所引起的无功功率损耗（$\Delta Q_L = I^2 X_L$）等于线路电容产生的电容功率（$\Delta Q_{CL} = U^2 B$）时，线路上所通过的功率，称为自然功率，并用 $P_1$ 表示。

三相架空输电线路每千米的电容可按下式计算：

$$\Delta Q_L = \Delta Q C_L$$

因为　$\Delta Q_L = I^2 wL$，$\Delta Q_{CL} = U^2 wC$，所以 $I^2 wL = U^2 wC$，则

$$\frac{U}{I} = \sqrt{\frac{L}{C}} = Z$$

式中：$Z$—线路的波阻抗（Ω）。

当线路输送的功率 $P=P_1$，且线路沿线各点的波阻抗值接近于 $Z$，各点电压近似相等，这时线路末端的电压等于始端电压。

如果线路输送功率 $P$ 大于 $P_1$，则线路末端电压低于始端电压；反之，则高于始端电压。

**【例3-3】** 某供电局有一条 220kV 高压输电线路，全长 100km，采用 LGJ-400 型钢芯铝绞线，水平排列方式，线间距离 6.5m，试求该线路的电容功率。已知：$U=220\text{kV}$，$L=100\text{km}$，$S=400\text{mm}^2$，$D=6.5\text{m}$。

**解**：求三相导线水平排列时的几何均距及导线半径

$$D_{av}=\sqrt[3]{D\cdot D\cdot 2D}=1.26D=1.26\times 6.5\text{m}=8.2\text{m}=820\text{cm}$$

$$r=\sqrt{\frac{S}{\pi}}=\sqrt{\frac{400}{3.14}}\text{mm}=11.3\text{mm}=1.13\text{cm}$$

代入式 3-7 得 $$B_0=\frac{7.58}{\lg\frac{D_{av}}{r}}\times 10^{-6}=\frac{7.58}{\lg\frac{820}{1.13}}\times 10^{-6}\text{S/km}=2.65\times 10^{-6}\text{S/km}$$

则 $B=B_0L=2.65\times 10^{-6}\times 100\text{S}=265\times 10^{-6}\text{S}$

线路产生的电容功率 $Q_{CL}$ 为

$$Q_{CL}=U^2B_0L=U^2B=220^2\times 265\times 10^{-6}\text{Mvar}=12.826\text{Mvar}$$

电力网中的配电线路，由于电压较低，充电功率较小，一般不予计算。

35~220kV 输电线路的充电功率见表 3-13。

**表3-13 输电线路的充电功率** （单位：Mvar/km）

| 导线型号 \ 电压 | 35kV | 60kV | 110kV | 220kV（单导线） | 220kV（双分裂） |
|---|---|---|---|---|---|
| LGJ-50 | 0.322 | 0.929 | 3.05 | | |
| LGJ-70 | 0.332 | 0.950 | 3.12 | | |
| LGJ-95 | 0.340 | 0.975 | 3.20 | | |
| LGJ-120 | 0.345 | 0.990 | 3.26 | | |
| LGJ-150 | 0.350 | 1.101 | 3.31 | | |
| LGJ-185 | 0.357 | 1.030 | 3.38 | | 17.3 |
| LGJ-240 | 0.365 | 1.050 | 3.44 | 12.7 | 17.5 |
| LGJ-300 | | | | 12.9 | 17.7 |
| LGJ-400 | | | | 13.2 | 17.8 |

## 第三节 架空电力线路物理参数的计算

架空电力线路主要由导线、避雷线、杆塔（包括电杆和铁塔）、绝缘子、拉线、金具等元件组成，其中电杆按照它的受力情况可分为直线杆、耐张杆、转角杆、终端杆、分支杆、跨越杆等多种杆型。进行线路设计、施工架设时，需进行杆塔选型、杆塔组立、拉线制作、弧垂（弛度）、跨越架搭建等工作，对相关的技术参数，要进行正确的计算或估算，这对保证线路的架设质量和投运后的安全运行尤为重要。

### 1. 电杆的需有长度计算

钢筋混凝土电杆是我国配电网中应用最广泛的一种电杆。10kV 钢筋混凝土电杆装置示意图如图 3-4 所示，其高度与横担安装位置、高低压横担之间的距离、导线弧垂、导线对地（或各种工程设施）的允许垂直距离、电杆埋设深度等因素有关。一般电杆的需有高度应由下式确定：

$$h = l_1 + l_2 + l_3 + l_4 + l_5 \qquad 式3-9$$

式中：$h$—电杆的需有高度（m）；

$l_1$—高压横担距杆顶距离（m）；

$l_2$—高、低压横担之间距离（m）；

$l_3$—导线的最大弧垂（m）；

$l_4$—低压导线对地面的最小垂直距离（m）；

$l_5$—电杆埋设深度（m）。

注：高压横担至杆顶的距离在 10kV 线路中通常取 0.5m，380V 线路中则取 0.15m。电杆埋设深度应根据电杆的高度、承受力的大小和土质情况来确定，一般 15m 及以下的电杆，埋设深度为电杆长度的 1/6，但最浅不应小于 1.5m；变台杆不应小于 2m；土质较差或水田等地方，电杆基础应做加固处理。一般电杆埋设深度可参照表 3-14 的数值。

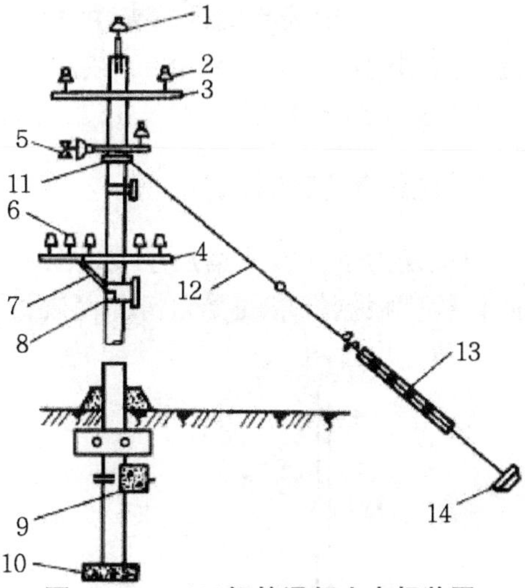


**图 3-4　10kV 钢筋混凝土电杆装置**

1—高压杆头　2—高压针式绝缘子
3—高压横担　4—低压横担
5—高压悬式绝缘子　6—低压针式绝缘子
7—横担支撑　8—低压蝶式绝缘子
9—卡盘　10—地盘　11—拉线抱箍
12—拉线　13—拉线棒　14—拉线盘

**表3-14　电杆埋设深度**

| 杆长/m | 8.0 | 9.0 | 10.0 | 11.0 | 12.0 | 13.0 | 15.0 |
|---|---|---|---|---|---|---|---|
| 埋设深度/m | 1.5 | 1.6 | 1.7 | 1.8 | 1.9 | 2.0 | 2.3 |

**【例3-4】**某供电局在城区拟建一条 10kV 高压与 0.4kV 低压同杆架设的配电线路，导线排列方式均为水平敷设的直线杆，10kV 高压横担距杆顶为 0.5m，高、低压横担之间距离为 1.2m，低压线路的导线弧垂为 0.7m，低压导线最低点至地面垂直距离为 6.5m，电杆埋设深度为 2m，求电杆的需有长度。

**解**：由式 3-9 得

$$h = l_1 + l_2 + l_3 + l_4 + l_5 = (0.5+1.2+0.7+6.5+2)\text{m} = 10.9\text{m}$$

根据计算所得结果，参考表3-14，可选用长度为11m的电杆。

### 2. 拉线坑与电杆距离和拉线长度的计算

有时因地形地貌的限制，有些电杆的拉线坑地面与电杆施工基面基本处于同一水平位置，有些电杆的拉线坑地面高于电杆施工基面，还有些电杆的拉线坑地面低于电杆施工基面，计算时应根据不同情况区别对待。

拉线坑与电杆间的距离计算公式

$$l_z = h\cot\alpha \qquad 式3-10$$

式中：$h$—电杆高度（m），电杆在地面上的位置距拉线悬挂点的高度；

$\alpha$—拉线与电杆的夹角（°），技术规程规定拉线与电杆的夹角一般采用45°，在地形限制的情况下可采用30°或60°。

注：cot 45° = 1，cot 30° = 1. 732，cot 60° = 0. 577。

### 3. 拉线的制作计算

拉线是为了平衡杆塔所承受的各种作用力，并抵抗风力，防止杆塔倾倒而设置的，因此拉线应根据杆塔的受力情况而装设。钢筋混凝土电杆拉线的种类如图3-5所示。

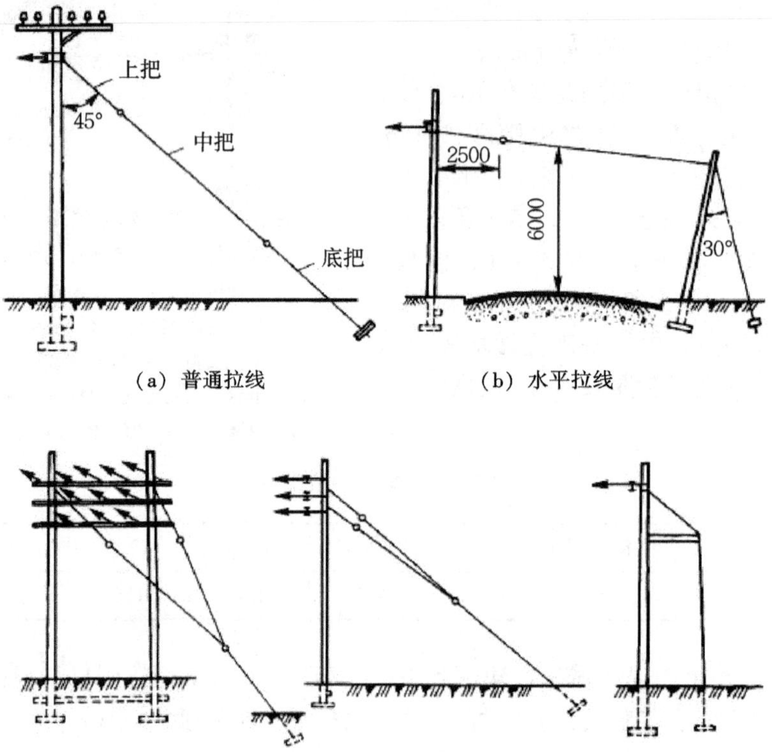


（a）普通拉线　（b）水平拉线　（c）Y形拉线　（d）Y形上下拉线　（e）弓形拉线

**图3-5　钢筋混凝土电杆拉线的种类**

拉线长度按设计全根长度计算，其计算公式如下：

（1）**普通拉线长度的计算**

$$L = KH + A \qquad 式3\text{-}11$$

式中：$L$—拉线长度（m）；

$K$—三角函数 sin$\alpha$（为拉线和电杆的夹角），见表3-15；

$H$—拉线高度（由拉线装设点至地面距离），即杆高减去埋地深度再减杆稍至拉线点距离（m）；

$A$—缠拉线时所用拉线长度之和（m）。

（2）**使用楔形线夹扎上把，UT形线夹扎下把时拉线长度的计算**

$$L = \frac{h}{\sin\alpha} + 上下把绑扎长度 - 拉线棒露出地面的长度 \qquad 式3\text{-}12$$

式中：$h$—电杆高度（m），即电杆在地面上的位置距拉线悬挂点间的高度；

$\alpha$—拉线与电杆的夹角。

注：sin30°＝0.5，sin45°＝0.707，sin60°＝0.866。

**【例3-5】**有一根终端杆打一条拉线，电杆在地面上的位置距拉线悬挂点间的高度是8m，电杆与拉线的夹角是45°，拉线上把使用楔形线夹，下把使用UT形线夹，上下把绑扎长度是1m，拉线棒露出地面的长度是1m，计算拉线坑与电杆间的距离和拉线长度各为多少。

**解**：①将数值代入式3-10，得拉线坑与电杆间的距离为

$$l_z = h\cot\alpha = 8\times1\text{m} = 8\text{m}$$

②将数值代入公式3-12，得拉线长度为

$$L = (\frac{8}{0.707} + 1 - 1)\text{m} = 11.3\text{m}$$

**表3-15　计算拉线长度参考表**

| 拉线对电杆夹角 $\alpha$ | sin$\alpha$ | 拉线坑与杆坑的距离 |
|---|---|---|
| 15° | 1.035 | 杆高×0.268 |
| 30° | 1.155 | 杆高×0.577 |
| 45° | 1.414 | 杆高×1.00 |
| 60° | 2.00 | 杆高×1.732 |

（3）**水平拉线长度的计算**

$$\begin{aligned} L &= KH + A + l + 2(用拉线棒) = KH + 2\times1.2 + l + 2 \\ &= KH + l + 4.4 = KH + 15 + 4.4 \qquad 式3\text{-}13 \\ &= KH + 19.4 \end{aligned}$$

式中：$l$—水平拉线，电杆与高板桩（电杆）的距离，一般取15m，如实际间距每增大1m，则拉线长度也应相应增加1m。

其他变量字母含义同式3-11。

（4）**V形拉线长度计算**

$$L = 2(KH + A) \qquad 式3\text{-}14$$

**(5) 弓形拉线长度计算**

$$L = 2.12 + (杆长 - 埋深长度 + 拉线点至杆顶距离) + A \quad 式3-15$$

注：拉线杆至杆顶距离一般取 1.8m，

倘若设计无规定，拉线长度可按表 3-16 计算。

**表3-16　拉线长度计算表**　（单位：m/根）

| 项目 | | 普通拉线 | V（Y）形拉线 | 弓形拉线 |
|---|---|---|---|---|
| 杆高/m | 8 | 11.47 | 22.94 | 9.33 |
| | 9 | 12.61 | 25.22 | 10.10 |
| | 10 | 13.74 | 27.48 | 10.92 |
| | 11 | 15.10 | 30.20 | 11.82 |
| | 12 | 16.14 | 32.28 | 12.62 |
| | 13 | 18.69 | 37.38 | 13.42 |
| | 14 | 19.68 | 39.36 | 15.12 |
| 水平拉线 | | 26.47 | | |

表 3-17～表 3-19 列出了常用拉线材料的规格。

**表3-17　镀锌钢绞线规格**

| 截面面积/$mm^2$ | 股数×直径/mm | 极限强度/($kg/mm^2$) | 钢绞线外径/mm | 重量/(kg/km) |
|---|---|---|---|---|
| 25 | 7×2.2 | 120～140 | 6.6 | 210 |
| 35 | 7×2.6 | 110～140 | 7.8 | 300 |
| 50 | 7×3.0 | 110～140 | 9.0 | 400 |
| 50 | 19×1.8 | 120～150 | 9.0 | 400 |
| 70 | 19×2.2 | 110～150 | 11.0 | 580 |
| 100 | 19×2.6 | 110～150 | 13.0 | 800 |

**表3-18　$\phi 4mm$ 镀锌铁线规格**

| 直径/mm | 截面面积/$mm^2$ | 瞬时破坏强度/($kg/mm^2$) | 重量/(kg/km) |
|---|---|---|---|
| $\phi 4$ | 12.56 | 37 | 96.13 |

**表3-19　$\phi 4$ 镀锌铁丝拉线股数参考**

| 拉线名称 | 导线规格 | | 拉线股数（上把×下把） |
|---|---|---|---|
| 侧面拉线 | 各种规格 | | 3×5 |
| 普通拉线 | LJ-16-25 | LGJ-16-25 | 3×5 |
| | LJ-35-50 | LGJ-35 | 5×7 |
| | LJ-70 | LGJ-50 | 7×9 |

【例3-6】一基电杆拉线坑中心距电杆的距离如图3-6所示，拉线与电杆夹角为45°，拉线挂点高10m，拉线盘埋深2m，试计算该基电杆的拉线长度。

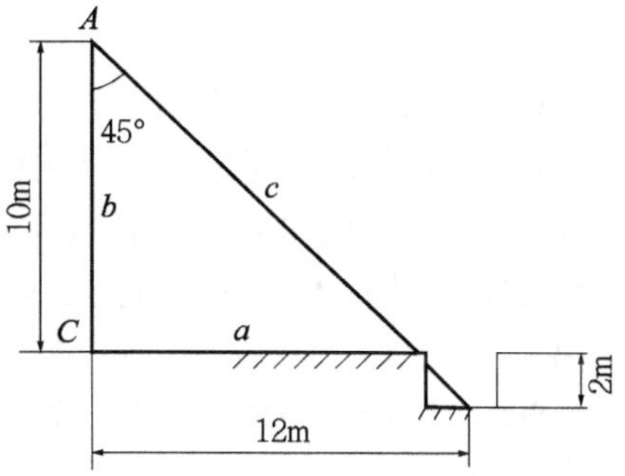

图 3-6　【例 3-6】图

**解**：因 $\tan45° = 1$，所以拉线坑中心距离 $l_z = (10+2)\text{m} = 12\text{m}$

由 $\cos45° = \frac{b}{c}$ 得拉线长度为

$$L = c = \frac{10}{\cos 45°}\text{m} = \frac{10}{0.707}\text{m} = 14.14\text{m}$$

该基电杆的拉线长度为14.14m。

注：拉线实际下料长度应减去拉线棒露出地面的长度加上拉线两端回头长度。

【例3-7】一基电杆拉线坑中心至电杆的距离如图3-7所示，拉线与电杆夹角为30°，拉线挂点距地面12m，拉线盘埋深2.2m，试计算该基电杆的拉线长度。

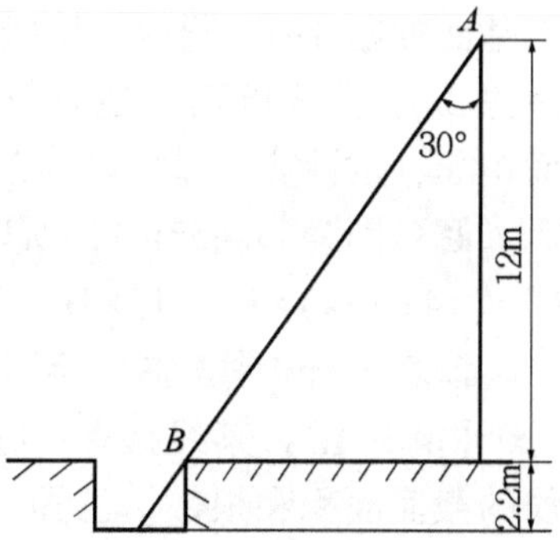

图 3-7　【例 3-7】图

**解**：拉线坑中心距离为

$l_z = (12 + 2.2) \times \tan30°\ \text{m} = 14.2 \times 0.5774\text{m}$
$= 8.199\text{m}$

$$拉线长度\ L = \frac{12}{\cos 30°}\text{m} = \frac{12}{0.866}\text{m} = 13.857\text{m}$$

该基电杆的拉线长度为13.857m。

【例3-8】一基电杆拉线坑中心至电杆的距离如图3-8所示。拉线与电杆夹角为60°，拉线挂点距地面13m，拉线盘埋深2.8m，试计算该基电杆的拉线长度。

**解**：$\tan60° = 1.732$

拉线坑中心距离 $l_z = (13+2.8) \times 1.732\text{m}$
$= 15.8 \times 1.732\text{m} = 27.367\text{m}$

$$拉线长度\ L = \frac{13}{\cos 60°}\text{m} = \frac{13}{0.5}\text{m} = 26\text{m}$$

该基电杆的拉线长度为26m。

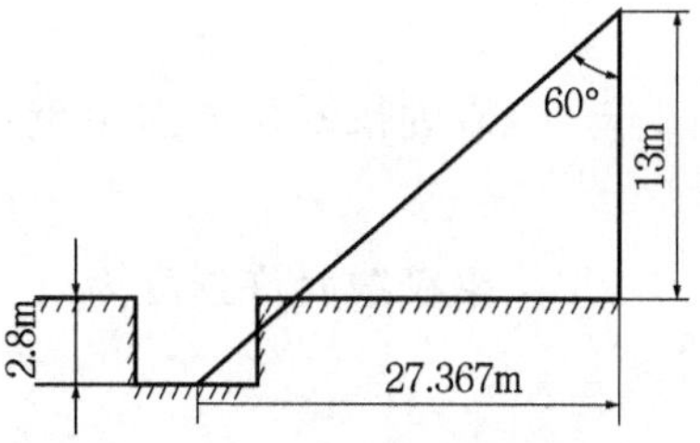

图 3-8　【例 3-8】图

【例3-9】一基电杆拉线坑中心地面低于电杆的施工基面如图3-9所示。拉线与电杆夹角为30°，拉线挂点距杆根部11m，拉线盘埋深2.2m，拉线坑低于电杆施工基面3m，试计算该基电杆拉线坑中心至电杆的距离。

**解**：因为 $\tan30° = 0.5774$，所以拉线坑中心至电杆距离

$l_z = (11 + 3 + 2.2) \times 0.5774\text{m}$
$= 16.2 \times 0.5774\text{m} = 9.35\text{m}$

该基电杆拉线坑中心至电杆的距离为9.35m。

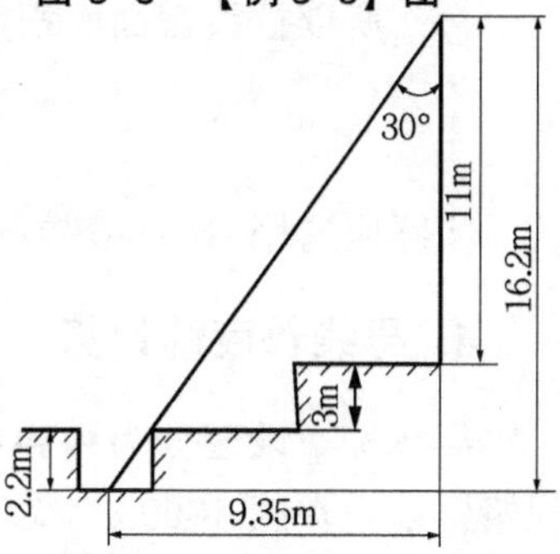

图 3-9　【例 3-9】图

**【例3-10】** 一基电杆拉线坑中心地面高于电杆的施工基面如图 3-10 所示，拉线与电杆夹角为 30°，拉线盘埋深 2.2m，拉线坑高于电杆施工基面 2m，拉线挂点距地面 11m，试计算该基电杆拉线坑中心至电杆的中心距离。

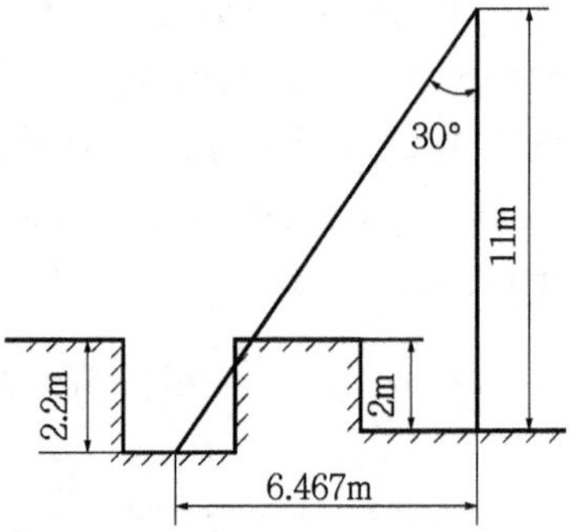

图 3-10 【例 3-10】图

**解：** 因为 tan30° = 0.5774，所以拉线坑中心至电杆距离为

$l_z = (11-2+2.2)\times 0.5774\text{m} = 11.2\times 0.5774\text{m}$

$= 6.467\text{m}$

该基电杆拉线坑中心至电杆的距离为 6.467m。

**【例3-11】** 一基电杆拉线坑中心地面高于电杆的施工基面如图 3-11 所示，拉线与电杆夹角为 45°，拉线盘埋深 3m，拉线坑高于电杆施工基面 4m，拉线挂点距地面 14m，试计算该基电杆拉线坑中心电至杆的中心距离。

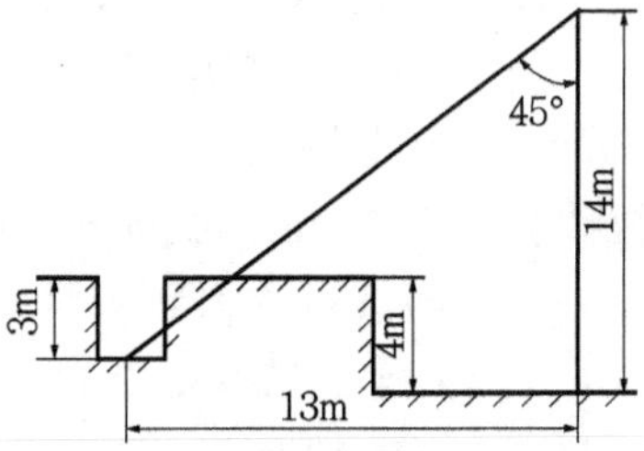

图 3-11 【例 3-11】图

**解：** 因为 tan45° = 1，所以拉线坑中心至电杆距离为

$l_z = (14+3-4)\times 1\text{m} = 13\times 1\text{m} = 13\text{m}$

该基电杆拉线坑中心至电杆的距离为 13m。

**【例3-12】** 某线路有一终端杆，导线型号为 LGJ-150，拉线角度为 45°，求所需拉线的截面面积和根数。已知：导线计算拉断力为 50000N，设计安全系数 $\alpha = 3$，钢绞线极限强度 $g_i = 1200\text{N/mm}^2$，安全系数取 2。

**解：** 已知导线计算允许拉力为

$$F = \frac{N\alpha}{\alpha} = \frac{50000\times 3}{3}\text{N} = 50000\text{N}$$

因为拉线角度为 45°，所以有

$$F_{拉} = \sqrt{2}F = 1.414\times 50000\text{N} = 70700\text{N}$$

钢绞线允许强度为

$$\delta = \frac{1200}{2}\text{N/mm}^2 = 600\text{N/mm}^2$$

所以拉线截面面积为

$$S = \frac{F_{拉}}{\delta} = \frac{70700}{600}\text{mm}^2 = 118\text{mm}^2 \approx 120\text{mm}^2$$

实际应选用 GJ-120 拉线一根。

## 4. 导线长度的计算

导线按架设区分为裸铝绞线、钢芯铝绞线、绝缘铝芯线，均按导线截面面积区分规格，以“单线 1000m”为单位计算。导线长度除按图样计算外，还应考虑预留长度，见表 3-20。导线长度计算公式如下：

单线总长度=线路长度+转角长度+分支长度+弛度（按线路长度的1%计）

式3-16

**表3-20　架设线路时导线预留长度**

（单位：m/根）

| 项目名称 | | 长度 |
|---|---|---|
| 高压 | 转角 | 2.5 |
| | 分支、分段 | 2.0 |
| 低压 | 分支、终端 | 0.5 |
| | 交叉、跳线、转角 | 1.5 |
| 与设备连接 | | 0.5 |
| 进户线 | | 2.5 |

注：选择导线时，6~10kV线路的铝绞线截面面积应不小于35mm²；钢芯铝绞线截面面积应不小于25mm²；3kV线路中应不小于35mm²；以免被风刮断。

## 5. 弛度（弧垂）的计算

两根相邻杆塔之间的距离称为杆塔的档距。在档距内，导线相邻两个悬挂点之间的水平连线与导线最低点的垂直距离称为弧垂，如图3-12所示。

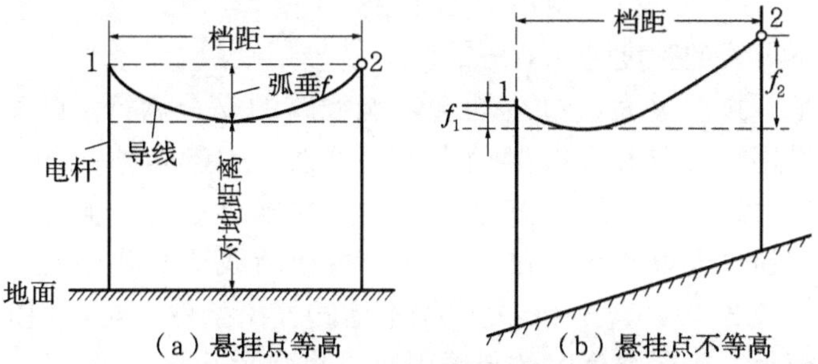


**图3-12　架空线路的弧垂示意图**

弧垂的大小与档距的长度、导线重量、架线松紧、气温（导线热胀冷缩）以及导线所承受拉力的大小有关，在弧垂不大于档距的10%、一般档距不大于1000m时可用公式计算出弧垂和一档的线长，即

$$f=\frac{L^2g}{8T} \tag{式3-17}$$

$$l=L+\frac{lg^2}{24\sigma^2} \quad 或 \quad l=L+\frac{8f^2}{3L} \tag{式3-18}$$

式中：$f$—导线弧垂（m）；

$g$—导线的比载（N/m）；

$T$—导线最低点的张力（N）；

$L$—水平档距（m）；

$\sigma$—导线最低点的应力（N/mm²）；

$l$——一档的导线长度（m）。

导线最低点的应力 $\sigma$ 可用下式计算：

$$\sigma = \frac{T}{S}\ (\mathrm{N/mm^2}) \qquad 式3-19$$

式中：$\sigma$ —导线最低点的应力（$\mathrm{N/mm^2}$）；

$T$—导线最低点的张力（N）；

$S$—导线截面面积（$\mathrm{mm^2}$），包括钢芯截面之和。

导线最低点的应力是指导线弧垂点的应力，若导线两悬挂点等高，则悬挂点的应力可用下式计算：

$$\sigma_x = \sigma + \frac{L^2 g^2}{80S} \text{ 或 } \sigma_x = \sigma + \frac{fg}{S} \qquad 式3-20$$

由公式不难看出导线悬挂点的应力最大，在数值上它等于导线最低点的应力，再加上导线的比载与弧垂的乘积。

**【例3-13】**计算某配电线路导线在最大温度下的弛度。已知：档距 $L=119$m，自重 $g=0.6$N/m，导线最低点的张力 $T=1038$N，求弛度 $f$。

**解：**根据已知条件代入式 3-17 得

$$f = \frac{L^2 g}{8T} = \frac{119^2 \times 0.6}{8 \times 1038}\mathrm{m} = 1.02\mathrm{m}$$

在最大温度下导线的弛度为 1.02m。

需要指出的是，弧垂过大或过小均会影响线路的安全运行。弧垂过大，大风时或故障时电动力的作用容易造成导线摆动太大而混线，引起短路；同时还会使导线下方交叉的线路和其他道路、管路的距离过小，发生放电事故。当弧垂过小时，导线承受拉力过大，一旦其超过导线的允许拉力，就会造成断线事故。因此，弧垂必须保证在一个合理范围内。表 3-21～表 3-28 是根据本地的气象条件，对常用的高、低压线路的导线给出了不同档距、不同温度时的导线弧垂，供参考。

**表3-21　LJ-16 弧垂（最大风速 $v$=25m/s）**

| 档距/m \ 弧垂/m \ 温度/℃ | -40 | -30 | -20 | -10 | 0 | 10 | 20 | 35 | 45 |
|---|---|---|---|---|---|---|---|---|---|
| 40 | 0.10 | 0.12 | 0.18 | 0.24 | 0.35 | 0.46 | 0.59 | 0.69 | 0.76 |
| 50 | 0.12 | 0.17 | 0.25 | 0.32 | 0.42 | 0.58 | 0.71 | 0.84 | 0.93 |
| 60 | 0.18 | 0.24 | 0.33 | 0.44 | 0.57 | 0.74 | 0.90 | 1.04 | 1.18 |
| 70 | 0.28 | 0.37 | 0.49 | 0.63 | 0.80 | 0.98 | 1.16 | 1.25 | 1.35 |
| 80 | 0.47 | 0.60 | 0.76 | 0.94 | 1.14 | 1.32 | 1.50 | 1.64 | 1.81 |
| 90 | 0.80 | 0.97 | 1.17 | 1.38 | 1.57 | 1.77 | 1.92 | 2.09 | 2.24 |
| 100 | 1.24 | 1.44 | 1.68 | 1.88 | 2.06 | 2.24 | 2.42 | 2.60 | 2.74 |

表3-22　LJ-25 弧垂（最大风速 $v$=25m/s）

| 档距/m 弧垂/m 温度/℃ | -40 | -30 | -20 | -10 | 0 | 10 | 20 | 35 | 45 |
|---|---|---|---|---|---|---|---|---|---|
| 40 | 0.12 | 0.14 | 0.17 | 0.23 | 0.35 | 0.48 | 0.57 | 0.66 | 0.78 |
| 50 | 0.14 | 0.18 | 0.24 | 0.31 | 0.44 | 0.58 | 0.71 | 0.81 | 0.92 |
| 60 | 0.18 | 0.24 | 0.31 | 0.41 | 0.58 | 0.72 | 0.86 | 1.00 | 1.12 |
| 70 | 0.24 | 0.32 | 0.42 | 0.54 | 0.70 | 0.88 | 1.04 | 1.20 | 1.35 |
| 80 | 0.34 | 0.44 | 0.50 | 0.70 | 0.88 | 1.08 | 1.28 | 1.44 | 1.62 |
| 90 | 0.48 | 0.60 | 0.76 | 0.92 | 1.16 | 1.35 | 1.57 | 1.75 | 1.95 |
| 100 | 0.69 | 0.89 | 1.04 | 1.24 | 1.50 | 1.71 | 1.92 | 2.12 | 2.33 |
| 110 | 1.00 | 1.20 | 1.44 | 1.67 | 1.93 | 2.14 | 2.36 | 2.56 | 2.76 |
| 120 | 1.42 | 1.66 | 1.92 | 2.10 | 2.42 | 2.62 | 2.83 | 3.20 | 3.24 |

表3-23　LJ-35 弧垂（最大风速 $v$=25m/s）

| 档距/m 弧垂/m 温度/℃ | -40 | -30 | -20 | -10 | 0 | 10 | 20 | 35 | 45 |
|---|---|---|---|---|---|---|---|---|---|
| 60 | 0.19 | 0.25 | 0.34 | 0.44 | 0.60 | 0.78 | 0.90 | 1.04 | 1.17 |
| 70 | 0.24 | 0.31 | 0.42 | 0.54 | 0.70 | 0.88 | 1.04 | 1.18 | 1.34 |
| 80 | 0.31 | 0.40 | 0.51 | 0.65 | 0.84 | 1.04 | 1.21 | 1.38 | 1.54 |
| 90 | 0.40 | 0.51 | 0.64 | 0.80 | 1.01 | 1.22 | 1.42 | 1.59 | 1.78 |
| 100 | 0.54 | 0.68 | 0.82 | 1.00 | 1.24 | 1.48 | 1.69 | 1.88 | 2.19 |
| 110 | 0.72 | 0.90 | 1.09 | 1.31 | 1.57 | 1.82 | 2.02 | 2.24 | 2.46 |
| 120 | 1.01 | 1.23 | 1.44 | 1.70 | 1.96 | 2.22 | 2.42 | 2.64 | 2.84 |
| 130 | 1.42 | 1.64 | 1.84 | 2.14 | 2.40 | 2.66 | 2.86 | 2.08 | 3.28 |
| 140 | 1.90 | 2.12 | 2.29 | 2.62 | 2.86 | 3.13 | 3.32 | | |

表3-24　LJ-50 弧垂（最大风速 $v$=25m/s）

| 档距/m 弧垂/m 温度/℃ | -40 | -30 | -20 | -10 | 0 | 10 | 20 | 35 | 45 |
|---|---|---|---|---|---|---|---|---|---|
| 60 | 0.20 | 0.26 | 0.34 | 0.48 | 0.60 | 0.76 | 0.92 | 1.04 | 1.16 |
| 70 | 0.26 | 0.34 | 0.42 | 0.56 | 0.71 | 0.88 | 1.05 | 1.19 | 1.33 |
| 80 | 0.32 | 0.41 | 0.52 | 0.68 | 0.84 | 1.03 | 1.22 | 1.36 | 1.52 |
| 90 | 0.40 | 0.51 | 0.62 | 0.80 | 0.98 | 1.19 | 1.40 | 1.56 | 1.74 |
| 100 | 0.49 | 0.63 | 0.76 | 0.96 | 1.16 | 1.38 | 1.60 | 1.79 | 1.98 |
| 110 | 0.61 | 0.76 | 0.92 | 1.12 | 1.32 | 1.58 | 1.84 | 2.02 | 2.24 |
| 120 | 0.76 | 0.92 | 1.12 | 1.36 | 1.60 | 1.84 | 2.11 | 3.32 | 2.56 |
| 130 | 0.99 | 1.18 | 1.41 | 1.68 | 1.91 | 2.20 | 2.45 | 2.68 | 2.93 |
| 140 | 1.30 | 1.50 | 1.77 | 2.06 | 2.32 | 2.61 | 2.83 | 3.09 | 3.38 |

表3-25 LGJ-16 弧垂（最大风速 $v$=25m/s）

| 档距/m<br>温度/℃ 弧垂/m | -40 | -30 | -20 | -10 | 0 | 10 | 20 | 35 | 45 |
|---|---|---|---|---|---|---|---|---|---|
| 60 | 0.18 | 0.19 | 0.23 | 0.30 | 0.38 | 0.48 | 0.62 | 0.75 | 0.87 |
| 80 | 0.25 | 0.30 | 0.37 | 0.45 | 0.55 | 0.70 | 0.88 | 1.00 | 1.12 |
| 100 | 0.45 | 0.52 | 0.62 | 0.75 | 0.90 | 1.10 | 1.30 | 1.45 | 1.60 |
| 120 | 0.82 | 0.95 | 1.12 | 1.27 | 1.50 | 1.75 | 1.98 | 2.15 | 2.32 |
| 140 | 1.42 | 1.65 | 1.88 | 2.10 | 2.35 | 2.60 | 2.80 | 3.01 | 3.20 |
| 160 | 2.32 | 2.59 | 2.80 | 3.08 | 3.32 | 3.58 | 3.76 | 3.98 | 4.20 |
| 180 | 3.35 | 3.65 | 3.80 | 4.10 | 4.36 | | | | |

表3-26 LGJ-25 弧垂（最大风速 $v$=25m/s）

| 档距/m<br>温度/℃ 弧垂/m | -40 | -30 | -20 | -10 | 0 | 10 | 20 | 35 | 45 |
|---|---|---|---|---|---|---|---|---|---|
| 60 | 0.16 | 0.20 | 0.25 | 0.32 | 0.39 | 0.49 | 0.60 | 0.73 | 0.88 |
| 80 | 0.25 | 0.33 | 0.40 | 0.50 | 0.60 | 0.73 | 0.87 | 1.05 | 1.22 |
| 100 | 0.30 | 0.50 | 0.62 | 0.73 | 0.77 | 1.02 | 1.23 | 1.45 | 1.62 |
| 120 | 0.64 | 0.76 | 0.90 | 1.06 | 1.26 | 1.45 | 1.66 | 1.90 | 2.10 |
| 140 | 1.01 | 1.15 | 1.30 | 1.52 | 1.76 | 2.00 | 2.24 | 2.49 | 2.70 |
| 160 | 1.52 | 1.70 | 1.88 | 2.18 | 2.45 | 2.71 | 2.95 | 3.20 | 3.45 |
| 180 | 2.25 | 2.48 | 2.73 | 3.06 | 3.28 | 3.62 | 3.85 | 4.10 | |
| 200 | 3.10 | 3.48 | 3.80 | 4.15 | | | | | |

表3-27 LGJ-35 弧垂（最大风速 $v$=25m/s）

| 档距/m<br>温度/℃ 弧垂/m | -40 | -30 | -20 | -10 | 0 | 10 | 20 | 35 | 45 |
|---|---|---|---|---|---|---|---|---|---|
| 60 | 0.16 | 0.18 | 0.22 | 0.26 | 0.35 | 0.46 | 0.58 | 0.72 | 0.88 |
| 80 | 0.20 | 0.32 | 0.38 | 0.44 | 0.58 | 0.76 | 0.89 | 1.03 | 1.20 |
| 100 | 0.40 | 0.47 | 0.56 | 0.67 | 0.84 | 1.01 | 1.22 | 1.38 | 1.56 |
| 120 | 0.57 | 0.67 | 0.79 | 0.94 | 1.14 | 1.33 | 1.58 | 1.74 | 1.95 |
| 140 | 0.81 | 0.92 | 1.06 | 1.26 | 1.47 | 1.70 | 1.97 | 2.16 | 2.38 |
| 160 | 1.12 | 1.26 | 1.41 | 1.66 | 1.90 | 2.16 | 2.42 | 2.66 | 2.92 |
| 180 | 1.54 | 1.71 | 1.90 | 2.22 | 2.50 | 2.80 | 3.09 | 3.40 | 3.67 |
| 200 | 2.10 | 2.38 | 2.70 | 3.16 | 3.50 | 3.90 | 4.30 | 4.70 | 5.10 |

表3-28　LGJ-50 弧垂（最大风速 $v$=25m/s）

| 温度/℃ \ 档距/m \ 弧垂/m | -40 | -30 | -20 | -10 | 0 | 10 | 20 | 35 | 45 |
|---|---|---|---|---|---|---|---|---|---|
| 60 | 0.17 | 0.20 | 0.23 | 0.28 | 0.37 | 0.49 | 0.62 | 0.74 | 0.90 |
| 80 | 0.28 | 0.34 | 0.40 | 0.49 | 0.61 | 0.75 | 0.91 | 1.08 | 1.25 |
| 100 | 0.45 | 0.52 | 0.61 | 0.73 | 0.90 | 1.06 | 1.24 | 1.43 | 1.63 |
| 120 | 0.64 | 0.74 | 0.86 | 1.01 | 1.21 | 1.40 | 1.61 | 1.82 | 2.04 |
| 140 | 0.86 | 0.99 | 1.15 | 1.34 | 1.55 | 1.76 | 2.02 | 2.24 | 2.49 |
| 160 | 1.14 | 1.29 | 1.48 | 1.69 | 1.94 | 2.19 | 2.48 | 2.70 | 2.97 |
| 180 | 1.46 | 1.66 | 1.88 | 2.14 | 2.41 | 2.69 | 2.97 | 3.25 | |
| 200 | 1.90 | 2.16 | 2.40 | 2.72 | 3.00 | 3.29 | | | |

## 6. 导线弛度的换算

通常线路的交叉跨越距离是按环境温度 40℃时设计的，未考虑日照或线路最大负载所引起的导线温升对弧垂的影响。运行维护单位在复核线路交叉跨越距离时，应把现场所测得的交叉跨越距离换算到导线温度为 40℃和 70℃时的交叉跨越距离。

将实测交叉跨越距离换算到最高气温时的数值，一般应考虑两种情况：一种情况是当架空电力线路下方的被跨越物是通信线、广播线、架空管道时，或者电力线路因其档距小，本身随气温和对地距离变化不大时，只要测量上方导线弧垂的变化即可。另一种情况是架空电力线路的被跨越物是较大档距的电力线路、架空索道，随着气温的变化，其对地距离也发生变化，此时应考虑在交叉点处上、下方的弧垂都在发生变化。其换算方法如下：

**（1）计算弧垂**

第一步：测出上方被跨越档距的弧垂和跨越点到一侧杆塔的水平距离 $x$；

第二步：将上方跨越档距的弧垂按下式换算到最高气温时的弧垂。

$$f_{max} = \sqrt{f + \frac{3L^4}{3L_D^2}(t_{max} - t)\alpha} \qquad 式3-21$$

式中：$f_{max}$、$t_{max}$—最大弧垂（m）、相应的温度（℃）；

$f$、$t$—实测弧垂（m）及相应的温度（℃）；

$L_D$—实测耐张规律档距（m），可从设计图样中查出；

$L$—实测档距（m）；

$\alpha$—导线的膨胀系数（1/℃），可从设计图纸中查出。

第三步：按下式计算出跨越点上方导线弧垂的增量 $\Delta f_x$：

$$\Delta f_x = \frac{4x}{l}(f_{max} - f)(1 - \frac{x}{l}) \qquad 式3-22$$

式中：$x$—交叉点至一侧杆塔的水平距离（m）。

其他参数含义同式 3-21。

(2) 导线弛度调整计算

$$\Delta L=2.66\left(\frac{f^2-f_b^{\ 2}}{L}\right) \qquad 式3-23$$

式中：$\Delta L$—调整紧松线长度（m）；

$f$—非标准弛度（m）；

$f_b$—标准弛度（m），可查阅相关资料获得。

## 7. 耐张长度和代表档距的计算

所谓耐张长度就是该耐张段各档距的几何和，其计算公式为

$$L_\Sigma = L_1 + L_2 + L_3 + \cdots + L_n \qquad 式3-24$$

所谓代表档距（也称规律档距）就是一个耐张段各档距的几何均距，它对线路的弧垂计算有重要意义。代表档距的计算公式为

$$L_{ab} = \sqrt{\frac{\Sigma L_i^3}{\Sigma L_i}} = \sqrt{\frac{L_1^3 + L_2^3 + L_3^3 + \cdots + L_n^3}{L_1 + L_2 + L_3 + \cdots + L_n}} \qquad 式3-25$$

式中：$L_i$ —线路档距（m）；

$n$ —耐张段档数。

【例3-14】某输电线路，耐张段有4档，它们的档距分别为350m、400m、400m、370m，求该耐张段的长度及代表档距为多少。

解：将已知条件分别代入式3-24、式3-25得

耐张段长度：$L_\Sigma=L_1+L_2+L_3+L_4=(350+400+400+370)\,\text{m}=1520\text{m}$

代表档距：$l_d=\sqrt{\frac{\Sigma L_i^3}{\Sigma L_i}} = \sqrt{\frac{L_1^{\ 3}+L_2^{\ 3}+L_3^{\ 3}+L_4^{\ 3}}{L_1+L_2+L_3+L_4}} =$

$$\sqrt{\frac{350^3+400^3+400^3+370^3}{350+400+400+370}}\ \text{m}=381.75\text{m}$$

该耐张段的长度为1520m，代表档距为381.75m。

## 8. 耐张段线长调整量的计算

【例3-15】已知某送电线路耐张段长度为1300m，代表档距为250m，观测档距为260m（不计悬挂点高差），测得一条导线弛度为6m，设计要求为5.5m，因此需要调整弛度，请计算线长调整量$\Delta L$。

解：因为 $\Delta L=\frac{8}{3}\times\frac{L_d^2}{L_c^4}\times\cos\varphi\times(f^2-f_s^2)\times L_\Sigma$

已知$L_d=250\text{m}$，$L_c=260\text{m}$，$f=6\text{m}$，$f_s=5.5\text{m}$，$\cos\varphi=1$（悬挂点高差不计），则

$$\Delta L=\frac{8}{3}\times\frac{250^2}{260^4}\times\cos\varphi\times(6^2-5.5^2)\times1300\text{m}=0.269\text{m}$$

该线长的调整量为0.269m。

【例3-16】某线路有一孤立档，架线标准弛度为11.4m，检查实测弛度为12.8m，

弛度大 1.4m。已知该孤立档档距为 280m，计算该档导线的线长调整量。（不考虑架空线弹性系数的影响）

**解**：由孤立档线长调整公式：

$$\Delta L = \frac{8}{3L} \times (f - f_b^2) \qquad 式3-26$$

得线长调整量为

$$\Delta L = \frac{8}{3 \times 280} \times (12.8^2 - 11.4^2)\ m = 0.00952 \times 33.88m = 0.323m$$

**【例3-17】** 某线路施工现场，人字抱杆的长度 $L = 15m$，抱杆根开 $A = 8m$，立塔受力时抱杆杆腿下陷 $\Delta h = 0.2m$。试计算抱杆的有效长度（$\alpha_0 = 60°$）。

**解**：由抱杆的计算长度公式　$L_{js} = \sqrt{L_2 - (\frac{A}{2})^2} - \Delta h$ 得

$$L_{js} = \sqrt{L_2 - (\frac{A}{2})^2} - \Delta h = (\sqrt{15^2 - 4^2} - 0.2) \times \sin 60°\ m = 12.35m$$

式3-27

该抱杆的有效长度为 12.35m。

### 9. 搭设跨越架的长度、高度、宽度计算

搭设跨越架是电力架空线路在施工放线中对保证各种交叉跨越障碍物（如道路、不允许停电的电力线路、通信线路、索道等）安全的技术措施。按结构不同，跨越架可分为单侧平面结构跨越架、双侧平面结构跨越架和双侧立体结构跨越架，分别如图 3-13～图 3-15 所示。

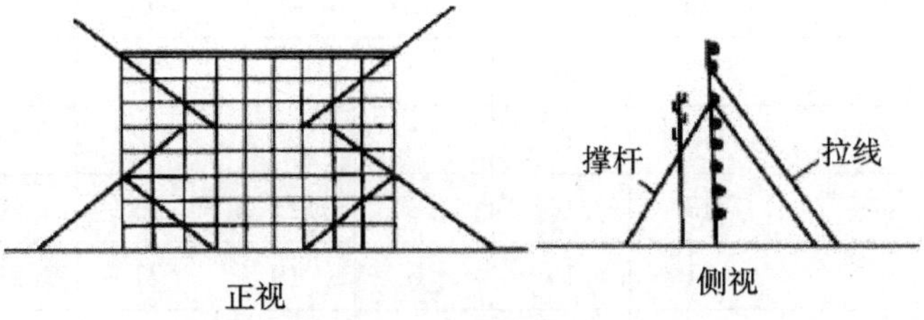


**图 3-13　单侧平面结构跨越架示意图**

注：此种跨越架适用于广播线、一般通信线、低压配电线以及乡村之间道路的跨越。

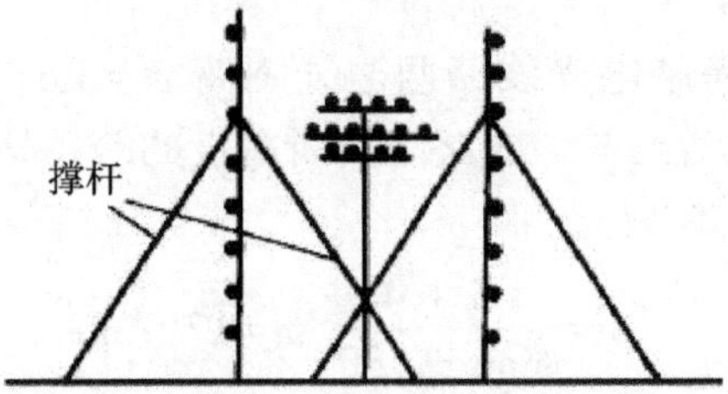


**图 3-14　双侧平面结构跨越架示意图**

注：此种跨越架适用于一般公路、通信线路、多回低压电力线路等设施的跨越。

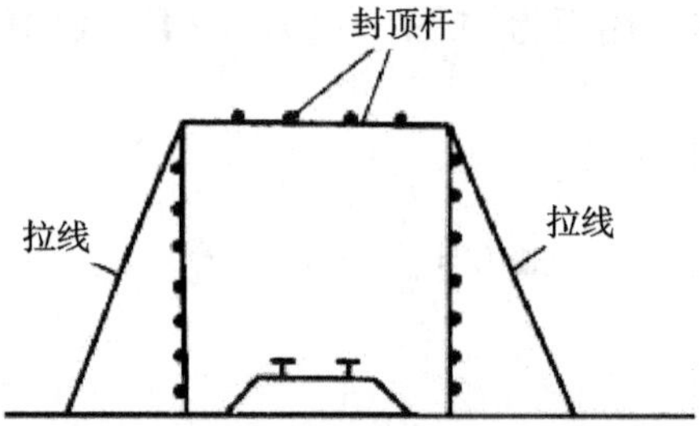


**图 3-15　双侧立体结构跨越架示意图**

注：此种跨越架适用于跨越铁路、重要公路、高压电力线路、重要的通信线路等的跨越。

（1）**跨越架的长度计算**　跨越架的长度为

$$L = \frac{D + 4}{\sin\alpha} \quad \text{式3-28}$$

式中：$L$—跨越架长度（m）；

$D$—架空线路两边导线之间的距离（m）；

$\alpha$—架空线路与被跨越设施的交叉角度。

根据不同的交叉角和两边导线不同的距离，按式 3-28 计算的跨越架长度见表 3-29，以供施工时参考。

**表3-29　不同的叉角和两边导线不同的距离按式 3-34 计算的跨越架长度**

| $D$/m　$L$/m　$\alpha$/(°) | 5 | 8 | 10 | 12 | 14 | 16 | 18 | 20 |
|---|---|---|---|---|---|---|---|---|
| 20 | 26 | 35 | 41 | 47 | 53 | 58 | 64 | 70 |
| 30 | 18 | 24 | 28 | 32 | 36 | 40 | 44 | 48 |
| 40 | 14 | 19 | 22 | 25 | 28 | 31 | 34 | 37 |
| 50 | 13 | 16 | 18 | 21 | 23 | 26 | 29 | 31 |
| 60 | 11 | 14 | 16 | 19 | 21 | 23 | 25 | 28 |
| 70 | 10 | 13 | 15 | 17 | 19 | 21 | 23 | 26 |
| 90 | 9 | 12 | 14 | 16 | 18 | 20 | 22 | 24 |

**【例3-18】** 已知一被跨越电力线路两边线距离 $D=5$m，新建线路与该线路之交叉角 $\alpha=30°30'$，试计算新建线路与该线路之间所搭设的跨越架的长度 $L$。

**解**：将数值代入式 3-28 得

$$L = \frac{5 + 4}{\sin\alpha\ 30°30'}\text{m} = 17.73\text{m}$$

（2）**跨越架的宽度计算**　跨越架的宽度可按下式计算：

$$B = b + 2a \quad \text{式3-29}$$

式中：$B$—跨越架的宽度（m）；

$b$ —被跨越物的宽度（m）；

$a$ —跨越架与带电体的安全距离（m），可采用表 3-30 所列数值。

**表3-30　跨越架与带电体之间的安全距离**

| 电力线路的电压/kV | 10 及以下 | 35 | 66~110 |
|---|---|---|---|
| 跨越架与带电体的水平距离或垂直距离/m | 1.5 | 1.2 | 2.0 |
| 跨越架与避雷线的垂直距离/m | 0.5 | 0.5 | 1.0 |

**【例3-19】** 被跨越电力线路电压为 110kV，一新建电力线路与之交叉，放线前要搭设跨越架，试计算该跨越架的宽度 $B$。已知跨越架与 110kV 电力线路的安全距离 $a$ = 2m，110kV 线路宽度 $b$ = 4.8m。

**解：** 将已知数据代入式 3-29 得

$$B=(4.8+2\times2)\text{m}=8.8\text{m}$$

该跨越架的宽度为 8.8m。

**（3）跨越架的高度计算**

$$H = h_1 + h_2 \qquad \text{式3-30}$$

式中：$H$—跨越架的高度（m）；

$h_1$—被跨越物的高度（m）；

$h_2$—跨越架与被跨越物的安全距离（m）。

**【例3-20】** 被跨越电力线路电压为 10kV，一新建电力线路与之交叉，放线前要搭设跨越架，已知 10kV 中相导线高度为 12.5m，试计算该跨越架的高度 $H$。已知跨越架与 10kV 电力线路的安全距离 $h_2$ = 1.5m。

**解：** 将已经数据代入式 3-30 得

$$H=(12.5+1.5)\text{m}=14\text{m}$$

该跨越架的高度为 14m。

## 10. 放线牵引力的计算

**【例3-21】** 一输电线路工程进入放线施工阶段，已知导线密度为 $W=0.598$kg/m，导线拖放长度 $L=1000$m，放线始点与终点高差 $h=5$m，摩擦因数 $\mu=0.5$。试计算放线牵引力 $P$。

**解：** 根据计算公式　$P=(\mu Wl\pm Wh)\times9.8$　式3-31

将题目已知数据代入后求得放线牵引力为

$$P=(0.5\times0.598\times1000+0.598\times5)\times9.8\text{N}$$
$$=2959.5\text{N}\approx2.96\text{kN}$$

注：取加号因是上坡。

## 11. 档端观测法弛度计算

**【例3-22】** 已知某输电线路弛度采用档端观测法，观测角 $\theta$ = 9°30′，档距 $L$=

265m，导线两悬挂点之间高度差 $h=25\text{m}$，导线悬点至仪器中心的垂直距离 $a=22\text{m}$，仪器位置近方低于远方，试计算该观测档的弛度值。

**解**：采用档端观测弛度计算公式：

$$f=\frac{1}{4}\left(\sqrt{a}+\sqrt{a-L\times\tan 9.5^\circ+h}\right)^2 \qquad \text{式3-32}$$

$$f=\frac{1}{4}\left(\sqrt{22}+\sqrt{22-265\times\tan 0.1673+25}\right)^2\text{m}=9.998\text{m}$$

该观测档的弛度值为 9.998m。

**【例3-23】** 有一条配电架空线路，已知档距 $L=150\text{m}$，导线密度 $W=3\text{kg/m}$；导线的拉断力 $F=5000\text{kg}$，安全系数 $\sigma=2.5$。试计算其弧垂及导线的长度。

**解**：导线的允许拉力为

$$T=\frac{F}{\sigma}=\frac{5000}{2.5}\text{kg}=2000\text{kg}$$

导线的弧垂为

$$f=\frac{WL^2}{8T}=\frac{3\times150^2}{8\times2000}\text{m}=4.2\text{m}$$

导线的长度为

$$l=L+\frac{8f^2}{3L}$$

$$=\left(150+\frac{8\times4.2^2}{3\times150}\right)\text{m}=150.3\text{m}$$

根据计算可知，导线的弧垂为 4.2m，导线的长度为 150.3m。

**【例3-24】** 有一终端杆，导线型号为 LGJ-120，问电杆所承受的最大设计水平张力是多少？(钢芯铝绞线综合瞬时破坏应力为 $29\text{kg/mm}^2$，安全系数取 2.5)

**解**：因为每根导线的设计水平张力为（29×120/2.5）kg = 1392kg，所以三根导线的设计水平张力换算到单位为牛顿时为

$$1392\times3\times9.8\text{N}=40924.8\text{N}$$

电杆所承受的最大设计水平张力为 40924.8N。

**【例3-25】** 某线路在加线施工中，需对 10kV 线路进行临时改造。使用 9m 水泥电杆（$\phi$300mm 等径杆，壁厚 50mm，重 990kg），导线型号为 LGJ-50 型，垂直档距为 120m，埋深为 2.5m，横担及附件总重为 47kg，土质为亚黏土（地耐力为 $20\text{t/m}^2$），问可否不用底盘？

**解**：垂直荷重：

导线重量=0.195×120×3kg=70.2kg

水泥杆重=990kg

横担及附件重 47kg

垂直荷重=(70.2+990+47)kg=1107.2kg

$$\text{水泥杆底面积}=\frac{\pi}{4}\times\left[300^2-(300-2\times50)^2\right]\text{mm}^2=39270\text{mm}^2=392.7\text{cm}^2$$

土质承受单位荷重$=\frac{1170.2}{392.7}$kg/cm$^2$=2.819kg/cm$^2$=28.2t/m$^2$>20t/m$^2$

根据计算结果可知，该基杆塔需加装底盘。

## 12. 杆塔的其他简易计算

**（1）锥形水泥杆重心的计算**

$$L=0.4H+0.5 \qquad \text{式3-33}$$

式中：$L$—重心距杆底长度（m）；

$H$—杆高（m），用于电杆运输、起吊、组立。

**（2）锥形水泥杆各部直径的确定计算**

$$\phi_x=\phi_s+\frac{1}{75}x \qquad \text{式3-34}$$

式中：$\phi_x$—电杆从顶部至 $x$ 处的直径（cm）；

$\phi_s$—电感的稍径（cm），用于安装包箍和选用螺栓；

$x$—电杆从杆顶至 $x$ 处的测算长度（cm）。

**口诀：**每降 1m 增 1.33cm。

**（3）竖立电杆的偏移度的计算**

$$L_P=0.015H \qquad \text{式3-35}$$

式中：$L_P$—立杆时允许直线偏差（cm）；

$H$—杆高（cm）。

**（4）竖立电杆的倾斜度计算**

$$L_q=0.01H \qquad \text{式3-36}$$

式中：$L_q$—倾斜度（cm）；

$H$—杆高（cm）。

**（5）横担的偏移度计算**

$$L=\frac{H}{50} \qquad \text{式3-37}$$

式中：$L$—偏移度（cm）；

$H$—横担长度（m）。

**（6）水泥杆埋深的估算**

$$H=\frac{h}{6}+0.1 \qquad \text{式3-38}$$

式中：$H$—埋深（m）；

$h$—杆高（m）。

**（7）线间距离的估算**

$$S=70\frac{f_{max}}{L}+0.03U+0.05\lambda\ (\text{日本}) \qquad \text{式3-39}$$

式中：$S$—线间距离（m）；

$f_{max}$—导线最大弛度（m）；

$L$—档距（m）；

$U$—电压（kV）；

$\lambda$—悬垂长度（m）。

$$S = 0.75\sqrt{f} + \frac{L}{150}（德国）\quad 式3-40$$

①10kV 线路 $$S = \frac{L}{150} + 25 \quad 式3-41$$

式中：$L$—档距（m）。

②0.4kV 线路 $$S = \frac{L}{150}$$

**（8）拉线下料长度计算**

①钢绞线 $L=1.5H$ 式3-42

式中：$H$—地面上的杆高（m）。

②铁线 $1.4H+1.4$ 式3-43

**（9）导线弛度换算（最大风力 $v=2.5$m/s，$k=2.5$）**

$$f_0 = \left(\frac{L_x}{L_{np}}\right)f_{np} \pm 1.3t \quad 式3-44$$

式中：$f$—0℃时实测弛度（m）；

$f_{np}$—已知规律档距的弛度（m）；

$L_x$—选定的实测档距（m）；

$L_{np}$—规律档距（m）。

## 第四节　常用电工线材的简易计算

从事电气的工作人员经常会遇到电工线材的计算问题，如修理电机和变压器时需要进行电磁线重量的求算；线路设计和维修需要进行导线及钢绞线重量的计算，生产计划部门审核设计需要进行导线、拉线重量的预算。为了计算线材的重量通常要查手册找资料，比较烦琐。特别是在施工现场、生产车间或农村，查找资料就更不方便。采用以下六种简易算法，只要记住相应的常数，便可随时方便地求出线材千米重量。省去查找手册的麻烦。

### 1. 圆铜单线千米重量的简易算法

只要知道线材的直径 $d$（mm）就可以快速计算出其千米重量 $G$（kg），其计算公式为

$$G=7.0d^2 \quad 式3-45$$

即以线材直径的平方乘 7.0 后，即为该圆铜单线的千米重量。例如直径为 0.05mm 的铜线，它的千米重量是 $G_{0.05}=7.0\times0.05^2\text{kg}=0.0175\text{kg}$，查《实用电工手册》，其千米

重量也是 0.0175kg。再如直径为 0.83mm 的铜线，其千米重量是 $G_{0.83}=7.0\times0.83^2$kg = 4.82kg，查手册为 4.8kg，误差极小。利用简易算法得出的结果与手册值对照，最大误差不超过 0.6%。

### 2. 圆铝单线千米重量的简易算法

圆铝单线千米重量的简易算法与圆铜单线相同，只是计算常数不同，其计算公式为

$$G=2.12d^2 \quad \text{式3-46}$$

例如直径 $d$ 为 0.20mm 的圆铝单线，其千米重量是 $G_{0.20}=2.12\times0.20^2$kg = 0.0848kg。这种利用简易算法求得的值与手册值相比最大误差不超过 3.6%。

### 3. 单股镀锌铁线千米重量的简易算法

单股镀锌铁线也是最常用的一种电工线材，其千米重量的计算公式为

$$G=6.13d^2 \quad \text{式3-47}$$

例如直径为 4.0mm 的镀锌铁线，其千米重量是 $G_{4.0}=6.13\times4^2$kg = 98.08kg。查手册其千米重量为 98.05kg。再如直径为 1.6mm 的镀锌铁线，其千米重量是 $G_{1.6}=6.13\times1.6^2$kg = 15.69kg。查手册其千米重量为 15.69kg。

### 4. 镀锌钢绞线和硬铜绞线千米重量的简易算法

镀锌钢绞线和硬铜绞线的千米重量简易算法相同，其计算方法为将已知线材截面面积 $S$（$mm^2$）乘 9，即

$$G=9S \quad \text{式3-48}$$

例如 $GJ_{25}$ 钢绞线千米重量为 $G_{25}=9\times25$kg = 225kg，查表 3-17 得千米重量理论值为 210kg，与计算结果相差 15kg。误差为 10.7%。

再如 $GJ_{50}$ 钢绞线千米重量是 $G_{50}=9\times50$kg = 450kg，查表 3-17 得千米重量理论值为 400kg。这种简易算法最大计算误差为 11%，完全可以满足工程中核算时快速估算重量的需要。

硬铜绞线千米重量计算方法与上述方法相同。例如 35$mm^2$ 硬铜绞线千米重量理论值为 311kg，用简易算法为 $G_{35}=9\times35$kg = 315kg。

此种计算法最大误差为 3.52%，完全可以适应工程上快速估算硬通绞线千米重量的需求。

### 5. 钢芯铝绞线千米重量的简易算法

钢芯铝绞线是城市和农村电力线路中最常用的一种导线，其千米重量的简易算法为 4 倍截面面积 $S$（$mm^2$），即

$$G=4S \quad \text{式3-49}$$

例如 LGJ-10 导线千米重量理论值为 42.9kg，用简易算法求得 $G_{10}=4\times10$kg = 40kg。再如 LGJ-50 导线千米重量理论值是 195kg，用简易算法求得 $G_{50}=4\times50$kg = 200kg。

**用口诀估算：**架空铝导线，千米重量（kg）算。裸体纯铝线，截面乘以三。若是

加钢芯，变成四来算。

**说明：**“裸体纯铝线，截面乘以三”。例如，LJ-35 型铝导线，千米重量 $G=35\times 3\text{kg}=105\text{kg}$。查手册，得该型导线千米重量为 95kg。手册值与利用本口诀的计算值比较，误差为-1.105%。

“若是加钢芯，变成四来算”。例如，LGJ-35 型铝导线，$35\times 4\text{kg}=140\text{kg}$。查手册，得该型导线千米重量为 150kg。手册值与利用本口诀的计算值比较，误差为-1.07%。

利用这种简易算法，除 LGJ-300 的计算误差超过 10%外，其余误差均不超过 9%，因此其用于快速核算或估算钢芯铝绞线的重量是完全可以的。

### 6. 铝绞线千米重量的简易算法

铝绞线即无钢芯裸铝线，是城市和农村中用于低压供电的一种较为普遍的导线，其千米重量简易算法是截面面积 $S$（$\text{mm}^2$）乘 2.73，即

$$G=2.73S \tag{式3-50}$$

例如 LJ-10 导线千米重量理论值为 27.6kg，用简易算法求得 $G_{10}=2.73\times 10\text{kg}=27.3\text{kg}$。再如 LGJ-50 导线千米重量理论值为 135kg，用简易算法求得 $G_{50}=2.73\times 50\text{kg}=136.5\text{kg}$。

## 第五节　架空电力线路导线截面面积的选择计算

### 1. 导线截面面积的选择原则

为了保证供电系统安全、可靠、经济、合理地运行，选择导线和电缆截面面积时，应遵循基本建设投资小、运行经济以及技术合理的原则。选择导线和电缆截面面积时必须满足下列要求：

**(1) 发热条件**　导线和电缆在通过正常最大负载电流（计算电流）时产生的发热温度，不应超过其正常运行时的最高允许温度。

**(2) 电压损耗**　导线和电缆在通过正常最大负载电流时产生的电压损耗，不应超过其正常运行时允许的电压损耗。

**(3) 经济电流密度**　高压线路和特大电流的低压线路，应按规定的经济电流密度选择导线和电缆的截面，以使电能损耗较小，节约有色金属。

**(4) 机械强度**　导线的截面面积不应小于其最小允许截面面积，以满足机械强度的要求。

导线截面面积的选择必须根据设计负载的电压等和 5 年内负载的发展情况，通过正确、合理的计算来进行。若导线截面面积选择得过大，会增加有色金属的消耗量，显著地增加线路的建设费用；而导线截面面积选择得过小，则会在线路上造成过大的电压损耗和电能损耗，使得负载侧电压过低，导致用电设备不能正常工作，同时也影响线路运行的经济性。

送电线路导线截面面积的选择，主要是按经济电流密度和允许线路电压损耗来确

定的，同时应能满足发热条件和机械强度要求。此外，还应满足避免产生电晕现象的最小导线直径的要求。

配电线路导线截面面积的选择，一般是按允许电压损耗来确定的，但必须按发热条件进行校验，同时又应满足有关规程规定的最小导线截面面积的要求。

## 2. 按允许电压损耗选择导线截面面积

线路电压损失计算公式如下：

**(1) 负载集中在末端时**

$$\Delta U=\sqrt{3}I(R\cos\varphi+X\sin\varphi) \qquad \text{式3-51}$$

因在三相电路中，电流 $I$ 和功率 $P$ 的关系为

$$P=\sqrt{3}U_eI\cos\varphi$$

$$Q=\sqrt{3}U_eI\sin\varphi$$

如果将式 3-51 分别乘$\frac{U_e}{U}$则得

$$\Delta U=\frac{PR+QX}{U_e} \qquad \text{式3-52}$$

式中：$\Delta U$—线路的电压损失（V）；

$P$—线路中的有功功率（kW）；

$Q$—线路中的无功功率（kvar）；

$R$—线路的导线电阻（Ω）；

$X$—线路的导线电抗（Ω）；

$U_e$—线路的额定电压（kV）。

**【例3-26】** 一条 10kV 配电线路，总长为 10km，导线型号为 LJ-70，导线排列为三角形，线间距离为 1m，输送有功功率 1000kW，无功功率 400kvar，试求这条线路的电压损失。

**解：** 已知 $P=1000\text{kW}$，$Q=400\text{kvar}$，$U_e=10\text{kV}$，查表 3-3 得 LJ-70 导线的电阻和电抗为 $R_0=0.46\Omega/\text{km}$，$X_0=0.345\Omega/\text{km}$。

①线路导线的总电阻和电抗为

$$R=0.46\times10\Omega=4.6\Omega$$

$$X=0.345\times10\Omega=3.45\Omega$$

代入式 3-52 得线路中的电压损失为

$$\Delta U=\frac{PR+QX}{U_e}=\frac{1000\times4.6+400\times3.45}{10}\text{V}=598\text{V}$$

如果用额定电压的百分数表示，则为$\frac{598}{10000}\times100\%=5.98\%$。

②沿线有均匀负荷时

$$\Delta U=\frac{nP\frac{R}{2}+nQ\frac{X}{2}}{U_e} \qquad \text{式3-53}$$

式中：$n$—均匀负荷分布点数目。

其他变量字母含义同前。

③对低压线路

$$\Delta U=\frac{PR}{U_e^2}\times 100 \quad \text{式3-54}$$

用电压损失计算常数 $C$ 值（见表3-31）计算时，有

$$\Delta U=\frac{PL}{CS} \quad \text{式3-55}$$

**表3-31　用电压损失计算常数 $C$**

| 电压/V | 接线制 | $C$ 的表示公式 | $C$ 值 | |
|---|---|---|---|---|
| | | | 铜导线 | 铝导线 |
| 380/220 | 三相四线制 | $\frac{U_e^2}{\rho\times 100}$ | 77 | 46 |
| 220 | 单相制 | $\frac{U_e^2}{2\rho\times 100}$ | 12.9 | 7.7 |

注：导线允许温度为70℃，环境温度为25℃。

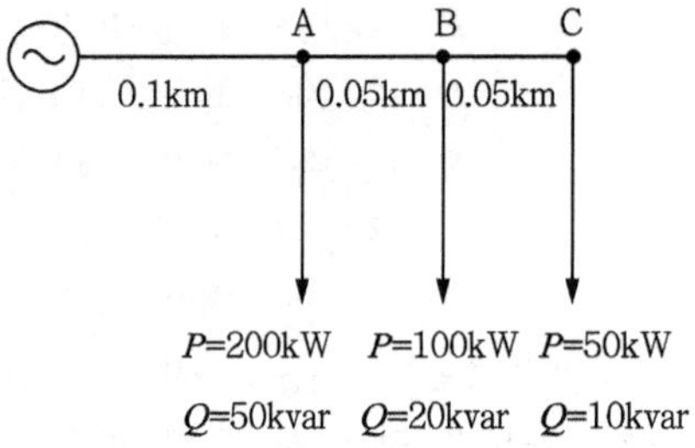

图 3-16　【例 3-27】图

【例3-27】有一条额定电压为380V的架空线路，导线为水平排列方式，导线的几何均距 $D_{av}=0.6\text{m}$，负载及负载距离如图3-16所示，总的允许电压损耗为7%。采用铝导线架设时，应选择多大的导线截面面积？

**解**：$\Delta U=U_e\times 7\%=380\times 7\%\text{V}=\frac{380\times 7}{100}\text{V}=26.6\text{V}$

取电抗 $X_0=0.4\Omega/\text{km}$，则有

$$\Delta U_x=\frac{X_0\Sigma QL}{U_e}=\frac{0.4\times(50\times 0.1+20\times 0.05+10\times 0.05)}{0.38}\text{V}=6.8\text{V}$$

于是 $\Delta U_R=\Delta U-\Delta U_x=(26.6-6.8)\text{V}=19.8\text{V}$

查得铝导线的电导率 $\gamma=32\text{m}/(\Omega\cdot\text{mm}^2)$

由式 $$S=\frac{\Sigma PL}{\gamma\Delta U_R U_e}$$

代入数据得 $S=\frac{200\times 0.1+100\times 0.05+50\times 0.05}{32\times 19.8\times 0.38}\text{mm}^2=114\text{mm}^2$

经计算可选用LJ-120导线。

LGJ型导线持续允许负载见表3-32。

表3-32　LGJ 型导线持续容许负荷

（单位：MV · A）

| 导线型号 | 持续允许电流/A | 35kV | 60kV | 110kV |
|---|---|---|---|---|
| LGJ-25 | 135 | | | |
| LGJ-35 | 170 | 10.3 | | |
| LGJ-50 | 220 | 13.3 | 22.8 | |
| LGJ-70 | 275 | 16.6 | 28.5 | 52.4 |
| LGJ-95 | 335 | 20.3 | 34.7 | 63.8 |
| LGJ-120 | 380 | 23.0 | 39.4 | 72.4 |
| LGJ-150 | 445 | 27.0 | 46.2 | 84.8 |
| LGJ-180 | 515 | 32.4 | 53.4 | 102.0 |
| LGJ-240 | 610 | 37.0 | 63.3 | 116.0 |
| LGJ-300 | 710 | | 73.6 | 135.0 |
| LGJ-400 | 865 | | | 161.0 |

验算 $\Delta U$ 值：当 $D_{av}=0.6\text{m}$ 时，查表 3-3 得 LJ-120 导线的电阻和电抗为：$X_0=0.297\Omega/\text{km}$，$R_0=0.27\Omega/\text{km}$。代入公式计算得

$$\Delta U=\frac{\Sigma(PR+QX)}{U_e}=[(200\times0.27+50\times0.297)\times0.1+(100\times0.27+20\times0.297)\times0.05+(50\times0.27+10\times0.297)\times0.05]\text{V}/0.38$$

$$=24.6\text{V}<26.6\text{V}$$

由此可知电压损耗合格。

再按发热条件进行校验：查表 3-5 可知 LJ-120 导线长期允许安全电流 $I_e=375\text{A}$。

线路最大电流为 $I_{max}=\frac{\sqrt{P^2+Q^2}}{\sqrt{3}U_e}$

其中，$P=(100+50+50)\text{kW}$ 为线路最大有功负载；$Q=(30+10+10)\text{kvar}$ 为线路最大无功负载。

所以 $I_{max}=\frac{\sqrt{200^2+50^2}}{\sqrt{3}\times0.38}\text{A}=313\text{A}$

导线长期允许通过的电流大于线路最大负载电流，导线能满足发热条件的要求。

### 3. 按经济电流密度选择导线截面面积

电流的密度直接与导线的截面面积有关，导线截面面积越大，功率损耗和电能损耗越小，线路的投资和耗用的有色金属却增多，综合考虑多方面的因素，定出符合总的经济利益的导线截面面积称为经济截面。对应于经济截面的电流密度，称为经济电流密度。经济电流密度与导线的材料及线路的最大利用小时有关。线路的最大负载年利用小时数，一般是根据线路输送的负载性质而确定的，其值可参考表 3-33。

当已知计算年限内的最大负载电流和相应的最大负载年利用小时后，可按表 3-34 查得不同材料的导线经济电流密度的 $j$ 值。

按经济电流密度选择导线截面面积的公式为

$$S = \frac{I_{max}}{j} \tag{式3-56}$$

式中：$I_{max}$—最大负载电流（A）；

$j$—经济电流密度（$A/mm^2$）。

根据式 3-56 计算出导线的截面面积后，再选用接近的标准导线。如果计算出的导线截面面积介于两种标准导线截面面积之间，从考虑节约有色金属的角度出发，可以选用较小一级的标准导线截面面积。如果线路电压在 110kV 及以上时，还应按避免产生电晕的最小导线直径进行校验。

**表3-33　各类用户的最大负载年利用小时数**

| 负载性质 | 煤炭工业 | 黑色金属工业 | 食品工业 | 交通运输 | 铁合金工业 | 有色金属冶炼 |
|---|---|---|---|---|---|---|
| 年利用小时（$T_{max}$/h） | 6000 | 6500 | 4500 | 3000 | 7700 | 7500 |
| 负载性质 | 上下水道 | 农村工业 | 有色金属采选业 | 电铝工业 | 城市生活用电 | 农业排灌 |
| 年利用小时（$T_{max}$/h） | 5500 | 3500 | 5800 | 8200 | 2500 | 2800 |
| 负载性质 | 机械制造工业 | 建筑材料工业 | 原子能工业 | 其他工业 | 化学工业 | 造纸工业 |
| 年利用小时（$T_{max}$/h） | 5000 | 6500 | 7800 | 4000 | 7300 | 6500 |
| 负载性质 | 农村照明 | 石油工业 | 纺织工业 | 电气化铁道 | | |
| 年利用小时（$T_{max}$/h） | 1500 | 7000 | 6000 | 6000 | | |

**表3-34　导体的经济电流密度 $j$ 值**　（单位：$A/mm^2$）

| 导线材料 | 最大负载年利用小时数 $T_{max}$/h | | |
|---|---|---|---|
| | 3000 以下 | 3000~5000 | 5000 以上 |
| 裸铜导线和母线 | 3.0 | 2.25 | 1.75 |
| 裸铝导线和母线（钢芯） | 1.65 | 1.15 | 0.90 |
| 钢芯电缆 | 2.5 | 2.25 | 2.00 |
| 铝芯电缆 | 1.92 | 1.73 | 1.54 |
| 钢线 | 0.45 | 0.4 | 0.35 |

**【例3-28】** 有一条电压为 35kV 的输电线路，输送最大负载为 6300kW，$\cos\varphi=0.8$，最大负载年利用时间为 4000h，线路长度为 20km，当采用钢芯铝导线时，试按经济电流密度选择导线截面面积。

**解：** 线路最大输送电流

$$I_{max} = \frac{P}{\sqrt{3}U_e\cos\varphi} = \frac{6300}{\sqrt{3}\times 35\times 0.8}A = 130A$$

按最大负载年利用时间为4000h，查表3-34可知，钢芯铝导线的经济电流密度为$j=1.15A/mm^2$。

所以有

$$S=\frac{I_{max}}{j}=\frac{130}{1.15}mm^2=113mm^2$$

据此，应选用LGJ-95导线。

**【例3-29】**有一条用LJ型铝绞线架设的10kV架空线路，计算负载为1280kW，$\cos\varphi=0.9$，$T_{max}=4200h$，试选其经济截面面积，并校验发热条件和机械强度。

**解**：选择经济截面面积

$$I_{max}=\frac{P}{\sqrt{3}U_e\cos\varphi}=\frac{1280}{\sqrt{3}\times10\times0.9}A=82A$$

查表3-34得经济电流密度为

$$j=1.15A/mm^2$$

因此由式3-56求得经济截面面积为

$$S=\frac{82}{1.15}mm^2=71mm^2$$

可选用LJ-70的铝绞线。

校验发热条件：查表3-5得知LJ-70的允许载流量（25℃时）$I_{yx}=265A>I=82A$，可见选LJ-70导线满足发热条件。

机械强度校验：查表3-35得知高压居民区的架空铝绞线最小允许截面$S_{min}=35mm^2<S_{ji}=70mm^2$，可见LJ-70也满足机械强度要求。

**表3-35　架空裸铝导线最小允许截面面积和直径**

| 导线种类 | 高　压　（至10kV） | | 低　压 |
|---|---|---|---|
| | 居 民 区 | 非 居 民 区 | |
| 铝及铝合金线 | 35mm² | 25mm² | 16mm² |
| 钢芯铝线 | 25mm² | 16mm² | 16mm² |
| 铜线 | 16mm² | 16mm² | $\phi$3.2mm |

注：高压架空线路不应使用单股铜导线；裸铝线及铝合金线不应使用单股线。

**【例3-30】**某供电局新规划建设一条双回路110kV送电线路，变电所负载为40MW，$\cos\varphi=0.85$，$T_{max}=6000h$，由100km以外的区域变电所供电。电力网接线如图3-17所示，试按经济电流密度选择钢芯铝绞线截面面积。

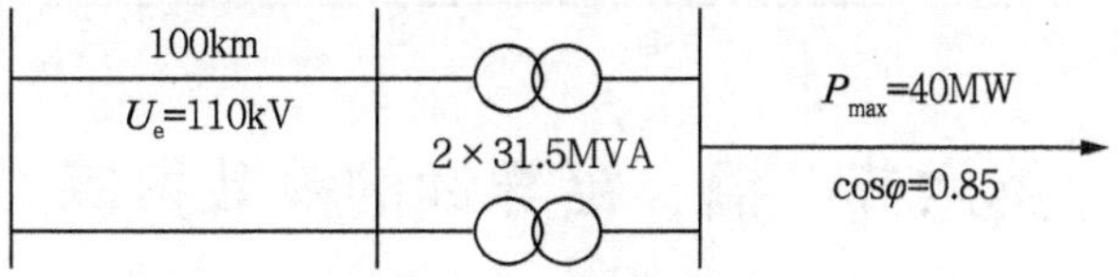


**图3-17　【例3-30】图**

**解**：由公式 $I_{max}=\dfrac{P}{\sqrt{3}U_e\cos\varphi}=\dfrac{40000}{\sqrt{3}\times110\times0.85}A=247A$

当 $T_{max}=6000h$ 时，查表 3-34 得钢芯铝导线的经济电流密度为

$$j=0.9A/mm^2$$

按公式 $S=\frac{I_{max}}{j}$ 计算导线截面面积为

$$S=\frac{I_{max}}{j}=\frac{247}{0.9}mm^2=274\ mm^2$$

因为是双回路架设，则每一回路导线截面面积为

$$S'=\frac{I_{max}}{j}=\frac{274}{2}mm^2=137mm^2$$

据此，可选用 LGJ-150 的导线。查表 3-32 得知，LGJ-150 导线在环境温度为 25℃ 时的长期容许电流为 445A，大于 247A，故所选导线能满足发热条件的要求。

### 4. 按发热条件选择导线和电缆的截面面积

负载电流通过导线和电缆时，由于导线和电缆具有一定的电阻，因此要产生一定的功率损耗，使导线和电缆发热，温度升高。绝缘导线和电缆的发热温度过高时，将破坏其绝缘性能，甚至引起失火。裸导线的发热温度过高时，会使导线接头处的氧化加剧，增大接头的接触电阻，使之进一步加热氧化，甚至发生断线。因此，导线和电缆的发热温度不能超过允许值，见表 3-36 所列。

**表3-36　导体在正常和短路时的最高允许温度**

| 导体种类和材料 | 最高允许温度/℃ | | 导体种类和材料 | 最高允许温度/℃ | |
|---|---|---|---|---|---|
| | 正常时 | 短路时 | | 正常时 | 短路时 |
| 1. 母线 | | | | | |
| 铜 | 70 | 300 | 铝芯：1~3kV | 80 | 200 |
| 铜（接触面有锡覆盖层时） | 85 | 200 | 6~kV | 65 | 200 |
| 铝 | 70 | 200 | 10~kV | 60 | 200 |
| 钢（不与电器直接连接时） | 70 | 400 | 3. 橡胶绝缘导线和电缆 | 65 | 150 |
| 钢（与电器直接连接时） | 70 | 300 | 4. 聚氯乙烯绝缘导线和电缆 | 65 | 120 |
| 2. 油浸纸绝缘电缆 | | | 5. 交联聚乙烯绝缘电缆 | 80 | 230 |
| 钢芯：1~3kV | 80 | 250 | 钢芯　铝芯 | 80 | 200 |
| 6kV | 65 | 250 | 6. 有中间接头的电缆（不包 | | 150 |
| 10kV | 60 | 250 | 括聚氯乙烯绝缘电缆） | | |

## 第六节　铜、铝导线的等效换算

### 1. 截面相同的铜、铝导线的等效换算

由于铜、铝两种导线的导电系数不同，所以它们在导线截面面积 $S$ 相等和导线长

度 $L$ 相等的情况下，发热温度相等时的允许载流量是不同的。我们知道，如果近似地认为铜、铝导线的散热情况相同，则其发热温度相等时，可以认为其功率损耗相等，即

$$I_{Cu}^2R_{Cu} \approx I_{Al}^2R_{Al} \quad \text{式3-57}$$

式中：$I_{Cu}^2$、$I_{Al}$—铜导线和铝导线中通过的电流（A）；

$R_{Cu}$、$R_{Al}$—铜导线和铝导线的电阻（Ω）。

$$I_{Cu}^2\frac{L}{\gamma_{Cu}S} \approx I_{Al}^2\times\frac{L}{\gamma_{Al}S} \quad \text{式3-58}$$

即
$$\frac{I_{Cu}}{I_{Al}} \approx \sqrt{\frac{\gamma_{Cu}}{\gamma_{Al}}} \quad \text{式3-59}$$

式中：$\gamma_{Cu}$ 和 $\gamma_{Al}$ —铜导线和铝导线的导电系数（MS/m）。

由于
$$\gamma_{Cu}=53\text{MS/m},\ \gamma_{Al}=32\text{MS/m},$$

所以
$$\frac{I_{Cu}}{I_{Al}} \approx \sqrt{\frac{53}{32}} \approx 1.3I \quad \text{式3-60}$$

即
$$I_{Cu} \approx 1.3I_{Al} \quad \text{式3-61}$$

或
$$\gamma_{Al} \approx 0.77I_{Cu} \quad \text{式3-62}$$

由此可见，铜导线的允许载流量为同截面的铝导线允许载流量的 1.3 倍，或铝导线的允许载流量为同截面的铜导线允许载流量的 0.77 倍。因此表 3-38 中的数据对于铜导线也可查用，即将表中所列铝导线的载流量乘 1.3，即可得到铜线的载流量。例如 TJ-120 铜绞线的室内载流量为 485A，LJ-120 铝绞线的室内载流量为 375A。根据上述推导结果，则 120 铜绞线载流量缩小 0.77 倍即为相同截面铝绞线的载流量，即 485A×0.77=373A。120 铝绞线扩大 1.3 倍即为相同截面铜绞线的载流量，即 375A×1.3=487.5A。计算结果近似于表 3-37、表 3-38 内的数值。

**表3-37　TJ 型硬铜线导线规格及特性**

| 截面面积/mm² | 线芯根数及单线直径/mm | 电线外径/mm | 最大直流电阻/(Ω/km)(20℃时) | 单位重量/(kg/km) | 计算拉断力/kg | 载流量/A(户外) | 载流量/A(户内) |
|---|---|---|---|---|---|---|---|
| 6 | 1×2.73 | 2.73 | 3.06 | 52 |  | 70 | 35 |
| 10 | 1×3.53 | 3.53 | 1.84 | 81 |  | 95 | 60 |
| 16 | 1×1.68 | 5.0 | 1.20 | 143 | 556 | 130 | 100 |
| 25 | 1×2.11 | 6.3 | 0.74 | 220 | 856 | 180 | 140 |
| 35 | 1×2.49 | 7.5 | 0.54 | 310 | 1210 | 220 | 175 |
| 50 | 1×2.97 | 8.9 | 0.39 | 440 | 1740 | 270 | 220 |
| 70 | 1×2.14 | 10.6 | 0.28 | 613 | 2360 | 340 | 280 |
| 95 | 1×2.49 | 12.4 | 0.20 | 838 | 3240 | 415 | 340 |
| 120 | 1×2.80 | 14.0 | 0.158 | 1058 | 4120 | 485 | 405 |

表3-38 LJ型铝绞线规格及特性

| 截面面积/$mm^2$ | 线芯根数及单线直径/mm | 电线外径/mm | 最大直流电阻/(Ω/km)(20℃时) | 单位重量/(kg/km) | 计算拉断力/kg | 载流量/A(户外) | 载流量/A(户内) |
|---|---|---|---|---|---|---|---|
| 16 | 7×1.70 | 5.10 | 1.98 | 44 | 254 | 105 | 80 |
| 25 | 7×2.12 | 6.36 | 1.28 | 68 | 395 | 135 | 110 |
| 35 | 7×2.50 | 7.50 | 0.92 | 95 | 550 | 170 | 135 |
| 50 | 7×3.00 | 9.00 | 0.64 | 136 | 792 | 215 | 170 |
| 70 | 17×3.55 | 10.65 | 0.46 | 191 | 1042 | 265 | 215 |
| 95 | 19×2.50 | 12.50 | 0.34 | 257 | 1400 | 325 | 260 |
| 120 | 19×2.80 | 14.00 | 0.27 | 322 | 1872 | 375 | 310 |
| 150 | 19×31.5 | 15.80 | 0.21 | 407 | 2220 | 440 | 370 |
| 185 | 19×3.5 | 17.50 | 0.17 | 503 | 2745 | 500 | 425 |
| 240 | 19×4.00 | 20.00 | 0.132 | 656 | 3585 | 610 | |
| 300 | 37×3.20 | 22.40 | 0.106 | 817 | | | |
| 400 | 37×3.69 | 25.80 | 0.08 | 1087 | | | |

## 2. 载流量相同的铜、铝导线截面面积关系

由于铜、铝两种导线的导电系数不同，所以在相同的负载电流和相同的允许发热温度条件下，两种导线的截面面积也是不同的。

由
$$I^2R_{Cu}\approx I^2R_{Al}$$
得
$$R_{Cu}\approx R_{Al}$$
即
$$\frac{L}{\gamma_{Cu}S_{Cu}}\approx\frac{L}{\gamma_{Al}S_{Al}} \quad 式3-63$$
所以
$$\frac{S_{Cu}}{S_{Al}}\approx\frac{\gamma_{Al}}{\gamma_{Cu}}=\frac{32}{53}\approx0.6 \quad 式3-64$$
即
$$S_{Cu}\approx0.6S_{Al} \quad 式3-65$$
或
$$S_{Al}\approx1.66S_{Cu} \quad 式3-66$$

经公式推导得知，在相同的负载电流下，按发热条件选择导线截面面积时，铜导线截面面积应该只有铝导线截面面积的0.6倍，或者铝导线截面面积应为铜导线截面面积的1.66倍，平时在使用中按1.5倍估算。

**【例3-31】**一条10km架空线路，计划输送800kW的有功功率和600kvar的无功功率，若采用LGJ-120的导线，线路的电压损失和有功损失各为多少？（已知$R_0=0.2\Omega/km$，$X_0=0.35\Omega/km$）

**解：**已知有功功率$P=800kW$，每千米导线电阻$R_0=0.29\Omega/km$，无功功率$Q=600kvar$，每千米导线电抗$X=0.35\Omega/km$，额定电压为10kV。先求：

$$\cos\varphi=\frac{P}{\sqrt{P^2+Q^2}}=\frac{800}{\sqrt{800^2+600^2}}=0.8$$

$$\sin\varphi=\frac{Q}{\sqrt{P^2+Q^2}}=\frac{600}{\sqrt{800^2+600^2}}=0.6$$

$$I=\frac{P}{\sqrt{3}U_e\cos\varphi}=\frac{800}{\sqrt{3}\times10\times0.8}\text{A}=57.7\text{A}$$

则电压损失为

$$\begin{aligned}\Delta U&=\sqrt{3}\times(IR_0\cos\varphi+IX_0\sin\varphi)\\&=\sqrt{3}\times(57.7\times0.29\times10\times0.8+57.7\times0.35\times10\times0.6)\text{V}\\&=441\text{V}\end{aligned}$$

有功损耗为

$$\Delta P=3I^2R_0=3\times57.7^2\times2.9\text{kW}=28965\text{W}\approx28.97\text{kW}$$

为简化计算，也可用公式 $\Delta U=\Delta U_0PL$ 计算，然后查表速算出高压架空配电线路的电压损失 $\Delta U$。

式中：$\Delta U_0$—电压损失系数［V/(kW·km)］；

$P$—有功功率（kW）；

$L$—线路长度（km）。

**【例3-32】** 一条 10kV 配电线路，总长度为 12km，导线型号为 LJ-35，线路末端负载的有功功率 $P=450$kW，功率因数为 0.8，试求这条线路的电压损失。

**解：** 按已知条件，线路电压 10kV，功率因数为 0.8，导线 LJ-35，查表得电压损失为

$$\Delta U_0=0.12\text{V/(kW}\cdot\text{km)}$$

由 $\Delta U=\Delta U_0PL=0.12\times450\times12\text{V}=648\text{V}$

得电压损失百分数为 $\Delta U\%=\dfrac{\Delta U}{U_e\times1000}\times100\%$

$$=\frac{648}{10\times1000}=6.48\%$$

该线路的电压损失百分数为 6.48%。

**【例3-33】** 一条 220V/380V 的三相四线制线路，采用 BLV 型铝芯塑料线穿钢管埋地敷设，当地最热月平均气温为 15℃。该线路供电给一台 40kW 的电动机，其功率因数为 0.8，效率为 0.85，试按允许载流量选择导线截面面积。

**解：**（1）计算线路中的电流

$$P_{js}=\frac{P_0}{\eta}=\frac{40}{0.85}\text{kW}=47\text{kW}$$

$$I_{js}=\frac{P_{js}}{\sqrt{3}U_e\cos\varphi}=\frac{47}{\sqrt{3}\times0.38\times0.8}\text{A}=89\text{A}$$

（2）相线截面面积的选择　因是三相四线线路，4 根单芯线穿钢管敷设的每相芯线

截面面积为 35mm$^2$ 的 BLV 型导线，在环境温度为25℃ 时的允许载流量为 80A，其正常最高允许温度为 65℃，即 $I_{al}$ = 80A。温度校正系数为

$$K_\theta = \sqrt{\frac{\theta_{al}-\theta'_0}{\theta_{al}-\theta_0}} = \sqrt{\frac{65-15}{65-25}} = 1.12$$

导线的实际载流量为

$$I'_{al} = K_\theta I_{al} = 1.12 \times 80A = 89.6A$$

满足 $I'_{al} > I_{js}$，所以所选择相线截面面积 $S_a$ = 35mm$^2$，满足允许载流量的要求。

(3) 保护线 $S_{PE}$ 的选择，按 $S_{PE} \geq 0.5S_1$ 要求，选 $S_{PE}$ = 25mm$^2$。

【例3 - 34】供电局从其所辖变电所架设一条 10kV 的架空线路，向工厂 1 和工厂 2 供电，如图 3 - 18 所示。已知导线采用 LJ 型铝导线，全线导线截面面积相同，三相导线排列布置成三角形，线间距离为 1m，干线 0 - 1 段的长度为 3km，干线 1 - 2 段的长度为 1.5km。工厂 1 的负载为有功功率 800kW、无功功率 560kvar，工厂 2 的负载为有功功率 500kW、无功功率为 200kvar，允许电压损失 5%，环境温度为 25℃。试按允许电压损失选择导线截面面积，并校验其发热情况和机械强度。

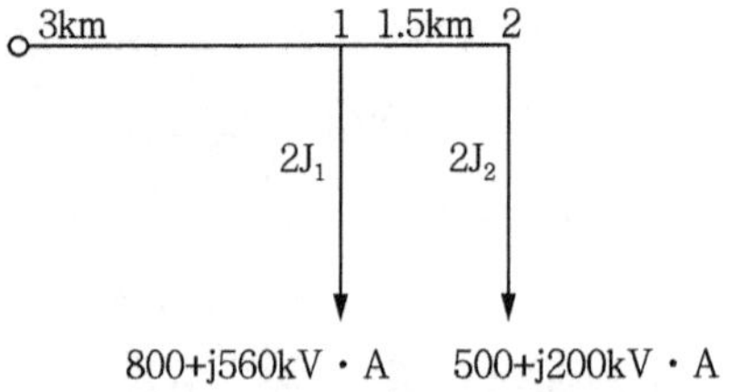


图 3 - 18 【例 3 - 34】图

**解**：(1) 按允许电压损失选择导线截面面积　因为是 10kV 架空线路，所以初设线路电抗 $X_0$ = 0.38Ω/km，则

$$\Delta U_1\% = \frac{X_0}{10U^2}\sum_{i=1}^{2} Q_i L_i = \frac{0.38}{10 \times 10^2} \times [560\times3+200\times(3+1.5)] = 0.98$$

因 $\Delta U_a\% = \Delta U_{al}\% - \Delta U_1\% = 5-0.98 = 4.02$，故有

$$S = \frac{\sum_{i=1}^{2} P_i L_i}{10\gamma U_e^2 \Delta U_a\%} = \frac{800\times3+500\times(3+1.5)}{10\times0.032\times10^2\times4.02}\text{mm}^2 = 36.15\text{mm}^2$$

选 LJ-50，几何均距为 1000mm，截面面积为 50mm$^2$的 LJ 型铝导线的 $X_0$ = 0.355Ω/km，$R_0$ = 0.64Ω/km，实际的电压损失为

$$\Delta U\% = \frac{R_0}{10U_e^2}\sum_{i=1}^{2} P_i L_i + \frac{X_0}{10U_e^2}\sum_{i=1}^{2} Q_i L_i$$

$$= \frac{0.64}{10\times10^2}\times(800\times3+500\times4.5) + \frac{0.355}{10\times10^2}\times(560\times3+200\times4.5)\text{V}$$

$$= 2.98+0.92 = 3.9<5$$

故所选导线 LJ-50 满足允许电压的要求。

(2) 校验发热情况　LJ-50 导线在室外温度为 25℃时的允许载流量为 $I_{a1}$ = 215A。线路中最大负载（在 0-1 段）为

$$P=P_1+P_2=(800+500)\text{kW}=1300\text{kW}$$

$$Q=Q_1+Q_2=(560+200)\text{kvar}=760\text{kvar}$$

$$I=\frac{S_e}{\sqrt{3}U_e}=\frac{1505.9}{\sqrt{3}\times10}\text{A}=86.9\text{A}<I_{al}=215\text{A}$$

经计算，显然发热情况满足要求。

（3）校验机械强度　高压架空裸铝绞线的最小允许截面面积为 35mm²，所以所选的截面面积为 50mm²可满足机械强度要求。

**【例3-35】**某地区变电站以 35kV 架空线路向一容量为 3800+j2100（kV·A）的工厂供电，该工厂的年最大负荷利用小时为 5600h。架空线路采用 LGJ 型钢芯铝绞线，试按经济电流密度选择其经济截面面积，并校验其发热条件和机械强度。

**解：**（1）选择经济截面面积

$$I_e=\frac{S_e}{\sqrt{3}U_e}=\frac{\sqrt{3800^2+2100^2}}{\sqrt{3}\times35}\text{A}=71.6\text{A}$$

$$S=\frac{I_e}{j}=\frac{71.6}{0.9}\text{mm}^2=79.6\text{ mm}^2$$

选标称截面面积 70mm²，即型号为 LGJ-70 的钢芯铝绞线。

（2）校验发热条件　LGJ-70 的钢芯铝绞线在室外温度为 25℃时的允许载流量为 $I_{al}=275\text{A}>I_e=71.6\text{A}$，所以满足发热条件。

（3）机械强度校验　35kV 架空铝绞线的机械强度最小截面面积为 $S_{min}=35\text{mm}^2<S=70\text{mm}^2$，因此所选的导线截面面积也满足机械强度的要求。

## 第七节　简单实用的电工电气估算

### 1．电气设备额定电流的估算

此处主要讲述根据用电设备的功率（kW 或 kV·A）估算设备额定电流（A）的口诀。

三相四线制低压 380V/220V 系统：

**千瓦电流如何计算？电机加倍，电热加半。**

**单相千瓦四点五（安）。三相千瓦约两安。**

**说明：**口诀是以 380V/220V 三相四线系统中的三相设备为准，计算每千瓦的安数。对于某些单相或电压不同的单相设备每千瓦的安数，口诀中另外做了说明。

①这两句口诀中，电机专指电动机。在 380V 三相时（功率因数为 0.8 左右），电动机每千瓦的电流约为 2A。即将千瓦数加一倍（乘 2）就是电流（A）。此电流也称为电动机的额定电流。

**【例3-36】**5.5kW 电动机按“电机加倍”算得电流为 11A。

**【例3-37】**40kW 水泵电动机按“电机加倍”算得电流为 80A。

②电热是指用电阻加热的电阻炉等。三相 380V 的电热设备，每千瓦的电流为 1.5A。即将千瓦数加一半（乘 1.5）就是电流（A）。

**【例3-38】** 3kW 电加热器按“电热加半”算得电流为 4.5A。

**【例3-39】** 15kW 电阻炉按“电热加半”算得电流为 23A。

③这句口诀不专指电机和电热，对于照明也适用。虽然照明的灯泡是单相而不是三相，但对照明供电的三相四线干线仍属三相，只要三相大体平衡也可这样计算。此外，以 kV · A 为单位的电器（如变压器或整流器）和以 kvar 为单位的移相电容器（提高功率因数）也都适用。也就是说，这后半句虽然说的是电热，但包括所有以 kV · A、kvar 为单位的用电设备，以及以 kW 为单位的电热和照明设备。

**【例3-40】** 12kW 的三相（平衡时）照明干线按“电热加半”得$(12+\frac{12}{2})A=18A$，算得电流为 18A。

**【例3-41】** 30kV · A 的整流器按“电热加半”得$(30+\frac{30}{2})A=45A$，算得电流为 45A（指 380V 三相交流侧）。

**【例3-42】** 320kV · A 的配电变压器按“电热加半”得$(320+\frac{320}{2})A=480A$，算得电流为 480A（指 380V/220V 低压侧）。

**【例3-43】** 100kvar 的移相电容器（380V 三相）按“电热加半”得$(100+\frac{100}{2})A=150A$，算得电流为 150A。

在 380V/220V 三相四线系统中，单相设备的两条线，其中一条接相线，而另一条接零线的（如照明设备）为单相 220V 用电设备。这种设备的功率因数大多为 1，因此，口诀便直接说明“单相千瓦四点五（安）”。计算时，只要将千瓦数乘 4.5 就是电流（A）。同上面一样，它适用于所有以 kV · A 为单位的单相 220V 用电设备，以及以 kW 为单位的电热及照明设备，而且也适用于 220V 的直流。

**【例3-44】** 500V · A（0.5kV · A）的行灯变压器（220V 电源侧）按“单相千瓦四点五（安）”算得电流为 2.3A。

**【例3-45】** 1000W 投光灯按“单相千瓦四点五（安）”算得电流为 4.5A。

对于电压更低的单相，口诀中没有提到。可以取 220V 为标准，看电压等级降低多少，电流就反过来增大多少。例如 36V 电压，以 220V 为标准来说，它降低到 1/6，电流就应增大到 6 倍，即每千瓦的电流为 $6\times4.5A=27A$。又如 36V、60W 的行灯每只电流为 $0.06\times27A=1.6A$。

**【例3-46】** 32kW 钼丝电阻炉接单相 380V，按“电流两安半”算得电流为 80A。

**【例3-47】** 2kV · A 的行灯变压器，初级接单相 380V，按“电流两安半”算得电流为 5A。

**【例3-48】** 21kV · A 的交流电焊变压器，初级接单相 380V，按“电流两安半”算得电流为 53A。

估算出负载的电流后，再根据负载电流值选取相应导线的截面面积，要考虑几个方面：一是导线的机械强度，二是导线的电流密度（安全载流量），三是允许的电压损失。

## 2. 相同截面面积的铝绞线与铝芯电力电缆载流量差异的估算

对架空、电力电缆混合线路，在前期规划设计中，稍不注意，就可能错误选用相同截面面积的两种类型的导线。因两种相同截面面积的导线（钢芯铝导线、电力电缆）制造结构和工作环境的不同（架空线裸导线暴露在空气中，电缆线芯有绝缘护套而影响散热），必然产生载流量的差异。若已知道选定架空铝导线的截面面积和载流量，即可根据如下系数，估算出同截面电缆的实际的载流量。

LGJ 型：25~95mm$^2$，约为同截面电力电缆载流量的 1.1 倍，或者电力电缆载流量只有同截面的裸铝线载流量的 0.9 倍。

LGJ 型：120~400（mm$^2$），是同截面电力电缆载流量的 1.25 倍，或者电力电缆载流量只有同截面的裸铝线载流量的 0.75 倍。

## 3. 导线截面面积增大一倍后其安全载流量的计算

在供用电的过程中，因负载的突然增大（如冬、夏季节，大量的空调制冷、制热）使原来的电力导线（如配电变压器低压母排）产生严重发热，电压损失过大而不能适应供电要求。有时为了应急，电工人员在原来的母线上再并列一根相同截面面积的母排，认为母线的传输能力将增大一倍。但在实际的使用过程中，负载电流尚未达到两根母线并联后的额定电流值时，导线仍然发热。这是因为导线中流过电流而产生热量的大小与导线散热条件有关。

导线中流过电流产生的热量 $Q_1$ 为

$$Q_1 = I_2^2 R$$

当导线截面面积增大一倍后，导线电阻将减小一半，则导线中流过电流产生的热量 $Q_2$ 为

$$Q_2 = \frac{I_2^2 R}{2}$$

导线的散热量，在外界环境条件相同的情况下，与导线的表面积成正比，即

$$Q'_1 = 2\pi r l K$$

当导线截面面积增大一倍时，导线的半径 $r_2 = \sqrt{2} r_1$，导线散热量为

$$Q'_2 = 2\pi \sqrt{2} r_1 l K$$

令 $Q_1 = Q'_1$，$Q_2 = Q'_2$，则有

$$\frac{I_1{}^2 R}{I_2{}^2 R/2} = \frac{2\pi r_1 l K}{2\pi \sqrt{2} r_1 l K}$$

$$I_2 = \sqrt{2\sqrt{2}}\, I_1 = 1.68 I_1 \approx 1.7 I_1$$

可见，当导线截面面积增大一倍时，其载流量为原来的 1.7 倍。实际上当导线流

过交流电流时，还应考虑其集肤效应、临近效应以及导线护套厚度增加的因素，因此载流量约为原来的1.55倍。故选用导线时要注意，导线截面面积增大一倍，载流量并不增加一倍；否则若按增大一倍的载流量运行，会导致导线过载而引起导线温升过高，造成事故。

### 4. 导线截面面积选择的估算方法

农村电工架设380V低压线路的机会较多，如果手头一时无表可查，可以根据下面口诀粗略估算需要选用的导线截面面积，这样选择的导线电压损失在5%左右。

**口诀：低压线路选截面。负载距离先计算。**

**算出线路负载距，千瓦千米乘系数。**

**注：**架空线路铝导线，千瓦千米用4平方毫米算。

架空线路铜导线，千瓦千米用2.5平方毫米算。

**【例3-49】**某用电客户在离配电变压器800m处接一台10kW的电动机，允许电压损失5%，应选择多大的铝绞线？用以上口诀估算。

**解：**1）首先计算负载距离。按照口诀“千瓦千米乘系数”有

$$M=10\times0.8\text{kW}\cdot\text{km}=8\text{kW}\cdot\text{km}$$

2）选用铝导线截面时，每kW·km可按铝线每千瓦千米用$4\text{mm}^2$估算，即

$$S=4M$$

$$S=4\times8\text{mm}^2=32\text{mm}^2$$

该客户应选用$32\text{mm}^2$的铝绞线。

# 第四章 变压器运行管理的计算

变压器是利用电磁感应原理制成的用以改变交流电压，传递电能的设备，在生产和生活中具有广泛的用途。国民经济的快速发展对变压器的需求量也越来越多，就电力系统中每1kV·A（kW）的发电设备而言，需要有7~8kV·A容量的变压器来完成输、变、配电的任务。此外，对变压器的技术要求、结构形式、安全运行管理也提出越来越高的要求。尤其是在规划、设计和实际运行中，进行必要的相关计算，对保证变压器的运行可靠性以及提高其使用效率有着十分重要的意义。

## 第一节 变压器铭牌上一些主要技术数据的关系计算

变压器铭牌上的技术数据彼此之间有着一定的关系，可以通过一些简单的计算来求出。在单相变压器中：

$$\text{额定容量（kV·A）} = \frac{\text{低压侧电流(A)} \times \text{低压侧电压(V)}}{1000}$$

$$\text{或} = \frac{\text{高压侧电流(A)} \times \text{高压侧电压(V)}}{1000} \qquad \text{式4-1}$$

$$\text{低压侧电流（A）} = \frac{\text{额定容量(kV·A)} \times 1000}{\text{低压侧电压(V)}} \qquad \text{式4-2}$$

$$\text{低压侧电压（V）} = \frac{\text{额定容量(kV·A)} \times 1000}{\text{低压侧电流(A)}} \qquad \text{式4-3}$$

$$\text{高压侧电流（A）} = \frac{\text{额定容量(kV·A)} \times 1000}{\text{高压侧电压(V)}} \qquad \text{式4-4}$$

$$\text{高压侧电压（V）} = \frac{\text{额定容量(kV·A)} \times 1000}{\text{高压侧电流(A)}} \qquad \text{式4-5}$$

在三相变压器中：

$$\text{额定容量（kV·A）} = \frac{\sqrt{3} \times \text{低压侧电流(A)} \times \text{低压侧电压(V)}}{1000}$$

$$\text{或} = \frac{\sqrt{3} \times \text{高压侧电流(A)} \times \text{高压侧电压(V)}}{1000} \qquad \text{式4-6}$$

$$\text{低压侧电流（A）} = \frac{\text{额定容量(kV·A)} \times 1000}{\sqrt{3} \times \text{低压侧电压(V)}} \qquad \text{式4-7}$$

$$\text{低压侧电压（V）} = \frac{\text{额定容量(kV·A)} \times 1000}{\sqrt{3} \times \text{低压侧电流(A)}} \qquad \text{式4-8}$$

$$高压侧电流（A）=\frac{额定容量(kV\cdot A)\times 1000}{\sqrt{3}\times 高压侧电压(V)} \quad 式4-9$$

$$高压侧电压（V）=\frac{额定容量(kV\cdot A)\times 1000}{\sqrt{3}\times 高压侧电流(A)} \quad 式4-10$$

根据式4-7~式4-9，将常用配电变压器的电压和电流制成表格，见表4-1，供工作中速查用。

**表4-1　配电变压器电压、电流速查表**

| 电流/A　电压/kV<br>容量/(kV·A) | 0.22 | 0.23 | 0.38 | 0.40 | 6.0 | 6.30 | 10.00 | 10.50 | 35.00 | 38.50 |
|---|---|---|---|---|---|---|---|---|---|---|
| 10 | 36.2 | 25.1 | 15.2 | 14.4 | 1.0 | 0.9 | 0.06 | 0.5 | | |
| 20 | 52.7 | 50.2 | 30.4 | 28.9 | 1.9 | 1.8 | 1.2 | 1.1 | | |
| 30 | 78.7 | 75.3 | 45.6 | 43.3 | 2.9 | 2.7 | 1.7 | 1.6 | | |
| 50 | 131.3 | 125.5 | 76.0 | 72.2 | 4.9 | 4.6 | 2.9 | 2.7 | | |
| 75 | 196.8 | 188.3 | 114.0 | 108.3 | 7.2 | 6.9 | 4.3 | 4.1 | | |
| 100 | 262.0 | 251.0 | 151.9 | 114.3 | 9.6 | 9.2 | 5.8 | 5.5 | 1.7 | 1.5 |
| 180 | 412.4 | 451.9 | 273.5 | 259.8 | 18.3 | 16.5 | 10.4 | 9.9 | 3.0 | 2.7 |
| 240 | 629.9 | 602.5 | 364.7 | 346.4 | 24.1 | 22.0 | 13.9 | 13.2 | 4.0 | 3.6 |
| 320 | 839.8 | 803.3 | 486.2 | 461.9 | 31.8 | 29.3 | 18.5 | 17.6 | 5.3 | 4.8 |
| 420 | 1102.2 | 1054.3 | 638.1 | 606.2 | 41.4 | 38.5 | 24.3 | 23.1 | 6.9 | 6.3 |
| 560 | 1469.7 | 1405.8 | 850.9 | 806.3 | 54.9 | 51.3 | 32.3 | 30.8 | 9.2 | 8.4 |
| 750 | 1968.3 | 1882.7 | 1139.5 | 1082.6 | 72.2 | 68.7 | 43.3 | 41.2 | 12.4 | 11.3 |
| 1000 | 2624.4 | 2510.3 | 1519.4 | 1443.4 | 96.2 | 91.7 | 57.7 | 55.0 | 16.5 | 15.0 |
| 1800 | | | | | 183.2 | 165.0 | 103.9 | 99.0 | 29.7 | 27.0 |
| 2400 | | | | | 241.0 | 219.9 | 138.6 | 132.0 | 39.6 | 36.6 |
| 3200 | | | | | 317.9 | 293.3 | 184.8 | 176.0 | 52.8 | 48.0 |
| 5600 | | | | | 548.9 | 513.2 | 323.3 | 307.9 | 92.4 | 84.0 |
| 7500 | | | | | 721.7 | 687.3 | 433.0 | 412.4 | 123.7 | 112.5 |
| 10000 | | | | | 962.3 | 916.5 | 577.4 | 549.9 | 165.0 | 150.0 |

**【例4-1】**有一台100kV·A，高压侧电压为10000V，低压侧电压为400V/230V的三相四线式变压器，求它的高、低压侧电流各为多少安。

**解：**根据式4-7、式4-9得

$$低压侧电流=\frac{额定容量(kV\cdot A)\times 1000}{\sqrt{3}\times 低压侧电压(V)}=\frac{100kV\cdot A\times 1000}{1.732\times 400V}=144.5A$$

$$高压侧电流=\frac{额定容量(kV\cdot A)\times 1000}{\sqrt{3}\times 高压侧电压(V)}=\frac{100kV\cdot A\times 1000}{1.732\times 10000V}=5.77A$$

根据【例4-1】的已知条件，用电工口诀重算。试估算变压器各侧的额定电流、保护熔体选取值。

### 1. 已知变压器容量，求其各电压等级侧额定电流的口诀

**口诀1：容量除以电压值，其商乘六除以十。**

**说明：**此口诀适用于任何电压等级的电力变压器高、低压侧额定电流的计算。

按口诀1计算变压器各侧的电流：

$$\text{高压侧电流} = \frac{100\text{kV}\cdot\text{A}}{10\text{kV}} \times \frac{6}{10} = 6\text{A}$$

$$\text{低压侧电流} = \frac{100\text{kV}\cdot\text{A}}{0.4\text{kV}} \times \frac{6}{10} = 150\text{A}$$

**口诀2：常用电压用系数，容乘系数得电流。**

**额定电压四百伏，系数一点四四五。**

**额定电压六千伏，系数零点零九六。**

**额定电压十千伏，系数刚好点零六。**

**注：**直接用变压器额定容量乘对应的系数，即可得出对应电压等级侧的额定电流。

按口诀2计算变压器各侧的电流：

高压侧电流 = 100×0.06A = 6A

低压侧电流 = 100×1.445A = 144.5A

**口诀3：配变高压熔断体，容量电压相比求。**

**配变低压熔断体，统取低压额定流。**

**说明：**口诀3用于估算变压器熔体电流。

按正常计算公式得：

$$\text{高压侧熔体电流} = 5.77\times(1.5\sim2)\ \text{A} = 8.65\sim11.54\text{A}\ (\text{取}10\text{A})$$

$$\text{低压侧额定电流} = \frac{315}{\sqrt{3}\times0.4}\text{A} = 454.67\text{A} \approx 455\text{A}\ (\text{取}450\text{A})$$

按口诀3算得：$\text{高压侧熔体电流} = \frac{100}{10}\text{A} = 10\text{A}$

低压侧熔体电流取配变额定电流450A。

**注：**选择熔断器的规格时，应根据计算值与熔体电流规格的差值来决定，可取相近整数值。常规计算与估算结果比较：例4-1按常规公式计算时，高压侧额定电流5.77A，熔体取7.5A。低压侧额定电流144.5A，熔体取150A。按口诀估算时高压侧额定电流为6A，熔体取7.5A。低压侧额定电流为150A。计算结果相对接近。

将常用配电变压器高、低压熔体对应的变压器容量等列于表4-2中，供使用时速查。

表4-2 常用配电变压器高、低压熔体选取表

| 变压器容量/（kV·A） | 10kV 侧 | | 0.4kV 侧 | |
|---|---|---|---|---|
| | 额定电流/A | 熔体额定电流/A | 额定电流/A | 熔体额定电流/A |
| 10 | 0.58 | 3 | 14.4 | 15 |
| 20 | 1.15 | 3 | 28.9 | 30 |
| 30 | 1.73 | 5 | 43.3 | 45 |
| 50 | 2.89 | 7.5 | 72.2 | 75 |
| 63 | 3.64 | 7.5 | 91 | 100 |
| 100 | 5.77 | 10 | 144.5 | 150 |
| 200 | 11.5 | 20 | 289 | 300 |
| 250 | 14.4 | 25 | 361 | 350 |
| 315 | 18.2 | 30 | 455 | 450 |
| 630 | 36.4 | 75 | 910 | 1000 |

**【例4-2】** 某居民小区有一台 10kV、$S_9$-315/0.4kV 的箱式配电变压器，电流表指示 430A。试用常规算法和电工口诀算法求其所带负荷。

**解：**（1）常规算法。由前述公式得

$$P=\sqrt{3}U_xI_x\cos\varphi=1.732\times0.4\text{kV}\times430\text{A}\times0.85=253.2\text{kW}$$

（2）电工口诀算法。已知变压器低压侧电流，求算其所载负荷容量（kW）。

已知配变二次压，测得电流求千瓦。
电压等级四百伏，一安零点六千瓦。
电压等级三千伏，一安四点五千瓦。
电压等级六千伏，一安整数九千瓦。
电压等级十千伏，一安一十五千瓦。
电压等级三万五，一安五十五千瓦。

**说明：** 口诀中算得的结果是按功率因数 0.85 所得的。

由“电压等级四百伏，一安零点六千瓦”得 $P=430\times0.6\text{kW}=258\text{kW}$

计算与估算比较。所带负荷利用常规算法得 253.2kW，估算为 258kW，两者结果相近。

**【例4-3】** 有一台容量为 100kV·A 的变压器，运行时功率因数 $\cos\varphi=0.85$，该变压器铁损为 600W，铜损为 2400W，24h 的有功电量 $A=1536\text{kW}\cdot\text{h}$。求 24h 变压器的利用率和负载系数 $K_{fz}=1$ 时的效率。

**解：** 因为变压器平均视在功率 $S_p=\dfrac{A}{24\times\cos\varphi}$

所以变压器利用率 $=\dfrac{S_p}{S_e}\times100\%=\dfrac{A}{24\times\cos\varphi\times S_e}\times100\%$

$$= \frac{1536}{24 \times 0.85 \times 100} \times 100\% = 75\%$$

当负载系数 $K_{fz}=1$ 时，变压器的效率 $\eta$ 为

$$\eta = \frac{P_2}{P_1} \times 100\% = \frac{P_2}{P_2 + \Delta P_{li} + \Delta P_{lo}} \times 100\%$$

$$= \frac{S_e \times \cos\varphi}{S_e \times \cos\varphi + \Delta P_{li} + \Delta P_{lo}} \times 100\%$$

$$= \frac{100 \times 0.85}{100 \times 0.85 + 0.6 + 2.4} \times 100\% = 96.6\%$$

变压器的利用率为 75%，当负载系数 $K_{fz}=1$ 时，变压器的效率 $\eta$ 为 96.6%。

## 第二节　变压器变压比和匝数的计算

变压器的一次、二次绕组的电压比与一次、二次绕组的匝数有关，如二次绕组的匝数比一次绕组的匝数多，二次绕组的电压就高，反之则低。其关系可用下式表示：

$$\frac{\text{一次绕组匝数}\ N_1}{\text{二次绕组匝数}\ N_2} = \frac{\text{一次绕组电压}\ U_1}{\text{二次绕组电压}\ U_2} \qquad \text{式4-11}$$

**【例4-4】** 有一台变压器的一次绕组匝数是 13200 匝，电压是 6600V，二次绕组匝数是 440 匝，二次绕组的电压是多少？

**解：** 二次绕组电压=一次绕组电压×$\frac{\text{一次绕组匝数}}{\text{二次绕组匝数}}$ $=6600\text{V}\times\frac{440}{13200}=220\text{V}$

**【例4-5】** 有一台用于 50Hz 电网的 S7-315/10 的电力变压器，其额定变压比为 10kV/0.4kV，铁芯的毛截面面积为 210.4cm²，叠片系数为 0.97，磁通密度为 16896Gs，低压绕组的线电压为 400V，求这台变压器在额定电压时，高压绕组的匝数 $N_1$ 和低压绕组的匝数 $N_2$。

**解：** 已知频率 $f=50\text{Hz}$，铁芯毛截面面积 $A'_t=210.4\text{cm}^2$，叠片系数 $k=0.97$，低压侧电压 $U_{2A}=400\text{V}$，磁通密度 $B=16896\text{Gs}$，变压比 $K=10/0.4$，则有

$$A_t = kA'_t = 0.97\times210.4\text{cm}^2 = 204.1\text{cm}^2$$

$$U_{2\varphi} = \frac{U_{2A}}{\sqrt{3}} = \frac{400\text{V}}{1.732} = 230\text{V}$$

$$N_2 = \frac{U_{2\varphi} \times 10^8}{4.44fBA_t} = \frac{230\text{V}\times10^8}{4.44\times50\text{Hz}\times16896\text{Gs}\times204.1\text{cm}^2} = 30\ \text{匝}$$

$$N_1 = KN_2 = \frac{10}{0.4}\times30\ \text{匝} = 750\ \text{匝}$$

**【例4-6】** 有一台三相 180kV·A 的铝线圈配电变压器，一次、二次绕组的额定相电压分别为 $10000/\sqrt{3}$ V 和 $400/\sqrt{3}$ V，铁芯截面面积 $S_{Fe}=160\text{cm}^2$，取铁芯磁通密度幅值 $B_m=1.445\text{Wb/m}^2$，试求：

①一次、二次绕组的匝数；

②按电力变压器标准，二次电压应能在额定值上下调节±5%，这要通过改变变压器一次绕组的匝数来调节低压绕组的电压，问高压绕组应如何抽头？

**解**：①将数据代入式 $N_1=\dfrac{E_1}{4.44f\varphi_m}=\dfrac{U_1}{4.44fB_mS_{Fe}}$ 得

$$N_1=\frac{10000}{\sqrt{3}\times4.44\times50\times1.445\times160\times10^{-4}}\text{匝}=1125\text{ 匝}$$

将数据代入式 $K=\dfrac{U_1}{U_2}$ 计算电压比 $K$ 及二次绕组所需匝数，得

$$K=\frac{U_1}{U_2}=\frac{10000/\sqrt{3}}{400/\sqrt{3}}=25$$

$$N_2=\frac{N_1}{K}=\frac{1125}{25}\text{匝}=45\text{ 匝}$$

②高压绕组抽头匝数

$$1125\text{ 匝}\times5\%\approx56\text{ 匝}$$

由计算结果可知：当变压器一次绕组匝数减少为 1125 匝−56 匝＝1069 匝时，次级绕组电压较额定电压增高 5%；当变压器一次绕组匝数增加为 1125 匝+56 匝＝1181 匝时，次级绕组电压较额定电压降低 5%。

## 第三节　变压器并联运行的计算

变压器并联运行是把几台变压器，按照高压和高压，低压和低压组配在一起，并联地进行输电。这种运行方式安全、经济、效率高，但是参加并联运行的各变压器必须满足如下条件：

1）变压比相等。

2）短路电压相等。

3）线圈的接线组别相等。

4）变压器容量比在 3∶1 的范围内。

不同容量、不同阻抗的变压器并联运行时的负荷分配计算如下：

**【例4-7】** 有一工厂有三台变压器，根据生产负载状况，需要三台变压器并联运行，它们的额定容量和额定阻抗电压分别是：

$S_1$　$S_{e1}=320$kV·A，阻抗电压 4.0；

$S_2$　$S_{e2}=560$kV·A，阻抗电压 5.0；

$S_3$　$S_{e3}=1000$kV·A，阻抗电压 6.0。

求运行中各台变压器实际分担的负载是多少？

**解**：由已知条件可知，三台变压器的容量之和为 1880kV·A，因在并联运行时，每个变压器承担的负载与其本身的额定容量成正比，而与其短路电压成反比，因此根据公式

$$S_i=\frac{S\text{（总容量）}}{\frac{S_{e1}\text{（额定容量）}}{U_{dl1}\%\text{（阻抗电压）}}+\frac{S_{e2}\text{（额定容量）}}{U_{dl2}\%\text{（阻抗电压）}}+\frac{S_{e3}\text{（额定容量）}}{U_{dl3}\%\text{（阻抗电压）}}}\times\frac{S_{ei}\text{（额定容量）}}{U_{dli}\%\text{（阻抗电压）}}$$

$$=\frac{S}{\frac{S_{e1}}{U_{dl1}}+\frac{S_{e2}}{U_{dl2}}+\frac{S_{e3}}{U_{dl3}}}\times\frac{S_{ei}}{U_{dli}} \quad \text{式4-12}$$

代入数据后，各变压器的负载分配如下：

$$S_1=\frac{S}{\frac{S_{e1}}{U_{dl1}}+\frac{S_{e2}}{U_{dl2}}+\frac{S_{e3}}{U_{dl3}}}\times\frac{S_{e1}}{U_{dl1}}=\frac{1880}{\frac{320}{4}+\frac{560}{5}+\frac{1000}{6}}\times\frac{320}{4}\text{kV·A}=420\text{kV·A}$$

$$S_2=\frac{S}{\frac{S_{e1}}{U_{dl1}}+\frac{S_{e2}}{U_{dl2}}+\frac{S_{e3}}{U_{dl3}}}\times\frac{S_{e2}}{U_{dl2}}=\frac{1880}{\frac{320}{4}+\frac{560}{5}+\frac{1000}{6}}\times\frac{560}{5}\text{kV·A}=590\text{kV·A}$$

$$S_3=\frac{S}{\frac{S_{e1}}{U_{dl1}}+\frac{S_{e2}}{U_{dl2}}+\frac{S_{e3}}{U_{dl3}}}\times\frac{S_{e3}}{U_{dl3}}=\frac{1880}{\frac{320}{4}+\frac{560}{5}+\frac{1000}{6}}\times\frac{1000}{6}\text{kV·A}=870\text{kV·A}$$

根据计算结果可知，短路电压小的变压器过载多，短路电压大的变压器负载还带不满。

**【例4-8】**某工厂有两台电压和接线组别都相同的变压器并联运行，各台变压器的参数为：

变压器1　$S_{e1}=3600\text{kV·A}$　　$U_{dl1}\%=6\%$

变压器2　$S_{e2}=5600\text{kV·A}$　　$U_{dl2}\%=7\%$

实际总负载为$S=8400\text{kV·A}$，求运行中各台变压器实际分担的负载是多少。

**解**：根据已知条件，两台变压器的短路电压百分数不相等和额定容量不相等，代入数据后，则：

1#变压器分担的负载为

$$S_1=\frac{S_\Sigma\text{(总容量)}}{\frac{S_{e1}\text{(额定容量)}}{U_{dl1}\text{(阻抗电压)}}+\frac{S_{e2}\text{(额定容量)}}{U_{dl2}\text{(阻抗电压)}}}\times\frac{S_{e1}\text{(额定容量)}}{U_{dl1}\text{(阻抗电压)}}$$

$$=\frac{S}{\frac{S_{e1}}{U_{dl1}}+\frac{S_{e2}}{U_{dl2}}+}\times\frac{S_{e1}}{U_{dl1}}=\frac{8400}{\frac{3600}{6}+\frac{5600}{7}}\times\frac{3600}{6}\text{kV·A}=3600\text{kV·A}$$

2#变压器分担的负载为

$$S_2=\frac{S_\Sigma\text{(总容量)}}{\frac{S_{e1}\text{(额定容量)}}{U_{dl1}\text{(阻抗电压)}}+\frac{S_{e2}\text{(额定容量)}}{U_{dl2}\text{(阻抗电压)}}}\times\frac{S_{e2}\text{(额定容量)}}{U_{dl2}\text{(阻抗电压)}}$$

$$= \frac{S}{\frac{S_{e1}}{U_{dl1}}+\frac{S_{e2}}{U_{dl2}}} \times \frac{S_{e2}}{U_{dl1}} = \frac{8400}{\frac{3600}{6}+\frac{5600}{7}} \times \frac{5600}{7} \text{kV} \cdot \text{A} = 4800\text{kV} \cdot \text{A}$$

由计算结果可知短路电压小的1#变压器刚好带满负载，短路电压大的2#变压器负载还带不满。若2#变压器带满负载，将使1#变压器产生过载。

**【例4-9】**某工厂有两台变压器并联运行，其中1#变压器 $S_{e1}=630\text{kV}\cdot\text{A}$，$U_{dl1}\%=4.5\%$，2#变压器 $S_{e2}=400\text{kV}\cdot\text{A}$，$U_{dl2}\%=4\%$。求：如果不使任意一台变压器过载，它们最大能带多少负载？

**解：**令 $s_{e2}=1$

$$S_{\Sigma} = U_{dl2}\left(\frac{S_{e1}}{U_{dl1}}+\frac{S_{e2}}{U_{dl2}}\right) = 4 \times \left(\frac{630}{4.5}+\frac{400}{4}\right) \text{kV} \cdot \text{A} = 960\text{kV} \cdot \text{A}$$

最大能带960kV·A。

**【例4-10】**某工厂有三台变压器并联运行，其中1#变压器 $S_{e1}=630\text{kV}\cdot\text{A}$，$U_{dl1}\%=4.5\%$，2#变压器 $S_{e2}=400\text{kV}\cdot\text{A}$，$U_{dl2}\%=4\%$，$S_{e3}=250\text{kV}\cdot\text{A}$，$U_{dl3}\%=4\%$。总负载为1200kV·A，求每台变压器的负载率。

**解：**

$$s_1 = \frac{S_{\Sigma}}{U_{dl_1}\sum\frac{S_{en}}{U_{dl_n}}} = \frac{1280}{4.5 \times \left(\frac{630}{4.5}+\frac{400}{4}+\frac{250}{4}\right)} = 0.94$$

$$s_2 = s_3 = \frac{S_{\Sigma}}{U_{dl2}\sum\frac{S_{en}}{U_{dl_n}}} = \frac{1280}{4 \times \left(\frac{630}{4.5}+\frac{400}{4}+\frac{250}{4}\right)} = 0.99$$

变压器的负载率分别为0.94、0.99、0.99。

## 第四节 变压比不同时变压器并联运行的计算分析

当并联运行变压器的接线组别相同、短路电压相等而变压比不等时，则并联运行变压器的二次电压不等。当两台变压器空载时，二次侧回路就会有电压差，因而产生环流 $I_c$。变压比相差越大，所产生的环流就越大，影响变压器容量的合理利用，所以并联运行变压器的变压比相差必须限制在±0.5%之内。

环流的大小取决于并联运行变压器二次电压的差值，即

$$I_c = \frac{U_{e1}-U_{e2}}{Z_{dl1}+Z_{dl2}} \quad \text{式4-13}$$

式中：$Z_{dl1}$、$Z_{dl2}$—两台变压器的短路阻抗；

$U_{e1}$、$U_{e2}$—两台变压器的二次额定电压。

如用短路电压来表示 $Z_{dl}$，则

$$Z_{dl} = \frac{U_{dl}}{100} \times \frac{U_e}{I_e} \quad \text{式4-14}$$

若两台变压器中第二台的容量大，即 $I_{e2}>I_{e1}$。并令其两台变压器的额定电流之比为

$$\beta=\frac{I_{e2}}{I_{e1}} \qquad 式4-15$$

又设

$$\alpha=\frac{U_{e1}-U_{e2}}{U_{e2}}\times 100\% \qquad 式4-16$$

则式 4-13 可改写为：

$$I_e=\frac{\alpha I_{e1}}{U_{dl1}+\frac{U_{dl2}}{\beta}}\times 100\% \qquad 式4-17$$

式中：$U_{dl1}$、$U_{dl2}$— 两台变压器的短路电压。

**【例4-11】** 某工厂有两台变压器并联运行，其容量 $S_{e1}=100\text{kV}\cdot\text{A}$，$S_{e2}=240\text{kV}\cdot\text{A}$，其变压比 $K_1=10\text{kV}/0.23\text{kV}$，$K_2=10\text{kV}/0.22\text{kV}$，短路阻抗电压 $U_{dl1}\%=U_{dl2}\%=4.5\%$，试求这两台变压器并联运行时的环流。

**解**：两台变压器低压侧的电压差 $\alpha$ 为

$$\alpha=\frac{U_{e1}-U_{e2}}{U_{e2}}\times 100\% =\frac{230-220}{220}\times 100\% =4.55\%$$

$$I_{e1}=\frac{S_{e1}}{\sqrt{3}U_{e1}}=\frac{100}{\sqrt{3}\times 0.23}\text{A}=251\text{A}$$

$$I_{e2}=\frac{S_{e2}}{\sqrt{3}U_{e2}}=\frac{240}{\sqrt{3}\times 0.22}\text{A}=630\text{A}$$

则

$$\beta=\frac{I_{e2}}{I_{e1}}=\frac{630}{251}=2.5$$

将以上各数据代入，则得

$$I_c=\frac{4.55\times 251}{4.5+\frac{4.5}{2.5}}\text{A}=181.28\text{A}$$

$$I_{hl}\%=\frac{I_c}{I_{e1}}\times 100\% =\frac{181.28}{251}\times 100\% =72\%$$

式中：$I_{hl}\%$ —两台变压器并联运行时的环流百分数。

根据上例计算得出，由于两台变压器变压比的不同，产生的环流占小容量变压器额定电流的 72%。变压器空载时有这么大的环流，显然是不允许的。这是因为不能使所有并联运行的变压器都带上额定负载，结果使变压器的总容量不能充分利用。

**【例4-12】** 容量为 10000kV · A，电压为 35/11kV 的三相变压器和容量为 10000kV · A，电压为 35/10.5kV 的三相变压器，两台的接线组别相同，短路电压 $U_{dl1}\%=U_{dl2}\%=8\%$，负载系数 $\beta=1$。求并联运行时的环流。

**解**：两台变压器的二次电压差为

$$\Delta U\%=\frac{11-10.5}{11}\times 100\% =4.55\%$$

二次侧的环流为

$$I_{h2}=\frac{\Delta U\times I_{e1-2}}{U_{dl1}+U_{dl2}\times\dfrac{1}{\beta}}=\frac{4.55I_{e1-2}}{8+8\times 1}=0.28I_{e1-2}$$

即二次侧空载时环流为第一台变压器额定电流的0.28倍。

式中：$I_{e1-2}$—第一台变压器的二次额定电流。

## 第五节　短路阻抗不等时变压器并联运行的分析计算

当并联运行变压器的接线组别相同、变压比相等而短路电压不等时，变压器二次回路不会有环流，但会影响两台变压器间的负载分配。由于负载分配与短路电压成反比，也就是短路电压小的变压器分配的负载大，如果这台变压器容量小，则将首先达到满载，而另一台变压器的容量没有充分利用。

**【例4-13】** 某工厂有两台变压器并联运行，其短路阻抗相对值不等（短路电压不等）。已知A变压器$I_{eA}=100A$，B变压器$I_{eB}=50A$，两台变压器的阻抗实际值均为$Z_{dlA}$、$Z_{dlB}=0.2\Omega$，当负载电流$I$为150A时，求两台变压器的实际电流。

**解**：根据公式 $\dfrac{I_A}{I_B}=\dfrac{Z_{dlB}}{Z_{dlA}}=\dfrac{0.2}{0.2}=1$

则　$I_A=I_B=\dfrac{I}{2}=\dfrac{150}{2}A=75A$

这时：A变压器 $\dfrac{I_A}{I_{eA}}\times 100\%=\dfrac{75}{100}\times 100\%=75\%$，欠载；

B变压器 $\dfrac{I_B}{I_{eB}}\times 100\%=\dfrac{75}{50}\times 100\%=150\%$，过载。

由此可见，并联运行的变压器的短路电压不相等，当短路电压数值大的变压器满载时，短路电压数值小的变压器会严重过载。根据变压器运行规程，变压器长期过载运行是不允许的。

## 第六节　变压器经济运行的计算

在几台变压器并联运行的变电所中，随着负载的变化，需要经常调整变压器的运行方式，使变压器总的功率损耗最小。这种电功率消耗最小的运行方式，称为变压器的经济运行方式。变压器在额定负载时的有功损耗由空载有功损耗（$\Delta P_0$）和短路损耗（$\Delta P_{dl}$）两部分组成。变压器在额定负载时的无功损耗也是由励磁电流$I_0$引起的无功损耗（$\Delta Q_0$）和消耗在线圈漏抗上的无功损耗（$\Delta Q_1$）两部分组成，可用公式表示为

$$\Delta Q_0=\frac{I_0}{100}S_e \qquad 式4-18$$

和
$$\Delta Q_{dl}=\frac{U_{dl}}{100}S_e \qquad 式4-19$$

式中：$U_{dl}$%—变压器短路电压（也叫阻抗电压）占额定电压的百分数；

$I_0$%—变压器空载电流占额定流的百分数；

$S_e$—变压器的额定容量（kV·A）。

变压器的电能损耗计算公式为

$$A=(\Delta P_0+CQ_0)\ t+(\Delta P_{dl}+CQ_{dl})\ (\frac{S_{max}}{S_e})^2\tau \qquad 式4-20$$

式中：$A$—全年变压器电能总损耗量（kW·h）；

$S_{max}$—相当于年最大负载的容量，即 $S_{max}=\frac{P_{max}}{\cos\varphi}$，其中，$P_{max}$为年最大负载（kW），$\cos\varphi$ 为年最大负载所对应的年平均功率因数；

$t$—变压器年运行小时数；

$\tau$—年最大功率损耗时间；

$C$—无功经济当量（每增加或减少一千乏无功功率所引起的有功功率损耗变化值）。

其他变量字母含义同前。

$n$ 台参数相同的变压器并联运行时，可用下式计算变压器的电能损耗：

$$A=n(\Delta P_0+CQ_0)t+(\frac{\Delta P_{dl}+C\Delta Q_{dl}}{n})\ (\frac{S_{max}}{S_e})^2\tau \qquad 式4-21$$

**【例4-14】** 某工厂有两台变压器，变压器的型号和有关参数为：型号 SJL-800/10，额定容量 800kV·A，电压比 10kV/0.4kV，空载损耗$\Delta P_0=1.67$kW，短路损耗（短路损耗 $\Delta P_{dl}$ 等于变压器铜损耗）$\Delta P_{dl}=11.75$kW，空载电流 $I_0=1.9\%$，短路电压（阻抗电压）$U_{dl}\%=4.5\%$。已知该变电站全年平均功率因数 $\cos\varphi=0.8$，年最大负载利用小时数 $T_{max}=5750$h，无功经济当量 $C=0.06$kW/kvar。试计算：（1）年最大负载为 600kW·h，一台变压器运行年损失电量为多少？（2）若两台变压器（参数相同）并联运行，年损失电量又为多少？（3）若年最大负载为 300kW 和 1200kW，分别计算运行一台变压器和两台变压器并联运行时的年损耗电量。

**解：**（1）首先计算全年使用一台变压器时的年损失电量。

按式 4-18 和式 4-19 计算变压器空载无功功率损耗 $\Delta Q_0$和短路无功功率损耗 $\Delta Q_{dl}$：

$$\Delta Q_0=\frac{I_0}{100}S_e=\frac{1.9}{100}\times 800\ \text{kvar}=15.2\text{kvar}$$

$$\Delta Q_{dl}=\frac{U_{dl}}{100}S_e=\frac{4.5}{100}\times 800\ \text{kvar}=36\text{kvar}$$

按最大负载利用小时 $T_{max}=5750$h，查图 4-1 损耗小时 $\tau$ 和最大负载利用小时数 $T_{max}$ 的关系曲线，查得

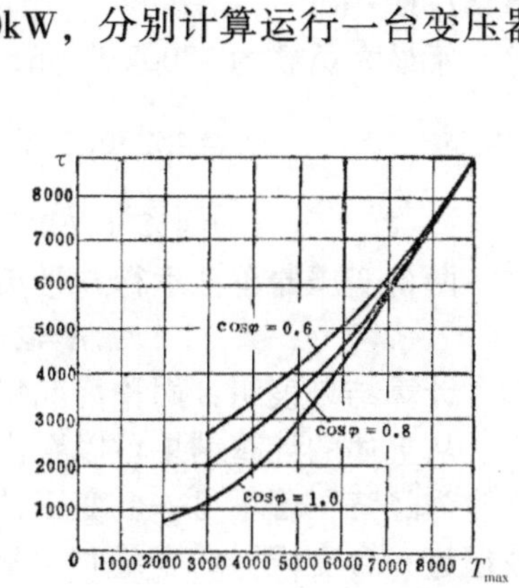


**图 4-1　损耗小时 $\tau$ 和最大负载利用小时数 $T_{max}$ 的关系曲线**

年最大功率损耗时间为4680h。已知年最大负载 $P_{max}=600kW$，变压器最大使用容量为

$$S_{max}=\frac{P_{max}}{\cos\varphi}=\frac{600}{0.8}kV\cdot A=750kV\cdot A$$

将上列各数代入公式求出全年损失电量为

$$A=(1.67+0.06\times15.2)\times8760kW\cdot h+(11.75+0.06\times36)\times(\frac{750}{800})^2\times4680kW\cdot h$$

$$=22618.32kW\cdot h+57215.33kW\cdot h\approx79834kW\cdot h$$

所以，一台变压器运行时，年损失电量为79834kW·h。

（2）两台变压器并联运行时，年损失电量按式4-21计算：

$$A=n(\Delta P_0+C\Delta Q_0)t+(\frac{\Delta P_{dl}+C\Delta Q_{dl}}{n})(\frac{S_{max}}{S_e})^2\tau$$

将已知数据代入可得

$$A=2\times(1.67+0.06\times15.2)\times8760kW\cdot h+(\frac{11.75+0.06\times36}{2})\times(\frac{750}{800})^2\times4680kW\cdot h$$

$$=45236.64kW\cdot h+28607.668kW\cdot h\approx73844kW\cdot h$$

两台变压器并联运行时，年损失电量为73844kW·h。

计算结果表明，采用两台变压器并联运行比用一台变压器单独运行时省电5989kW·h。

（3）年最大负载为300kW·h，使用一台变压器运行，年损失电量为

$$A=22618.32kW\cdot h+13.91\times(\frac{375}{800})^2\times4680kW\cdot h$$

$$=22618.32kW\cdot h+14303.9kW\cdot h\approx36922kW\cdot h$$

两台变压器并联运行时的年损失电量为

$$A=22618.32\times2kW\cdot h+(\frac{13.91}{2})\times(\frac{375}{800})^2\times4680kW\cdot h$$

$$=45236.64kW\cdot h+7151.96kW\cdot h\approx52389kW\cdot h$$

计算结果表明，两台变压器并联运行时，年损耗电量比单台运行时多损失电量15467kW·h。

年最大负载为1200kW·h，两台变压器并联运行，年损失电量为

$$A=45236.6kW\cdot h+(\frac{13.91}{2})\times(\frac{1500}{800})^2\times4680kW\cdot h$$

$$=45236.6kW\cdot h+114411.14kW\cdot h\approx159647kW\cdot h$$

两台变压器单独运行并且负载分配相等时，年电能损耗为

$$A=2\times79834kW\cdot h\approx159648kW\cdot h$$

计算结果表明，两种情况年损失电量相同。

从上述的计算结果可以看出：当总负载为变压器总容量的47%时，变压器并联运行较为经济；若不足一台变压器容量的50%时，用两台变压器并联运行不经济；若负载超过一台变压器的容量时，只能采用两台变压器运行；如果两台变压器负载分配相等，并联运行与单独运行时损耗相等，如果负载不等并联运行时，总损耗小。

# 第七节　配电变压器中性线电流的计算

配电变压器在负载对称的三相四线制供电回路中，变压器中性线电流为零。同时中性线的电位也为零。但是，对于专供城镇居民生活用电的配电变压器，因家庭用电单相负载较多，是按区域或按户数把负荷分别接在三相电路中，采用三相四线制供电方式。由于在使用时，连接在三相电路中的每一相负荷总是有用有停，其负载也会不断变化，严重时形成三相不对称负载或不平衡负载。对于不对称负载，中性线上会有电流，并会产生不平衡电压，危及用电设备安全。所以，要经常在用电负荷高峰时，及时测量三相负荷电流和中性线电流，可用小型钳形电流表测知，在没有测量表计的情况下，也可用计算求得。若测得三相负荷不平衡值超过规程规定值时，就要采用调整平衡三相负荷的措施，使变压器低压侧出口处三相负荷不平衡度不超过15%。

求三相负荷电流和中性线电流：

## 1. 常规算法

**【例4-15】** 有一配电变压器，接有三相照明负载，星形连接，每相负载都是白炽灯泡，灯泡的额定电压为220V，$R_A=R_B=220\Omega$。$R_C=20\Omega$，电源的线电压为380V，如图4-2所示。求：①有中性线而且三相都用电时的中性线电流。②A相的负载都不用时，断开中性线，电路中会产生什么现象？

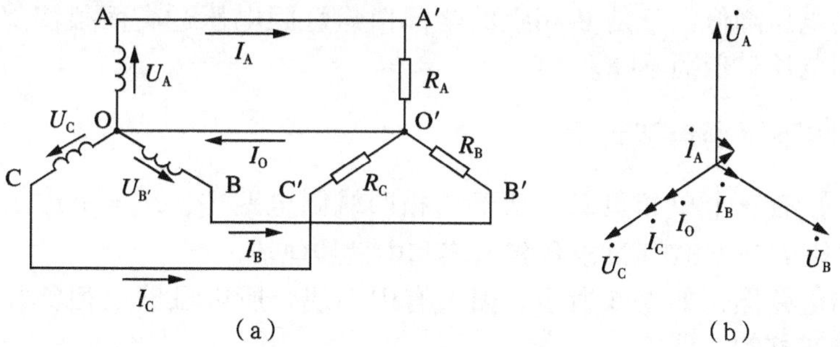


**图4-2　【例4-15】图**

**解：**（1）先求电压

$$U_A=U_B=U_C=\frac{U_{线}}{\sqrt{3}}=\frac{380}{1.732}\text{V}=220\text{V}$$

相电流为

$$I_A=I_B=\frac{220}{220}\text{A}=1\text{A}$$

$$I_C=\frac{220}{20}\text{A}=11\text{A}$$

中性线电流可由图4-2（b）求得：因为负载为纯电阻，所以相电流与线电压同相位。在相电压的矢量图上按比例做出各相电流的矢量，然后求各相电流的矢量和。由图上量得中性线电流的数值为：$I_0=10\text{A}$，而且中性线电流 $\dot{I}_0$ 与电压 $\dot{U}_C$ 同相位。

此例说明有中性线时，虽然各相负载不平衡，但各相负载两端的电压相等，仍等于电源相电压，所以中性线的作用使不平衡负载的相电压保持对称，各相白炽灯仍能正常工作。

(2) 如果A相白炽灯全部不用，就等于A相断开，如图4-3所示。若中性线也断开，B相与C相就等于串联后跨接在线电压为380V的电源线上，如图4-4所示，那么流过这个串联负载的电流为

$$I=\frac{380}{220+20}\text{A}=1.58\text{A}$$

这时B相上的电压为

$$U_B=IR_B=1.58\times220\text{V}=347.6\text{V}$$

C相上的电压为

$$U_C=IR_C=1.58\times20\text{V}=31.6\text{V}$$

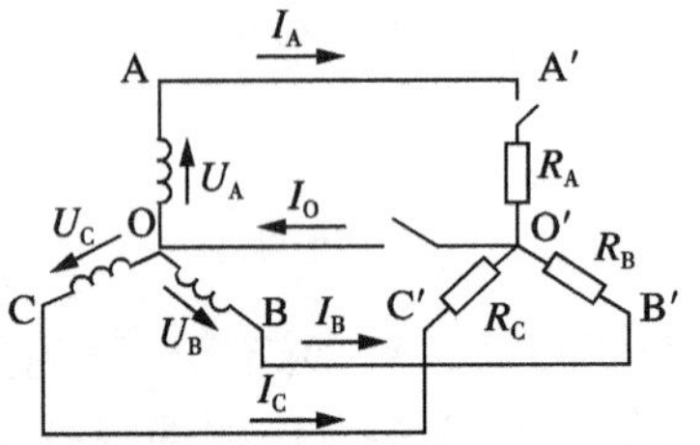


图4-3　A相断开

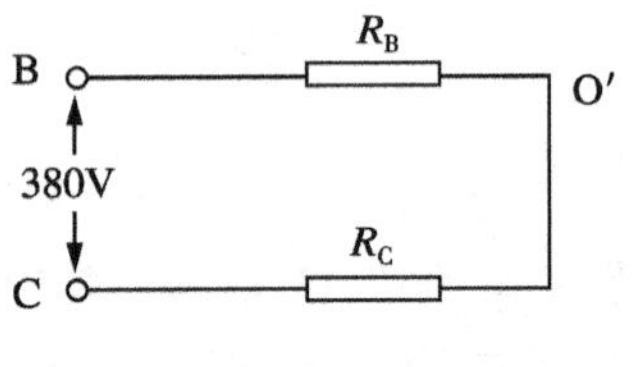


图4-4　中性线也断开的电路

由此可见，不连接中性线，结果是负载阻抗大的那一相，其电压比有中性线时增高，阻抗小的电压降低，于是B相上的全部白炽灯因电压过高而很快烧坏，C相上的全部白炽灯因电压过低而不亮。

## 2. 中性线不平衡电流计算

**【例4-16】** 有三个单相负载，接于三相四线制电路中，$R_A=5\Omega$，$R_B=10\Omega$，$R_C=20\Omega$，电源电压$U_x=220\text{V}$，试求各相电流和中性线电流。

**解：** 画出电路图，如4-5所示。因为有中性线，所以虽然三相负载不对称，各项负载的电压是对称的，即

$$U_A=U_B=U_C=U_x=220\text{V}$$

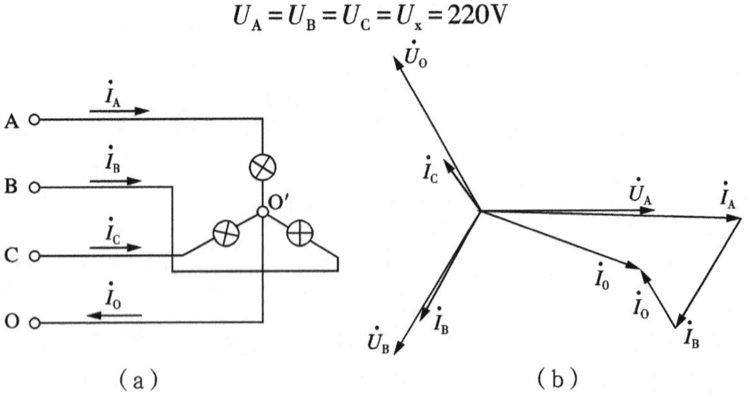


图4-5　【例4-16】图

各相的电流为

$$I_A=\frac{U_A}{R_A}=\frac{220}{5}A=44A$$

$$I_B=\frac{U_B}{R_B}=\frac{220}{10}A=22A$$

$$I_C=\frac{U_C}{R_C}=\frac{220}{20}A=11A$$

已知中性线电流为 $\dot{I}_0=\dot{I}_B+\dot{I}_B+\dot{I}_C$，所以可用向量图解法计算。首先画出对称三相电压 $\dot{U}_B$、$\dot{U}_B$、$\dot{U}_C$，各相负载电流与各相电压同相位，按比例画出 $\dot{I}_A$、$\dot{I}_B$、$\dot{I}_C$。用向量求和的方法即可画出 $\dot{I}_0$，如图 4-5（b）所示。测量 $I_0$ 可得

$$I_0=29A$$

由计算结果可知，A 相电流 44A，B 相电流 22A，C 相电流 11A，中性线电流 $I_0$ 为 29A。

**【例4-17】**用向量图解法，求中性线电流较为烦琐复杂，现用均方根的方法求中性线的电流，相对省事得多。现用均方根算法重算【例 14-16】中性线电流。各相电流在【例 14-16】中已经算出。

**解**：代入公式

$$I_0=\sqrt{\frac{(I_A-I_B)^2+(I_B-I_C)^2+(I_C-I_A)^2}{2}} \qquad 式4-22$$

则

$$I_0=\sqrt{\frac{(44-22)^2+(22-11)^2+(11-44)^2}{2}}A=29A$$

用均方根算法求得中性线电流为 29A。

**【例4-18】**某学校有一幢三层教学楼，采用三相四线制供电，其每层为一相，各有 220V　40W 的荧光灯 120 个，荧光灯 $\cos\varphi=0.48$，电源电压为 220V。试求电灯全部开亮时的各相线电流和中性线电流，以及 A、B 相灯全开，C 相只开 12 个灯时各相线电流和中性线电流。

**解**：已知每个灯的额定电压 $U=220V$，额定功率 $P=40W$，$\cos\varphi=0.48$

（1）求每个灯的额定电流 $I$：

$$I=\frac{P}{U\cos\varphi}=\frac{40}{220\times0.48}A=0.379A$$

（2）求三相灯全亮时，各相线电流和中线电流：

由于三相负载是对称的，所以 $I_A=I_B=I_C=0.379\times120A=45.45A$

由于 $\dot{I}_A+\dot{I}_B+\dot{I}_C=0$，所以 $I_0=0$。

（3）当 A、B 相灯全开亮，C 相只开 12 个灯时，求 $I_A$、$I_B$、$I_C$和 $I_0$：

$$I_C=0.379\times12A=4.54A$$

由于 $I_A+I_B+I_C\neq0$，所以 $I_0=I_A-I_C=45.45A-4.54A=40.9A$

电灯全部开亮时，A、B、C 三相电流均为 45.45A，中性线电流为零；A、B 相全开，C 相只开 12 个灯时，A、B 两相电流均为 45.45A，C 相电流为 4.54A，中性线电

流为 40.9A。

## 第八节 电力变压器档位电压的计算

在电力系统运行中，发电量和负载不能总是保证平衡，所以系统电压经常发生变动。为了使电网经济运行和提高供电电压质量，需要随时调整电网的电压，把电压的变动控制在一定合理的范围以内。利用调压电力变压器能够经济而方便地达到调整电网电压的目的。只要把电力变压器任意一侧的绕组引出若干分接头，当用分接开关切换各个分接头的位置时，绕组的匝数发生变化，于是电力变压器的变压比也发生变化。如果在有分接头的绕组上加以不变的电压，对应于每一个分接头（变压比），便会在另一侧的绕组上得到不同的电压。

$$电力变压器的变压比\ k=\frac{一次绕组匝数\ N_1}{二次绕组匝数\ N_2}=\frac{一次外加电压\ U_1}{二次端电压\ U_2} \quad 式4-23$$

利用分接开关增加变压器一次绕组的匝数，所得到的变压比 $K_1$ 为

$$K_1=\frac{N_1+N}{N_2} \quad 式4-24$$

显然，变压比增加了，即 $K_1>K$，如果一次绕组的外加电压 $U_1$ 不变，二次端电压为

$$U_2'=\frac{U_1}{K_1}<U_2 \quad 式4-25$$

利用分接开关减少变压器一次绕组的匝数，所得到的变压比 $K_2$ 为

$$K_2=\frac{N_1-N}{N_2} \quad 式4-26$$

显然，变压比减小了，即 $K_2<K$，如果一次绕组的外加电压 $U_1$ 不变，二次端电压为

$$U_2''=\frac{U_1}{K_2}>U_2 \quad 式4-27$$

由此可知，当一次绕组的外加电压不变时，适当改变它的分接头，能够在二次绕组得到不同的电压。同样，当一次绕组的外加电压变动时，适当改变它的分接头，也能够在二次绕组得到不变的电压。如果从二次绕组也引出分接头，那么适当改变一次绕组和二次绕组的分接头，控制电压变化的范围就更加宽广。这就是电力变压器的电压调整的基本原理。电力变压器的电压调整也是电力部门维持电压水平技术管理工作的一项重要内容。

电力变压器分接头档位电压值的计算过程如下：

**【例4-19】** 某变电站有一台三绕组无励磁调压主变压器，其型号为 $SFSL_7$-31500/110。已知其铭牌中的“电压组合及分接范围”为：高压，110±2×2.5%；中压，38.5±2×2.5%。试计算其高、中压侧的各分接头电压。

**解：** 根据已知条件可知该变压器高、中压侧各为五个档位，其中第三档位为额定电压档，则

高压侧：　　1 档电压：110000×(1+2×2.5%)V=115500V

　　　　　　2 档电压：110000×(1+2.5%)V=112750V

3 档电压：110000V

4 档电压：110000×(1−2.5%)V=107250V

5 档电压：110000×(1−2×2.5%)V=104500V

中压侧：　1 档电压：3850000×(1+2×2.5%)V=40420V

2 档电压：38500×(1+2.5%)V=394600V

3 档电压：38500V

4 档电压：38500×(1−2.5%)V=37540V

5 档电压：38500×(1−2×2.5%)V=36575V

【例4-20】某 35kV 变电站有一台 $S_7$-4000 的无励磁调压两绕组主变压器，已知其铭牌中的“电压组合及分接范围”为：高压，35000±5%。试计算其高压侧的各分接头电压。

**解**：根据已知条件，该变压器高压侧为三个档位，则

1 档电压：35000×(1+5%)V=36750V

2 档电压：35000V

3 档电压：35000×(1−5%)V=33250V

【例4-21】某变电站有一台三绕组有载调压主变压器，其型号为 $SFSZ_{10}$-50000/110。已知其铭牌中的“电压组合及分接范围”为：高压，110±8×1.25%；中压，38.5±2×2.5%。试计算其高、中压侧的各分接头电压。

**解**：根据已知条件，可知该变压器高压侧为各为 19 个档位，其中第 9 档、10 档、11 档位为额定电压档，则

1 档电压：110000×(1+8×1.25%)V=121000V

2 档电压：110000×(1+7×1.25%)V=119625V

3 档电压：110000×(1+6×1.25%)V=118250V

4 档电压：110000×(1+5×1.25%)V=116875V

5 档电压：110000×(1+4×1.25%)V=115500V

6 档电压：110000×(1+3×1.25%)V=114125V

7 档电压：110000×(1+2×1.25%)V=112750V

8 档电压：110000×(1+1×1.25%)V=111375V

9 档电压：110000V

10 档电压：110000V

11 档电压：110000V

12 档电压：110000×(1−1×1.25%)V=108625V

13 档电压：110000×(1−2×1.25%)V=107250V

14 档电压：110000×(1−3×1.25%)V=105875V

15 档电压：110000×(1−4×1.25%)V=104500V

16 档电压：110000×(1−5×1.25%)V=103125V

17 档电压：110000×(1−6×1.25%)V=101750V

18 档电压：110000×(1−7×1.25%)V=100375V

19 档电压：110000×(1−8×1.25%)99000V

中压侧：　1 档电压：38500×(1+2×2.5%)V=40425V

2 档电压：38500×(1+2.5%)V=394625V
3 档电压：38500V
4 档电压：38500×(1-2.5%)V=37540V
5 档电压：38500×(1-2×2.5%)V=36575V

**【例4-22】** 某变电站有一台两绕组有载调压主变压器，其型号为 $SZ_9$-4000/35。已知其铭牌中的“电压组合及分接范围”为：高压，35±3×2.5%。试计算其高压侧绕组的各分接头电压。

**解**：根据已知条件，可知该变压器高压侧绕组为 7 个档位，其中第 4 档为额定电压档，则

1 档电压：35000×(1+3×2.5%)V=37625V
2 档电压：35000×(1+2×2.5%)V=36750V
3 档电压：35000×(1+1×2.5%)V=35875V
4 档电压：35000V
5 档电压：35000×(1-1×2.5%)V=34125V
6 档电压：35000×(1-2×2.5%)V=33250V
7 档电压：35000×(1-3×2.5%)V=32375V

## 第九节　电力变压器档位电压的调整计算

### 1. 电力系统的中枢点的选择及调压方式

电力系统中，通常选择一些具有代表性的枢纽变电所的各侧母线的节点，并对这些节点加以监视、控制。如果这些母线节点的电压满足要求，则该节点临近的下级节点基本上也能满足要求，这些节点即称为中枢点。中枢点电压控制有逆调压、顺调压、常调压三种方式。

1）逆调压方式要求高峰负载时中枢点电压调到 $1.05U_e$；低谷负载时调到额定电压 $U_e$；

2）顺调压方式要求高峰负载时中枢点电压不低于 $1.025U_e$；低谷负载时不高于 $1.075U_e$；

3）常调压方式要求在任何负载时中枢点电压基本保持不变，且略大于额定电压 $U_e$。

### 2. 三绕组变压器分接头选择原则

虽然要求电网在运行中的各节点电压保持额定值，但其在实际运行中的实现是较为困难的。鉴于以上原因，同时考虑到用电设备对电压的要求，根据电压偏移的最大允许范围，必须进行电压调整时，应根据系统有功功率和无功功率的实际分布情况对系统中枢点母线电压进行调整。调整时应遵循的原则如下：

1）所选分接头的位置，应使二次侧母线电压实际不超过允许的偏差范围。

2）降压变压器的分接头位置应尽量使二次侧母线电压在额定电压与下限值之间运行。

3）升压变压器的分接头位置，在保证发电机有最大的有功出力和无功出力的前提

下，尽量放在最高位置运行。

4）枢纽变电站三绕组主变压器确需进行档位调整时，因高、中压侧装设有分接开关，而低压侧无分接开关，其电压的调整是：在保证低压侧母线电压合格的基础上来确定高压侧（有电源侧）的档位，然后在固定此分接头的基础上，根据高、中压情况选出中压侧的分接头。同理，当中压侧有电源时，应首先根据中低压侧情况选出中压侧分接头，在固定此分接头的基础上，根据高、中压情况选出中压侧的分接头。在系统无功功率正常的情况下，其计算公式为

$$U_{m \cdot th} = \frac{U_{h \cdot sj} \times U_{m \cdot yt}}{U_{h \cdot sj}} \qquad 式4-28$$

式中：$U_{m \cdot th}$—三圈变压器中压侧调档后电压（kV）；

$U_{h \cdot sj}$—三圈变压器高压侧实际运行电压（kV）；

$U_{m \cdot yt}$—三圈变压器中压侧应调档位电压（kV）。

在主变压器高压侧的档位调整后，变压器高压侧绕组的匝数也发生变化，其变压比 $K$ 也随之改变，又由于 $U_m = \frac{U_h}{K}$，因此变压器低压侧的电压也发生了变化。

**【例4-23】**某变电站有一台 110kV/11kV 的降压变压器，分接头原在额定电压位置，其变压比为 $K = \frac{110000}{11000} = 10$，有时夜间低谷负载或因事故的原因导致系统较大负载突然减掉时引起主变压器高压侧电压升高到 115500V，致使变压器低压侧电压过高，达 11500V。现在要降低主变低压侧电压，根据 $U_1 = \frac{U_h}{K}$，若要增大 $K$ 值，就要增加一次绕组的匝数 $N_1$，这时分接头应往+2×2.5%档位调整。也就是调到电压为 110000×(1+2×2.5%)V = 115500V，也即 1 档电压这个分接头位置。这时变压器的变压比 $K = \frac{115500}{11000} = 10.5$ 则

$$变压器低压侧电压\ U_1 = \frac{115500}{10.5}\text{V} = 11000\text{V}$$

### 3. 枢纽变电站主变压器分接头调整计算例题

**【例4-24】**图 4-6 所示为某枢纽变电所一降压变压器，变压器负载及参数、分接头已标注明。折算至高压侧的阻抗为 $R_T + J_{XT}$ = (2.44+j40) Ω，已知在最大负载时通过变压器的功率分别为 $\dot{S}_{max}$ = (28+j14) MV·A，最小负载时 $\dot{S}_{min}$ = (10+j6) MV·A，高压侧的电压分别为最大负载时 $U_{max}$ = 110kV，最小负载时 $U_{min}$ = 113kV。要求低压侧的母线电压上下限变化不超过 6.0～6.6kV 的范围。试选择此变压器的分接头。

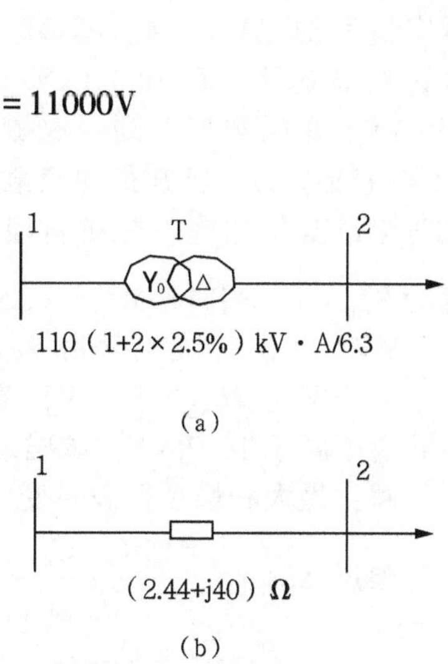

图 4-6　【例 4-24】图

**解**：先计算最大负载及最小负载时变压器的电压损耗：

根据 $\Delta U_{max}=\dfrac{P_{max}R_B \pm Q_{max}X_B}{U_{max}}$

则 $\Delta U_{max}=\dfrac{28\times 2.44+14\times 40}{110}kV=5.7kV$

$$\Delta U_{min}=\frac{P_{min}R_B \pm Q_{min}X_B}{U_{max}}=\frac{10\times 2.44+6\times 40}{110}kV=2.4kV$$

假定变压器在最大负载和最小负载运行时低压侧的电压分别取为 $U_{2min}=6kV$ 和 $U_{2min}=6.6kV$，则

$U_{t1max}=(110-5.7)\times\dfrac{6.3}{6.0}kV=109.5kV$

$U_{t1min}=(113-2.4)\times\dfrac{6.3}{6.0}kV=105.6kV$

取算术平均值

$$U_{t1}=\frac{U_{t1max}+U_{t1min}}{2}=\frac{109.5+105.6}{2}kV=107.5kV$$

取最近分接头 $U_{t1}=110\times(1-2.5)kV=1070.25kV$

按所选分接头校验低压母线的实际电压：

$$U_{2max}=(110-5.7)\times\frac{6.3}{107.25}kV=6.13kV>6kV$$

$$U_{2min}=(113-2.4)\times\frac{6.3}{107.25}kV=6.5kV<6.6kV$$

【例4-25】图 4-7 所示为某枢纽变电所一降压变压器，变压器负载及参数、分接头已标注明。110kV 变电所主变压器容量为 31.5MV·A，其负载在最佳经济运行状态下。已知 110kV/11kV 降压变电所主变压器折算到一次侧的阻抗为（2.44+j40）Ω，已知最大负载和最小负载时流过变压器等效阻抗首段的功率分别为 $\dot{S}_{max}=(28+j14)$ MV·A，$\dot{S}_{min}=(14+j6)$ MV·A，一次侧实际电压分别为 $U_{1max}=110kV$，$U_{1min}=114kV$，要求二次侧母线电压在最大负载时不低于 10.3kV，最小负载时不高于 10.75kV。试确定变压器二次侧所需装设或投入的无功补偿容量。

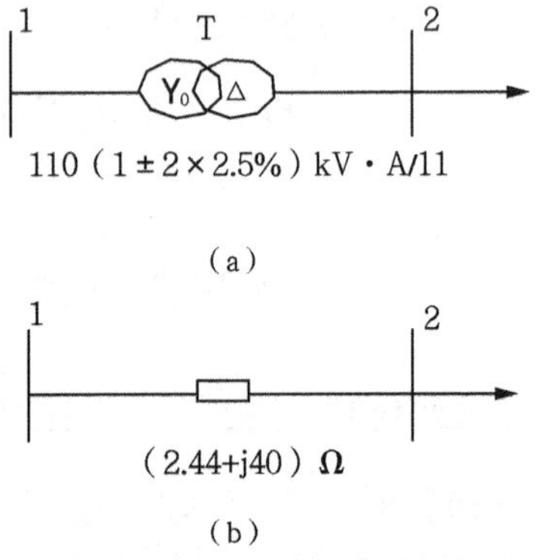


图 4-7 【例 4-25】图

**解**：最大和最小负载时变压器阻抗中的电压损耗分别为

根据 $\Delta U'_{max}=\dfrac{P_{max}R_B \pm Q_{max}X_B}{U_{max}}$，则 $\Delta U'_{max}=\dfrac{28\times 2.44+14\times 40}{110}kV=5.71kV$

$$\Delta U'_{min}=\frac{P_{min}R_B \pm Q_{min}X_B}{U_{max}}=\frac{14\times 2.44+6\times 40}{110}kV=2.49kV$$

按最小负载时补偿电容器全部切除的条件来确定变压器分接头电压，则

$$U_{t1min}=(114-2.40)\times\frac{11}{10.75}\text{kV}=114.20\text{kV}$$

取与 $U_{t1min}$ 最近的分接头电压为 110（1+5%）kV = 115.5kV，从而可得电压比为 $K=\frac{115.5}{11}=10.5$。

则补偿容量为

$$Q_c=\frac{U'_{2cmax}}{X}\left(U'_{2cmax}-\frac{U_{2max}}{K}\right)K^2=\frac{10.3}{40}\times\left(10.3-\frac{110-5.71}{10.5}\right)\times10.5^2\text{Mvar}=10.5\text{Mvar}$$

取 $Q_c=10.5$Mvar，求取补偿容量 $Q_{c\max}=10.5$Mvar，验算最大负载时变电所二次侧母线实际电压为 $\dot{S}_{Tmax}\approx\dot{S}_{max}-jQ_{cmax}=(28+j14-j10.5)\text{MV}\cdot\text{A}=(28+j3.5)\text{MV}\cdot\text{A}$

补偿后变压器阻抗中电压损耗降低为

$$\Delta U'=\frac{28\times2.44+3.5\times40}{110}\text{kV}=1.89\text{kV}$$

变电所二次侧母线实际电压为

$$U_2=\frac{110-1.89}{105}\text{kV}=10.3\text{kV}$$

经计算证明，装设或投入 10.5Mvar 电容器组后，可满足电压质量要求；同时，不仅可以减少电力网功率损耗和电能损耗，而且还可增大电力网输送能力。

# 第五章　电动机运行管理的相关计算

电动机是把电能转变成机械能的动力设备，用于带动水泵、粉碎机、织布机、造纸机、采煤机、各种机床等，具有费用少、效率高、使用方便、维护简单等优点。而且电动机的容量、规格很多，可以适应各种不同设备所需的功率。因此，电动机在工农业生产中，是一种经济、方便、简单、应用广泛的动力设备。为此，掌握必要的计算知识，对保证电动机的合理选择及安全运行有着重要的意义。

## 第一节　电动机铭牌中主要技术数据的关系计算

每台异步电动机的机座上都装有一块铭牌，标明电动机的型号、额定值和有关技术数据。按铭牌所规定的额定值和工作条件运行，称为额定运行方式。

### 1. 异步电动机的额定值

（1）**额定值是制造厂根据国家标准，对电动机的每个电量或机械量所规定的数值。**

（2）**额定功率 $P_e$**　电动机的额定功率是指轴上输出的机械功率，单位为 W 或 kW。

（3）**额定电压 $U_e$**　额定电压是指电动机正常工作时的电压，对于三相异步电动机，它指线电压，单位为 V。

（4）**额定电流 $I_e$**　额定电流是指电动机在额定运行时的线电流，单位为 A。

（5）**额定频率 $f_e$**　额定频率是指电动机在额定电压下运行时的电源频率，单位为 Hz。

（6）**额定转速 $n_e$**　额定转速是指电动机在额定电压下运行时的转速，单位为 r/min。

（7）**接法**　接法是指电动机在额定电压下，定子三相绕组采用的连接方式。目前电动机铭牌上给出的接法有两种。一种是额定电压 380V/220V，接法为 Y/△。这表明定子每相绕组的额定电压是 220V，如果电源线电压是 220V，定子绕组则应接成△形；如果电源线电压是 380V，则应接成 Y 形，切不可误将 Y 形接错为△形，否则每相绕组电压大大超过额定值，电动机将被烧毁。另一种是额定电压 380V，接法为△形，这表明定子每相绕组的额定电压是 380V，适用于电源线电压为 380V 的工作场所。

（8）**温升**　温升是指运行时电动机温度高出环境温度的数值。允许温升的大小与电动机采用的绝缘材料的耐热性能有关，电动机允许温升与绝缘等级的关系见表 5-1。

表5-1　电动机允许温升与绝缘等级的关系

| 绝缘等级 | A | E | B | F | H | C |
|---|---|---|---|---|---|---|
| 绝缘材料的允许温度/℃ | 105 | 120 | 130 | 155 | 180 | 180 以上 |
| 电动机的允许温升/℃ | 60 | 75 | 80 | 100 | 125 | 125 |

(9) **定额**　铭牌上所标的定额是指电动机允许持续使用的时间，通常分为三种，即：

①连续定额，按额定运行可长时间使用；②短时定额，只允许在规定的时间内按额定运行使用，标准的持续时间限制可分为 10min、30min、60min 和 90min 四种；③断续定额，间歇运行，但可按一定周期重复运行，每周期包括一个额定负载时间和一个停止时间，额定负载时间与一个周期之比称为负载持续率，用百分数表示，标准的负载持续率为 15%、25%、40%、60%，每个周期为 10min。

### 2. 电动机铭牌上主要技术参数的计算

$$额定功率\ P_e = \sqrt{3} \times 额定电压\ U_e \times 额定电流\ I_e \times 额定功率因数\ \cos\varphi \times 额定效率$$

式5-1

$$额定电压\ U_e = \frac{额定功率\ P_e}{\sqrt{3} \times 额定电流\ I_e \times 额定功率因数\ \cos\varphi \times 额定效率\ \eta}$$

式5-2

$$额定电流\ I_e = \frac{额定功率\ P_e}{\sqrt{3} \times 额定电压\ U_e \times 额定功率因数\ \cos\varphi \times 额定效率\ \eta}$$

式5-3

$$额定功率因数\ \cos\varphi = \frac{额定功率\ P_e}{\sqrt{3} \times 额定电压\ U_e \times 额定电流\ I_e \times 额定效率\ \eta}$$

式5-4

式中：$P_e$—额定功率（W）；

$U_e$—额定电压（V）；

$I_e$—额定电流（A）。

**【例5-1】**有一台 10kW 三相异步电动机，电压为 220V/380V，额定功率因数为 0.82，额定效率为 0.87，试求它的额定电流。

**解**：根据式（5-3）

$$额定电流\ I_e = \frac{额定功率\ P_e}{\sqrt{3} \times 额定电压\ U_e \times 额定功率因数\ \cos\varphi \times 额定效率\ \eta}$$

当电压为 220V 时，额定电流为

$$I_e = \frac{10 \times 1000}{\sqrt{3} \times 220 \times 0.82 \times 0.87}\ A = 36.8A$$

当电压为380V时，额定电流为

$$I_e = \frac{10 \times 1000}{\sqrt{3} \times 380 \times 0.82 \times 0.87} A = 21.3A$$

## 第二节　电动机型号和容量的选择计算

电动机的容量，要根据机械负载所需要的功率和运行情况来确定，如要保证选择正确合理，必须经过以下计算或比较：

①对于恒定负载连续工作方式，如果知道负载的功率 $P_1$，可按下式计算出所需电动机的功率 $P$：

$$P = \frac{P_1}{\eta_1 \eta_2} \qquad 式5-5$$

式中：$\eta_1$— 机械负载的效率；

$\eta_2$— 传动机构的效率。

②短时工作定额的电动机与功率相同的连续工作定额的电动机相比，最大转矩大，重量轻，价格便宜。在条件许可时尽可能选用短时定额的电动机是比较经济的。

③对于断续工作定额的电动机容量的选择，要根据负载持续率的大小，选用专门用于断续定额运行方式的电动机。负载持续率 $F_s$ 的计算公式如下：

$$F_s = \frac{t_g}{t_g + t_0} \times 100\% \qquad 式5-6$$

式中：$t_g$— 工作时间；

$t_0$— 停息时间；

$t_g + t_0$— 周期。

对于不同类型的电动机选择，可参考表5-2列出的性能和用途。

**表5-2　常用异步电动机代号及性能、用途**

| 序号 | 产品名称及代号 | 性能和结构特征 | 用途 | 老产品代号 |
|---|---|---|---|---|
| 1 | 异步电动机 Y | 封闭式，铸铁机座，外表有散热肋，外风扇吹冷，铸铝转子 | 用于农业、工矿企业一般机械，如拖动水泵、鼓风机、碾米机、脱粒机及其他机械 | J、JQ、JS、JK |
| 2 | 绕线转子异步电动机 YR | 封闭式，铸铁外壳，绕线型转子 | 用于电源容量不足以起动笼型转子电动机的，以及要求起动转矩高的场合 | JR、JRO、YL |
| 3 | 高起动转矩异步电动机 YH | 结构同Y。转子采用双笼或深槽，起动转矩大 | 适用于静止负载或惯性较大的机械，如压缩机、粉碎机等 | JQ、JQO |

续表

| 序号 | 产品名称及代号 | 性能和结构特征 | 用途 | 老产品代号 |
|---|---|---|---|---|
| 4 | 高转差异步电动机 YD | 结构同 Y。转子采用高电阻铝合金浇注 | 适用于惯性矩较大且具有冲击性负荷机械的转动，如剪床、冲压机、锻压机及小型起重机等 | JH、JHO |
| 5 | 多速异步电动机 YD | 结构同 Y。通过改变定子绕组的接线方法以改变极对数，得到多种转速，因此其引出线为 6~12 根 | 适用同 Y。使用在要求 2~4 种转速的场合，如机床、印染机、印刷机等需要变速的设备 | JD、JDO |
| 6 | 防爆安全型异步电动机 YA | 在正常运行时不产生火花、电弧或危险温度的电动机，采取适当措施，如降低各部分温升限度、增强绝缘、提高导体连接可靠性、提高对固体异物与水的防护等级，可以提高防爆安全性 | 适用于仅在不正常情况下才能形成爆炸性混合物的场所和即使在不正常情况下，形成爆炸混合物的可能性也较小的场所 | JA、JAO |
| 7 | 隔爆异步电动机 YB | 封闭自扇冷式，增强外壳的机械强度，一旦电机内部爆炸，亦不致引起周围环境的爆炸性混合爆炸 | 适用于石油、化工、煤矿井下有爆炸危险的场所 | JB、JEO |
| 8 | 起重冶金用异步电动机 YZ | 断续定额，封闭自扇冷式。采用高电阻合金浇注的笼型转子。起动转矩大，能频繁起动，过载能力大，转差率高 | 适用于冶金和一般起重设备 | JZ |
| 9 | 起重冶金用绕线转子异步电动机 YZR | 转子为绕线型，其余和 YZ 同 | 适用于冶金和一般起重设备 | JZR |
| 10 | 立式深井泵用异步电动机 YLB | 立式，自扇冷，空心轴，泵轴穿过电机的空心轴在顶端以键相连，带有止逆装置，不允许逆转 | 专用于长轴深井泵配套，组成深井电泵，潜入井下供灌溉提水之用 | JLB |
| 11 | 井用潜水异步电动机（充水）YQS | 电机外径因受井径限制，外形细长，内腔充满清水，密封，下部有压力调节装置，轴伸端有防砂密封装置 | 专用于潜水泵配套，组成潜水电泵，潜入井下供灌溉提水之用 | JQS |

续表

| 序号 | 产品名称及代号 | 性能和结构特征 | 用途 | 老产品代号 |
|---|---|---|---|---|
| 12 | 井用潜水异步电动机（充水）YQSY | 结构基本与 YQ 相同，但内腔充以绝缘油，另有保护装置，以调节、平衡电机内腔与外部的压力，并作为贫油保护之用 | 专用于潜水泵配套，组成潜水电泵，潜入井下供灌溉提水之用 | JQSY |
| 13 | 河流泵用异步电动机 | 电机密封，内腔充油 | 与河流泵配套组成一体，潜入 0.5~3m 浅水中提水，广泛应用于农田、城建等 | QY |
| 14 | 电磁调速异步电动机 YCT | 由异步电动机和电磁转差离合器组合而成，通过控制离合器的励磁电流来调节流速 | 适用于恒转矩和风机类型设备的无级调速 | JZT |
| 15 | 换向器变速异步电动机 YHT | 相当于反装的绕线型异步电动机，转子上有换向器、调节绕组和放电绕组，并有特殊的移刷机构 | 可用于恒转矩无级调速，调速范围较广，适用于印刷机、印染机以及实验设备 | JZS |
| 16 | 齿轮减速异步电动机 YCJ | 由通用异步电动机与二级圆柱齿轮减速箱合成一体 | 适用于矿山、轧钢、造纸、化工等部门需要低速、大转矩的各种机械设备，电机可用联轴器或正齿轮与传动机构连接 | JTC |
| 17 | 摆线针轮减速异步电动机 YXJ | 由通用异步电动机与摆线针轮减速器直接合成一体，结构紧凑，体积小，重量轻，速比大，一级减速比有 9 种，范围为 11~37 | 适用于矿山、轧钢、造纸、化工等部门需要低速、大转矩的各种机械设备，电机可用联轴器或正齿轮与传动机构连接 | JXJ |
| 18 | 傍磁制动异步电动机 YEP | 带有断电制动的机构，通电时，转子端部的分磁块吸合导磁环压缩弹簧，打开制动机构 | 用于单梁吊车或机床给进系统 | JZD |
| 19 | 杠杆制动异步电动机 YEG | 带有断电制动的机构，通电时，定子吸合其内圆处的衔铁，通过杠杆压缩弹簧，打开制动装置 | 用于单梁吊车或机床给进系统 | JZD |

续表

| 序号 | 产品名称及代号 | 性能和结构特征 | 用途 | 老产品代号 |
|---|---|---|---|---|
| 20 | 锥形转子制动异步电动机 YEZ | 带有断电制动的机构，定子内圆、转子外圆都呈锥形，有单速单机式和双速机组合式。通电时，定子、转子间的轴向吸力压缩弹簧，打开制动装置 | 用于单梁吊车或机床给进系统 | JZZ |
| 21 | 精密机床异步电动机 YJ | 振动小，对转动部分要求精密平衡；采用低噪声轴承，提高轴承室精度，用噪声较低的槽配合，以降低噪声 | 适用于精密机床 | JJ |
| 22 | 木工异步电动机 YM | 电动机较细长，转动惯量小；机座用钢板或铝壳制成。轴伸有多种形状和尺寸，以适应配套需要。电机过载能力大 | 与各种木工机械配套使用 | JM |
| 23 | 电动阀门异步电动机 YDF | 短时工作制；机座无散热肋；无外风扇及端面出线机构，转子较细长，具有高起动转矩，低转动惯量。电机与阀门组合为一整体 | 适用于电站、石油、化工等部门作为自动开闭输油气管线上的阀门，以调节管道内介质流量 | |
| 24 | 振捣器异步电动机 YUD | 封闭式结构，无轴伸，转子两端加偏心块，机壳较厚，结构坚固 | 混凝土振捣用 | |
| 25 | 电梯异步电动机 YTD | 短时工作制，开启式，双速（一般为 6/24 极）；笼型转子导条采用高电阻合金，起动电流较低，起动转矩较高，转差率高。为了降低噪声，采用滑动轴承、合适的槽配合及较大气隙，无外风扇 | 用于电梯，提供升降动力 | JTD |

## 第三节　电动机不同运行状态下的分析计算

电动机在使用的过程中，如不注意，很容易发生误接运行电压、误接绕组接线、误接起动补偿设备等，均能造成电动机的异常运行或烧毁事故。因此，计算和分析电动机不同运行状态下的运行情况，对电动机的安全可靠运行有着积极的意义。

**【例5-2】** 有一台三相电动机的绕组连接成星形，接于线电压为 380V 的电源上，试计算：

（1）正常运行时每相绕组承受多大的电压？

（2）如一相断路，其他两相绕组承受多大的电压？

（3）如一相短路，其他两相绕组承受多大的电压？

**解：**（1）正常运行时连接电路如图 5-1（a）所示，由星形连接线电压与线电压的关系可知，每相绕组承受的电压为 220V。

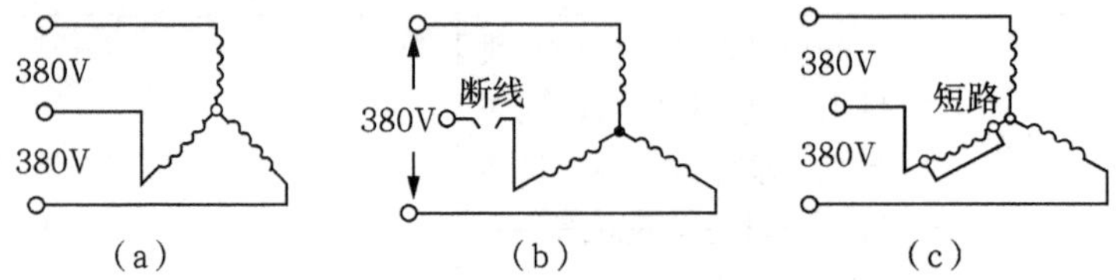


**图 5-1　【例 5-2】图**

（2）当一相断路时，如图 5-1（b）所示，两相绕组跨接在 380V 的两相间，所以每相绕组承受 190V 的电压。

（3）当一相短路时，成为图 5-1（c）所示的情况，其他两相绕组各自接在两相线之间，因此每相绕组承受 380V 的电压。

可见，电动机一相绕组断路或短路，会造成电动机另两相绕组的欠电压或过电压运行，时间稍长，可能导致电动机烧毁。

**【例5-3】** 有一台三角形接线的三相异步电动机，满载时每相电抗 $X_L=5.3\Omega$，电阻 $R=9.8\Omega$，由 380V 对称线路供电，求相电流和线电流。

**解：** 先求每相的阻抗值，根据公式计算得

$$Z=\sqrt{R^2+X_L^2}=\sqrt{(9.8)^2+(5.3)^2}\Omega\approx 11.1\Omega$$

三角形接线时，每相绕组两端所加电压为相电压，即 380V，所以相电流为

$$I_{相}=\frac{380}{11.1}A\approx 34.2A$$

线电流等于相电流的 $\sqrt{3}$ 倍，即

$$I_{线}=\sqrt{3}\times 34.2A\approx 59.4A$$

**【例5-4】** 试计算三相异步电动机在星形连接和三角形连接的两种情况下，相电流和线电流的比值。

**解：** 在图 5-2 中，设电源线电压为 $U$，各相绕组的阻抗为 $Z$。

（1）定子绕组接成星形时，加于各相绕组两端的电压为

$$U_{相}=\frac{U_{线}}{\sqrt{3}}=\frac{U}{\sqrt{3}} \qquad 式5-7$$

线电流等于相电流，所以

$$I_{相Y}=I_{线Y}=\frac{\frac{U}{\sqrt{3}}}{Z}=\frac{U}{\sqrt{3}Z} \qquad 式5-8$$

（2）定子绕组接成三角形时有

$$U_{线}=U_{相} \qquad 式5-9$$

$$I_{线}=\sqrt{3}I_{相} \qquad 式5-10$$

所以

$$I_{线\triangle}=\frac{U}{Z} \qquad 式5-11$$

$$I_{线\triangle}=\sqrt{3}I_{相\triangle}=\frac{\sqrt{3}U}{Z} \qquad 式5-12$$

（3）相电流的比值为

$$\frac{I_{相\triangle}}{I_{相Y}}=\frac{\frac{U}{Z}}{\frac{U}{\sqrt{3}Z}}=\sqrt{3} \qquad 式5-13$$

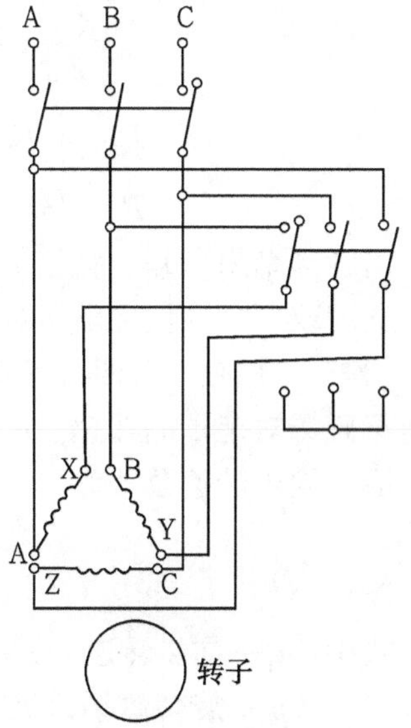


**图 5-2　异步电动机 Y-△ 连接起动接线**

（4）线电流的比值为

$$\frac{I_{线\triangle}}{I_{线Y}}=\frac{\frac{\sqrt{3}U}{Z}}{\frac{U}{\sqrt{3}Z}}=3 \qquad 式5-14$$

由以上计算可知，异步电动机星形起动时的相电流是三角形起动时相电流的 $1/\sqrt{3}$，而星形起动时的线电流是三角形起动时线电流的 1/3。所以较大容量的三相异步电动机，常采用星形-三角形变换起动方式，以减小起动电流。

**【例5-5】** 有一台三相电动机，绕组连接成星形，接于线电压为 $U_{线}=380V$ 的电源上，从电源取用功率 $P=2.74kW$，功率因数 $\cos\varphi=0.83$。试求电动机的相电流和线电流；如果将此电动机误接成三角形，仍接在 $U_{线}=380V$ 的电源上，那么相电流、线电流和功率会将如何改变？

**解：** 星形连接时，由式 $P=\sqrt{3}U_{线}I_{线}\cos\varphi_{相}$

得

$$I_{线}=\frac{P}{\sqrt{3}U_{线}\cos\varphi_{相}}=\frac{2.74\times10^{3}}{1.732\times380\times0.83}A=5A$$

星形连接时，$I_{相}=I_{线}=5A$。

电动机每相阻抗为

$$Z_{相}=\frac{U_{相}}{I_{相}}=\frac{\frac{380}{\sqrt{3}}}{5}\Omega=44\Omega$$

三角形连接时，各参数值分别为

$$I_{相}=\frac{U_{相}}{Z_{相}}=\frac{380}{44}\text{A}=8.6\text{A}$$

$$I_{线\triangle}=\sqrt{3}I_{相\triangle}=1.732\times8.6\text{A}\approx15\text{A}$$

$$P=\sqrt{3}U_{线}I_{线}\cos\varphi_{相}=1.73\times380\times15\times0.83\text{W}=8.2\text{kW}$$

由计算结果可知，将星形接线的电动机误按三角形接线时，电流和功率显著增大，若不立即改正，会使电动机烧毁。

**【例5-6】** 有一台四极异步电动机的额定转速 $n_e=1440\text{r/min}$，电源频率$f_1=50\text{Hz}$。求转子磁场对定子的转速。

**解**：同步转速公式为

$$n_1=\frac{60f_1}{p} \qquad 式5-15$$

式中：$n_1$—同步转速（r/min）；

$p$—旋转磁场磁极对数；

$f_1$—定子电流频率（Hz）。

将数值代入式 5-15 得 $n_1=\frac{60f_1}{p}=\frac{60\times50}{2}\text{r/min}=1500\text{r/min}$

转子电流频率公式为 $f_2=\frac{p(n_1-n_e)}{60}$ 式5-16

式中：$f_2$— 转子电流频率（Hz）；

$n_e$—额定转速（r/min）。

其他字母同前。

代入式 5-16 得转子电流频率

$$f_2=\frac{p(n_1-n_e)}{60}=\frac{2\times(1500-1440)}{60}\text{Hz}=2\text{Hz}$$

转子旋转磁场对转子的转速为

$$n_2=\frac{60f_2}{p}=\frac{60\times2}{2}\text{r/min}=60\text{r/min}$$

转子旋转磁场对定子的转速为

$$n_2+n_e=60\text{r/min}+1440\text{r/min}=1500\text{r/min}=n_1$$

**【例5-7】** 有一台三相笼型异步电动机，额定功率 $P_e=4\text{kW}$，额定电压 $U_e=380\text{V}$，三角形连接，定子绕组每相电阻 $r_1=4.47\Omega$，$r_m=11.9\Omega$，$r'_2=3.18\Omega$，定子绕组每相漏抗 $x_1=6.7\Omega$，$x_m=188\Omega$，$x'_2=9.85\Omega$，$n_e=1442\text{r/min}$，求：（1）额定转速时的电磁转矩；（2）最大转矩；（3）起动转矩。

**解**：（1）额定转速时的电磁转矩

额定转差率由下式求得：

$$S_e = \frac{n_1 - n_e}{n_1} \qquad \text{式5-17}$$

将数值代入公式得 $S_e = \frac{n_1 - n_e}{n_1} = \frac{1500 - 1442}{1500} = 0.0386$

额定转矩由下式求得：

$$M_e = \frac{m_1 p\, U_e^2 \frac{r'_2}{S_e}}{2\pi f_1\left[\left(r_1 + \frac{r'_2}{S_e}\right)^2 + (x_1 + x'_2)\right]} \qquad \text{式5-18}$$

将数值代入式 5-18 得

$$M_e = \frac{3 \times 2 \times 380^2 \times \frac{3.18}{0.0386}}{2\pi \times 50 \times \left[(4.4 + \frac{3.18}{0.0386})^2 + (6.7 + 9.85)^2\right]} \text{N}\cdot\text{m} = 29.1\text{N}\cdot\text{m}$$

（2）最大转矩由下式求得：

$$M_{max} = \frac{m_1 p U_1{}^e}{4\pi f_1\left[r_1 + \sqrt{r_1{}^2 + (x_1 + x'_2)^2}\right]} \qquad \text{式5-19}$$

$$M_{max} = \frac{3 \times 2 \times 380^2}{4\pi \times 50 \times \left[4.47 + \sqrt{4.47^2 + (6.7 + 9.85)^2}\right]} \text{N}\cdot\text{m} = 63.2\text{N}\cdot\text{m}$$

（3）起动转矩由下式求得：

$$M_{st} = \frac{m_1 p U_e^2 r'_2}{2\pi f_1\left[(r_1 + r'_2)^2 + (x_1 + x'_2)^2\right]} \qquad \text{式5-20}$$

$$M_{st} = \frac{3 \times 2 \times 380^2 \times 3.18}{2\pi \times 50 \times \left[(4.47 + 3.18)^2 + (6.7 + 9.85)^2\right]} \text{N}\cdot\text{m} = 26.4\text{N}\cdot\text{m}$$

**【例5-8】** 有一台绕线型异步电动机，定子、转子绕组均为星形连接，其额定数据为：$P_e = 30\text{kW}$，$n_e = 722\text{r/min}$，$r_1 = 0.143\Omega$，$x_1 = 0.262\Omega$，$r'_2 = 0.134\Omega$，$x'_2 = 0.382\Omega$，电势比及电流比 $K_e = 1.342$。试求：（1）要求 $M_{st} = M_{max}$，转子回路中每相应接入多大的起动电阻（星形接法），并计算起动电流及起动转矩；（2）若转子绕组直接短接，计算此时起动电流及起动转矩。

**解**：（1）转子回路的总电阻由下式求得：

$$r'_2 + R'_{st} = \sqrt{r_1{}^2 + (x_1 + x'_2)^2} \qquad \text{式5-21}$$

串入起动电阻折算值为

$$R'_{st} = \sqrt{r_1{}^2 + (x_1 + x'_2)^2} - r'_2 = \sqrt{0.143^2 + (0.262 + 0.328)^2}\,\Omega - 0.134\Omega$$
$$= 0.473\Omega$$

于是，应接入的起动电阻为

$$R_{st}=\frac{R'_{st}}{K_eK_i}=\frac{0.473}{1.342^2}\Omega=0.262\Omega$$

起动转矩由下式求得

$$M_{st}=\frac{m_1pU_1^2(r'_2+R'_{st})}{2\pi f_1[(r_1+r'_2+R'_{st})^2+(x_1+x'_2)^2]} \qquad \text{式5-22}$$

代入式 5-22 得

$$M_{st}=\frac{3\times4\times220^2\times0.607}{2\pi\times50\times[(0.143+0.134+0.473)^2+(0.262+0.328)^2]}\text{N}\cdot\text{m}=1232\text{N}\cdot\text{m}$$

起动电流由下式求得：

$$I_{st}=\frac{U_1}{\sqrt{(r_1+r'_2+R'_{st})^2+(x_1+x'_2)^2}} \qquad \text{式5-23}$$

代入式 5-23 得

$$I_{st}=\frac{220}{\sqrt{(0.143+0.134+0.473)^2+(0.262+0.328)^2}}\text{A}=241.8\text{A}$$

（2）若转子绕组直接短接，$R_{st}=0$，此时起动电流和起动转矩为

$$M_{st}=\frac{3\times4\times220^2\times0.134}{2\pi\times50\times[(0.143+0.134)^2+(0.262+0.328)^2]}\text{N}\cdot\text{m}=583.4\text{N}\cdot\text{m}$$

**【例5-9】** 有一台三相四极绕线型电动机，$f=50\text{Hz}$，转子每相电阻 $r_2=0.02\Omega$，额定负载时 $n_e=1480\text{r/min}$。若负载转矩不变，要求把转速降到 1100r/min，试求在转子每相中应串入的电阻值。

**解**：设 $S_e$为额定转差率，当转子回路串入电阻 $R_p$后，电动机转差率为 $S'$，由于调速过程中负载转矩恒定，故有

$$\frac{r_2+R_p}{S'}=\frac{r_2}{S_e}$$

于是每相应串入的电阻值为

$$R_p=r_2(\frac{S'}{S_e}-1)$$

而

$$S_e=\frac{1500-1480}{1500}=0.0133$$

$$S'=\frac{1500-1100}{1500}=0.266$$

代入上式得

$$R_p=(\frac{0.266}{0.0133}-1)\times0.02\Omega=0.38\Omega$$

**【例5-10】** 有一台 12 极的三相异步电动机，额定频率为 50Hz，若额定转差率 $S_e=0.06$，求这台电动机的额定转速。

**解**：（1）由式 5-15 得同步转速为

$$n_1=\frac{60f_1}{p}=\frac{60\times50}{6}\text{r/min}=500\text{r/min}$$

（2）由电动机转差率计算公式 $S_e = \dfrac{n_1 - n}{n_1}$ 得转差

$$\Delta n = S_e n_1 = 0.06 \times 500\text{r/min} = 30\text{r/min}$$

于是该电动机的额定转速为

$$n_e = n_1 - \Delta n = 500\text{r/min} - 30\text{r/min} = 470\text{r/min}$$

**【例5-11】** 某客户因生产需要，用水泵以每分钟 $30\text{m}^3$ 的水量提升到实际扬程为 10m 处，试求电动机的功率（kW）。设水泵效率为 80%，总扬程为实际扬程的 1.05 倍，备用系数为 1.2。

**解：** 设总扬程为 $H$（m），流量为 $Q$（$\text{m}^3/\text{min}$），水泵效率为 $\eta$，备用系数为 $K$，则

$$H = 10\text{m} \times 1.05 \qquad Q = 30\text{m}^3/\text{min}$$

电动机总容量 $P$ 为

$$P = \frac{9.8QHK}{\eta} = 9.8 \times \frac{30}{60} \times 10 \times 1.05 \times 1.2 \times \frac{1}{0.8}\text{kW} = 77.2\text{kW}$$

## 第四节　有关电动机运行的简易估算口诀

### 1. 电动机额定功率（kW）数转换马力数的计算

一台电动机的马力数，是表明一台电动机有多大的力气，所以也叫电动机的出力。电动机的出力通常用千瓦来表示，但在实际的生产活动中，也有部分人习惯称马力，电动机的马力和千瓦的换算关系如下：

米制：1hp＝0.736kW；1kW＝1.36hp；

英制：1hp＝0.746kW；1kW＝1.34hp。

表 5-3 和表 5-4 给出了千瓦和马力（米制）的换算表，使用时可直接查找。

**表5-3　千瓦换算成马力**

| 千瓦 | 马力 | 千瓦 | 马力 | 千瓦 | 马力 | 千瓦 | 马力 |
|---|---|---|---|---|---|---|---|
| 0.6 | 0.82 | 7.0 | 9.52 | 22 | 29.92 | 65 | 88.32 |
| 1.0 | 1.36 | 8.0 | 10.88 | 25 | 33.97 | 70 | 95.11 |
| 1.7 | 2.31 | 9.0 | 12.24 | 28 | 38.08 | 75 | 101.3 |
| 2.0 | 2.72 | 10 | 13.6 | 30 | 40.76 | 80 | 108.7 |
| 2.8 | 3.81 | 12 | 16.32 | 35 | 47.55 | 85 | 118.49 |
| 3.0 | 4.08 | 14 | 19.04 | 40 | 54.25 | 90 | 122.28 |
| 4.0 | 5.43 | 15 | 20.38 | 45 | 61.14 | 95 | 129.08 |
| 4.5 | 6.12 | 16 | 21.76 | 50 | 67.94 | 100 | 136 |
| 5.0 | 6.79 | 18 | 24.43 | 55 | 74.73 | 125 | 170 |
| 6.0 | 8.15 | 20 | 27.17 | 60 | 81.52 | | |

表5-4　马力换算成千瓦

| 马力 | 千瓦 | 马力 | 千瓦 | 马力 | 千瓦 | 马力 | 千瓦 |
|---|---|---|---|---|---|---|---|
| 1 | 0.736 | 10 | 7.36 | 30 | 22.08 | 65 | 47.84 |
| 2 | 1.47 | 11 | 8.09 | 32 | 23.55 | 70 | 51.52 |
| 3 | 2.21 | 12 | 8.83 | 35 | 25.76 | 75 | 55.20 |
| 3.5 | 2.58 | 13 | 9.56 | 36 | 26.50 | 80 | 58.88 |
| 4 | 2.94 | 14 | 10.3 | 40 | 29.44 | 85 | 62.56 |
| 5 | 3.68 | 15 | 11.04 | 45 | 33.12 | 90 | 66.24 |
| 6 | 4.42 | 16 | 11.78 | 48 | 35.33 | 95 | 69.92 |
| 7 | 5.15 | 20 | 14.72 | 50 | 36.80 | 100 | 73.00 |
| 8 | 5.89 | 24 | 17.66 | 55 | 40.48 | | |
| 9 | 6.62 | 25 | 18.04 | 60 | 44.16 | | |

**【例5-12】** 有一台容量为10kW的电动机，把他换算成米制马力为多少？

根据马力和千瓦的关系，10kW的电动机为

$$10\text{kW}\times1.36\text{ 马力/kW}=13.6\text{ 马力}$$

### 2. 已知三相电动机容量，求其额定电流的估算

**（1）口诀一　三百八十伏电动机，每一千瓦两个流。额定功率乘以二，即是额定电流数。**

$$\text{额定电流 } I_e=2\times\text{电动机额定功率 } P_e$$

估算依据为因为电流 $I=\dfrac{P}{\sqrt{3}U\cos\varphi}=\dfrac{1000\text{W}}{1.732\times380\text{V}\times0.8}=1.899\text{A}\approx2\text{A}$

$$I_e=2P$$

式中：$\cos\varphi=0.8$；$U=380\text{V}$。

**（2）口诀二　三角形接法：容量除以千伏数，商乘系数点七六。乘积再乘功率值，即是额定电流数。**

$$I_e=\frac{1\text{kW}}{0.38\text{kV}}\times0.76\times1=1.999\text{A}\approx2\text{A}$$

**星形接法：三相星形电动机，千瓦三点五安培。**

$$I_e=\frac{1\text{kW}}{0.22\text{kV}}\times0.76\times1=3.4545\text{A}\approx3.5\text{A}$$

**（3）口诀三　高压三千伏电动机，一个千瓦点二五。**

$$I_e=\frac{1\text{kW}}{3\text{kV}}\times0.76\times1=0.25\text{A}$$

注：口诀适用于任何电压等级的三相电动机额定电流计算。口诀使用时，容量单

位为 kW，电压单位为 kV，电流单位为 A。

### 3. 已知小型 380V 三相笼型电动机容量，求其供电设备最小容量、负荷开关、保护熔体电流

口诀如下：

**直接起动电动机，容量不超十千瓦；**
**六倍千瓦选开关，五倍千瓦配熔体；**
**供电设备千伏安，需大三倍千瓦数。**

**说明**：口诀所述的电动机，是小型 380V 笼型三相电动机，电动机起动电流很大，一般是额定电流的 4~7 倍。用负荷开关直接起动的电动机容量最大不应超过 10kW，一般以 4. 5kW 以下为宜，且开启式负荷开关（胶盖瓷底隔离开关）一般用于 5. 5kW 及以下的小容量电动机做不频繁的直接起动；封闭式负荷开关（铁壳开关）一般用 10kW 以下的电动机做不频繁的直接起动。负荷开关均由简易隔离开关和熔断器或熔体组成，选择额定功率的 6 倍开关为宜；为了避免电动机起动时的大电流，应当选择额定功率的 5 倍的熔断器为宜。最后还要选择适当的电源，电源容量的输出功率应不小于电动机 3 倍的额定功率。

### 4. 电动机空载电流的估算口诀

**需知电动机空载电流为多少，额定功率的零点六。**即

$$空载电流\ I_0=0.6P_e$$

式中：$P_e$—电动机额定功率（kW）；

$I_0$—电动机空载电流（A）。

**注**：$I_0$可视为异步电动机发电状态的励磁电流，也是最大电容补偿电流，同时也是考核电动机运行的重要参数。

### 5. 无铭牌电动机容量的估算

**（1）按电动机外形尺寸计算**

两极电机：$P_e=0.24D^3L\times10^{-3}$

四极电机：$P_e=0.14D^3L\times10^{-3}$

式中：$P_e$—额定功率（kW）；

$D$—定子内径（cm）；

$L$—定子槽长（cm）。

**（2）按运行空载电流估算**

$$P=I_0/0.6$$

### 6. 异步电动机同步转数计算

$$n=3000/p$$

式中：$n$—转速（r/min）；

$p$—极对数。

## 7. 常用异步电动机的主要技术参数

常用异步电动机主要技术参数见附录表二十五中的表（1）~（5）。

## 8. 交流异步电动机的负荷变化与效率、功率因数的关系

交流异步电动机的功率因数从受载率0.50至满载下运行，一般为0.7~0.90。电动机受载率越低，其功率因数也越低，反之功率因数则高。为此，应合理选择电动机的容量，达到与负载功率相匹配，减少“大马拉小车”现象，以提高运行功率因数。表5-5为异步电动机的负荷变化与效率$\eta$、功率因数$\cos\varphi$的关系。

**表5-5　异步电动机的负荷变化与效率$\eta$、功率因数$\cos\varphi$的关系**

| 电动机负载情况 | 空载 | 0.25 | 0.50 | 0.75 | 满载 |
|---|---|---|---|---|---|
| $\cos\varphi$ | 0.20 | 0.50 | 0.77 | 0.85 | 0.87 |
| $\eta$/% | 0 | 78 | 85 | 88 | 87.5 |

# 第六章　电网无功补偿设备的选择及计算

## 第一节　无功功率与线路损耗

### 1. 功率因数与功率损耗的关系

电力的传输必须经过输配电线路和变配电设备来完成。而在传输的过程中，就会产生功率损耗。这种损耗包含有功功率损耗和无功功率损耗两部分，通常所考虑的为有功功率损耗部分。功率损耗的计算公式如下：

$$\Delta P=\frac{P^2+Q^2}{U^2}R\times10^{-3}\qquad 式6-1$$

分解后便成为

$$\Delta P=\frac{P^2}{U^2}R\times10^{-3}+\frac{Q^2}{U^2}R\times10^{-3}\qquad 式6-2$$

式中：$P$—线路输送的有功功率（kW）；

$Q$—线路输送的无功功率（kvar）；

$U$—线路的电压（kV）。

从式6-2可知，当有功功率和无功功率通过电网电阻时，都会造成功率损耗。当输送的有功功率一定时，总的功率损耗便取决于输送的无功功率的变化。而线路中输送的无功功率的大小，又取决于负荷的功率因数。无功功率及其损耗与功率因数的关系，见表6-1。

**表6-1　无功功率及其损耗与功率因数的关系**

| 功率因数（$\cos\varphi$） | 传输无功与传输有功的比例 | $\frac{传输无功造成的功率损耗}{传输有功造成的功率损耗}$ |
|---|---|---|
| 0.9 | 0.48 : 1 | 0.23 : 1 |
| 0.8 | 0.75 : 1 | 0.56 : 1 |
| 0.7 | 1.01 : 1 | 1.02 : 1 |
| 0.6 | 1.33 : 1 | 1.77 : 1 |
| 0.5 | 1.73 : 1 | 2.99 : 1 |

从表6-1可以看出：

①负荷功率因数的高低，决定了电网中传输的无功功率的大小及其功率损耗的

大小。

②负荷的功率因数越低，则需要的无功功率越大，电网中传输的无功功率也越大，从而使传输无功造成的功率损耗增大。

③当功率因数低于 0.7 时，无功功率的需量将明显增大，其造成的功率损耗也显著地超过因输送有功所造成的功率损耗，并使电网中总的功率损耗大为增加。

为直观地说明功率因数对于功率损耗的影响，可导出功率因数下降与功率损耗增加的关系式。功率因数从 1.0 下降时，有功功率损耗增加的百分数见下式：

$$\Delta P\% = \left[ \left(\frac{1}{\cos\varphi}\right)^2 - 1 \right] \times 100\% \qquad 式6-3$$

式中：$\Delta P\%$—功率因数从 1.0 下降到某一数值时，有功功率损耗增加的百分数；

$\cos\varphi$—负荷的实际功率因数。

### 2. 功率因数降低的危害

功率因数降低与有功功率损耗增加的关系见表 6-2。

**表6-2　功率因数降低与有功功率损耗增加的关系**

| $\cos\varphi$ | 0.95 | 0.90 | 0.85 | 0.80 | 0.75 | 0.70 | 0.65 | 0.60 |
|---|---|---|---|---|---|---|---|---|
| $\Delta P\%$ | 11 | 23 | 38 | 56 | 78 | 104 | 136 | 178 |

功率因数低除了增加电网的损耗外，还有以下危害：

①为了减少供电线路的损耗，必须增加供电线路的导线截面，从而使投资成本增加。

②增加线路中的电压损耗，降低电压质量。

③降低发电、供电设备的有效利用率。

④增加一部分企业的电费支出，从而加大用户的生产成本。

## 第二节　电网线路、设备进行无功补偿的益处

### 1. 增加线路的供电能力

输、配电线路进行无功负荷补偿后，可以使线路中通过的无功电流减少。在输送的总电流不变的情况下，也可使线路中输送的有功电流增加，从而使线路的供电能力增加，线路增加的送电容量可按下式计算：

$$S_L = \frac{XQ_b}{R\cos\varphi + X\sin\varphi} \qquad 式6-4$$

式中：$S_L$—线路增加的送电容量（kV·A）；

$Q_b$—无功负荷补偿容量（kvar）；

$R$—线路导线的单位电阻（Ω/km）；

$\cos\varphi$—线路的功率因数；

$\sin\varphi$—线路功率因数角的正弦值。

### 2. 增加变压器的供电能力

进行无功负荷补偿，可以使通过变压器的无功电流减少，使变压器输送的有功电流增加，从而使变压器的供电损耗降低，提高了变压器的供电能力。

变压器增加的供电能力可按下式计算：

$$S_z = S_e(1 - \frac{\cos\varphi_1}{\cos\varphi_2}) \qquad 式6\text{-}5$$

式中：$S_e$—变压器的额定容量（kV·A）；

$S_z$—变压器增加的供电能力（kV·A）；

$\cos\varphi_1$、$\cos\varphi_2$—补偿前、后的功率因数。

### 3. 提高发电机的可发有功功率

一般农村电网中，由于负荷的功率因数较低，往往造成发电机的无功功率增加、有功功率减少，从而使发电机经常处在低于额定功率因数的状况下运行，影响了发电机组的经济效益。

进行无功负荷补偿，将使供电区内的功率因数提高，使发电机组输出的无功功率减小，从而提高发电机的可发有功功率。

发电机增加的有功功率可按下式计算：

$$\Delta P = P_2 - P_1 = S_e(\cos\varphi_2 - \cos\varphi_1) \qquad 式6\text{-}6$$

式中：$S_e$—发电机的额定功率（kV·A）；

$P_1$、$P_2$—提高功率因数前、后的可发有功功率（kW）。

### 4. 降低功率损耗及电能损耗

由于进行了无功负荷的补偿，将使负荷的功率因数得到改善，从而使发供电设备和线路的功率及电能损耗降低。

补偿后的功率因数 $\cos\varphi_2$ 可按下式计算：

（1）
$$\cos\varphi_2 \frac{P}{S_2} = \frac{P}{\sqrt{P^2 + (Q - Q_2)^2}} \qquad 式6\text{-}7$$

（2）
$$\cos\varphi_2 = \frac{1}{\sqrt{1 + \tan^2\varphi_2}} = \frac{1}{\sqrt{1 + (\frac{Q_2}{P})^2}} \qquad 式6\text{-}8$$

（3）
$$\tan\varphi_2 = \tan\varphi_1 - \frac{Q_b}{P} \qquad 式6\text{-}9$$

式中：$P$—负荷的有功功率（kW）；

$Q$—负荷的无功功率（kvar）；

$Q_2$—补偿后的无功功率（kvar）；

$Q_b$—无功补偿容量（kvar）；

$S_2$—补偿后负荷的视在功率（kV·A）；

$\tan\varphi_1$、$\tan\varphi_2$—补偿前、后功率因数角的正切值。

当补偿前、后功率因数均已知时，线损减少的计算，便可直接根据功率因数的变化来分析。

功率因数的变化与可变线损率降低的关系可按下式计算：

$$\Delta P\% = （或\ \Delta W\%） = \left[1 - \left(\frac{\cos\varphi_1}{\cos\varphi_2}\right)^2\right] \times 100\% \quad 式6-10$$

式中：$\Delta P\%$（或 $\Delta W\%$）—降低的（用功率和电能表示的）可变线损率；

$\cos\varphi_1$、$\cos\varphi_2$—补偿前、后的功率因数。

功率因数提高与线损率降低的关系见表6-3。

**表6-3　功率因数提高与线损率降低的关系**

| $\cos\varphi$ 由右侧数值提高到 0.95 | 0.60 | 0.65 | 0.70 | 0.75 | 0.80 | 0.85 | 0.90 |
|---|---|---|---|---|---|---|---|
| 线损率降低百分数/% | 60 | 53 | 46 | 38 | 29 | 20 | 10 |

## 5. 改善电压质量

无功功率的变化将直接影响线路的电压损耗和电压波动。线路的电压损耗一般可按下式计算：

$$\Delta U = \frac{PR + QX}{U} \quad 式6-11$$

在配电网中线路的电抗比电阻大 2~4 倍，变压器的电抗为电阻的 5~10 倍。因此，进行无功补偿，减少无功功率的传输，将使电压损耗显著地减少。

由于进行了无功补偿，使线路的电压损耗减少，将使变（配）电站和用户的电压提高，电压提高的幅值可按下式计算：

$$\Delta U = \frac{Q_b X_L}{U_2} \quad 式6-12$$

式中：$\Delta U$—提高的电压值（V）；

$Q_b$—无功负荷补偿容量（kvar）；

$X_L$—线路感抗（Ω）；

$U_2$—线路末端电压（V）。

## 6. 减少电费支出

因电网的线损降低，减少的电费支出可按下式计算：

$$\Delta F = [(\Delta P_L + \Delta P_T) - Q_b \tan\delta)]\ T\beta \quad 式6-13$$

式中：$\Delta F$—减少的支出电费（元）；

$\Delta P_L$—减少的线路损耗功率（kW）；

$\Delta P_T$—减少的变压器铜损功率（kW）；

$Q_b$—无功补偿容量（kvar）；

$T$—补偿容量运行小时数（h）；

$\beta$—单位有功电能的价格［元/(kW·h）］；

$\tan\delta$—补偿设备的介质损耗（kW/kvar）。

如果不能准确地计算线路和变压器的线损，则可用无功经济当量估算节约电费的支出：

$$\Delta F = (K_j - \tan\delta) QT\beta \qquad \text{式6-14}$$

式中：$K_j$—无功经济当量（kW/kvar）。

## 第三节　补偿装置投资回收年限的计算

补偿装置的投资回收年限计算，是计算补偿效益的重要方面。据国外资料介绍，补偿装置的理想投资回收年限为3~4年。由于我国农村电网用户的自然功率因数较低，相对地补偿效益较高。因此，对于大中型补偿装置，其经济的补偿装置投资回收年限，一般可取3年或2年。

投资回收年限 $T_x$ 可按下式计算：

$$T_x = \frac{K_b}{\Delta F_b} \qquad \text{式6-15}$$

或

$$T_x = \frac{K_b}{(K_j - \tan\delta) T\beta} \qquad \text{式6-16}$$

式中：$K_b$—补偿装置的单位投资费用（元/kvar）；

$\Delta F_b$—单位补偿装置的年节电效益（元/kvar）；

$K_j$—无功经济当量（kW/kvar）；

$\tan\delta$—补偿装置的介质损耗（kW/kvar）；

$T$—补偿装置的年运行小时数（h/年）；

$\beta$—单位有功电能的价格［元/(kW·h）］。

**【例6-1】**某供电局一条35kV线路导线型号LGJ-120，查得单位电阻 $r$ 为0.27Ω/km，单位电抗 $X$ 为0.37Ω/km，补偿前的功率因数为0.7，计划安装电容器600kvar，问：可增加的输送容量为多少？

**解**：已知 $r$=0.27Ω/km，单位电抗 $X$=0.37Ω/km，$Q_b$=600kvar，$\cos\varphi$=0.7，查得 $\sin\varphi$=0.71，则线路增加的送电容量为

$$S = \frac{XQ_b}{r\cos\varphi + X\sin\varphi} = \frac{0.37\times600}{0.27\times0.7+0.37\times0.71}\text{kV·A} = 491\text{kV·A}$$

线路增加的送电容量为491kV·A。

**【例6-2】**某电力用户配电变压器为1000kV·A，补偿前功率因数为0.6，补偿后的功率因数达到0.9，求可增加的供电能力为多少。

**解**：已知 $S$=1000kV·A，$\cos\varphi_1$=0.6，$\cos\varphi_2$=0.9，则增加的供电能力为

$$S_z = S\left(1-\frac{\cos\varphi_1}{\cos\varphi_2}\right) = 1000\times\left(1-\frac{0.6}{0.9}\right)\ \text{kV}\cdot\text{A} = 333\text{kV}\cdot\text{A}$$

补偿后增加供电能力 333kV·A。

**【例6-3】** 某工厂 10kV 线路末端的电压为 9.6kV，线路感抗为 4Ω，装设补偿电容器 900kvar 后，求：可提高电压为多少?

**解：** 已知 $U_2=9.6\text{kV}$，$X_L=4\Omega$，$Q_b=800\text{kvar}$，则装设电容器后该线路电压提高的幅值为：

$$\Delta U = \frac{Q_b X_L}{U_2} = \frac{900\times4}{9.6}\text{V} = 375\text{V}$$

装设电容器后该线路电压提高的幅值为 375V。

**【例6-4】** 某变电站装设电容器 1000kvar 后，其线路损耗降低 25kW，变压器损耗降低 16kW。若电容器年运行 5000h，其介质损耗为 0.003kW/kvar，单位有功电价为 0.35 元/(kW·h)，求：减少电费支出为多少元?

**解：** 已知 $\Delta P_L=25\text{kW}$，$\Delta P_T=16\text{kW}$，$Q_b=1000\text{kvar}$，$\tan\delta=0.003\text{kW/kvar}$，$T=5000\text{h}$，$\beta=0.35$ 元/（kW·h），线损降低后减少的电费为

$$F = [(\Delta P_L+\Delta P_T)-Q_b\tan\delta]T\beta$$
$$=[(25+16)-1000\times0.003]\times5000\times0.35\text{元}=66500\text{元}$$

线损降低后减少的电费为 66500 元。

**【例6-5】** 某三级变压供电的用户，其无功功率经济当量为 0.1kW/kvar，装设电容器 500kvar，年运行小时数为 5000h，其介质损耗为 0.003kW/kvar，单位有功电价为 0.35 元/(kW·h)，求：可减少电费支出多少元?

**解：** 已知 $K_j=0.1\text{kW/kvar}$，$Q_b=500\text{kvar}$，$\tan\delta=0.003\text{kW/kvar}$，$T=5000\text{h/年}$，$\beta=0.35$ 元/(kW·h)，则减少的电费支出为

$$\Delta F=(K_j-\tan\delta)QT\beta=(0.1-0.003)\times500\times5000\times0.35\text{元/年}=84875\text{元/年}$$

每年减少电费支出 84875 元。

**【例6-6】** 某电力用户装设电容器的投资为 45 元/kvar，其无功经济当量为 0.08kW/kvar，电容器介质损耗为 0.003kW/kvar，电容器年运行 5000h，单位有功电价为 0.01 元/(kW·h)，求补偿装置的投资回收年限为多少?

**解：** 已知 $K_b=45$ 元/kvar，$K_j=0.10\text{kW/kvar}$，$\tan\delta=0.003\text{kW/kvar}$，$T=5000\text{h/年}$，$\beta=0.07$ 元/(kW·h)，则补偿装置的投资回收年限为

$$T_x=\frac{K_b}{(K_j-\tan\delta)T\beta}=\frac{45}{(0.1-0.003)\times5000\times0.07}\text{年}=1.33\text{年}$$

## 第四节　功率因数的测算

在农村电网中，负荷大多是综合性的，包括各种类型的用电设备，其自然功率因数的高低，主要与设备的特性和负载系数有关。对于异步电动机、配电变压器和各种用电设备组（或生产车间）用电的自然功率因数可参照表 6-4、表 6-5 和表 6-6 进行

估算。

**表6-4　用电设备组或车间用电负荷的功率因数**

| 用电设备组或车间名称 | 自然功率因数 |
|---|---|
| 焊接 | 0.45~0.50 |
| 金工 | 0.55~0.65 |
| 木工 | 0.60 |
| 修理 | 0.65 |
| 落锤 | 0.65 |
| 锻压 | 0.55~0.65 |
| 金属加工 | 0.50~0.60 |
| 铸铁、铸钢 | 0.65~0.70 |
| 热处理 | 0.65~0.70 |
| 机械制造 | 0.70~0.75 |
| 煤气站 | 0.65 |
| 冷冻站 | 0.75 |
| 氧气站 | 0.80 |
| 压缩空气站 | 0.75 |
| 锅炉及泵站 | 0.70~0.80 |
| 起重机 | 0.50 |
| 带式运输机 | 0.75 |
| 破碎机，筛选机 | 0.80 |
| 风机 | 0.80 |
| 感应电炉（无补偿装置） | |
| 高频 | 0.10 |
| 低频 | 0.35 |
| 电焊机 | 0.60~0.70 |
| 电镀 | 0.35~0.40 |
| 电弧炼钢炉变压器 | 0.85 |
| 水银整流机组 | 0.82~0.90 |
| 电阻炉 | 0.98 |
| 电力排灌 | 0.60~0.80 |
| 农副产品加工 | 0.50~0.70 |
| 家用电热设备 | 0.90~1.00 |
| 家用电器 | 0.50~0.80 |
| 照明设备 | 0.30~0.70 |
| 白炽灯类 | 1.00 |

**表6-5　异步电动机的功率因数**

| 负载情况 | 空　载 | 25% | 50% | 75% | 满　载 |
|---|---|---|---|---|---|
| $\cos\varphi$ | <0.2 | 0.5~0.55 | 0.7~0.75 | 0.8~0.85 | 0.85~0.90 |

**表6-6　配电变压器的功率因数**

| 负载情况 | 空　载 | 25% | 50% | 75% | 满　载 |
|---|---|---|---|---|---|
| $\cos\varphi$ | <0.15 | 0.67 | 0.73 | 0.75 | 0.76 |

### 1. 功率因数的测算

（1）计算法

当用户配电室装置有无功电能表（或无功功率表）和有功电能表（或有功功率表）时，由电能表抄录一定时段的实用无功电量 $W_Q$ 和有功电量 $W_P$，因是同一时段，故可用下式计算

$$\frac{W_Q/t}{W_P/t}=\frac{Q}{P}=\frac{S\times\sin\varphi}{S\times\cos\varphi}=\tan\varphi \quad \text{式6-17}$$

$$\cos\varphi=\frac{1}{\sqrt{1+\tan^2\varphi}} \quad \text{式6-18}$$

由式6-17和式6-18可见，$\cos\varphi$ 与 $\tan\varphi$ 为函数关系，当已知 $\tan\varphi$ 值时，即可以直接求出 $\cos\varphi$ 值来。为方便计算，将 $\tan\varphi$ 值（无功与有功的比值）与 $\cos\varphi$ 的函数关系列表，可供直接查算功率因数。

**【例6-7】**从某用户运行记录查得某日用电量为：有功电能 12000kW·h，无功电能 12100kvar·h，试求其实际功率因数为多少。

**解**：已知 $W_P=12000$kW·h，$W_Q=12100$kvar 时，将上述数值代入公式

$\tan\varphi=\frac{W_Q}{W_P}$，得 $\tan\varphi=\frac{12100}{12000}=1.008$。由功率因数速算表中查得 $\tan\varphi=1.008$ 对应的 $\cos\varphi=0.70$ 即为该用户的日平均功率因数。

（2）速算法

①一般用户配电室均装有有功电能表（或有功功率表）、电流表和电压表，可直接查取某一时段（1h、2h、3h、4h……）的有功电能数值和无功电能数值，用无功电量比有功电量，得出比值后，查表6-7，即可得出功率因数。

**表6-7　功率因数速算表**

| cosφ（%） | 无功与有功的比值（tanφ） | cosφ（%） | 无功与有功的比值（tanφ） |
|---|---|---|---|
| 99 | 0.101～0.175 | 74 | 0.896～0.922 |
| 98 | 0.176～0.228 | 73 | 0.923～0.950 |
| 97 | 0.229～0.272 | 72 | 0.951～0.978 |
| 96 | 0.273～0.311 | 71 | 0.979～1.006 |
| 95 | 0.312～0.346 | 70 | 1.007～1.034 |
| 94 | 0.347～0.397 | 69 | 1.035～1.064 |
| 93 | 0.380～0.410 | 68 | 1.065～1.093 |
| 92 | 0.411～0.441 | 67 | 1.094～1.123 |
| 91 | 0.442～0.470 | 66 | 1.124～1.154 |
| 90 | 0.471～0.498 | 65 | 1.115～1.185 |
| 89 | 0.499～0.526 | 64 | 1.186～1.217 |
| 88 | 0.527～0.553 | 63 | 1.218～1.249 |
| 87 | 0.554～0.580 | 62 | 1.250～1.282 |
| 86 | 0.581～0.606 | 61 | 1.283～1.316 |
| 85 | 0.607～0.633 | 60 | 1.317～1.351 |
| 84 | 0.634～0.659 | 59 | 1.352～1.387 |
| 83 | 0.660～0.685 | 58 | 1.383～1.423 |

续表

| cosφ（%） | 无功与有功的比值（tanφ） | cosφ（%） | 无功与有功的比值（tanφ） |
|---|---|---|---|
| 82 | 0.686～0.711 | 57 | 1.424～1.461 |
| 81 | 0.712～0.737 | 56 | 1.462～1.499 |
| 80 | 0.738～0.763 | 55 | 1.500～1.538 |
| 79 | 0.764～0.789 | 54 | 1.539～1.579 |
| 78 | 0.790～0.816 | 53 | 1.580～1.621 |
| 77 | 0.817～0.842 | 52 | 1.622～1.664 |
| 76 | 0.843～0.868 | 51 | 1.665～1.709 |
| 75 | 0.869～0.895 | 50 | 1.710～1.756 |

**【例6-8】** 从某用户运行记录查得某日用电量为：有功电能 12000kW·h，无功电能 12100kvar·h，试求其实际功率因数为多少。

**解**：已知 $W_P=12000\text{kW}\cdot\text{h}$，$W_Q=12100\text{kvar}$ 时，将上述数值代入公式

$$\tan\varphi=\frac{W_Q}{W_P}，\ 得\ \tan\varphi=\frac{12100}{12000}=1.008$$

由功率因数速算表中查得 $\tan\varphi=1.008$ 对应的 $\cos\varphi=0.70$ 即为该用户的日平均功率因数。

**【例6-9】** 查得某用户 2h 有功用电量为 1860kW·h，该时段内平均电压 $U=10.1\text{kV}$，平均电流 $I=66\text{A}$。试求其功率因数值。

**解**：根据公式 $P=\frac{W_P}{t}=\frac{1860}{2}\text{kW}=930\text{kW}$

$$\cos\varphi=\frac{P}{\sqrt{3}UI}=\frac{930}{1.73\times10.1\times66}=0.81$$

②根据过去一年的电能消耗量来计算，因

$$\cos\varphi=\frac{P_{pj}}{\sqrt{P_{pj}^2+Q_{pj}^2}}=\frac{P_{pj}\times8760}{\sqrt{(P_{pj}\times8760)^2+(Q_{pj}+8760)^2}}=\frac{W_{ni}}{\sqrt{W_{ni}^2+V_{ni}^2}}$$

式6-19

故

$$\cos\varphi=\frac{1}{\sqrt{1+(\frac{V_{ni}}{W_{ni}})^2}}$$

式6-20

式中：$P_{pj}$、$Q_{pj}$—工厂的年平均有功负荷（kW）和无功负荷（kvar）；

$V_{ni}$、$W_{ni}$—工厂的全年有功电能消耗量（kW·h）和无功电能消耗量（kvar·h），均可由工厂过去一年的电能消耗量（或电费）记录资料获得；

8760—全年（按 365 天计）的小时数。

**【例6-10】** 某厂全年的有功电能消耗量为 1125 万 kW·h，无功电能消耗量为 960 万 kvar·h，试计算平均功率因数。

**解**：该厂平均功率因数代入式 6-20 得：

$$\cos\varphi=\frac{1}{\sqrt{1+(\frac{960}{1125})^2}}=0.76$$

# 第五节　并联电力电容器补偿容量的计算

## 1. 利用查表法计算

求出用户的平均功率因数后，就可确定是否需要进行人工补偿。按《供电营业规则》规定，要求高压供电的工厂，$\cos\varphi>0.9$，其他工厂 $\cos\varphi>0.85$。要使功率因数 $\cos\varphi$ 提高到 $\cos\varphi'$，进行无功补偿的并联电容器容量为：

$$Q_c = aP_{js}\Delta q_c\ (\text{kvar}) \qquad \text{式6-21}$$

式中：$Q_c$—比补偿容量，每千瓦有功负荷需补偿的无功容量之比（查表 6-7）；

$a$—负荷系数，取 0.7~0.8。

表 6-8 列出了移相电容器比补偿容量的 $\Delta q_c$ 值，可利用补偿前后的功率因数直接查出。在确定了并联电容器的容量之后，根据产品目录就可选择并联电力电容器的型号规格，并确定并联电力电容器的安装数量。

$$n = \frac{Q_c}{q_c} \qquad \text{式6-22}$$

式中：$n$—并联电力电容器的安装数量；

$q_c$—单个电容器的额定容量（kvar）。

由式 6-22 计算所得的数值，应取相近偏大的整数。若果是三相电容器，还应取为 3 的倍数，以便三相均衡分配。

**【例6-11】**某工厂供电的负荷为 1500kW，功率因数为 0.76. 如果要将功率因数提高到 0.9，需装设多少容量的并联电力电容器？如果采用 BWF10.5-30-1W 型电容器，则需装设多少个？

**解：**按照功率因数由 0.76 提高到 0.9，查表 6-8 得比补偿容量 $\Delta q_c$=0.37kvar²/kW。

**表6-8　并联电力电容器的比补偿容量**

| 补偿前功率因数 | 补偿后功率因数 | | | | | | | | | | |
|---|---|---|---|---|---|---|---|---|---|---|---|
| | **0.80** | **0.82** | **0.84** | **0.86** | **0.88** | **0.90** | **0.92** | **0.94** | **0.96** | **0.98** | **1.00** |
| 0.60 | 0.58 | 0.64 | 0.69 | 0.74 | 0.80 | 0.85 | 0.91 | 0.97 | 1.04 | 1.13 | 1.33 |
| 0.62 | 0.52 | 0.57 | 0.62 | 0.67 | 0.73 | 0.78 | 0.84 | 0.90 | 0.97 | 1.06 | 1.27 |
| 0.64 | 0.45 | 0.51 | 0.56 | 0.61 | 0.67 | 0.72 | 0.78 | 0.84 | 0.91 | 1.00 | 1.20 |
| 0.66 | 0.39 | 0.45 | 0.49 | 0.53 | 0.60 | 0.66 | 0.71 | 0.78 | 0.85 | 0.94 | 1.14 |
| 0.68 | 0.33 | 0.38 | 0.43 | 0.49 | 0.54 | 0.60 | 0.65 | 0.72 | 0.79 | 0.88 | 1.08 |
| 0.70 | 0.27 | 0.33 | 0.38 | 0.43 | 0.49 | 0.54 | 0.60 | 0.66 | 0.73 | 0.82 | 1.02 |
| 0.72 | 0.22 | 0.27 | 0.32 | 0.37 | 0.43 | 0.43 | 0.54 | 0.60 | 0.67 | 0.76 | 0.97 |
| 0.74 | 0.16 | 0.21 | 0.26 | 0.32 | 0.37 | 0.43 | 0.43 | 0.55 | 0.62 | 0.71 | 0.91 |
| 0.76 | 0.11 | 0.16 | 0.21 | 0.26 | 0.32 | 0.37 | 0.43 | 0.50 | 0.56 | 0.65 | 0.86 |
| 0.78 | 0.05 | 0.11 | 0.16 | 0.21 | 0.27 | 0.32 | 0.38 | 0.44 | 0.51 | 0.60 | 0.80 |
| 0.80 | | 0.05 | 0.10 | 0.16 | 0.21 | 0.27 | 0.33 | 0.39 | 0.46 | 0.55 | 0.75 |
| 0.82 | | | 0.05 | 0.10 | 0.16 | 0.22 | 0.27 | 0.33 | 0.40 | 0.49 | 0.70 |
| 0.84 | | | | 0.05 | 0.11 | 0.16 | 0.22 | 0.26 | 0.35 | 0.44 | 0.65 |
| 0.86 | | | | | 0.06 | 0.11 | 0.17 | 0.23 | 0.30 | 0.39 | 0.59 |

因此，并联电力电容器容量计算应为（取 $a=0.75$）

$$Q_c = aP_{js}\Delta q_c = 0.75\times1500\times0.37\text{kvar}=416\text{kvar}$$

如果采用 BWF10.5-30-1W 型电容器，其数量应为

$$n=\frac{Q_c}{q_c}=\frac{416}{30}\approx14$$

考虑到三相均衡分配，所以决定装设 15 个，每相 5 个。这时并联电力电容器组的实际安装容量为

$$Q'_c = 30\times15\text{kvar}=450\text{kvar}$$

## 2. 按计算法确定无功补偿容量

按计算法确定无功补偿容量的方法简便明确，为国内外所通用。因为在交流电路中，假如，电感性负载需要电源供给的无功功率为 $Q$；并联电容器投运后，可以补偿的无功容量为 $Q_c$，其功率补偿原理如图 6-1 所示。补偿容量 $Q_c$ 使电源供给的无功功率减少到 $Q'$，功率因数由 $\cos\varphi_1$ 提高到 $\cos\varphi_2$，视在功率由 $S$ 减小到 $S'$。根据功率补偿图中的向量关系。可求出无功补偿容量 $Q_c$。

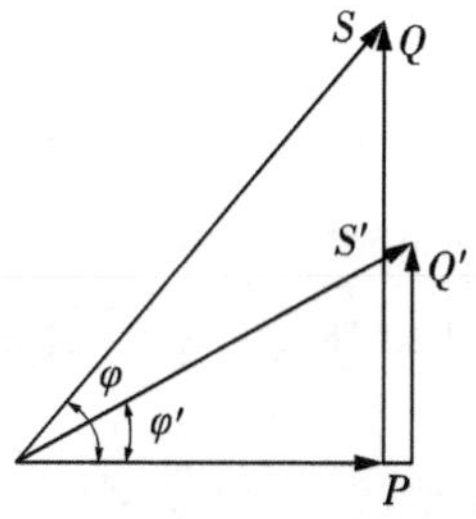


图 6-1　电容器无功功率补偿原理

$$Q_c = P\tan\varphi_1 - P\tan\varphi_2 = P(\tan\varphi_1-\tan\varphi_2)\ (\text{kvar}) \qquad 式6-23$$

或

$$Q_c=P\left(\sqrt{\frac{1}{\cos^2\varphi_1}-1}-\sqrt{\frac{1}{\cos^2\varphi_2}-1}\right)\ (\text{kvar}) \qquad 式6-24$$

式中：$P$—最大负荷月的平均有功功率（kW）；

$\tan\varphi_1$、$\tan\varphi_2$—补偿前后功率因数角的正切值；

$\cos\varphi_1$、$\cos\varphi_2$—补偿前后功率因数值。

**【例6-12】** 某厂最大负荷月的平均有功功率为 200kW，功率因数 $\cos\varphi_1=0.6$，拟将功率因数提高到 0.9，需要装设电容器组的总容量应该是多少？

**解：** 需要装设电容器组的总容量代入式 6-24 得：

$$Q_c = P\left(\sqrt{\frac{1}{0.6^2}-1}-\sqrt{\frac{1}{0.9^2}-1}\right)=200\times(1.33-0.48)\ \text{kvar}=170\text{kvar}$$

**【例6-13】** 某厂为两班制生产，最大负荷月的有功用电量 $W_{max}$（查有功电度表）为 750000kW · h，最大负荷月的无功用电量 $W_{rmax}$（查无功电度表）为 690000kW · h，问该工厂的月平均功率因数是多少？拟将功率因数提高到 0.90，问需要装设电容器组的总容量应该是多少？

**解：** 根据最大负荷月的有功和无功电量值，可按下式求出功率因数角的正切值：

$$\tan\varphi_1=\frac{W_Q}{W_P}=\frac{月无功电量}{月有功电量}=\frac{690000}{750000}=0.92$$

由 $\tan\varphi_1$ 值查三角函数表，得 $\varphi_1=42°36'$，则 $\cos\varphi_1=0.7359$，为补偿前该户的月平均功率因数。

补偿后的功率因数 $\cos\varphi_2=0.90$，查三角函数表，得 $\varphi_2=25.8°$，则 $\cos\varphi_2=0.48$。

该厂为两班制生产，即每日生产16h，最大负荷的月平均有功功率为

$$P=\frac{\text{月有功电量}}{16\text{h/天}\times 30\text{天}}=\frac{750000}{480}\text{kW}=1562.5\text{kW}$$

所以该厂需装设电容器组的总容量为：

$Q_c=P(\tan\varphi_1-\tan\varphi_2)=1562.5\times(0.92-0.48)=1562.5\times 0.44\text{kW}=687.5\text{kW}$

将公式 $Q_c=P\left(\sqrt{\frac{1}{\cos^2\varphi_1}-1}-\sqrt{\frac{1}{\cos^2\varphi_2}-1}\right)$ 两端除以有功功率 $P$，得补偿系数 $K$，即

$$K=\frac{Q_c}{P}=\sqrt{\frac{1}{\cos^2\varphi_1}-1}-\sqrt{\frac{1}{\cos^2\varphi_2}-1} \quad \text{式6-25}$$

或

$$Q_c=KP \quad \text{式6-26}$$

补偿系数 $K$，是功率因数由 $\cos\varphi_1$ 提高到 $\cos\varphi_2$ 时，每千瓦有功功率所需要补偿的无功容量。

依据公式 $K=\frac{Q_c}{P}=\sqrt{\frac{1}{\cos^2\varphi_1}-1}-\sqrt{\frac{1}{\cos^2\varphi_2}-1}$，可以计算出各种功率因数由 $\cos\varphi_1$ 提高到 $\cos\varphi_2$ 时的 $K$ 值，然后制成表，就可以利用查表法，求出无功补偿容量 $Q_c$。按补偿前功率因数 $\cos\varphi_1$ 和补偿后的功率因数 $\cos\varphi_2$，查表6-7，查出相应的 $K$ 值，$K$ 值乘最大负荷月的平均有功功率 $P$，即可按式6-26计算出所需要的无功补偿容量。

**【例6-14】** 某工厂最大负荷月平均有功功率为400kW，$\cos\varphi_1$ 为0.6，要将功率因数提高到0.9时，问需要装设电容器组的总容量应该是多少？

**解：** 通过查表6-7得 $K=0.85$，代入式6-25，则 $Q_c=KP=0.85\times 400\text{kvar}=340\text{kvar}$

需要装设电容器组的总容量为340kvar。

### 3. 按提高电压确定补偿容量

按提高电压确定补偿容量的方法，适用于某些以调压为主的枢纽变电所和电网末端的用户变电所。其补偿容量按提高电压的要求，采用近似计算法求出（实际应用中用户很少采用此法）。其近似计算法公式为

$$Q_c=\frac{\Delta U\times U_2}{X}(\text{kvar}) \quad \text{式6-27}$$

式中：$\Delta U$—需要提高的电压值（V）；

$U_2$—需要达到的电压值（kV）；

$X$—线路电抗（Ω）。

**【例6-15】** 某工厂10kV变电所，处于电网的末端，电源专用线路为20km，线路电抗值为8Ω，线路电压损失为800V，一次母线实际电压为9.2kV，问需要装设多大的补偿容量才能使母线电压达到10kV？

**解：** 将 $\Delta U=800\text{V}$，$U_2=10\text{kV}$，$X=8\Omega$ 代入式6-27得：

$$Q_c=\frac{800\times10}{8}\text{kvar}=1000\text{kvar}$$

由此可知，需要1000kvar的补偿容量，才能使变电所的一次母线电压达到10kV。

### 4. 按降低线损确定补偿容量

按降低线路损耗的要求确定补偿容量的方法比较烦琐，很少有人采用，但它可以说明补偿容量与线路损耗降低率之间的关系，因此还具有一定的实用价值。安装电容器后线路损耗降低率可按下式求出：

$$\Delta P\ (\%)\ =\ \left[1-\left(\frac{\cos\varphi_1}{\cos\varphi_2}\right)^2\right]\times100\% \qquad 式6-28$$

由式6-28绘制出的曲线如图6-2所示。欲求电容器的补偿容量，可根据原有功率因数和已知的线损降低率，查图6-2所示的曲线，得出补偿后需要达到的功率因数，然后将补偿前后的功率因数代入式6-28，即可求出所需安装的电容器容量。

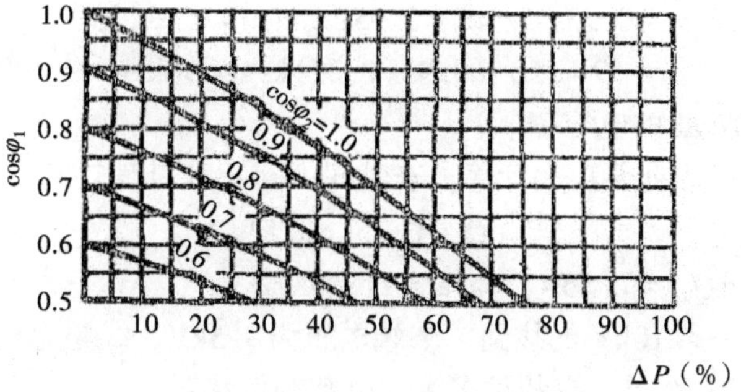


**图6-2　线损降低率与提高功率因数关系曲线**

**【例6-16】** 某工厂10kV架空线路，电力负荷为1500kW，原有线路损耗为100kW，原有功率因数为0.72，拟降低线损40kW，问需装设多大补偿容量的电容器组？

**解**：降低线损率为

$$\Delta P\ (\%)\ =\frac{40\text{kW}}{100\text{kW}}\times100\%=40\%$$

根据线损降低率40%和原有功率因数$\cos\varphi_1=0.72$，查图6-2所示的曲线，得出补偿后的功率因数$\cos\varphi_2=0.9$，将0.72和0.9分别代入式6-25，即

$$Q_c=1500\left(\sqrt{\frac{1}{0.72^2}-1}-\sqrt{\frac{1}{0.9^2}-1}\right)\text{kvar}$$

$$=1500\times(0.963-0.484)\ \text{kvar}=718.5\text{kvar}$$

因此，若降低线损40kW，需要装设电容器组的总容量为718.5kvar。

**【例6-17】** 有一个两班制生产车间，月有功电量为250000kW·h；$\cos\varphi_1=0.56$，现要将功率因数提高到$\cos\varphi_2=0.96$，需要装设电容器的容量是多少？（$\cos\varphi_1=0.56$时，$\text{tant}\varphi_1=1.48$；$\cos\varphi_2=0.96$时，$\tan\varphi_2=0.29$）

**解**：已知有功电量$W_P=25\times10^4\text{kW}\cdot\text{h}$；时间$t=440\text{h}$；功率因数$\cos\varphi_1=0.56$；

$\cos\varphi_2 = 0.96$。

有功功率 $P = \frac{W_P}{t} = \frac{25 \times 10^4}{440}\text{kW} = 568.18\text{kW}$

$\cos\varphi_1 = 0.56$ 时，$\tan\varphi_1 = 1.48$，$\cos\varphi_2 = 0.96$ 时，$\tan\varphi_2 = 0.29$

则无功功率 $Q=(\tan\varphi_1 - \tan\varphi_2) = 568.18\times(1.48-0.29)\text{kvar} = 676\text{kvar}$，即需要装设 676kvar 的电容器。

**【例6-18】** 某车间有一台 150kW 的异步电动机，其进线电源电压为 380V，平均功率因数 $\cos\varphi_1 = 0.68$，现要将功率因数提高到 $\cos\varphi_2 = 0.95$，求在负荷端需要装设电容器的容量是多少？

**解：** 已知电动机功率 $P = 150\text{kW}$，平均功率因数 $\cos\varphi_1 = 0.68$，将功率因数提高到 $\cos\varphi_2 = 0.95$。

第一种算法：利用常规算法。

$$\text{无功功率 } Q = P(\tan\varphi_1 - \tan\varphi_2)$$

$\cos\varphi_1 = 0.68$；$\tan\varphi_1 = 0.93$；$\cos\varphi_2 = 0.95$；$\tan\varphi_2 = 0.33$，则

$$Q = 150\times(0.93-0.33)\text{kvar} = 90\text{kvar}$$

即需要装设 90kvar 的电容器。

第二种算法：用比补偿功率计算。查表 6-9 得出比补偿功率

$$Q_c = 0.75\text{kvar/kW}$$

则无功功率 $Q = Q_c P = 0.75\times 150\text{kvar} = 112.5\text{kvar}$

**【例6-19】** 有一条 10kV 的线路，末端电压为 9.5kV，线路总电抗为 8Ω，如果想把线路末端电压提高到 10kV，应装设多大的电容补偿装置？

**解：**

$$Q = \frac{\Delta U^2}{X_L} = \frac{(10-9.5)\times 10^3}{8}\text{kvar} = 31.25\text{kvar}$$

则应加装 31.25kvar 的电容补偿装置。

**【例6-20】** 某供电地区平均功率为 600kV·A，$\cos\varphi = 0.6$，若将 $\cos\varphi$ 提高至 0.95，应装设多大的电容补偿装置？

**解：**

$$\begin{aligned} Q &= P[\tan(\cos\varphi_1 0.6) - \tan(\cos\varphi_2 0.95)] \\ &= 600\times 0.6\times 1.005\text{kvar} = 362\text{kvar} \end{aligned}$$

应加装 362kvar 的电容补偿装置。

改善功率因数确定补偿容量主要有两种方法：一是利用公式计算，二是利用现成表格进行查找。

（1）利用公式计算：$Q = P(\tan\varphi_1 - \tan\varphi_2)$

式中：$\tan\varphi_1$—补偿前功率因数角的正切值；

$\tan\varphi_2$—补偿后功率因数角的正切值；

$P$—有功功率（kW）。

$$\tan\varphi_1 = \sqrt{\frac{1-\cos^2\varphi_1}{\cos\varphi_1}} \quad \text{式6-29}$$

$$\tan\varphi_2 = \sqrt{\frac{1-\cos^2\varphi_2}{\cos\varphi_2}} \qquad 式6-30$$

（2）利用查表法求补偿容量：表 6-9 列出了每 1kW 有功功率所需补偿容量（kvar/kW）。

**表6-9　每 1kW 有功功率所需补偿容量（kvar/kW）**

| 补偿前 | 补　偿　后　$\cos\varphi_2$ | | | | | | | | | | |
|---|---|---|---|---|---|---|---|---|---|---|---|
| $\cos\varphi_1$ | 0.80 | 0.82 | 0.84 | 0.86 | 0.88 | 0.90 | 0.92 | 0.94 | 0.96 | 0.98 | 1.0 |
| 0.40 | 1.542 | 1.569 | 1.647 | 1.699 | 1.735 | 1.807 | 1.866 | 1.929 | 2.003 | 2.090 | 2.293 |
| 0.42 | 1.473 | 1.527 | 1.578 | 1.630 | 1.684 | 1.733 | 1.797 | 1.860 | 1.934 | 2.021 | 2.224 |
| 0.44 | 1.288 | 1.342 | 1.393 | 1.445 | 1.499 | 1.553 | 1.612 | 1.675 | 1.749 | 1.835 | 2.033 |
| 0.46 | 1.180 | 1.234 | 1.285 | 1.377 | 1.394 | 1.445 | 1.504 | 1.567 | 1.641 | 1.728 | 1.931 |
| 0.48 | 1.076 | 1.130 | 1.181 | 1.233 | 1.287 | 1.341 | 1.400 | 1.463 | 1.537 | 1.624 | 1.827 |
| 0.50 | 0.981 | 1.035 | 1.086 | 1.138 | 1.192 | 1.264 | 1.305 | 1.368 | 1.442 | 1.529 | 1.732 |
| 0.52 | 0.890 | 0.944 | 0.995 | 1.047 | 1.101 | 1.155 | 1.214 | 1.277 | 1.351 | 1.438 | 1.641 |
| 0.54 | 0.808 | 0.862 | 0.913 | 0.965 | 1.010 | 1.073 | 1.132 | 1.195 | 1.269 | 1.356 | 1.559 |
| 0.56 | 0.728 | 0.782 | 0.833 | 0.885 | 0.939 | 0.993 | 1.052 | 1.115 | 1.189 | 1.276 | 1.479 |
| 0.58 | 0.655 | 0.709 | 0.760 | 0.812 | 0.866 | 0.920 | 0.979 | 1.042 | 1.116 | 1.208 | 1.406 |
| 0.60 | 0.583 | 0.637 | 0.688 | 0.740 | 0.794 | 0.848 | 0.907 | 0.970 | 1.044 | 1.134 | 1.334 |
| 0.62 | 0.515 | 0.569 | 0.620 | 0.672 | 0.726 | 0.780 | 0.839 | 0.902 | 0.976 | 1.063 | 1.266 |
| 0.64 | 0.450 | 0.504 | 0.555 | 0.607 | 0.661 | 0.715 | 0.774 | 0.837 | 0.941 | 0.998 | 1.201 |
| 0.66 | 0.388 | 0.442 | 0.493 | 0.545 | 0.599 | 0.653 | 0.712 | 0.775 | 0.849 | 0.936 | 1.139 |
| 0.68 | 0.327 | 0.381 | 0.432 | 0.484 | 0.533 | 0.592 | 0.651 | 0.714 | 0.788 | 0.857 | 1.078 |
| 0.70 | 0.270 | 0.324 | 0.375 | 0.427 | 0.481 | 0.535 | 0.594 | 0.657 | 0.731 | 0.818 | 1.021 |
| 0.72 | 0.212 | 0.266 | 0.317 | 0.369 | 0.423 | 0.477 | 0.536 | 0.599 | 0.673 | 0.760 | 0.963 |
| 0.74 | 0.157 | 0.211 | 0.262 | 0.344 | 0.368 | 0.422 | 0.481 | 0.544 | 0.618 | 0.705 | 0.906 |
| 0.76 | 0.103 | 0.157 | 0.208 | 0.260 | 0.314 | 0.368 | 0.427 | 0.490 | 0.564 | 0.651 | 0.854 |
| 0.78 | 0.052 | 0.106 | 0.157 | 0.209 | 0.263 | 0.317 | 0.376 | 0.439 | 0.513 | 0.600 | 0.803 |

提高功率因数所需要的补偿容量可按表 6-9 所列数据计算。表 6-9 的使用方法如下：

①功率因数 $\cos\varphi$ 从 0.44～0.78 提高到 0.8～1.0 时，可查阅对应于补偿前后两个 $\cos\varphi$ 值的数据，即为每千瓦有功功率所需无功补偿设备的容量（kvar）。例如 $\cos\varphi$ 从 0.54 提高到 0.9，每千瓦有功功率所需无功补偿设备容量为 1.073kvar。

② $\cos\varphi$ 在 0.4 至 0.78 的范围内改变时，可以查表内任意一列数据中对应于补偿前后功率因数的两个相应值，来确定每千瓦有功功率所需的无功补偿设备容量。例如负荷的 $\cos\varphi$ 从 0.5 提高到 0.72 时，可以查 $\cos\varphi=0.8$ 的一列数据中对应于 $\cos\varphi=0.5$ 的一个数值为 0.981，对应于 $\cos\varphi=0.72$ 的一个数值为 0.212，因此每千瓦有功功率所需无功补偿设备容量为 0.981kvar-0.212kvar=0.769kvar。也可查 $\cos\varphi=0.82$ 一列数据中对应于 $\cos\varphi=0.5$ 及 0.72 的两个数值，可得到相同的结果。

③ $\cos\varphi$ 在 0.8～1.0 的范围内改变时，可以查表内任意一行数据中对应于补偿前功率因数的两个相应数值，来确定每千瓦有功功率所需的无功补偿设备补偿容量。例如

负荷的 $\cos\varphi$ 从 0.8 提高到 0.9 时，可以查 $\cos\varphi=0.4$ 的一行数据中对应于 $\cos\varphi=0.8$ 和 0.9 的两个数据为 1.542 和 1.807，则每千瓦有功功率所需无功补偿设备容量为 1.807kvar−1.542kvar=0.265kvar。也可查 $\cos\varphi=0.6$ 一行数据中对应于 $\cos\varphi=0.8$ 和 0.9 的两个数据为 0.583 和 0.848，则同样可得每千瓦有功功率所需无功补偿设备容量为 0.848kvar−0.583kvar=0.265kvar。

又例如有功功率为 1000kW，功率因数由 0.8 提高到 0.9，需要无功补偿设备容量为（1.807−1.542）×1000kvar=265kvar。这一补偿容量可以从表 6-9 中对应于功率因数为 0.8 和 0.9 两列数据中任意一行的两个数值相减后乘 1000 得到。功率因数从 0.7 提高到 0.95 所需要的无功补偿设备容量为（0.657+0.731）/2×1000kvar=694kvar。

**【例6-21】** 有一工厂，有功负荷 100kW，功率因数 $\cos\varphi=0.6$，现想提高到 0.9，问需装设多少千乏的电容器进行补偿?

**解：** 可先在表 6-9 中补偿前功率因数下，找到 0.6，然后找到补偿后功率因数 0.9，两行交叉数字即为每千瓦负荷应补偿容量 0.848kvar，则总补偿容量为

$$Q_{c\Sigma}=100\times0.848\text{kvar}=84.8\text{kvar}$$

**【例6-22】** 用 $\cos\varphi$ 与 $\tan\varphi$ 对应值重算【例 6-14】。

**解：** 查表 6-10 $\cos\varphi$ 与 $\tan\varphi$ 对应值：

当功率因数 $\cos\varphi=0.6$ 时，$\tan\varphi_1$ 是 1.33。

当功率因数 $\cos\varphi=0.9$ 时，$\tan\varphi_2$ 是 0.48。

代入公式 $Q_c=P(\tan\varphi_1-\tan\varphi_2)$ 得

$$Q_c=400\times(1.33-0.48)\text{kvar}=340\text{kvar}$$

需要装设电容器组的总容量为 340kvar。

**表6-10　cos φ 与 tan φ 对应值**

| cosφ | tanφ | cosφ | tanφ | cosφ | tanφ | cosφ | tanφ |
|---|---|---|---|---|---|---|---|
| 1 | 0 | 0.86 | 0.5934 | 0.72 | 0.9635 | 0.58 | 1.403 |
| 0.99 | 0.1425 | 0.85 | 0.6192 | 0.71 | 0.9918 | 0.57 | 1.441 |
| 0.98 | 0.2031 | 0.84 | 0.6459 | 0.70 | 1.020 | 0.56 | 1.479 |
| 0.97 | 0.2505 | 0.83 | 0.6720 | 0.69 | 1.049 | 0.55 | 1.520 |
| 0.96 | 0.2917 | 0.82 | 0.6980 | 0.68 | 1.078 | 0.54 | 1.559 |
| 0.95 | 0.3287 | 0.81 | 0.7240 | 0.67 | 1.108 | 0.53 | 1.600 |
| 0.94 | 0.3630 | 0.80 | 0.7500 | 0.66 | 1.138 | 0.52 | 1.643 |
| 0.93 | 0.3953 | 0.79 | 0.7761 | 0.65 | 1.169 | 0.51 | 1.686 |
| 0.92 | 0.4260 | 0.78 | 0.8023 | 0.64 | 1.201 | 0.50 | 1.732 |
| 0.91 | 0.4556 | 0.77 | 0.8286 | 0.63 | 1.233 | 0.45 | 1.984 |
| 0.90 | 0.4844 | 0.76 | 0.8551 | 0.62 | 1.265 | 0.40 | 2.290 |
| 0.89 | 0.5124 | 0.75 | 0.8819 | 0.61 | 1.299 | 0.35 | 2.677 |
| 0.88 | 0.5398 | 0.74 | 0.9089 | 0.60 | 1.334 | 0.30 | 3.180 |
| 0.87 | 0.5668 | 0.73 | 0.9362 | 0.59 | 1.368 | 0.25 | 3.867 |

# 第六节　单台异步电动机随机补偿容量的计算

## 1. 异步电动机随机补偿容量的计算方式

异步电动机随机补偿容量，一般有以下三种计算方式：

（1）让电动机在满负荷运行时，适当地向电网吸收部分无功功率。这样可以避免提高电动机的端电压以及轻负荷运行时间向电网返送过剩无功功率。因此，一般可采用下列计算公式：

$$Q_c=\sqrt{3}U_eI_0\ (\text{kvar}) \qquad 式6-31$$

式中：$Q_c$—电容器的无功容量（kvar）；

$U_e$—电动机的额定电压（kV）；

$I_0$—电动机的空载电流（A）。

（2）当切断电源后，按电动机所带机械负荷惯性的大小，确定无功补偿容量。

①对随带机械负荷惯性较小（如鼓风机类机械）的电动机，其无功补偿容量可按下式配置：

$$Q_c=0.9\sqrt{3}U_eI_0\ (\text{kvar}) \qquad 式6-32$$

电动机的空载电流$I_0$既可从产品样本中得知，也可用钳形电流表在电动机空载运转时测得，还可按下式计算：

$$I_0=2I_e(1-\cos\varphi) \qquad 式6-33$$

式中：$I_e$—电动机的额定电流（A）；

$\cos\varphi$—电动机额定负载时的功率因数；

$I_0$—电动机的空载电流（A）。

②对随带机械负荷惯性较大（如水泵类机械）的电动机，其无功补偿容量可按下式配置：

$$Q_c=(1.3\sim1.5)\ Q_0 \qquad 式6-34$$

式中：$Q_c$—电容器无功容量（kvar）；

$Q_0$—电动机空载时的无功消耗（kvar）。

**【例6-23】** 某抽水泵站，有一台30kW的感应式异步电动机，其额定电流为60A，额定电压为380V，采用三角形接法连接，测得电动机空载电流为24.6A，实行随机补偿，试求：需安装并联电容器的容量和数量以及总补偿容量为多少千乏。

**解**：（1）电动机的空载无功功率消耗：

$$Q_0=\sqrt{3}U_eI_0=1.73\times0.38\times24.6\text{kvar}=16.2\text{kvar}$$

（2）所需补偿的无功容量：由式6-22得

$$Q_c=(1.3\sim1.5)\ Q_0=(1.3\sim1.5)\ \times16.2\text{kvar}=21.4\sim24\text{kvar}$$

可选用BW0.4-12-3型并联电容器两台，总无功补偿容量为24kvar。

**【例6-24】** 某台Y250M-6型低压三相感应电动机，额定功率为55kW，满载时功率因数$\cos\varphi$为0.87，其空载电流为104.2A，求其单台无功补偿容量为多少。

**解**：由式 $Q_c=\sqrt{3}U_eI_0$ 得

$$Q_c=\sqrt{3}U_eI_0=1.732\times0.38\times104.2\text{kvar}=68.58\text{kvar}$$

因此，该台电动机应装设总容量为 68.58kvar 的电容器组。

## 2. 低压电动机无功就地补偿容量诺模图

为方便地求出就地进行无功补偿的容量值，可按图 6-3 求得低压电动机无功就地补偿容量。

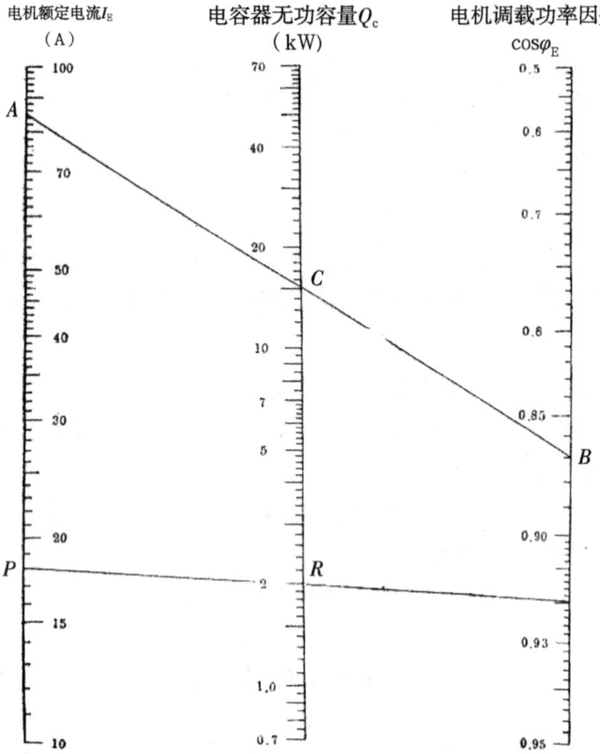


**图 6-3　低压电动机无功就地补偿容量诺模图**

**【例6-25】** Y280S-6 异步电动机，额定功率 45kW，查产品样本得：

$I_E=84.4$A，$\cos\varphi_E=0.87$，求单台就地补偿时电容器的最大无功补偿容量。

**解**：(1) 在 $I_E$轴上确定 84.4A 的 $A$ 点；

(2) 在 $\cos\varphi_E$轴上确定 0.87 的 $B$ 点；

(3) 连接 $A$、$B$ 两点交 $Q_c$ 轴于 $C$ 点；

(4) 读得 $Q_c=15.2$kvar。

当 $I_E$实际数值超过 $I_E$轴的标尺范围时，可将 $I_E$数值乘 0.1 或 10，此时求得的 $Q_c'$值应除以 0.1 或 10，所得之商即为所求的 $Q_c$。

**【例6-26】** JO2-93-2 型异步电动机，额定功率 100kW，查产品样本的 $I_E=180$A，$\cos\varphi_E=0.92$，求单台就地补偿时电容器的最大无功补偿容量。

**解**：(1) 将 $I_E$乘 0.1，得 $I'_E=18$A；

（2）在 $I_E$轴上确定 18A 的 $P$ 点；

（3）在 $\cos\varphi_E$轴上确定 0.92 的 $Q$ 点；

（4）连接 $P$、$Q$ 两点相交 $Q_c$轴于 $R$ 点；

（5）读得 $Q_c' = 2\text{kvar}$；

（6）$Q_c'$值除以 0.1，得 $Q_c = 20\text{kvar}$。

由于一般感应电动机的空载电流占额定电流的 25%~40%，因此，电动机的单台无功补偿容量也相应为其容量的 25%~40%。

## 第七节　电容器组放电电阻的计算

电容器从电源断开时，两极处于储能状态。电容器整组从电源断开后，储存电荷的能量是很大的，因而电容器两极上会残留一定的电压，残留电压的初始值为电容器组的额定电压。电容器组在带电荷的情况下，如果再次合闸投入运行，就可能产生大的冲击合闸涌流和很高的过电压；如果电气工作人员触及电容器，就可能被电击伤或电灼伤。为了防止带电荷合闸及防止人身触电事故，规程规定，电容器组必须加装防电装置，使电力电容器从电网切除后，经过 30s 的放电，使电容器组两端的残余电压降到 65V 以下，以确保人身安全。常用的放电装置有：对电压在 1000V 以上的高压并联电力电容器，通常利用电压互感器的一次线圈来放电。据测定，如果采用国家标准的电压互感器来进行放电，一般都能满足放电要求，无需进行验算。

为保证安全放电，电容器组的放电回路中不得装设熔断器，以免熔断器熔断时切断放电回路，危及人身安全。

### 1. 用白炽灯的灯丝作为放电电阻的计算

并联电容器在低压母线上的接线如图 6-4 所示。对于 380V 低压成组补偿的电容器，一般是利用白炽灯的灯丝电阻来放电（无须专用的放电电阻），其放电时间（由电网的电压峰值 $\sqrt{2}U$ 放电到 65V 的时间），由下式进行计算，即

$$t = 2.1RC \times 10^6 \ (\text{s}) \qquad 式6-35$$

式中：$t$—放电时间（s）；

$R$—放电回路每相的电阻（白炽灯的灯丝电阻）（Ω）；

$C$—电容器组每相的电容（μF）。

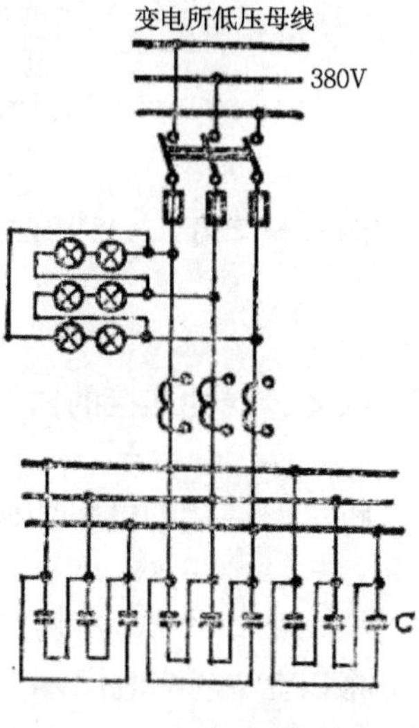

图 6-4　并联电容器接在低压母线上的接线图

额定容量 $Q_c$（kvar）和电容 $C$（μF）的换算公式为

$$C = \frac{Q_c \times 10^3}{314U^2} \ (\mu\text{F}) \qquad 式6-36$$

式中：$U$—电容器额定电压（kV）。

计算所得的放电时间应不大于 30s。

对于接在电动机旁如图 6-5 所示的并联电容器组，通常就利用用电设备本身的线圈电阻来放电，而且一般都满足要求，无须验算。

**【例6-27】** 有一台由 16 只 BW0.4-10-3 型并联电力电容器组成的低压电容器柜，接在 380V 的母线上，其放电设备是每组两个 220V、25W 的白炽灯串联，然后组成星形连接，如图 6-6（a）所示，试计算该组白炽灯能否满足安全放电的要求。

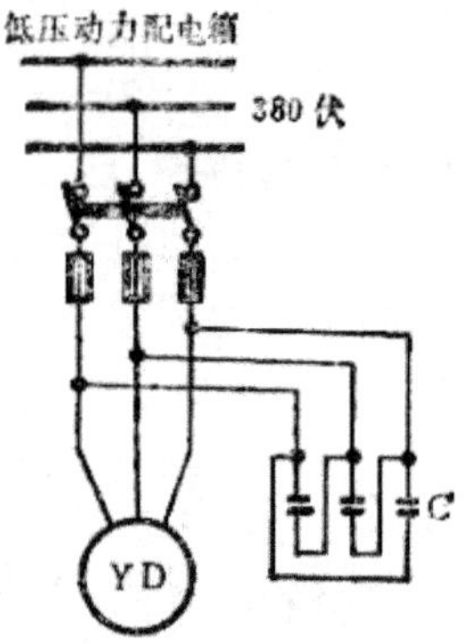


图 6-5　并联电容器电动机旁的接线图

**解：** 并联电力电容器额定电容值为 $\dfrac{10\times10^3}{314\times(0.4)^2}\mu F=200\mu F$　所以

16 只电容器组成△连接的每一边的电容为

$$C=\frac{200\times16}{3}\mu F\approx1066\mu F$$

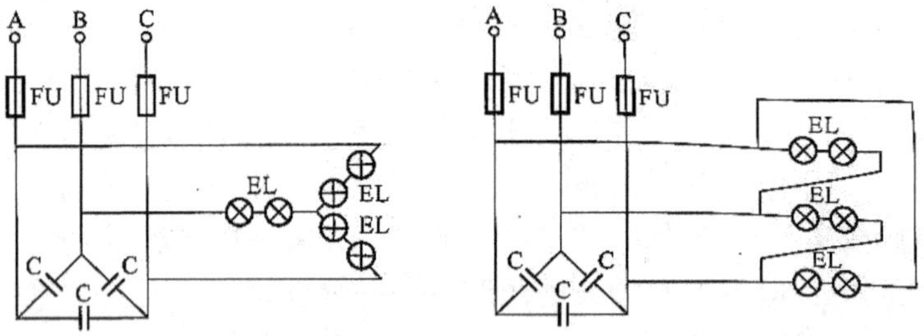


（a）放电电阻星形接线　　（b）放电电阻三角形接线

图 6-6　【例 6-27 图】

而每只 220V、25W 白炽灯的额定电阻为

$$R_c=\frac{U_e^2}{P_e}=\frac{220^2}{25}\Omega=1940\Omega$$

因此，线性连接的白炽灯每支路的电阻为

$$R_Y=2R_c=1936\times2\Omega=3872\Omega$$

将星形连接的电阻变换为等值的三角形连接的电阻，则得三角形连接的每边电阻值为：

$$R_\triangle=3R_Y=3872\times3\Omega=11616\Omega$$

将以上 $R$、$C$ 值代入，得

$$t=2.1RC=2.1\times11616\times1066\times10^{-6}s\approx26s$$

它小于规定的放电时间 30s，因此，该组白炽灯是满足安全放电要求的。

### 2. 用专用电阻作为放电回路的计算

电容器放电时间为

$$t=2.3RC\lg\frac{\sqrt{2}U}{U_c}\qquad\text{式6-37}$$

式中：$t$—电容器放电时间（s）；

$R$—放电电阻（Ω）；

$C$—每相的电容量（F）；

$U$—电网线电压（V）；

$U_c$—电容器上的电压（V）。

当电容器为三角形接法时，每相电容量为

$$C=\frac{Q_c\times10^{-6}}{3\omega U^2}\qquad 式6-38$$

当电容器为星形接法时，每相电容量为

$$C=\frac{Q_c\times10^{-6}}{\omega U^2}\qquad 式6-39$$

式中：$Q_c$—并联补偿电容器总容量（kvar）。

当 $U=380V$，要求 $U_c=65V$，且放电时间不大于 $t=30s$ 时，根据以上各式得：

（1）放电电阻采用三角形接法时，每相放电电阻为

$$R_\triangle\leqslant\frac{193\times10^4}{Q_c}\qquad 式6-40$$

电阻上消耗的功率为

$$P_\triangle=\frac{U^2}{R_\triangle}\qquad 式6-41$$

（2）放电电阻采用星形接法时，计算时必须将放电电阻换算为相应的三角形接法时对称电路的阻值，这时每相放电电阻为

$$R_Y=\frac{R_\triangle}{3}\leqslant\frac{64.8\times10^4}{Q_c}\qquad 式6-42$$

电阻上消耗的功率为

$$P_Y=\frac{U_x^2}{R_Y}\qquad 式6-43$$

式中：$U_x$—相电压（V）。

**【例6-28】**有一低压电容器柜，装有 BW0.4-12-3 型电容器 6 只，三角形连接，如图 6-6（b）所示，试计算其放电电阻。

**解**：设放电电阻接法与电容器的接法相同，都是三角形连接。BW0.4-12-3 型并联电力电容器的额定电容值为 240μF，所以该柜每相总的电容值为

$$C=\frac{240\times6}{3}\mu F=480\mu F$$

按放电时间 $t\leqslant30s$ 考虑，得

$$t=2.1RC\leqslant30s$$

每相放电电阻为

$$R_{30}\leqslant\frac{30}{2.1C}=\frac{30}{2.1\times480\times10^{-6}}\Omega=29800\Omega\approx30k\Omega$$

因此，采用每相不超过 30kΩ 的电阻均能满足要求。

### 3. 用电感性负载作为放电回路的计算

设放电回路的电阻为 $R$（Ω），电感为 $L$（H）。

当 $R \geqslant 2\sqrt{\dfrac{L}{C}}$ 时，放电电流为周期性的振荡电流，放电时间按下式计算：

$$t = 4.6\frac{L}{R}\lg\frac{\sqrt{2}U}{U_c} \qquad 式6-44$$

式中其他符号同前。

**【例6-29】** 现有一采用三角形接法的电容器组，总容量为 96kvar，电网电压为 380V，试分别计算其放电电阻在三角形和星形接法时的放电电阻。

**解**：当放电电阻采用三角形接法时，放电电阻为

$$R_{\triangle} \leqslant \frac{193\times10^4}{96}\Omega = 20000\Omega$$

电阻上消耗的功率为

$$P_{\triangle} = \frac{U^2}{R_{\triangle}} = \frac{380^2}{20000}W = 7.2W$$

当放电电阻采用星形接法时，放电电阻为

$$R_Y \leqslant \frac{64.8\times10^4}{96}\Omega = 6750\Omega$$

电阻上消耗的功率为

$$R_Y = \frac{U^2}{R_Y} = \frac{220^2}{6750}W = 7.2W$$

**【例6-30】** 现有一星形接法的电容器组，总容量为 6000kvar，电网电压为 6kV，放电电路是由接成 V 形的两个 JDJ 型单相电压互感器所组成，如图 6-7 所示。电压互感器的一次侧电阻为 1970Ω，电感为 1910H，试计算放电电路是否符合要求。

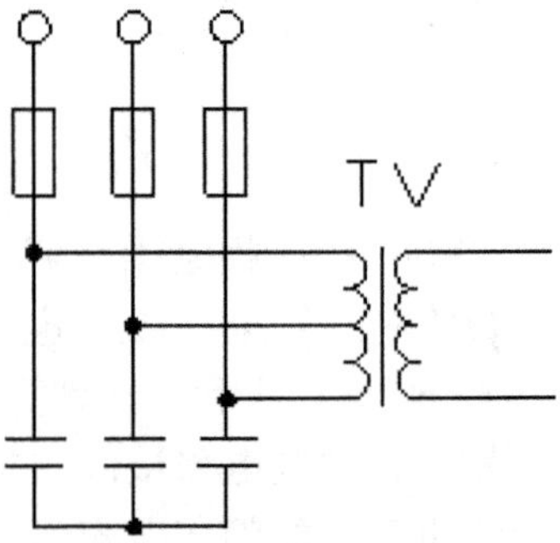


图 6-7 【例 6-30】图

**解**：电容器组为星形接线，所以每相电容量为

$$C = \frac{Q_c \times 10^{-9}}{\omega U^2} = \frac{600\times10^{-9}}{314\times6^2}F = 53.1\times10^{-6}F$$

由于放电回路为非对称回路，所以放电回路的计算电容为 $C/2$，即

$$C = \frac{53.1\times10^{-6}}{2}F = 26.5\times10^{-6}F$$

如果电容器为三角形连接，则为 $1.5C$。

放电回路是由两个绕组串联组成的，所以放电回路的参数为

$$R=2\times1970\Omega=3940\Omega$$

$$L=2\times1910\text{H}=3820\text{H}$$

故
$$\sqrt{\frac{L}{C}}=\sqrt{\frac{3820}{26.5\times10^{-6}}}\Omega=12000\Omega$$

而 3940<2×12000，即 $R<2\sqrt{\frac{L}{C}}$。放电电流是周期性振荡电流，所以放电时间为

$$t=4.6\frac{L}{R}\lg\frac{\sqrt{2}U}{U_c}=4.6\times\frac{3820}{3940}\times\lg\frac{\sqrt{2}\times600}{65}\text{s}=9.4\text{s}$$

$t$ 小于 30s，放电回路符合要求，见表 6-11。

表6-11 JDJ 型电压互感器电气特性

| 型号 | 额定电压/kV | 200C 时线圈电阻/Ω | | 电感/H | 空载电流/A | 总损耗/W |
|---|---|---|---|---|---|---|
| | | 一次绕组 | 二次绕组 | | | |
| JDJ-3 | 3/0.1 | 447 | 0.74 | 3600 | 0.0265 | 16.2 |
| JDJ-6 | 6/0.1 | 1970 | 0.74 | 19100 | 0.0165 | 15.5 |
| JDJ-10 | 10/0.1 | 2845 | 0.445 | 1780 | 0.0179 | 27.1 |
| JDJ-35 | 35/0.1 | 9050 | 0.096 | 8920 | 0.0125 | 86.55 |

# 第七章　电能计量计费抄核收的计算

## 第一节　电能计量与互感器

### 1. 电能表容量的配置

电能表的额定电压是依照电网供电电压固定的，如 220V、380V、10kV 等。其额定电流则应按用户用电负荷电流的大小而配置。

**【例7-1】** 某居民用户的供电电压为 220V，混合用电负荷合计容量约为 1000kW，功率因数 $\cos\varphi=0.9$，现客户准备安装一只额定电压为 220V，标定电流为 2.5A 的电能表，请计算一下是否可以安装运行？若不可以，应安装多大的电能表？

**解：**
$$I=\frac{P}{U\times\cos\varphi}=\frac{1000}{220\times0.9}\text{A}=5.05\text{A}$$

该用户准备的电能表额定电流为 2.5A，不能满足要求，不能装用。计算的单相负荷电流为 5.05A，可选用标定电流为 5A，最大额定电流为 20A，即 5（20）A 的电能表。

**【例7-2】** 某用户使用 380V　10kW 电动机一台，能否配置 20～40A 的三相三线电能表（未考虑电动机的效率）？

**解：**
$$I=\frac{P}{\sqrt{3}\times U\times\cos\varphi}=\frac{10\times1000}{\sqrt{3}\times380\times0.80}\text{A}=20\text{A}$$

应配置 20A 的三相三线电能表。

### 2. 电量的计算

为了公平、公正地计算电力客户应付电费，必须准确计算电量。计算电量必须弄清以下几个概念：

（1）抄见电量。抄见电量是根据电力用户电能表所显示的数据计算的电量。计算公式为

抄见电量＝（电能表本月显示数－电能表上月显示数）×倍率　　式7-1

（2）电力变压器损失电量。若计量点在配电变压器二次侧（即高供低计），应加收变压器损失电量。

变压器损失电量的计算有两种方法。

计算方法一：

有功铁损（固定损耗）电量＝空载损耗×720h/月（kW·h）　　式7-2

$$无功铁损（固定损耗）电量=\left[\left(\frac{I_0\%}{100\times S_e}\right)^2-P_0\right]^{\frac{1}{2}}\times\frac{720h}{月（kvar\cdot h）}$$

式7-3

有功铜损（变损）电量=变压器低压侧电能表有功电量×系数　式7-4

系数：变压器容量≥4000kV·A时为0.005；

315kV·A<变压器容量<4000kV·A为0.01；

变压器容量≤315kV·A为0.015。

无功铜损（变损）电量=有功铜损电量×$K$　式7-5

$$K=\frac{无功铜损}{有功铜损}=\frac{[(U_k\%\times S_e)^2-P_f]^{\frac{1}{2}}}{P_f}$$

计算方法二：

变压器连续运行时，功率损失的计算公式为

$$\Delta P=\left[P_0+P_k\left(\frac{P_p}{S_e\cos\varphi}\right)^2\right]T \quad 式7-6$$

$$\Delta Q=S_e\left[I_0+U_k\left(\frac{P_p}{S_e\cos\varphi}\right)^2\right]T \quad 式7-7$$

变压器非连续运行时，功率损失的计算公式为

$$\Delta P=P_0T+P_k\left(\frac{P_p}{S_e\cos\varphi}\right)^2t \quad 式7-8$$

$$\Delta Q=S_eI_0T+S_eU_k\left(\frac{P_p}{S_e\cos\varphi}\right)^2t \quad 式7-9$$

利用抄见有功电量和无功电量计算变压器功率损失的计算式为

$$\Delta P=P_0T+\frac{P_k}{S_et}(A_P^2+A_Q^2) \quad 式7-10$$

$$\Delta Q=S_eI_0T+\frac{U_k}{S_et}(A_P^2+A_Q^2) \quad 式7-11$$

式中：$\Delta P$—变压器的有功损耗（kW）；

$\Delta Q$—变压器的无功损耗（kvar）；

$P_0$—变压器的空载损耗（kW）；

$P_k$—变压器额定容量时的短路损耗（kW）；

$P_p$—变压器平均负荷（kW）；

$S_e$—变压器额定容量（kV·A）；

$P_f$—变压器负载损耗（kW）；

$\cos\varphi$—变压器功率因数值；

$T$—连续供电时间（或变压器运行时间），一般取720h；

$t$—用电时间，通常为用户的班次小时数，一班取200h，二班取400h，三班取600h；

$I_0\%$—变压器空载电流百分比（%）；

$U_k\%$—变压器短路电压百分比（%）；

$A_P$—抄见有功电量（kW·h）；

$A_Q$—抄见无功电量（kvar）。

（3）线路损失电量。按设备产权划分的原则，线路属于用户的财产，并由用户维护管理的线路，若计量点在用户的受电侧，应加计线路损失电量。

计算线路损失只计算有功损失，无功损失较少，一般可忽略不计。有功损失的计算公式为

$$\Delta P = 3I^2Rt \times 10^{-3}$$

利用抄见电量计算有功损失的计算公式为

$$\Delta P = \frac{RL \times 10^{-3}}{U_e^2 t}(A_P^2 + A_Q^2) \qquad 式7-12$$

式中：$I$—线路电流值，一般取平均电流或均方根值，$I = \dfrac{P_e}{\sqrt{3}U_e\cos\varphi}$；

$R$—线路电阻值（Ω/km）；

$L$—线路长度（km）；

$t$—用电时间（h）。

（4）结算电量。结算电量是供电企业与电力用户最终结算电费的电量。

结算电量=抄见电量+变压器损失电量+线路损失电量+其他未经计量装置记录的电量　式7-13

注：其他未经计量装置记录的电量包括电压互感器损失电量、断相计时仪折算的损失电量等。

对于执行峰谷差电价的用户，其变压器损耗电量、线路损失电量应加在平段。

（5）执行单一制电价、分时电价、两部制电价用户电费的计算方法。

①对实行单一制电价用户的电费计算：

一个电费结算期的电费=一个电费结算期用电量×相应单价　式7-14

另外，对装接容量超过100kV·A（kW）的电力用户，还需根据功率因数的大小，调整电费。

②对实行两部制电价用户的电费计算：

A. 算出电量。根据抄表记录和相应倍率算出当月相应电量数。

B. 算出电量电费值。根据目录电价［元/(kW·h)］和用电量（kW·h）计算电量电费，对实行峰谷分时电价的用户，则应算出峰谷电量电费。

C. 算出基本电费值。

当按变压器容量计费时

基本电价（元）=变压器容量（kV·A）×变压器容量的基本电价［元/(kV·A)］　式7-15

当按最大需求量计费时

基本电费（元）=最大需量数（kW）×最大需量的基本电价（元/kW）　式7-16

（如实际使用最大需量超出申请数值，则按实际最大需量计费）

D. 算出电费值。

$$电费值=电度电费\times 基本电费$$

E. 算出功率因数调整电费值。

a. 求出比率，比率$=\dfrac{无功电量}{有功电量}$（如电能计量方式为高供低计，应将计量出的有功、无功电量分别加上变压器的有功、无功损耗电量），即

$$\tan\varphi=\frac{A_Q}{A_P} \qquad 式7-17$$

b. 由比率求出功率因数值，即$\cos\varphi=\dfrac{1}{\sqrt{1+\tan^2\varphi}}$　　式7-18

c. 查出奖惩电费百分数，各功率因数值按不同的功率因数考核标准，分别查功率因数调整电费表，得出奖（惩）电费百分数，见表7-1。

d. 算出功率因数奖惩电费值。

奖（惩）电费值=电费值±功率因数减少（增加）电费的百分数（减少电费为负，增加电费为正）；

e. 算出总电费值。

**表7-1　0.90标准功率因数对照表**

| | | | | | | | | | | | | | | |
|---|---|---|---|---|---|---|---|---|---|---|---|---|---|---|
| 减收电费 | 功率因数 | 0.90 | 0.91 | 0.92 | 0.93 | 0.94 | 0.95~1.00 | | | | | | | |
| | 月电费减少/% | 0.00 | 0.15 | 0.30 | 0.45 | 0.60 | 0.75 | | | | | | | |
| 增收电费 | 功率因数 | 0.89 | 0.88 | 0.87 | 0.86 | 0.85 | 0.84 | 0.83 | 0.82 | 0.81 | 0.80 | 0.79 | 0.78 | 0.77 |
| | 月电费增加/% | 0.50 | 1.00 | 1.5 | 2.0 | 2.5 | 3.0 | 3.5 | 4.0 | 4.5 | 5.0 | 6.5 | 6.0 | 6.5 |
| 减收电费 | 功率因数 | 0.90 | 0.91 | 0.92 | 0.93 | 0.94 | 0.95~1.00 | | | | | | | |
| | 月电费减少/% | 0.00 | 0.15 | 0.30 | 0.45 | 0.60 | 0.75 | | | | | | | |
| 增收电费 | 功率因数 | 0.76 | 0.75 | 0.74 | 0.73 | 0.72 | 0.71 | 0.70 | 0.69 | 0.68 | 0.67 | 0.66 | 0.65 | |
| | 月电费增加/% | 7.0 | 7.5 | 8.0 | 8.5 | 9.0 | 9.5 | 10.0 | 11.0 | 12.0 | 13.0 | 14.0 | 15.0 | |

注：功率因数自0.64及以下，每降低0.01，电费增加2%。

**【例7-3】** 某企业变压器总容量为1600kV·A。某月总有功用电量为376000kW·h，其中高峰时段有功用电量为128000kW·h，平时段有功用电量为210000kW·h，低谷时段有功用电量为38000kW·h，最大需量为1170kW，无功用电量为96000kvar·h，若按最大需量基本电价为33元/(kW·月)，根据电价分类其峰时段电价为0.937元/(kW·h)，平时段电价为0.562元/(kW·h)，谷时段电价为0.247元/(kW·h)，相应功率因数标准为0.90，对该企业实行的是两部制电价制度，问该企业此月应付电费为多少？

**解**：基本电费为

$$1170\times33\text{ 元}=38610.00\text{ 元}$$

电度电费为

高峰时段量度电费为128000×0.937元=119936.00元

平时段电量电费为210000×0.562元=118020.00元

低谷时段电量电费为38000×0.247元=9386.00元

电量电费为119936.00元+118020.00元+9386.00元=247342.00元

基本电费与电量电费之和为

$$38610.00\text{ 元}+247342.00\text{ 元}=285952.00\text{ 元}$$

代入式7-16，得比率 $\tan\varphi=\frac{A_Q}{A_P}=\frac{96000}{376000}=0.26$

代入式7-17，得月等价平均功率因数 $\cos\varphi=\frac{1}{\sqrt{1+\tan^2\varphi}}=\frac{1}{\sqrt{1+0.26^2}}=0.97$

按国家力率调整相关规定，该企业次月应减电费为

$$285952.00\text{ 元}\times0.75\%=2144.64\text{ 元}$$

该企业此月应付电费为

$$585952.00\text{ 元}-2144.64\text{ 元}=283807.36\text{ 元}$$

该企业此月应付电费283807.36元。

③峰谷分时电价的电费计算方法：

高峰时段电费=高峰时段电量×高峰时段电价　　式7-19

平时段电费=平时段电量×平时段电价　　式7-20

低谷时段电费=低谷时段电量×低谷时段电价　　式7-21

对实行单一制电价的用户

电度电费=高峰时段电费+平时段电费+低谷时段电费　　式7-22

对实行两部制电价的用户

电度电费=目录电价×用电量　　式7-23

若对用户实行两部制峰谷分时电价，则

峰谷电度电费=高峰电价×高峰电量+低谷电价×低谷电量+平时段电价×平时段电量　　式7-24

### 3. 电能表、指示仪表与互感器

有功电能表按相线区分有：单相两线、两相三线、三相三线、三相四线等几种。

线路电流不超过电能表的额定电流时，可以直接接入电能表；在大电流的用电线路中，电能表的电流线圈要经过电流互感器接入；如高压供电在高压侧计量，电能表的电流和电压线圈，还要经过电流和电压互感器同时接入。

（1）电能表的容许相对误差是依据电能表的等级而定的。如二级电能表，在力率为1.0，负荷为额定值的50%～100%时，其容许相对误差就增为 ±2.5%；负荷如降至10%以下，其相对误差则更大。所以，对用电负荷经常处在10%以下运行的电能表，一般均应换装合适容量的电能表。因此，抄表人员如发现用户用电量大幅度下降，就应注意电能表是否容量过大。抄表人员在抄表时，还应观察电能表的安装情况。电能表应垂直安装，不得前后左右倾斜；对垂直位置的偏差，以不超过2°度为宜，如超过此限，电能表运行的相对误差就要加大，甚至停走。

电能表的相对误差为

$$\gamma = \frac{(W - W_0)}{W} \times 100\% \qquad 式7-25$$

（2）电能表的绝对误差。若 $W$ 为电能表记录电量，即抄见电量，$W_0$为实际电量，则电能表的绝对误差 $\Delta W$ 为

$$\Delta W = W - W_0 \qquad 式7-26$$

若 $\Delta W>0$，则为多计了电量；若 $\Delta W<0$，则为少计了电量。

（3）电能计量超差的退补电量。它是按照绝对误差计算的。$W$ 是抄见电量，而 $\Delta W$ 是退补电量

$$\gamma = \frac{\gamma}{1 + \gamma} W \qquad 式7-27$$

式中：$\gamma$—电能计量的相对误差；

$W$—抄见电量（kW·h）。

（4）电能计量装置的倍率计算。对计量大电流的电能表，不是直接与电源相连的，而是通过电流互感器连接的，它可以将电流缩小。这种电能表本期抄得的读数与上期读数相减后的差值，还须乘互感器的变比，才是用户本期的实际用电量。

①电压互感器变压比的计算。变压比 $K_V$ 与两侧线圈匝数的关系是：如果增加二次线圈的匝数，变压比就会增大，反之则减小。

$$K_V = \frac{U_1}{U_2} = \frac{N_1}{N_2} \qquad 式7-28$$

式中：$N_1$、$N_2$——次线圈和二次线圈的匝数。

②电压互感器变比误差的计算。电压互感器在实际运行中，由于二次回路的电流产生电压降，使变比产生误差。变比误差百分数的计算公式为

$$\varepsilon\% = K_V \frac{U_2 - U_1}{U_1} \times 100 \qquad 式7-29$$

③电流互感器变流比的计算。电流互感器一次电流 $I_1$与二次电流 $I_2$的比，叫作变流比 $K_I$。

$$K_I=\frac{I_1}{I_2}=\frac{N_2}{N_1} \quad 式7-30$$

式中：$N_1$、$N_2$——一次线圈和二次线圈的匝数。

④电流互感器变比误差的计算。电流互感器在实际运行中，由于铁芯励磁和铁芯损耗的因素，要消耗一定的电流，使电流互感器变比出现误差，其误差百分数的计算公式为：

$$\varepsilon\%=\frac{K_I I_2-I_1}{I_1}\times100 \quad 式7-31$$

⑤直接接入式低压电能表的计量倍率为

计量倍率=计度器倍率　　式7-32

**【例7-4】** 某居民用户装有一个单相电能表，电能表的计度器倍率为10，电能表抄见数为66。实际用电量是多少？

**解：** 实际用电量为

$$W=66\times10\text{kW}\cdot\text{h}=660\text{kW}\cdot\text{h}$$

⑥配装电流互感器的低压电能表的计量倍率为

计量倍率=电流互感器的倍率×计度器倍率

**【例7-5】** 有一用户装有一只5A的单相电能表，配用电流互感器为50/5A，本期和上期电能表的读数相减后的差额为30，问实际本月用电量为多少？

**解：** 电流互感器倍率 $K_L=50/5=10$

实际用电量为

$$W=30\times\frac{50}{5}=30\times10\text{kW}\cdot\text{h}=300\text{kW}\cdot\text{h}$$

⑦配置有电流、电压互感器的综合计量装置的倍率：

计量综合倍率=电流互感器变比×电压互感器变比×电能表抄见数

式7-33

**【例7-6】** 某变电站对一工厂采用10kV直配高压供电，10kV母线装有10000V/100V的电压互感器，出线开关柜装50/5A的电流互感器，本月和上月电能表的读数相减后的差额为230，则实际用电量为多少？

**解：** 其电能表的倍率为

$$电压比=\frac{10000}{100}=100$$

$$电流比=\frac{50}{5}=10$$

电能表综合倍率=100×10=1000

实际用电量为

$$230\times1000\text{kW}\cdot\text{h}=230000\text{kW}\cdot\text{h}$$

**【例7-7】** 一只三相电能表，铭牌注明与500/5A的电流互感器配套使用（一般三相电能表与电流互感器配套或高压电能表与电流及电压互感器配套使用时，则电能表所抄得的耗用电量，就是实际用电量）。因目前实际负荷电流小，而改用 200/5A 的互感器，若电能表抄得的耗用电量为 100kW·h，问本月实际用电量为多少？

**解**：实际用电量为

$$W = 100 \times \frac{\frac{200}{5}}{\frac{500}{5}}\text{kW}\cdot\text{h} = 100\times\frac{2}{5}\text{kW}\cdot\text{h} = 40\text{kW}\cdot\text{h}$$

**【例7-8】**某电力客户装有一只高压侧计量的电能表，铭牌注明与 6000/100V 的电压互感器及 30/5A 的电流互感器配套使用。但因电网供电电压升压，由 6600V 改为 10000V，因此，计量装置相应地改用 10000/5V 的电压互感器，电流互感器容量未变，本月和上月电能表的读数相减后的差额为 12000，问实际用电量为多少？

**解**：实际用电量为

$$W = 12000\times\frac{\frac{10000}{100}}{\frac{6000}{100}}\times\frac{\frac{30}{5}}{\frac{30}{5}}\text{kW}\cdot\text{h} = 12000\times\frac{100}{66}\times1\text{kW}\cdot\text{h}$$

$$= 12000\times1.6667\text{kW}\cdot\text{h}\approx20000\text{kW}\cdot\text{h}$$

实际用电量为 20000kW·h。

一般高压三相电能表倍率的计算为：电压比乘电流比。

**【例7-9】**某用电客户装有一只三相电能表，其铭牌标有×100，3×3000/100V，3×100/5A，该表通过额定变比分别为 6000/100V、250/5A 的电压，电流互感器接入电路运行，试求实际倍率 $K_L$。

**解**：

$$K_U = \frac{3000}{100} = 30;\ K_I = \frac{100}{5} = 20$$

$$K'_U = \frac{6000}{100} = 60;\ K'_I = \frac{250}{5} = 50$$

$$K_L = \frac{K'_I K'_U}{K_I K_U}K_j = \frac{50\times60}{20\times30}\times100 = 500$$

则实际倍率为 500。

⑧电流表和电流互感器变比不同，求运行实际电流的计算。

**【例7-10】**有一台 380V、50kW 的电动机，在电路中原接有 LQG-100/5 型电流互感器和与它配套的电流表，如因电流表损坏，将手头现有的一块 200/5A 的电流表换上去，电动机工作时，比电流表的读数为 100A，问电动机的实际电流有多大？

**解**：变流比为 200/5A 的电流表本来和 LQG-200/5 型电流互感器配套，表上最大量程是 200A，对应的通过电流表的电流是 5A，现读数为 100A，对应通过它的电流是

$$I_2 = \frac{I_1}{K_I} = 100\times\frac{5}{200}\text{A} = 2.5\text{A}$$

这也是所用 LQG-100/5 型电流互感器在此时的实际二次电流，与其对应的一次电流为

$$I_1=I_2K_I=2.5\times\frac{100}{5}A=50A$$

计算可知电动机的实际电流是50A。

⑨电流互感器的变比与电流表所标的变比不同时，如何根据电流表的指示值求出一次侧的实际电流。

首先应根据电流表所标的变流比（$K_a$）和电流表的指示值（$I$）换算出电流互感器的二次电流值（$I_2$），再根据电流互感器的变比$K_I$换算出一次侧的实际电流值$I_1$，计算公式如下：

$$I_1=I\frac{K_1}{K_a} \qquad 式7-34$$

**【例7-11】**某台电流互感器的变流比为40/5，其二次侧接有变流比为20/5（即满刻度电流为20A）的电流表，若电流表指示为10A时，问实际一次侧的电流是多少？

**解：**已知$I=10A$，$K_I=40/5$，$K_a=20/5$，将数值代入式7-34可得

$$I_1=I\frac{K_I}{K_a}=10\times\frac{\frac{40}{5}}{\frac{20}{5}}A=20A$$

实际一次侧电流为20A。

## 第二节　退补电量的计算

电能计量装置发生误差时，应进行误差电量的计算，以退补电量。

（1）更正系数是电能表正确接线时所计电量与错误接线时所计电量之比，更正系数的计算式为

$$K_g=\frac{正确电量P}{错误电量P'} \qquad 式7-35$$

$$正确电量P（实际电量）=更正系数K\times错误电量P' \qquad 式7-36$$

$K$为正时，表示电能表正转，$K$为负时，表示电能表反转。

由于电力先使用后结算的商品属性，决定了在实际工作中，如果客户电能表发生计量差错，按照《供用电营业规则》第八十条的规定，客户先按抄见电量（或正常月用电量）如期交纳电费，然后再进行电量的退补。追、退电量的计算公式为

$$追补电量\Delta W=\frac{WK_g}{1+\frac{r}{100}} \qquad 式7-37$$

$$退还电量\Delta W_t=W_S-W=\left[K_g(1-\frac{r}{100})-1\right]W \qquad 式7-38$$

式中：$W_S$—实际消耗电量（kW·h）；

　　$W$—错误接线期间计量电能（kW·h）；

$K_g$—更正系数；

$r$—电能表在错误接线期间的相对误差。

当 $\Delta W$ 等于正值时，应对客户追补电量；当 $\Delta W$ 等于负值时，应向客户退补电量。$K_g$ 值应取绝对值，因为电能表无论正转或是反转，都记录了客户使用了电能，两者的差别指示误差不同而已。

需要指出的是，计算的追、退电量有时往往与实际电量出入较大，这是因为错误电量时间统计不准确，例如，电压互感器二次保险熔断，或是功率因数值变化失准造成的，所以计算时所选定的功率因数值一定要取加权平均功率因数，这个值取得准确，计算出来的电量也就接近实际电量。如果使用智能型电能表，因电能表非正常运行的所有事件（如电压回路断线，相序接反，有、无功功率，功率因数等），都能随时随地查阅，极大地方便了追、退电量的计算。

（2）表计潜动。在现场，发现电能表无负荷时，其圆盘或脉冲仍在连续不断地微微转动或闪动，断开负荷侧隔离开关，仍在继续转动或闪动，这种现象即为潜动或闪动，退补电量按下式计算：

$$\text{退补电量}=\text{自转天数}\times\frac{\text{每月停用时间}\times 3600}{\text{表盘自转一周时间（s）}\times\text{电能表常数}}\times\text{倍率} \quad \text{式7-39}$$

式中，每月停用时间，照明按 16h，电力按实用小时计算。

（3）电能表卡字、卡盘、液晶屏幕无显示、电压线圈不通和熔断器熔断等情况时，应补电量按下式计算：

$$\text{应补电量}=\frac{\dfrac{\text{原表正常时用电量}}{\text{用电天数}}+\dfrac{\text{换表到抄表日的电量}}{\text{用电天数}}}{2}\times\text{故障天数} \quad \text{式7-40}$$

电能表跳字，即个位数应走一个字，却出现跳走两个字或十位数与个位数同时走字的现象。跳字情况下应退补电量按下式计算：

$$\text{应退补电量}=\text{已收电量}-\frac{\text{原表正常时月用电量}+\dfrac{\text{换表到抄表日的用电量}}{\text{用电天数}}}{2}\times 30\text{天} \quad \text{式7-41}$$

①单相或三相电能表的应补电量为

$$\Delta W=\frac{\text{原表正常时月电量}+\text{换表到抄表日的用电量}}{2\times\text{用电天数}}\times\text{故障天数} \quad \text{式7-42}$$

②以三只单相电能表代替一只三相电能表，在三相负荷平衡时，若其中一只电能表故障，则以另外两只电能表正常电度数乘 1.5 计算；若其中两只电能表故障，则以第三只电能表正常电度数乘 3 计算。在三相负荷不平衡时，可采用故障那一相原正常情况的用电量取 6 个月的平均值推算。

③误接线更正电量。

(4) 电能计量的其他误差。

电能表自转（潜动）。电能表自转，多计的电量应退还，其计算公式为

$$\Delta W=\frac{NT_n \times 3600}{T_k \times T_m}$$ 式7-43

式中：$N$—电能表自转天数；

$T_n$—用户每天停用电的时间（h）；

$T_k$—表盘自转一圈的时间（s）；

$T_m$—电能表常数。

电能表常数表示感应式电能表铝制转盘的转数与电能量之间的关系，用 $N$ 表示：

$$N=\frac{n}{W}\,[\mathrm{r/(kW \cdot h)}]$$ 式7-44

式中：$n$—转盘的转数（r）；

$W$—电能量数（kW·h）。

$N$ 为 1kW·h 的电能所对应的转盘的转数；其倒数 $C=\frac{1}{N}$，则表示转盘转一转时所对应的电能量数。例如，电能表常数 $N=2400\mathrm{r/(kW \cdot h)}$，这就是说，转盘旋转 2400 转，其用电量为 1kW·h。

**【例7-12】** 某用电客户电能表经校验误差率为-5%，其电能表倍率为 6 倍，经核实该电能表慢期间抄见电量为 6000kW·h，问应追收多少电量?

**解**：$$应追收电量=\frac{抄见电量\times(\pm实际误差率\%)}{1+(\pm实际误差率\%)}\times倍率$$

$$=\frac{6000\mathrm{kW \cdot h}\times(-5\%)}{1-5\%}\times 6=-1895\mathrm{kW \cdot h}$$

则供电企业应追收电量 1895kW·h。

**【例7-13】** 一居民客户单相电能表潜动，型号为 DD862，潜动一圈 40s，每天用电 5h，运行了 40 天，电能表常数为 1200r/(kW·h)，问应退还客户多少电量?

**解**：根据题意，客户不用电时间为 24h-5h=19h=68400s

一共潜动圈数为：$\frac{68400}{40}$圈 = 1710 圈

一天潜动的电量为：$\frac{1710}{1200}\mathrm{kW \cdot h}=1.425\mathrm{kW \cdot h}$

一共退还的电量为：1.425×40kW·h=57kW·h

则应退还客户电量 57kW·h。

**【例7-14】** 某城镇居民小区用电客户越表用电，用电容量为 100W 灯泡 6 个，60W 灯泡 5 个，100W 电冰箱 1 台，问供电企业应收取多少追补电费和违约使用电费？[电价按 0.56 元/(kW·h) 计算]

**解**：追补电量=（0.1×6+0.06×5+0.1）×6×180kW·h=1080kW·h

追补电费=1080×0.56 元=604.8 元

违约使用电费=604.8×3元=1814.4元

合计电费=604.8元+1814.4元=2419.2元

则供电企业应收取追补电费604.8元，违约使用电费1814.4元，共计2419.2元。

**【例7-15】** 某用户三相四线电能表接线错误，A、B两相电压相互接反，问应追补多少电费？

**解：** 三相四线电能表接线正确时的计量为

根据 $P=U_AI_A\cos\varphi+U_BI_B\cos\varphi+U_CI_C\cos\varphi$ 假设无单相负荷，则

$$P=3U_\varphi I_\varphi\cos\varphi$$

错接线后的计量为

$$\begin{aligned}P &= U_BI_A\cos\varphi + U_A(-I_B)\cos\varphi + U_CI_C\cos\varphi \\ &= U_\varphi I_\varphi\cos(120° - \varphi) + U_\varphi I_\varphi\cos(60° - \varphi) + U_\varphi I_\varphi\cos\varphi \\ &= U_\varphi I_\varphi(\cos_\varphi + \sqrt{3}\sin\varphi)\end{aligned}$$

可根据用电负荷功率因数（用功率因数表测量或改正接线后求得）来计算应追补的电费。

（1）若测得功率因数是0.866，则

$$\frac{P}{P'}=\frac{3\times0.866}{0.866+\sqrt{3}\times\frac{1}{2}}=1.5$$

即应补收50%的电费。

（2）若测得功率因数为0.9，则

$$\frac{P}{P'}=\frac{3\times0.9}{0.9+\sqrt{3}\times0.4538}=1.63$$

即应补收63%的电费。

**【例7-16】** 某行政村配电变压器总有功电能表经校验慢5%，本月抄见电量为25500kW·h，问应追补电量 $\Delta W$ 为多少？实际应收电量 $W$ 为多少？

**解：** 应追补电量为 $\Delta W=\frac{25500\times0.05}{1-0.05}$kW·h$=\frac{1275}{0.95}$kW·h=1342kW·h

实际应收电量为

$$W=25500\text{kW}\cdot\text{h}+1342\text{kW}\cdot\text{h}=26842\text{kW}\cdot\text{h}$$

应追补电量 $\Delta W$ 为1342kW·h，实际应收电量 $W$ 为26842kW·h。

**【例7-17】** 某三相低压动力用电客户，安装的是三相四线电能表，应配置变比为400/5A的计量电流互感器，因装表接电人员在接线时，误将A相的电流互感器装成800/5A，若已抄回的电量为20万kW·h，请计算应追补多少千瓦时的电量 $\Delta W$。

**解：** 设正确情况下每相的电量为 $X$，则

$$X + X + \frac{1}{2}X = 20$$

$$X=\frac{20}{2.5}\text{万 kW}\cdot\text{h}=8\text{ 万 kW}\cdot\text{h}$$

因此应追补电量 $\Delta W$ 为

$$\Delta W = (3\times8-20)\text{万 kW·h} = 4\text{万 kW·h}$$

因此，应追补电量 $\Delta W$ 为 4 万 kW·h。

**【例7-18】** 某三相四线低压用电客户，原有电流互感器 TA 变比为 300/5A（穿 2 匝），在更换电流互感器 TA 时，误将 C 相电流互感器变比换成 200/5A，计算电量时仍然全部按 300/5A 计算，若非正常计量运行期间电能表走字为 800 字，请计算应追补的电量为多少。

**解：** 原 TA 为 300/5A，现 C 相 TA 为 200/5A，即 C 相二次电流扩大了 1.5 倍，故更正率为

$$\varepsilon = \frac{3UI\cos\varphi}{2UI\cos\varphi + 1.5UI\cos\varphi} - 1 = -0.14$$

更正率为负说明应退还用电客户电量，按题意应退电量为

$$\Delta W = 800\times\frac{300}{5}\times0.14\text{kW·h} = 6720\text{kW·h}$$

应退还给用户的电量为 6720kW·h。

**【例7-19】** 有一低压客户，使用三相平衡负载，安装有三相四线电能表，用电营业普查时，发现 B 相电流互感器反接时间为 1 年，累计电量为 2000kW·h，求其差错电量为多少。

**解：** 根据题意

$$U_A I_A \cos\varphi_A = U_B I_B \cos\varphi_B = U_C I_C \cos\varphi_C = U_P I_P \cos\varphi$$

$$P_0 = 3U_P I_P \cos\varphi$$

$$P = U_A I_A \cos\varphi_A - U_B I_B \cos\varphi_B + U_C I_C \cos\varphi_C = U_P I_P \cos\varphi$$

$$G = \frac{P_0}{P} = 3$$

$$W_0 = GW = 3\times2000\text{kW·h} = 6000\text{kW·h}$$

$$\Delta W = W_0 - W = 6000\text{kW·h} - 2000\text{kW·h} = 4000\text{kW·h}$$

$$\varepsilon = G - 1$$

或

$$W = \varepsilon W = 2\times2000\text{kW·h} = 4000\text{kW·h}$$

该客户应补缴电量 4000kW·h，由此可见，三相四线有功电能表在三相负荷平衡的情况下，一相极性接反时，计得电量应是实际电量的 1/3。

**【例7-20】** 某平衡负荷低压电力客户，采用低压三相四线制计量，在定期检中，发现 A 相电压线圈断线，该期间抄见电量为 10 万 kW·h，试求应向客户追补多少电量。

**解：** 三相电能表的正确接线计量功率为

$$P_0 = 3U_{ph} I_{ph} \cos\varphi$$

三相电能表的错误接线计量功率为

$$P = 2U_{ph}I_{ph}\cos\varphi$$

$$更正率 = \frac{3\cos\varphi - 2\cos\varphi}{2\cos\varphi} \times 100\% = 50\%$$

追补用电量=更正率×抄见电量=50%×100000kW·h=50000kW·h

应向该客户追补电量50000kW·h。

**【例7-21】** 某工厂变压器容量为750kV·A，35kV受电，二次侧计量，短路损耗75kW，空载损耗24kW，空载电流3.5%，阻抗电压7%，求全月的有功损耗电量、无功损耗电量。(变压器利用率取0.4)

**解**：①有功损耗电量：

全月空载有功损耗电量=24kW×720h=17280kW·h

全月可变有功损耗电量=$(0.4)^2$×75×720kW·h=8640kW·h

全月有功损耗电量=17280kW·h+8640kW·h=25920kW·h

②无功损耗电量：

全月空载无功损耗电量=0.035×7500×720kW·h=189000kW·h

全月可变无功损耗电量=$(0.4)^2$×0.075×7500×720kW·h=64800kW·h

全月无功损耗电量=189000kW·h+64800kW·h=253800kW·h

**【例7-22】** 某用电客户换装电能计量装置，运行一个月后发现接线错误，现场停电进行检查，经查一元件接线为$U_{BC}-I_C$，二元件接线为$U_{AC}-I_A$，用户加权平均功率因数$\cos\varphi$为0.866，$\varphi=30°$，错接线期间电能表电量为15000kW·h，应追退电量为多少？(设$r\%=0$)

**解**：根据公式 $K_g = \frac{\sqrt{3}}{\sqrt{3}+\tan\varphi} = \frac{\sqrt{3}}{\sqrt{3}+\tan 30°} = \frac{\sqrt{3}}{\sqrt{3}+\frac{1}{\sqrt{3}}} = 0.75$

$$\Delta W = \left[K_g(1-\frac{r}{100})-1\right]W = \left[0.75\times(1-\frac{0}{100})-1\right]\times 15000\text{kW}\cdot\text{h} = -3750\text{kW}\cdot\text{h}$$

计算结果为负值，表示错误接线期间应退还给用户3750kW·h的电量。

**【例7-23】** 某用户错误接线为一元件$U_{BC}-I_A$，二元件$U_{AC}-I_C$，$r\%=-3.0\%$，用户加权平均功率因数$\cos\varphi$为0.9，错接线期间电能表电量为95000kW·h，应追退电量为多少？

**解**：已知$\cos\varphi=0.9$，$\varphi=25.84°$，$\tan\varphi=0.484$，则

$$K_g = \frac{-2\sqrt{3}}{\sqrt{3}+\tan\varphi} = \frac{-2\sqrt{3}}{\sqrt{3}+0.484} = 1.56$$

$$\Delta W = \left[1.56\times(1+\frac{3}{100})-1\right]\times 95000\text{kW}\cdot\text{h} = 57646\text{kW}\cdot\text{h}$$

计算结果为正值，表示错误接线期间应向用户追补57646kW·h电量。

**【例7-24】** 现场检验发现电压互感器二次A相保险熔断，经查对用户抄表日报及用户生产情况，证明保险熔断时间为35天，在35天中电能表电量为255000kW·h，用户加权平均功率因数$\cos\varphi$为0.92，$r\%$为2.5%，求应追退电量。

**解**：前已介绍电能计量错误接线中求出 $K_g=\dfrac{-2\sqrt{3}}{\sqrt{3}+\tan\varphi}$，按现场实际情况先求出 $K_g$。当 $\cos\varphi$ 为 0.92 时，$\tan\varphi=0.43$，则

$$K_g=\frac{-2\sqrt{3}}{\sqrt{3}+\tan\varphi}=\frac{-2\sqrt{3}}{\sqrt{3}+0.43}=1.6$$

$$\Delta W=\left[1.6\times\left(1-\frac{2.5}{100}\right)-1\right]\times 255000\text{kW}\cdot\text{h}=142800\text{kW}\cdot\text{h}$$

应向用户追补 142800kW · h 电量。

例 7-22、例 7-23 和例 7-24 三例分别为电能表正转、反转和二次保险熔断的举例，若功率因数相对稳定，电能表一直处于正转或反转，其计算方法与上述举例相同。若反复正反转，则需要用其他方法推算电量。

**【例7-25】** 某用户变压器容量为 7500kV · A，35kV 受电，用户 35kV 直供线路：导线型号为 LGJ-95，线路长度为 10km，求其全月线路损失有功电量为多少。

**解**：全月线路有功损失电量 = 3×（利用率×变压器额定电流²×线路电阻×720（h）$\times10^{-3}=3\times\left(0.4\times\dfrac{7500}{\sqrt{3}\times 35}\right)^2\times 0.315\times 10\times 0.72\text{kW}\cdot\text{h}$

$=3\times(0.4\times 123.7)^2\times 0.315\times 10\times 0.72\text{kW}\cdot\text{h}=16658\text{kW}\cdot\text{h}$

注：利用率取 0.4，导线 LGJ-95 每 km 电阻取 0.315Ω。

## 第三节　变更用电及违章用电的处理计算

（1）用户变更用电，如增加或减少用电设备容量，暂停用电或拆表销户、过户等，其电费的计算，一般以分日（或分段）计算的办法处理，即全月按 30 天，每天按 $\dfrac{1}{30}$ 计算。对新装、暂停或拆表销户的用户，均以接用次日算起，拆表日为止。或采用算头不算尾的办法，即装表日起算，拆表日不算。对过户的新、老用户的电费则分段计算。对增、减容量用户的基本电费，则按下列公式计算：

①增加用电设备或（变压器）容量，对基本电费的计算为

$$\text{原有容量全月基本电费}+\frac{\text{新增设备容量}\times\text{基本电价}}{30\text{天}}\times\text{新增设备容量实用天数}$$

式7-45

②减少用电设备或（变压器）容量，对基本电费的计算为

$$\text{原有容量全月基本电费}-\frac{(\text{原有容量}-\text{减后容量})\times\text{基本电价}}{30\text{天}}\times\text{减少的容量已用天数}$$

式7-46

③对高压供电在低压侧计量的高供低计的用户的变压器损耗电量的计算，也按上述分日计算的办法处理。

（2）对违章用电，应按照《供电营业规则》的有关规定处理。应追补电费，包括

电能电费、变损电费及基本电费，均应采用分日计算或按规定的最少时间计算的办法，开具电费收据，作为应收电费处理；其罚款部分，不得作为电费收入，则应开具罚款收据，作为营业外收入处理。

**【例7-26】**某电力客户原有负荷容量为320kV·A，现因生产规模扩大，于该年6月1日增容到560kV·A，6月供电企业应收取多少基本电费？［6月基本电价为15.00元/(kV·A)］

**解：**6月基本电费=560×15元=8400元

6月供电企业应收取该客户基本电费8400元。

**【例7-27】**某客户原有容量630kV·A，于3月14日减容到400kV·A，3月份供电企业应收取多少基本电费？［3月基本电价为15.00元/(kV·A)］

**解：**3月份基本电费=630×15×(14/30)元+400×15×(16/30)元=4410元+3200元=7610元

3月份供电企业应收取该客户的基本电费为7610元。

**【例7-28】**某用电客户于2011年5月16日新装了容量为2000kV·A的10kV配电变压器，并投入运行。2012年4月20日因产品市场原因办理暂停业务，该客户2012年4月应交付基本电费是多少？［4月基本电价为15.00元/(kV·A)］

**解：**2012年4月基本电费=2000×15×(20/30)元=20000元

4月供电企业应收取该客户的基本电费为20000元。

**【例7-29】**某城镇有一供电电压为380/220V的低压客户，该客户越表用电锯设备一台，容量为10kW，问供电企业应收取多少追补电费及违约使用电费？［销售电价按0.672元/(kW·h)计算］

**解：**追补电量=10×12×180×0.8kW·h=17280kW·h

追补电费=17280×0.672元=11612.16元

违约使用电费=11612.16×3元=34836.48元

合计电费=11612.16元+34836.48元=46448.64元

供电企业应收取追补电费11612.16元，违约使用电费34836.48元，共计46448.64元。

**【例7-30】**某一居民客户2012年12月发生电费150元，抄表员以书面电量电费通知单通知该客户在12月28日到交费点交费，该客户未及时缴纳电费，直到2013年2月6日才付清电费，问应收取多少电费违约金？

**解：**居民照明违约金按1/1000计算，不足1元，按1元计算收取。

应收电费违约金=150×1/1000×40元=6元

应收取6元的电费违约金。

**【例7-31】**某电力客户，使用三相平衡负载，装有一块三相四线有功电能表，额定电压为3×220/380V，额定电流为1.5~6A，配套3只变比为200/5A的电流互感器，后因用电过负荷烧坏一只互感器，更换半年后发现所更换的电流互感器的变比是300/5A，变比不同期间有功电能表共计量5万kW·h，试计算应追补多少电量。

**解：**$$更正率=\frac{应计电量-实际电量}{实际电量}\times 100\%$$

$$应计电量=\frac{1}{3}+\frac{1}{3}+\frac{1}{3}=1$$

$$实际计量电量=\frac{1}{3}+\frac{1}{3}+\frac{1}{3}\times\frac{200/5}{300/5}=\frac{8}{9}$$

$$更正率=\frac{1-\frac{8}{9}}{\frac{8}{9}}=\frac{9-8}{8}\times 100\%=12.5\%$$

追补电量=更正率×抄见电量=12.5%×50000kW·h=6250kW·h

应追补电量为6250kW·h。

## 第四节　电费回收率与力率考核的计算

按期回收电费，可为完成电力企业的重要经济指标做好基础工作，也为电力企业上缴税金和利润提供资金，从而保证国家的财政收入，还可维持电力企业在生产过程中补偿生产资料耗费等开支的需要。同时，电力企业在按照规定获得利润的情况下，可为扩大再生产提供建设投资。及时回收电费，加速资金周转，是电力营抄人员在日常工作中的重要考核指标。

$$电费回收率=\frac{实收电费(元)}{应收电费(元)}\times 100\% \qquad 式7-47$$

功率因数与调整电费的计算方法。

功率因数的计算：考核用户的用电功率因数，均不用瞬时值，而用加权平均值，即以用户在一个月内所消耗的有功电量及无功电量进行计算。

计算月平均功率因数有两种方法：

①按照下列公式直接计算。即月加权平均功率因数

$$\cos\varphi=\frac{有功电量}{\sqrt{(有功电量P)^2+(无功电量Q)^2}}\times 100\% \qquad 式7-48$$

②查对照表的方法，即用全月无功电能实用电量（包括用户实用无功电量与向电网倒送的无功电量，两者绝对值之和）比有功电能表实用电量。所求的比值，即正切函数值，查对照表即得出功率因数百分值。

**【例7-32】**某配变台区本月无功电能总表实用无功电量 $a=3241$，有功电能表本月实用有功电量 $b=9255$。

**解：**

$$比值（\tan）=\frac{a}{b}=\frac{3241}{9255}=0.35$$

查表6-6得功率因数=94%

注：1）对照表6-6所列数字系近似值，在计算此值时，应计算至小数点后三位止，第四位则四舍五入，然后查表得出功率因数百分值。

2）将得出的功率因数，按照国家颁布的“功率因数的标准值及适用范围”中对各

类用户的具体规定，分别按0.9、0.85、0.8的标准值，查对应调整电费的百分数，计算增减电费。

## 第五节　利用电能表计算多种数据

利用低压配电盘上的三相有功电能表、互感器、电压表、电流表计算一段时间内的平均有功功率、视在功率和功率因数。

（1）利用三相有功电能表和电流互感器计算有功功率

$$P=\frac{3600\times N}{KT}\times \mathrm{TA}_{变比} \qquad 式7-49$$

式中：$N$—测量的电度表圆盘转数；

$K$—电能表常数；

$T$—测量$N$转时所需的时间（s）；

TA—电流互感器的变比。

（2）在三相负荷基本平衡和稳定的情况下，利用电压表、电流表的指示数值计算视在功率

$$S=\sqrt{3}UI/1000\ (\mathrm{kV\cdot A}) \qquad 式7-50$$

（3）求出了有功功率和视在功率就可计算无功功率

$$Q=\sqrt{S^2-P^2}\ (\mathrm{kV\cdot A}) \qquad 式7-51$$

（4）根据有功功率和视在功率，可计算出功率因数

$$\cos\varphi=\frac{P}{S} \qquad 式7-52$$

**【例7-33】** 某用户配电盘装有一块500r/(kW·h)的电能表，三只100/5A的电流互感器，电压表指示在400V，电流表指示在22A，在三相电压、电流平衡稳定的情况下，测试电能表圆盘转数是60s转了5圈，求有功功率、视在功率、功率因数。

**解：** ①将数值代入式7-49得有功功率$P=12\mathrm{kW}$

②将数值代入式7-50得视在功率$S=15\mathrm{kV\cdot A}$

③由有功功率和视在功率代入式7-51，得无功功率$Q=81\mathrm{kvar}$

④由有功功率和视在功率代入式7-52，得功率因数$\cos\varphi=0.8$

（5）利用秒表现场测试电能表误差的方法。

①首先选定圆盘转数，按下式计算出电能表$N$转内的标准时间

$$T=\frac{3600N}{KP}\times \mathrm{TA}_{变比}\ (\mathrm{s}) \qquad 式7-53$$

式中：$N$—选定转数；

$P$—实际功率（kW）；

$K$—电能表常数（即每千瓦时转数）；

TA—电流互感器变比。

②根据实际测试时间（s）求电能表误差

$$\varepsilon = \frac{T - t}{t} \times 100\% \qquad \text{式7-54}$$

式中：$T$—$N$ 转的标准时间（s）；

$t$—用秒表实际测试的 $N$ 转所需的时间（s）；

注：如果计算出的是正值，电能表快；如果计算出的是负值，电能表则慢。

**【例7-34】** 某用户有一块 750r/(kW·h) 的电能表，配有 150/5A 的电流互感器，皆有 10kW 的负载，现场测试 60s 圆盘转了 5 圈，求电能表误差是多少。

**解：** ①先求出电能表转 5 圈时的标准秒数，由式 7-53 得

$$T = 72\text{s}$$

②由式 7-54 得出电能表误差 $\varepsilon = 20\%$，说明该电能表快了 20%。

用电子秒表（或用手机时间功能计时秒表），在负荷基本平衡的条件下，用秒表测出有功、无功电能表在固定的转数内所需的时间，即可利用三角形公式 $\cos\varphi = \frac{P}{\sqrt{P^2 + Q^2}}$ 得出某用户的功率因数。

当电能表的有功、无功常数相等时，按公式计算

$$\cos\varphi = \frac{t_P}{\sqrt{t_P^2 + t_Q^2}} \qquad \text{式7-55}$$

式中：$t_P$—有功电能表在测得固定匝数内所需的时间（s）；

$t_Q$—无功电能表在测得固定匝数内所需的时间（s）。

**【例7-35】** 某用户装有有功、无功电能表各一只，经测得有功电能表转 10 圈所需的时间是 80s，无功电能表转 10 圈所需的时间时 42s，求功率因数是多少。

**解：**

$$\cos\varphi = \frac{t_P}{\sqrt{t_P^2 + t_Q^2}} = \frac{80}{\sqrt{80^2 + 42^2}} = 0.89$$

当有功、无功电能表的常数不相等时，按下式计算

$$\cos\varphi = \frac{1}{\sqrt{1 + \left(\frac{n_Q t_Q}{n_P t_P}\right)^2}} \qquad \text{式7-56}$$

式中：$n_P$—有功电能表的常数；

$n_Q$—无功电能表的常数。

**【例7-36】** 某用户装有有功、无功电能表各一只，其有功电能表的常数为 500r/(kW·h)，电能表转 5 圈所需的时间是 32s，无功电能表的常数为 450r/(kW·h)，电能表转 5 圈所需的时间是 27s，求其功率因数是多少。

**解：** 将其数值代入式 7-56 得

$$\cos\varphi = \frac{1}{\sqrt{1 + \left(\frac{5 \times 27}{5 \times 32}\right)^2}} = 0.77$$

**【例7-37】**某变电所有一块单相电能表，其常数为 1kW · h=2400r；当在额定电压为 100V、额定电流为 10A 和功率因数为 0.5 的情况下做实验时，57s 铝盘转动了 20r，求该电能表的相对误差是多少。

**解**：由电能表常数 1kW · h=2400r，可求出转盘转一转时的电能量 $P$，即

$$P=\frac{1}{2400}\text{kW}\cdot\text{h}=\frac{1000}{2400}\text{W}\cdot\text{h}=\frac{1000\times3600}{2400}\text{W}\cdot\text{s}=1500\text{W}\cdot\text{s}$$

因此，转盘转动 20 转时的电能量（测定值）$M$ 应为

$$M=P\times20=1500\times20\text{W}\cdot\text{s}=30000\text{W}\cdot\text{s}$$

另外，可从试验数据求出加在电能表上的真正电能量 $T$ 为

$$T=100\times10\times0.5\times57\text{W}\cdot\text{s}=28500\text{W}\cdot\text{s}$$

所以该电能表的相对误差 $\varepsilon$ 应为

$$\varepsilon=\frac{M-T}{T}\times100\%=\frac{30000-28500}{28500}\times100\%=5.26\%$$

# 第八章　农村电网短路电流计算

短路电流计算是继电保护设计与计算工作中的重要内容，只有计算出正确的短路电流值，才能确保继电保护装置设计与整定的正确性；从而保证继电保护装置按预期要求起到保护作用。同时，短路电流计算也是电网规划中正确选择和校验高低压设备是否适合运行必不可缺少的内容。

在实际应用中，视网络的具体情况不同，而采用有名值和标幺值的两种计算方法。一般在比较简单的网络，或只需计算某一部分的短路电流时（例如农村孤立电网），可采用有名值计算；对于网络电压等级较多，结构比较复杂的电网，或者由大电网供电的农村电力网，用标幺值计算较为方便。现将两种计算方法分别予以介绍。

## 第一节　短路电流计算的步骤和方法

想要十分精确地计算短路电流有一定的困难，工程上计算短路电流时，常采用一系列的假设，其结果和实际会有一定的偏差，但对解决电网运行问题是完全可行的。这些假设是：

1）正常时三相电源对称。

2）发电机、变压器、电动机等元件的铁芯不饱和，感抗为常数。

3）变压器的励磁涌流略去不计，因而简化了变压器的等值电路。

4）在短路过程中频率不变。

5）负荷只做近似估算。

### 1. 计算短路电流时是否计其电阻的判断

总原则：当 $R_{\Sigma}<\frac{1}{3}X_{\Sigma}$时，可不计 $R$ 及 $R$ 的影响。

（1）35kV 区域短路时的判断式

$$L_{35}>\frac{U_e^2X_d}{S(3R_{35}-X_{35})}\qquad \text{式8-1}$$

式中：$L_{35}$—35kV 线路长度（km）；

$S$—电源容量（MV·A）；

$U_e$—35kV 的额定电压（kV）；

$X_d$—以 $S$ 为基准的电源电抗（Ω）；

$R_{35}$—35kV 线路电阻（Ω/km）；

$X_{35}$—35kV 线路电抗（Ω/km）。

当35kV线路长度大于表8-1中的数值时需计电阻。

**表8-1　35kV线路长度大于下表值时需计电阻**

| 导线截面/$mm^2$ | 35 | 50 | 70 | 95 |
|---|---|---|---|---|
| $\frac{U_j^2 X_d^2}{S(3R_{35}-X_{35})}$/km | 4.05 | 6.31 | 9.8 | 15.4 |

（2）10kV区域短路时的判断式

$$R_\Sigma = R_{35}L_{35}\frac{S}{U_{j(35)}^2} + R_{35}L_{10}\frac{S}{U_{j(10)}^2} \quad \text{式8-2}$$

$$X_\Sigma = X_d + X_T + R_{35}L_{35}\frac{S}{U_{j(35)}^2} + X_{10}L_{10}\frac{S}{U_{j(10)}^2} \quad \text{式8-3}$$

将以上两式代入$R_\Sigma > \frac{1}{3}X_\Sigma$中并化简，得出下面的判断式：

$$L_{10} > \frac{\left[X_d + X_T - (3R_{35} - X_{10})L_{10}\frac{S}{U_{j(10)}^2}\right]U_{j(35)}^2}{S(3R_{35} - X_{35})} \quad \text{式8-4}$$

当10kV线路长度大于表8-2中的数值时需计电阻。

**表8-2　10kV线路长度大于下表值时需计电阻**

| 主变容量/(MV·A) | 1.0 | 1.8 | 3.2 |
|---|---|---|---|
| 导线截面/$mm^2$ | 35　50 | 35　50　70　95 | 35　50　70　95 |
| $L_{10}$/km | 3.05　4.71 | 1.69　2.61　4.01　6.18 | 1.03　1.6　2.4　3.8 |
| 主变容量/(MV·A) | 5.6 | 7.5 | 10 |
| 导线截面/$mm^2$ | 35　50　75　95 | 35　50　70　95 | 35　50　70　95 |
| $L_{10}$/km | 0.63　0.97　1.50　2.30 | 0.50　0.73　1.12　1.70 | 0.35　0.55　0.84　1.30 |

## 2. 电源能否当作无限大电源的判断

当$Z_\Sigma$>3时可当作无限大电源计算。

$$\text{当 } Z_\Sigma = \sqrt{R_\Sigma^2 + X_\Sigma^2} \geqslant 3 \quad \text{式8-5}$$

其中

$$R_\Sigma = \frac{R_{35}L_{35}S}{U_{j1}^2} + \frac{R_{10}L_{10}S}{U_{j2}^2} + \cdots \quad \text{式8-6}$$

$$X_{t\Sigma} = X_d + XT\Sigma + \frac{X_{35}L_{35}S}{U_{j1}^2} + \frac{R_{10}L_{10}S}{U_{j2}^2} + \cdots \quad \text{式8-7}$$

$$X_{t\Sigma}=\frac{U_{K_1}\%}{100}+\frac{S}{S_1}+\frac{U_{K_2}\%}{100}+\frac{S}{S_2}+\cdots \qquad 式8-8$$

短路点在哪一级电压，阻抗就计算到哪一级电压上。

### 3. 短路电流计算的步骤

（1）根据计算任务和对象，绘出计算电路的单线电路图，在计算电路图上把计算短路电流时需要的各元件的额定参数都表示出来，并将各元件依次编号，以便计算短路电流。

（2）在计算电路图上，选择短路电流计算点。短路电流计算点的选择应使电气装置有最大可能的短路电流通过。

（3）由选择的短路电流计算点组成等值电路。在组成等值电路时，只需将被计算的短路电流所通过的一些阻抗表示出来。如发电机、变压器、线路等的阻抗值，在阻抗图中，短路电路的每一元件用分数表示，分子是元件的号数，分母是感抗值或复数阻抗值。由等值电路可计算短路电流的总阻抗。

### 4. 阻抗计算过程中应注意的问题

（1）由于不同电压等级的阻抗不能直接相加，所以必须把所有阻抗归算至同一电压级（称为基准电压 $U_j$）下，成为等效阻抗值。在归算时，基准电压均用该级电压的平均电压值 $U_P$ 计算，比该级线路的额定电压高出 5%。以图 8-1 来说明平均电压。

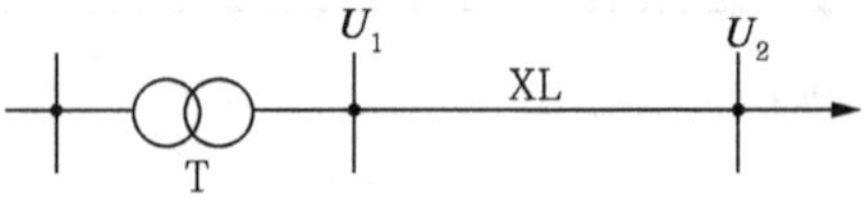


**图 8-1 系统平均电压**

图 8-1 中画出了变压器 T、线路 XL。当变压器空载运行时，线路始端有最大电压 $U_1$，当线路以满载运行时，线路始端有最小电压 $U_2$。则平均电压为

$$U_P=\frac{U_1+U_2}{2} \qquad 式8-9$$

例如 35kV 电网中，$U_1=38.5\text{kV}$，$U_2=35\text{kV}$

则
$$U_P=\frac{38.5+35}{2}\text{kV}\approx 37\text{kV}$$

在每一电压级均采用平均电压后，可以近似地认为接在这一级内的所有元件的实际电压都等于这一级的平均电压。即不再考虑元件实际电压与平均电压的差别，也不计及线路电压损耗。这种近似做法与实际情况是有差别的，不过，在计算短路电流时，这种近似所引起的误差很小，在工程计算中是允许的。工程计算中各级电压的平均额定电压结果值见表 8-3。

表8-3 各级电压的平均额定电压结果值

| 电压级/kV | 330 | 220 | 110 | 35 | 10 | 6 | 3 | 0.38 | 0.22 |
|---|---|---|---|---|---|---|---|---|---|
| 平均额定电压/kV | 345 | 230 | 115 | 37 | 10.5 | 6.3 | 3.15 | 0.4 | 0.23 |

当选择某一电压为基准电压后，凡不属于这一电压等级的阻抗，应按下式进行归算：

$$Z_{gs} = Z\frac{U_j^2}{U^2} \qquad 式8-10$$

若忽略电阻时，可用下式进行归算：

$$X_{gs} = X\frac{U_j^2}{U^2} \qquad 式8-11$$

式中：$Z_{gs}$，$X_{gs}$—归算至基准电压 $U_j$ 的阻抗、电抗值。

（2）简化阻抗图，求出综合阻抗 $Z_{zh}$。如果 $Z_{zh}$ 中的电阻不足阻抗的1/3，可略去电阻的数值。

（3）求出综合阻抗后，按下式求出三相短路故障点的短路容量：

$$S_d^{(3)} = \frac{U_j^2}{Z_{zh}}\ (\mathrm{MV \cdot A}) \qquad 式8-12$$

式中平均电压 $U_j$ 和综合阻抗 $Z_{zh}$ 的单位应分别用kV和Ω来表示。

可用下式算出零秒三相短路电流周期分量（有效值），即

$$I_{dl} = \frac{U_j/\sqrt{3}}{Z_{zh}}\ (\mathrm{kA}) \qquad 式8-13$$

式中：$U_j/\sqrt{3}$—该基准电压的相电压（kV）。

在计算不计系统短路阻抗的变压器的低压侧的短路容量时，也可按下式估算：

$$S_{dl} = \frac{S_B \times 100}{U_d\%}\ (\mathrm{kV \cdot A}) \qquad 式8-14$$

式中：$S_B$—变压器的额定容量（MV·A）；

$U_d\%$—变压器的短路电压，取百分值。

### 5. 阻抗图中各元件电抗有名值的计算

（1）发电机电抗的计算。首先从产品样本中查出它们的次暂态电抗标幺值 $X''$，然后利用下式，便可算出归算到 $U_j$ 的电抗值 $X_{fd}$

$$X_{fd} = \frac{U_j^2}{S_f}X''\ (\Omega) \qquad 式8-15$$

式中：$S_f$—发电机的额定视在功率（kV·A）

$U_j$—基准电压（kV）。

（2）变压器电抗的计算。首先从变压器产品样本中查得变压器的短路电压（阻抗电压）$U_d\%$，利用下式可求得归算到 $U_{fzh}$ 的阻抗值 $Z_{by}$。

两圈变压器：
$$X_b=\frac{U_j^2\times U_d\%}{100\times S_n}(\Omega)$$ 式8-16

三圈变压器：
$$\left.\begin{aligned}X_{Bh}&=\frac{U_{dh}\%\ U_e^2}{100S_e}(\Omega)\\X_{Bm}&=\frac{U_{dm}\%\ U_e^2}{100S_e}(\Omega)\\X_{Bl}&=\frac{U_{dl}\%\ U_e^2}{100S_e}(\Omega)\end{aligned}\right\}$$ 式8-17

（3）架空线和电缆线路电抗的计算

$$X_l=X\times L$$ 式8-18

在计算短路电流时，对于精确的计算，应以线路电抗的实测值为依据。如果没有实测值，也可采用以下经验数据：6~110kV 单回架空线路的电抗可采用每千米 0.4Ω；1000V 以下的架空线路的电抗可采用每千米 0.35Ω；35kV 电缆线路可采用每千米 0.12Ω；3~10kV 电缆线路可采用每千米 0.08Ω；1000V 以下电缆线路可采用每千米 0.06~0.07Ω。导线每千米的电阻可查表 3-2 得到。35kV 以上线路的电阻和截面大于 $50mm^2$的 6~110kV 线路的电阻，也可忽略不计。

（4）电抗器阻抗的计算

$$X_{dk}=\frac{U_{dk}\%U_e}{100\sqrt{3}I_e}(\Omega)$$ 式8-19

### 6. 与区域电力系统接入处综合阻抗的估算

当县级电网由区域性电力系统供电时，不需要画出区域电力系统的全部等效网络，而只需要得到区域电力系统与县级电网连接处的综合阻抗即可。如果不知道这部分的综合阻抗，可用下述方法进行估算。

先查得县级电网与区域电力系统连接处断路器的遮断容量，则系统的这部分综合阻抗可估算为（归算至 $U_{jzh}$）：

$$X_{xt}=\frac{U_j^2}{S_{dz}}(\Omega)$$ 式8-20

式中：$S_{dz}$—区域电力系统出线连接处断路器的遮断容量。

## 第二节　用有名值和标幺值算法计算三相短路电流

### 1. 标幺值的基本概念

进行电力系统计算时，除采用有单位的电压、电流、功率、阻抗等进行运算外，还可以采用没有单位的阻抗、电压、电流、功率等的相对值进行运算。前者称为有名值（或绝对值）法，后者称为标幺值（或相对值）法。在高压电网中，由于电压等级比较多，折算工作量较大，用有名值法计算短路电流很不方便，而用标幺值法具有计算结果清晰、便于迅速判断计算结果的正确性、可大量简化计算等优点，所以，在电压等级较多的电网中，采用标幺值法计算短路电流较为简单。标幺值、有名值、基准值之间有如下关系：

任一物理量的标幺值（$A_*$），就是该物理量的有名值（$A$）与所选定的基准值（$A_j$）之比，即

$$A\text{的标幺值}=\frac{\text{有名值}A(\text{任意量纲})}{\text{基准值}A_j(\text{与有名值同量纲})}\qquad\text{式8-21}$$

标幺值只是一个数，没有单位，其表示方法是在电参数符号的右下角加一个符号“$_*$”。例如，两台变压器额定容量的有名值为630kV · A、1600kV · A，当选定1000kV · A为容量的基准值时，则其标幺值分别为 $S_*=\frac{630}{1000}=0.63$ 及 $S_*=\frac{1600}{1000}=1.6$。

由上例可知，标幺值是某一物理量的有名值与选定的该量基准值的比值。因有名值的单位与选定的基准值的单位相同，所以标幺值没有单位。对于同一个有名值，基准值选取得不同，其标幺值也不相同。即标幺值具有相对性。因此，当提到一个量的标幺值时，必须同时说明它的基准值，否则这个量的标幺值的意义就不明确。

三相对称系统中，线电压为相电压的 $\sqrt{3}$ 倍，三相功率为单相功率的3倍，如取相电压的基准值为线电压基准值的 $\sqrt{3}$ 倍，三相功率的基准值为单相功率的3倍，则线电压和相电压的标幺值数值相等。而通过运算就会发现，标幺值的这一特点也是它的一个优点。

### 2. 标幺值的选取

采用标幺值法时，首先要选定基准值。电力系统的各电气量基准值的选择，在符合电路基本关系的前提下，原则上可以任意选取。

短路电流计算中常用到的容量、电压、电流和阻抗这四个物理量的基准值中只需任意选取其中两个。一般选电压和容量两个基准值。电流、电压、容量和阻抗的这四个物理量之间遵守欧姆定律和功率方程，这四个物理量的基准值之间也应遵守欧姆定律和功率方程。

以额定值为基准值的标幺值：

$$I_e=\frac{S_e}{\sqrt{3}U_e}\qquad\text{式8-22}$$

$$Z_e=\frac{U_e}{\sqrt{3}I_e}=\frac{U_e^2}{S_e}\qquad\text{式8-23}$$

一般标幺值用下标“$_*$”表示，如果取额定容量、额定电压为基准值，则标幺值的

下标增加一个符号“e”，即“$_{*e}$”，称为额定标幺值。为计算方便，一般取基准容量 $S_j=100\text{MV}\cdot\text{A}$；基准电压取短路计算点所在那一级的额定电压，或者平均电压。

### 3. 电力网中各元件电抗标幺值的计算

（1）发电机：
$$X_{*f}=X''_d\frac{S_j}{S_{nf}} \qquad 式8-24$$

（2）双圈变压器：
$$X_{*B}=\frac{U_d\%}{100}\frac{S_j}{S_{nb}} \qquad 式8-25$$

（3）三圈变压器：
$$\begin{cases}X_{*B.h}=\dfrac{1}{200}\times(U_{d.h-m\%}+U_{d.h-l\%}-U_{d.m-l\%})\\X_{*B.m}=\dfrac{1}{200}\times(U_{d.h-m\%}+U_{d.m-l\%}-U_{d.h-l\%})\\X_{*B.l}=\dfrac{1}{200}\times(U_{d.h-l\%}+U_{d.m-l\%}-U_{d.h-m\%})\end{cases} \qquad 式8-26$$

**注**：角注 h、m、l，分别表示变压器高压、中压和低压绕组。

（4）电抗器：
$$X_{*dk}=\frac{U_{dk}\%U_eS_j}{100\sqrt{3}I_e\,U_j^2} \qquad 式8-27$$

（5）电力线路：
$$X_{*0L}=X\frac{S_j}{U_j^2} \qquad 式8-28$$

在实际工程计算中，往往多采用取基准容量 $S_j=100\text{MV}\cdot\text{A}$，基准电压 $U_j$=平均电压 $U_p$（见表8-3）。基准电压 $U_j$、基准电流 $I_j$ 和基准电抗 $X_j$ 分别用下式求得：

$$I_j=\frac{S_j}{\sqrt{3}U_j} \qquad 式8-29$$

即
$$U_j=U_p=1.05U_e\ (\text{kV}) \qquad 式8-30$$

此时
$$I_j=\frac{S_j}{\sqrt{3}U_j} \qquad 式8-31$$

$$X_j=\frac{U_j}{\sqrt{3}I_j}=\frac{U_j^2}{S_j}\ (\Omega) \qquad 式8-32$$

$$U_{*j}=\frac{U}{U_j} \qquad 式8-33$$

$$I_{*j}=\frac{I}{I_j} \qquad 式8-34$$

$$S_{*j}=\frac{S}{S_j} \qquad 式8-35$$

$$X_{*j}=\frac{X}{X_j}=\frac{\sqrt{3}I_jX}{U_j}=\frac{S_jX}{U_j^2} \qquad 式8-36$$

### 4. 三相短路冲击电流、短路全电流最大有效值和三相短路容量的计算

（1）三相短路冲击电流：

$$i_{ch} = k_{ch}\sqrt{2}I'' \qquad \text{式8-37}$$

（2）短路全电流最大有效值：

$$I_{ch} = I''\sqrt{1 + 2(k_{ch} - 1)^2} \qquad \text{式8-38}$$

（3）三相短路容量：

$$S_d = \sqrt{3}U_p I'' \qquad \text{式8-39}$$

式中：$I''$—超瞬变短路电流有效值（kA）；

$k_{ch}$—短路电流冲击系数，$k_{ch} = (1 + e^{-\frac{t}{T_f}})$；

$T_f$—非周期分量 $i_f$ 的衰减时间常数（s）。

$k_{ch}$ 值由电路中的电阻和电抗决定。因为 $T_f = \frac{X_\Sigma}{2\pi f R_\Sigma} = \frac{X_\Sigma}{3.14R_\Sigma}$，$X_\Sigma$ 为假定在短路电路没有电阻的条件下所求得的短路总电抗（Ω），$R_\Sigma$ 为假定在短路电路没有电抗的条件下所求得的短路电路总电阻（Ω）。如果电路只考虑电抗，$R_\Sigma = 0$，则 $k_{ch} = 1$，可见 $2 \geqslant k_{ch} \geqslant 1$。

在主要为电阻（$R_\Sigma > X_\Sigma/3$）的高压电路中，$T_f$约为 0.05s，可取 $k_{ch} = 1.8$，故有

$$i_{ch} = 1.8\sqrt{2}I'' = 2.55I'',\ I_{ch} = 1.52I'' \qquad \text{式8-40}$$

在主要为电阻（$R_\Sigma > X_\Sigma/3$）的电路中，发生短路时短路电流周期分量衰减较快，可取 $k_{ch} = 1.3$，故有

$$i_{ch} = 1.3\sqrt{2}I'' = 1.84I'',\ I_{ch} = 1.09I'' \qquad \text{式8-41}$$

### 5. 短路电流计算中常用的参数结果值

为方便短路电流计算，工程中把实际计算过程中所用到的各级电压的相电压结果值、各级电压的 $\sqrt{3}$ 倍线电压结果值、各级电压的平方结果值、常用基准值、各类元件的电抗平均值、电路元件的阻抗标幺值及有名值和短路容量的换算公式制成表格，分别见表 8-4~表 8-9。

**表8-4　各级电压的相电压结果值**

| $U_{线}$/kV | 345 | 230 | 162 | 115 | 63 | 37 | 15.75 | 10.5 | 6.3 | 3.15 |
|---|---|---|---|---|---|---|---|---|---|---|
| $U_{相}$/kV | 199 | 132.8 | 93.5 | 66.4 | 36.37 | 21.36 | 9.09 | 6.06 | 3.637 | 1.82 |

**表8-5　各级电压的 $\sqrt{3}$ 倍线电压结果值**

| $U_{线}$/kV | 345 | 230 | 162 | 115 | 63 | 37 | 15.75 | 10.5 | 6.3 | 3.15 |
|---|---|---|---|---|---|---|---|---|---|---|
| $\sqrt{3}$ 倍/kV | 597.5 | 398.3 | 280.5 | 199.2 | 109 | 64.08 | 27.28 | 18.2 | 10.9 | 5.45 |

**表8-6 各级电压的平方结果值**

| $U_{线}$/kV | 345 | 230 | 162 | 115 | 63 | 37 | 15.75 | 10.5 | 6.3 | 3.15 |
|---|---|---|---|---|---|---|---|---|---|---|
| $U_{线}^2$/kV | 119025 | 52900 | 26244 | 13225 | 3969 | 1369 | 248 | 110.25 | 39.69 | 9.92 |

**表8-7 常用基准值表（容量 $S_j$=100MV·A）**

| 基准电压 $U_j$/kV | 3.15 | 6.3 | 10.5 | 15.75 | 37 | 115 |
|---|---|---|---|---|---|---|
| 基准电流 $I_j$/kA | 18.3 | 9.16 | 5.5 | 3.66 | 1.56 | 0.502 |
| 基准电抗 $X_g$/Ω | 0.0995 | 0.397 | 1.10 | 2.49 | 13.7 | 132 |

**表8-8 各类元件的电抗平均值**

| 序号 | 元件名称 | | 电抗平均值 | | | 备注 |
|---|---|---|---|---|---|---|
| | | | $X''_d$或$X_1$ | $X_2$ | $X_0$ | |
| 1 | 中容量汽轮发电机 | | $X''_d$ = 12.5% | 16% | 6% | |
| 2 | 有阻尼绕组的水轮发电机 | | $X''_d$ = 20% | 25% | 7% | |
| 3 | 无阻尼绕组的水轮发电机 | | $X''_d$ = 27% | 45% | 7% | |
| 4 | 同步调相机 | | $X''_d$ = 16% | 24% | 8% | |
| 5 | 大型同步电动机 | | $X''_d$ = 20% | 24% | 8% | |
| 6 | 异步电动机 | | $X''_d$ = 20% | — | — | |
| 7 | 1kV 三芯电缆 | | $X_1=X_2$=0.06（Ω/km） | | 0.7（Ω/km） | |
| 8 | 1kV 四芯电缆 | | $X_1=X_2$=0.006（Ω/km） | | 0.17（Ω/km） | |
| 9 | 6~10kV 三芯电缆 | | $X_1=X_2$=0.08（Ω/km） | | $X_0=3.5X_1$=0.28（Ω/km） | |
| 10 | 20kV 三芯电缆 | | $X_1=X_2$=0.11（Ω/km） | | $X_0=3.5X_1$=0.38（Ω/km） | |
| 11 | 35kV 三芯电缆 | | $X_1=X_2$=0.12（Ω/km） | | $X_0=3.5X_1$=0.42（Ω/km） | |
| 12 | 无避雷线的架空输电线路 | 单回路 | | | $X_0=3.5X_1$=1.4（Ω/km） | |
| 13 | | 双回路 | | | $X_0=3.5X_1$=2.2（Ω/km） | 系每回路数值 |
| 14 | 有钢质避雷线的架空输电线路 | 单回路 | $X_1=X_2$=0.4（Ω/km） | | $X_0=3.5X_1$=1.2（Ω/km） | |
| 15 | | 双回路 | | | $X_0=3.5X_1$=2.0（Ω/km） | 系每回路数值 |
| 16 | 有良导体避雷线的架空输电线路 | 单回路 | | | $X_0=3.5X_1$=0.8（Ω/km） | |
| 17 | | 双回路 | | | $X_0=3.5X_1$=1.2（Ω/km） | 系每回路数值 |

**表8-9　电路元件阻抗标幺值、有名值和短路容量的换算公式**

| 序号 | 元件名称 | 标幺值 | 有名值/Ω | 短路容量/(MV·A) |
|---|---|---|---|---|
| 1 | 发电机<br>(或电动机) | $X''_{*d}=\frac{X''_d\%}{100}\frac{S_j}{S_e}=X''_d\frac{S_j}{S_e}$ | $X''_d=\frac{X''_d\%}{100}\cdot\frac{U^2}{S_e}$ | $S_d=\frac{100S_e}{X_d}$ |
| 2 | 变压器 | $R_{*b}=P_d\frac{S_j}{e^2S}\times10^{-3}$<br>$X_{*b}=\sqrt{b^2Z_+R_b^2}$<br>$Z_{*b}=\frac{U_d\%}{100}\cdot\frac{S_j}{S_e}$<br>当电阻忽略不计时，<br>$X_{*b}=\frac{U_d\%}{100}\cdot\frac{S_j}{S_e}$ | $R_b=\frac{P_d}{3I_e^2}\times10^{-3}$<br>$=\frac{P_dU_e^2}{S_e^2}\times10^{-3}$<br>$X_b=\sqrt{Z_b^2+R_b^2}$<br>$Z_b=\frac{U_d\%}{100}\cdot\frac{U_e^2}{S_e}$<br>当电阻允许忽略不计时<br>$X_b=\frac{U_d\%}{100}\cdot\frac{U_e^2}{S_e}$ | $S_d=\frac{100S_e}{U_d\%}$ |
| 3 | 电抗器 | $X_{*k}=\frac{X_k\%}{100}\cdot\frac{U_e}{\sqrt{3}I_e}\cdot\frac{S_j}{U_p^2}$<br>$=\frac{X_k\%}{100}\cdot\frac{U_e}{I_e}\cdot\frac{I_j}{U_p}$ | $X_k=\frac{X_k\%}{100}\cdot\frac{U_e}{\sqrt{3}I_e}$ | $S_d=\frac{100\sqrt{3}I_eU_p^2}{X_k\%U_e}$ |
| 4 | 线路 | $X_*=X\frac{S_j}{U_p^2}$<br>$R_*=R\frac{S_j}{U_p^2}$ | | $S_d=\frac{U_p^2}{X}$ |
| 5 | 电力系统<br>(已知短路<br>容量 $S_{ds}$) | $X_{*x}=\frac{S_j}{S_{ds}}$ | $X_x=\frac{U_e^2}{S_{ds}}$ | $S_d=S_{ds}$ |

符号说明

$S_e$—发电机（电动机）或变压器的额定容量（kV·A），对于三绕组变压器，$S_e$指最大容量绕组的额定容量；$X''_d$—发电机（电动机）的超瞬变电抗相对值；$X''_d\%$—发电机（电动机）的超瞬变电抗百分数；$U_d\%$—变压器阻抗电压百分数；$X_k\%$—电抗器的百分数；$P_d$—变压器短路损耗（kW）；$U_e$—额定电压（kV）；$I_e$—额定电流（kA）；$U_p$—元件所在级的平均额定电压（kV）；$X$、$R$—线路每相电抗值和电阻值（Ω）；$S_{dx}$—系统短路容量（MV·A）；$S_j$—基准容量（MV·A）。

## 6. 网络的变换与化简

按照上面的方法将各元件阻抗换算到标幺值后，根据系统的结线方式绘制出单线阻抗图（假定阻抗图中所有电源的电势相等），即系统的等值网络。这时短路电流的计算便与一般交流电路的计算完全相同。为了便于计算，通常需要进行网络的归并与简化。阻抗合并时的计算公式，见表 8-10。假定阻抗图中的所有电源的电势相等。

**表8-10　网络阻抗归并与简化计算公式**

| 序号 | 变换名称 | 变换符号 | 变换前的网络 | 变换后的网络 | 变换后网络元件的阻抗 |
|---|---|---|---|---|---|
| 1 | 串联 | + | 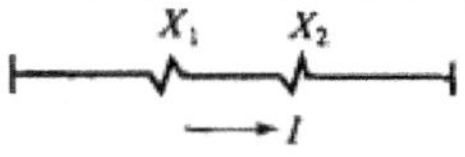 | 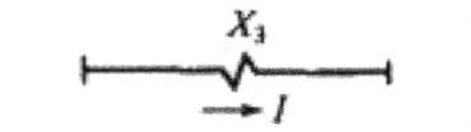 | $X_\Sigma = X_1 + X_2 + \cdots + X_n$ |
| 2 | 并联 | // | 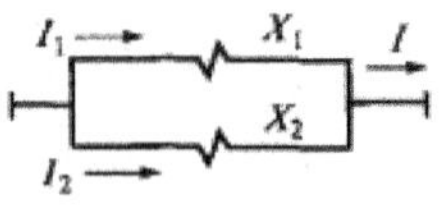 | 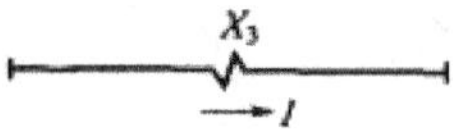 | $X_\Sigma = \dfrac{1}{\dfrac{1}{X_1} + \dfrac{1}{X_2} + \cdots + \dfrac{1}{X_n}}$ 当只有两支时 $X_\Sigma = \dfrac{X_1 X_2}{X_1 + X_2}$ |
| 3 | 三角形变成等值星形 | Δ/Y | 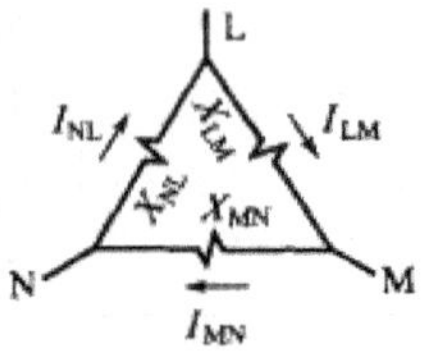 | 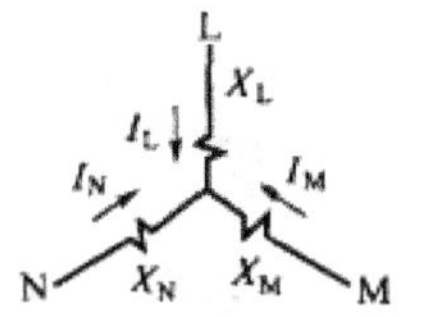 | $X_L = \dfrac{X_{LM} X_{NL}}{X_{LM} + X_{MN} + X_{NL}}$ $X_M = \dfrac{X_{LM} X_{MN}}{X_{LM} + X_{MN} + X_{NL}}$ $X_N = \dfrac{X_{MN} X_{NL}}{X_{LM} + X_{MN} + X_{NL}}$ |
| 4 | 星形变成等值三角形 | Y/Δ | 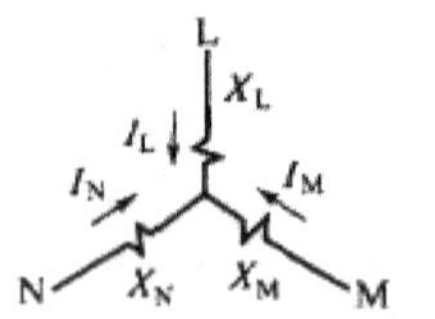 | 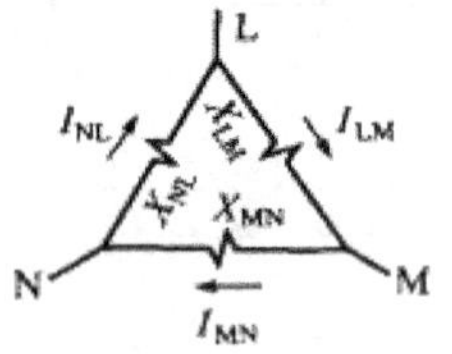 | $X_{LM} = X_L + X_M + \dfrac{X_L X_M}{X_N}$ $X_{MN} = X_M + X_N + \dfrac{X_M X_N}{X_L}$ $X_{NL} = X_N + X_L + \dfrac{X_N X_L}{X_M}$ |
| 5 | 四角形变成有对角线的四边形 | +/ | 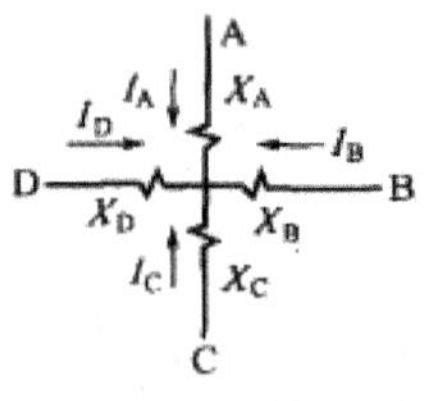 | 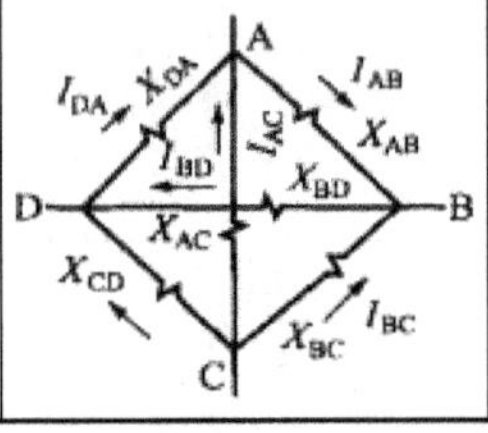 | $X_{AB} = X_A X_B \Sigma Y$ $X_{BC} = X_B X_C \Sigma Y$ $X_{AC} = X_A X_C \Sigma Y$ ⋮ 式中：$\Sigma Y = \dfrac{1}{X_A} + \dfrac{1}{X_B} + \dfrac{1}{X_C} + \dfrac{1}{X_D}$ |

**【例8-1】** 某供电局规划新建一座 35kV 变电所 B，如图 8-2 所示，由图可知，B 有一回 35kV 线路与系统 A 变电所通过断路器 1DL 相连接，系统归算至 A 点的 37kV 电压级的电抗有名值为 4Ω，另有一回 10kV 出线与附近的小水电站 C 连接，为确定 35kV 及 10kV 断路器的规范，试计算 $d_1$ 点和 $d_2$ 点短路时的三相短路电流及短路容量。各元件的参数已标注在图 8-2 中。

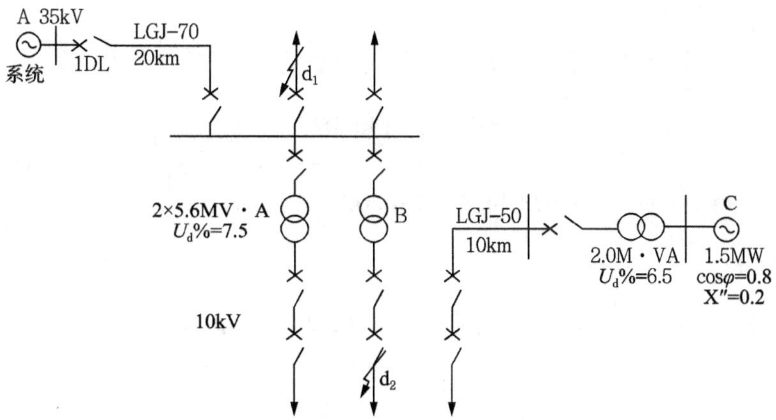


**图 8-2　变电所电气主接线示意图**

**解**：(1) 根据已知条件计算各元件阻抗，并归算到 $U_{jzh}=37\text{kV}$

①系统阻抗（已归算）

$$X_{xt}=4\Omega$$

②线路阻抗

AB 段　　$X_{AB}=0.4\times 20=8\Omega$

BC 段　　$X_{BC}=X_0 l\dfrac{U_j^2}{U^2}=0.4\times 10\times\left(\dfrac{37^2}{10.5^2}\right)\Omega=49.67\Omega$

③变压器的阻抗

5.6MV・A 变压器阻抗

$$X_{by}=\frac{U_j^2\times U_d\%}{S_B\times 100}=\frac{37^2\times 7.5}{5.6\times 100}\Omega=18.33\Omega$$

2.0MV・A 变压器阻抗

$$X_{by}=\frac{U_j^2\times U_d\%}{S_B\times 100}=\frac{37^2\times 6.5}{2.0\times 100}\Omega=44.49\Omega$$

④发电机阻抗

$$X_{*fd}=X''\frac{U_j^2}{S_f}=0.2\times\frac{37^2}{\dfrac{1.5}{0.8}}\Omega=146.02\Omega$$

(2) 将以上计算结果标入阻抗图 8-3 中

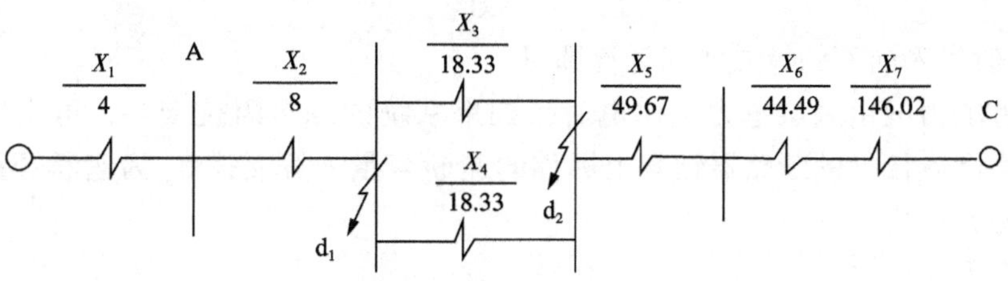


**图 8-3　等值电抗图**

（3）计算综合阻抗

$d_1$点短路时，等效阻抗图变成两组阻抗并联的电路，则综合阻抗为

$$X_{\Sigma 1}=\frac{(4+8)\times\left(\frac{18.33}{2}+49.67+44.49+146.02\right)}{4+8+\frac{18.33}{2}+49.67+44.49+146.02}\Omega=\frac{2992.14}{261.345}\Omega=11.45\Omega$$

$d_2$点短路时，综合阻抗为

$$X_{\Sigma 2}=\frac{\left[(4+8)+\left(\frac{18.33}{2}\right)\right]\times(49.67+44.49+146.02)}{261.345}\Omega=19.45\Omega$$

（4）计算短路电流及短路容量

$d_1$点短路时三相短路电流

$$I_{d_1}=\frac{\frac{U_{jzh}}{\sqrt{3}}}{X_{\Sigma 1}}=\frac{\frac{37}{\sqrt{3}}}{11.45}\text{kA}=1.866\text{kA}$$

$d_2$点短路时三相短路电流

$$I_{d_2}=\frac{\frac{U_{jzh}}{\sqrt{3}}}{X_{\Sigma 1}}=\frac{\frac{37}{\sqrt{3}}}{19.45}\text{kA}=1.098\text{kA}$$

归算到10.5kV，则

$$I_{d_2}=1.098\times\frac{37}{10.5}\text{kA}=3.869\text{kA}$$

短路容量：

$$S_{d_1}=\frac{37^2}{11.45}\text{MV}\cdot\text{A}=119.5\text{MV}\cdot\text{A}$$

$$S_{d_2}=\frac{37^2}{19.45}\text{MV}\cdot\text{A}=70.38\text{MV}\cdot\text{A}$$

当系统的电抗未知时，可查与系统连接处的断路器使用说明书，例如查得1DL断路器的型号是ZN85-40.5，其额定遮断容量为$S_{dz}=1000\text{MV}\cdot\text{A}$，即可用公式求得系统归算到这一点的综合电抗：

$$X_{xt}=\frac{U_j^2}{S_{dz}}=\frac{37^2}{1000}\Omega=1.369\Omega$$

将$X_{xt}$值代入前面的等效网络计算即可。

当地方电力网由区域电力网供电时，如果系统的综合阻抗未知，可用地方电力网与区域电力网连接处的断路器铭牌上标称的遮断容量估算。设$S_{nz}$为遮断容量，则系统综合阻抗标幺值为

$$X_{x*}=\frac{1}{S_{nz}}\Omega$$

**【例8-2】** 用标幺值法重算例8-1的网络。

**解：** 取系统基准容量 $S_j=100\text{MV}\cdot\text{A}$，基准电压 $U_j$ = 平均电压 $U_{PV}$

（1）计算各元件的电抗标幺值

①系统 $X_{xt*}=4\Omega$

由表8-3、表8-7查得 $U_j=37\text{kV}$，$X_j=13.7\Omega$，由公式得

$$X_{xt*}=\frac{X_{xt}}{X_j}=\frac{4}{13.7}=0.292$$

②线路：由公式8-28得

$$\text{AB 线（35kV）：AB 段 } X_{AB*}=X\frac{S_j}{U_j^2}=0.4\times20\times\frac{100}{37^2}=0.584$$

$$\text{BC 段（10kV）}\quad X_{BC*}=0.4\times10\times\frac{100}{10.5^2}=3.628$$

③变压器：由公式8-25得

5.6MV·A 变压器：

$$X_{B*}=\frac{7.5}{100}\times\frac{100}{5.6}=1.339$$

2.0MV·A 变压器：

$$X_{B*}=\frac{6.5}{100}\times\frac{100}{2}=3.25$$

④发电机：由公式8-24得

$$X_{f*}=0.2\times\frac{100}{\frac{1.5}{0.8}}=10.667$$

将以上数据标注在图8-4中。

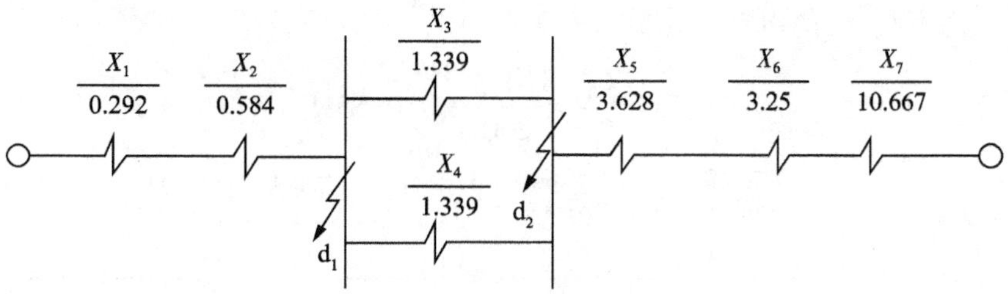


**图 8-4　网络等值电抗示意图**

（2）短路电流及短路容量的计算

①$d_1$ 点短路

综合电抗标幺值

$$X_{\Sigma1*}=\frac{(0.292+0.584)\times(1.339/2+3.628+3.25+10.667)}{0.292+0.584+1.339/2+3.628+3.25+10.667}=\frac{15.955}{19.09}=0.836$$

短路电流标幺值：

$$I_{d_1*}=\frac{1}{0.836}=1.196$$

短路电流有名值：

$$I_d = I_{d*} \times I_j = 1.196 \times 1.56\text{kA} = 1.866\text{kA}$$

短路容量有名值：

$$S_d = I_{d*} \times S_j = 1.196 \times 100\text{MV} \cdot \text{A} = 119.6\text{MV} \cdot \text{A}$$

②$d_2$点短路

综合阻抗标幺值：

$$X_{\Sigma 2*} = \frac{(0.292 + 0.584 + 1.339/2) \times (3.628 + 3.25 + 10.667)}{19.09} = 1.42$$

短路电流标幺值：

$$I_{d_2*} = \frac{1}{1.42} = 0.704$$

短路电流有名值：

$$I'_{d_2} = I_{d*} \times I_j = 0.704 \times 1.56\text{kA} = 1.098\text{kA}$$

10kV 侧短路电流有名值（由表 8-7 查得 $U_j = 10.5$，$I_j = 5.5$）为

$$I'_{d_2} = I_{d_2*} \times I_j = 0.704 \times 5.5\text{kA} = 3.870\text{kA}$$

短路容量有名值：

$$S_{d_2} = I_{d_2*} \times S_j = 0.704 \times 100\text{MV} \cdot \text{A} = 70.4\text{MV} \cdot \text{A}$$

由此可见，上述两种计算方法所得的结果是一致的。

**【例8-3】**某厂供电系统接线图如图 8-5（a）所示，已知电力系统的短路容量（即出口断路器的遮断容量）为 200MV · A，变压器的阻抗电压为 4.5%，试求该厂配电所 $d_1$点和车间变电所 $d_2$点的三相短路电流。

**解：（一）求 $d_1$点短路电流（$U_{pj} = 10.5\text{kV}$）**

1. 计算短路电路中各元件的电抗及总电抗

（1）电力系统 $X_{xt}$的电抗：由式 8-20 得

$$X_{xt} = \frac{U_j^2}{S_{dz}} = \frac{10.5^2}{200}\Omega = 0.55\Omega$$

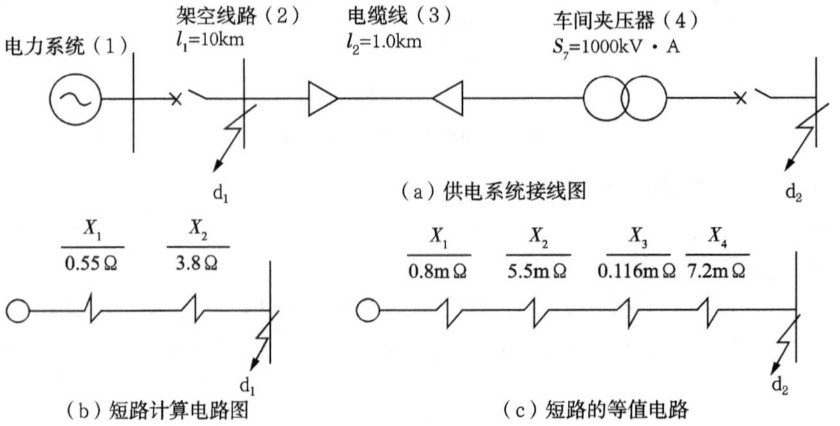


图 8-5 【例 8-3】图

（2）架空线 $l_1$ 的电抗（见表 8-11）：

**表8-11　电力线路每相的电抗平均值（Ω/km）**

| 线路类别 | 线路电压 | |
|---|---|---|
| | 6~10kV | 380/220V |
| 架空线路 | 0.38 | 0.32 |
| 电缆线路 | 0.08 | 0.066 |

查表 8-11 得 $X_0=0.38\Omega/\text{km}$，则

$$X_{l_1}=0.38\times10\Omega=3.8\Omega$$

（3）$d_1$ 点短路的总电抗：

$$X_\Sigma=X_{xt}+X_{l_1}=0.55\Omega+3.8\Omega=4.35\Omega$$

2. 计算 $d_1$ 点的三相短路电流

（1）三相短路电流周期分量有效值，由下式得

$$I_{d_1}^{(3)}=\frac{U_{pj}}{\sqrt{3}X_\Sigma}=\frac{10.5}{\sqrt{3}\times4.35}\text{kA}=1.39\text{kA}$$

（2）三相次暂态短路电流 $I''$、0.2$s$ 短路电流 $I_{0.2}$ 及短路稳态电流 $I_\infty$：

$$I''^{(3)}=I_{0.2}^{(3)}=I_\infty^{(3)}=I_{d_1}^{(3)}$$

（3）短路冲击电流 $i_{cj}^{(3)}$ 及第一个周期短路全电流有效值 $I_{cj}^{(3)}$；

由下式得

$$i_{cj}^{(3)}=2.55I''^{(3)}=2.55\times1.39\text{kA}=3.55\text{kA}$$

由下式得

$$I_{cj}^{(3)}=1.52I''^{(3)}=1.52\times1.39\text{kA}=2.1\text{kA}$$

## （二）求 $d_2$ 点的短路电流（$U'_{pj}=0.4\text{kV}$）

1. 计算短路电路中各元件的电抗及总电抗

（1）电力系统 $X_{xt}$ 的电抗：

$$X_{xt}=\frac{U_j^2}{S_{dz}}=\frac{(0.4)^2}{200}\times10^3\text{m}\Omega=0.8\text{m}\Omega$$

（2）架空线 $l_1$ 的电抗：

$$X'_{l_1}=0.38\times10\times\left(\frac{0.4}{10.5}\right)^2\times10^3\text{m}\Omega=5.5\text{m}\Omega$$

（3）电缆线 $l_2$ 的电抗：

查表 8-11 得 $X_0=0.08\Omega/\text{km}$，因此，由下式进行换算得

$$X'_{l_2}=0.08\times1\times\left(\frac{0.4}{10.5}\right)^2\times10^3\text{m}\Omega=0.116\text{m}\Omega$$

(4) 电力变压器 B 的电抗：

$$X_B=\frac{10\times 4.5\times 0.4^2}{1000}\times 10^3\text{m}\Omega=7.2\text{m}\Omega$$

(5) $d_2$ 点短路的总电抗：

$$X'_{\Sigma}=X'_{xt}+X'_{l_1}+X'_{l_2}+X_B=0.8\text{m}\Omega+5.5\text{m}\Omega+0.116\text{m}\Omega+7.2\text{m}\Omega=13.6\text{m}\Omega$$

2. 计算 $d_2$ 点的三相短路电流

(1) 三相短路电流周期分量有效值，由下式得

$$I_{d_2}^{(3)}=\frac{U'_{pj}}{\sqrt{3}X'_{\Sigma}}=\frac{400}{\sqrt{3}\times 13.6}\text{kA}=17\text{kA}$$

(2) 三相次暂态短路电流 $I''^{(3)}$、0.2$s$ 短路电流 $I_{0.2}$ 及短路稳态电流 $I_{\infty}$：

$$I_{0.2}^{(3)}=I''^{(3)}=I_{\infty}^{(3)}=I_{d_2}^{(3)}\ I_{d_2}^{(3)}=17\text{kA}$$

(3) 短路冲击电流 $i_{cj}^{(3)}$ 及第一个周期短路全电流有效值 $I_{cj}^{(3)}$；

由下式得

$$i_{cj}^{(3)}=1.84I''^{(3)}=1.84\times 17\text{kA}=31.4\text{kA}$$

由下式得

$$I_{cj}^{(3)}=1.09I''^{(3)}\text{kA}=1.09\times 17\text{kA}=18.5\text{kA}$$

计算结果见表 8-12。

**表8-12 【例 8-3】的短路电流计算结果**

| 短路计算点 | 短路电流/kA | | | | | |
|---|---|---|---|---|---|---|
| | $I_d^{(3)}$ | $I''^{(3)}$ | $I_{0.2}^{(3)}$ | $I_{\infty}^{(3)}$ | $i_{cj}^{(3)}$ | $I_{cj}^{(3)}$ |
| $d_1$ | 1.39 | 1.39 | 1.39 | 1.39 | 3.55 | 2.1 |
| $d_2$ | 17 | 17 | 17 | 17 | 31.3 | 18.5 |

**【例8-4】** 有一个供电网络，如图 8-6 所示，各元件参数标注于图 8-6a 中。试计算短路点 $d_1^{(3)}$ 和 $d_2^{(3)}$ 的短路回路总电抗的标幺值以及三相稳态短路电流。

**解：** 根据图中已知条件，选 $S_j=100\text{MV}\cdot\text{A}$，$U_j=U_p$

先作 $d_1^{(3)}$ 点短路的等值电路，如图 8-6（b）、（c）、（d）所示。

$$X_{1*}=X_{2*}=0.125\times\frac{100}{15}=0.83$$

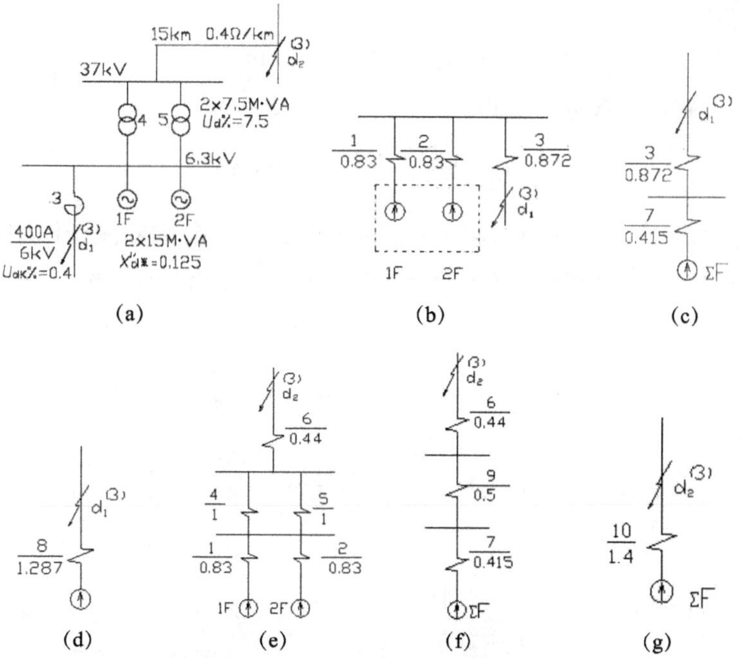


图 8-6　【例 8-4】的电路

$$X_{3*}=\frac{4}{100}\times\frac{6}{\sqrt{3}\times0.4}\times\frac{100}{6.3^2}=0.872$$

图中虚线连接的两点是等电位，故可将两个电势合并为一个，合并后其电势的大小不变，而容量等于两台发电机之和。

$$X_{7*}=\frac{1}{2}\times0.83=0.415$$

$d_1^{(3)}$点短路回路总电抗如图 8-6（d）所示

$$X_{8*}=0.415+0.872=1.287$$

三相稳态短路电流根据下式得

$$I_{d6.3}^{(3)}=\frac{I_j}{X_{\Sigma*}}=\frac{9.16}{1.287}=7.117\ (\text{kA})$$

$d_2^{(3)}$点短路的等值电路如图 8-6（e）、（f）、（g）所示

$$X_{4*}=X_{5*}=\frac{7.5}{100}\times\frac{100}{7.5}=1$$

$$X_{6*}=X_{x*j}=0.4\times15\times\frac{100}{37^2}=0.44$$

$$X_{7*}=\frac{1}{2}\times0.83=0.415$$

$$X_{9*}=\frac{1}{2}=0.5$$

短路回路总电抗：

$$X_{10*} = 0.415 + 0.5 + 0.44 \approx 1.4$$

三相稳态短路电流根据下式得

$$I_{d_{37}}^{(3)} = \frac{1.56}{1.4} = 1.114\ (\text{kA})$$

**【例8-5】** 有一个供电网路如图 8-7a 所示，各元件参数标注于图中。求电路中 $d_3$ 点三相短路时短路回路总电抗及稳态三相短路电流值［图 8-7（b）］。

**解**：选 $S_j = 100\text{MV}\cdot\text{A}$，$U_j = U_p$

$$X_{1*} = X''_{d*}\frac{S_j}{S_f} = 0.123 \times \frac{100}{31.25} = 0.39$$

$$X_{2*} = X''_{d*}\frac{S_j}{S_f} = 0.126 \times \frac{100}{15} = 0.84$$

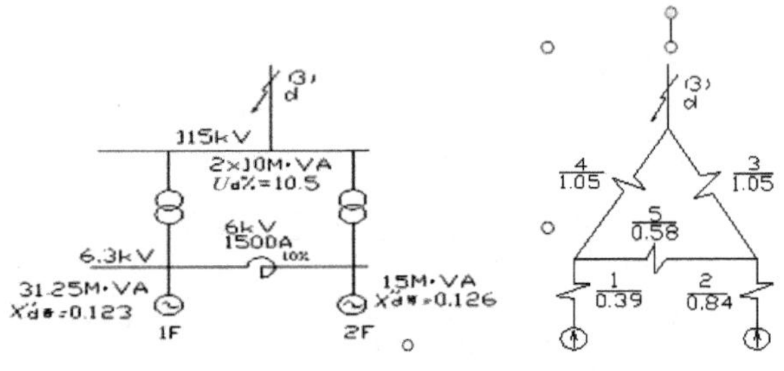


（a）　　（b）

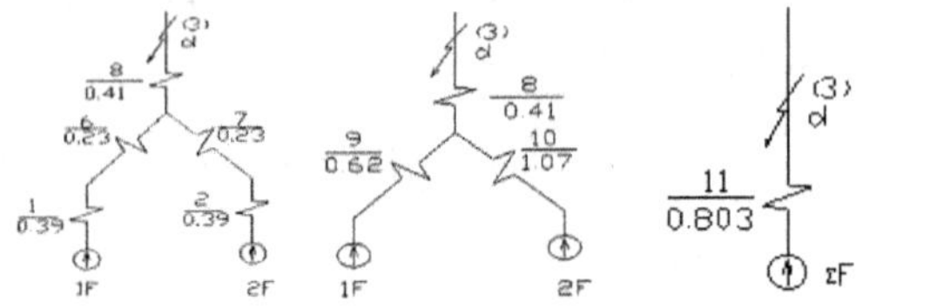


（c）　　（d）　　（e）

**图 8-7　【例 8-5】的电气结线图和电路阻抗图**

$$X_{3*} = X_{4*} = X_{B*j} = \frac{U_{d_1}\%}{100} \times \frac{S_j}{S_B} = \frac{10.5}{100} \times \frac{100}{10} = 1.05$$

$$X_{5*} = X_{dk*} = \frac{U_{d_1}\%}{100} \times \frac{U_{dke}}{\sqrt{3}I_{dke}} \times \frac{S_j}{U_p^2} = \frac{10}{100} \times \frac{6}{\sqrt{3} \times 1.5} \times \frac{100}{6.3^2} = 0.58$$

将三角形电路变成等值星形电路：

$$X_{6*} = X_{7*} = \frac{1.05 \times 0.58}{1.05 + 1.05 + 0.58} = 0.23$$

$$X_{8*} = \frac{1.05 \times 1.05}{1.05 + 10.5 + 0.58} = 0.41$$

$$X_{9*} = 0.39 + 0.23 = 0.62$$

$$X_{10*} = 0.84 + 0.23 = 1.07$$

短路回路总电抗 $X_\Sigma$

$$X_{11*}=\frac{0.62\times1.07}{0.62+1.07}=0.803$$

$$I_{d110}^{(3)}=\frac{I_j}{X_{\Sigma*}}=\frac{0.502}{0.803}=625\ (A)$$

**【例8-6】**系统各元件技术参数见表8-13，其等值电路如图8-8所示，试用标幺值计算d点三相对称短路电流。

**表8-13　系统各元件技术参数**

| 发电机（F） | 变压器（$B_1$） | 架空线（$X_1$） | 变压器（$B_2$） | 电抗器（DK） | 电缆（$X_2$） |
|---|---|---|---|---|---|
| $P=25MW$<br>$X''_*=0.12$<br>$\cos\varphi=0.8$ | 31.5MV·A<br>$U_d\%=10.5$ | 80km<br>0.4Ω/km | 15MV·A<br>110/6.3kV<br>$U_d\%=10.5$ | 6kV<br>0.3kA<br>$U_{dk}\%=5$ | 2.5km<br>0.08Ω/km |

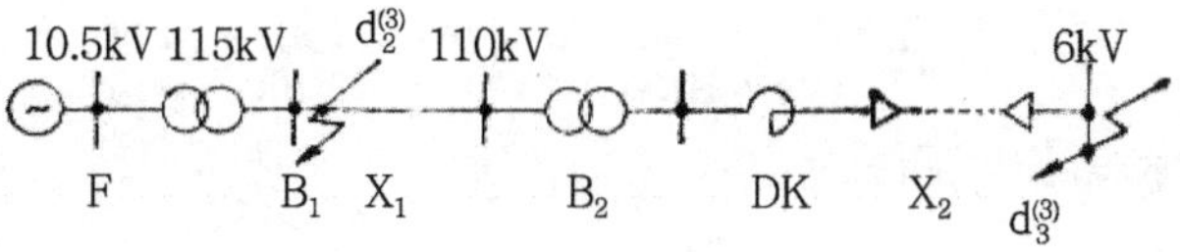


（a）接线图

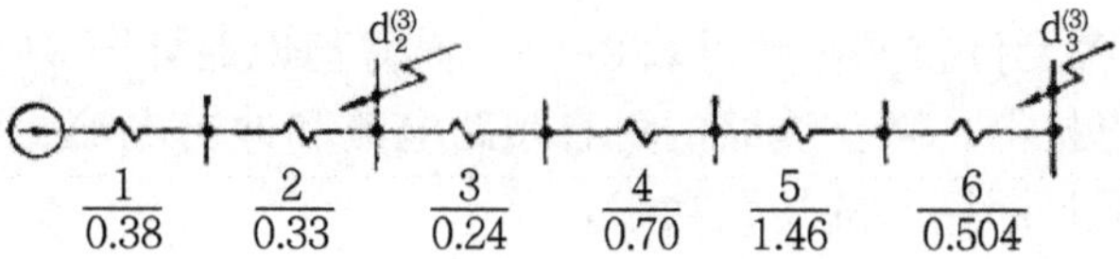


（b）等值电路图

**图8-8　短路回路短路电流计算**

**解：**先计算各元件标幺电抗

发电机（F）　$X''_{1*}\frac{S_j}{S_{nf}}=0.12\times\frac{100}{25/0.8}=\frac{12\times0.8}{25}=0.38$

双圈变压器（$B_1$）　$X_{2*}=\frac{U_d\%}{100}\frac{S_j}{S_{nb}}=\frac{10.5}{100}\times\frac{100}{31.5}=0.33$

电力线路（$X_1$）　$X_{3*}=X\frac{S_j}{U_j^2}=0.4\times80\times\frac{100}{115^2}=0.24$

双圈变压器（$B_2$）　$X_{4*}=\frac{U_d\%}{100}\frac{S_j}{S_{nb}}=\frac{10.5}{100}\times\frac{100}{15}=0.7$

电抗器　$X_{5*}=\frac{U_{dk}\%U_eS_j}{100\sqrt{3}I_eU_j^2}=\frac{5\times6\times100}{100\times\sqrt{3}\times0.3\times6.3^2}=1.46$

电缆（$X_2$）　$X_{6*}=0.08\times2.5\times\frac{100}{6.3^2}=0.504$

$d_3^{(3)}$ 短路的总电抗　$X_{*\Sigma}=0.38+0.33+0.24+0.7+1.46+0.504=3.61$

$d_2^{(3)}$ 短路的总电抗 $X_{*\Sigma}=0.38+0.33=0.71$

再计算 $d_2^{(3)}$、$d_3^{(3)}$ 点短路时的次暂态电流标幺值和通过发电机、电缆的实际短路电流值。

$d_2^{(3)}$ 点短路时 $X_{*\Sigma}=0.71$

$$I''^{(3)}_{*}=\frac{1}{X_{*\Sigma}}=\frac{1}{0.71}=1.42(\text{取}K=1)$$

通过发电机的实际短路电流值为

$$I''^{(3)}=1.42\times\frac{100}{\sqrt{3}\times10.5}=1.42\times5.5\text{kA}=7.8\text{kA}$$

$d_3^{(3)}$ 点短路时 $X_{*\Sigma}=3.61$

$$I''^{(3)}_{*}=\frac{1}{X_{*\Sigma}}=\frac{1}{3.61}=0.278(\text{取}K=1)$$

通过发电机的实际短路电流值为

$$I''^{(3)}=0.278\times\frac{100}{\sqrt{3}\times10.5}=0.278\times5.5\text{kA}=1.56\text{kA}$$

通过电缆的实际短路电流值为

$$I''^{(3)}=0.278\times\frac{100}{\sqrt{3}\times6.3}\text{kA}=0.278\times9.16=2.54\text{kA}$$

**【例8-7】** 系统各元件技术参数见表 8-14，其等值电路如图 8-9 所示，试计算 d 点三相短路时，流过电抗器、架空线路的稳态短路电流和冲击电流，到达稳态后，6.3kV 母线的残余电压和通过断路器的短路功率。

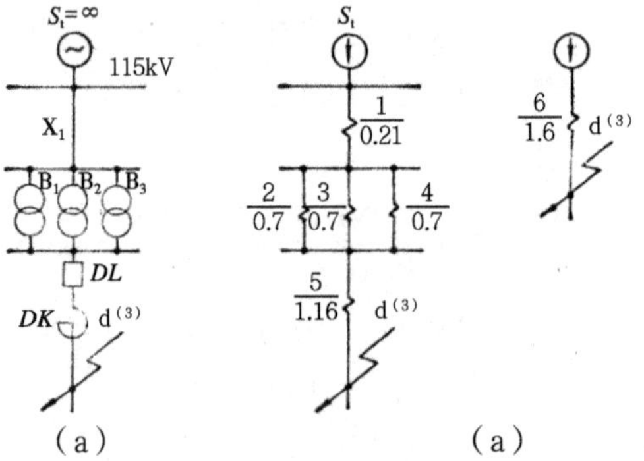


**图 8-9 等值电路**

**表8-14 系统各元件技术参数**

| 架空线 | 变压器 $B_1$、$B_2$、$B_3$ | 电抗器 |
|---|---|---|
| 70km　0.4Ω/km | 3×15MV·A　$U_d\%=10.5$ | 6kV　300A　$X_{dk}\%=5$ |

**解：** 选 $S_j=100\text{MV}\cdot\text{A}$、$U_j=U_p$

电力线路（$X_1$）

$X_{1*}=0.4\times70\times\dfrac{100}{115^2}=0.21$　　变压器（$B_1$、$B_2$、$B_3$）：

$$X_{B*}=\frac{10.5}{100}\times\frac{100}{15}=0.7$$

电抗器（DK）

$$X_{DK*}=\frac{4\times6\times100}{100\times\sqrt{3}\times0.3\times6.3^2}=1.16$$

$$X_{*\Sigma}=0.2+\frac{1}{3}\times0.7+1.16=1.6$$

流到短路点的稳态短路电流标幺值

$$I_{d*\infty}^{(3)}=\frac{1}{1.6}=0.625$$

$$I_{DK*\infty}^{(3)}=I_{d*\infty}^{(3)}\times I_j=0.625\times\frac{100}{\sqrt{3}\times6.3}\text{kA}=5.73\text{kA}$$

$$i_{DKch}^{(3)}=2.55\times I_{DK\infty}^{(3)}=2.55\times5.73\text{kA}=14.6\text{kA}$$

6.3kV 母线残余电压计算：

$$U^{(3)}=I_{d*\infty}^{(3)}\times X_{S*}\times U_p=0.625\times1.16\times6.3\text{kV}=4.57\text{kV}$$

通过 DL 的短路功率为

$$S_d^{(3)}=\sqrt{3}U_p\times I_{DK\infty}^{(3)}=\sqrt{3}\times6.3\times5.73\text{MV}\cdot\text{A}=62.5\text{MV}\cdot\text{A}$$

**【例8-8】** 图 8-10 为某工厂供电的电力系统图，其计算用技术数据已标于图中，试计算各短路点三相短路时的稳态电流 $I_\infty$、短路冲击电流 $i_{ch}$ 和超瞬变容量 $S''$。

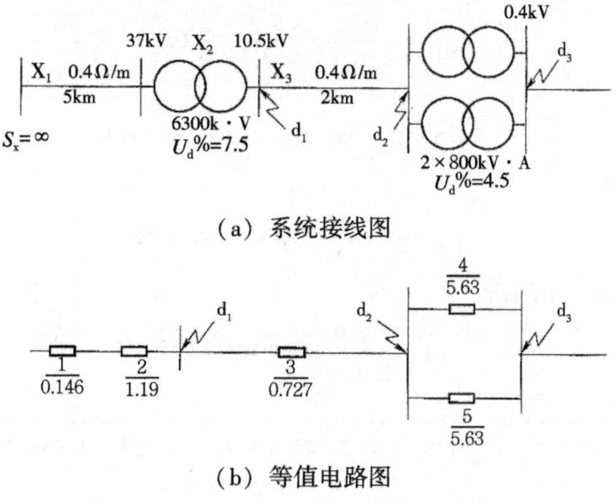


（a）系统接线图



（b）等值电路图

**图 8-10　某工厂供电的电力系统图**

**解**：设基准容量为 $S_j=100\text{MV}\cdot\text{A}$，$U_j=U_p$，则各元件的电抗标幺值如下（为了简便起见，略去阻抗标幺值符号中的角注“$_*$”）：

$$X_1=X\frac{S_j}{U_p^2}=0.4\times5\times\frac{100}{37^2}=0.146$$

$$X_2=\frac{U_d\%}{100}\frac{S_j}{S_e}=\frac{7.5}{100}\times\frac{100}{6.3}=1.19$$

$$X_3=X\frac{S_j}{U_p^2}=0.4\times2\times\frac{100}{10.5^2}=0.727$$

（1）$d_1$点短路，取 $U_j=10.5\text{kV}$，有

$$I_j=\frac{S_j}{\sqrt{3}\times10.5}=\frac{100}{\sqrt{3}\times10.5}\text{kA}=5.5\text{kA}$$

$d_1$点短路总电抗为

$$X_{d_1}\Sigma=X_1+X_2=0.146+1.19=1.336$$

稳态短路电流为

$$I_{\infty d_1}=\frac{I_j}{X_{d_1\Sigma}}=\frac{5.5}{1.336}\text{kA}=4.12\text{kA}$$

$$I_{zd_1}=I_{\infty a_1}=4.12\text{kA}$$

冲击短路电流为

$$i_{ch}=2.55I_{zd_1}=2.55\times4.12\text{kA}=10.51\text{kA}$$

超瞬变短路容量为

$$S''_{d_1}=\frac{S_j}{X_{d_1\Sigma}}=\frac{100}{1.336}\text{MV}\cdot\text{A}=74.85\text{MV}\cdot\text{A}$$

（2）$d_2$点短路

$d_2$点短路总电抗为

$$X_{d_2}\Sigma=X_1+X_2+X_3=0.146+1.19+0.727=2.063$$

稳态短路电流为

$$I_{\infty d_2}=\frac{I_j}{X_{d_2\Sigma}}=\frac{5.5}{2.063}\text{kA}=2.67\text{kA}$$

冲击短路电流为

$$i_{ch}=2.55I_{zd_2}=2.55\times2.67\text{kA}=6.81\text{kA}$$

超瞬变短路容量为

$$S''_{d_2}=\frac{S_j}{X_{d_2\Sigma}}=\frac{100}{2.063}\text{MV}\cdot\text{A}=48.5\text{MV}\cdot\text{A}$$

（3）$d_3$点短路，取 $U_j=0.4\text{kV}$

$$I_j=\frac{100}{0.4\times\sqrt{3}}\text{kA}=144.3\text{kA}$$

$d_3$点短路总电抗为

$$X_{d_3}\Sigma=X_1+X_2+X_3+X_4/2=0.146+1.19+0.727+5.63/2=4.878$$

稳态短路电流为

$$I_{\infty d_3}=\frac{I_j}{X_{d_3}\Sigma}=\frac{144.3}{4.878}\text{kA}=29.58\text{kA}$$

冲击短路电流为

$$i_{ch} = 2.55I_{zd_3} = 2.55\times 29.58\text{kA} = 75.43\text{kA}$$

超瞬变短路容量为

$$S''_{d_3} = \frac{S_j}{X_{d_3\Sigma}} = \frac{100}{4.878}\text{MV}\cdot\text{A} = 20.5\text{MV}\cdot\text{A}$$

## 第三节　短路电流的实用简化计算法

上面介绍了电力系统的设计和运行中按照传统的计算方法计算短路电流的过程，其计算过程十分复杂且公式多、难记忆、易出差错，下面介绍一种比较简便、实用的计算方法。

### 1. 供电系统各种元件电抗的计算

在计算短路电流时，首先需要求出短路点前各供电元件的相对电抗值，为此先要绘出供电系统简图，并假设有关的短路点。假定的短路点往往取在母线上或相当于母线的地方。图 8-11（a）便是一个供电系统接线简图，其中短路点 $d_1$ 前的元件有容量为无穷大的电力系统、70km 的 110kV 架空线路及 3 台 15MV · A 的变压器，短路点 $d_2$ 前则除上述各元件外，还有 6kV、0.3kA，相对额定电抗（$X_{dk}$%）为 4 的电抗器一台。

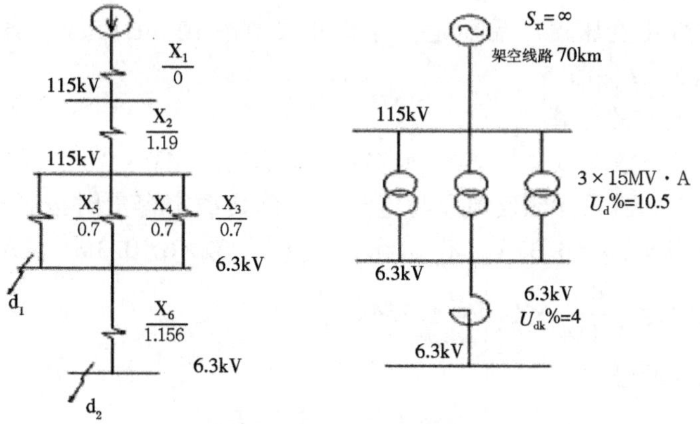


（a）等效阻抗图　　（b）系统接线图

**图 8-11　等效阻抗图和系统接线图**

下面以图 8-11 为例，说明各供电元件相对电抗（以下“相对”二字均略）的计算方法。

（1）系统电抗的计算

“系统电抗，百兆为 1，容量增减，电抗反比”，其含义是当系统短路容量为 100MV · A 时，系统的电抗数值为 1；当系统短路容量不是 100MV · A，而是更大或更小时，电抗数值应呈反比变化。

本计算是依据一般计算短路电流的方法，均换算到 100MV · A 基准容量条件下的相对电抗公式而编出的（以下均同），即

$$X_{*xt}=\frac{S_j}{S_{xt}}$$

式中：$S_{jz}$—基准容量（MV·A），取100MV·A；

$S_{xt}$—系统容量（MV·A）。

（2）变压器电抗的计算

若变压器高压侧为35kV，则电抗值为7除以变压器容量（单位为MV·A，以下同）；若变压器高压侧为110kV，则电抗值为10.5除以变压器容量，即 $X_{B*}=\frac{U_{dh}\%}{S_e}$；若变压器高压侧为10（6）kV，则电抗值为4.5除变压器的容量。如图8-11所示，每台变压器的电抗值应计算为 $\frac{10.5}{15}=0.7$；又如一台高压侧电压为35kV、5000kV·A及一台高压侧6kV、2000kV·A的变压器，电抗值分别为$\frac{7}{5}=1.4$，$\frac{4.5}{2}=2.25$。

本计算依据公式为

$$X_{*b}=\frac{U_d\%}{100}\times\frac{S_j}{S_e}$$

式中：$U_d\%$—变压器短路电压百分数；

$S_e$—变压器的额定容量（MV·A）。

该公式中 $U_d\%$ 由变压器产品而定，计算方法中按10（6）kV、35kV、110kV电压分别取 $U_d\%$ 为4.5、7、10.5。

（3）电抗器电抗的计算

用额定电抗百分数除以电抗器的额定容量（单位为MV·A），再乘0.9即可。

一般来说，电抗器只标额定电压与电流，计算其额定容量时按 $S=1.732UI$。图8-11中电抗器 $U=6\text{kV}$，$I=0.3\text{kA}$，$X_k\%=4$，$S_{ke}=1.732\times6\times0.3\text{MV·A}=3.114\text{MV·A}$，则电抗器的电抗值为 $\frac{4}{3.114}\times0.9=1.156$。

本计算所依据的公式

$$X_{*k}=\frac{X_k\%}{100}\times\frac{S_j}{S_{ek}}\times\frac{U_{ek}}{U_j^2}$$

式中：$X_k\%$—电抗器的额定电抗百分数；

$S_{ek}$—电抗器的额定容量（MV·A）；

$U_{ek}$—电抗器的额定电压（kV）；

$U_{jz}$—基准电压，用线路的平均额定电压代替，分别取6.3kV、105kV、37kV、115kV等。

本公式中的前两个因式，实际是 $X_k\%$ 除以电抗器的额定容量（MV·A）数；后一因式是考虑电抗器额定电压不等于线路平均额定电压，为此而再乘一个系数，一般约为0.9，因此电抗器的相对电抗值应是用额定电抗除以额定容量再乘0.9。

(4) 架空线路及电缆线路电抗值的计算

对于6kV架空线路，其电抗值等于线路长度的千米数；对于10kV架空线路，其电抗值等于线路长度千米数的 $\frac{1}{3}$；对于35kV架空线路，其电抗值等于线路长度千米数的 $\frac{3}{100}$；对于110kV架空线路，其电抗值等于线路长度千米数的 $\frac{3}{1000}$。电缆线路其电抗值应分别取上述同电压等级架空线路电抗值的 $\frac{1}{5}$。

例如，一个6km的6kV架空线路，其电抗值为6；若为6km的10kV架空线路，则电抗为 $\frac{6}{3}=2$；若为6km的35kV架空线路，则电抗为 $6\times0.03=0.18$；图8-11中70km的110kV架空线路，则电抗为 $70\times0.003=0.21$。

如果上述各电压等级的架空线路换为同长度的电缆线路，其电抗值应分别为

$$6\text{kV 等于 } \frac{6}{5}=1.2$$

$$10\text{kV 等于 } \frac{2}{5}=0.4$$

$$35\text{kV 等于 } \frac{0.18}{5}=0.036$$

计算所依据的公式是 $X_{*\text{xl}}=\dfrac{Kl}{U_{\text{p}}^{2}}$　　(4)

式中：$l$—线路的长度(km)；

$K$—系数对6kV、10kV的电缆线路取8，架空线路取40，对35~110kV架空线路取42.5；

$U_{\text{p}}$—各级电压的额定电压，即6kV、10kV、35kV、110kV等。

**【例8-9】** 一供电系统接线如图8-12所示，参数按图8-12(b)所标，试分别用标幺值法及本书所介绍的方法分别计算 $d_1\sim d_3$ 点短路时的 $S_{\text{d}}$、$I_{\text{d}}$、$I_{\text{ch}}$ 及 $i_{\text{ch}}$。

**解**：(1) 采用标幺值法计算

选取基准容量 $S_{\text{j}}=100\text{MV}\cdot\text{A}$，基准电压 $U_{\text{j}}=U_{\text{p}}$，由系统接线图得其等效阻抗图如图8-12(b)所示。

各元件电抗标幺值计算如下：

系统　$X_{*1}=\dfrac{S_{\text{j}}}{S_{\text{xt}}}=\dfrac{100}{200}=0.5$

35kV线路　$X_{*2}=X_{\text{L}}\dfrac{S_{\text{j}}}{U_{\text{p}}}=0.425\times10\times\dfrac{100}{37^2}=0.31$

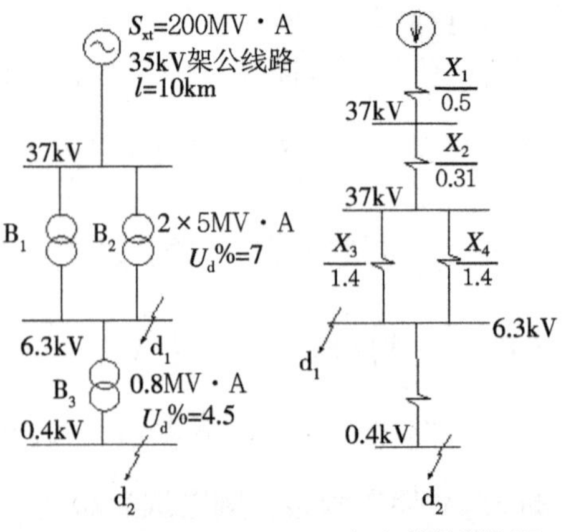


（a）系统接线图　　（b）等效阻抗图

**图 8-12　系统接线图和等效阻抗图**

35kV 变压器 $B_1$　　$X_{*3}=\dfrac{U_d\%}{100}\times\dfrac{S_j}{S_e}=\dfrac{7}{5}=1.4$

6kV 变压器 $B_2$　　$X_{*4}=\dfrac{U_d\%}{100}\times\dfrac{S_j}{S_e}=\dfrac{4.5}{0.8}=5.625$

则 $d_1$点短路时，总电抗值

$X_{*\Sigma d_1}=X_{*1}+X_{*2}=0.5+0.31=0.81$

取平均电压 $U_j=37\text{kV}$

$$I_j=\frac{S_j}{\sqrt{3}U_j}=\frac{100}{1.732\times37}\text{kA}=1.56\text{kA}$$

三相稳态短路电流 $I_{d_1}=\dfrac{I_j}{X_{*\Sigma d_1}}=\dfrac{1.56}{0.81}\text{kA}=1.926\text{kA}$

三相短路电流最大有效值 $I_{chd_1}=1.52I_{d_1}=1.52\times1.926\text{kA}=2.928\text{kA}$

三相短路冲击电流　$i_{chd_1}=2.55I_{d_1}=2.55\times1.926\text{kA}=4.91\text{kA}$

三相短路容量　　$S_{d_1}=\dfrac{S_j}{X_{*c\Sigma d_1}}=\dfrac{100}{0.81}\text{MV}\cdot\text{A}=123.5\text{MV}\cdot\text{A}$

$d_2$点短路时的总电抗值

$$X_{*\Sigma d_2}==X_{*1}+X_{*2}+\frac{X_{*3}}{2}=0.5+0.31+\frac{1.4}{2}=1.51$$

取平均电压 $U_j=6.3\text{kV}$

$$I_j=\frac{S_j}{\sqrt{3}\times U_j}=\frac{100}{\sqrt{3}\times6.3}\text{kA}=9.16\text{kA}$$

三相稳态短路电流 $I_{d_2}=\dfrac{I_j}{X_{*\Sigma d_2}}=\dfrac{9.16}{1.51}\text{kA}=6.066\text{kA}$

三相短路电流最大有效值　$I_{chd_2}=1.52I_{d_2}=1.52\times6.066\text{kA}=9.22\text{kA}$

三相短路冲击电流　　$i_{chd_2}=2.55I_{d_2}=2.55\times6.066\text{kA}=15.47\text{kA}$

三相短路容量 $S_{d_2}=\dfrac{S_j}{X_{*c\Sigma d_2}}=\dfrac{100}{1.51}\text{MV}\cdot\text{A}=66.23\text{MV}\cdot\text{A}$

$d_3$点短路时的总电抗值

$$X_{*\Sigma d_3}=X_{*1}+X_{*2}+\frac{X_{*3}}{2}+X_{*4}=0.5+0.31+\frac{1.4}{2}+5.625=7.135$$

取平均电压 $U_j=0.4\text{kV}$

$$I_j=\frac{S_j}{\sqrt{3}\times U_j}=\frac{100}{\sqrt{3}\times0.4}\text{kA}=144.3\text{kA}$$

三相稳态短路电流　$I_{d_3}=\dfrac{I_j}{X_{*\Sigma d_3}}=\dfrac{144.3}{7.135}\text{kA}=20.224\text{kA}$

三相短路电流最大有效值　$I_{chd_3}=1.09I_{d_3}=1.09\times20.224\text{kA}=22.04\text{kA}$

三相短路冲击电流 $i_{chd_3}=1.84I_{d_3}=1.84\times20.224\text{kA}=37.21\text{kA}$

三相短路容量 $S_{d_3}=\dfrac{S_j}{X_{*\Sigma d_3}}=\dfrac{100}{7.135}\text{MV}\cdot\text{A}=14.015\text{MV}\cdot\text{A}$

（2）采用简易算法计算

各元件的电抗值计算如下：

系统电抗值　$X_{*1}=\dfrac{100}{200}=0.5$

35kV 架空线路电抗值　$X_{*2}=10\times3\%=0.3$

35kV 变压器 $B_1$电抗值　$X_{*3}=\dfrac{7}{5}=1.4$

6kV 变压器 $B_2$电抗值　$X_{*4}=\dfrac{4.5}{0.8}=5.625$

$d_1$点短路时的总电抗值 $X_*$

$$X_{\Sigma d_1}=X_{*1}+X_{*2}=0.5+0.3=0.8$$

三相短路容量　$S_{d_1}=\dfrac{100}{X_{*\Sigma d_1}}=\dfrac{100}{0.8}\text{MV}\cdot\text{A}=125\text{MV}\cdot\text{A}$

三相稳态短路电流　$I_{d_1}=\dfrac{1.6}{0.8}\text{kA}=2.0\text{kA}$

$$I_{chd_1}=1.5I_{d_1}=1.5\times2\text{kA}=3.0\text{kA}$$

$$i_{chd_1}=2.5I_{d_1}=2.5\times2.0\text{kA}=5.0\text{kA}$$

$$S_{d_1}=\frac{S_j}{X_{*\Sigma d_1}}=\frac{100}{0.8}\text{MV}\cdot\text{A}=125\text{MV}\cdot\text{A}$$

$d_2$点短路时的总电抗值

$$X_{*\Sigma d_2}=X_{*1}+X_{*2}+\frac{X_{*3}}{2}=0.5+0.31+\frac{1.4}{2}=1.51$$

短路容量　$S_{d_2}=\dfrac{100}{X_{*\Sigma d_2}}=\dfrac{100}{1.5}\text{MV}\cdot\text{A}=66.66\text{MV}\cdot\text{A}$

短路电流$I_{d_2}=\frac{9.2}{1.5}kA=6.13kA$

$$I_{chd_1}=1.5I_{d_2}=1.5\times6.13kA=9.195kA$$

$$i_{chd_1}==2.5I_{d_2}=2.5\times6.13kA=15.325kA$$

$d_3$点短路时的总电抗值$X_*$

$$X_{*\Sigma d_3}=X_{*1}+X_{*2}+\frac{X_{*3}}{2}+X_{*4}=0.5+0.31+\frac{1.4}{2}+5.625=7.135$$

$$S_{d_3}=\frac{I_j}{X_{*\Sigma d_3}}=\frac{100}{7.135}MV\cdot A=14.0MV\cdot A$$

$$I_{d_3}=\frac{150}{7.125}kA=21.053kA$$

$$I_{chd_3}=I_{d_3}=21.053kA$$

$$i_{chd_3}=1.8I_{d_3}=1.8\times21.053kA=37.895kA$$

由计算比较可知，采用该种计算方法与传统的标幺值法计算结果基本相当。虽然本方法的计算结果稍微偏大，但计算过程较为简单，这对使用并无影响，而且对将来系统发展后也有一定的适应性。

## 第四节　低压配电网络短路电流的计算

对于工厂及农村低压供电网络，为了保证安全经济运行，在选择低压电器设备时，必须进行短路电流的计算，为选择电气设备提供依据。

### 1. 电路中各元件阻抗的计算

若低压配电网络中的变压器容量不超过供电电源容量的5%（一般企业均如此），可以认为在短路时降压变压器的高压侧电压不变，低压侧短路电流不衰减，可以按无限大容量系统来计算。

低压配电网在计算短路电流时一般均需计入电阻（只有当$R_\Sigma \leqslant X_\Sigma/3$时，可不计电阻）。另外，还需考虑长度在10m以上的电缆、母线、多匝电流互感器的一次线圈、自动开关（低压断路器）的过流线圈、刀型开关和自动开关接点等的电抗影响。

为了计算方便，电压的单位用V，阻抗的单位用mΩ，容量的单位用kV·A。

（1）系统电抗的计算

若系统阻抗未知，已知一次绕组方面的短路容量或高压断路器的额定断流容量$S_{dn}$（MV·A）时，则系统阻抗可近似按下式计算：

$$X_{*xj}=\frac{S_j}{S_{dn}}\text{或}X_{xj}=\frac{U_j^2}{S_{dn}} \qquad \text{式8-62}$$

式中：$X_{xj}$—系统阻抗（mΩ）；

$S_j$—基准容量（MV·A）；

$U_j$—基准电压（kV），一般取平均线电压，即$U_j=U_p$。

（2）变压器每相阻抗的计算

$$R_{*b}=R_b\frac{S_e}{U_{2e}^2}=\frac{P_d}{3I_{2e}^2}\frac{S_e}{U_{2e}^2}=\frac{P_d}{S_e}\qquad 式8-63$$

$$R_b=\frac{R_{*b}U_{2e}^2}{S_e}=\frac{P_dU_{2e}^2}{S_e^2}\qquad 式8-64$$

式中：$R_b$—变压器每相电阻（mΩ）；

$P_d$—变压器断路损耗（kW）；

$I_{2e}$—变压器二次额定电流（kA）；

$U_{2e}$—变压器二次额定电压（V）；

$S_e$—变压器额定容量（kV·A）。

由变压器阻抗标幺值 $Z_{*b}=\frac{U_d\%}{100}$，求变压器电抗为

$$X_{*b}=\sqrt{Z_{*b}^2-R_{*b}^2}=\sqrt{\left(\frac{U_d\%}{100}\right)^2-\left(\frac{P_d}{S_e}\right)^2}\qquad 式8-65$$

$$X_b=\frac{X_{*b}U_{2e}^2}{S_e}\qquad 式8-66$$

式中：$X_b$—变压器每相电抗（mΩ）；

$U_d\%$—变压器阻抗电压百分数。

（3）高压电缆阻抗的计算（折算到变压器二次侧）

$$R=\frac{r_0LU_{2e}^2}{U_{1e}^2}\qquad 式8-67$$

$$X=\frac{x_0LU_{2e}^2}{U_{1e}^2}\qquad 式8-68$$

式中：$r_0$、$x_0$—高压电缆单位长度的电阻和电抗（mΩ/m），可查资料，1kV 油浸绝缘四芯电力电缆每米阻抗值见表 8-15，$r_0$、$x_0$ 即表中的 $R_1$、$X_1$，下同；

$U_{1e}$—变压器一次侧额定电压（V）；

$L$—高压电缆长度（m）。

（4）铜、铝母线阻抗的计算

$$R=\frac{L}{\gamma S}\times 10^3\qquad 式8-69$$

$$X=0.1445L\lg\frac{4D_j}{h}\qquad 式8-70$$

当 $S\leqslant 500mm^2$ 时，$X=0.17L$；当 $S>500mm^2$ 时，$X=0.13L$

式中：$R$、$X$—母线每相电阻和电抗（mΩ/m）；

$L$—母线长度（m）；

$\gamma$—母线电导率［m/(Ω·mm²)］，铜母排 $\gamma=54$［m/(Ω·mm²)］，铝母排 $\gamma=32$［m/(Ω·mm²)］；

$S$—母线截面面积（$mm^2$）；

$D_j$—母线相间几何均距（mm）；

$h$—母线宽度（mm）。

三相母线每米阻抗值见表 8-16。

（5）低压架空线、电线、电缆的阻抗计算

有关计算公式如下：

$$R = r_0 L \text{ , } X = x_0 L$$

式中：$r_0$、$x_0$—低压架空线、电线、电缆单位长度的电阻和电抗（mΩ/m）；

$L$—线路长度（m）。

低压架空线、电线、电缆的每米阻抗值见表 8-17～表 8-21。

（6）自动开关、电流互感器的阻抗值见表 8-22～表 8-24

## 2. 短路电流计算

（1）三相短路电流周期分量（超瞬变短路电流）$I''$的计算

$$I'' = \frac{U_p}{\sqrt{3}Z} = \frac{U_p}{\sqrt{3}\sqrt{R_\Sigma^2 + X_\Sigma^2}} \qquad \text{式8-71}$$

式中：$U_p$—平均线电压（V），一般取 400V；

$R_\Sigma$、$X_\Sigma$—每相的总电阻（mΩ）和总电抗（mΩ）。

低压电网一般以三相短路为最大，与中性点是否接地无关。如在一相或两相上装有电流互感器（穿心式除外），从而使短路电流不对称时，仍可按式 8-71 计算。但式中的 $R_\Sigma$和 $X_\Sigma$采用没有电流互感器那一相的总阻抗。如用 $I''$来校验电流互感器稳定性时，可用下式决定短路电流周期分量计算值：

$$I'' = \frac{U_p}{\sqrt{(2R_\Sigma + R_{lh})^2 + (2X_\Sigma + X_{lh})^2}} \qquad \text{式8-72}$$

式中：$R_{lh}$、$X_{lh}$—电流互感器的电阻（mΩ）和电抗（mΩ）。

（2）三相短路电流周期分量 $I''$的估算

考虑短路电流的安全，可不考虑阻抗不超过回路总阻抗的 10% 的元件，对我国目前广泛使用的低阻抗电力变压器，其低压侧配电盘出口处的短路电流可近似于变压器低压侧接线端头处的短路电流，即

$$I'' = \frac{U_{2e}}{\sqrt{3}Z_b} = \frac{U_{2e}}{\sqrt{3}\sqrt{R_b^2 + X_b^2}} \qquad \text{式8-73}$$

式中符号同前。

两台同型号变压器高低压侧并联运行时，其短路电流估算公式为

$$I'' = \frac{U_{2e}(Z_{b1} + Z_{b2})}{\sqrt{3}Z_{b1}Z_{b2}} \qquad \text{式8-74}$$

式中：$Z_{b1}$、$Z_{b2}$—两台变压器的阻抗（mΩ）。

表 8-25 列出了高压侧 6～10kV 的低阻抗变压器低压侧短路电流的估算值。如两台

同型号、同容量、阻抗电压百分数相近的变压器并联运行，则低压侧短路电流估算值为表 8-25 中所列值的 2 倍。变压器容量在 630kV · A 以下时，实际计算值与估算值的误差在 15% 以下。由于系统电抗的影响，变压器容量越大，误差也越大。当总容量在 1250kV · A 以上时，还是采用上页（1）的计算方法较为合适。

（3）短路全电流最大有效值即短路冲击电流的计算

在低压配电网中，由于电阻较大，短路电流非周期分量比高压网络衰减快得多。例如在容量为 1000kV · A 以下的变压器低压侧发生短路，短路电流非周期分量衰减时间不超过 0. 03s。因此，一般只有在变压器出线的母线、中央配电盘发生短路时，才在短路第一周期内考虑非周期分量。

短路冲击电流为

$$i_{ch} = \sqrt{3} k_{ch} I_d \qquad \text{式8-75}$$

式中：$k_{ch}$—冲击系数，可按回路中 $X_\Sigma/R_\Sigma$ 的比值，从图 8-14 中查得。

该电流即为由系统送到短路点的短路冲击电流 $i_{chx}$ 。

当短路点附近连接有单位容量为 20kW 以上的异步电动机时，需考虑其反馈电流。这时短路点总短路冲击电流为

$$i_{ch} = i_{chx} + i_{chd} \qquad \text{式8-76}$$

短路全电流最大有效值 $I_{ch}$ 的计算公式如下

$$I_{ch} = I'' \sqrt{1 + 2(k_{ch} - 1)^2} \qquad (k_{ch} > 1.3) \qquad \text{式8-77}$$

$$I_{ch} = I'' \sqrt{1 + 50T_f} \qquad (k_{ch} \leqslant 1.3) \qquad \text{式8-78}$$

同样，当接有 20kW 以上的异步电动机时，还需考虑反馈超瞬变短路电流 $I''_d$ 。

（4）不同电缆长度的归算

在短路计算中，常常会遇到从变压器到短路点间由两种不同规格的电缆组成的情况，此时，应归算到同一截面，其电缆计算长度可近似地按下式计算

$$L_{js} = L_1 + L_2 \frac{S_1\rho_2}{S_2\rho_1} \qquad \text{式8-79}$$

式中：$L_1$、$L_2$—两种电缆的长度（m）；

$S_1$、$S_2$—两种电缆的截面面积（$mm^2$）；

$\rho_1$、$\rho_2$—两种电缆的电阻率（$\Omega \cdot mm^2/m$）。

铜导线与铝导线的电阻率之比为 $\rho_{Cu}/\rho_{Al} \approx 0.6$。

**【例8-10】** 某供电系统如图 8-13 所示，已知母线几何均距 $D_j$ 为 400mm，$S_x = \infty$，$S_{eb} = 400kV \cdot A$，$U_p = 10.5kV$，$P_d = 5.8kW$。有关计算用技术数据标于图上，试计算 d 点三相短路的短路冲击电流和短路全电流最大有效值。

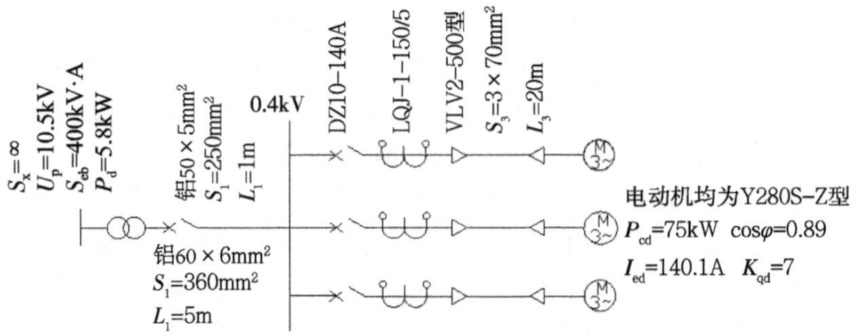


图 8-13 【例 8-10】图

**解**：全部阻抗均以电压 $U_j=400V$ 为基准计算。

①变压器阻抗为

$$R_b=\frac{P_d U_e^2}{S_e^2}=\frac{5.8\times400^2}{400^2}m\Omega=5.8m\Omega$$

$$X_b=X_{*b}\frac{U_e^2}{S_e}=\sqrt{\left(\frac{U_d\%}{100}\right)^2-\left(\frac{P_d}{S_e}\right)}\times\frac{U_e^2}{S_e}$$

$$=\sqrt{\left(\frac{4}{100}\right)^2-\left(\frac{5.8}{400}\right)}\times\frac{400^2}{400}m\Omega=14.96m\Omega$$

②各段母线阻抗为

$$R_1=\frac{L}{\gamma S}\times10^3=\frac{5\times10^3}{32\times360}m\Omega=0.434m\Omega$$

$$R_2=\frac{L}{\gamma S}\times10^3=\frac{1\times10^3}{32\times250}m\Omega=0.125m\Omega$$

$$R_3=R_0L_0=0.538\times20m\Omega=10.76m\Omega$$

其中，$R_0$值由表 8-16 查得

$$X_1=L_1\left(0.1445L\times\lg\frac{2\pi D_j+h}{\pi b+2h}+0.01884\right)$$

$$=5\times\left(0.1445L\times\lg\frac{4\pi\times400+60}{\pi\times6+2\times60}+0.01884\right)m\Omega=1.01m\Omega$$

$$X_2=1\times\left(0.1445L\times\lg\frac{4\pi\times400+50}{\pi\times5+2\times50}+0.01884\right)m\Omega=0.21m\Omega$$

$$X_3=x_0L_3=0.069\times20m\Omega=1.38m\Omega$$

其中，$x_0$ 值由表 8-16 查得（$x_0$ 为单位阻抗，即表 8-16 中的 $X_1$，而不是零序阻抗）。

③自动开关 DZ10-140A 线圈阻抗及触头电阻查表 8-22 和表 8-23，得 $R_{ZK}=0.74m\Omega$，$X_{ZK}=0.55m\Omega$，$R_{KK}=0.65m\Omega$。

隔离开关 HD13-600A 触头接触电阻查表 8-22 得 $R_{HK}=0.15m\Omega$。

电流互感器 LQGJ-150/5A 阻抗，查表 8-24 得 $R_{1h}=0.667m\Omega$，$C_{1h}=5.32m\Omega$。

④不计电流互感器阻抗时，短路回路总阻抗为

$R_{\Sigma}=R_b+R_1+R_2+R_3+R_{HK}+R_{ZK}+R_{KK}=(5.8+0.434+0.125+10.76+0.15+0.55+0.65)$ m$\Omega$=18.47m$\Omega$

$X_{\Sigma}=X_b+X_1+X_2+X_3+R_{ZK}=(14.96+1.01+0.21+1.38+0.55)$m$\Omega$=18.11m$\Omega$

由系统送到短路点的三相短路电流周期分量（超顺便短路电流）为

$$I''_x=\frac{U_p}{\sqrt{3}\sqrt{R_{\Sigma}^2+X_{\Sigma}^2}}=\frac{400}{\sqrt{3}\times\sqrt{18.47^2+18.11^2}}\text{kA}=8.93\text{kA}$$

⑤不计电流互感器阻抗时，三相短路电流周期分量为

$$I''_x=\frac{U_p}{\sqrt{(2R_{\Sigma}+R_{1h})^2+(2X_{\Sigma}+X_{1h})^2}}$$

$$=\frac{400}{\sqrt{(2\times18.47+0.667)^2+(2\times18.11+5.32)^2}}\text{kA}=7.13\text{kA}$$

⑥由系统送到短路点的短路冲击电流为

$$i_{chx}=\sqrt{2}k_{chx}I''_x=\sqrt{2}\times1.05\times8.93\text{kA}=13.26\text{kA}$$

其中 $k_{chx}=1.05$，是根据 $X_{\Sigma}/R_{\Sigma}=17.11/18.47=0.98$，由图 8-14 查得的。

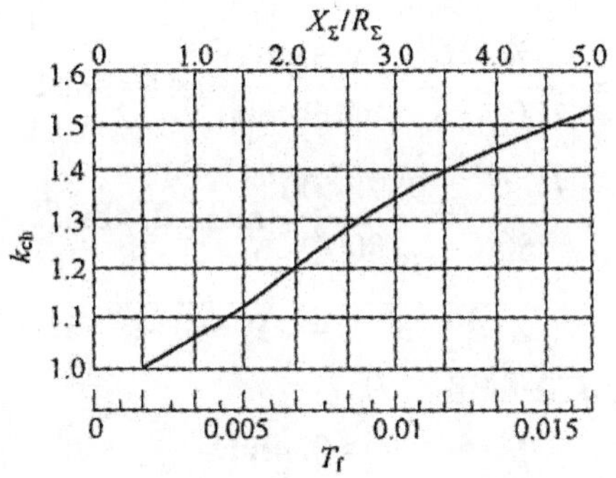


**图 8-14　$k_{ch}$ 与 $X_{\Sigma}/R_{\Sigma}$(或 $T_f$) 的关系**

异步电动机的反馈冲击电流为

$$i_{chd}=\sqrt{2}\frac{E''_{*d}}{X''_{*d}}k_{chd}I_{ed}=\sqrt{2}\times\frac{0.9}{0.185}\times1\times0.1401\times2\text{kA}=1.93\text{kA}$$

所以总短路冲击电流为

$i_{ch}=i_{chx}+i_{chd}=13.26\text{kA}+1.93\text{kA}=15.19\text{kA}$

⑦由异步电动机送到短路点的超瞬变短路电流为

$$I''_d=0.9k_{qd}I_{ed}=0.9\times7\times0.28\text{kA}=1.76\text{kA}$$

因此短路全电流最大有效值为

$$I_{ch}=\sqrt{(I''_x+I''_d)^2+2[(k_{chx}-1)I''_x+(k_{chd}-1)I''_d]^2}$$

$$=\sqrt{(7.13+1.76)^2+2\times[(1.05-1)\times7.13+0]^2}\text{kA}=8.9\text{kA}$$

**【例8-11】**某工厂低压系统如图 8-15 所示，变压器为 SL7-800kV·A、10/0.4kV，$Y_{yn0}$接线，$U_d\%=0.45$，$P_d$为 9.9kW，高压电源为无限大容量电源，变压器高压侧短路

容量为 $S_{dx}$ 为 100MV · A，其他计算用数据标于图上，试求：

（1）在 $d_1$ 处短路的三相短路电流。

（2）在 $d_2$ 处短路的三相短路电流。

（3）在 $d_2$ 处两相和单相短路的短路电流。

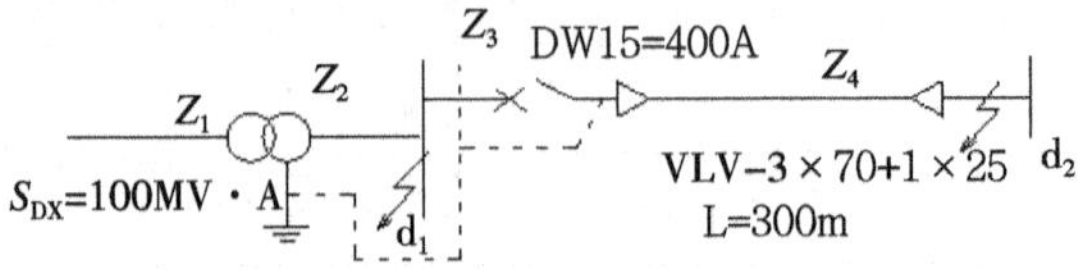


图 8-15 【例 8-11】图

**解**：这里用有名值进行计算。

（1）各元件阻抗的计算

高压系统的电抗为

$$X_1=\frac{U_e^2}{S_{dz}}=\frac{400^2}{100\times10^3}\text{m}\Omega=1.6\text{m}\Omega$$

高压系统的电阻可忽略不计。

变压器的阻抗为

$$Z_2=\frac{U_d\%}{100}\cdot\frac{U_e^2}{S_e}=\frac{4.5\times400^2}{100\times800}\text{m}\Omega=9\text{m}\Omega$$

$$R_2=\frac{P_d U_e^2}{S_e^2}=\frac{9.9\times400^2}{800^2}\text{m}\Omega=2.48\text{m}\Omega$$

$$X_2=\sqrt{Z_2{}^2-R_2{}^2}=\sqrt{9^2-2.48^2}\text{m}\Omega=8.65\text{m}\Omega$$

查表 8-23 得，自动开关接触电阻为

$$R_3=0.4\text{m}\Omega$$

查表 8-22 得，自动开关线圈阻抗为

$$R'_3=0.15\text{m}\Omega\qquad X'_3=0.10\text{m}\Omega$$

查表 8-20 得，电缆相线阻抗为

$$R_4=30\times0.538\text{m}\Omega=16.14\text{m}\Omega，X_4=30\times0.079\text{m}\Omega=2.34\text{m}\Omega$$

（2）短路电路总阻抗计算

$d_1$ 点短路的总阻抗为

$$R_\Sigma=R_1+R_2=(0+2.48)\text{m}\Omega=2.48\text{m}\Omega$$

$$X_\Sigma=X_1+X_2=(1.6+8.65)\text{m}\Omega=10.25\text{m}\Omega$$

$$Z_\Sigma=\sqrt{R_\Sigma{}^2+X_\Sigma{}^2}=\sqrt{2.48^2+10.25^2}\text{m}\Omega=10.55\text{m}\Omega$$

$d_2$ 点短路的总阻抗为

$$R_\Sigma=R_1+R_2+R_3+R'_3+R_4=(0+2.48+0.4+0.15+16.14)\text{m}\Omega=19.17\text{m}\Omega$$

$$X_\Sigma=X_1+X_2+X'_3+X_4=(1.6+8.65+0.1+2.34)\text{m}\Omega=12.69\text{m}\Omega$$

$$Z_\Sigma=\sqrt{R_\Sigma{}^2+X_\Sigma{}^2}=\sqrt{19.17^2+12.69^2}\text{m}\Omega=21.74\text{m}\Omega$$

（3）短路电流的计算

①$d_1$ 点三相短路

$$I_d^{(3)}=\frac{U_e}{\sqrt{3}Z_\Sigma}=\frac{400}{\sqrt{3}\times10.55}\text{kA}=21.92\text{kA}$$

因 $\frac{X_\Sigma}{R_\Sigma}=\frac{10.25}{2.48}=4.13$，从图 8-14 查得 $k_{ch}=1.47$

$$i_{ch}=\sqrt{2}k_{ch}I_d^{(3)}=\sqrt{2}\times1.47\times21.92\text{kA}=45.56\text{kA}$$

$$I_{ch}=I_d^{(3)}\sqrt{1+2(k_{ch}-1)^2}=21.92\sqrt{1+2\times(1.47-1)^2}\text{kA}=26.32\text{kA}$$

②$d_2$ 点三相短路

$$I_d^{(3)}=\frac{U_e}{\sqrt{3}Z_\Sigma}=\frac{400}{\sqrt{3}\times21.74}=10.64\text{ kA}$$

因　$\frac{X_\Sigma}{R_\Sigma}=\frac{19.17}{12.69}=1.51$，从图 8-14 查得 $k_{ch}=1.12$

故　$i_{ch}=\sqrt{2}k_{ch}I^{(3)}=\sqrt{2}\times1.12\times10.64\text{ kA}=16.85\text{kA}$

$$I_{ch}=I_d^{(2)}\sqrt{1+2(k_{ch}-1)^2}\approx I_d^{(3)}=10.64\text{ kA}$$

③$d_2$ 点两相短路

$$I_d^{(2)}=0.866I_d^{(3)}=0.866\times10.64\text{kA}=9.21\text{kA}$$

$$i_{ch}^{(2)}=0.866i_{ch}^{(3)}=0.866\times16.85\text{kA}=14.59\text{kA}$$

$$I_{ch}^{(2)}=0.866I_{ch}^{(3)}=0.866\times10.64\text{kA}=9.21\text{kA}$$

④$d_2$ 点单相短路：

各元件的零序阻抗如下所述。

高压系统　$Z\approx0$（因无零序电流通过）

变压器　查表 8-26 得 $R_{02}=36\text{m}\Omega$　$X_{02}=60\text{m}\Omega$

自动开关触头查表 8-23 得 $R_{03}=R_3=0.4\text{m}\Omega$

自动开关线圈　查表 8-22 得 $R'_{04}=R'_4=0.15\text{m}\Omega$　$X'_{04}=X'_4=0.1\text{m}\Omega$

电缆线路　查表 8-20 得

相线　$R_{0x}=R_5=30\times0.538\text{m}\Omega=16.14\text{m}\Omega$

$X_{0x}=30\times0.079\text{m}\Omega=2.37\text{m}\Omega$

零线　$R_{01}=30\times1.507\text{m}\Omega=45.21\text{m}\Omega$

$X_{01}=30\times0.127\text{m}\Omega=3.81\text{m}\Omega$

线路的零序阻抗为

$$R_{05}=R_{0x}+3R_{01}=16.14\text{m}\Omega+3\times45.21\text{m}\Omega=151.77\text{m}\Omega$$

线路的零序电抗为

$$X_{05}=X_{0x}+3X_{01}=2.37\text{m}\Omega+3\times3.81\text{m}\Omega=13.8\text{m}\Omega$$

$d_2$ 点单相短路时短路电路的相零回路阻抗为

$$R_{X1\Sigma}=\frac{1}{3}(R_{1\Sigma}+R_{2\Sigma}+R_{0\Sigma})$$

$$=\frac{1}{3}[19.17+19.17+(36+0.4+0.15+151.77)]\text{m}\Omega=75.55\text{m}\Omega$$

$$X_{X1\Sigma}=\frac{1}{3}(X_{1\Sigma}+X_{2\Sigma}+X_{0\Sigma})$$

$$=\frac{1}{3}[12.69+12.69+(60+0.1+13.8)]\text{m}\Omega=33.09\text{m}\Omega$$

$$Z_{X1\Sigma}=\sqrt{R_{X1\Sigma}^2+X_{X1\Sigma}^2}=\sqrt{75.55^2+33.09^2}\text{m}\Omega=82.48\text{m}\Omega$$

$d_2$ 点单相短路电流为

$$I_d^{(1)}=\frac{U_e}{\sqrt{3}Z_{X1\Sigma}}=\frac{400}{\sqrt{3}\times82.48}\text{kA}=2.8\text{kA}$$

**【例8-12】** 某工厂变电所配电线路出线额定电压为10.5kV，短路容量为300MV·A，架空线路采用LGJ-185，每千米电阻 $R_0$ 为0.162Ω，每千米电抗 $X_0$ 为0.335Ω，试求：

（1）该工厂变电所10kV出口处的三相短路电流值；

（2）距变电所出口2km处的三相短路电流值。

**解**：由已知条件可得出：

①变电所出口处的三相短路电流

$$I_d=\frac{S}{\sqrt{3}U}=\frac{300}{\sqrt{3}\times10.5}\text{kA}=16.5\text{kA}$$

②系统阻抗

$$X_x=\frac{10.5}{\sqrt{3}\times16.5}\Omega=0.367\Omega$$

线路电抗 $X_L=0.355\times2\Omega=0.67\Omega$

线路电阻 $R_L=0.162\times2\Omega=0.324\Omega$

变电所出口2km处的三相短路电流为

$$I_d^{(3)}=\frac{10.5}{\sqrt{3}\times\sqrt{(0.342)^2+(0.367+0.67)^2}}\text{kA}=5.58\text{kA}$$

变电所出口处的三相短路电流值为16.5kA。距变电所2km处的三相短路电流值为5.58kA。

**表8-15 1000V 油浸绝缘四芯电缆每米阻抗值（mΩ/m）**

| 线芯标称截面/$mm^2$ | $T=80℃$ 时线芯电阻 $R_1$、$R_2$、$R_0$、$R$、$R_{01}$ | | | | 铅皮电阻 $R_{01}$ | 正、负序电抗 $X_1$、$X_2$ | 线芯零序电抗 | |
|---|---|---|---|---|---|---|---|---|
| | 铝 | | 铜 | | | | 相线 | 零线 |
| | 相线 $R$ | 零线 $R_{0e}$ | 相线 $R$ | 零线 $R_{0e}$ | | | $X_{0x}$ | $X_{01}$ |
| 3×4+1×2.5 | 9.71 | 15.53 | 5.76 | 9.22 | 6.40 | 0.098 | 0.11 | 0.12 |
| 3×6+1×4 | 6.47 | 9.71 | 3.84 | 5.76 | 5.54 | 0.093 | 0.11 | 0.12 |
| 3×10+1×6 | 3.88 | 6.47 | 2.30 | 3.84 | 4.98 | 0.088 | 0.11 | 0.12 |
| 3×16+1×6 | 2.43 | 6.47 | 1.44 | 3.84 | 4.00 | 0.082 | 0.10 | 0.13 |
| 3×25+1×10 | 1.58 | 3.88 | 0.94 | 2.30 | 3.14 | 0.073 | 0.10 | 0.13 |
| 3×35+1×10 | 1.13 | 3.88 | 0.67 | 2.30 | 2.19 | 0.073 | 0.09 | 0.13 |
| 3×50+1×6 | 0.79 | 2.43 | 0.47 | 1.44 | 2.41 | 0.070 | 0.09 | 0.13 |
| 3×70+1×25 | 0.57 | 1.58 | 0.34 | 0.94 | 1.95 | 0.069 | 0.08 | 0.11 |
| 3×95+1×35 | 0.42 | 1.13 | 0.25 | 0.67 | 1.72 | 0.069 | 0.08 | 0.11 |
| 3×120+1×35 | 0.33 | 1.13 | 0.2 | 0.67 | 1.47 | 0.070 | 0.08 | 0.12 |
| 3×150+1×50 | 0.26 | 0.79 | 0.16 | 0.47 | 1.26 | 0.068 | 0.09 | 0.11 |
| 3×185+1×50 | 0.21 | 0.79 | 0.13 | 0.47 | 1.06 | 0.068 | 0.09 | 0.12 |

注：1. 铅皮电抗忽略不计。

2. 铅皮电缆的 $R_{0e}$ 应是零线和铅皮两部分交流电阻的并联值。

**表8-16 三相母线每米阻抗值（mΩ/m）**

| 母线规格 $a×b$ mm×mm | $T=70℃$ 时电阻 $R_1$、$R_2$、$R_{铝}$、$R_{铜}$ | | 当相线中心距离为下列值时，相线正、负序电抗值 $X_1$、$X_2$、$X$ | | | | 当零线与邻近相线中心距离 $D$，为下列值时，相线或零线的零序电抗值 $X_{1x}$、$X_{0e}$ | | | | | |
|---|---|---|---|---|---|---|---|---|---|---|---|---|
| | 铝 | 铜 | 160mm | 200mm | 250mm | 350mm | 200mm | | | 1500mm | 3500mm | 6000mm |
| | | | | | | | =200 | =250 | =350 | | | |
| 25×3 | 0.469 | 0.292 | 0.218 | 0.232 | 0.240 | 0.267 | 0.255 | 0.261 | 0.270 | 0.344 | 0.397 | 0.431 |
| 25×4 | 0.355 | 0.221 | 0.215 | 0.229 | 0.237 | 0.265 | 0.252 | 0.258 | 0.268 | 0.341 | 0.395 | 0.428 |
| 30×3 | 0.394 | 0.246 | 0.207 | 0.221 | 0.230 | 0.256 | 0.244 | 0.250 | 0.259 | 0.333 | 0.386 | 0.420 |
| 30×4 | 0.299 | 0.185 | 0.205 | 0.219 | 0.227 | 0.255 | 0.242 | 0.248 | 0.258 | 0.331 | 0.385 | 0.418 |
| 40×4 | 0.225 | 0.140 | 0.189 | 0.203 | 0.212 | 0.238 | 0.226 | 0.232 | 0.241 | 0.315 | 0.368 | 0.402 |
| 40×5 | 0.180 | 0.113 | 0.188 | 0.202 | 0.210 | 0.237 | 0.225 | 0.231 | 0.240 | 0.314 | 0.367 | 0.401 |
| 50×5 | 0.144 | 0.091 | 0.175 | 0.189 | 0.199 | 0.224 | 0.212 | 0.218 | 0.227 | 0.301 | 0.354 | 0.388 |
| 50×6 | 0.121 | 0.077 | 0.174 | 0.188 | 0.197 | 0.223 | 0.211 | 0.217 | 0.226 | 0.300 | 0.353 | 0.387 |
| 60×6 | 0.102 | 0.067 | 0.164 | 0.187 | 0.188 | 0.213 | 0.201 | 0.206 | 0.216 | 0.290 | 0.343 | 0.377 |
| 60×8 | 0.077 | 0.050 | 0.162 | 0.176 | 0.185 | 0.211 | 0.199 | 0.205 | 0.214 | 0.288 | 0.341 | 0.375 |
| 80×6 | 0.077 | 0.050 | 0.147 | 0.161 | 0.172 | 0.196 | 0.184 | 0.190 | 0.199 | 0.273 | 0.326 | 0.360 |
| 80×8 | 0.060 | 0.039 | 0.146 | 0.160 | 0.170 | 0.195 | 0.183 | 0.188 | 0.198 | 0.272 | 0.325 | 0.359 |
| 80×10 | 0.049 | 0.033 | 0.144 | 0.158 | 0.168 | 0.193 | 0.181 | 0.187 | 0.196 | 0.270 | 0.323 | 0.357 |
| 100×6 | 0.063 | 0.042 | 0.134 | 0.148 | 0.160 | 0.183 | 0.171 | 0.177 | 0.186 | 0.260 | 0.313 | 0.347 |
| 100×8 | 0.048 | 0.032 | 0.133 | 0.147 | 0.158 | 0.182 | 0.170 | 0.176 | 0.185 | 0.259 | 0.312 | 0.346 |
| 100×10 | 0.041 | 0.027 | 0.132 | 0.146 | 0.156 | 0.181 | 0.169 | 0.174 | 0.184 | 0.258 | 0.311 | 0.345 |
| 120×8 | 0.042 | 0.028 | 0.122 | 0.136 | 0.149 | 0.171 | 0.159 | 0.165 | 0.174 | 0.248 | 0.301 | 0.335 |
| 120×10 | 0.035 | 0.023 | 0.121 | 0.135 | 0.147 | 0.170 | 0.158 | 0.164 | 0.173 | 0.247 | 0.300 | 0.334 |

注：1. 零线的零序电抗是按零线的材料与相线相同计算的。

2. 本表所列数据对于母线平放或竖放均相同。

### 表8-17 380/220三相架空线每米阻抗值（mΩ/m）

| 导线标称截面/$mm^2$ | 电阻 $R_1$、$R_2$、$R$、$R$、$R_{01}$ | | | | 导线排列式及中心距离/mm | | | |
|---|---|---|---|---|---|---|---|---|
| | $T=70℃$时，裸导线 | | $T=65℃$时，绝缘导线 | | 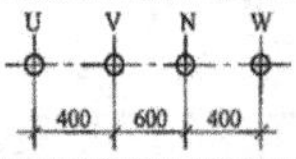 | | 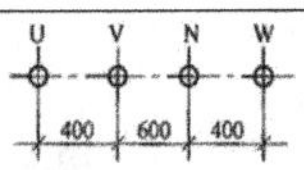 | |
| | 铝 | 钢 | 铝 | 钢 | 正、负序电抗 $X_1$、$X_2$、（$D_j=824$） | 零序电抗 $X_{01}$、$X$（$D_0=621$） | 正、负序电抗 $X_1$、$X_2$、（$D_j=621$） | 零序电抗 $X_{01}$、$X$（$D_0=824$） |
| 10 | | 2.23 | 3.66 | 0.19 | 0.40 | 0.38 | 0.38 | 0.40 |
| 16 | 2.35 | 1.39 | 2.29 | 1.37 | 0.38 | 0.37 | 0.37 | 0.38 |
| 25 | 1.50 | 0.89 | 1.48 | 0.88 | 0.37 | 0.35 | 0.35 | 0.37 |
| 35 | 1.07 | 0.64 | 1.06 | 0.63 | 0.36 | 0.34 | 0.34 | 0.36 |
| 50 | 0.75 | 0.45 | 0.75 | 0.44 | 0.35 | 0.33 | 0.33 | 0.35 |
| 70 | 0.54 | 0.32 | 1.53 | 0.32 | 0.34 | 0.32 | 0.32 | 0.34 |
| 95 | 0.40 | 0.24 | 0.39 | 0.23 | 0.32 | 0.31 | 0.31 | 0.32 |
| 120 | 0.32 | 0.19 | 0.31 | 0.19 | 0.32 | 0.30 | 0.30 | 0.32 |
| 150 | 0.25 | 0.15 | 0.25 | 0.15 | 0.31 | 0.29 | 0.29 | 0.31 |
| 185 | 0.20 | 0.12 | 0.20 | 0.12 | 0.30 | 0.28 | 0.28 | 0.30 |

### 表8-18 380/220三相线路绝缘子布线每米阻抗值（mΩ/m）

| 导线标称截面/$mm^2$ | 电阻 $R_1$、$R_2$、$R_{0T}$、$R$、$R_{0x}$ | | | | 当相线中心距离 $D$ 为下列值时，相线正、负序电抗值 $X_1$、$X_2$、$X$ | | | 当零线与邻近相线中心间距离 $D_n$ 为下列值时，相线或零线的零序抗值 $X_{0x}$、$X_{01}$ | | | | | | |
|---|---|---|---|---|---|---|---|---|---|---|---|---|---|---|
| | $T=70℃$时 裸绞线 | | $T=65℃$时 绝缘导线 | | | | | $D_n=D$ | | | 1500 | 2500 | 350 | 6000 |
| | 铝 | 铜 | 铝 | 铜 | 70mm | 100mm | 150mm | $D=70$ | $D=100$ | $D=150$ | | | | |
| 1 | | | 36.580 | 22.712 | 0.333 | 0.355 | 0.380 | 0.356 | 0.378 | 0.403 | 0.510 | 0.543 | 0.564 | 0.597 |
| 1.5 | | | 24.387 | 14.475 | 0.321 | 0.368 | 0.368 | 0.344 | 0.366 | 0.391 | 0.498 | 0.530 | 0.552 | 0.585 |
| 2.5 | | | 14.632 | 8.685 | 0.305 | 0.353 | 0.353 | 0.331 | 0.350 | 0.376 | 0.483 | 0.515 | 0.536 | 0.570 |
| 4 | | | 9.145 | 5.428 | 0.290 | 0.338 | 0.338 | 0.313 | 0.335 | 0.361 | 0.468 | 0.500 | 0.521 | 0.555 |
| 6 | | | 6.097 | 3.619 | 0.277 | 0.325 | 0.325 | 0.300 | 0.323 | 0.348 | 0.455 | 0.487 | 0.503 | 0.542 |
| 10 | | 2.230 | 3.658 | 2.193 | 0.258 | 0.306 | 0.306 | 0.281 | 0.303 | 0.329 | 0.436 | 0.468 | 0.489 | 0.523 |
| 16 | 2.348 | 1.394 | 2.286 | 1.371 | 0.242 | 0.290 | 0.290 | 0.265 | 0.288 | 0.313 | 0.420 | 0.452 | 0.473 | 0.507 |
| 25 | 1.503 | 0.892 | 1.478 | 0.877 | 0.229 | 0.277 | 0.277 | 0.252 | 0.274 | 0.299 | 0.406 | 0.438 | 0.460 | 0.493 |
| 35 | 1.073 | 0.637 | 1.056 | 0.627 | 0.218 | 0.266 | 0.266 | 0.241 | 0.264 | 0.289 | 0.396 | 0.428 | 0.449 | 0.483 |
| 50 | 0.751 | 0.446 | 0.746 | 0.443 | 0.206 | 0.251 | 0.251 | 0.229 | 0.252 | 0.277 | 0.384 | 0.416 | 0.437 | 0.471 |
| 70 | 0.537 | 0.319 | 0.533 | 0.316 | 0.196 | 0.242 | 0.242 | 0.219 | 0.242 | 0.267 | 0.374 | 0.406 | 0.427 | 0.461 |
| 95 | 0.396 | 0.235 | 0.393 | 0.233 | 0.183 | 0.231 | 0.231 | 0.206 | 0.229 | 0.254 | 0.361 | 0.393 | 0.414 | 0.448 |
| 120 | 0.316 | 0.188 | 0.311 | 0.186 | 0.176 | 0.223 | 0.223 | 0.199 | 0.222 | 0.247 | 0.354 | 0.386 | 0.407 | 0.441 |
| 150 | 0.253 | 0.150 | 0.249 | 0.149 | 0.169 | 0.216 | 0.216 | 0.192 | 0.214 | 0.240 | 0.347 | 0.379 | 0.400 | 0.434 |
| 185 | 0.203 | 0.122 | 0.202 | 0.122 | 0.162 | 0.208 | 0.208 | 0.185 | 0.207 | 0.232 | 0.339 | 0.371 | 0.393 | 0.426 |

## 表8-19 500V 聚氯乙烯绝缘和橡皮绝缘四芯电力电缆每米阻抗值（mΩ/m）

| 线芯标称截面/$mm^2$ | $T=65℃$时线芯电阻 $R_1$、$R_2$、$R_{0x}$、$R$、$R_{01}$ | | | | 铅皮电阻 $R_{0e}$ | 橡皮绝缘电缆 | | | 聚氯乙烯绝缘电缆 | | |
|---|---|---|---|---|---|---|---|---|---|---|---|
| | 铅 | | 铜 | | | 正、负序电抗 $X_1$、$X_2$、$X$ | 零序电抗 | | 正、负序电抗 $X_1$、$X_2$、$X$ | 零序电抗 | |
| | 相线 $R$ | 零线 $R$ | 相线 $R$ | 零线 $R_{0t}$ | | | 相线 $X_{0t}$ | 零线 $X_{0e}$ | | 相线 $X_{0t}$ | 零线 $X_{0e}$ |
| 3×4+1×2.5 | 9.237 | 14.778 | 5.482 | 8.772 | 6.38 | 0.106 | 0.116 | 0.135 | 0.100 | 0.114 | 0.129 |
| 3×6+1×4 | 6.158 | 9.237 | 3.665 | 5.482 | 5.83 | 0.100 | 0.115 | 0.127 | 0.099 | 0.115 | 0.127 |
| 3×10+1×6 | 3.695 | 6.158 | 2.193 | 3.665 | 4.10 | 0.097 | 0.109 | 0.127 | 0.094 | 0.108 | 0.125 |
| 3×16+1×6 | 2.309 | 6.158 | 1.371 | 3.655 | 3.28 | 0.090 | 0.105 | 0.134 | 0.087 | 0.104 | 0.134 |
| 3×25+1×10 | 1.057 | 3.695 | 0.895 | 2.293 | 2.51 | 0.085 | 0.105 | 0.131 | 0.082 | 0.101 | 0.137 |
| 3×35+1×10 | 1.077 | 3.695 | 0.639 | 2.193 | 2.02 | 0.083 | 0.101 | 0.136 | 0.080 | 0.100 | 0.138 |
| 3×50+1×16 | 0.754 | 2.309 | 0.447 | 1.371 | 1.75 | 0.082 | 0.095 | 0.131 | 0.079 | 0.101 | 0.135 |
| 3×70+1×25 | 0.538 | 1.507 | 0.319 | 0.895 | 1.29 | 0.079 | 0.091 | 0.123 | 0.078 | 0.079 | 0.127 |
| 3×95+1×35 | 0.397 | 1.077 | 0.235 | 0.639 | 1.06 | 0.080 | 0.094 | 0.126 | 0.079 | 0.097 | 0.125 |
| 3×120+1×35 | 0.314 | 1.077 | 0.188 | 0.639 | 0.98 | 0.078 | 0.092 | 0.130 | 0.076 | 0.095 | 0.130 |
| 3×150+1×50 | 0.251 | 0.754 | 0.151 | 0.447 | 0.89 | 0.077 | 0.092 | 0.126 | 0.076 | 0.093 | 0.120 |
| 3×185+1×50 | 0.203 | 0.754 | 0.123 | 0.447 | 0.81 | 0.077 | 0.091 | 0.131 | 0.076 | 0.094 | 0.128 |

注：1. 铅皮电抗忽略不计。

2. 铅包电缆的 $R_{01}$应用零线和铅皮两部分交流电阻的并联值。

## 表8-20 1000V 以下三芯电力电缆每米阻抗值（mΩ/m）

| 线芯标称截面/$mm^2$ | 聚氯乙烯绝缘 | | | | 橡皮绝缘 | | | | | 油浸纸绝缘 | | | | |
|---|---|---|---|---|---|---|---|---|---|---|---|---|---|---|
| | $T=65℃$时线芯电阻 $R_1$、$R_2$、$R_{0x}$、$R$ | | 正、负序电抗 $X_1$、$X_2$ | 相线零序电抗 $X_{0x}$ | $T=65℃$时线芯电阻 $R_1$、$R_2$、$R_{0x}$、$R$ | | 铅皮电阻 $R_{0x}$ | 正、负序电抗 $X_1$、$X_2$ | 相线零序电抗 $X_{0t}$ | $T=80℃$时线芯电阻 $R_1$、$R_2$、$R_{0x}$、$R$ | | 铅皮电阻 $R_{0x}$ | 正、负序电抗 $X_1$、$X_2$ | 相线零序电抗 $X_{0t}$ |
| | 铝 | 铜 | | | 铝 | 铜 | | | | 铝 | 铜 | | | |
| 3×25 | 14.778 | 8.772 | 0.100 | 0.134 | 14.778 | 8.772 | 7.52 | 0.107 | 0.135 | 15.53 | 9.218 | 8.14 | 0.098 | 0.130 |
| 3×4 | 9.237 | 5.482 | 0.093 | 0.125 | 9.237 | 5.482 | 6.93 | 0.099 | 0.125 | 9.706 | 5.761 | 7.57 | 0.091 | 0.121 |
| 3×6 | 6.158 | 3.655 | 0.093 | 0.121 | 6.158 | 3.655 | 6.38 | 0.094 | 0.118 | 6.470 | 3.841 | 6.71 | 0.087 | 0.114 |
| 3×10 | 3.695 | 2.193 | 0.087 | 0.112 | 3.695 | 2.193 | 6.28 | 0.092 | 0.116 | 3.882 | 2.304 | 5.97 | 0.081 | 0.105 |
| 3×16 | 2.309 | 1.371 | 0.082 | 0.106 | 2.309 | 1.371 | 3.66 | 0.086 | 0.111 | 2.427 | 1.440 | 5.2 | 0.077 | 0.103 |
| 3×25 | 1.507 | 0.895 | 0.075 | 0.106 | 1.507 | 0.895 | 2.79 | 0.079 | 0.107 | 1.584 | 0.940 | 4.8 | 0.067 | 0.089 |
| 3×35 | 1.077 | 0.639 | 0.072 | 0.091 | 1.077 | 0.639 | 2.25 | 0.075 | 0.102 | 1.131 | 0.671 | 3.89 | 0.065 | 0.085 |
| 3×50 | 0.754 | 0.447 | 0.072 | 0.090 | 0.754 | 0.447 | 1.93 | 0.075 | 0.102 | 0.792 | 0.470 | 3.42 | 0.063 | 0.082 |
| 3×70 | 0.538 | 0.319 | 0.069 | 0.086 | 0.538 | 0.319 | 1.45 | 0.072 | 0.099 | 0.566 | 0.336 | 2.76 | 0.062 | 0.079 |
| 3×95 | 0.397 | 0.235 | 0.069 | 0.085 | 0.397 | 0.235 | 1.18 | 0.072 | 0.097 | 0.471 | 0.247 | 2.2 | 0.061 | 0.078 |
| 3×120 | 0.314 | 0.188 | 0.069 | 0.084 | 0.314 | 0.188 | 1.09 | 0.071 | 0.095 | 0.330 | 0.198 | 1.94 | 0.062 | 0.077 |
| 3×150 | 0.251 | 0.151 | 0.070 | 0.084 | 0.251 | 0.151 | 0.99 | 0.071 | 0.095 | 0.264 | 0.158 | 1.66 | 0.062 | 0.077 |
| 3×185 | 0.203 | 0.123 | 0.070 | 0.083 | 0.203 | 0.123 | 0.90 | 0.071 | 0.094 | 0.214 | 0.130 | 1.4 | 0.062 | 0.076 |

注：1. 相线的零序电抗是按电缆紧贴按地导体计算的。

2. 铅皮电抗忽略不计。

## 表8-21 三相三线穿钢管布线（钢管作为零线）的每米阻抗值（mΩ/m）

| 导线标称截面/$mm^2$ | 钢管公称直径/mm | $T=65℃$时导线电阻 $R_1$、$R_2$、$R_{0t}$、$R$、$R_{0t}$ | | 钢管电阻 $R_{0e}$ | 正、负序电抗 $X_1$、$X_2$、$X$ | 零序电抗 | | 计算钢管阻抗时采用的电流/A |
|---|---|---|---|---|---|---|---|---|
| | | 铝 | 铜 | | | 相线 $X_{0x}$ | 零线（钢管）$X_{0e}$ | |
| 1.5 | 15 | 24.39 | 14.48 | 3.35 | 0.14 | 0.17 | 1.79 | 30~60 |

续表

| 导线标称截面/$mm^2$ | 钢管公称直径/mm | $T=65$℃时导线电阻 $R_1$、$R_2$、$R_{0t}$、$R$、$R_{0t}$ | | 钢管电阻 $R_{0e}$ | 正、负序电抗 $X_1$、$X_2$、$X$ | 零序电抗 | | 计算钢管阻抗时采用的电流/A |
|---|---|---|---|---|---|---|---|---|
| | | 铝 | 铜 | | | 相线 $X_{0x}$ | 零线（钢管）$X_{0e}$ | |
| 2.5 | 15 | 14.63 | 8.69 | 3.35 | 0.13 | 0.15 | 1.79 | 30~60 |
| 4 | 20 | 9.15 | 5.43 | 2.45 | 0.12 | 0.15 | 1.26 | 60~120 |
| 6 | 20 | 6.10 | 3.62 | 2.18 | 0.11 | 0.14 | 1.24 | 80~160 |
| 10 | 25 | 3.66 | 2.19 | 1.52 | 0.11 | 0.14 | 1.13 | 120~240 |
| 16 | 32 | 2.29 | 1.37 | 1.25 | 0.10 | 0.14 | 1.00 | 150~300 |
| 25 | 32 | 1.43 | 0.88 | 1.00 | 0.10 | 0.12 | 1.00 | 180~360 |
| 35 | 40 | 1.06 | 0.63 | 0.84 | 0.10 | 0.13 | 0.85 | 240~480 |
| 50 | 40 | 0.75 | 0.44 | 0.77 | 0.09 | 0.11 | 0.78 | 330~660 |
| 70 | 50 | 0.53 | 0.32 | 0.75 | 0.09 | 0.12 | 0.78 | 420~840 |
| 95 | 70 | 0.39 | 0.23 | 0.72 | 0.09 | 0.13 | 0.59 | 500~1000 |
| 120 | 70 | 0.31 | 0.19 | 0.72 | 0.08 | 0.12 | 0.59 | 600~1200 |
| 150 | 70 | 0.25 | 0.15 | 0.72 | 0.08 | 0.11 | 0.59 | 660~1320 |

注：1. 在计算钢管的零序电抗时忽略外感抗。

2. 本表中电抗数据适用于BLV、BLX、BX型单芯绝缘导线。

3. 当采用三相四线穿钢管布线时，零线（绝缘导线）的零序电抗 $X_{0e}$ 可近似地认为等于同截面相线的零序电抗 $X_{0t}$。

### 表8-22 自动开关过流线圈的阻抗（mΩ）

| 线圈的额定电流/A | 50 | 70 | 100 | 140 | 200 | 400 | 600 |
|---|---|---|---|---|---|---|---|
| 电阻（65℃时） | 5.5 | 2.35 | 1.30 | 0.74 | 0.36 | 0.15 | 0.12 |
| 电　抗 | 2.7 | 1.30 | 0.86 | 0.55 | 0.28 | 0.10 | 0.094 |

### 表8-23 自动空气开关及开关触头的接触电阻（mΩ）

| 额定电流/A | 50 | 70 | 100 | 140 | 200 | 400 | 600 | 1000 | 2000 | 3000 |
|---|---|---|---|---|---|---|---|---|---|---|
| 自动空气开关 | 1.3 | 1.0 | 0.75 | 0.65 | 0.60 | 0.40 | 0.25 | — | — | — |
| 刀开关 | — | — | 0.50 | — | 0.40 | 0.20 | 0.15 | 0.08 | — | — |
| 隔离开关 | | — | — | — | — | 0.20 | 0.15 | 0.08 | 0.03 | 0.02 |

### 表8-24 电流互感器一次线圈（二次线圈开路时）阻抗（mΩ）

| 型号 | 变流比 | 5/5′ | 7.5/5 | 10/5 | 15/5 | 20/5 | 30/5 | 40/5 | 50/5 | 75/5 | 100/5 | 150/5 | 200/5 | 300/5 | 400/5 | 500/5 | 600/5 | 750/5 |
|---|---|---|---|---|---|---|---|---|---|---|---|---|---|---|---|---|---|---|
| LQG-0.5 | 电阻 | 600 | 266 | 150 | 66.7 | 37.5 | 16.6 | 9.4 | 6 | 2.66 | 1.5 | 0.667 | 0.575 | 0.166 | 0.125 | | 0.04 | 0.04 |
| | 电抗 | 4300 | 2130 | 1200 | 532 | 300 | 133 | 75 | 48 | 21.3 | 12 | 5.32 | 3 | 1.33 | 1.03 | | 0.3 | 0.3 |
| 0-49Y | 电阻 | 480 | 213 | 120 | 53.2 | 30 | 13.3 | 7.5 | 4.8 | 2.13 | 1.2 | 0.532 | 0.3 | 0.133 | 0.075 | | 0.03 | 0.03 |
| | 电抗 | 3200 | 1420 | 800 | 355 | 200 | 88.8 | 50 | 32 | 14.2 | 8 | 3.55 | 2 | 0.888 | 0.73 | | 0.22 | 0.2 |
| LQC-1 | 电阻 | | 300 | 170 | 75 | 42 | 20 | 11 | 7 | 3 | 1.7 | 0.75 | 0.42 | 0.2 | 0.11 | 0.05 | | |
| | 电抗 | | 480 | 270 | 120 | 67 | 30 | 17 | 11 | 4.8 | 2.7 | 1.2 | 0.67 | 0.3 | 0.17 | 0.07 | | |
| LQC-3 | 电阻 | | 130 | 75 | 33 | 19 | 8.2 | 4.8 | 3 | 1.3 | 0.75 | 0.33 | 0.19 | 0.88 | 0.05 | 0.02 | | |
| | 电抗 | | 120 | 70 | 30 | 17 | 8 | 4.2 | 2.8 | 1.2 | 0.7 | 0.3 | 0.17 | 0.08 | 0.04 | 0.02 | | |

表8-25　6~10kV 变压器低压侧短路电流的估算值

| 变压器容量/kV·A | 阻抗电压 $U_d$% | 每相阻抗 $Z_b$/mΩ | 三相短路电流/kA |
|---|---|---|---|
| 30 | 4 | 213 | 1.08 |
| 50 | 4 | 128 | 1.8 |
| 63 | 4 | 102 | 2.27 |
| 80 | 4 | 80 | 2.89 |
| 100 | 4 | 64 | 3.61 |
| 125 | 4 | 51 | 4.51 |
| 160 | 4 | 40 | 5.77 |
| 200 | 4 | 32 | 7.22 |
| 250 | 4 | 25.6 | 9.02 |
| 315 | 4 | 20.3 | 11.38 |
| 400 | 4 | 16.0 | 14.43 |
| 500 | 4 | 12.8 | 18.04 |
| 630 | 4.5 | 11.43 | 20.20 |
| 800 | 4.5 | 9.0 | 25.66 |
| 1000 | 4.5 | 7.2 | 32.08 |
| 1250 | 4.5 | 5.67 | 40.09 |
| 1600 | 4.5 | 4.5 | 51.32 |

表8-26　10（6）/0.4kV 和 35/0.4kV 三相双绕组铝线电力变压器的阻抗平均值（mΩ）［归算到 400 侧］

| 电压/kV | 容量/kV·A | 阻抗电压 $U_d$% | 电阻 | | | 电抗 | | |
|---|---|---|---|---|---|---|---|---|
| | | | 正、负序 $R_1$、$R_2$、$R$ | 零序 $R_0$ | 相零 $R_{xl}$ | 正、负序 $X_1$、$X_2$、$X$ | 零序 $X_0$ | 相零 $X_{xl}$ |
| 10（6）/0.4 | 20 | 4 | 237.33 | | | 214.63 | | |
| | 30 | | 147.56 | | | 154.02 | | |
| | 40 | | 101.00 | | | 124.04 | | |
| | 50 | | 77.01 | | | 102.17 | | |
| | 63 | | 58.45 | | | 83.07 | | |
| | 80 | | 43.33 | | | 67.23 | | |
| | 100 | | 31.13 | 312 | 124.75 | 54.12 | 425 | 177.75 |
| | 125 | | 25.94 | | | 44.12 | | |
| | 160 | | 19.17 | 240 | 92.78 | 35.09 | 318 | 129.39 |
| | 200 | | 14.80 | 204 | | 28.37 | 268 | 108.25 |
| | 250 | | 11.10 | 162 | | 23.82 | 216 | 87.88 |
| | 315 | | 8.49 | 122 | | 18.45 | 174 | 70.30 |
| | 400 | | 6.33 | | | 14.96 | | |
| | 500 | | 4.91 | 58 | 22.61 | 11.82 | 110 | 44.55 |
| | 630 | 4.5 | 3.95 | 40 | 15.97 | 10.73 | 84 | 35.15 |
| | 800 | | 2.97 | 36 | 13.98 | 8.50 | 60 | 25.67 |
| | 1000 | | 2.32 | 34 | 12.87 | 6.82 | 46 | 19.88 |
| | 1250 | | 1.76 | 30 | 11.17 | 5.48 | 38 | 16.72 |
| | 1600 | | 1.26 | 24 | 8.84 | 4.32 | 32 | 13.55 |

续表

| 电压/kV | 容量/kV·A | 阻抗电压 $U_d$% | 电阻 | | | 电抗 | | |
|---|---|---|---|---|---|---|---|---|
| | | | 正、负序 $R_1$、$R_2$、$R$ | 零序 $R_0$ | 相零 $R_{xl}$ | 正、负序 $X_1$、$X_2$、$X$ | 零序 $X_0$ | 相零 $X_{x1}$ |
| 35/0.4 | 50 | 6.5 | 77.87 | | | 192.83 | | |
| | 100 | | 40.53 | | | 95.77 | | |
| | 125 | | 31.23 | | | 77.12 | | |
| | 160 | | 22.92 | | | 60.82 | | |
| | 200 | | 17.20 | | | 49.07 | | |
| | 250 | | 12.76 | | | 39.59 | | |
| | 315 | | 9.76 | | | 31.55 | | |
| | 400 | | 7.10 | | | 25.01 | | |
| | 500 | | 5.41 | | | 20.09 | | |
| | 630 | | 3.99 | | | 16.02 | | |
| | 800 | | 3.04 | | | 12.64 | | |
| | 1000 | | 2.29 | | | 10.15 | | |
| | 1250 | | 1.77 | | | 8.14 | | |
| | 1600 | | 1.26 | | | 6.38 | | |

**表8-27　户外架空铝导线“相—零回路”单位长度阻抗值**

| 截面（$mm^2$） | 电阻（Ω/km） | 电抗（Ω/km） | 阻抗（Ω/km） | 截面（$mm^2$） | 电阻（Ω/km） | 电抗（Ω/km） | 阻抗（Ω/km） |
|---|---|---|---|---|---|---|---|
| 4×16 | 3.867 | 0.776 | 3.94 | 4×120+1×25 | 1.43 | 0.700 | 1.59 |
| 3×25+1×16 | 3.127 | 0.762 | 3.21 | 3×120+1×35 | 1.101 | 0.687 | 1.30 |
| 3×35+1×16 | 2.750 | 0.771 | 2.86 | 3×120+1×50 | 0.853 | 0.676 | 1.09 |
| 3×50+1×16 | 2.467 | 0.738 | 2.58 | 3×120+1×70 | 0.688 | 0.666 | 0.958 |
| 3×50+1×25 | 1.815 | 0.725 | 1.95 | 3×150+1×25 | 1.375 | 0.692 | 1.54 |
| 3×70+1×16 | 2.279 | 0.730 | 2.40 | 3×150+1×35 | 1.046 | 0.681 | 1.232 |
| 3×70+1×25 | 1.627 | 0.716 | 1.78 | 3×150+1×50 | 0.798 | 0.67 | 1.042 |
| 3×70+1×35 | 1.298 | 0.704 | 1.475 | 3×150+1×70 | 0.633 | 0.659 | 0.915 |
| 3×95+1×16 | 2.155 | 0.720 | 2.27 | 3×185+1×35 | 0.1005 | 0.675 | 1.213 |
| 3×95+1×25 | 1.503 | 0.706 | 1.66 | 3×185+1×50 | 0.757 | 0.662 | 1.005 |
| 3×70+1×35 | 1.174 | 0.695 | 1.37 | 3×185+1×70 | 0.592 | 0.652 | 0.88 |
| 3×70+1×50 | 0.926 | 0.684 | 1.15 | 3×240+1×50 | 0.716 | 0.655 | 0.972 |
| 3×120+1×16 | 2.802 | 0.712 | 2.20 | 3×240+1×70 | 0.551 | 0.645 | 0.846 |

# 第九章　农村电网继电保护整定计算

## 第一节　整定计算中必须考虑的几个要素

### 1. 对继电保护装置的要求

从保障输配电网安全可靠运行的目的出发，根据继电保护装置要完成的任务，对它提出四个要求，即选择性、可靠性、灵敏性和快速性。

（1）选择性：在系统中发生故障时，保护装置应该有选择地切除故障部分（只切除离故障设备最近的开关，使停电的范围尽量缩小），而非故障部分仍能继续工作。

（2）可靠性：保护装置不应该误动作（不应该动作而动作）和拒绝动作（应该动作而不动作）。

（3）灵敏性：保护装置对被它保护的设备中发生的故障或不正常运行状态应能敏感地反应和正常地动作。

（4）快速性：为了限制故障范围的扩大、缩短用户电压降低的持续时间或停电时间、保证系统的非故障部分的正常运行等，必须快速切除故障。现代的快速保护装置能以 0.02~0.04s 的时间动作。

在继电保护定值整定计算中，必须满足上述要求，尤其是选择性、灵敏性、快速性，都是通过合理的运算选取定值来实现的。

### 2. 主保护和后备保护

（1）主保护：在被保护的设备内发生某些故障时，能比其他保护装置优先反应与动作（切除故障）的保护装置称为主保护。

（2）后备保护：当被保护设备或相邻设备中发生故障而其主保护或断路器拒绝动作时，能代替主保护切除故障的保护装置称为后备保护。

当设备和线路发生故障时，主保护装置应能迅速和有选择性地切除故障，如遇主保护失灵或断路器拒动时，后备保护才进行动作，因此后备保护的动作时间要比主保护长。后备保护动作有时会扩大切除范围。后备保护可分为近后备和远后备两种方式：近后备一般与主保护共同装在被保护的设备或线路上，是与主保护分开装设的另一套保护装置；远后备则往往由装设在相邻设备或线路上的保护装置来实现。

### 3. 继电保护的运作时限

继电保护的运作时限，一般要求其动作时间极差为 0.5s（微机保护装置因其时间精度较高，其动作时间极差可为0.15~0.3s)，在保证可靠性的前提下应尽可能短，以达到尽快将故障切除、限制设备和线路受故障影响而损坏的程度、缩小事故范围的目的。同时为了区分保护装置动作的主次和先后以保证选择性，需在时限上进行配合。一般在带有阶段和反时限特性的保护装置中，前后两级应有时限配合；在主保护和后备保护之间也应考虑到时限的整合。在特殊情况下，为了迅速地切除故障，也可采用无选择性的动作方式，而采用自动重合闸或自动投切装置予以弥补。

### 4. 继电保护装置的灵敏度

发生故障时，流经保护装置的短路电流或者母线的残余电压是否能保证继电器可靠地动作，必须进行验算。一般需对灵敏度进行验算。灵敏度用灵敏系数 $K_{Lm}$ 表示，对于过电流继电器，定义为

$$灵敏系数\ K_{Lm}=\frac{被保护区末端最小短路电流\ I_{min}}{保护装置一次侧起动电流\ I_{dz}} \qquad 式9-1$$

对各种设备都有灵敏度的要求。按照国网公司颁发的《继电保护和安全自动装置技术规程》的规定，110kV及以下变电所中有关设备或线路的最小灵敏系数见表9-1。

**表9-1　变电所设备继电保护配置表**

| 保护分类 | 保护类型 | 组成元件 | 灵敏系数 | 备　注 |
|---|---|---|---|---|
| 主保护 | 变压器、线路和电动机速断保护 | 电流元件 | 2.0 | 按保护安装处短路计算 |
| | 变压器、线路和电动机纵差保护 | 差电流元件 | 2.0 | |
| | 带或不带方向的电流或电压保护 | 电流和电压元件 | 1.3~1.5 | 50km以下线路不小于1.5 |
| | | 零序或负序方向元件 | 2.0 | |
| 后备保护 | 远后备保护 | 电流电压及阻抗元件 | 1.2 | 按相邻电力设备和线路末端短路计算（短路电流应为阻抗元件精确工作电流的2倍以上） |
| | | 零序或负序方向元件 | 1.5 | |
| | 近后备保护 | 电流电压及阻抗元件 | 1.3~1.5 | 按线路末端短路计算 |
| | | 零序或负序方向元件 | 2.0 | |

检验灵敏度时所选用的短路电流值，应以最小运行方式下两相短路电流进行计算。对于那些非正常的可能性很小的运行方式，可不考虑。当保护装置的灵敏度不能满足要求时，需采取补救措施，例如过流保护加装低电压起动等。后备保护的灵敏度在不能达到要求时，可适当降低要求，例如可缩短后备保护作用的范围，仅按常见的运行方式和故障类型进行验算；采用无选择性动作而用自动重合闸弥补等。

### 5. 继电保护装置的定值

继电保护装置的定值可以做一个形象的比喻，定值就是一道门槛，“门槛内”是正常工作状态，“门槛外”就是故障，如果这道门槛放的位置不恰当，就可能将系统故障状态判为“门槛内”，将系统正常状态放在“门槛外”，这样就引起了保护装置的“拒动”或“误动”，导致供电秩序的混乱，在电力系统中是绝对不允许的。

### 6. 确定最大运行方式与最小运行方式

根据系统的运行需要，确定电网的最大运行方式。最大运行方式是指系统在该方式下运行时，具有最小的短路阻抗值，发生短路故障后所产生的短路电流最大的一种方式。反之为最小运行方式。

### 7. 继电保护装置整定计算的前期准备和目的

（1）保护整定计算的前期准备工作：

1）收集与本次计算整定有关的线路长度、导线型号、主变压器、电压、电流互感器等设备铭牌参数并制表。

2）绘制与本次计算有关的电力系统运行接线图和阻抗图。

3）计算主变压器各侧母线短路点阻抗值和最大运行方式及最小运行方式下各短路点短路电流并列表。

4）若是微机保护，还应检查复核微机保护装置上电后所打印出的保护定值清单中的项目内容与微机保护装置说明书和二次保护设计图纸中的保护种类有无出入。

（2）继电保护装置计算整定的目的主要是确定以下内容：

1）继电保护动作的电气量数值，如电流、电压等。

2）验算继电保护装置动作值的灵敏度。

3）选择继电保护装置的动作时间。

以达到尽量适应各种运行方式变化、求出各种类型的故障、保证安全可靠运行的目的。

（3）利用电力系统故障时，电流增大、电压降低的原理，可构成简单的电流、电压保护，该原理构成的保护，具有结构简单、价格低廉、运行维护方便等优点，因而在工矿企业和农村变电站中得到了广泛的应用。只有在一些满足不了快速性、灵敏性或运行方式变化时，才采用比较复杂的保护，或采用特殊的整定原则。

## 第二节　变压器常用的几种保护范围和整定计算原则

### 1. 变压器的瓦斯保护

作为主变压器内部故障的主保护。当变压器内部发生层间或匝间短路等故障时，因短路处电弧的作用使绝缘油相应于不同情况产生气体。气体达到一定压力时将使瓦斯继电器动作。根据所产生气体的量，分别作用于跳闸或信号（一般称为重瓦斯和轻瓦斯)。变压器严重缺油、油位下降时也能使瓦斯保护动作（图9-1）。

（1）变压器内部故障的主保护瓦斯保护的整定：

保护范围：变压器箱体内部。

（2）保护装置参数整定：

本体重瓦斯：油流速整定：1m/s跳主变各侧总门断路器。

保护装置动作时间：0s。

本体轻瓦斯：瓦斯气体达240~280cm$^3$时报信号。

有载重瓦斯：油流速整定：0.8m/s跳三侧（或两侧）断路器。

有载轻瓦斯：瓦斯气体在240~260cm$^3$时报信号。

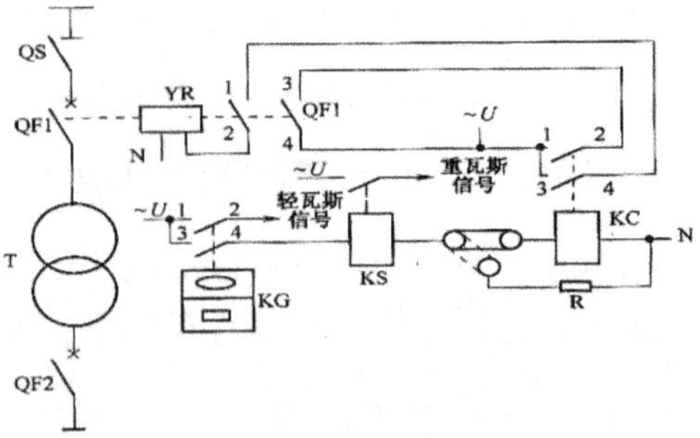

图9-1　变压器瓦斯继电保护原理电路图

灵敏度：由于设备问题或受到强烈的振动等，有时会误动作。

## 2. 变压器的速断保护

变压器的速断保护可作为外部故障时的主保护。

保护范围是变压器外部，主要是套管及引（母）线故障。

保护装置作用于跳变压器各侧断路器。

保护装置动作时间为0s。

### (1) 保护装置参数整定

变压器的速断保护的动作电流可按以下原则整定：

①躲过变压器低压侧母线短路时流过保护的最大短路电流，即：

$$I_{DZj}=\frac{K_k I_{dmax} K_{jx}}{n_{TA}} \qquad 式9-2$$

式中：$I_{DZj}$—保护继电器动作电流（A）；

$K_k$—可靠系数，取1.3；

$I_{dmax}$—变压器低压侧故障时，流过保护的最大短路电流；

$K_{jx}$—接线系数；星形接线取1，三角形接线取$\sqrt{3}$；

$n_{TA}$—电流互感器变比。

②躲过变压器空载投入时的励磁涌流。

即

$$I_{dz}=(3\sim5)\ I_e \qquad 式9-3$$

式中：$I_e$—变压器的额定电流；

$I_{dz}$—保护装置一次动作电流。

经式9-2、式9-3的计算，取其中数值最大的作为速断保护的定值。

### (2) 校核速断保护的灵敏度

在保护安装处发生两相短路，要求速断保护的灵敏度≥1.5。

即：

$$K_{Lm}=\frac{I_{dmax}^{(2)}}{n_{TA}I_{dz}}>2 \qquad 式9-4$$

式中：$I_{dmax}^{(2)}$—保护装置处的两相短路电流；

$n_{TA}$—电流互感器变比。

经计算，若不满足要求，应装设较为复杂的差动保护，一般若主变容量在5600kV·A以下，其速断保护的灵敏度能满足要求。

适用范围：

①在容量为1000~5600kV·A的变压器中，当$K_{Lm}<2$时采用纵联差动保护。

②当并列容量小于5600kV·A或单台容量小于7500kV·A时采用电流速断保护。

### 3. 变压器的纵联差动保护（电磁型）

容量在6300kV及以上的变压器装设纵差保护。在正常运行时，各侧电流互感器流经的电流之差为零，保护回路内无电流。当保护范围内（变压器内部和引出线套管至三侧母线）发生故障时，流经各侧总门的电流互感器的电流不相等，保护回路内产生不平衡电流而瞬时动作，断开变压器各侧断路器。

纵联差保护整定时应考虑：

（1）躲过不平衡电流。当保护区有外部故障时，将有较大的短路电流流过纵差保护的电流互感器。由于各侧的电流互感器的特性不一致，以及各侧的变比不同，反映到二次侧，都将产生不平衡电流。当变压器投入时或区外故障切除后电压恢复时，将有励磁涌流出现，也会产生不平衡电流。在整定时必须使动作电流大于不平衡电流，防止误动。为消除励磁涌流的影响，也可选用具有躲避励磁涌流特性的差动继电器。

（2）由于变压器一、二次侧结线方式不同，如Y/Δ-11，使两侧线电流间有相位差。经电流互感器反映到二次侧，造成相位不一致。因此在电流互感器的二次侧，需根据一次侧的相角差异采用特定的接线加以补偿。在整定时需考虑接线系数$K_{jx}$。如主变压器的原边绕组为星形，副边绕组为三角形时，则接于主变压器高压侧的差动电流互感器二次侧应接成三角形，接于主变压器低压侧的差动电流互感器二次侧应接成星形，以补偿高、低压侧二次电流的相位差。此时，接线系数星形取1，三角形取$\sqrt{3}$。

$$K_{jx}=\frac{实际流入继电器的电流}{电流互感器二次侧电流} \qquad 式9-5$$

对于双圈变压器，选BCH-2或DCD-2型差动继电器较好。BCH-2型差动继电器内部接线如图9-2所示。现以BCH-2型差动保护为例，说明其定值定原则。

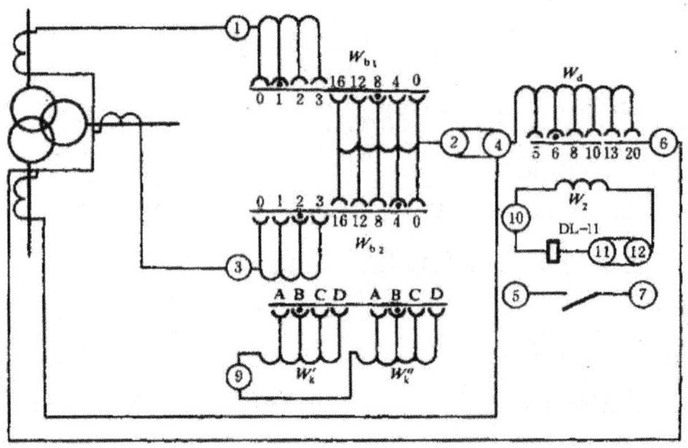


图 9-2　BCH-2 型差动继电器内部接线

按以下三个条件决定保护装置的动作电流。

①躲过变压器空载合闸时的励磁涌流：

$$I_{dz}=K_kI_{eb} \quad \text{式9-6}$$

②躲过变压器低压侧母线短路时最大不平衡电流。

$$I_{dz}=K_k\ (K_{fzq}K_{tx}f_{wc}+\Delta u+\Delta f_{ph})\ I_{dmax} \quad \text{式9-7}$$

③躲过变压器在最大负荷时电流互感器二次回路断线。

$$I_{dz}=K_kI_{fh\,max} \quad \text{式9-8}$$

式中：$K_k$—可靠系数，取 1.3；

$I_{eb}$—变压器额定电流（以基本侧为准）；

$K_{fzp}$—非周期分量系数，取 1；

$K_{tx}$—电流互感器同型系数，相同时取 0.5，不同时取 1；

$\Delta f_{ph}$—由于继电器实用匝数和计算匝数不等而产生的相对误差，取 0.05；

$f_{wc}$—电流互感允许的最大误差；

$\Delta u$—变压器由于使用不同的调压分接头引起的误差，取调压范围的一半。如，对于 38.5±2×2.5%，则取 2×2.5%＝0.05；

$I_{dmax}$—变压器在系统最大运行方式下低压母线三相短路电流；

$I_{fh\,max}$—变压器正常运行时的最大负荷电流。

按式 9-6～式 9-8 计算后，取其较大的值，作为保护装置的动作值。

（3）选择差动继电器工作线圈匝数及动作电流。

1）计算基本侧二次动作电流：

$$I_{dz\cdot j\cdot jb}=\frac{K_{jx}\cdot I_{dz\cdot jb}}{n_L} \quad \text{式9-9}$$

式中：$K_{jx}$—电流互感器接线系数，星形接线取 1，三角形接线取 $\sqrt{3}=1.732$；

$n_{TA}$—电流互感器变比。

2）计算基本侧差动线圈的匝数：

$$N_{b\cdot jb}=N_{cd\cdot js}=\frac{AN}{N_{gz}}=\frac{60}{N_{gz}} \quad \text{式9-10}$$

式中：60—BCH-2 型差动继电器动作安匝。

根据 $N_{b\cdot jb}$ 选择相近的实际线圈匝数作为差动线圈整定匝数，此即为实际整定工作匝数 $N_{gz\cdot jb}$，再算出继电器实际动作电流 $I_{dz\cdot j\cdot jb}$ 和保护的一次动作电流 $I_{dz\cdot jb}$。

$$I_{dz\cdot jb}=\frac{(IN)}{N_{gz}}=\frac{60}{N_{gz}} \qquad 式9-11$$

$$I_{dz\cdot jb}=\frac{I_{dz\cdot j\cdot jb}\cdot n_L}{K_{jx}} \qquad 式9-12$$

3）确定平衡线圈匝数和工作线圈匝数：

①平衡线圈匝数。对于双绕组变压器有

$$N_{ph\cdot fj\cdot js}=N_{g\cdot z\cdot jb}\frac{I_{e\cdot z\cdot jb}}{I_{e\cdot z\cdot fj}}-N_{cd\cdot z} \qquad 式9-13$$

选择接近 $N_{ph\cdot fj\cdot js}$ 的匝数作为平衡线圈的整定匝数 $N_{ph\cdot fj\cdot z}$。

②工作线圈匝数：

$$N_{g\cdot fjz}=N_{ph}\cdot f_{j\cdot z}+N_{cd\cdot z} \qquad 式9-14$$

4）按式 $\Delta f_{ph}=\frac{N_{ph\cdot js\cdot z}-N_{ph\cdot z}}{N_{ph\cdot js}+N_{cd\cdot z}}$ 计算，若 $\Delta f_{ph}\leqslant 0.05$，则以上计算告一段落，若 $\Delta f_{ph}>0.05$，则应代入式 9-6、式 9-7 重新计算动作电流。

5）确定短路线圈的匝数：

继电器短路线圈有四个抽头，即 $A_1-A_2$、$B_1-B_2$、$C_1-C_2$、$D_1-D_2$，匝数依次增多，对于中等容量的变压器一般取“$C_1-C_2$”或“$D_1-D_2$”为宜，选好后待变压器空载投入时试验再定。

6）灵敏度校验：

$$K_{Lm}=\frac{I_{d\cdot min}}{I_{dz\cdot jb}}>2 \qquad 式9-15$$

式中：$I_{d\cdot min}$—变压器差动保护范围内短路时，归算到基本侧的最小短路电流。

适用范围：当 $K_{Lm}<2$ 时，选用 BCH-1 型差动保护继电器。

### 4. 变压器的后备保护（电磁型）

为了防止变压器外部短路引起过电流，并作为变压器主保护的后备保护，一般都应装设过电流保护（或低电压闭锁的过电流保护）。使用的电流互感器装在电源侧。

**（1）过电流保护的整定**

1）不带低电压起动的过电流保护。在各种运行方式下，出现最大负荷时，保护不应动作跳闸，也即按躲过可能出现的最大负荷电流整定。

$$I_{dz\cdot j}=\frac{K_k\cdot I_{fh\cdot max}\cdot K_{jx}}{K_{fh}\cdot n_{TA}}I_{fh\cdot max} \qquad 式9-16$$

式中：$K_k$—可靠系数，一般取 1.2~1.3；

$K_{fh}$—继电器返回系数，电磁型保护取 0.85，微机保护取 0.9~0.95；

$K_{jx}$—接线系数，取值同前；

$I_{dz}$—保护装置的一次动作电流值；

$n_{TA}$—电流互感器变比；

$I_{fh\ max}$—变压器最大负荷电流：此值的确定，应考虑在各种情况下出现的最大负荷电流。如电机自起动，备用电源自动投入装置动作成功后所增加的负荷等。若新建变电站因某些原因，最大负荷电流不能确定时可按下式整定：

$$I_{dz}=1.5\ I_{e\cdot b} \qquad \text{式9-17}$$

式中：$I_{e\cdot b}$—变压器的额定电流。

两台并联运行的变压器如果容量相等时，$I_{fh\cdot max}$可按下式计算：

$$I_{fh\cdot max}=\frac{m}{m-1}I_{e\cdot b} \qquad \text{式9-18}$$

式中：$m$—并联运行的变压器台数，一般取 $m=2$；

$I_{e\cdot b}$—每台变压器的额定电流。

$$\text{保护灵敏度}\ K_{Lm}=\frac{I_{d\cdot min}}{n_{TA}I_{dz\cdot jb}} \qquad \text{式9-19}$$

在主变低压母线发生短路时，要求 $K_{Lm}=1.5\sim2$；在后备保护范围末端短路时，要求 $K_{Lm}>1.2$。

2）带低压起动的过电流保护。

过流整定值 $$I_{d\cdot zj}=\frac{K_k\cdot I_{eb}\cdot K_{jx}}{K_{fh}\cdot n_{TA}} \qquad \text{式9-20}$$

式中：$K_k$—可靠系数，取 1.2，其余字母符号同前。

低压继电器电压整定值 $$U_{d\cdot zj}=\frac{U_{g\cdot min}}{K_k\cdot K_{fh}\cdot n_{TV}} \qquad \text{式9-21}$$

式中：$U_{g\cdot min}$—最低工作电压，一般取 $U_{g\cdot min}=0.9U_e$；

$n_{TV}$—电压互感器变比；

$K_{fh}$—返回系数，取 0.85；

$K_k$—可靠系数，取 1.2。

适用范围：对所有变压器均适用。

3）确定过电流保护的动作时间。

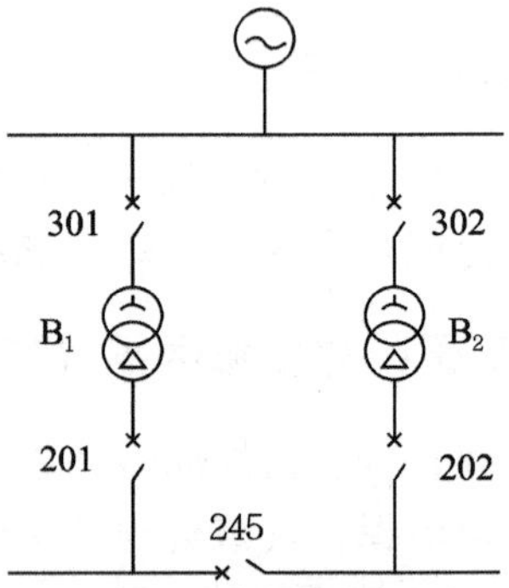

图 9-3 两台主变分段并联运行示意图

为了保证过电流保护装置动作有选择性，上下级保护必须在动作时间上有一级差 $\Delta t$，其 $\Delta t$ 值一般取 0.5s，（若采用微机保护或高精度的集成电路时间继电器，$\Delta t$ 值可取 0.2~0.3s），若上级保护为定时限，而下级保护为反时限，$\Delta t$ 值可取 0.7~0.8s。变电站若装设两台变压器并经分段断路器并联运行时，如图 9-3 所示。应考虑有一时限跳开分段断路器 245。若 $t_1$时限跳开 245，则变压器断路器分闸时间 $t=t_1+\Delta t$，这样就增加了变电站运行的可靠性。

**（2）变压器的过负荷保护**

①保护范围：变压器本身；

②保护装置作用于信号；

③保护装置动作时限：6~10s；

④保护装置参数整定：

$$I_{d\cdot zj}=\frac{K_k\cdot I_{eb}\cdot K_{jx}}{K_{fh}\cdot n_{TA}}\qquad 式9-22$$

式中：$K_k=1.05$；

$K_{fh}=0.85$；

$I_{d\cdot zj}$—继电器动作电流；

$I_e$—保护安装侧额定电流；

$n_{TA}$—电流互感器变比；

$K_{jx}$—接线系数，取值同前。

### 5. 变压器差动保护（微机型）

**（1）选择差动保护接线方式（根据各厂家产品说明整定）**

**（2）计算变压器各侧的额定电流**

$$高压侧：I_{nh}=\frac{S_n}{\sqrt{3}U_{n1}}\qquad 式9-23$$

$$中压侧：I_{nm}=\frac{S_n}{\sqrt{3}U_{n2}}\qquad 式9-24$$

$$低压侧：I_{nl}=\frac{S_n}{\sqrt{3}U_{n3}}\qquad 式9-25$$

式中：$S_n$—变压器额定容量（kV·A）；

$I_{nh}$、$I_{nm}$、$I_{nl}$—变压器对应侧的额定电流（A）；

$U_{nh}$、$U_{nm}$、$U_n$—变压器对应侧的额定电压（V）。

**（3）选择各侧电流互感器变比，计算二次额定电流**

$$高压侧：I_h=\frac{I_h}{n_{hTA}}\qquad 式9-26$$

$$中压侧：I_m=\frac{I_m}{n_{mTA}}\qquad 式9-27$$

$$低压侧：\frac{I_l}{n_{lTA}}\qquad 式9-28$$

式中：$n_{hTA}$、$n_{mTA}$、$n_{lTA}$—变压器对应侧的电流互感器变比。

**（4）计算电流平衡系数 $K_{bi}$**

以高压侧额定二次电流为基准

$$K_{bi}=\frac{I_{2Nh}}{I_{2N.i}}K_{con.i}=\frac{U_{N.i}n_{TA.i}}{U_{Nh}n_{TA.h}}K_{com.i}\qquad 式9-29$$

式中：$U_{N.i}$，$U_{Nh}$—计算侧和高压侧额定电流；

$n_{TA.i}$，$n_{TA.h}$—计算侧和高压侧电流互感器变比；

$K_{com.i}$—对应侧接线系数。若保护内部对高、中压侧（Y 侧）电流二次接线进行了调整（$\dot{I}_a-\dot{I}_b$），幅值在内部相应扩大 $\sqrt{3}$ 倍，因此低压侧相对应，在确定平衡系数时乘接线系数 $\sqrt{3}$，中压侧直接取 1。若产品内部通过软件进行幅值的平衡，即进行角度移相，各式可直接取 1 或不考虑接线系数。差动平衡系数不能满足要求时，须外配中间变流器（推荐许继生产的 FL-10 型）。

**(5) 计算差动电流速断保护定值**

差动电流速断保护的动作电流应躲过变压器空载投入时的励磁涌流和外部短路时的最大不平衡电流。

$$I_{qb.set}=KI_{2Nh} \quad 式9-30$$

$$I_{qb.set}=K_{rel}I_{unb.max} \quad 式9-31$$

式中：$K_{tei}$—动作电流倍数，根据变压器量确定，根据实际经验取 3-12，变压器容量越大，系统阻抗越小时，K 相应应取较小值；

$I_{2N.h}$—变压器高压侧额定二次电流；

$K_{rel}$—可靠系数，取 1. 3~1. 5；

$I_{unb.max}$—变压器外部故障的最大不平衡电流。

**(6) 制动特性整定**

①最小动作电流。即没有制动特性时的继电器最小动作电流

$$I_{set.min}=K_{rel}I_{unb.R} \quad 式9-32$$

式中：$I_{set.min}$—变压器正常运行时差动回路的不平衡电流；

$K_{rel}$—可靠系数，取 $K_{rel}$=1. 2~1. 5，对双绕组变压器取 1. 2~1. 3；对三绕组变压器取 1. 4~1. 5。

②制动特性拐点电流

$$I_{t1}=(0.5-1)I_{2Nh}=\frac{I_{1Nh}}{n_{TA.h}} \quad 式9-33$$

具体值可根据变压器的容量及厂家说明书确定。

$$I_{t2}=(0.5-3)I_{2Nh}=(0.5-3)\frac{I_{1Nh}}{n_{TA.h}} \quad 式9-34$$

两段折线时，$I_{t1}=I_{t2}$，即 $I_{t1}$、$I_{t2}$整定为同一点。

③最大制动系数。最大制动系数可按下式计算：

$$K_{res.Set}=K_{rel}\ (K_{st}K_{unp}\Delta f_T+\Delta U+\Delta f_{cn}) \quad 式9-35$$

式中：$K_{rel}$—可靠系数，取 1. 3~1. 5；

$K_{st}$—同型系数；

$K_{unp}$—非周期分量系数；

$\Delta f_T$—电流互感器 10% 误差；

$\Delta U$—变压器调压范围，取可调范围的一半；

$\Delta f_{cn}$—微机保护中电流平衡不连续性造成的二次差回路电流误差，与常规保护相同，可取 0. 05 进行计算。

**(7) 确定谐波制动比**

为可靠防止励磁涌流时保护误动，根据经验，当任一相二次谐波与基波电流之比大于15%～20%时，三相差动保护被闭锁，可根据经验调整比例系数。

二次谐波制动采用或门制动方式，即A、B、C三相中有一相满足制动条件，则闭锁差动保护出口。

**(8) 差动保护灵敏度计算**

1）比率制动部分灵敏度计算。在最小运行方式下，计算保护区两相金属性短路时的最小短路电流和相应的制动电流（归算至基本侧），根据制动电流大小求得实际的动作电流。

$$K_{sen}=\frac{\sqrt{\frac{3}{2}}\cdot I_{K.min}}{I_{set}}\qquad 要求K_{sen}\geqslant 2 \qquad 式9-36$$

2）差动电流速断保护灵敏度。在正常运行方式下，保护区内两相金属性短路时的短路电流和差动电流速断保护整定值之比，电流归算至基本侧。

$$K_{sen}=\frac{I_{K.min}}{I_{qb.set}} \qquad 式9-37$$

### 6. 三圈主变压器（微机型）后备保护的整定

**(1) 复合电压闭锁**

1）低电压的整定和灵敏系数校验。躲过电动机自起动时的电压整定：

当低电压继电器由变压器低压侧电压互感器供电时

$$U_{op}=(0.5\sim0.6)\ U_n \qquad 式9-38$$

当低电压继电器由变压器高压侧电压互感器供电时

$$U_{op}=0.7U_n \qquad 式9-39$$

式中：$U_{op}$—电压元件动作电压（V）；

$U_n$—变压器计算侧额定电压（V）；

2）灵敏系数校验。低电压继电器的灵敏系数校验：

$$K_{sen}=\frac{U_{op}}{\frac{U_{r\cdot max}}{N_y}} \qquad 式9-40$$

式中：$K_{sen}$—灵敏系数；

$N_y$—电压互感器变比。

$U_{r\cdot max}$—计算运行方式下灵敏系数校验点发生金属性相间短路时保护安装处的最高残压要求$K_{sen}\geqslant 1.3$（近后备）或$K_{sen}\geqslant 1.2$（远后备）。

**(2) 负序电压的整定和灵敏系数校验**

负序电压继电器应按躲过正常运行时出现的不平衡电压整定。不平衡电压通过实测确定，当无实测值时，根据现行规程的规定选取。

$$U_{op.2}=(0.06\sim0.08)\ U_n \qquad 式9-41$$

负序电压继电器的灵敏系数按下式校验：

$$K_{sen}=\frac{U_{K.2min}}{\frac{U_{op2}}{N_y}}\times\frac{U_{op}}{\frac{U_{r\cdot max}}{N_y}} \qquad 式9-42$$

式中：$U_{K.2min}$—后备保护区末端两相金属短路时保护安装处的最小负序电压，要求$K_{sen}\geqslant1.3$（近后备）或$K_{sen}\geqslant1.2$（远后备）。

**(3) 复合电压方向过电流**

复合电压起动的过流保护宜用于升压变压器系统、联络变压器和过流保护不能满足灵敏度要求的降压变压器。

1）过电流的整定计算和灵敏度的校验。过流保护主要用于降压变压器，是作为防御外部相间短路引起的变压器过流和变压器内部相间短路。

为了保证选择性，过流保护的动作电流应躲过可能流过变压器的最大负荷电流，即

$$I_{op}=K_{rel}\times\frac{\frac{I_{1\cdot max}}{K_r}}{N_{TA}} \qquad 式9-43$$

式中：$K_{rel}$—可靠系数，取1.2~1.3；

$K_r$—返回系数，取0.85~0.95；

$I_{1\cdot max}$—最大负荷电流；

$N_{TA}$—电流互感器变比。

最大负荷电流$I_{1\cdot max}$可按以下情况考虑并取最大值：

①对并联运行的变压器，应考虑去除一台时，余下变压器所产生的过负荷电流。当各台变压器容量相等时，可按下式计算：

$$I_{1\cdot max}=m\times\frac{I_n}{(m-1)} \qquad 式9-44$$

式中：$m$—并联运行变压器的最少台数；

$I_n$—每台变压器的额定电流。

当并联运行的变压器容量不相等时，应考虑容量最大的一台变压器断开后引起的过负荷。

②当降压变压器的低压侧接有大量异步电动机时，应考虑电动机的自起动电流，即

$$I_{1\cdot max}=K_{ss}I'_{1\cdot max} \qquad 式9-45$$

式中：$I'_{1\cdot max}$—正常运行的最大负荷电流；

$K_{ss}$—电动机自起动系数，其值与负荷的性质及电源间的电气距离有关，取1.5~2。

③对两台分列运行的降压变压器，在负荷侧母线分段断路器上装有备用电源自动投入装置时，应考虑备用电源自动投入后负荷电流的增加。

$$I_{1\cdot max}=I_{11\cdot max}+K_{ss}K_{rem}I_{21\cdot max} \qquad 式9-46$$

式中：$I_{1l\cdot max}$—所在母线段正常运行时的最大负荷电流；

$I_{2l\cdot max}$—另一个在母线段正常运行时的最大负荷电流；

$K_{rem}$—剩余系数。

④与下一级过流保护相配合，则

$$I_{1\cdot max}=1.1I_{op}+I_{m\cdot max} \quad 式9-47$$

式中：$I_{op}$—分段断路器或与之相配合的馈线过流保护的动作电流；

$I_{m\cdot max}$—本变压器所在母线段的正常运行最大负荷电流。

⑤灵敏系数可按下式校验：

$$I_{sen}=\frac{I_{k.min}}{\frac{I_{op}}{N_{TA}}} \quad 式9-48$$

式中：$I_{k.min}$—后备保护区末端两相金属性短路时流过保护的最小短路电流。

2）相间方向元件的整定。

①三侧有电源的三绕组升压变压器，相间故障后备保护为了满足选择性的要求，在高压侧或中压侧要加功率方向元件，其方向通常指向该侧线路。

②高压侧及中压侧有电源或三侧均有电源的三绕组降压变压器和联络变压器，相间故障后备保护为了满足选择性要求，在高压侧或中压侧要加功率方向元件，其方向通常指向变压器，也可以指向本侧母线。

**（4）零序方向过流保护**

1）Ⅰ段零序过流继电器的动作电流应与相邻线路零序过流保护Ⅰ段或Ⅱ段或快速主保护相配合：

$$I_{op.1}=K_{rel}K_{br}I_{op.0.1} \quad 式9-49$$

式中：$I_{op.01}$—零序电流Ⅰ段保护动作值；

$K_{rel}$—可靠系数，取1.1；

$K_{br}$—零序电流的分支系数，线路零序过流保护后备段保护末端发生接地故障，流过本保护的零序电流与流过线路的零序电流之比，取各种运行方式的最大值。

2）Ⅱ段零序过流继电器的动作电流应与相邻线路零序过流保护的后备段相配合：

$$I_{op.2}=K_{rel}K_{br}I_{op.0.2} \quad 式9-50$$

式中：$I_{op.0.2}$—零序电流Ⅱ段保护动作值；

$K_{rel}$—可靠系数取1.1；

$K_{br}$—零序电流的分支系数，线路零序过流保护后备段保护末端发生接地故障，流过本保护的零序电流与流过线路的零序电流之比，取各种运行方式的最大值。

3）灵敏系数按下式校验：

$$I_{sen}=\frac{3I_{K.0.min}}{\frac{I_{op.0}}{N_{TA}}} \quad 式9-51$$

式中：$I_{K.0.min}$—为Ⅰ段或Ⅱ段对端母线接地短路时流过保护安装处的最小零序电流。

$I_{op.0}$—为Ⅰ段或Ⅱ段零序过流保护的动作电流。

要求 $K_{sen} \geq 1.5$。

**(5) 零序电压保护**

保护在中、低压侧单相接地故障发告警信号，一般整定为 $20V<U_{op}<100V$。

**(6) 间隙零序电流及零序电压保护**

间隙零序的过流保护的整定：

装在放电间隙回路的零序过流保护的动作电流与变压器的零序阻抗、间隙放电的电弧电阻等因素有关，很难计算。根据经验，保护的一次动作电流可取100A。

间隙零序的过压保护的整定：

$$U_{0 \cdot max}<U_{op.0}<U_{set} \qquad 式9-52$$

式中：$U_{op.0}$—零序电压动作值；

$U_{0 \cdot max}$—部分在中性点接地的电网中发生单相接地时，保护安装处可能出现的最大零序电压；

$U_{set}$—用于中性点直接接地系统的电压互感器，在失去接地中性点时发生单相接地，开口三角绕组可能出现的最低电压。

建议：$U_{op.0}=180V$。

**(7) 过负荷、有载调压闭锁、通风起动保护**

动作电流应按躲过绕组的额定电流整定，按下式计算：

$$I_{op}=\frac{K_{el}\times \mathrm{I}_n}{K_r} \qquad 式9-53$$

式中：$K_{rel}$—可靠系数，取1.05；

$K_r$—返回系数，取0.85~0.9；

$I_n$—被保护绕组的额定二次电流。

**(8) 母线充电保护**

动作电流应按躲过绕组的额定电流整定，按下式计算

$$I_{op}=\frac{K_{el}\times I_n}{K_r} \qquad 式9-54$$

式中：$K_{rel}$—可靠系数，取1.05；

$K_r$—返回系数，取0.85~0.9；

$I_n$—被保护绕组的额定二次电流。

**(9) 电压互感器断线保护**

1）额定电流的计算。同变压器差动保护各侧额定二次电流的计算相同。

2）闭锁电流的整定。闭锁电流一般应小于故障时本侧的最小二次电流。

3）TV断线“接地方式”定值的整定。由于开口三角电压的变比由系统为中性点直接接地与否来决定，所以，当系统为中性点直接接地系统，且开口三角电压变比为 $\frac{U_{gn}}{\sqrt{3}}/100$ 时，“接地方式”控制字整定为1。

当系统为中性点不直接接地系统，且开口三角电压变比为 $\frac{U_{gn}}{\sqrt{3}}/100/3$ 时，“接地方式”控制字整定为 0。

**【例9-1】** 某工厂变电所有两台主变压器供电，试计算电磁型两圈变压器保护。

**解：**

（1）一次系统图如图 9-4 所示。

（2）已知条件：

$1^{\#}$变压器 $B_1$：$S_{nh1}=5600kV\cdot A$；

$2^{\#}$变压器 $B_2$：$S_{nl}=3200kV\cdot A$；

301 电流互感器变比 150/5；

302 电流互感器变比 100/5。

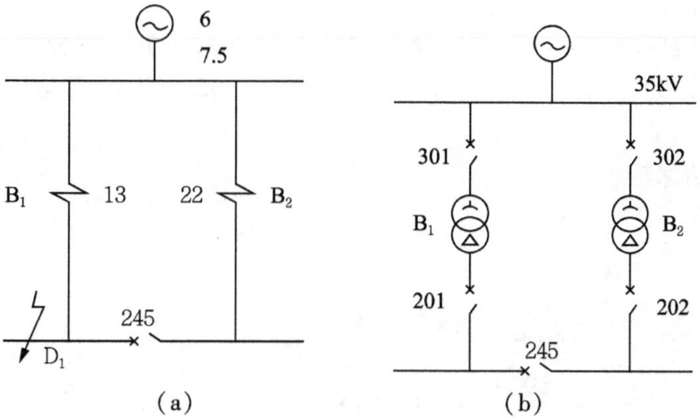


**图 9-4　【例 9-1】图**

运行方式：在最大负荷时，两台主变压器经分段断路器 245 并联运行。在最小负荷时，一台变压器运行，一台备用。

$1^{\#}$主变压器 $B_1$：额定电流为 92.3A；301 最大负荷电流为 85A；

$2^{\#}$主变压器 $B_2$：额定电流为 52.7A；302 最大负荷电流为 45A；

短路电流：变压器低压侧故障，流过 301、302 的最大和最小短路电流分别为

301：最大短路电流 $I_{d\cdot max}=870A$

　　最小短路电流 $I_{d.min}=800A$

302：最大短路电流 $I_{d\cdot max}=590A$

　　最小短路电流 $I_{d.min}=560A$

$1^{\#}$主变压器和 $2^{\#}$主变压器均装设有过电流、电流速断、过负荷保护。

（3）主变各种保护定值的计算整定：

1）过电流保护：

①由式 $I_{dz.j}=\frac{K_k\cdot I_{fh\cdot max}\cdot K_{jx}}{K_{fh}\cdot n_{TA}}$ 确定过电流保护动作值：

$1^{\#}$主变压器过电流：$I_{dz.j}=\frac{1.3\times85\times1}{0.85\times150/5}A=4.33A$

$2^{\#}$主变压器过电流：$I_{dz.j}=\dfrac{1.3\times45\times1}{0.85\times100/5}A=3.44A$

②由式 $K_{Lm}=\dfrac{\sqrt{\dfrac{3}{2}}\times I_{d\cdot min}}{n_{TA}I_{dz\cdot jb}}$ 校核保护灵敏系数：

$1^{\#}$主变压器：$K_{Lm}=\dfrac{\sqrt{\dfrac{3}{2}}\times I_{d\cdot min}}{n_{TA}I_{dz\cdot jb}}=\dfrac{\sqrt{\dfrac{3}{2}}\times800}{4.33\times30}=5.33>1.5$

$2^{\#}$主变压器：$K_{Lm}=\dfrac{\sqrt{\dfrac{3}{2}}\times I_{d\cdot min}}{n_{TA}I_{dz\cdot jb}}=\dfrac{\sqrt{\dfrac{3}{2}}\times560}{3.44\times20}=7>1.5$

③确定过电流保护的动作时间。

若变压器低压侧的分路出线过电流保护动作时间为0.5s，主变301、302过电流保护联跳分段断路器的时间 $t_1=0.5s+0.5s=1s$，301、302的过电流动作时间即为 $t=1s+0.5s=1.5s$。

2）电流速断保护：

由式 $I_{dz\cdot j}=\dfrac{K_k\cdot I_{dmax}\cdot K_{jx}}{n_{TA}}$ 确定过速断保护动作值：

301的速断：$I_{dz\cdot j}=\dfrac{1.3\times870\times1}{150/5}A=37.7A$

302的速断：$I_{dz\cdot j}=\dfrac{1.3\times590\times1}{100/5}A=38.35A$

按躲过变压器空载投入时的励磁涌流，即

301的速断：$I_{dz.j}=(3\sim5)I_{e.}=4\times\dfrac{5600}{\sqrt{3}\times35\times150/5}A=12.31A$

302的速断：$I_{dz.j}=(3\sim5)I_{e.}=4\times\dfrac{3200}{\sqrt{3}\times35\times100/5}A=10.55A$

根据以上计算结果可知，$1^{\#}$、$2^{\#}$主变压器的电流速断保护的动作值分别为

$1^{\#}$主变压器：$I_{dz\cdot j}=37.7A$，取38A

$2^{\#}$主变压器：$I_{dz\cdot j}=38.35A$，取38A

变压器电流速断保护的动作时间 $t=0s$。

3）变压器的过负荷保护：

由式 $I_{d\cdot zj}=\dfrac{K_k\cdot I_{eb}\cdot K_{jx}}{K_{fh}\cdot n_{TA}}$ 确定主变过负荷保护定值：

$1^{\#}$主变压器：$I_{d\cdot zj}=\dfrac{1.05\times92.3}{0.85\times150/5}A=3.8A$

动作时间：$t=5s$ 报信号。

$2^{\#}$主变压器：$I_{d\cdot zj}=\dfrac{1.05\times52.7}{0.85\times100/5}A=3.25A$

动作时间：$t=5s$ 报信号。

**【例9-2】**某工厂为一台主变压器供电，已知条件：单电源、双绕组降压变压器，容量 $S_e=5600kV\cdot A$；电压比为35±2×25%/10.5；接线组别Y/△-11；短路阻抗 $U_d\%=7.5\%$。经短路电流计算，当变压器低压侧短路时，归算到基准电压35kV侧的最大短路电流 $I_{d\cdot max}=1000A$，最小短路电流 $I_{d.min}=950A$，最大负荷电流尚不清楚。试计算BCH-2型差动保护。

**解：**

（1）按以下步骤进行计算

1）算出各侧一次额定电流，确定电流互感器变比及计算出二次额定电流，将结果列于表9-2中。

由表9-2计算参数中可以看出，35kV侧电流互感器二次电流大于10.5kV侧，故把35kV侧作为基本侧。

2）按以下条件确定保护装置基本侧的一次动作电流。

①按躲过外部短路故障时的最大不平衡电流，利用公式9-7，得：

$$I_{dz}=1.3\times(1\times0.1+2\times0.25+0.5)\times1000A=260A$$

②按躲过变压器空载投入时的励磁涌流，利用公式9-6，即：

$$I_{dz}=1.3\times92.38A=120.9A$$

③按躲过电流互感器二次回路断线，利用公式9-8，即：

$$I_{dz}=1.3\times92.38A=120.9A$$

因此，应按躲过外部短路故障时的最大不平衡电流的条件选取一次动作值。

$$I_{dz}=260A$$

3）确定各绕组接法及电流互感器二次电流值。

**表9-2　【例9-2】附表　计算参数结果值**

| 序号 | 数值名称 | 变压器各侧数值 | |
|---|---|---|---|
| | | 35kV侧 | 10kV侧 |
| 1 | 变压器一次额定电流/A | $\frac{5600}{\sqrt{3}\times35}=92.38$ | $\frac{5600}{\sqrt{3}\times10.5}=307.92$ |
| 2 | 电流互感器的接线方式 | △ | Y |
| 3 | 选择电流互感器的一次计算值/A | $\sqrt{3}\times92.38=160$ | 307.92 |
| 4 | 确定电流互感器变比 | 200/5 | 400/5 |
| 5 | 电流互感器二次额定电流/A | $\frac{\sqrt{3}\times92.38}{200/5}=4$ | $\frac{307.92}{400/5}=3.85$ |

平衡绕组 $W_{PI}$、$W_{PII}$ 分次接于变压器高压、低压的电流互感器二次侧。

计算基本侧电流互感器二次电流值：（利用公式9-9）

$$I_{dz\cdot jb}=\frac{K_{jx}\cdot I_{dz\cdot jb}}{n_L}=\frac{\sqrt{3}\times260}{200/5}A=11.258A$$

4）计算差动继电器工作匝数：（利用公式 9-10）

$$N_{b\cdot jb}=N_{cd\cdot js}=\frac{(AN)}{I_{dz}\cdot j\cdot j_{b}}=\frac{60}{11.258}=5.32\text{（匝）}$$

选用实际工作匝数为：$N_{b.jb}=5$ 匝。

电流互感器二次电流定值为

$$I_{dz}=\frac{AW_0}{W_{c\cdot sy}}=\frac{60}{5}\text{A}=12\text{A}$$

因差动线圈 $W_c$ 的匝数有 5、6、8、10、13、20 六个抽头，选 $W_c=5$，这样 $W_{PI.js}=0$。

5）按公式计算平衡线圈 $W_{PII.js}$ 值：

$$W_{PII.js}=(W_{P1.sy}+W_{c\cdot sy})\frac{I_{1e2}}{I_{2e2}}-W_{c.sy}$$

$$=(0+5)\times\frac{4}{3.85}-5=5.19-5=0.19$$

$W_{p2}$的实用匝数取 0，即 $W_{PII.sy}=0$。

6）短路线圈 $W_d$取“D-D”。

7）检验差动定值的灵敏度：

$$I_d=\sqrt{3}\times\frac{950}{200/5}\text{A}=41.11\text{A}$$

$$I_{dz}=\frac{60}{5}\text{A}=12\text{A}$$

$$K_{Lm}=\frac{41.1}{12}=3.43$$

以上结果均满足要求。

至此，差动保护定值已确定，即

①动作电流 $I_{dz}=12$A。

②工作线圈匝数 $W_{c.sy}=5$ 匝。

③平衡线圈 $W_{pI.sy}=0$ 匝，$W_{pII.sy}=0$ 匝。

④短路线圈 $W_d$取“D-D”。

**【例9-3】** LCD-4 型主变差动保护及后备保护计算。

电力变压器差动保护的突出问题是变压器空载投运时的励磁涌流和外部短路引起的不平衡电流，因此必须采取措施躲过其影响。LCD-4 型变压器差动保护如图9-5所示。因变压器各侧电流互感器的二次回路中，接有 FY-1 型自耦变流器，通过调整自耦变流器的不同抽头接线，能把主变压器各侧电流互感器二次回路中的不平衡电流平衡到极小。继电器因采用谐波制动和比例制动两种技术措施，能实现三侧或四侧制动，有效地躲过变压器空载投运时的励磁涌流和外部短路时的最大不平衡电流可能所造成的保护误动，并且在主变内部发生故障时有较高的灵敏度，而且运行稳定，整定计算简单，因而在电网中得到广泛的应用。

已知条件：单电源、三绕组降压变压器。

主变压器型号：SFSL-20000/110；

接线组别：$Y_0/Y_0/\triangle-12-11$。

短路阻抗：$U_{K1-2}=9.83\%$，$U_{K1-3}=17.1\%$，$U_{K2-3}=6.9\%$。

电流互感器变比：110kV 侧为 200/5；38.5kV 侧为 600/5；10kV 侧为 1500/5。

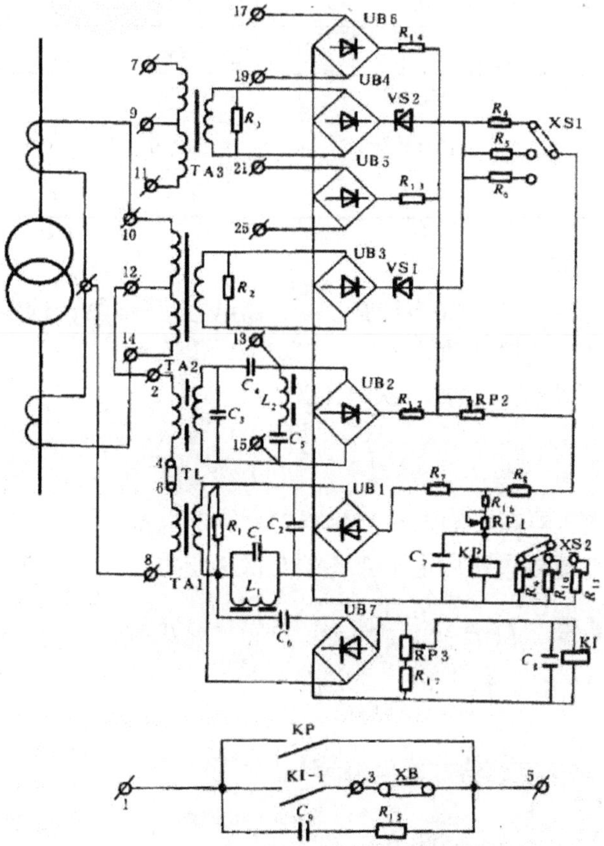


图 9-5　LCD-4 型差动继电器原理接线图

**解：**

（1）经短路电流计算

①当变压器中压侧母线和低压侧母线三相短路时，归算到 110kV 侧分别为

$$I_{35\cdot\max}^{(3)}=381\text{A},\qquad I_{35.\min}^{(3)}=360\text{A}$$

$$I_{10\cdot\max}^{(3)}=300\text{A},\qquad I_{10.\min}^{(3)}=290\text{A}$$

②基准电压下，35kV 侧和 10kV 侧的最大及最小短路电流分别为

$$I_{35\cdot\max}^{(3)}=1185\text{A},\qquad I_{35.\min}^{(3)}=1150\text{A}$$

$$I_{10\cdot\max}^{(3)}=3290\text{A},\qquad I_{10.\min}^{(3)}=3150\text{A}$$

计算参数结果见表 9-3。

表9-3 【例 9-3】附表 计算参数结果

| 名称 | 110kV 侧 | 38.5kV 侧 | 11kV 侧 |
|---|---|---|---|
| 主变额定电流/A | $\frac{20000}{\sqrt{3}\times110}\times105$ | $\frac{20000}{\sqrt{3}\times38.5}\times300$ | $\frac{20000}{\sqrt{3}\times11}\times1050$ |
| TA 接线方式 | △ | △ | Y |
| 计算 TA 变比 | 200/5 | 600/5 | 1500/5 |
| TA 一次额定电流/A | 181.86 | 519.6 | 1050 |
| TA 二次额定电流/A | 4.55 | 4.33 | 3.5 |

(2) 保护整定计算

①补偿变流器 (FY-1A) 抽头选择，以 110kV 为基本侧，选各侧抽头，调整各侧平衡，35kV 侧和 10kV 侧接制动。

38.5kV 侧补偿后电流互感器二次电流为

$$I_{em}=5\times\frac{I_{em}}{I_{eh}}$$

式中：$I_{eh}$—主变压器高压侧电流互感器二次额定电流；

$I_{em}$—主变压器中压侧电流互感器二次额定电流；

将数值代入上式得 $I_{e2}=5\times\frac{4.33}{4.55}A=4.758A\approx4.76A$

相对误差 $f_{wc}=\frac{4.76-4.758}{4.758}=0.00042$

11kV 侧补偿后电流互感器二次电流为

$I_{em}=5\times\frac{I_{el}}{I_{eh}}=5\times\frac{3.5}{4.55}A=3.846A$

查表 9-4 FY-1A 型自耦变流器 4.76A 和 3.85A 数据得

35kV 侧初级接：1~6；次级接：1~7

10kV 侧初级接：1~6；次级接：1~12

②保护动作电流按躲过 38.5kV 侧最大不平衡电流整定：

$$I_{dzbh}=K_k(K_{fzq}\cdot K_{tx}\cdot f_{wc}+\Delta u+\Delta f_{ph})I_{dmax}$$

$$I_{dz\cdot bh}=1.3\times(1\times0.1+0.1+0.00042)\times381A=99.26A$$

直流比较回路的继电器动作电流为

$$I_{dzjz}=\sqrt{3}\times\frac{99.26}{40}A=4.3A$$

外部故障时流过 38.5kV 侧的最大制动电流为

$$I_{zm}=\sqrt{3}\times\frac{1185}{120}A=17.1A$$

内部故障时 38.5kV 侧负荷电流产生的最大制动电流为

$$I'_{zm}=\sqrt{3}\times\frac{300}{120}A=4.33A$$

因 LCD-4 型差动继电器制动特性在制动电流小于 6A 时无制动，故取 $I_{zm}=6A$，则对应的起时电流为

$$I_{dzj}=\frac{99.26}{381}\times 6A=1.56A，这里 I_{dzj} 取 2A$$

将 2QP 切换至 R10 位置。

③比率制动系数：

$$K_Z=\frac{I'_{zm}-I_{dzj}}{17.1-4.33}=\frac{4.33-2}{17.1-4.33}=0.18$$

根据图 9-6 所示的 LCD-4 型差动继电器电比率制动特性曲线，其最小制动系数值为 0.4，故取 $K_Z=0.4$ 将 1QP 切换至 R4 位置。

当 38.5kV 侧母线短路时，流过比率制动回路绕组的制动电流为

$$I_{dz(0.4)}=\sqrt{3}\times\frac{1185}{120}\times 1.5A=11.4A$$

查 0.4 制动曲线对应的动作电流为 13A，则

$$I_{dz(0.4)bh}=\frac{13\times 120}{\sqrt{3}}A=900.7A$$

折算到 110kV 侧：$I_{dz(0.4)bh}=900.7\times\frac{38500}{110000}A=315A$，此值远大于计算动作电流 99.26A，故继电器能可靠制动躲开外部故障。

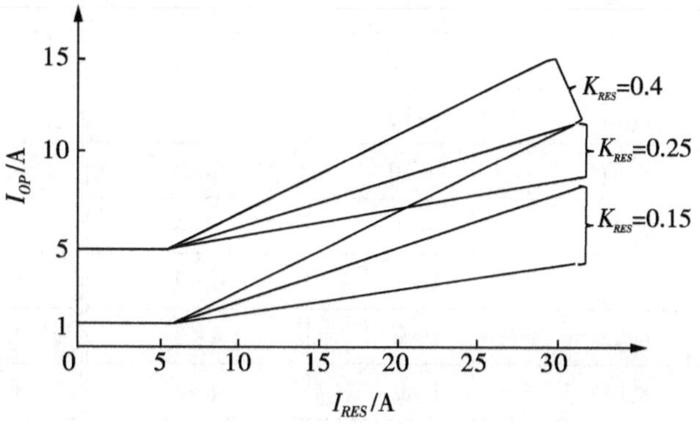


图 9-6　LCD-4 比率制动特性曲线

④谐波制动系数：$K_f=0.2$。

⑤速断元件按 6 倍主变额定电流整定：

$$I_{dzj}=6\times 4.55A=36.4A，取 36A$$

⑥灵敏度检验：按最小运行方式下 10kV 侧两相短路校验

$$I'_{dz}=\sqrt{3}\times\sqrt{\frac{3}{2}}\times\frac{290}{40}A=10.87A$$

在 $K_{zd}=0.4$ 制动特性曲线上继电器动作电流为

$$I_{dzj}=0.4\times(I'_{dz}-I_{zm})=0.4\times(10.87-6)A+2A=3.948A$$

一次动作电流：$I_{dzbh}=\frac{3.948\times 40}{\sqrt{3}}A=91.17A$

灵敏度：$K_{lm}=\frac{\sqrt{\frac{3}{2}}\times 290}{91.17}=2.75>2$

表9-4 【例9-3】附表 FY-1A型自耦变流器抽头选择

| 初级电流/A | 初级接到下列抽头上 | 次级接到下列抽头上 | 初级电流/A | 初级接到下列抽头上 | 次级接到下列抽头上 |
|---|---|---|---|---|---|
| 10 | 1~13 | 1~2 | 5.0 | 1~6 | 1~6 |
| 9.84 | 1~13 | 1~3 | 4.88 | 1~5 | 1~6 |
| 9.6 | 1~13 | 1~4 | 4.76 | 1~6 | 1~7 |
| 9.53 | 1~12 | 1~2 | 4.65 | 1~5 | 1~7 |
| 9.38 | 1~12 | 1~3 | 4.58 | 1~6 | 1~8 |
| 9.22 | 1~12 | 1~4 | 4.47 | 1~5 | 1~8 |
| 9.10 | 1~11 | 1~2 | 4.40 | 1~6 | 1~9 |
| 8.96 | 1~11 | 1~3 | 4.29 | 1~5 | 1~9 |
| 8.81 | 1~11 | 1~4 | 4.22 | 1~6 | 1~10 |
| 8.71 | 1~10 | 1~2 | 4.12 | 1~5 | 1~10 |
| 8.57 | 1~10 | 1~3 | 4.04 | 1~6 | 1~11 |
| 8.43 | 1~10 | 1~4 | 3.94 | 1~5 | 1~11 |
| 8.36 | 1~9 | 1~2 | 3.86 | 1~6 | 1~12 |
| 8.22 | 1~9 | 1~3 | 3.76 | 1~5 | 1~12 |
| 8.08 | 1~9 | 1~4 | 3.67 | 1~6 | 1~13 |
| 8.03 | 1~8 | 1~2 | 3.59 | 1~5 | 1~13 |
| 7.89 | 1~8 | 1~3 | 3.52 | 1~4 | 1~6 |
| 7.76 | 1~8 | 1~4 | 3.46 | 1~3 | 1~6 |
| 7.72 | 1~7 | 1~2 | 3.40 | 1~2 | 1~6 |
| 7.60 | 1~7 | 1~3 | 3.35 | 1~4 | 1~7 |
| 7.47 | 1~7 | 1~4 | 3.29 | 1~3 | 1~7 |
| 7.35 | 1~6 | 1~2 | 3.24 | 1~2 | 1~7 |
| 7.23 | 1~6 | 1~3 | 3.22 | 1~4 | 1~8 |
| 7.11 | 1~6 | 1~4 | 3.17 | 1~3 | 1~8 |
| 6.97 | 1~13 | 1~5 | 3.11 | 1~2 | 1~8 |
| 5.93 | 1~10 | 1~6 | 2.84 | 1~4 | 1~11 |
| 5.82 | 1~9 | 1~5 | 2.79 | 1~3 | 1~11 |
| 5.68 | 1~9 | 1~6 | 2.75 | 1~2 | 1~11 |
| 5.59 | 1~8 | 1~5 | 2.71 | 1~4 | 1~12 |
| 5.46 | 1~8 | 1~6 | 2.67 | 1~3 | 1~12 |

续表

| 初级电流/A | 初级接到下列抽头上 | 次级接到下列抽头上 | 初级电流/A | 初级接到下列抽头上 | 次级接到下列抽头上 |
|---|---|---|---|---|---|
| 5. 38 | 1~7 | 1~5 | 2. 62 | 1~2 | 1~12 |
| 5. 25 | 1~7 | 1~6 | 2. 58 | 1~4 | 1~13 |
| 5. 12 | 1~6 | 1~5 | 2. 54 | 1~3 | 1~13 |
| | | | 2. 50 | 1~2 | 1~13 |

**【例9-4】**已知变压器参数如下：额定容量为31. 5/31. 54/31. 5MV · A；变压器电压比为110±4×2. 5/38. 5±2×2. 5%/11kV；高压侧电流互感器变比为200/5；中压侧电流互感器变比为500/5；低压侧电流互感器变比为2000/5。变压器接线形式为 $Y_0/Y_0/\Delta$-12-11，电流互感器接线均为星形，根据以上参数，对其微机型差动保护进行整定。

**解：**

（1）计算变压器高、中、低三侧一次额定电流值

$$I_{1Nh}=\frac{S_{TN}}{\sqrt{3}U_{Nh}}=\frac{31500}{\sqrt{3}\times 110}A=165.33A$$

$$I_{1N.M}=\frac{S_{TN}}{\sqrt{3}U_{Nm}}=\frac{31500}{\sqrt{3}\times 38.5}A=472.5A$$

$$I_{1N.1}=\frac{S_{TN}}{\sqrt{3}U_{N.1}}=\frac{31500}{\sqrt{3}\times 11}A=1653.3A$$

（2）计算各侧电流互感器二次额定电流值

$$I_{2Nh}=\frac{I_{1Nh}}{n_{TA.h}}=\frac{165.33}{40}A=4.133A$$

$$I_{2N.m}=\frac{I_{1Nh}}{n_{TA.h}}=\frac{165.33}{100}A=4.725A$$

$$I_{2N.1}=\frac{I_{1N.1}}{n_{TA.1}}=\frac{1653.3}{400}A=4.133A$$

（3）最小动作电流的计算

$$K_{Set}=K_{rel}\ (K_{st}K_{unp}\Delta f_T+\Delta U+\Delta f_{cn})\ I_{2Nh}$$
$$=(0.2\sim0.5)\times4.133A=0.827\sim2.067A$$

式中：$I_{2Nh}$—输入保护装置的额定电流，以高压侧为基准计算。

（4）比率制动系数的计算

$$K=K_{rel}\ (K_{st}K_{unp}\Delta f_T+\Delta U+\Delta f_{cn})$$
$$=1.5\times(0.1+0.1+03.5)=0.375，取0.4$$

一般厂家给定范围为0. 3~0. 5。

（5）二次谐波制动系数的确定

$$K_2=0.17$$

一般厂家给定范围为0.15~0.20，可根据运行经验进行选择。

（6）差动电流速断定值的确定

$$I_{qb.set}=K\cdot I_{2Nh}=7\times 4.133A=29A$$

根据经验，容量越大倍数相应越小，40MV·A时不超过7；31.5MV·A时不超过8；20MV·A以下取10。

（7）平衡系数的计算

$$K_{b.m}=\frac{I_{2Nh}}{I_{2N.m}}=\frac{4.133}{4.725}=0.875$$

$$K_{b.1}=\frac{I_{2Nh}}{I_{2N.1}}K_{com.1}=\frac{4.133}{4.133}\times\sqrt{3}=1.732$$

**【例9-5】**某工厂110kV变电站，已知主变压器参数如下：额定容量为40MV·A；变压器电压比为110±4×2.5%/11kV；高压侧电流互感器变比为300/5；低压侧电流互感器变比为3000/5。变压器接线形式为$Y_0/\Delta-11$，电流互感器接线均为星形。低压侧母线两相短路时，归算至高压侧的最小短路电流为1680A，低压侧出线保护最长动作时间为1.5s，根据以上参数，对其变压器保护进行整定计算。

**解：**

（1）变压器差动保护整定

①计算变压器高、低压侧一次额定电流值

$$I_{1Nh}=\frac{S_{1Nh}}{\sqrt{3}U_{Nh}}=\frac{40000}{\sqrt{3}\times 110}A=210A$$

$$I_{1N.1}=\frac{S_{1Nh}}{\sqrt{3}U_{N.1}}=\frac{40000}{\sqrt{3}\times 11}A=2100A$$

②计算各侧电流互感器二次额定电流值

$$I_{2Nh}=\frac{I_{1Nh}}{n_{TA.h}}=\frac{210}{60}A=3.5A$$

$$I_{2N.1}=\frac{I_{1N.1}}{n_{TA.1}}=\frac{2100}{600}A=3.5A$$

③最小动作电流的计算

$$K_{Set}=K_{rel}(K_{st}K_{unp}\Delta f_T+\Delta U+\Delta f_{cn})I_{2Nh}$$
$$=(0.2\sim 0.5)\times 3.5A=0.7\sim 1.75A$$

式中：$I_{2Nh}$—输入保护装置的额定电流，以高压侧为基准计算。

④比率制动系数的计算

$K=K_{rel}(K_{st}K_{unp}\Delta f_T+\Delta U+\Delta f_{cn})$

$=1.5\times(0.1+0.1+0.05)=0.375$，取0.4

厂家一般给定范围为0.3~0.5。

⑤二次谐波制动系数的确定

$$K_2=0.17$$

厂家一般给定范围为0.15 ~ 0.20，可根据运行经验进行选择。

⑥ 差动电流速断定值的确定

$$I_{qb.set} = KI_{2Nh} = 5 \times 3.5A = 17.5A$$

根据经验，容量越大倍数相应越小，40MV · A时，$K$取3 ~ 6。

⑦ 平衡系数的计算

$$K_{bl} = \frac{I_{2Nh}}{I_{2N.l}} = \frac{3.5}{3.5} = 1.0$$

⑧ 确定拐点电流 $I_t$

拐点电流 $I_t = (0.5 \sim 0.8) I_{2Nh}$，建议取 $0.7I_{2Nh} = 2.45A$。

⑨ 差动电流速断保护灵敏度计算

主变压器低压侧两相短路时，流入继电器的电流为

$$I_r = \frac{I_{k.min}}{n_{TA}} = \frac{1470}{60}A = 28A$$

$$灵敏度\ K_{sen} = \frac{I_r}{I_{qb.set}} = \frac{28}{17.5} = 1.6$$

⑩ 动作时间整定：比率差动、差动电流速断保护动作时间，均以0s跳主变各侧断路器。

（2）主变压器后备保护整定计算

1）110kV复合电压闭锁过电流：TA：300/5。

① 电流元件按主变额定容量整定：

$$I_{set.h} = K_{rel}\frac{I_{2Nh}}{K_{re}} = 1.3 \times \frac{3.5}{0.9}A = 5.05A，取5A$$

② 正序电压元件按60% ~ 70%额定电压整定：

$$U_{set.h} = 0.66 \times U_{Nh} = 0.66 \times 110000/1100V = 66V$$

③ 负序电压元件按躲过正常运行时的不平衡电压整定：

$$U_{2set.h} = (0.06 \sim 0.07) U_{Nh} = 0.066 \times 110000/1100V = 6.6V$$

2）10kV侧过电流：TA：3000/5。

$$I_{set.l} = K_{rel}\frac{I_{2N.l}}{K_{re}} = 1.3 \times \frac{3.5}{0.9}A = 5.05A，取5A$$

3）灵敏度校验：

① 主变压器高压侧后备保护灵敏度按在主变压器低压侧发生金属性两相短路时校验

$$K_{sen} = \frac{I_r}{I_{qb.set}} = \frac{28}{6} = 4.6 > 1.5$$

② 主变压器低压侧后备保护灵敏度按在主变压器低压侧发生金属性两相短路时校验

$$K_{sen} = \frac{I_{r.l}}{I_{set.l}} = \frac{28}{5} = 5.6 > 1.5$$

4）时间元件。微机保护的时间级差可取0.3s，各侧动作时间整定如下：

①低压侧相间后备Ⅰ段时限1.8s跳高压母联或分段断路器，Ⅱ段时限2.1s跳主变低压侧断路器。

②高压侧相间后备Ⅰ段时限2.1s跳低压母联或分段断路器，Ⅱ段时限2.4s跳主变压器各侧断路器。

110kV侧复合电压元件接两侧，10kV侧复合电压元件接本侧。

**【例9－6】**某厂动力变压器为SZ9－16000/35，在系统最大运行方式下：35kV侧三相短路电流 $I_{d35 \cdot max}^{(3)}=3680A$，10kV侧母线三相短路电流 $I_{d10 \cdot max}^{(3)}=1645A$；系统最小运行方式下：35kV侧母线三相短路电流 $I_{d35.min}^{(3)}=2880A$，10kV侧母三相短路电流 $I_{d10.min}^{(3)}=1400A$。两侧电流互感器变比：35kV侧 $TA_h=500/5$，10kV侧 $TA_l=1000/5$。试计算该主变的差动保护。

**表9－5　【例9－6】附表　计算参数**

| 编号 | 名　称 | 各侧数值 | |
|---|---|---|---|
| | | 35kV侧 | 10kV侧 |
| 1 | 主变一次额定电流 | $16000/\sqrt{3}\times35A=264A$ | $16000/\sqrt{3}\times10.5A=880A$ |
| 2 | 主变接线组别 | Y | Δ |
| 3 | TA二次接线方式 | Δ | Y |
| 4 | TA一次电流值 | $\sqrt{3}\times246A=457A$ | 880A |
| 5 | TA变比 | 500/5＝100 | 1000/5＝200 |
| 6 | TA二次额定电流 | 457/100A＝4.57A | 880/200A＝4.4A |

**解：**

（1）计算差动回路不平衡电流：

$$I_{bph}=1.732\times1.5\times(0.1+0.05+0.1)\times264/100A=1.14A$$

（2）差动保护二次最小动作电流按变压器额定电流的0.5倍整定；

$$I_{CDzd}=1.732\times264\times0.5/100A=2.286A$$

由计算结果可知，差动二次最小动作电流2.286A大于差动回路不平衡电流1.14A。

（3）电流突变量起动故障录波装置：

$$I_{tbl}=2.286\times0.25A=0.57A$$

（4）制动电流门槛值：

$$I_{ZD}=1.732\times264/100A=4.57A$$

（5）比率制动系数：

$$K_1'=1.5\times(0.1+0.05+0.1)\times1645/1645=0.375\text{，取}0.5$$

（6）谐波制动系数：$K_2'=0.2$

（7）平衡系数：高压侧取1，低压侧取4.57/4.4＝1.03

（8）差动速断：按5倍主变额定电流整定，即

$$I_{CDsd} = 1.732 \times 4.57A = 22.8A$$

（9）主变满载时差电流平衡校验：

$$I_{cph} = 1.732 \times 264/100 - 1.03 \times 880/200 = 0.04$$

（10）差动速断保护灵敏度校验：

（11）按系统在最小运行方式下主变高压套管处两相短路校验：

$$K_{Lm} = 2880 \times 0.866/(5 \times 264) = 1.89$$

（12）比率差动元件灵敏度校验。按系统在最小运行方式下主变高压侧两相短路校验：当变压器高压侧发生两相短路时，因保护制动电流 $I_{ZD} = |I_h + I_l|/2$，差动电流 $I_{CD} = |I_h - I_l|$，高压侧TA电流 $I_h = I^{(2)}_{d35.min}$，低压侧TA电流 $I_l = 0$，所以差动一次侧制动电流：

$$I_{zd} = \frac{I^{(2)}_{d35.min}}{2} = \frac{\sqrt{\frac{3}{2}} \times 2880}{2} A = 1247A$$

此时，差动保护一次定值 $I_{dz0} = 264 \times 0.5A = 132A$，流进差动装置一次电流 $I'_{cd.dz} = I_{cd.dz} + K'_1 \times (I_{cd.dz} - I_{cd.zd0}) = 132A + 0.5 \times (1247 - 264)\ A = 623.5A$

$$K_{Lm} = 2880 \times 0.866/132 + 0.5 \times (1247 - 264) = 4 > 2$$

## 第三节　10～35kV电力线路常用继电保护的整定计算

10～35kV电力线路，一般配置有相间过电流、电流速断（或时限速断）、低电压闭锁电流速断及重合闸。

### 1. 相间过电流保护

#### （1）动作电流的选择原则

1）当本线路可能出现最大负荷电流时，保护可靠的不动作。

2）在相邻线路或所带负荷变压器发生故障，本保护起动，但故障切除后能可靠地返回。

计算公式如下：

$$I_{dz} = \frac{K_k K_{jx}}{K_f n_{TA}} I_{fh \cdot max} \qquad 式9-55$$

式中：$I_{dz}$—保护一次动作电流；

$K_k$—可靠系数，取1.25；

$K_f$—继电器返回系数，电磁继电器取0.85，微机保护取0.9～0.95；

$I_{fh \cdot max}$—最大负荷电流（A）。

3）最小运行方式下在被保护的线路末端发生两相短路故障时有足够的灵敏度。

$$K_m = \frac{\sqrt{\frac{3}{2}} I^{(3)}_{d1 \cdot min}}{I_{dz}} \geqslant 1.5 \qquad 式9-56$$

式中：$I_{d1\cdot min}^{(3)}$—被保护线路末端最小短路电流（A）。

4）与相邻保护配合。

$$I_{dz1}=K_p\times I_{dz2}$$ 式9-57

式中：$K_p$—配合系数，取1.2；

$I_{dz1}$、$I_{dz2}$—上级、下级的保护一次动作电流。

## 2. 相间速断保护

### （1）动作电流的选择原则

1）按躲过所带变压器中最大一台低压侧故障电流。

$$I_{dz}=K_k\times I_{dzd}$$ 式9-58

2）按躲过故障切除后重合闸动作所产生的励磁涌流。在实际应用中，在变压器和相邻线路增加一个配合系数$K_p$。

即 $$I_{dz}=K_q\times I''_{djz}，K_q取1.1$$ 式9-59

式中：$I''_{djz}$—主变或相邻线路动作电流值。

## 3. 时限速断

此保护常用于多级线路中，为了满足选择性要求，保护装置必须带一定的延时，动作时间及动作电流均应与下级保护配合，即

$$I_{d\cdot b1}=K_p\times I_{d\cdot b2}$$ 式9-60

保护动作时间：$t_1=t_2+\Delta t$

式中：$I_{d\cdot b1}$—上级保护动作电流；

$t_1$—上级保护动作时间；

$I_{d\cdot b2}$—下级保护动作电流；

$t_2$—下级保护动作时间；

$\Delta t$—时间级差。

## 4. 低电压闭锁电流速断

### （1）电流速断

按躲过最小运行方式下线路末端短路，且使灵敏度$K_L=1.5$，即

$$继电器动作电流\ I_{dzj}=K_k\cdot K_{jx}\frac{I''^{(3)}_{d2\cdot max}}{n_{TA}}$$ 式9-61

式中：$n_{TA}$—电流互感器变比。

### （2）低电压闭锁

按最小运行方式下线路末端主变压器低压侧短路时母线的残压整定

$$U_{c\cdot y}=\sqrt{3}I_dZ_{\Sigma}X_j$$ 式9-62

式中：$U_{c\cdot y}$—最小运行方式下线路末端主变压器低压侧短路时母线的残压；

$I_d$—短路点短路电流；

$Z_{\Sigma}$—有关线路、电器的标幺阻抗总和；

$X_j$—基准电抗（Ω）。

$$U_{dzj} = \frac{U_{c \cdot y}}{K_k n_{TV}} \qquad 式9-63$$

式中：$n_{TV}$—电压互感器变比；

$U_{dzj}$—电压元件动作电压（V）。

灵敏度按最小运行方式下线路末端短路校验：

$$K_m = \frac{U_{dzj} \cdot n_{TV}}{\sqrt{3} I_d Z_1 X_j} \qquad 式9-64$$

式中：$Z_1$—线路的标幺阻抗。

**（3）过电流**

$$I_{dzj} = \frac{K_k \times I_{Be} \times K_{qd}}{K_f n_{TV}} \qquad 式9-65$$

式中：$K_{qd}$—电动机起动系数，取1.5。

灵敏度按最小运行方式下线路末端主变压器低压侧两相短路校验：

$$K_L = \frac{I_{Bd1} \times \sqrt{\frac{3}{2}}}{I_{dz}} > 2 \qquad 式9-66$$

式中：$I_{Bd1}$—主变低压侧短路电流

保护动作时间：$t = t_1 + \Delta t$

**【例9-7】**某工厂供电为从系统110kV变电站35kV母线直接配出供电，为一条35kV线路带一台变压器，一次系统图如图9-7所示，试对该线路继电保护进行整定计算。

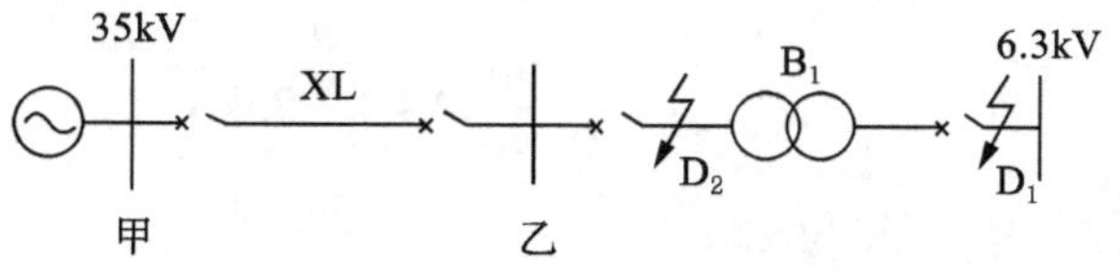


**图9-7　【例9-7】图1**

已知条件：

①系统的最大运行方式和最小运行方式下归算到系统变电站35kV母线的标幺阻抗值分别为：$X_{tmax}=0.3$，$X_{tmin}=0.5$。

②线路导线型号为LGJ-150，长度为10.0km。

③变压器B：$S_e=3200kV \cdot A$，阻抗电压$U_d\%=7.5\%$，变压器额定电流$I_e=53A$。

④变压器高压侧保护电流互感器变比为75/5。

⑤系统变电站35kV线路保护电流互感器变比为200/5。

⑥取基准容量为100MV·A。

⑦计算电压取35kV，系统平均电压为37kV。

（1）线路及变压器阻抗参数标幺值的计算

**解：**

线路：经查线路参数表，LGJ-150型导线每千米的标幺阻抗为

$$Z_{*0}=R_0+jX_0=0.21+j0.37=\sqrt{0.21^2+0.37^2}=0.425$$

线路总阻抗标幺值为

$$Z_{*\Sigma 0}=L\times Z_{*0}\times\frac{100}{37^2}=10\times 0.425\times\frac{100}{37^2}=0.31$$

变压器标幺电抗值为

$$X_{*B}=\frac{7.5}{100}\times\frac{100}{3.2}=2.34$$

将线路及变压器标幺阻抗值示于图 9-8 中。

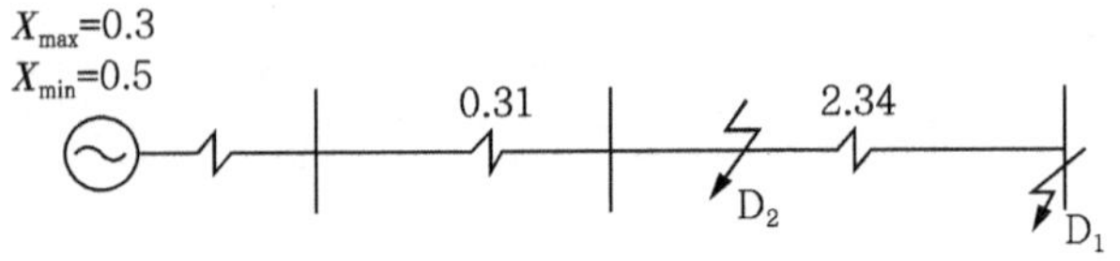


**图 9-8 【例 9-7】图 2**

（2）短路电流计算

1）变压器高压侧 $D_2$ 点三相短路

最大方式下：

$$X_{*\Sigma大}=0.3+0.31=0.61$$

$$I''^{(3)}_{d1\cdot max}=\frac{1.56}{0.61}kA=2.557kA$$

最小方式下：

$$X_{*\Sigma小}=0.5+0.31=0.81$$

$$I''^{(3)}_{d1\cdot min}=\frac{1.56}{0.81}kA=1.925kA$$

2）变压器低压侧 $D_1$ 点三相短路

最大方式下：

$$X_{*\Sigma大}=0.3+0.31+2.34=2.95$$

$$I''^{(3)}_{d1\cdot max}=\frac{1.56}{2.95}kA=0.528kA$$

最小方式下：

$$X_{*\Sigma小}=0.5+0.31+2.34=3.15$$

$$I''^{(3)}_{d1\cdot min}=\frac{1.56}{3.15}kA=0.495kA$$

（3）保护定值计算

在辐射型的电力系统中，继电保护定值计算过程应遵循“由下而上”的计算原则，即首先计算电网末端设备的保护定值，然后再计算上一级的保护定值。据以上原则，在图 9-7 的系统中，应首先计算变压器的保护定值。

1）变压器的过电流保护定值。考虑变压器的过负荷，按 $2I_e$ 整定：

$$I_{dzj}=\frac{2\times53}{75/5}A=7.06A，取7A$$

动作时间 $\Delta t$ 按与所带 10kV 配电线路的过电流时间配合整定，若配电线路过电流时间为 0.5s，则

$$t=0.5s+\Delta t=0.5s+0.5s=1s$$

2）变压器速断保护定值。按在系统最大运行方式下，躲过变压器低压侧母线三相短路电流整定：

$$I_{dzj}=\frac{K_k\times I^{(3)}_{d\cdot max}}{n_L}=\frac{1.3\times528}{75/5}A=45.76A，取45A$$

（4）校核变压器过电流及电流速断保护的灵敏度

保护定值确定之前，必须校核拟取定值的灵敏度。

①过电流保护灵敏度。根据经验，在系统最小运行方式下，变压器低压侧两相短路时，灵敏度 $K_m\geqslant2$ 即可。

$$K^{(2)}_m=K_{maxd}\frac{I''^{(3)}_{d1\cdot min}}{I_{dz}}=\sqrt{\frac{3}{2}}\times\frac{495}{7\times15}=4.08>2，满足要求$$

②电流速断保护灵敏度：在系统最小运行方式下，变压器高压侧短路时，其灵敏度应大于 2。

$$K^{(2)}_m=K_{maxd}\frac{I''^{(3)}_{d1\cdot min}}{I_{dz}}=\sqrt{\frac{3}{2}}\times\frac{1925}{45\times15}=2.46>2，满足要求。$$

③甲站 35kV 线路的过电流保护及电流速断保护定值的计算：

A. 过电流保护定值。按与变压器过电流定值 $I_{Bdzj}$ 相配合整定，即

$$I_{dzj}=\frac{K_p\times I_{Bdzj}}{200/5}=\frac{1.2\times105}{200/5}A=3.15A$$

B. 电流速断定值。此系统的线路电流速断定值整定原则有两种：一是按躲过乙站高压母线短路整定；二是与乙站变压器电流速断定值相配合整定，最后经计算确定。

a. 按系统最大方式，躲过乙站高压母线三相短路整定。

$$I_{dzj}=\frac{K_k\times I_{d2大}}{n_{TA}}=\frac{1.2\times2557}{200/5}A=76.71A，取75A$$

式中：$K_k$—可靠系数，取 1.2~1.3。

校验灵敏度：要求在最小运行方式下线路的保护范围不小于 15%，即

$$x_L\%=(\frac{I_j}{I_{dz}}-X_{小})\times\sqrt{\frac{3}{2}}/X_L\%\geqslant15\%$$

式中：$I_j$—基准电流；

$I_{dz}$—电流速断定值；

$X_{小}$—系统最小运行方式时的电抗标幺值；

$X_L$—线路全长的阻抗标幺值。

b. 按与乙站变压器电流速断定值 $I_{Bdzj}$ 相配合整定。

$$I_{dz}=K_p\times I_{Bdz}=1.2\times675A=810A$$

$$I_{dzj}=\frac{810}{200/5}A=20.25A$$

检查此值的保护范围：

$$x_L\% = (\frac{1560}{810}-0.5)\times\sqrt{\frac{2}{3}}/0.31\%=390\%\geqslant15\%$$，满足要求

从计算结果可以看出，电流速断可保护全线路，并可以作为乙站变压器电流速断保护的后备。经上述计算，应按第二原则整定其电流速断保护，即取 $I_{dz}=810A$。取此值的优点是：全部线路都在电流速断保护范围之内，有利于快速切除故障，对提高系统稳定性及减少设备损坏是有利的；但也存在着缺点，如当乙站主变压器高压侧发生短路，则主变压器的断路器 3 和线路断路器 1 均电流速断动作跳闸，造成选择性降低。虽存在此问题，但对本系统来说，不会造成扩大停电范围的事故。再从另一方面来说，若线路平时投入自动重合闸装置，当甲站断路器跳闸后，自动重合闸重合成功，恢复了对乙站的正常供电。若甲变电站 35kV 系统出线断路器未配置自动重合闸装置，在系统允许的情况下，也可将电流速断改为限时速断，动作时间 $t$ 取 0.3s，即可避免上述缺点。

**【例9-8】**一条线路带两台主变压器，如图 9-9 所示，试对该线路继电保护进行整定计算。

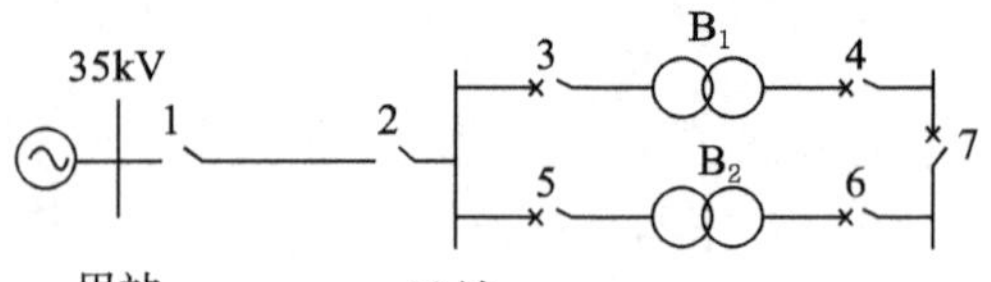


**图 9-9　【例 9-8】图 1**

(1) 已知条件

1) 系统、线路及主变压器参数同 [例 9-7]。

2) 乙站两台主变压器并联运行。

(2) 标幺阻抗参数图，如图 9-10 所示。

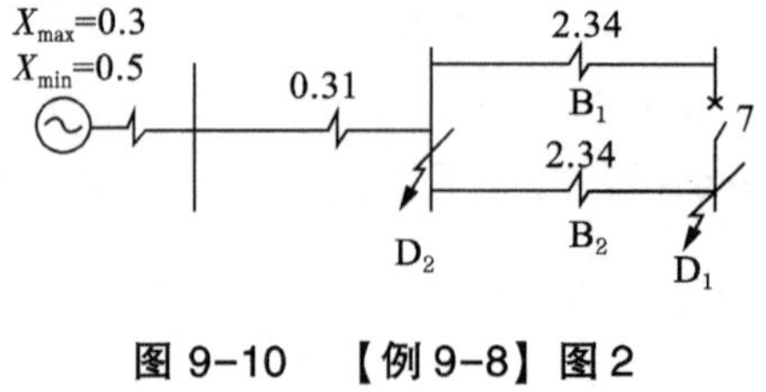


**图 9-10　【例 9-8】图 2**

(3) 短路电流计算

1) 计算系统在最大和最小运行方式下，乙站两台主变压器并联运行，主变压器低压侧短路时的电流值及流过个变压器的短路电流值。

①最大运行方式：

$$I_{dz大}=\frac{I_j}{X_\Sigma}=\frac{1.56}{0.3+0.31+2.34/2}kA=0.876kA$$

流过各变压器的短路电流

$$I_{Bd1}=I_{Bd2}=\frac{I_{d1大}}{2}=\frac{876}{2}A=438A$$

②最小运行方式：

$$I_{dz小}=\frac{I_j}{X_\Sigma}=\frac{1.56}{0.5+0.31+2.34/2}kA=0.787kA$$

流过各变压器的短路电流

$$I_{Bd1}=I_{Bd2}=\frac{I_{d1大}}{2}=\frac{787}{2}A=393.5A$$

若主变压器 $B_1$、$B_2$的过电流保护和电流速断保护定值，仍按前已知数值计算，则过电流保护的灵敏度按最小运行方式下两相短路校验：

$$K_L=\frac{I_{Bd1}\times\sqrt{\frac{3}{2}}}{I_{dz}}=\frac{0.866\times393.5}{106}=3.2>2，满足要求$$

（4）甲变电站断路器 1 保护定值计算

1）过电流：按两台变压器额定电流的 1.5 倍整定

$$I_{dz}=1.5\times(I_{e1}+I_{e2})=1.5\times(53+53)A=159A$$

$$I_{dzj}=\frac{I_{dz}}{n_{TA}}=\frac{159}{200/5}A=3.975A，取 4A$$

动作时间较主变压器过电流时间大一个时间阶梯 $\Delta t$，取 0.3~0.5s。

$$t=t_B+\Delta t$$

2）电流速断保护定值：按系统最大运行方式下，躲过乙站两台主变压器并联运行时低压侧三相短路整定：

$$I_{dz}=K_k\cdot I_{d大}=1.3\times876A=1138.8A$$

$$I_{dzj}=\frac{I_{dz}}{n_{TA}}=\frac{1138.8}{200/5}A=28.47A，取 28.5A$$

检验灵敏度：

$$K_L=\frac{I_{Bd1}}{I_{dz}}=\frac{1925}{1138.8}=1.69>1.5，满足要求$$

动作时间取 0.3s 为宜。若系统不允许增加 0.3s 的时限，也可取 0s，但此时甲站断路器 1 必须投入自动重合闸装置。其原因分析如下：

当变压器 $B_1$（或 $B_2$）高压侧发生短路故障时，变压器 $B_1$（或 $B_2$）及甲站断路器 1 的电流速断保护动作，使断路器跳闸，然后甲站断路器 1 的重合闸动作，将断路器 1 自动合上，恢复了乙站未发生故障时的变压器的供电。此方法虽然可行，但会使未发生故障的变压器造成瞬间停电。

【例9-9】某提灌站为从系统变站35kV母线专供配出供电，为一条35kV线路带一台变压器，一次系统图如图9-11所示。试计算整定系统甲变电站中该35kV直供线路的低电压闭锁过电流保护的定值。

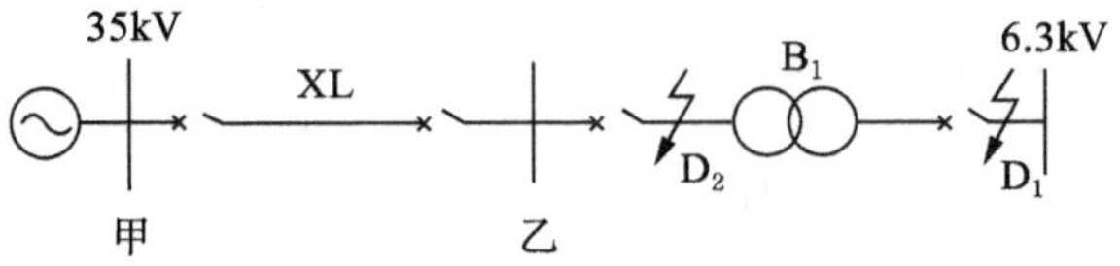


图9-11 【例9-9】图1

**解：**

（1）已知条件

1）系统的最大运行方式和最小运行方式下归算到系统变电站35kV母线的标幺阻抗值分别为$X_{t_{max}}=0.36$，$X_{t_{min}}=0.58$。

2）线路导线型号为LGJ-95，长度为12km。

3）变压器B：$S_e=6300kV\cdot A$，阻抗电压$U_d\%=7.5\%$，变压器额定电流$I_e=104A$。

4）变压器高压侧保护电流互感器变比为100/5。

5）系统变电站35kV线路保护电流互感器变比为200/5。

6）取基准容量为100MV·A。

7）计算电压取35kV，系统平均电压为37kV。

（2）线路及变压器阻抗参数标幺值的计算

1）线路：经查线路参数表，LGJ-95型导线每千米的标幺阻抗为

$$Z_{*0}=R_0+jX_0=0.33+j\times 0.4=\sqrt{0.33^2+0.4^2}=0.518$$

线路总阻抗标幺值

$$Z_{*\Sigma 0}=L\times Z_{*0}\times\frac{100}{37^2}=12\times 0.518\times\frac{100}{37^2}=0.454$$

2）变压器标幺电抗值：

$$X_{*B}=\frac{7.5}{100}\times\frac{100}{6.3}=1.19$$

将线路及变压器标幺阻抗值示于图9-12中。

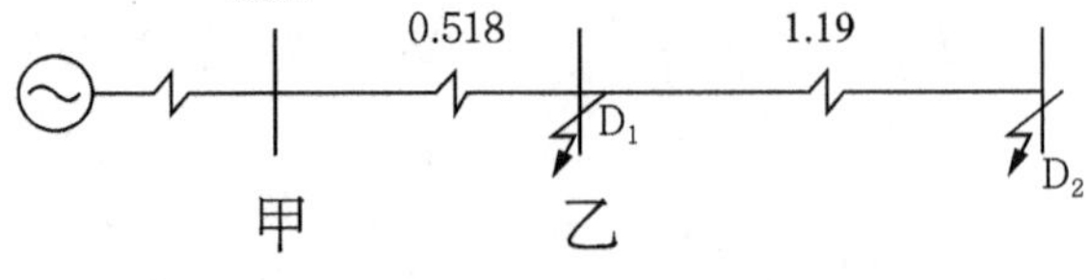


图9-12 【例9-9】图2

（3）短路电流计算

1）变压器高压侧$D_1$点三相短路

最大方式下：

$$X_{*\Sigma大}=0.36+0.454=0.814$$

$$I''^{(3)}_{d1\cdot max}=\frac{1.56}{0.814}A=1.916kA$$

最小方式下：

$$X_{*\Sigma小}=0.58+0.454=1.034$$

$$I''^{(3)}_{d1\cdot min}=\frac{1.56}{1.034}kA=1.51kA$$

2）变压器低压侧 $D_2$点三相短路

最大方式下：

$$X_{*\Sigma大}=0.36+0.454+1.19=2.004\approx2.0$$

$$I''^{(3)}_{d1\cdot max}=\frac{1.56}{2.0}kA=0.78kA$$

最小方式下：

$$X_{*\Sigma小}=0.58+0.454+1.19=2.224\approx2.22$$

$$I''^{(3)}_{d1\cdot min}=\frac{1.56}{2.22}kA=0.70kA$$

（4）低电压闭锁电流速断保护整定

1）电流速断：按躲过最小运行方式下线路末端短路，且使灵敏度 $K_m=1.5$。保护动作电流

$$I_{dzj}=K_kK_{jx}\frac{I''^{(3)}_{d2\cdot max}}{n_1}=1.3\times1\times\frac{1510}{200/5\times1.5}A=32.7A，取33A$$

2）低电压闭锁：按最小运行方式下变压器低压侧短路时母线的残压整定

$$U_{c\cdot y}=\sqrt{3}I_dZ_\Sigma X_j=1.732\times700\times[(0.454+1.19)\times13.7]V$$
$$=27306V$$

$$U_{dzj}=\frac{U_{c\cdot y}}{K_kn_{TV}}=\frac{27306}{1.2\times350}V=65V$$

灵敏度按最小运行方式下线路末端短路校验：

$$K_m=\frac{U_{dzj}\times n_{TV}}{\sqrt{3}I_d\times Z_1}=\frac{65\times350}{1.732\times1510\times0.454\times13.7}=1.4$$

3）过电流：

$$I_{dzj}=\frac{K_k\times I_{Be}\times K_{qd}}{K_fn_{TV}}=\frac{1.2\times104\times1.5}{0.85\times200/5}A=5.5A$$

灵敏度按最小运行方式下变压器低压侧两相短路校验

$$K_m=\frac{I_{Bd1}\times\sqrt{\frac{3}{2}}}{I_{dz}}=\frac{0.866\times700}{5.5\times40}=2.75>2，满足要求。$$

保护动作时间：$t=2s$。

**【例9-10】** 某工厂 10kV 线路供电系统如图 9-13 所示。

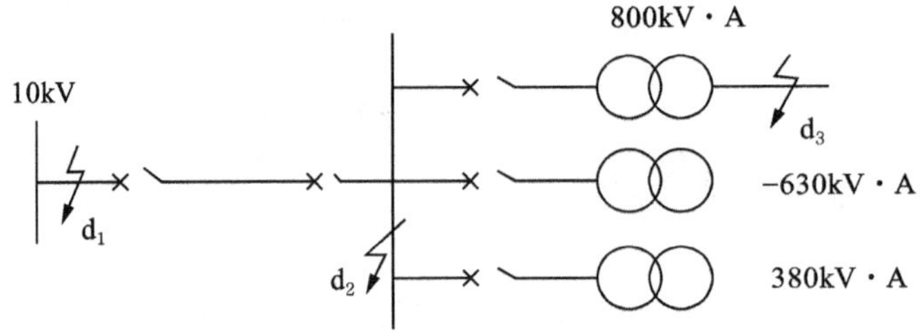


**图 9-13 【例 9-10】图**

已知考虑电动机起动时的线路过负荷电流 $I_{gh}$ 为 300A。在最大运行方式下，线路始端（$d_1$）三相短路超瞬变电流 $I''^{(3)}_{d1\cdot max}$ 为 6500A，线路末端（$d_2$）三相短路超瞬变电流 $I''^{(3)}_{d2\cdot max}$ 为 2020A，变压器低压侧（$d_3$）三相短路过电流时流过高压侧的超瞬变电流 $I''^{(3)}_{d3\cdot max}$ 为 810A；最小运行方式下，相应的电流值如下：$I''^{(3)}_{d1\cdot min}$ 为 5600A，$I''^{(3)}_{d2\cdot min}$ 为 1980A，$I''^{(3)}_{d3\cdot min}$ 为 750A，试对该工厂继电保护进行整定计算。

**解：** 保护整定计算

1）瞬时电流速断保护。

保护动作电流 $I_{dzj}=K_k\cdot K_{jx}\dfrac{I''^{(3)}_{d2\cdot max}}{n_1}=1.3\times1\times\dfrac{2020}{400/5}A=32.8A$，取 33A。

保护装置的一次动作电流为

$$I_{dz}=I_{dzj}\frac{n_{TA}}{K_{jx}}=33\times\frac{400/5}{1}A=2640A$$

保护装置的灵敏系数为

$$K_m^{(2)}=K_{maxd}\frac{I''^{(3)}_{d1\cdot min}}{I_{dz}}=\sqrt{\frac{3}{2}}\times\frac{5600}{2640}=1.836<2$$

可见，瞬时电流速断保护不能满足灵敏系数的要求，故应装设带时限的电流速断保护。

2）带时限的电流速断保护。

保护装置的动作电流为

$$I_{dzj}=K_k\cdot K_{jx}\frac{I''^{(3)}_{d3\cdot max}}{n_1}=1.3\times1\times\frac{810}{400/5}A=13.2A，取 15A。$$

保护装置的一次动作电流为

$$I_{dz}=I_{dzj}\frac{n_{TA}}{K_{jx}}=15\times\frac{400/5}{1}A=1200A$$

保护装置的灵敏系数为

$$K_m^{(2)}=\sqrt{\frac{3}{2}}\frac{I''^{(3)}_{d1\cdot min}}{I_{dz}}=0.866\times\frac{5600}{1200}=4.04>2 满足要求。$$

保护装置动作时间 $\Delta t$ 取 0.5s。

3）过电流保护。动作电流按躲过线路最大负荷电流（考虑电动机起动）整定，并与下级变压器过电流保护装置的动作电流相配合。

①按躲过负荷电流条件计算保护装置的动作电流 $I_{dzj}$：

$$I_{dzj}=K_k\cdot K_{jx}\frac{I_{gh}}{K_h n_{TA}}=1.2\times1\times\frac{300}{0.85\times80}A=5.3A$$

②按与下级变压器过电流保护装置的动作电流相配合条件计算保护装置的动作电流。变压器过电流保护装置的动作电流 $I'_{dzj}$ 为

$$I'_{dzj}=K_{gh}\frac{I_{eb}}{n_{TA}}=4\times\frac{46}{150/30}A=6.1A$$

式中：$K_{gh}$—过负荷系数，取 4；

$I_{eb}$—变压器的额定电流（A）；

$n_{TA}$—变压器过电流保护用电流互感器变比。

线路过电流保护装置的动作电流为

$$I_{dzj}=K_k\cdot I'_{dzj}\frac{n'_{TA}}{n_{TA}}=1.2\times6.1\times\frac{30}{80}A=2.7A$$

由于前者计算结果大于后者，故按前者计算结果整定，取 6A。

保护装置的一次动作电流为

$$I_{dz}=I_{dzj}\frac{n_{TA}}{k_{jx}}=6\times\frac{80}{1}A=480A$$

在线路末端发生两相短路时，保护装置的灵敏系数为

$$K_m^{(2)}=\sqrt{\frac{3}{2}}\frac{I''^{(3)}_{d2\cdot min}}{I_{dz}}=0.866\times\frac{1980}{480}=3.57>1.5，满足要求$$

在变压器低压侧发生三相短路故障时，保护装置的灵敏系数为

$$K_m^{(2)}=\sqrt{\frac{3}{2}}\frac{I''^{(3)}_{d3\cdot min}}{I_{dz}}=0.866\times\frac{750}{480}=1.3>1.2，满足要求$$

保护装置的动作时限应与配电变压器（800kV · A）的 GL 型继电器的反时限部分相配合，故取 $\Delta t_1=1.2s$。

**【例9-11】**有一电力线路相关参数如图 9-14 示。

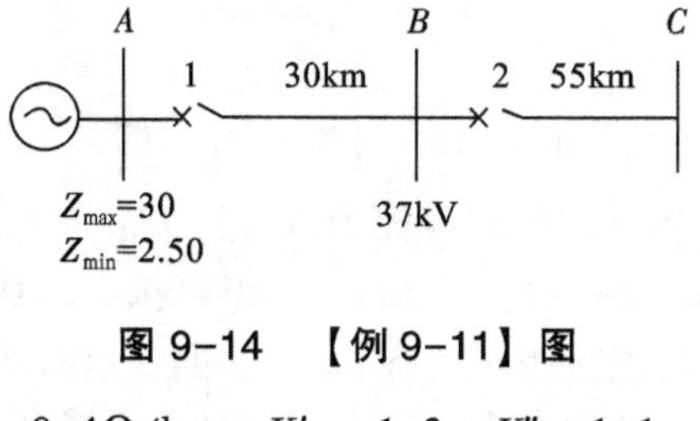


**图 9-14　【例 9-11】图**

已知线路单位阻抗 $X_L=0.4\Omega/km$，$K'_K=1.3$，$K''_K=1.1$，时限取 $\Delta t=0.5s$，试对保护 1 的电流 Ⅰ 段、电流 Ⅱ 段进行整定计算，即计算动作电流、灵敏度和动作时限。求出 $I^1_{set.1}$、$L_{max}\%$、$L_{min}\%$、$I^{11}_{set.1}$、$K^{11}_{sen.1}$、$t^{11}_1$；要求$K^{11}_{sen.1}>1.2$。

**解**：短路电流：

$$I_{kB \cdot max}=\frac{37/\sqrt{3}}{Z_{min}+0.4Z_{AB}}=\frac{37/\sqrt{3}}{2.5+0.4\times30}kA=1.47kA$$

$$I_{kC \cdot max}=\frac{37/\sqrt{3}}{Z_{min}+0.4Z_{AB}}=\frac{37/\sqrt{3}}{2.5+0.4\times85}kA=0.585kA$$

B、C 母线最小短路电流

$$I_{kB \cdot min}=\frac{\sqrt{3}}{2}\times\frac{37/\sqrt{3}}{3+30\times0.4}kA=1.23kA$$

$$I_{kC \cdot min}=\frac{\sqrt{3}}{2}\times\frac{37/\sqrt{3}}{3+85\times0.4}kA=0.5kA$$

动作电流：

$$I^{1}_{set.1}=1.3\times I_{kB \cdot max}=1.3\times1.47kA=1.911kA$$

$$I^{1}_{set.2}=1.3\times I_{kC \cdot max}=1.3\times0.585kA=0.761kA$$

Ⅰ段的保护范围：

$$L_{max}=\frac{1}{Z_1}(\frac{E_{\varphi}}{I^{1}_{met}}-Z_{s.min})=\frac{1}{0.4}\times(\frac{37/\sqrt{3}}{1.911}-2.5)\ km=21.69km$$

$$L_{max}\%=21.69/30=72.3\ (\%)$$

$$L_{min}=\frac{1}{Z_1}(\frac{\sqrt{3}}{2}\times\frac{E_{\varphi}}{I^{1}_{met}}-Z_{s \cdot max})=\frac{1}{0.4}\times(\frac{37/2}{1.911}-3)\ km=16.7km$$

$$L_{min}\%=16.7/30=55.7\ (\%)$$

Ⅱ段灵敏度：$K^{Ⅱ}_{sen.1}=\frac{I_{kB.min}}{I^{11}_{set.1}}=\frac{1.23}{0.837}=1.469>1.2$，满足要求。

动作时间：$t^{11}_{1}=0.54s$

**【例9-12】** 某 35kV 线路为单侧电源放射状网络，如图 9-15 所示。

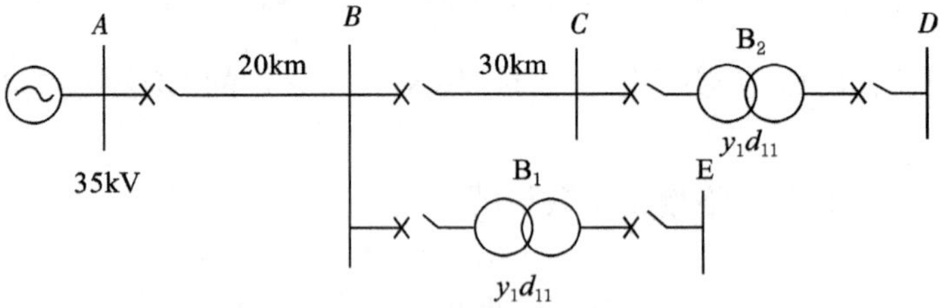


**图 9-15 【例 9-12】图**

线路 $AB$ 段和 $BC$ 段均装有三段式电流保护。已知：

1）线路 $AB$ 段长 20km，$BC$ 段长 30km，线路电抗 $X_1=0.4/km$。

2）变电所 $BC$ 中变压器连接组别为 Y，d11，且在变压器上装设有差动保护。

3）线路 $AB$ 段的最大传输功率为 $P_{max}=9.5MW$，功率因数 $\cos\varphi=0.9$，自起动系数取 1.3。

4）$B_1$、$B_2$ 变压器归算至被保护线路电压等级的阻抗为 28Ω；系统最大电抗 $X_{max}=7.9Ω$，统最小电抗 $X_{min}=5.4Ω$。

试对 $AB$ 段线路的保护进行整定计算并校核其灵敏度。

**解**：(1) 瞬时电流速断保护的整定计算

当 $B$ 段母线短路故障时的最大三相短路电流为

$$I_{kB\cdot max}^{(3)}=\frac{E_s}{X_{s.min}+X_{11}}=\frac{37000}{\sqrt{3}\times(5.4+20\times0.4)}\text{A}=1590\text{A}$$

$$I_{op1}=K_{re1}\,I_{kB\cdot max}^{(3)}=1.25\times1590\text{A}=1990\text{A}$$

最小保护区计算：

$$L_{min}=\frac{1}{X_1}\left(\sqrt{\frac{3}{2}}\times\frac{E_s}{I_{op.1}^{I}}-X_{B\cdot max}\right)=\frac{1}{0.4}\times\left(\sqrt{\frac{3}{2}}\times\frac{\frac{37}{\sqrt{3}}}{1.99}-7.9\right)\text{km}=3.49\text{km}$$

$$\frac{L_{min}}{L}\times100\%=17.5，满足要求。$$

(2) 限时电流速断保护整定计算

1) 与相邻线路瞬时电流速断保护配合，则

$$I_{kC\cdot max}^{(3)}=\frac{E_s}{X_{s.min}+X_{11}}=\frac{37000}{\sqrt{3}\times(5.4+50\times0.4)}\text{A}=840\text{A}$$

$$I_{op.1}^{II}=K_{re1}\,I_{op.2}^{I}=1.15\times1.25\times840\text{A}=1210\text{A}$$

2) 与相邻变压器配合，则

$$I_{kE\cdot max}^{(3)}=\frac{37000}{\sqrt{3}\times(5.4+20\times0.4+28)}\text{A}=520\text{A}$$

$$I_{op.2}^{I}=K_{re1}\,K_{re.1}\,I_{kE\cdot max}^{(3)}=1.3\times520\text{A}=680\text{A}$$

选保护动作电流为以上计算较大值，即

$$I_{op.1}^{II}=K_k\,I_{op.2}^{I}=1.15\times1.25\times840\text{A}=1210\text{A}$$

保护灵敏度计算：

$$I_{kB.min}^{(2)}=\sqrt{\frac{3}{2}}\times\frac{E_s}{X_{s\cdot max}+X_{11}}=\frac{37000}{2\times(7.9+20\times0.4)}\text{A}=1160\text{A}$$

$$K_{sen}=\frac{I_{kB.min}^{(2)}}{I_{op.1}^{II}}=\frac{1160}{1210}=0.958<1.25$$

改与 $B_1$ 低压母线短路配合，则

$$I_{op.1}^{II}=680\text{A}$$

$$K_{sen}=\frac{I_{kB.min}^{(2)}}{I_{op.1}^{II}}=\frac{1160}{680}=1.71>1.25$$

需要指出的是，选用与相邻变压器保护配合时，相当于是与Ⅱ段保护配合，所以保护的动作Ⅰ时间取 1s。

3）定时限过电流保护的整定计算

$$I_{1\cdot\max}=\frac{9.5\times10^{3}}{\sqrt{3}\times0.95\times35\times0.9}\text{A}=183\text{A}$$

$$I_{\text{op.1}}^{\text{III}}=\frac{K_{\text{re1}}K_{\text{ss}}}{K_{\text{re}}}I_{\text{L}\cdot\max}=\frac{1.2\times1.3\times183}{0.85}\text{A}=335\text{A}$$

近后备保护时的灵敏度为

$$K_{\text{sen}}=\frac{I_{\text{kB.min}}^{(2)}}{I_{\text{op.1}}^{\text{III}}}=\frac{1160}{335}=3.46>1.5$$

作为相邻线路的远后备保护的灵敏度为

$$I_{\text{kB.min}}^{(2)}=\frac{37000}{2\times（7.9+50\times0.4）}\text{A}=660\text{A}$$

$$K_{\text{sen}}=\frac{I_{\text{kC.min}}^{(2)}}{I_{\text{op.1}}^{\text{III}}}=\frac{660}{335}=1.97>1.2$$

作为相邻变压器远后备保护时的灵敏度为

$$I_{\text{kE.min}}^{(2)}=\frac{37000}{\sqrt{3}\times（7.9+20\times0.4+28）}\text{A}=490\text{A}$$

$$K_{\text{sen}}=\frac{I_{\text{kE.min}}^{(2)}}{I_{\text{op.1}}^{\text{III}}}=\frac{490}{335}=1.46>1.2\text{（保护采用两相三继电器）}$$

灵敏度满足要求。保护的动作时间按阶梯原则，比相邻元件后备保护最大动作时间大一个时间级差 $\Delta t$。

## 第四节　10kV 并联补偿电容器继电保护整定计算

在供配电网络中，为了提高电压质量，降低线损，一般在 10kV 母线上或低压母线上装有并联电容器组。为保证电容器本身和电力系统的安全运行，针对电容器组不同的接线方式，配置不同的继电保护装置。

常用的继电保护有：①限时电流速断保护；②定时限过电流保护；③定时限过电压保护；④低电压保护；⑤零序电流保护；⑥零序电压保护；⑦双星形接线的电流平衡保护；⑧双星形接线的电压平衡保护；⑨双三角接线的分组横差保护。

电容器的接线方式有：

输配电网中，并联补偿电容器的一次接线经常用到的有两种，一种是双星形接线，配有相间电流保护和中性线不平衡电流保护。前者保护电容器引线发生相间短路故障时，作用于断路器跳闸，后者保护电容器本身。另一种接线是双三角形，配有相间电流保护和电流横差保护，各种保护的作用同双星形，个别较小容量的电容器组，采用熔断器保护。在对供电网络进行规划设计时，可针对网络的负荷性质、无功缺额等具体情况，经计算确定电力电容器的接线方式，以达到最佳的补偿效果。电容器常见的接线方式见表 9-6。

**表9-6　补偿电容器的常用接线方式**

| 接线方式 | 图中符号说明 | 接线图 |
|---|---|---|
| 高压单三角形法，采用过电流过电压保护和熔断器保护 | TA—电流互感器；QF—真空断路器；$L_1$—串联电抗器；$L_2$—放电装置；FU—快速熔断器；C—电容器组 | 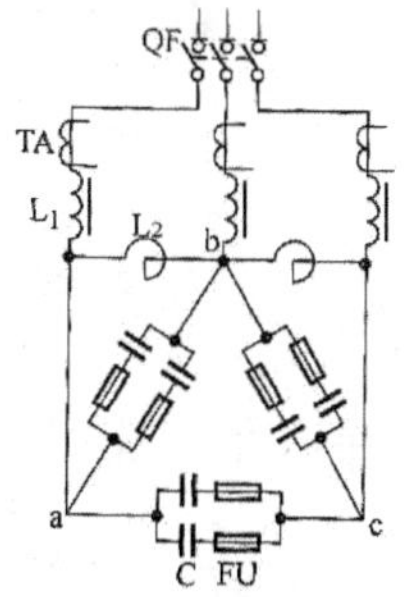  |
| 高压双星形接法，采用过电流、过电压和中性线电流平衡保护 | TA—电流互感器；QF—真空断路器；$L_1$—串联电抗器；$L_2$—放电装置；FU—快速熔断器；C—电容器组 | 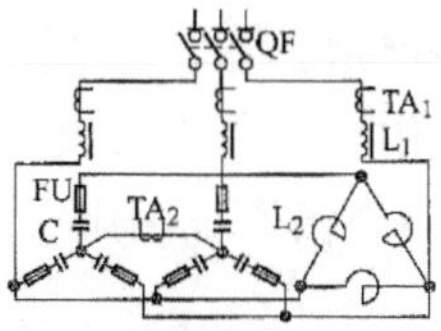  |
| 高压单星形接法，采用过电流保护和熔断器保护 | TA—电流互感器；QF—真空断路器；$L_1$—串联电抗器；$L_2$—放电装置；FU—快速熔断器；C—电容器组 | 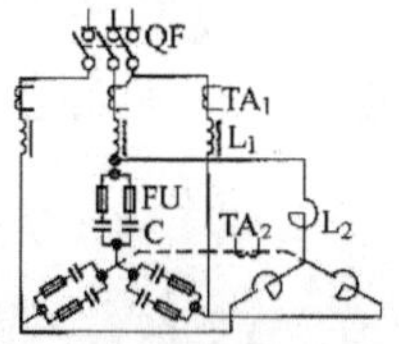  |
| 低压三角形接法，采用熔断器保护 | QS—带熔断器的刀开关；$KM_1$、$KM_2$—接触器触头；R—切合电阻；EL—放电装置；TA—电流互感器；C—电容器组 | 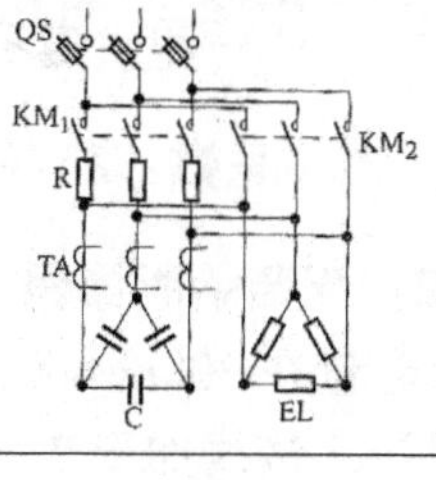  |
| 高压双三角形接法，采用横联差动保护 | TA—电流互感器；QF—真空断路器；$L_1$—串联电抗器；$L_2$—放电装置；FU—快速熔断器；TA2—电流互感器，横联差动保护用；C—电容器组 | 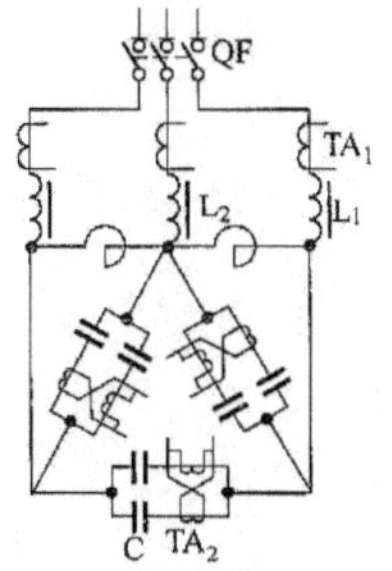  |

## 1. 并联补偿电容器继电保护整定计算

### (1) 电容器内部元件（组数）击穿计算

以 YY6.3-10-1 为例，通常单台电容器内部接线如图 9-16 所示。

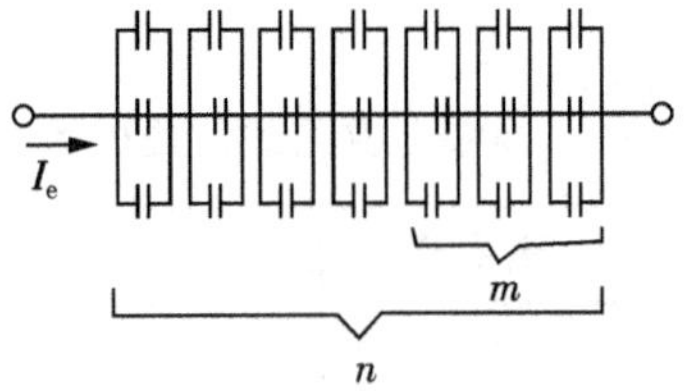


**图 9-16　单台电容器内部接线图**

n—单台电容器总组数

m—被击穿的组数

1）当击穿 $m$ 组时，电容量增加为 $C_m$，即

$$C_m = C_n(1 + \frac{m}{n-m}) \qquad 式9-67$$

净增量：　　$\Delta C_m = C_m - C_n$

式中：$C_m$—单台电容器总电容值。

2）当击穿 $m$ 组时，单台电容器电流增加量 $\Delta I$ 的计算

$$\Delta I = I_{ec} = \left[\frac{m}{n} \div (1 - \frac{m}{n})\right] \qquad 式9-68$$

式中：$I_{ec}$—单台电容器总电流值（A）。

$$I_{ec} = \frac{Q}{U_e} \qquad 式9-69$$

式中：$Q$—单台电容器额定容量（kvar）；

$U_e$—单台电容器额定电压（kV）。

3）击穿系数：$\lambda = \frac{m}{n}$

**（2）高压熔断器保护的计算**

总容量在 300kvar 以下时即可采用，对单台或分组也可进行保护。多用于电容器的内部保护，接线如图 9-17 所示。

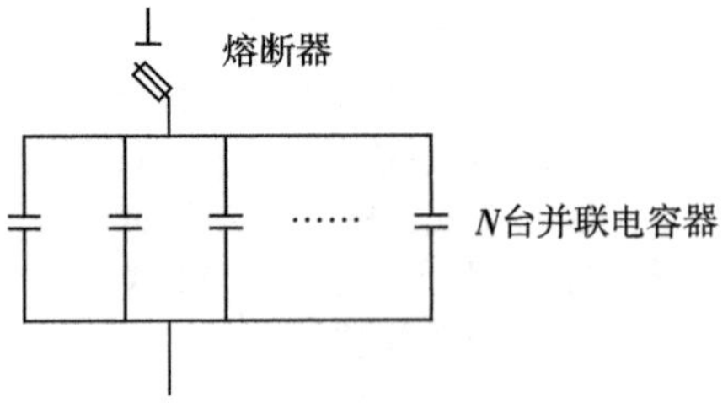


**图 9-17　单台电容器内部接线图**

熔断器熔丝 $I_R = (1.5\sim2.5)\ I_{ec}$，$I_{ec}$ = 电容器的额定电流。若 $N$ 台电容器并联后使用一组熔断器，其中某台内部元件损坏系数为 $\beta$，则

$$\beta = \frac{损坏的串联元件数}{全部串联元件数}$$

流经熔断器的电流较正常值增大了 $K$ 倍，即

$$K = 1 + \frac{\beta}{N(1-\beta)} \qquad 式9-70$$

式中：$N$—并联电容器台数。

在选择熔断器时，一般$\beta$值取0.75（即内部串联元件损坏75%），熔断器的额定电流应选择为

$$I_R = KI_{ec} \qquad 式9-71$$

式中：$K$—熔丝选择系数，$K=1.5\sim2.5$；

$I_{ec}$—电容器组的额定电流值。

**（3）电容器组的相间速断电流保护的整定**

1）定时限过电流保护整定：

$$I_{dzj} = \frac{K_k K_{wb} K_{jx}}{K_f n_{TA}} I_{ce} = (2\sim2.5)\frac{I_e}{n_{TA}} I_{dzj} = K_k K_{jx}\frac{I_{ec}}{n_{TA}} \qquad 式9-72$$

式中：$K_k$—可靠系数，一般有电抗器时取1.5~2.0，无电抗器时取2.0~2.5；

$K_{jx}$—接线系数，当电流互感器为星形接线时，取1，当电流互感器为三角形接线或两相差接线时，取$\sqrt{3}$；

$n_{TA}$—电流互感器变比。

2）动作时间$t=0$s。

3）灵敏度校验：

$$K_{Lm} = \frac{I_{d.\min}^{(2)}}{I_{dzj}\times n_{TA}} \qquad 式9-73$$

式中：$I_{d.\min}^{(2)}$—最小运行方式下两相短路电流（A）。

**（4）电容器组的零序保护的计算**

整定计算公式

$$I_{dzj} = \frac{\Delta I_{gz}}{K_{Lm} n_{TA}} = \frac{I_{ec}\left(\frac{\lambda}{1-\lambda}\right)}{K_{Lm} n_{TA}} \qquad 式9-74$$

式中：$K_{Lm}$—灵敏系数，取1.5；

$\Delta I_{gz}$——一台电容器内部50%~70%串联元件击穿时，故障相电流的增量（A）；

$\lambda$—击穿系数；

$n_{TA}$—电流互感器变比。

不平衡电流应小于下面的数值：

$$I_{bp} \leqslant \frac{I_{dzj}\times n_{TA}}{K_k} \qquad 式9-75$$

式中：$K_k$—可靠系数，取1.5~2；

$I_{bp}$—正常运行时的不平衡电流（A）。

**（5）电容器组横差动电流保护的计算**

适用于保护双三角形连接电容器组的内部故障。可按下面两种方法整定：

1）

$$I_{dzj} \geqslant K_k I_{bp} \qquad 式9-76$$

式中：$I_{dzj}$—继电器动作电流（A）；

$K_k$—可靠系数，取2；

$I_{bp}$—正常运行时二次差回路中的最大不平衡电流（A）。

2）
$$I_{dzj} \leqslant \frac{I_{gz}}{K_{Lm}} \quad 式9-77$$

式中：$I_{gz}$——一台电容器内部50%～70%元件击穿时，电流互感器二次回路的故障电流（A）；

$K_{Lm}$—灵敏系数，取1.8。

**（6）电容器组低压保护和过电压保护的计算**

1）过电压保护

$$U_{dzj} = (1.05 \sim 1.10) U_{ec}/n_{TV} \quad 式9-78$$

式中：$U_{ec}$—电容器额定电压（V）；

$n_{TV}$—电压互感器变比；

1.05～1.10—电容器承受过电压能力系数。

2）低电压压保护

$$U_{dzj} = (0.30 \sim 0.60) U_{ec}/n_{TV} \quad 式9-79$$

**【例9-13】** 试选择和计算10kV、450kvar移相电容器组的保护。已知电容器为YY10.5-25-1型，单台容量为25kvar，共18台。电容器组额定电流$I_{ec}$为26A。最小运行方式下，电容器组首端三相短路超瞬变电流$I''^{(3)}_{d.min}$为1900A，10kV电网的总单相接地电容电流$I_{c\Sigma}$为12A。

**解：**（1）保护装置的选择

①装设两个DL-11型电流继电器和两个变比为30/5的电流互感器组成的电流速断保护。

②装设零序电流互感器与之连接的电流继电器，组成单相接地保护，作用于跳闸。

③装设DJ-111型电压继电器，为过电压保护，作用于跳闸。

（2）保护装置的整定计算

①电流速断保护：动作电流应躲过电容器组接通电路时的冲击电流。

$$I_{dzj} = K_k K_{jx} \frac{I_{ec}}{n_{TA}} = 2 \times 1 \times \frac{26}{6} A = 8.67A，取9A$$

保护装置一次动作电流为

$$I_{dz} = I_{dzj} \frac{n_{TA}}{K_{jx}} = 9 \times \frac{6}{1} A = 54A$$

动作时间

$$t = 0s$$

灵敏度校验：

$$K_{Lm}^{(3)} = K_{mxd} = \frac{I''_{d.min}}{I_{dz}} = \sqrt{\frac{3}{2}} \times \frac{1900}{54} = 30.47 > 2$$

②单相接地保护：

$$I_{dz}=\frac{I_{c\Sigma}}{K_m}=\frac{12}{1.5}\mathrm{A}=8\mathrm{A}$$

动作电流满足 LX-2 型零序电流互感器及 DD-11/60 型继电器的灵敏系数 $K=2$ 的要求。

③过电压保护：保护装置的动作电压为

$$U_{dzj}=1.1\times U_{e2}=1.1\times100\mathrm{V}=110\mathrm{V}$$

动作时间

$$t=3\sim5\mathrm{min}$$

**【例9-14】**某 35kV 变电站有一组电容器，接在 10kV 母线上。

（1）已知参数

①电容器单台容量，$Q_c=100\mathrm{kvar}$，额定电压 $U_{ce}=6.3\mathrm{kV}$，共六台，结成双星形。

②零序电流保护的电流互感器变比为 15/5，相间电流保护的电流互感器变比为 200/5。

③最小运行方式下，电容器组首端三相短路超瞬变电流 $I''^{(3)}_{d.min}$ 为 1590A，试对该站 10kV 母线电容器组继电保护进行整定计算。

（2）保护定值计算

①相间电流速断保护定值

$$I_{dzj}=\frac{2I_e}{n_{TA}}=2\times\frac{6\times100}{6.3\times200/5}\mathrm{A}=4.76\mathrm{A}，取 5\mathrm{A}$$

保护装置一次动作电流为

$$I_{dz}=I_{dzj}\frac{n_{TA}}{K_{jx}}=5\times\frac{40}{1}\mathrm{A}=200\mathrm{A}$$

动作时间　　$t=0.3\mathrm{s}$

灵敏度校验：

$$K^{(3)}_{Lm}=K_{mxd}=\frac{I''_{d.min}}{I_{dz}}=\sqrt{\frac{3}{2}}\times\frac{1590}{200}=6.88>2$$

②零序电流保护定值

$$I_{dz}=\frac{Q_c}{2\times U_e}\times\frac{\beta}{(1-\beta)}/K_{Lm}\times n_{TA}=\frac{100}{2\times6.3}\times\frac{0.75}{(1-0.75)}\mathrm{A}=23.7\mathrm{A}$$

$$I_{dz}=\frac{23.7}{1.3\times15/5}\mathrm{A}=6.07\mathrm{A}，取 6\mathrm{A}$$

动作时间　　$t=0\mathrm{s}$

**【例9-15】**某变电站装设有 YY-6.3-10-1 型电容器 60 台，采用三角形连接，电容器运行电压 6.3kV，电流互感器变比 30/5，保护装置为常规保护，试进行电容器保护的整定计算。

**解**：电容器每相额定电流为

$$I_{ce}=nI_e=20\times\frac{10}{6.3}\mathrm{A}=32\mathrm{A}$$

单台电容器额定电流为

$$I_{ce} = \frac{32}{20}\text{A} = 1.6\text{A}$$

一台电容器50%元件击穿后故障相电流增量为

$$\Delta I = I_{ce}\frac{0.5}{1-0.5} = 1.6\text{A}$$

单台电容器保护动作电流必须满足：

$$I_{dzj} = \frac{\Delta I}{K_k n_{TA}} = \frac{1.6}{1.5\times6}\text{A} = 0.178\text{A}$$

取0.15A作为二次动作电流，一次侧动作电流为0.9A。

电流互感器不平衡电流$I_{bp}$必须满足：

$$I_{bp} \leqslant \frac{0.15}{K_k}n_{TA} = \frac{0.15\times6}{2}\text{A} = 0.45\text{A}$$

零序电流保护作为内部故障整组保护灵敏度比过电流保护高，但要求电流互感器有较好的特性，以减少不平衡电流。

零序过电流保护动作电流按躲过电容器组三相不平衡电流来整定：

$$I_{dzj} = \frac{K_k I_{bp}}{n_{TA}} = \frac{0.15 I_e}{n_{TA}} = \frac{0.15\times32}{6}\text{A} = 0.8\text{A}$$

**【例9-16】** 某变电站1号主变补偿电容器容量为3600kvar，接于10kV母线上，采用单星形接线方式，保护采用WDR-821型微机保护装置［含有两段式定时限过电流保护（三相式）、过电压保护、欠电压保护、不平衡电流、不平衡电压等］，电流互感器变比为300/5。

**解：** 由于电容器组采用单星形接线，需要整定的保护为两段定时限过电流保护（三相式）、过电压保护、欠电压保护。

电容器的额定电流为

$$I_e = \frac{3600}{\sqrt{3}\times10.5}\text{A} = 198\text{A}$$

电容器Ⅱ段定值：

$$I_{dzj}^{\text{II}} = \frac{K_k K_{bw} K_{jx}}{K_f n_{TA}} I_e = \frac{1.25\times1.25\times1}{0.8\times60}\times198\text{A} = 6.4\text{A}$$

动作时间取0.5s。

电流Ⅰ段定值：

$$I_{dzj}^{\text{I}} = (2 \sim 2.5) I_{dz}^{\text{II}} = 12.8 \sim 16\text{A}$$

电流Ⅰ段定值取16A，动作时间取0~0.2s。

过电压保护动作电压：

$$U_{dzj} = 115\text{V}$$

动作时间取10s。

低电压保护动作电压：

$$U_{dzj} = 65\text{V}$$

低电压电流闭锁元件定值：

$$I_{dzj}=(0.2\sim0.5)\frac{I_e}{n_{TA}}=0.2\times\frac{198}{60}A=0.66A$$

动作时间取0.5~1s。

## 第五节　电动机继电保护的整定计算

### 1. 交流电动机的短路保护元件应按下列规定装设

1）在中性点直接接地系统中应在每相上装设；当装有零序保护时，可只在两相上装设。

2）在中性点不接地系统中，采用熔断器保护时，应在每相上装设；采用自动开关保护时，至少应在两相上装设过电流脱扣器；当只装设两相时，在同一系统中的保护元件应装设在相同的两相上。

3）长时间运行且无人监视、功率较大的交流电动机；容易过负荷的交流电动机、由于起动或自起动条件严格而可能起动失败或需要限制起动时间的交流电动机应装设过负荷保护。过负荷保护一般断开电源，也可作用于信号。

### 2. 交流电动机的低电压保护应按下列规定装设

1）当电源电压短时降低或短时中断时，允许断开的电动机一般装设瞬时动作的低电压保护；但当工艺或安全条件允许自起动时，不超过11kW的电动机可不装设。

2）不需要或不允许自起动的重要电动机，应装设短延时的低电压保护，其时限一般为0.5s。

3）需要自起动的重要电动机，不宜装设低电压保护，但按工艺或安全条件在长时间停电后不允许自起动时，应装设长延时的低电压保护，其时限一般为5~10s。

4）连续运行的三相交流电动机宜装设两相运行的保护装置。

### 3. 低压电动机保护用熔断器、自动开关和热继电器的选用

熔断器、自动开关和热继电器是电动机主要的保护元件，其选用见表9-7。

**表9-7　熔断器、自动开关和热继电器的选用**

| 元件类型 | 功能说明 | 选用方法 |
|---|---|---|
| 熔断器 | 作长期工作制电动机的起动及短路保护，一般不作过载保护 | ①直接起动的笼型电动机熔体定电流 $I_{er}$ 按起动电流 $I_q$ 和起动时间 $t_q$ 选取：$I_{er}=KI_q$<br>式中系数 $K$ 按起动时间选择：<br>$K=0.25\sim0.35$（在 $t_q<3s$ 时）<br>$K=0.4\sim0.8$（在 $t_q=3\sim6s$ 时）<br>②降压起动的笼型电动机熔体定电流 $I_{er}$ 按电动机额定电流 $I_{ed}$ 选取：<br>$I_{er}=1.05I_{ed}$ |

续表

| 元件类型 | 功能说明 | 选用方法 |
|---|---|---|
| 自动开关 | 作电动机的过载及短路保护，并可不频繁地接通及分断电路 | ①自动开关的额定电流 $I_{ez}$ 按电动机额定电流 $I_{ed}$ 或线路计算电流 $I_{js}$ 选取：<br>$I_{ez} \geqslant I_{js}$<br>②延时动作的过电流脱扣器的额定电流 $I_{te}$ 按电动机额定电流 $I_{ed}$ 选取：<br>$I_{te}=(1.1\sim1.2)\ I_{ed}$<br>③瞬时动作的过电流整定值 $I_{zd}$，应按大于电动机的起动电流 $I_q$ 选取：<br>$I_{zd}=(1.7\sim2.0)\ I_q$<br>动作时间必须大于电动机起动或大过载时间：对于可调式过流脱扣器，其瞬动整定值的调节范围为（3~6）或（8~12）倍脱扣器额定电流 $I_{te}$，不可调试为（5~10）倍脱扣器额定电流 $I_{te}$ |
| 热继电器 | 作长期过间断、长期工作制交流异步电动机的过载保护和起动过程中的过热保护，不宜作重复短时工作制的笼型和绕线式异步电动机的过载保护 | 按电动机额定电流 $I_{ed}$，选择热元件整定电流 $I_{zd}$，即：<br>$I_{zd}=(0.95\sim1.05)\ I_{ed}$<br>在长期过载 20% 时应可靠动作，此外，热继电器的动作时间必须大于电动机起动或长期过载时间 |

## 4. 高压异步电动机继电保护整定计算（表 9-8）

**表9-8　3kV 及以上高压异步电动机继电保护整定计算**

| 保护装置名称 | 保护装置的整定值 | 保护装置动作时间 | 公式中符号说明 |
|---|---|---|---|
| 电流速断保护 | 保护装置动作电流整值<br>$I_{dzj}=K_kK_{jx}\dfrac{I_q}{n_{TA}}$ | 0s | $K_k$—可靠系数，电流继电器采用 DL 型的取 1.4~1.6；采用 GL 型的取 1.8~2.0<br>$K_{jx}$—接线系数，接于相电流时取 1；接于相电流差时取 1.732<br>$K''_k$—可靠系数，动作于信号时，取 1.05~1.10；动作于跳闸时，取 1.2~1.25<br>$K_f$—返回系数；取法见注<br>$n_{TA}$—电流互感器变比<br>$n_{TV}$—电压互感器变比<br>$I_{ed}$—电动机额定电流（A）<br>$I_q$—电动机起动电流（A）<br>$I_{c\Sigma}$—电网的总单相接地电容电流计算（A）<br>$U_e$—电动机额定电压（V） |
| 过电流保护（可与电流速断共用一个感应型过电流继电器） | 整定值<br>$I_{dzj}=K'_kK_{jx}\dfrac{I_{ed}}{K_fn_{TA}}$ | 躲过电动机起动的全部时间，一般为 15~20s | |
| 单相接地保护 | 一次动作电流<br>$I_{dz}\leqslant\dfrac{I_{0\Sigma}}{1.25}$ | 0s | |
| 低电压保护 | 重要电动机整定值<br>$U_{dzj}=0.5\dfrac{U_e}{n_{TV}}$<br>不重要电动机整定值<br>$U_{dzj}=(0.6\sim0.7)\dfrac{U_e}{n_{TV}}$ | 重要电动机：<br>10~15s<br>不重要电动机：<br>0.5~0.7s | |

注：1. 对于一般电动机 $t_{dz}=(1.1\sim1.2)\ t_q$（其中 $t_{dz}$ 为保护装置动作时间；$t_q$ 为电动机起动及自起动时间）。对于传动风机负荷的电动机 $t_{dz}=(1.2\sim1.4)\ t_q$。

2. $K_f$ 的取值：对于 GL-11、GL-12、GL-21、GL-22 型继电器，取 0.85；对 GL-13、GL-16、GL-23、GL-26 型继电器，取 0.8；对于微机型继电器，近似取 1.0；对于电压继电器取 1.25。

3. 电流速断保护灵敏度校验

$$K_{Lm}^{(2)}=\frac{I''^{(2)}_{d.min}}{I_{dz}}=K_{mxd}\frac{I''^{(3)}_{d.min}}{I_{dz}}\geqslant 2$$

式中：$K_{mxd}$—相对灵敏系数，三相短路取 1；两相短路取 $\sqrt{\frac{3}{2}}$。

**【例9-17】** 试选择一台 6kV、380kW 电动机的保护。电动机装在有人值班的机房内，运行过程中有过负荷的可能。已知电动机的额定电流 $I_{ed}$ 为 47.5A，起动电流倍数 $K_q$ 为 4，电流互感器变比为 100/5。在最小运行方式下电动机出线端三相短路时，流过保护安装处的超瞬变电流 $I''^{(3)}_{d.min}$ 为 5500A，稳态电流 $I''^{(3)}_{d.min}$ 为 3800A。

**解：**（1）保护装置的选择

因电动机在运行过程中有过负荷的可能性，故需装过负荷保护。电动机由于经常有值班人员监视运行，因此不需装防止长时间失压的低电压保护。装设电流速断保护和过电流保护（与电流速断共用一感应型过电流继电器），采用接于两相电流差的 DL-11/100 型电流继电器。

（2）保护装置整定计算及灵敏度校验

①电流速断保护继电器的动作电流为

$$I_{dzj}=K_kK_{jx}\frac{I_q}{n_{TA}}=1.6\times\sqrt{3}\times\frac{4\times47.5}{20}\text{A}=26.32\text{A}，取 26\text{A}$$

保护装置的一次动作电流为

$$I_{dz}=I_{dzj}\cdot n_{TA}=26\times20\text{A}=520\text{A}$$

灵敏度校验

$$K_{Lm}^{(2)}=K_{mxd}\frac{I''^{(3)}_{d.min}}{I_{dz}}=0.5\times\frac{5500}{520}=5.3>2$$

保护动作时间 $t=0$s。

②过电流保护继电器的动作电流为

$$I_{dzj}=K'_kK_{jx}\frac{I_{ed}}{K_fn_{TA}}=1.25\times\sqrt{3}\times\frac{47.5}{0.85\times20}\text{A}=6.0\text{A}$$

保护装置一次动作电流为

$$I_{dz}=I_{dzj}\cdot n_{TA}=6\times20\text{A}=120\text{A}$$

灵敏度校验

$$K_{Lm}^{(2)}=K_{mxd}\frac{I''^{(3)}_{d.min}}{I_{dz}}=0.5\times\frac{3800}{70}=20>1.5$$

保护动作时间 $t=10$s。

**【例9-18】** 某工厂有一台电动机，已知电动机额定功率 $P_e=800$kW，额定电压 $U_e=$

6kV，功率因数 $\cos\varphi=0.85$，额定电流 $I_{ed}=98A$，电动机起动倍数 $K_q$ 为 7，电动机起动时间 $S$ 为 8.5s。电流互感器变比为 200/5。系统最小运行方式下，电动机出线端三相短路时，流过保护安装处的稳态电流 $I''^{(3)}_{d.min}$ 为 3880A。试计算整定该电动机的反时限过电流保护。

**解：**保护装置整定计算及灵敏度校验

①过电流保护继电器的动作电流为

$$I_{dzj}=K'_k K_{jx}\frac{I_{ed}}{K_f n_{TA}}=1.25\times1\times\frac{98}{0.85\times40}A=3.6A，取 4A$$

保护装置一次动作电流为

$$I_{dz}=I_{dzj}\cdot n_{TA}=4\times40A=160A$$

灵敏度校验

$$K_{Lm}^{(2)}=K_{mxd}\frac{I''^{(3)}_{d.min}}{I_{dz}}=\sqrt{\frac{3}{2}}\times\frac{3880}{160}=21>1.5$$

保护动作时间

$$t=10s$$

②电流速断保护继电器的动作电流为

$$I_{dzj}=K_k K_{jx}\frac{I_q}{n_{TA}}=1.8\times1\times\frac{7\times98}{40}A=30.87A，取 30A$$

保护装置的一次动作电流为

$$I_{dz}=I_{dzj}\cdot n_{TA}=30\times40A=1200A$$

灵敏度校验

$$K_{Lm}^{(2)}=K_{mxd}\frac{I''^{(3)}_{d.min}}{I_{dz}}=\sqrt{\frac{3}{2}}\times\frac{3880}{1200}=2.8>2$$

保护动作时间

$$t=0s$$

③过电流保护继电器的动作电流为

$$I_{dzj}=K'_k K_{jx}\frac{I_{ed}}{K_f n_{TA}}=1.25\times\sqrt{3}\times\frac{98}{0.85\times40}A=5.188A，取 5.2A$$

保护装置一次动作电流为

$$I_{dz}=I_{dzj}\cdot n_{TA}=5.2\times40A=208A$$

灵敏度校验

$$K_{Lm}^{(2)}=K_{mxd}\frac{I''^{(3)}_{d.min}}{I_{dz}}=\sqrt{\frac{3}{2}}\times\frac{3880}{208}=16.15>1.5$$

保护动作时间

$$t=10s$$

# 第六节　发电机继电保护的整定计算

## 1. 小型发电机继电保护的规定

发电机应装设下列故障及异常运行状态的保护装置：

1）定子绕组相间短路。

2）定子绕组接地。

3）定子绕组过电流（由外部故障引起）。

4）定子绕组对称过负荷。

5）定子绕组过电压。

6）励磁回路一点接地。

7）励磁电流消失。

发电机保护装置动作时，其作用对象应符合以下规定：

1）定子绕组相间短路时，保护装置应作用于断开出口断路器及自动灭磁装置，同时作用于事故停机。

2）定子绕组过电流、过电压及失磁保护动作时，均应断开出口断路器及自动灭磁装置。但对未配永磁机的机组，也应作用于事故停机。

3）当接地电容电流小于5A的定子绕组接地和过负荷及励磁回路一点接地时，保护装置可带时限作用与信号。

通常称3000kW及以下的发电机为小型发电机。发电机的额定电压有400V/230V、3.15kV和6.3kV。小型发电机继电保护的具体配置如下：

①200kW及以下，电压为400V的发电机，可用熔断器或自动开关（低压断路器）作为保护装置。如采用熔断器作为发电机的过流保护，熔丝的额定电流应选择比前一级大两级。

②电压为400V的发电机，其中性点是接地的，定子中任一相接地就会造成短路，为此，容量为200kW以上时，应装设接地保护装置。

③800kW以下的发电机，允许用发电机出口断路器的过流脱扣器代替继电保护装置。脱扣器按发电机额定电流的1.35~1.7倍来整定。带有瞬时及延时动作的DW5、DW15、ME型断路器，则利用其过电流脱扣器的瞬时动作元件来实现电流速断保护，而其延时过流脱扣器，则作为发电机的过电流保护。需要注意的是，出口断路器的过电流脱扣器为直接起动式，短路电流直接流过脱扣器，故脱扣器起动电流可按计算电流速断保护所得的电流整定值$I_{dzj}$整定。断路器的脱扣器瞬时动作电流，通常按发电机额定电流的5倍来整定。

④800kW以下的发电机保护装置，宜符合以下规定：

a. 当发电机与其他机组或系统并联运行时，可在发电机出口侧装设电流速断保护。如灵敏度不能满足要求时，可装设纵联差动保护。

b. 对孤立运行的发电机，可在中性点引出线上装设零序过流保护或在发电机出口侧装设低电压保护。

⑤800kW 及以上的发电机，应装设纵联差动保护，以防止定子绕组及其引出线的相间短路。

⑥当在发电机与变压器之间装有断路器时，对于 1000kW 及以上的发电机-变压器组单元结线，在发电机和变压器上应分别装设差动保护装置，否则应装设整组共用的差动保护。

⑦对于发电机-变压器组单元结线，在变压器低压侧，可利用发电机的外部短路的过电流保护装置，不宜另装设保护装置。

⑧发电机的定子绕组单相接地故障，可利用装于母线上的单相接地保护装置发出信号。由外部短路引起的发电机定子绕组的过电流，可采用复合电压（包括负序电压及线电压）或低电压起动的过电流保护。若采用负序电压，其整定电压为发电机电压的 6%~12%。

⑨发电机的定子绕组应装设过电压保护，励磁回路应装设一点接地检查装置或一点接地保护。

⑩发电机应装设失磁保护装置，并要求发电机运行中不论任何因素使自动开关断开时，均应连锁断开发电机出口断路器。

### 2. 小型发电机继电保护整定计算

#### （1）小型发电机继电保护整定计算

小型发电机继电保护整定计算见表 9-9。

#### （2）多台发电机并列或与系统并联运行时继电保护的整定计算

1）保护方式的选择。

①采用不带时限的电流速断保护作为发电机定子绕组多相短路和单相接地短路保护。

②采用带时限的过电流保护作为外部短路保护。

2）继电保护整定计算的详细情况见表 9-10。

电流速断保护的整定原则是：将过流脱扣器的起动电流整定得大于母线短路时流过发电机开关的三相短路电流，使故障发电机的电流速断保护动作，将故障切除，而其他发电机的电流速断保护不动作，从而保证了继电保护的选择性。

当采用 GL 型过电流继电器时，电流速断保护动作电流应整定为过电流保护的 6~7 倍，以避免发电机外部短路时电流速断保护误动作。

#### （3）灵敏度校验

1）过电流保护。

①按发电机保护范围内两相短路情况校验：

$$K_{\mathrm{Lm}}^{(2)}=K_{\mathrm{mxd}}\frac{I_{\mathrm{d.min}}^{(3)}}{I_{\mathrm{dz}}}\geqslant 1.5\qquad（特殊情况下可取 1.25）$$

②按发电机保护范围内单相短路校验：

$$K_{\mathrm{Lm}}^{(1)}=K_{\mathrm{mxd}}\frac{I_{\mathrm{d.min}}^{(3)}}{I_{\mathrm{dz}}}\geqslant 1.5\qquad（特殊情况下可取 1.25）$$

上述两个条件必须同时满足要求。

式中：$I^{(3)}_{d.min}$—最小运行方式下保护区末端三相短路时，流过保护安装处的稳态电流（A）；

$I_{dz}$—保护装置的一次动作电流（A），$I_{dz}=\dfrac{I_{dzj}\times n_{TA}}{K_{jx}}$。

以上两式中的 $K_{max}$ 分别对应于两相短路和单相短路时的相对灵敏系数。

2）电流速断保护。

①按发电机母线两相短路情况校验：

$$K^{(2)}_{Lm}=K_{mxd}\frac{I''^{(3)}_{d.min}}{I_{dz}}\geqslant 1.2\sim1.5$$

②按发电机母线单相短路校验：

$$K^{(1)}_{Lm}=K_{mxd}\frac{I''^{(3)}_{d.min}}{I_{dz}}\geqslant 1.2\sim1.5$$

上述两个条件必须同时满足要求，式中符号同前。

3）纵联差动保护。

$$K^{(2)}_{Lm}=K_{mxd}\frac{I^{(3)}_{d.min}}{I_{dz}}\geqslant 2$$

**表9-9　小型发电机继电保护整定计算**

| 保护装置名称 | 保护装置的整定 | 保护装置动作时间 | 备　注 |
|---|---|---|---|
| 过负荷保护 | $I_{dzj}=\dfrac{(1.2\sim1.3)I_e}{n_{TA}}$ | 较发电机过电流保护时限大一个至几个阶梯，即 $t_1+(1-n)\Delta t$ | $I_e$—发电机额定电流（A）<br>$n_{TA}$—电流互感器的变比<br>$K_f$—继电器返回系数<br>$K_k$—电压继电器的返回系数<br>$n_{TV}$—电压互感器变比<br>$t_1$—变压器和出线保护的时限定值（s）<br>$U_{min}$—发电机最低运行电压，一般取 $0.9U_e$<br>$I^{(3)}_{d\cdot max}$—在发电机外部三相短路时，流经保护装置的最大稳态短路电流（A）<br>$Ig_h$—最大负荷电流，约为（1.2~1.）$I_e$<br>$I_{I0}$—发电机空载励磁电流（A） |
| 带时限过电流保护 | $I_{dzj}=\dfrac{K_k}{K_f n_{TA}}$ | 较发电机母线上的直配线路或升压变保护装置大一个阶梯，一般取 0.5~2s | |
| 纵联差动保护 | 1）按躲过最大不平衡电流整定：<br>$I_{dzj}=K_{k1}I_{bp\cdot max}/n_{TA}$<br>$=\dfrac{K_{k1}K_f K_{TA} f_{TA}}{n_{TA}}\times I^{(3)}_{d\cdot max}$<br>2）电流互感器二次回路断线时，差动保护不应误动作：<br>$I_{dzj}=Kk_1 I_{ng}/n_{TA}$<br>按上述两条件，取其中最大值作为保护动作电流的整定值 | 0s | |
| | 工作线圈匝数的整定：<br>$W_{cd}=\dfrac{60}{I_{dzj}}$ | | |
| 监视电流互感器二次回路断线接线 | $I_{dzj}=(0.2\sim0.5)\times I_e/n_{TA}$ | 1s | |

续表

| 保护装置名称 | 保护装置的整定 | 保护装置动作时间 | 备　注 |
|---|---|---|---|
| 低电压起动的过电流保护 | $I_{dzj}=\frac{(1.3\sim1.4)I_e}{K_f n_{TA}}$<br>$U_{dzj}=\frac{K_f U_{min}}{K_f n_{TV}}$ | 较变压器和出线保护的时限大1~2个阶梯（$t_1+\Delta t$），也可按4~5s整定 | |
| 过电压保护 | | 0.5s | |
| 失磁保护 | $U_{dzj}=\frac{(1.2\sim1.5)U_e}{n_{TV}}$<br>$I_{dzj}=(0.6\sim0.8)I_{l0}$ | 不允许立即跳闸，应按运行规程过定的时间 | |
| 过速保护 | $n_{dzj}=(1.35\sim1.4)\times n_e$ | 0s | |

**表9-10　多台发电机继电保护整定计算**

| 保护装置名　称 | 保护装置的整定 | 保护装置动作时间/s | 备　注 |
|---|---|---|---|
| 电流速断保护 | 保护装置的电流整定值按躲过母线短路时流过发电机开关的三相短路超瞬变电流整定<br>$I_{dzj}=\frac{1.5I''^{(3)}_{d.min}}{n_{TA}}$<br>按躲过系统稳定性遭到破坏时的最大振荡电流整定<br>$I_{dzj}=\frac{2K_k U_e}{n_{TA}\times(X_d''+X_c)}$<br>选择其中最大值作为整定值 | 0 | $I''^{(3)}_{d.min}$—系统最小运行方式下，母线三相短路时流过发电机开关的超瞬变电流（A）<br>$n_{TA}$—电流互感器变比<br>$U_e$—发电机额定电压（V）<br>$K_k$—可靠系数，取1.3<br>$X''_d$—发电机超瞬变电抗（Ω）<br>$X_c$—系统电抗（Ω） |
| 带时限过电流保护 | 整定值同表9-5 | 同表9-5 | |

**【例9-19】** 某水电站有一台320kW、400V低压水轮发电机，定子额定电流$I_e$为577A，电流互感器变比为1000/5，接于相电流的过电流继电器采用DL-11/6型继电器，额定电流为10A（两只线圈串联）；接于相电压的过电压继电器采用DJ-131/400型继电器，额定电压为200V（两只线圈并联）和400V（两只线圈串联），试整定过电流继电器和过电压继电器的动作值。

**解：**（1）过电流继电器的动作电流整定

$$I_{dzj}=\frac{K_k I_e}{K_f n_{TA}}=\frac{1.2\times577}{0.85\times200}A=4A$$

过电流继电器两只线圈采用并联连接，则每只线圈中流过的电流为4/2A=2A，所以继电器整定刻度指针应拨到面板刻度盘2A的位置上。

（2）过电压继电器动作电压的整定

过电压继电器接在相电压上，故整定电压为

$$U_{dzj}=\frac{(1.2\sim1.5)U_e}{\sqrt{3}}=\frac{1.25\times400}{\sqrt{3}}V=288V$$

过电压继电器两只线圈串联连接，则每只线圈上所承受的电压为288/2V=144V，所以继电器整定刻度指针应拨到面板刻度盘约 140V 的位置上。

## 第七节　小水电站发电机飞车自动保护（水阻）装置的制作和计算

当发电机突然甩负荷时，出口断路器 QF 跳闸，其常闭辅助触点闭合，接触器 KM 得电吸合，其主触点接通水阻，同时电铃 HA 发出报警声，值班人员可从容关机。

接触器可选用 CJ20 型，其容量根据发电机容量按以下选择：

1）100kW 及以下的发电机，配用 60A。

2）125～160kW 的发电机，配用 100A。

3）200～250kW 的发电机，配用 160A。

4）320～500kW 的发电机，配用 250A。

5）630～800kW 的发电机，配用 4000A。

三相水电阻布置成等边三角形，电极可用角铁、钢管和钢板制作。极间距离根据所需电阻的大小进行调整。

水电阻可按以下要求选择：水电阻功率宜按投入时的负荷功率来考虑，但为使接触器容量不至过大，也可按 0.6 倍投入时的负荷功率考虑（对于较大容量的发电机）。

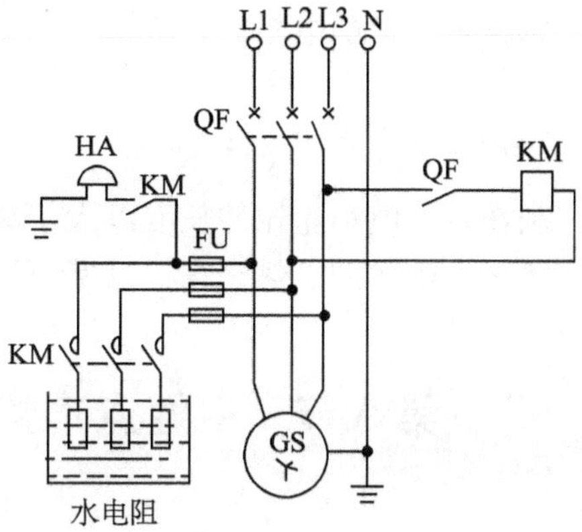

图 9-18　采用水电阻防止飞车的原理接线图

①极板式水阻：原理接线如图 9-18 所示。设发电机额定功率为 $P_e$（W），额定电流为 $I_e$（A），则每相水电阻为

$$R=\frac{(0.6\sim0.95)P_e}{3I_e^2}(\Omega) \qquad 式9-80$$

安装时，要测量任意两相的电阻 $R_{UV}$、$R_{VW}$、$R_{WU}$，要求大致相等，且稍大于 $2R$ 即可。

水池中的水量 V 按 5min 不重沸腾为宜，可按下式计算：

$$V=\frac{72P_e}{100-t}\times10^{-3} \qquad 式9-81$$

式中：$V$—水池中的水量（$m^3$）；

$t$—水的起始温度（℃）。

计算通常的水阻时，需投放盐来提高导电率，以增大水阻的功率，但盐水容易腐蚀电极，而盐水浓度随着使用时间延长而不稳定。

②电炉丝式水阻：采用电炉丝式水阻，在水池中不必投放盐，电阻采用多根 220V 电炉丝并联接成三角形。通过接触器触点接于发电机 400V 端，由于 220V 的电炉丝加有 400V 电压，必然会使水加热，将水池水量控制在被加热的水温在 100℃左右。若水量太少，炉丝过热，容易烧断。

【例9-20】一台250kW的发电机，计算采用电炉丝的水电阻。三相电炉丝接成星形，外加电压为400V，设按0.95倍负荷功率考虑。

**解：**

$$每相功率为\ P_1=\frac{0.95P_e}{3}=\frac{0.95\times250}{3}\text{kW}\approx79\text{kW}$$

选用3kW、220V的电炉丝。设电炉丝的电阻不变，其功率与所加电压的平方成正比，所以220V、3kW的电炉丝加有400V电压时的功率为

$$P_2=\left(\frac{400}{220}\right)^2\times3=3.3\times3\text{kW}=10\text{kW}$$

可见每相需3kW电炉丝的根数为 $n_1=\frac{P_1}{P_2}=\frac{79}{10}\approx8$ 根

每根电炉丝的电阻为 $R=\frac{U^2}{P}=\frac{220^2}{3000}\Omega=16\Omega$

每相电阻为 $R=\frac{16}{8}\Omega=2\Omega$

制作时，电炉丝拉伸长度以大于原长度的25%为宜，即必须满足水的散热速度大于或等于电炉丝的发热速度，以保证稳定可靠的运行。

## 第八节　中性点不接地系统接地电流保护的计算

6~35kV供电网络为中性点不接地系统，属于小电流接地系统。这种系统正常运行时，三相对地电压是平衡的。当系统发生金属性单相接地时，故障相对地电压降为零，而两相对地电压升高 $\sqrt{3}$ 倍，但相间电压保持不变。这时，这两相的对地电容电流也相应增加到 $\sqrt{3}$ 倍，而接地相的电容电流则增加为正常运行时每相电容电流的3倍，即

$$I_c=3I_{c0}=3U_x\omega C_0 \qquad 式9-82$$

式中：$I_c$—正常运行时每相电容电流（A）；

$U_x$—线电压（V）；

$\omega$—角频率，$\omega=2\pi f$，$f=50\text{Hz}$；

$C_0$—正常时每相线路对地电容（F）。

单相接地电容电流的估算方法如下：

### 1. 架空线路单相接地电容电流 $I_c$

$$I_c=1.1\times(2.7\sim3.3)\ U_eL\times10^{-3} \qquad 式9-83$$

式中：$U_e$—线路额定线电压（kV）；

$L$—线路长度（km）；

2.7—系数，用于无避雷线线路；

3.3—系数，用于有避雷线线路；

1.1—采用水泥杆或铁塔时导线电容电流的增加系数。对于6kV线路，约为0.0179A/km；对于10kV线路，约为0.013A/km；对于35kV线路，约为0.1A/km。

需要指出：①双回线路的电容电流为单回线路的1.4倍（6~10kV）；②实测表明，夏季电容电流值比冬季增加约10%；③由变电所中电力设备所引起的电容电流值可按表9-11进行估算。

**表9-11　由变电所中电力设备所引起的电容电流增值估算表**

| 额定电压/kV | 6 | 10 | 35 | 110 | 220 |
|---|---|---|---|---|---|
| 电容电流增值/% | 18 | 16 | 13 | 10 | 8 |

### 2. 电缆线路单相接地电容电流 $I_c$

油浸纸电缆在同样的电压下，每千米的电容电流约为架空线路的25倍（三芯电缆）和50倍（单芯电缆），也可按以下公式估算：

$$6\text{kV 电缆线路：} I_c = \frac{95 + 3.1S}{2000 + 6S} \times U_e \quad \text{式9-84}$$

$$10\text{kV 电缆线路：} I_c = \frac{95 + 1.2S}{2000 + 0.23S} \times U_e \quad \text{式9-85}$$

式中：$I_c$—电容电流（A/km）；

$S$—电缆线芯的标称截面（$mm^2$）；

$U_e$—线路额定线电压（kV）。

由于交联聚乙烯电缆每千米对地的电容电流约为油浸纸电缆的1.2倍。油浸纸电缆和交联聚乙烯电缆的电容电流，见表9-12~表9-14。

**表9-12　6kV交联聚乙烯电缆接地电容电流计算值**

| 导体标称截面面积/$mm^2$ | 电容/(μF/km) | 电容电流/(A/km) |
|---|---|---|
| 16 | 0.17 | 0.58 |
| 25 | 0.19 | 0.65 |
| 35 | 0.21 | 0.72 |
| 50 | 0.23 | 0.79 |
| 70 | 0.26 | 0.89 |
| 95 | 0.28 | 0.96 |
| 120 | 0.30 | 1.03 |
| 150 | 0.33 | 1.13 |
| 185 | 0.36 | 1.23 |
| 240 | 0.40 | 1.37 |

注：此表适用于6kV小电流接地系统中铜芯交联聚乙烯绝缘电力电缆。

表9-13　6~35kV 油浸纸电缆接地电容电流计算值

| 电缆芯线标称截面/$mm^2$ \ 电容电流平均值/(A/km) \ 额定电压/kV | 6 | 10 | 35 |
|---|---|---|---|
| 16 | 0.37 | 0.52 | |
| 25 | 0.46 | 0.62 | |
| 35 | 0.52 | 0.69 | |
| 50 | 0.59 | 0.77 | |
| 70 | 0.71 | 0.90 | 3.7 |
| 95 | 0.82 | 1.00 | 4.1 |
| 120 | 0.89 | 1.10 | 4.4 |
| 150 | 1.10 | 1.30 | 4.8 |
| 185 | 1.20 | 1.40 | 5.2 |
| 240 | 1.30 | 1.60 | 5.9 |
| 300 | 1.50 | 1.80 | 6.5 |

表9-14　10kV 交联聚乙烯电缆接地电容电流计算值

| 导体标称截面面积/$mm^2$ | 电容/(μF/km) | 电容电流/(A/km) | 导体标称截面面积/$mm^2$ | 电容/(μF/km) | 电容电流/(A/km) |
|---|---|---|---|---|---|
| 50 | 0.2 | 1.19 | 185 | 0.32 | 1.91 |
| 70 | 0.22 | 1.31 | 240 | 0.35 | 2.09 |
| 95 | 0.25 | 1.49 | 300 | 0.39 | 2.33 |
| 120 | 0.27 | 1.61 | 400 | 0.43 | 2.57 |
| 150 | 0.29 | 1.73 | 500 | 0.47 | 2.81 |

注：1. 此表适用于10kV 小电流接地系统中铜芯交联聚乙烯绝缘电力电缆。

2. 电缆的绝缘厚度为4.5mm。

表9-14中接地电容电流为 $I_c = 2\pi f \times 3C_0U_e \times 10^{-6}$ (A/km)　　式9-86

式中，$U_e$取11kV 下的相电压。

### 3. 架空线和电缆混合线路单相接地电容电流 $I_c$

混合线路单相接地电容电流可采用以下经验公式估算：

$$I_c = \frac{U_e(L_k + 35L_c)}{350} \qquad 式9-87$$

式中：$I_c$—电容电流（A）；

$U_e$—线路额定电压（kV）；

$L_k$—同一电压 $U_e$ 的具有电的联系的架空线路总长度（km）；

$L_c$—同一电压 $U_e$ 的具有电的联系的架空和线路总长度（km）。

### 4. 架空线路零序过电流保护的整定

**（1）保护装置一次动作电流整定**

$$I_{dz}=K_kI_c=3K_kU_x\omega C_0 \qquad 式9-88$$

式中：$K_k$—可靠系数，对瞬时动作的保护，取 4～5；对带时限动作的保护，取 1.5～2；

保护装置二次动作电流整定

$$I_{dzj}=K_k\frac{I_c}{n_{TA}}$$

式中：$n_{TA}$—电流互感器变比。

**（2）灵敏度校验**

$$K_m^{(1)}=\frac{I_{c\Sigma}-I_{cz}}{I_{dz}}\geqslant 1.25\sim1.5$$

式中其他符号同前。

**【例9-21】**某工厂变电所 10kV 架空线路长 3.5km，配出高压电缆长 2km，变电所中每相配有一只电力电容器 BW10.5-16-1。在某一配出回路中采用零序继电器保护，该回路 10kV 电缆长 400m，试计算零序电流和选择零序保护。

**解**：（1）单相接地电容电流的计算

架空线路单相接地电容电流为

$$I_c=\frac{U_eL_1}{350}=\frac{10\times3.5}{350}\text{A}=0.1\text{A}$$

电缆线路单相接地电容电流为

$$I_c=\frac{U_eL_2}{10}=\frac{10\times2}{10}\text{A}=2\text{A}$$

考虑到变电设备引起的电容电流增值为 18%，则得到电网总的电容电流为

$$I'_{c\Sigma}=(I_{c1}+I_{c2})\times1.8=(0.1+2)\times0.18\text{A}=3.78\text{A}$$

400m　10kV 配出回路的固有电容电流为

$$I_c=\frac{U_eL_3}{10}=\frac{10\times0.4}{10}\text{A}=0.4\text{A}$$

BW10.5-16-1 型电容器的电容量 $C_0=0.46\mu\text{F}$。在额定电压为 10kV 的电网中运行时，电容电流为

$$I_{ce}=\sqrt{3}U_eC_0=\sqrt{3}\times10\times10^3\times2\pi\times50\times0.46\times10^{-6}\text{A}=2.5\text{A}$$

因此，系统总的接地电容电流为

$$I_{c\Sigma}=I'_{c\Sigma}+I_{ce}=3.78\text{A}+2.5\text{A}=6.28\text{A}$$

（2）保护装置一次动作电流整定值（不用零序电流互感器）

$$I_{dzj}=K_kI_c=\begin{cases}2\times0.4=0.8\text{A} & \text{保护动作带时限}\\ 5\times0.4=2\text{A} & \text{保护动作不带时限}\end{cases}$$

（3）灵敏度校验

$$K_m=\frac{I_{c\Sigma}-I_c}{I_{dzj}}=\begin{cases}\dfrac{6.28-0.4}{0.8}=7.35>1.25(\text{保护动作带时限})\\ \dfrac{6.28-0.4}{2}=2.94>1.25(\text{保护动作不带时限})\end{cases}$$

能满足灵敏度要求。可选用 DD-11 型零序电流继电器。

**【例9-22】** 某工厂 10kV 供电线路如图 9-19 所示，试选择 $3\times150\text{mm}^2$ 电缆的单相接地保护。已知全系统总的电容电流 $I_{c\Sigma}$ 为 13A。

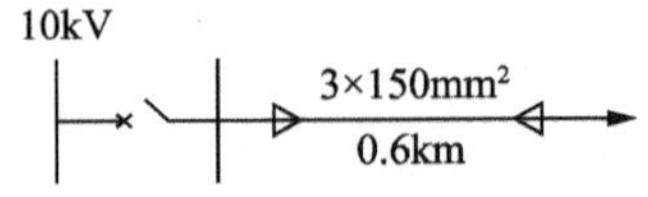


**图9-19 【例 9-22】图**

**解：**（1）求电缆单相接地电容电流。

查表 9-14 得，10kV、$150\text{mm}^2$ 电缆的单位长度电容电流 $I_0=1.73\text{A}$，因此

$$I_{cz}=nLI_0=3\times0.6\times1.73\text{A}=3.1\text{A}$$

（2）保护装置一次动作电流

$$I_{dz}=K_kI_{cz}=4\times3.1\text{A}=12.4\text{A}$$

（3）灵敏度校验

$$K_m^{(1)}=\frac{I_{c\Sigma}-I_{cz}}{I_{dz}}=\frac{13-3.1}{12.4}=0.8<1.25$$

因此改用带时限过电流继电器，这时

$$I_{dz}=K_kI_{cz}=2\times3.1\text{A}=6.2\text{A}$$

$$K_m^{(1)}=\frac{I_{c\Sigma}-I_{cz}}{I_{dz}}=\frac{13-3.1}{6.2}=1.6<1.25$$

满足要求，采用 LJ 型零序电流继电器及 DL-11/20 型过电流继电器，动作电流取 6A，短延时 0.5s。

**【例9-23】** 某工厂空气压缩机站的一台主风机配置 2800kW 电动机，用 $\text{YJV}_{22}$-6-3×240 电缆配电，从配电室至电动机的距离 $L$ 为 100m，实测电动机所在系统电容电流为 20A，试选择电缆的零序保护。

**解：**由于电容电流为 20A，故可选用零序电流互感器的变比为 50/5A。

当同一系统中其他回路发生单相接地故障时，流过零序电流互感器的一次侧电容电流为

$$I_c=\frac{95+3.1}{2200+6}\times U_eL=\frac{95+3.1\times240}{2200+6\times240}\times6.3\times0.1\text{A}=0.129\text{A}$$

二次动作电流整定值为

$$I_{dzj}=K_k\frac{I_c}{n_{TA}}=1.5\times\frac{0.129}{10}\text{A}=0.0194\text{A}$$

因此零序电流继电器可选用 DD-1/10 型继电器，整定范围为 10~40mA，满足要求。

## 第九节　消弧线圈补偿容量的计算

消弧线圈的容量，应由电网内总的电容电流数值来确定，在规划安装时，必须考虑5~10年的发展，并按过补偿进行设计，其具体数值可按下式计算：

$$S_{XH}=1.35I_c\frac{U_e}{\sqrt{3}} \qquad \text{式9-89}$$

式中：$S_{XH}$—消弧线圈的容量（kV·A）；

$I_c$—电网接地电容电流（A）；

$U_e$—电网额定电压（kV）；

1.35—系数，包括计算误差系数、气候影响系数、过补偿运行系数及容量储备系数。容量选择太大，消弧线圈就得不到充分利用，并难以选择适当的调谐值。若容量选择太小而无储备系数，则当电网分开成某几个部分，或几部分地区网络连起来时，可能会引起危险的欠补偿方式运行，因此，需正确选择消弧线圈的容量。

消弧线圈补偿度的计算：消弧线圈的电感电流减去网络全部电容电流与网络全部电容电流之比即为补偿度，用 $P$ 表示。

$$\text{补偿度 }P=\frac{\text{消弧线圈的电感电流 }I_L-\text{网络全部电容电流 }I_c}{\text{网络全部电容电流 }I_c}$$

或用脱谐度来表示，其定义为

$$\text{脱谐度 }V=\frac{\text{网络全部电容电流 }I_c-\text{消弧线圈的电感电流 }I_L}{\text{网络全部电容电流 }I_c}$$

**【例9-24】**某35kV电网内，有甲乙两枢纽变电所需装设消弧线圈。甲变电所供电网络的全部电容电流为60A，乙变电所供电网络的全部电容电流为23A，因而全网内总的电容电流为83A，试计算该电网的全部补偿容量

**解**：由式9-89　$S_{XH}=1.35I_C\frac{U_e}{\sqrt{3}}=1.35\times83\times\frac{35}{\sqrt{3}}\text{kV}\cdot\text{A}=2263.41\text{kV}\cdot\text{A}$

这个容量中，大约有1000kV·A必须集中在乙变电所内，因此，在甲变电所内宜装设一台XDJL-300/型和一台CDJL-1100/35型消弧线圈。

# 第十章 配电网线路、设备损耗的理论计算

在一个供电地区内，电能通过电力网的送电、变电和配电的各个环节供给用户。在输送和分配电能的过程中，电网中的各个元件都必然产生一定数量的有功功率损失和电能损失。电能输送过程如图 10-1 所示。

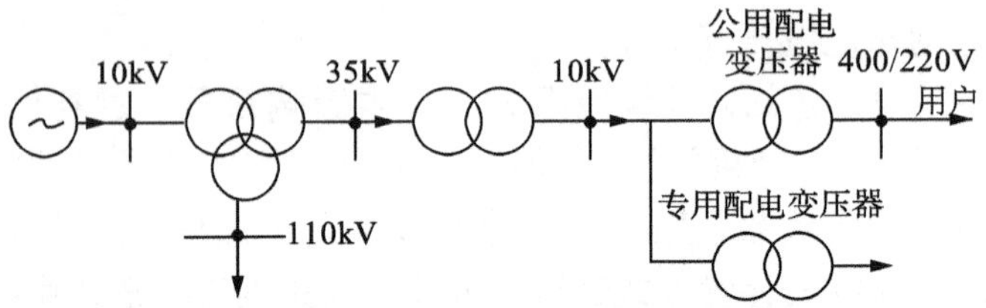


**图 10-1 电能输送过程**

电能损失以热能的表征形式散失在周围的介质中，如果导线、设备选择不当，电网结构不合理，或运行管理不善，这种损失将会明显增加。在电力网元器件中所损失的电量，有一部分与电力网元件中所通过的负荷功率或电流的平方成正比，例如变压器绕组中和线路导线中所损失的电量等，这类损失称为可变损失。

另一部分与通过元件的负荷功率或电流之间的关系不大，而主要与电力网元件上所加的电压有关，例如变压器铁芯中、电缆或电容器绝缘介质中所损失的电量等，这类损失称为固定损失。

在电网运行过程中，由于用户的电能表有误差，使电能表的读数偏小；对用户电能表的读数漏抄，错算；带电设备绝缘不良而漏电；以及无表用电和窃电等所损失的电量，这种损失称为不明损失。

## 第一节 线损计算中常用名词及计算公式

线路损失电量：一个供电区或电力网在给定时期（日、月、季、年）内，在送电、变电、配电各个环节中所损失的全部电量，其中包括分摊的电网损失电量，以及不明损失等，称为线路损失电量，简称线损电量或线损。线损电量通常是根据电能表所计量的总“供电量”和总“售电量”相减得出的。也就是说，线损是个余量。它的准确度决定于计量供电量的电能表的准确度，以及对用户售电量的抄录和统计制度。

$$线路损失电量=供电量-售电量 \qquad 式10-1$$

供电量：发电厂、供电地区或电力网向用户供给的电量，其中包括输送和分配电能过程中的线路损失电量。其计算公式如下：

供电地区或电力网的供电量=本地区或本网内发电厂的发电量-发电厂厂用电量+从其他电力网输入的电量（包括购入电量）-向其他电力网输出的电量

式10-2

售电量：电力企业卖给用户的电量和电力企业供给本企业非电力生产（如基本建设部门等）用的电量。对本企业的非电力生产单位，都应作为用户看待。所以

供电地区或电力网的售电量=用户各电能表计量的总和　　式10-3

线损率：线路损失电量占供电量的百分比称为线路损失率，简称线损率。其计算公式为：

$$\text{线损率（\%）} = \frac{\text{线路损失电量(kW·h)}}{\text{供电量(kW·h)}} \times 100\% \qquad \text{式10-4}$$

在电力网的实际运行中，实际供电量减去实际售电量所得的线损量，称为实际线损量。在实际供电量中，有一部分是在电力输送和分配电能的过程中无法避免的，是由当时电力网的负荷情况和供电设备的参数决定的，这部分损失电量可以通过理论计算得出，所以称为理论线损电量，又称为技术损失。为了准确掌握以上各项损失的大致构成情况，有必要根据电力网的供电设备参数和实际负荷情况，进行线损的理论计算工作。通过线损的理论计算，可以了解各部分理论损失的构成情况，因而可以针对电网的某些薄弱环节，采取必要的技术措施，使之予以避免或减少。

代表日理论线损电量=代表日固定损失电量+代表日可变损失电量

式10-5

$$\text{全月理论理论线损电量} = \left[\text{代表日固定损失电量+代表日可变损失电量} \times \left(\frac{\text{全月每日平均供电量}}{\text{代表日供电量}}\right)^2\right] \times \text{全月的实际天数}$$

$$= \left[\text{代表日固定损失电量+代表日可变损失电量} \times \left(\frac{\text{全月供电量}}{\text{代表日供电量} + \text{全月实际天数}}\right)^2\right] \times \text{全月实际天数} \qquad \text{式10-6}$$

$$\text{月理论线损率} = \frac{\text{全月理论线损量}}{\text{全月供电量}} \times 100\% \qquad \text{式10-7}$$

## 第二节　架空线路的功率损耗与电能损耗的计算

若电力网中每相线路的电阻 $R$、电抗 $X$ 为已知，线路的负荷电流为 $I$，则三相输配电线路的有功功率损耗 $\Delta P$ 和无功功率损耗 $\Delta Q$，可由下式计算：

$$\Delta P = 3I^2R \times 10^{-3}\ (\text{kW}) \qquad \text{式10-8}$$

$$\Delta Q = 3I^2X \times 10^{-3}\ (\text{kvar}) \qquad \text{式10-9}$$

式中：$R$、$X$—每相线路中导线的电阻和电抗（Ω）；

$I$—每相线路中的总负荷电流。

上列计算功率损耗的公式，如用视在功率 $S$、有功功率 $P$、无功功率 $Q$ 表示，可将 $I = \frac{S}{\sqrt{3}U_e}$ 关系式代入式 10-8 和 10-9，得有功功率损耗 $\Delta P$ 和无功功率损耗 $\Delta Q$ 为

$$\left.\begin{aligned}\Delta P &= \frac{P^2 + Q^2}{U^2} R \times 10^3 (\text{kW}) \\ \Delta Q &= \frac{P^2 + Q^2}{U^2} X \times 10^3 (\text{kvar})\end{aligned}\right\} \quad \text{式10-10}$$

式中：$P$、$Q$—线路的三相有功功率和无功功率（MW、Mvar）；

$U$—电力网的线电压（kV）；

$R$、$X$—每相线路中的电阻和电抗（Ω）。

在应用计算公式 10-10 时，必须采用同一点的功率与电压。在实际计算中，常采用额定电压 $U_e$ 来计算功率损耗，其结果也能满足要求的准确度。

为了简化计算，可用功率损失系数进行功率损耗的计算，即

$$\left.\begin{aligned}\Delta P &= P^2 l X_{\Delta P} (\text{kW}) \\ \Delta Q &= P^2 l X_{\Delta Q} (\text{kvar})\end{aligned}\right\} \quad \text{式10-11}$$

式中：$P$—线路传输有功功率（MW）；

$l$—线路长度（km）；

$X_{\Delta P}$、$Q_{\Delta Q}$—线路有功功率和无功功率的损失系数，见表 10-1～表 10-4。

**【例10-1】** 某乡镇有一 63kV 开网式网络，如图 10-2 所示，各变电所某日负荷记录分别为 $P_{\text{I}}-\text{j}Q_{\text{I}}$、$P_{\text{II}}-\text{j}Q_{\text{II}}$，各变电所线电压 $U_{\text{I}} \approx U_{\text{II}} \approx 63\text{kV}$，导线几何均距 $D_{av}$ = 3.5m，求线路Ⅰ、Ⅱ段的功率损耗。

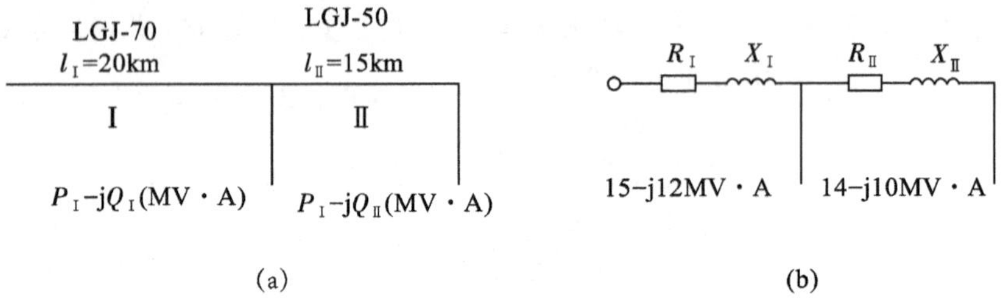


**图 10-2 【例 10-1】图**

**解：** 由线路末端开始，计算线路Ⅰ、Ⅱ段的功率损耗。

（1）Ⅱ段线路的功率损耗　根据已知条件查表表 3-2 得 LGJ-50 导线的

$$r_0 = 0.65\Omega,\ x_0 = 0.427\Omega$$

则

$$R_{\text{II}} = r_0 l_{\text{II}} = 0.65\Omega \times 15 = 9.75\Omega$$

$$X_{\text{II}} = x_0 l_{\text{II}} = 0.427\Omega \times 15 = 6.4\Omega$$

按公式 10-10 计算得

$$\Delta P_{\text{II}} = \frac{P_2^2 + Q_2^2}{U^2} R_{\text{II}} \times 10^3 = \left(\frac{14^2+10^2}{63^2} \times 9.75 \times 10^3\right) \text{kW} = 727\text{kW}$$

$$\Delta Q_{\text{II}} = \frac{P_2^2 + Q_2^2}{U^2} X_{\text{II}} \times 10^3 = \left(\frac{14^2+10^2}{63^2} \times 6.4 \times 10^3\right) \text{kvar} = 477\text{kvar}$$

（2）Ⅰ段的功率损耗　根据已知条件查表 3-2 得 LGJ-70 导线的

$$r_0 = 0.46\Omega,\ x_0 = 0.417\Omega$$

则

$$R_{\mathrm{I}}=r_0 l_{\mathrm{I}}=0.46\Omega\times20=9.2\Omega$$

$$X_{\mathrm{I}}=x_0 l_{\mathrm{I}}=0.417\Omega\times20=8.34\Omega$$

Ⅰ段的功率损耗为

$$\Delta P_{\mathrm{I}}=\frac{(P_{\mathrm{I}}+\Delta P_{\mathrm{II}}+P_{\mathrm{II}})^2+(Q_{\mathrm{I}}+\Delta Q_{\mathrm{II}}+Q_{\mathrm{II}})^2}{U^2}\times R_{\mathrm{I}}\times10^3$$

$$=\left[\frac{(15+0.727+14)^2+(12+0.477+10)^2}{63^2}\times9.2\times10^3\right]\text{kW}=3219\text{kW}$$

$$\Delta Q_{\mathrm{I}}=\frac{(P_{\mathrm{I}}+\Delta P_{\mathrm{II}}+P_{\mathrm{II}})^2+(Q_{\mathrm{I}}+\Delta Q_{\mathrm{II}}+Q_{\mathrm{II}})^2}{U^2}\times X_{\mathrm{I}}\times10^3$$

$$=\left[\frac{(15+0.727+14)^2+(12+0.477+10)^2}{63^2}\times8.34\times10^3\right]\text{kvar}=2918\text{kvar}$$

本例题采用功率损耗系数法，可简化计算，但查表所得的损耗系数，因功率因数在表中所列间距为0.05，因此所求得的功率损耗值与公式计算结果稍有差别。如果使用功率损耗系数曲线计算，则误差会很小。下面用功率损耗系数表解本例题：

（1）Ⅱ段线路的功率损耗　根据已知条件，Ⅱ段 $\cos\varphi=0.8$，查表10-3，取有功功率损耗系数 $x_{\Delta P_{\mathrm{II}}}=283\times10^{-3}$，无功功率损耗系数 $x_{\Delta P_{\mathrm{II}}}=186\times10^{-3}$，则

$$\Delta P_{\mathrm{II}}=P_{\mathrm{II}}^2 l_{\mathrm{II}} X_{\Delta P_{\mathrm{II}}}=(14^2\times15\times283\times10^{-3})\text{kW}=832\text{kW}$$

$$\Delta Q_{\mathrm{II}}=P_{\mathrm{II}}^2 l_{\mathrm{II}} X_{\Delta Q_{\mathrm{II}}}=(14^2\times15\times186\times10^{-3})\text{kvar}=546\text{kvar}$$

（2）Ⅰ段的功率损耗　根据已知条件，Ⅰ段 $\cos\varphi=0.78$（取0.8），仍查表10-3，取有功功率损耗系数 $x_{\Delta P_{\mathrm{I}}}=200\times10^{-3}$，无功功率损耗系数 $x_{\Delta P_{\mathrm{I}}}=182\times10^{-3}$，Ⅰ段有功负荷 $P=(P_{\mathrm{I}}+\Delta P_{\mathrm{II}}+P_{\mathrm{II}})=$（15+0.832+14）MW=29.8MW，则

$$\Delta P_{\mathrm{I}}=P^2 l_{\mathrm{I}} x_{\Delta P_{\mathrm{I}}}=(29.8^2\times200\times10^{-3})\text{kW}=3552\text{kW}$$

$$\Delta Q_{\mathrm{I}}=P^2 l_{\mathrm{I}} x_{\Delta Q_{\mathrm{I}}}=(29.8^2\times182\times10^{-3})\text{kvar}=3232\text{kvar}$$

**表10-1　10kV三相架空线路功率损耗系数表**

| 导线型号 | 导线电阻/(Ω/km) | 功率因数 $\cos\varphi$ | | | | | | | | | |
|---|---|---|---|---|---|---|---|---|---|---|---|
| | | 0.85 | | 0.8 | | 0.75 | | 0.70 | | 0.65 | |
| | | 6kV | 10kV | 6kV | 10kV | 6kV | 10kV | 6kV | 10kV | 6kV | 10kV |
| | | 有功功率损耗系数 $x_{\Delta P}$/[kW/(MW²·km)] | | | | | | | | | |
| LJ-16 | 1.98 | 76.0 | 27.4 | 86.1 | 31.0 | 98.0 | 35.2 | 111.5 | 40.4 | 130.0 | 46.8 |
| LJ-25 | 1.28 | 49.2 | 17.7 | 55.6 | 20.0 | 63.3 | 24.5 | 72.3 | 26.1 | 84.2 | 30.3 |
| LJ-35 | 0.92 | 35.4 | 12.75 | 40.0 | 14.4 | 45.5 | 16.3 | 52.2 | 18.8 | 60.5 | 21.8 |
| LJ-50 | 0.64 | 24.6 | 8.85 | 27.8 | 10.0 | 31.6 | 11.4 | 36.3 | 13.1 | 42.1 | 15.2 |
| LJ-70 | 0.46 | 17.7 | 6.37 | 20.0 | 7.20 | 22.7 | 8.17 | 26.1 | 9.4 | 30.2 | 10.9 |
| LJ-95 | 0.34 | 13.1 | 4.71 | 14.8 | 5.31 | 16.8 | 6.04 | 19.3 | 6.95 | 22.4 | 8.05 |
| LJ-120 | 0.27 | 10.4 | 3.74 | 11.7 | 4.22 | 13.3 | 4.80 | 15.3 | 5.51 | 17.8 | 6.39 |

续表

| 导线型号 | 导线电阻/(Ω/km) | 功率因数 cosφ | | | | | | | | | |
|---|---|---|---|---|---|---|---|---|---|---|---|
| | | 0.85 | | 0.8 | | 0.75 | | 0.70 | | 0.65 | |
| | | 6kV | 10kV | 6kV | 10kV | 6kV | 10kV | 6kV | 10kV | 6kV | 10kV |
| | | 无功功率损耗系数 $x_{\Delta Q}$ / [kvar/(MW² · km)] | | | | | | | | | |
| LJ-16 | 0.398 | 15.3 | 5.51 | 17.7 | 6.22 | 19.7 | 7.08 | 22.6 | 8.12 | 26.2 | 9.42 |
| LJ-25 | 0.385 | 14.8 | 5.33 | 16.7 | 6.02 | 19.0 | 6.85 | 21.8 | 7.85 | 25.3 | 9.11 |
| LJ-35 | 0.374 | 14.4 | 5.18 | 16.2 | 5.85 | 18.5 | 6.65 | 21.2 | 7.63 | 24.6 | 8.85 |
| LJ-50 | 0.363 | 14.0 | 5.02 | 15.8 | 5.67 | 17.9 | 6.45 | 20.6 | 7.41 | 23.9 | 8.59 |
| LJ-70 | 0.349 | 13.4 | 4.80 | 15.2 | 5.42 | 17.2 | 6.17 | 19.8 | 7.08 | 22.9 | 8.21 |
| LJ-95 | 0.339 | 13.0 | 4.69 | 14.7 | 5.30 | 16.7 | 6.03 | 19.2 | 6.92 | 22.3 | 8.02 |
| LJ-120 | 0.332 | 12.8 | 4.60 | 14.4 | 5.19 | 16.4 | 5.90 | 18.8 | 6.77 | 21.8 | 7.86 |

**表10-2　35kV 三相架空线路功率损耗系数表**

| 导线型号 | 导线电阻/(Ω/km) | 功率因数 cosφ | | | |
|---|---|---|---|---|---|
| | | 0.85 | 0.8 | 0.75 | 0.70 |
| | | 有功功率损耗系数 $x_{\Delta P}$ / [kW/(MW² · km)] | | | |
| LGJ-35 | 0.85 | 0.96 | 1.08 | 1.23 | 1.42 |
| LGJ-50 | 0.65 | 0.735 | 0.827 | 0.945 | 1.08 |
| LGJ-70 | 0.46 | 0.520 | 0.585 | 0.668 | 0.77 |
| LGJ-95 | 0.33 | 0.373 | 0.421 | 0.479 | 0.55 |
| LGJ-120 | 0.27 | 0.305 | 0.345 | 0.392 | 0.45 |
| LGJ-150 | 0.21 | 0.237 | 0.268 | 0.305 | 0.35 |
| LGJ-185 | 0.17 | 0.192 | 0.217 | 0.247 | 0.283 |
| | | 无功功率损耗系数 $x_{\Delta Q}$ / [kvar/(MW² · km)] | | | |
| LGJ-35 | 0.432 | 0.488 | 0.551 | 0.627 | 0.72 |
| LGJ-50 | 0.421 | 0.476 | 0.537 | 0.611 | 0.701 |
| LGJ-70 | 0.411 | 0.464 | 0.524 | 0.596 | 0.685 |
| LGJ-95 | 0.40 | 0.452 | 0.510 | 0.580 | 0.666 |
| LGJ-120 | 0.394 | 0.445 | 0.503 | 0.572 | 0.656 |
| LJG-150 | 0.387 | 0.437 | 0.494 | 0.562 | 0.645 |
| LGJ-185 | 0.380 | 0.429 | 0.485 | 0.551 | 0.633 |

表10-3　63kV三相架空线路功率损耗系数表

| 导线型号 | 导线电阻/(Ω/km) | 功率因数 cosφ | | | |
|---|---|---|---|---|---|
| | | 0.90 | 0.85 | 0.80 | 0.75 |
| | | 有功功率损耗系数 $x_{\Delta P}$ [$\times10^{-3}$kW/(MW$^2$·km)] | | | |
| LGJ-35 | 0.85 | 292 | 327 | 370 | 420 |
| LGJ-50 | 0.65 | 223 | 250 | 283 | 321 |
| LGJ-70 | 0.46 | 158 | 177 | 200 | 227 |
| LGJ-95 | 0.33 | 113 | 127 | 143 | 163 |
| LGJ-120 | 0.27 | 92.6 | 104 | 117 | 133 |
| LGJ-150 | 0.21 | 72.0 | 80.7 | 91.1 | 104 |
| LGJ-185 | 0.17 | 58.3 | 65.4 | 73.8 | 84 |
| | | 无功功率损耗系数 $x_{\Delta Q}$ [$\times10^{-3}$kvar/(MW$^2$·km)] | | | |
| LGJ-35 | 0.432 | 150 | 168 | 190 | 216 |
| LGJ-50 | 0.421 | 147 | 165 | 186 | 211 |
| LGJ-70 | 0.411 | 144 | 162 | 182 | 207 |
| LGJ-95 | 0.40 | 140 | 157 | 178 | 202 |
| LGJ-120 | 0.394 | 138 | 155 | 175 | 199 |
| LJG-150 | 0.387 | 136 | 152 | 172 | 196 |
| LGJ-185 | 0.389 | 133 | 150 | 169 | 192 |

表10-4　110kV三相架空线路功率损耗系数表

| 导线型号 | 导线电阻/(Ω/km) | 功率因数 cosφ | | | |
|---|---|---|---|---|---|
| | | 0.90 | 0.85 | 0.80 | 0.75 |
| | | 有功功率损耗系数 $x_{\Delta P}$ [$\times10^{-3}$kW/(MW$^2$·km)] | | | |
| LGJ-50 | 0.65 | 66.3 | 74.4 | 83.9 | 92.6 |
| LGJ-70 | 0.46 | 46.9 | 52.6 | 59.4 | 66.1 |
| LGJ-95 | 0.33 | 33.7 | 37.8 | 42.6 | 48.5 |
| LGJ-120 | 0.27 | 27.5 | 30.9 | 34.9 | 39.7 |
| LGJ-150 | 0.21 | 21.4 | 24.0 | 27.1 | 30.9 |
| LGJ-185 | 0.17 | 17.3 | 19.5 | 22.0 | 25.0 |
| LGJ-240 | 0.132 | 13.5 | 15.1 | 17.0 | 19.1 |
| | | 无功功率损耗系数 $x_{\Delta Q}$ [$\times10^{-3}$kvar/(MW$^2$·km)] | | | |
| LGJ-50 | 0.421 | 44.4 | 49.8 | 56.2 | 63.9 |
| LGJ-70 | 0.411 | 43.8 | 49.1 | 55.4 | 63.0 |
| LGJ-95 | 0.40 | 42.6 | 47.8 | 54.0 | 61.4 |
| LGJ-120 | 0.394 | 42.0 | 47.1 | 53.2 | 60.5 |
| LJG-150 | 0.387 | 41.3 | 46.3 | 52.3 | 59.5 |
| LGJ-185 | 0.38 | 40.6 | 45.5 | 51.4 | 58.5 |
| LGJ-240 | 0.391 | 39.9 | 44.7 | 50.5 | 57.4 |

# 第三节 变压器的功率损耗与电能损耗的计算

## 1. 双绕组变压器

变压器也和线路一样，存在电阻、电抗、电纳与电导，其等值电路如图 10-3 所示，等值电抗图如图 10-4 所示。对 10kV 以下变压器计算时可以忽略导纳的影响。

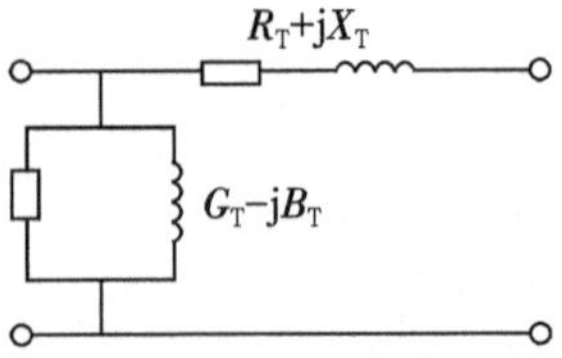


图 10-3 双绕组变压器等值电路图 1

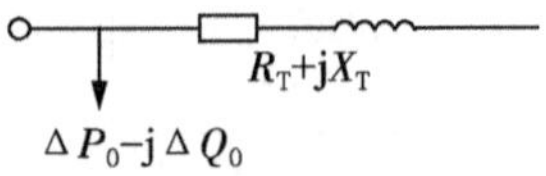


图 10-4 双绕组变压器等值电路图 2

1）变压器的电阻 $R_T$：

$$R_T = \Delta P_d(\frac{U_e}{S_e})^2 \times 10^3 \qquad 式10-12$$

式中：$\Delta P_d$—变压器铭牌标定的短路损耗（%）；

$U_e$、$S_e$—铭牌标定变压器额定电压级额定容量（kV、kV·A）。

2）变压器的电抗 $X_T$：

$$X_T = \frac{U_d\% U_e^2}{S_e} \qquad 式10-13$$

式中：$U_d$%—变压器短路电压百分数。

3）变压器的电导 $G_b$：

$$G_T = \frac{\Delta P \times 10^{-3}}{U_e^2} \approx \frac{\Delta P_0 \times 10^{-3}}{U_e^2} \qquad 式10-14$$

式中：$\Delta P_0$—变压器的空载损耗。

4）变压器的电纳 $B_T$：

$$B_T = \frac{I_0\% \times S_e \times 10^{-6}}{U_e^2} \qquad 式10-15$$

式中：$I_0$%—变压器的空载电流。

**【例10-2】** 某居民小区有一台 $S_9$-M 型 100kV·A 的三相变压器，负载损耗为 1500kW，空载损耗为 290W，阻抗电压 $U_d\% = 4$，空载电流 $I_0\% = 1.6$，试求出折算到 10kV 侧的电抗值并绘出等值电路。

**解：** 已知 $\Delta P_0 = 0.29$W，$\Delta P_k = 1.5$kW，$U_d\% = 4$，$I_0\% = 1.6$，$S_e = 100$kV·A，$U_e =$ 10kV，则激磁功率 $\Delta Q = \frac{I_0\% \times S_e}{100} = 1.6$kvar

变压器电阻 $R_T = \Delta P_d = (\frac{U_e}{S_e})^2 =$ [$1500 \times (\frac{10}{100})^2$] $\Omega = 15\Omega$

变压器线圈电阻上的压降 $U_R\% = \dfrac{\Delta P_k}{S_e} \times 100 = \dfrac{1.5}{100} \times 100 = 1.5$

变压器电抗上的压降 $U_X\% = \sqrt{(U_d\%)^2 - (U_R\%)^2} = \sqrt{4^2 - 1.5^2} = 3.7$

变压器的电抗值 $X_T = \dfrac{U_X\% \times U_e^2}{S_e} \times 10 = \left(\dfrac{3.7 \times 10^2}{100} \times 10\right)\ \Omega = 37\Omega$

等值电路绘制如图 10-5 所示。

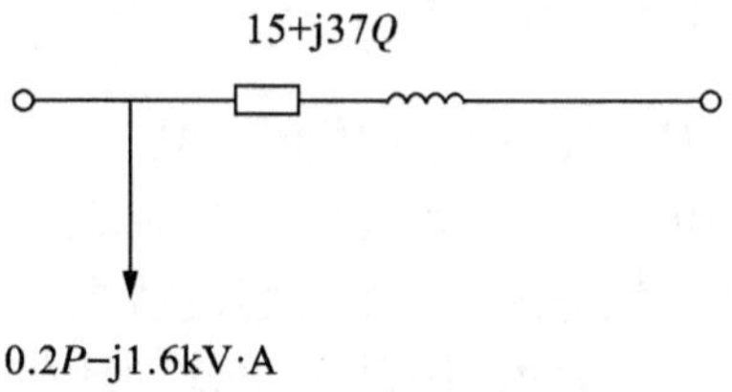


**图 10-5　【例 10-2】图**

## 2. 参数计算

三绕组变压器的等效电路如图 10-6 所示，等效电抗图如图 10-6 所示。

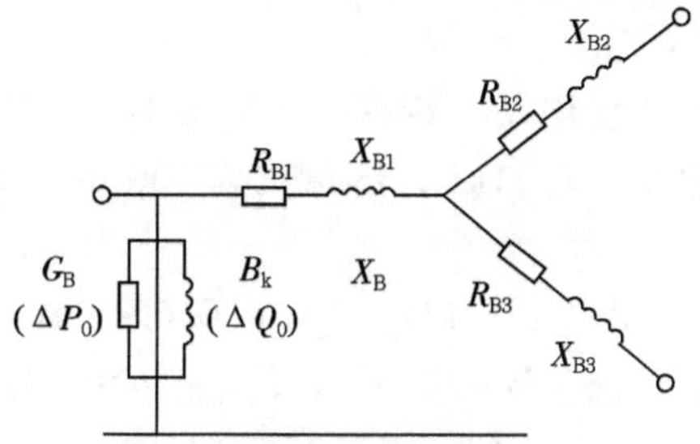


**图 10-6　三绕组变压器的等值电路**

1）变压器的三相电阻值 $R_T$：

$$\left.\begin{aligned} \text{高压侧线圈电阻 } R_{B(h)} &= \frac{\Delta P_{d(h)}\% U^2}{S_e} \times 10^3\Omega \\ \text{中压侧线圈电阻 } R_{B(m)} &= \frac{\Delta P_{d(m)}\% U^2}{S_e} \times 10^3\Omega \\ \text{低压侧线圈电阻 } R_{B(l)} &= \frac{\Delta P_{d(l)}\% U^2}{S_e} \times 10^3\Omega \end{aligned}\right\} \qquad \text{式10-16}$$

式中：$\Delta P_{d(h)}$、$\Delta P_{d(m)}$、$\Delta P_{d(l)}$ —变压器高、中、低压侧绕组的短路损耗。

2）变压器的电抗 $X_T$：

$$\left.\begin{aligned}&\text{高压侧线圈电抗 } X_{T(h)}=\frac{U_{d(h)}\%U_e^2}{S_e}\times 10\\&\text{中压侧线圈电抗 } X_{T(m)}=\frac{U_{d(m)}\%U_e^2}{S_e}\times 10\\&\text{低压侧线圈电抗 } X_{T(l)}=\frac{U_{d(l)}\%U_e^2}{S_e}\times 10\end{aligned}\right\}\qquad \text{式10-17}$$

式中：$U_{d(h)}\%$、$U_{d(m)}\%$、$U_{d(l)}\%$ —变压器高、中、低压侧绕组的短路电压百分数。

需要指出的是，使用式 10-17 时必须注意，当选定用哪一侧电压为基准进行计算时，变压器三侧的电阻都要同时选用那一侧的额定线电压做基准来进行计算，不能分别用各自侧的电压，否则计算出来的电阻就无法统一比较，也不能同时用在一个等值电路上。

变压器各侧线圈的短路损耗：

$$\left.\begin{aligned}&\Delta P_{K(h)}=0.5\times[(\Delta P_{K(h-m)}+\Delta P_{K(h-l)}-\Delta P_{K(m-l)})]\\&\Delta P_{K(m)}=\Delta P_{K(h-m)}-\Delta P_{K(h)}\\&\Delta P_{K(l)}=(\Delta P_{K(h-l)}+\Delta P_{K(h)}\end{aligned}\right\}\qquad \text{式10-18}$$

**【例10-3】** 某企业 110kV 变电站，装有一台容量为 63000kV · A 的三相三绕组主变压器，额定电压为 110kV/38.5kV/11kV，容量比为 100/100/100。求折合到 110kV 侧的参数，并画出等值电路图。

查得电气特性数据为：$\Delta P_0=63\text{kW}$，$I_0\%=0.6\%$，$\Delta P_{K(h-m)}=249\text{kW}$，$\Delta P_{K(h-l)}=212\text{kW}$，$\Delta P_{K(m-l)}=181\text{kW}$，$U_{d(h-m)}\%=10.5\%$，$U_{d(h-l)}\%=18\%$，$U_{d(m-l)}\%=6.5\%$。

**解**：变压器的激磁功率：$\Delta Q_0=\dfrac{I_0\%\times S_e}{100}=\dfrac{0.6\times 63000}{100}\text{kW}=378\text{kW}$

变压器高、中、低三侧的三相功率损耗：

$$\Delta P_{K(h)}=\frac{\Delta P_{K(h-m)}+\Delta P_{K(h-l)}-(\Delta P_{K(m-l)}}{2}=\frac{249+212-181.5}{2}\text{kW}=139.75\text{kW}$$

$$\Delta P_{K(m)}=\frac{\Delta P_{K(h-m)}+\Delta P_{K(m-l)}-(\Delta P_{K(h-l)}}{2}=\frac{249+181.5-212}{2}\text{kW}=109.25\text{kW}$$

$$\Delta P_{K(l)}=\frac{\Delta P_{K(h-l)}+\Delta P_{K(m-l)}-(\Delta P_{K(h-m)}}{2}=\frac{212+181.5-249}{2}\text{kW}=72.25\text{kW}$$

变压器的三相电阻值：

$$R_{T(h)}=\frac{\Delta P_{d(h)}\%U^2}{S_e}\times 10^3=139.75\times\left(\frac{110}{63000}\right)^2\Omega=0.426\Omega$$

$$R_{T(m)}=\frac{\Delta P_{d(m)}\%U^2}{S_e}\times 10^3=109.25\times\left(\frac{110}{63000}\right)^2\Omega=0.333\Omega$$

$$R_{T(l)}=\frac{\Delta P_{d(l)}\%U^2}{S_e}\times 10^3=72.25\times\left(\frac{110}{63000}\right)^2\Omega=0.217\Omega$$

变压器各侧绕组的短路电压百分数：

$$U_{d(h)}\% = \frac{U_{d(h-m)}\% + U_{d(h-l)}\% - U_{d(m-l)}\%}{2} = \frac{10.5\% + 18\% - 6.5\%}{2} = 11\%$$

$$U_{d(m)}\% = \frac{U_{d(h-m)}\% + U_{d(m-l)}\% - U_{d(h-l)}\%}{2} = \frac{10.5\% + 6.5\% - 18\%}{2} = -0.5\%$$

$$U_{d(l)}\% = \frac{U_{d(h-l)}\% + U_{d(m-l)}\% - U_{d(h-m)}\%}{2} = \frac{18\% + 6.5\% - 10.5\%}{2} = 7\%$$

变压器各侧绕组的电抗：

$$X_{T(h)} = \frac{U_{d(h)}\% U_e^2}{S_e} \times 10 = \left(\frac{11\times110^2}{63000}\times10\right)\ \Omega = 21.13\Omega$$

$$X_{T(m)} = \frac{U_{d(m)}\% U_e^2}{S_e} \times 10 = \left(\frac{-0.5\times110^2}{63000}\times10\right)\ \Omega = -0.96\Omega$$

$$X_{T(l)} = \frac{U_{d(l)}\% U_e^2}{S_e} \times 10 = \left(\frac{7\times110^2}{63000}\times10\right)\ \Omega = 13.44\Omega$$

该例题等效电路如图 10-7 所示。

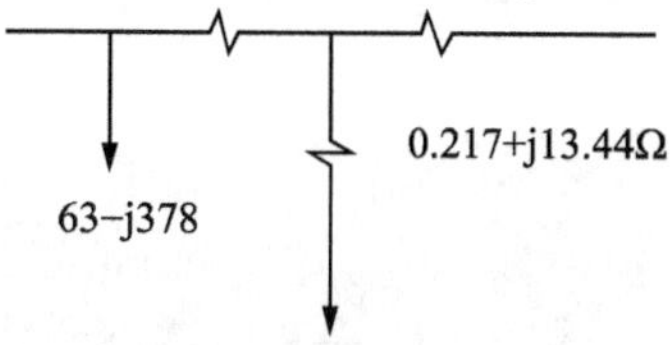

图 10-7　【例 10-3】图

### 3. 变压器中的功率损耗

变压器的功率损耗包括两个部分：一部分是变压器的固定损耗（与负荷无关的空载损耗），只要变压器通上电，就有这部分有功功率损耗（简称铁损）和固定无功功率损耗（也称励磁损耗）的存在；另外一部分是变压器的可变损耗（与所带负荷的平方成正比变化的损耗），这部分可变损耗包括有功功率损耗（简称短路损耗或铁损）和无功功率损耗（也称漏磁损耗）。双绕组变压器的功率损耗的计算方法如下：

1）按变压器的特性数据，进行有功功率损耗 $\Delta P_b$ 和无功功率损耗 $\Delta Q_b$ 的计算。

双绕组变压器的功率损耗：

$$\Delta P_b = \frac{P^2 + Q^2}{S_e^2}\Delta P_d + \Delta P_0\ (\text{kW}) \qquad 式10-19$$

$$\Delta Q_b = \frac{P^2 + Q^2}{S_e^2}\Delta Q_d + \Delta Q_0\ (\text{kvar}) \qquad 式10-20$$

或

$$\Delta P_b = \Delta P_0 + \frac{P^2 + Q^2}{U_e^2}R_b\ (\text{kW}) \qquad 式10-21$$

$$\Delta Q_b = \frac{I_0\%}{100}S_e + \frac{P^2 + Q^2}{U_e^2}X_b\Delta Q_d + \Delta Q_0\ (\text{kvar}) \qquad 式10-22$$

三绕组变压器功率损耗：

$$\Delta P_b = \Delta P_0 + \frac{P_h^2 + Q_h^2}{U_h^2}R_{bh} + \frac{P_m^2 + Q_m^2}{U_m^2}R_{bm} + \frac{P_l^2 + Q_l^2}{U_l^2}R_{bl}\ (\text{kW}) \qquad 式10-23$$

$$\Delta Q_b = \frac{I_0\%}{100}S_e + \frac{P_h^2+Q_h^2}{U_h^2}X_{bh} + \frac{P_m^2+Q_m^2}{U_m^2}X_{bm} + \frac{P_l^2+Q_l^2}{U_l^2}X_{bl}\ (\text{kvar}) \qquad 式10-24$$

式中：$P$、$Q$—变压器的有功和无功负荷（MW、Mvar）；

$S_e$—变压器的额定容量（MV·A）；

$I_0\%$—变压器空载电流百分比；

$\Delta P_d$—变压器短路的有功功率损耗（kW）；

$\Delta Q_d$—变压器短路的无功功率损耗（kvar）；

$\Delta P_0$—变压器空载的有功功率损耗（kW）；

$\Delta Q_0$—变压器空载的无功功率损耗（kvar）；

$R_b$、$X_b$—变压器的等值电阻和等值电抗（Ω）。

注：①字母右下角注 h、m、l 分别代表变压器高、中、低压侧绕组。

②$\Delta Q_0 = \frac{I_0\% S_e}{100}$（kvar），$\Delta Q_d \approx \frac{I_0\% S_e}{100}$（kvar），$S_e$的单位为 kV·A。

2）按变压器的等效电阻和等效电抗，进行有功功率损耗 $\Delta P_b$和无功功率损耗 $\Delta Q_b$的计算。

$$\Delta P_b = \frac{P^2+Q^2}{U_e^2}R_b \times 10^3 + \Delta P_0\ (\text{kW}) \qquad 式10-25$$

$$\Delta Q_b = \frac{P^2+Q^2}{U_e^2}X_b \times 10^3 + \Delta Q_0\ (\text{kvar}) \qquad 式10-26$$

式中：$U_e$—变压器额定线电压（kV）；

$R_b$、$X_b$—变压器的等效电阻和等效电抗（Ω）。

$P$、$Q$、$\Delta P_0$、$\Delta Q_0$的意义和计算单位同式 10-22 和式 10-23。

**【例10-4】**某变电所有一台主变压器型号为 SFSL7-3150/35，输送有功功率 $P=2$MW，$\cos\varphi=0.8$，试计算该主变压器的等效电阻、等效电抗和功率损耗。

**解：**查产品样本得 SFSL7-3150/35 的 $\Delta P_d = 32.78$kW，$U_d\% = 7$，$\Delta P_0 = 4.4$kW，$I_0\% = 1.065$。

1）将查得的数据代入下式求变压器的等效电阻：

$$R_b = \frac{\Delta P_d U_e^2}{S_e^2} \times 10^3 = \left(\frac{32.78\times35^2}{3150^2}\times10^3\right)\ \Omega = 4.05\Omega$$

2）将查得的数据代入下式求变压器的等效电抗：

$$X_b = \frac{U_d\% U_e^2}{S_e} \times 10 = \left(\frac{7\times35^2}{3150}\times10\right)\ \Omega = 27.2\Omega$$

3）求变压器的有功功率损耗：

因为 $P=2$MW，$\cos\varphi=0.8$，$\tan\varphi=0.75$

所以 $Q=P\tan\varphi=2\times0.75=1.5$Mvar

$$\Delta P_b = \frac{P^2+Q^2}{U_e^2}R_b\times10^3+\Delta P_0 = \left(\frac{2^2+1.5^2}{35^2}\times4.05\times10^3+4.4\right)\ \text{kW} = 25\text{kW}$$

4）求变压器的无功功率损耗：

$$\Delta Q_0=\frac{I_0\% S_e}{100}=\frac{1.065\times 3150}{100}\text{kvar}=33.55\text{kvar}$$

所以

$$\Delta Q_b=\frac{P^2+Q^2}{U_e^2}X_b\times 10^3+\Delta Q_0=\left(\frac{2^2+1.5^2}{35^2}\times 27.2\times 10^3+33.55\right)\text{kvar}=172.4\text{kvar}$$

## 第四节　线路和变压器中电能损耗的计算

架空线路和变压器中电能损耗的计算，通常有负荷曲线法、均方根电流法和利用最大功率损耗时间三种方法。在实际的工作中，为了准确地计算电能损耗，大多采用有功功率损耗最大值 $\Delta P_{max}$ 乘最大功率损耗时间 $t$ 来计算，即

$$\Delta A=\Delta P_{max}t \qquad \text{式10-27}$$

式中：$P_{max}$—最大有功功率损耗（kW）；

$t$—最大功率损耗时间（h），它的意义是：如果以最大负荷持续运行，在 $t$ 小时内所损耗的电能，等于按实际负荷曲线运行 $t$ 小时所损耗的电能。

$t$ 值可根据最大负荷使用时间 $t_{max}$，由 $t_{max}-t$ 曲线查得。由于负荷种类的不同，最大负荷使用时间 $t_{max}$ 和 $\cos\varphi$ 也不同，它们的关系如图 10-8 所示。$t_{max}$ 的意义是：当连续以最大负荷运行时，在 $t_{max}$ 小时内所输送的电能，等于实际负荷曲线在 $t$ 小时内所输送的电能。各类负荷的最大负荷利用小时数 $t_{max}$ 见表 10-5。

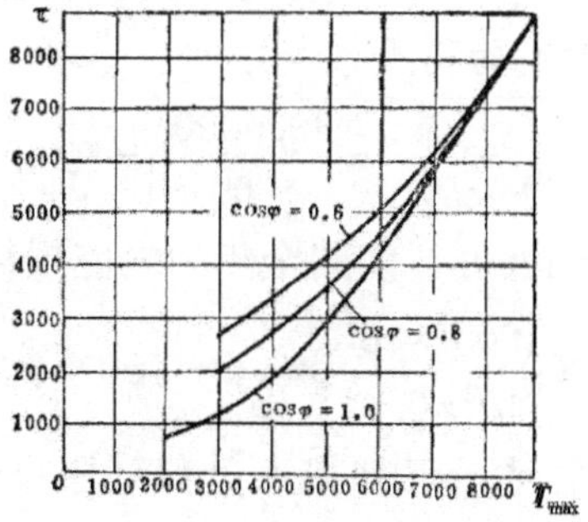


图 10-8　$t_{max}-t$ 关系曲线

表10-5　各类负荷最大利用小时

| 负　荷　类　型 | $t_{max}$/h |
|---|---|
| 户内照明及生活用电 | 2000～3000 |
| 单班制企业用电 | 1500～2200 |
| 两班制企业用电 | 3000～4500 |
| 三班制企业用电 | 6000～7000 |
| 农业用电 | 2500～3000 |

$$\Delta A = 3I_{max}^2 Rt \times 10^{-3} = \frac{P^{2max}}{U_e^2 \cos^2\varphi} Rt \times 10^{-3}\ (kW \cdot h) \quad 式10-28$$

变压器的电能损耗按下式计算：

$$\Delta A_b = \Delta P_d (\frac{S_{max}}{S_e})^2 t + \Delta P_0 t \quad 式10-29$$

上两式中：$I_{max}$—线路高峰负荷时测得的最大电流（A）；

$R$—线路一相的电阻（Ω）；

$P_{max}$—线路最大负荷（kW）；

$U_e$—线路的额定电压，代替线路的实际电压（kV）；

$\cos\varphi$—线路的平均功率因数；

$S_{max}$—电网运行时最大视在功率（MV·A）；

$\Delta P_d$—变压器的短路损耗（kW）；

$S_e$—变压器的容量（kV·A）；

$t$—最大功率损耗时间（h）；

$\Delta P_0$—变压器的空载损耗（kW）；

$t$—变压器接入电网的时间（h），一年 $t=8760$h。

**【例10-5】** 有一条 $U_e=10$kV、长度为15km 的三相架空线路采用 LJ-50 型导线，在一年内输送的电能 $A=3000000$kW·h，最大负荷为100kW，平均功率因数 $\cos\varphi=0.9$，试求一年中线路的损耗。

**解**：查表 10-1 得 $r_0=0.64\Omega/km$

$$R = r_0 l = (0.64\times15)\ \Omega=9.6\Omega$$

已知 $P_{max}=1000$kW，最大负荷利用时间为

$$t_{max} = \frac{A}{P_{max}} = \frac{3000000}{1000} h = 3000h$$

由图 10-8 曲线中查得 $t=1700$h，线路全年的电能损耗为

$$\Delta A = \frac{P_{max}^2 \times 10^{-3}}{U_e^2 \cos^2\varphi} Rt = (\frac{1000^2\times10^{-3}}{10^2\times0.9^2}\times9.6\times1700)\ kW \cdot h = 20.15 万\ kW \cdot h$$

**【例10-6】** 在【例 10-4】中，已知最大负荷利用小时为 2500h，试计算变压器的电能损耗。

**解**：由【例 10-4】的计算已知变压器的有功功率损耗 $\Delta P_b$，$\cos\varphi=0.8$，$t_{max}=2500$h，由图 10-8 所示曲线查得 $t=1500$h，变压器的投入时间为 8000h。

变压器的电能损耗为

$$\Delta A_b = \Delta P_d (\frac{S_{max}}{S_e})^2 t + \Delta P_0 t = (20.66\times1500\times4.4\times8000)\ kW \cdot h = 66190kW \cdot h$$

## 第五节　架空线路和变压器的电压损耗的计算

在农村电力网电压损耗的计算中，一般只考虑电压损耗的纵分量，而不考虑它的

横分量，其计算误差是允许的。

### 1. 架空线路电压损耗 $\Delta U$ 的计算

1）当线路末端只有一个集中负荷时

$$\Delta U = \frac{PR + QX}{U_e}(\text{kV}) \qquad 式10-30$$

式中：$P$、$Q$—线路输送的有功功率和无功功率（kW、kvar）；

$R$、$X$—线路的电阻和电抗（Ω）；

$U_e$—线路的额定电压（kV）。

由于 $Q=P\tan\varphi$，当知道输送的功率 $P$ 和负荷的功率因数后，$Q$ 也就知道了，而 $R$、$X$ 则由线路的长度来确定。因此，把不同导线每 1kW 电力在不同的功率因数下，输送 1km 时的电压损耗值，称为电压损耗系数 $x_{\Delta U}$［单位为 V/(kW · km)］。

当线路输送功率为 $P$（kW），距离为 $l$（km）时，其电压损失可用下式计算：

$$\Delta U = x_{\Delta U}Pl\ (\text{V}) \qquad 式10-31$$

$x_{\Delta U}$的值可从表 10-6、表 10-7 中查得。

表10-6　0.38~10kV 三相架空线路电压损耗系数 $x_{\Delta U}$　［单位：V/(kW · km)］

| 电压/kV | 导线型号 | 阻抗/(Ω/km) | | 功率因数 cosφ | | | | |
|---|---|---|---|---|---|---|---|---|
| | | 电阻 | 电抗 | 0.85 | 0.80 | 0.75 | 0.70 | 0.65 |
| 0.38 | LJ-16 | 1.98 | 0.398 | 5.75 | 5.86 | 5.97 | 6.11 | 0.25 |
| | LJ-25 | 1.28 | 0.385 | 3.37 | 4.01 | 4.15 | 4.27 | 4.40 |
| | LJ-35 | 0.92 | 0.375 | 2.92 | 3.06 | 3.17 | 3.30 | 3.44 |
| | LJ-50 | 0.64 | 0.363 | 2.18 | 2.29 | 2.40 | 2.57 | 2.65 |
| | LJ-70 | 0.46 | 0.349 | 1.69 | 1.80 | 1.91 | 2.03 | 2.14 |
| 6 | LJ-16 | 1.98 | 0.398 | 0.372 | 0.379 | 0.388 | 0.398 | 0.408 |
| | LJ-25 | 1.28 | 0.385 | 0.253 | 0.262 | 0.270 | 0.279 | 0.289 |
| | LJ-35 | 0.92 | 0.375 | 0.192 | 0.200 | 0.208 | 0.217 | 0.226 |
| | LJ-50 | 0.64 | 0.363 | 0.144 | 0.152 | 0.160 | 0.168 | 0.177 |
| | LJ-70 | 0.46 | 0.349 | 0.113 | 0.120 | 0.128 | 0.136 | 0.145 |
| | LJ-95 | 0.34 | 0.339 | 0.092 | 0.099 | 0.106 | 0.114 | 0.123 |
| | LJ-120 | 0.27 | 0.332 | 0.0793 | 0.0865 | 0.0938 | 0.101 | 0.110 |
| 10 | LJ-16 | 1.98 | 0.398 | 0.223 | 0.228 | 0.233 | 0.238 | 0.244 |
| | LJ-25 | 1.28 | 0.385 | 0.152 | 0.157 | 0.162 | 0.167 | 0.173 |
| | LJ-35 | 0.92 | 0.375 | 0.115 | 0.120 | 0.125 | 0.130 | 0.136 |
| | LJ-50 | 0.64 | 0.363 | 0.0865 | 0.0912 | 0.096 | 0.101 | 0.106 |
| | LJ-70 | 0.46 | 0.349 | 0.0676 | 0.0722 | 0.0768 | 0.0816 | 0.0868 |
| | LJ-95 | 0.34 | 0.339 | 0.055 | 0.0594 | 0.0639 | 0.0686 | 0.0736 |
| | LJ-120 | 0.27 | 0.332 | 0.0476 | 0.0519 | 0.0563 | 0.0609 | 0.0658 |

2）当线路上有两个集中负荷时，如图 10-9 所示，负荷接于 1 和 2 点上。

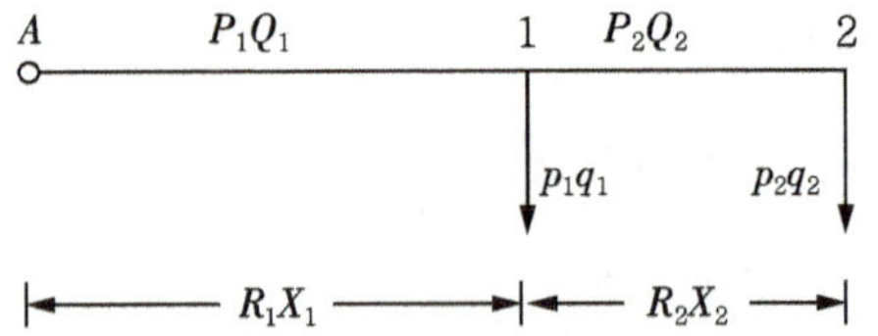


**图 10-9 线路上接有两个集中负荷示意图**

1-2 点之间的电压损耗：

$$\Delta U_{1-2}=\frac{P_2R_2+Q_2X_2}{U_e}(\mathrm{kV}) \qquad \text{式10-32}$$

式中：$P_2=p_2$，$Q_2=q_2$

$A$-1 点之间的电压损耗：

$$\Delta U_{A-1}=\frac{P_1R_1+Q_1X_1}{U}(\mathrm{kV}) \qquad \text{式10-33}$$

式中：$P_1=p_1+p_2$，$Q_2=q_1+q_2$。

$A$-2 点间全线路的电压损耗：

$$\Delta U_{A-2}=\Delta U_{A-1}+\Delta U_{1-2}\ (\mathrm{kV}) \qquad \text{式10-34}$$

需要指出，上述计算忽略了线路上的功率损耗。

3）如果沿线路的负荷点很密，特别是某些配电线路连接的配电变压器很多，而容量又相差不大，可以把它看作沿线均匀分布的负荷，即在线路的中点用一个集中的等值负荷来代替，然后用下式计算线路的电压损耗：

$$\Delta U=\frac{np\times\frac{R}{2}+nq\times\frac{X}{2}}{U_e}(\mathrm{kV}) \qquad \text{式10-35}$$

式中：$n$—负荷点的数目；

$P$、$q$—各负荷点的有功功率和无功功率（kW、kvar）；

$R$、$X$—全部线路的等值电阻和等值电抗（Ω）；

$U_e$—线路的额定电压（kV）。

**【例10-7】** 如图 10-10（a）所示，有一条输电线路长 40km，额定电压为 110kV，导线型号为 LGJ-120，水平排列，线间距离为 4m，输送功率 $P=20000\mathrm{kW}$，$\cos\varphi=0.80$，$t_{max}=4000\mathrm{h}$，试求线路的参数，绘出等值电路图并计算出功率损失、电能损耗和电压损耗。

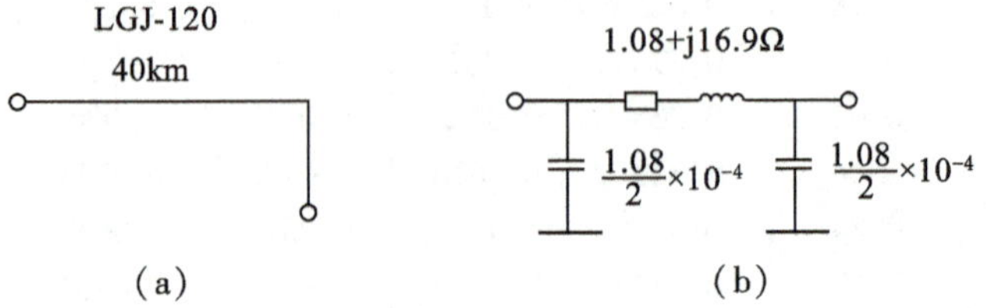


**图 10-10 【例 10-7】图**

**解：**（1）求线路参数，绘出等值电路图　根据已知条件由表 3-2 查得

$$r_0=0.27\Omega/\mathrm{km}$$

再将已知条件代入公式3-5，然后查表3-2、表3-11得

$$x_0=0.423\Omega/\text{km}, b_0=2.69\times10^{-6}\text{S}$$
$$R=r_0l=(0.27\times40)\Omega=10.8\Omega$$
$$X=x_0l=(0.423\times40)\Omega=16.9\Omega$$
$$B=b_0l=(2.69\times10^{-6}\times40)\text{S}=1.08\times10^{-4}\text{S}$$

其等值电路如图10-10（b）所示。

（2）求功率损耗　已知导线型号为LGJ-120，$U=110\text{kV}$，$\cos\varphi=0.80$，查表10-4的功率损耗系数：

$$x_{\Delta P}=30.9\times10^{-3}\ \text{kW}/(\text{MW}^2\cdot\text{km})$$
$$x_{\Delta Q}=47.1\times10^{-3}\ \text{kvar}/(\text{MW}^2\cdot\text{km})$$

代入公式10-11得

$$\Delta P=P^2lx_{\Delta P}=(20^2\times40\times30.9\times10^{-3})\text{kW}=494.4\text{kW}$$
$$\Delta Q=P^2lx_{\Delta Q}=(20^2\times40\times47.1\times10^{-3})\text{kvar}=75.36\text{kvar}$$

（3）求电能损耗　已知$t_{\max}=4000\text{h}$，$\cos\varphi=0.85$，查图10-8得$t=2600\text{h}$，则

$$\Delta A=\Delta Pt=(494.4\times2600)\text{kW}\cdot\text{h}=1285440\text{kW}\cdot\text{h}$$

（4）求电压损耗　已知导线型号为LGJ-120，$U=110\text{kV}$，$\cos\varphi=0.85$，查表10-7得电压损耗系数

$$x_{\Delta U}=4.78\times10^{-3}\ \text{kV}/(\text{MW}\cdot\text{km})$$
$$\Delta U=x_{\Delta U}Pl=(4.78\times10^{-3}\times20\times40)\text{kV}=3.824\text{kV}$$

### 2. 变压器电压损耗的计算

变压器的电压损耗可按下式计算：

$$\Delta U=\frac{PR_b+QX_b}{U_e}(\text{kV}) \qquad \text{式10-36}$$

式中：$P$、$Q$—变压器的有功功率和无功功率（kW、kvar）；

$R$、$X$—变压器绕组的电阻和电抗（Ω）；

$U_e$—变压器的额定电压（kV）。

**【例10-8】**试计算【例10-4】中的电压损耗。由【例10-4】已经知道，$P=2000\text{kW}$，$Q=1500\text{kvar}$，$R_b=4.05\Omega$，$X_b=27.2\Omega$。

**解**：利用公式10-36求得电压损耗为，

$$\Delta U=\frac{PR_b+QX_b}{U_e}=\frac{2\times4.05+1.5\times27.2}{35}\text{kV}=1.397\text{kV}$$

$$\Delta U\%=\frac{\Delta U\times100}{U_e}=\frac{1.397}{35}\times100=3.99\%$$

电压损耗为3.99%。

表10-7 35~110kV 三相架空线路电压损耗系数 $X_{\Delta U}$ [单位：V/(kW · km)]

| 电压/kV | 导线型号 | 阻抗/(Ω/km) | | 功率因数 cosφ | | | | |
|---|---|---|---|---|---|---|---|---|
| | | 电阻 | 电抗 | 0.90 | 0.85 | 0.80 | 0.75 | 0.70 |
| 35 | LGJ-35 | 0.85 | 0.432 | | 31.9 | 33.5 | 35.2 | 36.9 |
| | LGJ-50 | 0.65 | 0.421 | | 26.0 | 27.6 | 29.4 | 30.8 |
| | LGJ-70 | 0.46 | 0.411 | | 20.4 | 21.9 | 23.5 | 25.1 |
| | LGJ-95 | 0.33 | 0.400 | | 16.5 | 18.0 | 19.5 | 21.1 |
| | LGJ-120 | 0.27 | 0.394 | | 14.7 | 16.2 | 17.6 | 19.2 |
| | LGJ-150 | 0.21 | 0.387 | | 12.9 | 14.3 | 15.8 | 17.3 |
| | LGJ-185 | 0.17 | 0.38 | | 11.6 | 13.0 | 14.4 | 15.9 |
| 60 | LGJ-35 | 0.85 | 0.438 | 17.7 | 18.7 | 19.6 | 20.6 | |
| | LGJ-50 | 0.65 | 0.428 | 14.3 | 15.3 | 16.2 | 17.1 | |
| | LGJ-70 | 0.46 | 0.420 | 10.10 | 12.0 | 12.9 | 13.8 | |
| | LGJ-95 | 0.33 | 0.419 | 8.80 | 9.73 | 10.6 | 11.5 | |
| | LGJ-120 | 0.27 | 0.413 | 7.75 | 8.66 | 9.54 | 10.4 | |
| | LGJ-150 | 0.21 | 0.396 | 6.70 | 7.59 | 8.45 | 9.32 | |
| | LGJ-185 | 0.17 | 0.389 | 5.97 | 0.85 | 7.70 | 8.42 | |
| 110 | LGJ-50 | 0.65 | 0.439 | 7.82 | 8.35 | 8.88 | 9.40 | |
| | LGJ-70 | 0.46 | 0.429 | 6.05 | 6.58 | 7.10 | 7.60 | |
| | LGJ-95 | 0.33 | 0.418 | 4.84 | 5.36 | 5.85 | 6.35 | |
| | LGJ-120 | 0.27 | 0.412 | 4.27 | 4.78 | 5.26 | 5.76 | |
| | LGJ-150 | 0.21 | 0.405 | 3.69 | 4.19 | 4.67 | 5.16 | |
| | LGJ-185 | 0.17 | 0.398 | 3.30 | 3.79 | 4.26 | 4.74 | |
| | LGJ-240 | 0.132 | 0.391 | 2.93 | 3.41 | 3.87 | 4.33 | |
| | LGJ-300 | 0.107 | 0.371 | 2.66 | 3.13 | 3.58 | 4.04 | |
| | LGJ-400 | 0.082 | 0.362 | 2.38 | 2.83 | 3.28 | 3.72 | |

## 第六节 电力网的功率分布计算

电力网分开式电力网和闭式电力网。凡是只能从一个方向向用户供电的电力网，称为开式电力网。凡是能用两回或两回以上的电力线路向用户供电的电力网，称为闭式电力网。现代农村的电网大多为闭环设计，开环运行。

### 1. 开式电力网的功率分布计算

开式电力网的功率分布计算相对简单。如图 10-11 所示，在线路 $bc$ 和 $bd$ 上的功率分别为 $c$ 点和 $d$ 点的功率，在线路 $ab$ 上的功率则为 $c$、$d$、$b$ 三点功率之和。

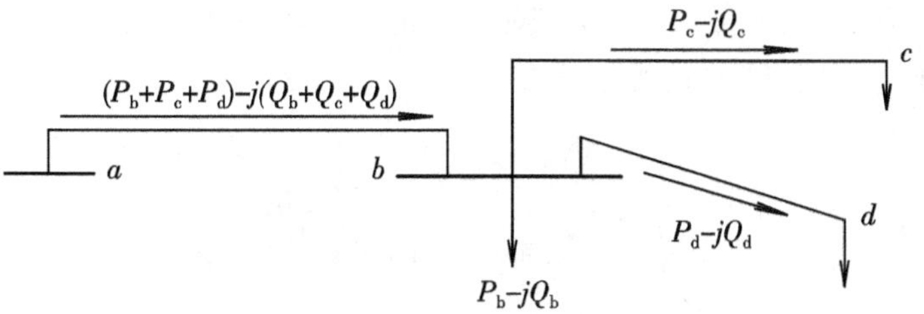


图 10-11 开式电网功率分布

## 2. 闭式电力网的功率分布计算

闭式电力网功率分布计算比较复杂，这里只介绍只有一个环的供电的功率分布，如图 10-12 所示。

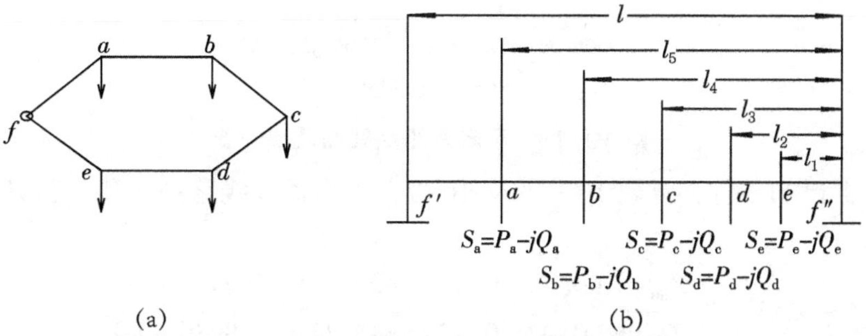


图 10-12 闭式网络结线图及展开图

为计算方便，首先将图 10-12（a）闭式电力网展开成图 10-12（b）的形状，即将电源点 $f$ 分成 $f'$ 和 $f''$ 。在供电规划时，导线截面通常是待求的未知数，功率分布计算可用线路长度 米进行。从电源点输向 点的容量（在图 10-12（b）中是（$S_{f'a}$）为

$$S_{fa}=\frac{S_{el1}+S_{el2}+S_{el3}+S_{el4}+S_{el5}}{l} \quad \text{式10-37}$$

如果任取一点（例如 c 点）为电源点线系统送电，则在上式中，$S_c$ 的前面应冠以负号。求电源点输向 e 点的容量时，可利用同原理，在上式中，$S_a$ 应乘以 $f'_a$ 的长度，$S_b$ 应乘以 $f'_b$ 的长度，余此类推。如果计算出来的 $S_{f'a}$ 与 $S_{f'e}$ 之和等于全部负荷之和，证明计算结果是正确的。

如果已知线路各负荷点的功率和相应段电阻、电抗，可用下式进行功率分布的计算：

$$P_{fd}=\frac{P_ex_1+P_dx_2+P_cx_3+P_bx_4+P_ax_5}{x} \quad \text{式10-38}$$

$$Q_{fd}=\frac{Q_er_1+Q_dr_2+Q_cr_3+Q_br_4+Q_ar_5}{r} \quad \text{式10-39}$$

上述两式中，$r_1$、$r_2$、$r_3$、$r_4$、$r_5$、$r$ 和 $x_1$、$x_2$、$x_3$、$x_4$、$x_5$、$x$ 相当于图 10-12 中距离 $l_1$、$l_2$、$l_3$、$l_4$、$l_5$、$l$ 的全部电阻和电抗。

【例10-9】有一条35kV环形供电网络，负荷、距离和导线截面如图10-11所示，导线的几何均距为3m，试求其功率分布。

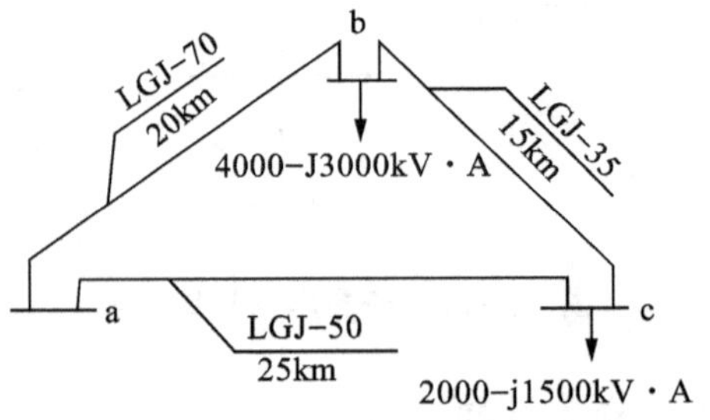


（a）接线图

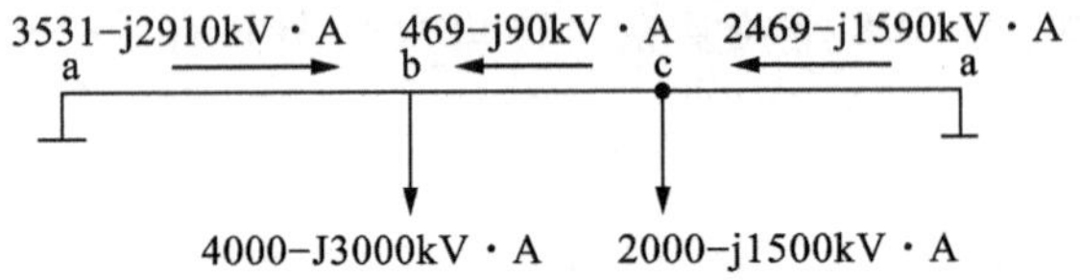


（b）展开图

**图10-13　环形网络结线图及展开图**

**解**：根据已知条件，查表10-6、表10-7，得出每段线路的 $r_0$ 和 $x_0$，则各段线路的总阻抗为：

$$Z_{ab}=[(0.46+j0.408)\times 20]\Omega=9.2+j8.16\Omega$$

$$Z_{bc}=[(0.92+j0.429)\times 15]\Omega=13.8+j6.44\Omega$$

$$Z_{ca}=[(0.64+j0.418)\times 25]\Omega=16.8+j0.45\Omega$$

利用式10-37和式10-28计算得：

$$P_{ab}=\frac{2000\times 10.45+4000\times(6.44+10.45)}{8.16+6.44+10.45}\text{kW}$$

$$=3531\text{kW}$$

$$Q_{ab}=\frac{1500\times 16+3000\times(16+13.8)}{9.2+13.8+16}\text{kvar}$$

$$=2910\text{kvar}$$

同样可以计算得：

$$P_{ac}=\frac{4000\times 8.16+2000\times(8.16+6.44)}{8.16+6.44+10.45}\text{kW}=2469\text{kW}$$

$$Q_{ac}=\frac{3000\times 9.2+1500\times(9.2+13.8)}{9.2+13.8+16}\text{kvar}=1590\text{kvar}$$

验算：$P_{ab}+P_{ac}=(3531+2469)\text{kW}=6000\text{kW}$

$Q_{ab}+Q_{ac}=(2910+1590)\text{kvar}=4500\text{kvar}$

已知网络中的总负荷为

$$4000-j3000+2000-j1500=6000-j4500$$

经验算，其计算结果是正确的。

【例10-10】某供电局有一个简单的开式输电网络，如图10-14所示：

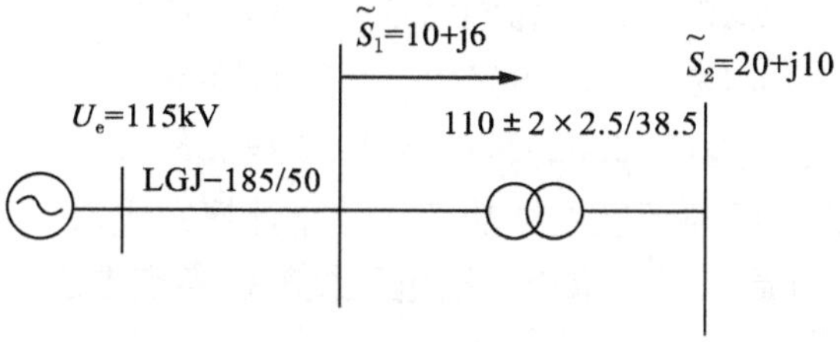


图 10-14　【例 10-10】图 1

其中变压器的相关参数为：短路电压 $U_k\% = 10.5$，空载电流 $I_0\% = 2.7$，短路损耗 $\Delta P_d = 200\text{kW}$，空载损耗 $\Delta P_0 = 86\text{kW}$。在只知道如图 10-14 标注参数的情况下，试利用潮流计算法求该电网中每个元件的损耗及全网总损耗。

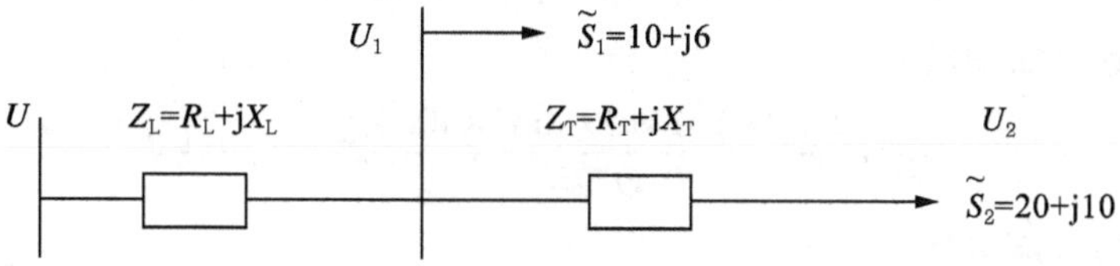


图 10-15　【例 10-10】图 2

**解**：1）首先作出电网的等值电路图（图 10-15），准备元件参数（参数计算过程略，这里只给出计算结果）

线路等值电阻 $R_L = r_0 L = 8.5\Omega$；

线路等值电抗 $X_L = X_0 L = 20\Omega$；

变压器等值电阻 $R_T = 2.44$（归算到高压侧）。

变压器等值电抗 $X_T = 40.3$。

2）从网络末端开始，依次求出各元件的损耗，并从末端向首端进行功率相加，求出功率的初分布。

首先求最末端变压器的功率损耗：

$$\Delta P_T = \Delta P_0 + \frac{P_2^2 + Q_2^2}{U^2} R_T = (0.086 + \frac{20^2+10^2}{110^2} \times 2.44)\text{MW}$$

$$= (0.086+0.1)\text{MW} = 0.186\text{MW}$$

$$\Delta Q_T = \frac{I_0\%}{100} \times S_e + \frac{P_2^2 + Q_2^2}{U^2} \times X_T = (\frac{2.7}{100} \times 31.5 + \frac{20^2+10^2}{110^2} \times 40.3)\text{Mvar}$$

$$= (0.85+1.665)\text{Mvar} = 2.515\text{Mvar}$$

然后累加变压器高、低压端的负荷出力，就得到导线末端的功率：

$$\begin{cases} P_L = P_2 + P_1 + \Delta P_T = (20 + 10 + 0.186)\text{MW} = 30.186\text{MW} \\ Q_L = Q_2 + Q_1 + \Delta Q_T = (10 + 6 + 2.515)\text{Mvar} = 17.66\text{Mvar} \end{cases}$$

接下来求导线的损耗：

$$\begin{cases} \Delta P_L = \dfrac{P_L^2 + Q_L^2}{U^2} R_L = (\dfrac{30.186^2 + 17.66^2}{110^2} \times 8.5)\text{MW} = 0.859\text{MW} \\ \Delta Q_L = \dfrac{P_L^2 + Q_L^2}{U^2} X_L = (\dfrac{30.186^2 + 17.66^2}{110^2} \times 20)\text{Mvar} = 2.02\text{Mvar} \end{cases}$$

导线末端功率加上导线损耗，即为网络首端的输入功率：

$$\begin{cases} P = P_L + \Delta P_L = (30.186 + 0.859)\text{MW} = 31.045\text{MW} \\ Q = Q_L + \Delta Q_L = (17.66 + 2.02)\text{Mvar} = 19.68\text{Mvar} \end{cases}$$

至此，网络中各元件的损耗及网络功率初分布计算完成。

3）从网络首端到末端，依次求出各段电压损耗、各点电压。

①导线电压损耗：

$$\Delta U_1 = \frac{PR_L + QX_L}{U} = \frac{31.045\times8.5+19.68\times20}{115}\text{kV} = 5.275\text{kV}$$

②导线末端电压：

$$U_1 = U - \Delta U_1 = (115-5.72)\text{kV} = 109.28\text{kV}$$

③变压器的电压损耗：

$$\Delta U_2 = \frac{20.1\times2.44+11.665\times40.3}{109.28}\text{kV} = 4.75\text{kV}$$

④变压器的末端电压：

$$U_2 = U - \Delta U_2 = (109.28-4.75)\text{kV} = 104.53\text{kV}$$

⑤变压器的低压侧电压：

$$U_1 = (\frac{38.5}{110}\times104.53)\text{kV} = 36.59\text{kV}$$

至此，网络的潮流分布全部计算完成，最后的理论线损计算较为简单。

由以上潮流计算有：变压器有功损耗为 0.186MW，其中铁损为 0.086MW，铜损为 0.1MW；导线有功损耗为 0.859MW。

电网理论线损即为电网中变压器损耗与导线损耗之和：

$$(0.186+0.859)\ \text{MW} = 1.045\text{MW}$$

则理论线损率即为网络理论线损与网络首端输入有功的比值：

$$\frac{0.186 + 0.859}{31.045} = 0.0337 = 3.37\%$$

网络的潮流分布如图 10-16 所示。

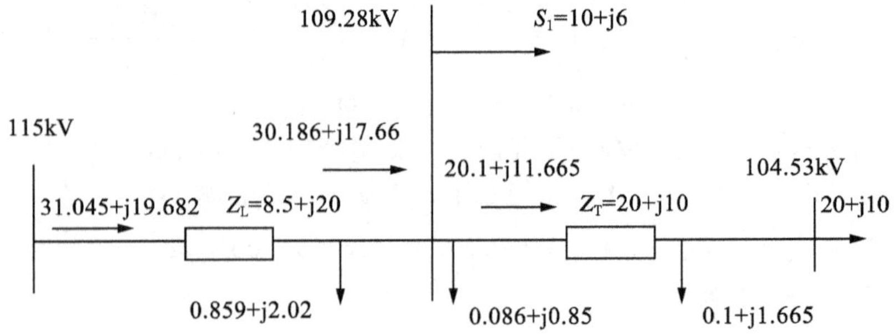


图 10-16　网络的潮流分布图【例 10-10】图 3

# 第十一章　输配电网电气设备的选择与计算

## 第一节　选择电气设备的共同条件

### 1. 供配电网电气设备的划分

根据电能产、供、销在同一瞬间完成的特点，发、供、配、用电所形成的电力系统，是一个不可分割的整体，因此在技术管理等方面就必须统一要求、统一指挥、协调一致。否则，某一个环节发生问题，小则影响大局，大则影响全局。多年的实践经验证明，由于供、用电单位在设计上的差错，导致设备选型不合理所发生的故障，会同时影响其他单位的安全用电，甚至会波及电力系统的安全运行。为此，在规划、设计过程中对电气设备进行正确的选择与计算是十分必要的。输配电网的电气设备，大体上可分为一次设备和二次设备两种类型。电气设备的划分大致如下：

- 电气设备
  - 一次设备
    1. 进行能量转换的电气设备：如发电机、变压器、电动机等
    2. 接通和断开电路的开关设备：如断路器、高压熔断器、高低压刀闸、自动空气开关等
    3. 限制电流和防止过电压的设备：如电抗器、避雷器、消弧线圈
    4. 变换电路电气量的设备：如电流互感器、电压互感器
    5. 连接电路中各种电气设备的载流体：如母线、电力电缆等
  - 二次设备
    1. 反映故障及不正常工作状态的装置：如各种继电器保护及自动安全、信号装置等
    2. 对电路参数进行测量、监视的装置：如测量仪表、故障录波装置等
    3. 操纵控制电气设备的自动、远动装置：如同期装置及自动调压、调频、遥测、遥控、遥信装置
    4. 直流设备：整流装置、蓄电池
    5. 连接二次设备的导体：如控制电缆、小母线连接线等

### 2. 选择电气设备的共同条件

供配电系统中的电气设备总是在一定电压、电流、频率和工作环境条件下工作的，电气设备的选择，除了满足在正常工作条件下安全可靠地运行，还应满足在短路故障条件下不损坏，开关电器还必须具有足够的断流能力，并适应所处的位置（户内或户

外)，环境温度、海拔以及防尘、防火、防腐、防爆等环境条件。

**(1) 按正常工作条件来选择电气设备**

$$U_{e.g} \geqslant U_e \qquad \text{式11-1}$$

式中：$U_{e.g}$—电器的额定电压（kV）；

$U_e$—电网的额定电压（kV）。

$$I_{e.g} \geqslant I_{max} \qquad \text{式11-2}$$

式中：$I_{e.g}$—电器的额定电流（A）；

$I_{max}$—最大工作电流（A）。

**(2) 按短路条件校验电气设备的动、热稳定** 当电气设备和载流导体在短时间内通过短路电流时，会同时产生电动力和发热两种效应，使电气设备和载流导体受到很大的电动力的作用，同时使它们的温度骤然升高，有可能使电气设备及绝缘损坏。

1) 短路电流的电动力效应。

①处于空气中的两平行直导体分别通过电流 $i_1$、$i_2$（A），而导体间轴线距离为 $a$，导体两支持点距离为 $l$，则导体间所产生的电磁相互作用力为：

对于两相短路：

$$F^{(2)} = 0.2K_f\, i_{ch}^{(2)\,2}\,\frac{l}{a}\ (\text{N}) \qquad \text{式11-3}$$

对于三相短路：

$$F^{(3)} = 0.173K_f\, i_{ch}^{(3)\,2}\,\frac{l}{a}\ (\text{N}) \qquad \text{式11-4}$$

式中：$i_{ch}^{(2)}$、$i_{ch}^{(3)}$—两相、三相短路电流的冲击值（kA）；

$L$—导体两支持点间距离（m）；

$a$—两相导体中心间距离（m）；

$F^{(2)}$、$F^{(3)}$—两相、三相短路时，短路电流产生的作用力（N）；

$K_f$—矩形导体截面形状系数，可根据导线截面尺寸和相邻导体中心间距 $a$ 查图 11-1，当 $\frac{a-b}{b+h} \geqslant 2$ 时，$K_f \approx 1$。

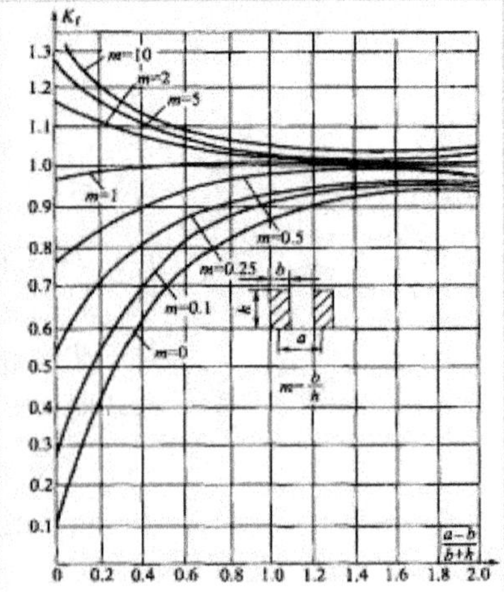


图 11-1 矩形截面导体的形状系数

②短路电流动稳定性及其校验要求。短路电流动稳定性是电气设备和导体在通过最大的短路冲击电流时产生的最大电动力作用下而不致损坏的性能。

在一般无限大容量系统中，由于 $i_{ch}^{(2)} = \sqrt{\frac{3}{2}}\, i_{ch}^{(3)}$，将它代入式 11-3 得

$$F^{(2)} = 0.2K_f\left(\sqrt{\frac{3}{2}}\right)^2 \left(i_{ch}^{(2)}\right)^2 \frac{L}{a}\ (\text{N})$$

式11-5

将式 11-5 与式 11-4 相比得

$$\frac{F^{(2)}}{F^{(3)}}=0.866 \qquad 式11-6$$

由式 11-6 可知，动稳定性的校验按三相短路来考虑。

2）短路电流的热效应。

①导体短路过程中的发热与散热特点。导体在短路时，由于很大的短路电流通过，而使其温度急剧升高，但电路中的短路保护装置随即动作，迅速切除故障，因此短路时间很短，可不考虑其间导体的散热问题，即可认为短路时导体是在绝缘状态下发热升高的。短路故障被排除后，导体不再发热，而只向周围介质散热，直到导体温度与周围介质温度相等为止。

②短路发热计算与假想时间的确定。由于短路电流 $i_k$ 是一个幅值变动并含有非周期分量的电流，要按此电流来计算其产生的热量相当困难，因此通常采用其恒定的短路稳态电流 $I_\infty$ 来等效计算短路电流所产生的热量，这就引出一个假想时间 $t_{ima}$，又称热效时间。在此假想时间 $t_{ima}$ 内，导体通过 $I_\infty$ 产生的热量恰与短路电流 $i_k$ 在短路时间 $t_k$ 内产生的热量相等，如图 11-2 所示。

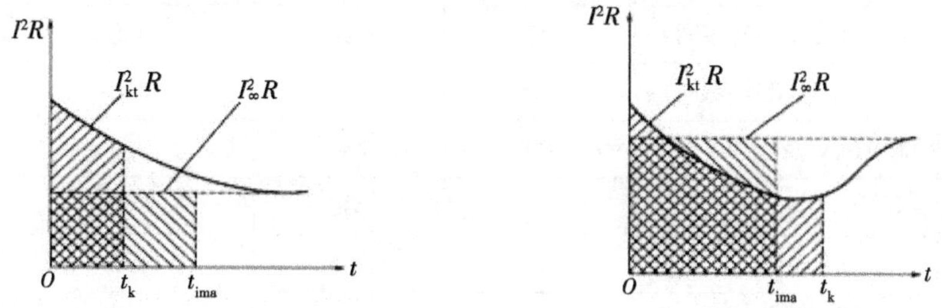


（a）无限大容量系统和不带自动调压装置的发电机供电的短路发热曲线和假想时间

（b）带自动调压装置的发电机供电的短路发热曲线和假想时间

**图 11-2　发热曲线和假想时间**

假想时间可按下式计算：

$$t_{ima}=t_k+0.05\left(\frac{I''}{I_\infty}\right)^2 \qquad 式11-7$$

在无限大容量系统 $t_{ima}=t_k+0.05s$，当 $t_k>1s$ 时，可认为 $t_{ima}\approx t_k$。

短路时间 $t_k$ 为短路保护装置最长的动作时间 $t_{op}$ 与断路器的断路时间 $t_{oc}$ 之和，即

$$t_k=t_{op}+t_{oc} \qquad 式11-8$$

式中：$t_{oc}$ —断路器的固有分闸时间与燃弧时间之和。对于一般高压断路器（如油断路器），可取 $t_{oc}=0.2s$；对高速断路器（如真空断路器），可取 $t_{oc}=0.1\sim0.15s$。对低速断路器，其燃弧时间一般为 0.01～0.02s，再加上其固有分闸时间即得其 $t_{oc}\geqslant0.2s$。

③短路热稳定性及其校验要求。

a. 短路热稳定性是电气设备和导体能承受短路电流产生的最大热量或最高温度而不致损坏的性能。

b. 短路热稳定的校验：可采用 $I_\infty^2 t_{ima}$ 或 $Q_k$ 分别与设备或导体的 $I_t^2 t$（$I_t$ 为热稳定电流，$t$ 为热稳定试验时间）或 $\theta_{k,max}$（短路时最高允许温度）相比较，各导体的 $\theta_{k,max}$ 参见表 11-1。但对于导体（包括母线、电缆、绝缘导线）的热稳定性校验，通常采用最小热稳定截面 $A_{min}$ 较为方便。

$$A_{min}=\frac{I_\infty}{C}\sqrt{t_{ima}}\times 10^3 \qquad 式11-9$$

式中 $I_\infty$ 一般采用三相短路稳态电流 $I_\infty^{(3)}$（A），但 $I_\infty^{(2)}>I_\infty^{(3)}$ 时，应采用 $I_\infty^{(2)}$；

$t_{ima}$ —短路发热假想时间（s）；

$C$—热稳定系数，见表 11-1。

如导体的截面 $A>A_{min}$，则说明该导体是满足短路热稳定要求的。

**表11-1　各种导体的短时最大允许温升及热稳定系数**

| 导体种类和材料 | 长时允许温度/℃ | 短时允许温度/℃ | 短时最大允许温升/℃ | 热稳定系数 |
|---|---|---|---|---|
| 母线材料：铜 | 70 | 320 | 250 | 175 |
| 母线材料：铝 | 70 | 220 | 150 | 97 |
| 母线材料：钢（不与电器直接连接时） | 70 | 420 | 350 | 70 |
| 母线材料：钢（与电器直接连接时） | 70 | 320 | 250 | 60 |
| 纸绝缘电缆：铜芯 10kV 及以下 | 80 | 280 | 200 | 165 |
| 铝芯 10kV 及以下 | 80 | 230 | 150 | 90 |
| 25～35kV | 80 | 205 | 125 | 95 |
| 橡皮电缆及电线：铜芯 | 65 | 205 | 150 | 145 |
| 铝芯 | 65 | 205 | 150 | 100 |

综上所述：电气设备的动、热稳定性校验必须满足：

①动稳定：

$$I_{max,y}\geqslant I_{k,\infty}^{(3)} \qquad 式11-10$$

$$i_{max,y}\geqslant i_{k,ch}^{(3)}$$

式中：$I_{max,y}$，$i_{max,y}$—厂家规定的最大允许电流的有效值和幅值；

$I_{k,\infty}^{(3)}$，$i_{k,ch}^{(3)}$—短路电流有效值和冲击电流幅值。

②热稳定：

$$\theta_y\geqslant\theta_k \qquad 式11-11$$

$\theta_y$ —导体或电器最高允许温度：对铝 220℃，铜 320℃；

$\theta_k$ —短路电流通过时所产生的温度。

## 第二节　主要电气设备的选择与计算

### 1. 断路器选择条件

高压断路器是在高压电网中用以带负荷接通和切断电路必不可少的电气设备，可按以下四个条件进行选择（见表 11-2）：

1）断路器的额定电压不应低于装设地点电网的额定电压。

2）断路器的额定电流不应小于通过断路器的最大连续工作电流。

3）断路器的额定切断容量不应低于断路器装设地点三相短路时的最大短路容量。规划选择时，可用零秒的短路容量来选择断路器的切断容量。

4）断路器的动稳定和热稳定校验应在具体工程设计中进行。

**表11-2　断路器的选择条件**

| 按工作电压选择 | 按工作电流选择 | 按断路容量选择 | 按动稳定校验 | 按热稳定校验 |
| --- | --- | --- | --- | --- |
| $U_e > U_g$，或 $U_{zd} \geqslant U_{gzd}$ | $I_e > I_g$ | $S_{dn} \geqslant S''$ 或 $S_{0.2}$，或 $I_{dn} \geqslant I''$ 或 $I_{0.2}$ | $i_{gf} \geqslant i_{ch}^{(3)}$ | $I_t \geqslant I^{\infty}\sqrt{\dfrac{t_j}{t}}$ |

注：表中符号说明：$U_e$—断路器额定电压（kV）；$U_{zd}$—断路器最高工作电压（kV）；$I_e$—断路器额定电流（A）；$I_g$—断路器额定开断电流（kA）；$S_{dn}$—断路器额定断流容量（MV·A）；$I_t$—断路器 $t$ 秒热稳定电流（kA）；$i_{gf}$—断路器极限通过电流峰值（kA）；$S''$—三相短路时次暂态短路容量（MV·A）；$I''$—三相短路时的次暂态短路电流（kA）；$i_{ch}$—三相冲击短路电流值（kA）；$I^{\infty}$—短路终止时的三相短路电流值（kA）；$I_{0.2}$—短路后 0.2s 的短路电流（kA）。对无限大电源供电的农村电网或工厂直供输配电系统，因 $I''=I_{0.2}=I^{\infty}$，所以 $S''=S_{0.2}$。$t_j$—短路电流假想时间（s）；$t$—短路电流实际流过设备时间（s），当 $t=5$s 时，对无限大电源供电的工厂或农村电网 $t_j=t$，所以 $I_{\infty 5} \geqslant I^{\infty}$ 即满足热稳定。

断路器型号表示方式如下：

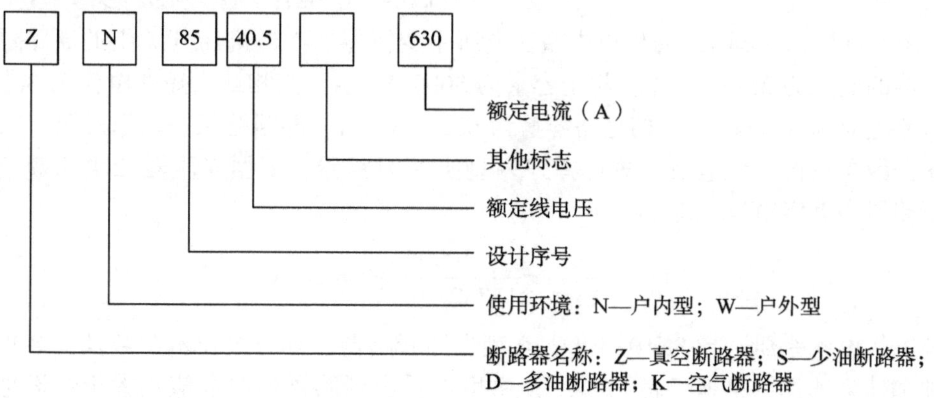

## 2. 隔离开关选择条件

隔离开关（又称刀闸）是高压开关的一种，因为没有专门的灭弧装置，所以不能用来直接接通或切断负荷电流和短路电流。隔离开关的作用是在设备检修时，造成明显的断开点，使检修的设备与电力系统隔离。选择隔离开关应满足以下条件（见表 11-3）：

1）隔离开关的额定电压不低于装设地点电网的额定电压。

2）隔离开关的额定电流不小于通过隔离开关的最大连续工作电流。

在具体工程设计中，35kV 及以下的户内和户外隔离开关一般可不进行动稳定性和热稳定性的校验。

3）规划选择时，可用零秒的短路容量来选择断路器的切断容量。

4）断路器的动稳定和热稳定校验应在具体工程设计中进行。

**表11-3 隔离开关选择条件**

| 按工作电压选择 | 按工作电流选择 | 按动稳定校验 | 按热稳定校验 |
|---|---|---|---|
| $U_e > U_g$ 或<br>$U_{zd} \geqslant U_{gzd}$ | $I_e > I_g$ | $i_{gf} \geqslant i_{ch}^{(3)}$ | $I_t \geqslant I_\infty \sqrt{\dfrac{t_j}{t}}$ |

注：表中符号说明同前。

隔离开关型号表示方式如下：

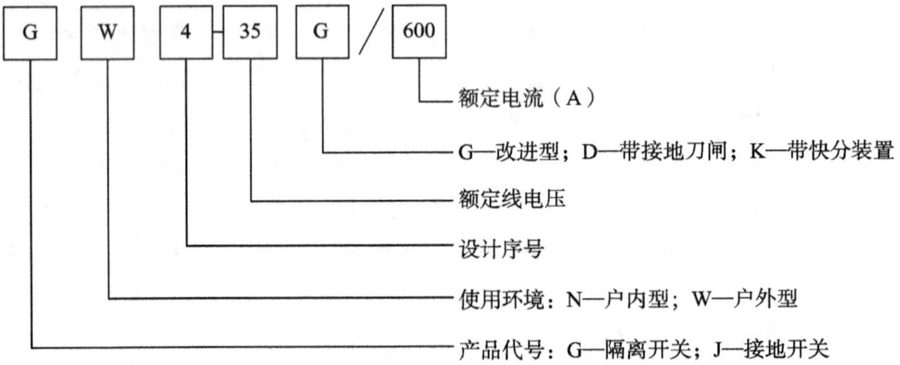


【例11-1】试选择某 35kV 户内型变电所主变压器二次侧高压开关柜的断路器。已知变压器的电压为 35/10.5kV，额定容量为 5000kV · A，三相最大短路电流为 3.35kA，冲击短路电流为 8.54kA，三相短路容量为 60.9MV · A，即断路保护动作时间为 1.1s。

**解：**因是户内型变电所，故选择户内型少油断路器，根据变压器二次侧额定电流选择断路器的额定电流，即

$$I_{2e} = \frac{S_e}{\sqrt{3}U_{2e}} = \frac{5000}{1.732 \times 10.5}\text{A} = 275\text{A}$$

查电气设备手册选择 SN10-10I/630 型少油断路器，其有关技术参数及安装地点电气条件和计算选择结果列于表 11-4，从中可以看出断路器的参数值均大于装设地点的电气条件，故所选择的断路器合格。

表11-4 高压断路器选择校验表

| 序号 | SN10-10I/630 | | 选择要求 | 安装地点电气条件 | | 结论 |
|---|---|---|---|---|---|---|
| | 项目 | 数据 | | 项目 | 数据 | |
| 1 | 额定电压 | 10kV | ≥ | 工作电压 | 10kV | 合格 |
| 2 | 额定电流 | 630A | ≥ | 工作电流 | 275A | 合格 |
| 3 | 额定开断电流 | 16kA | ≥ | 开断最大短路电流 | 3.35kA | 合格 |
| 4 | 最大关合电流 | 40kA | ≥ | 关合最大电流 | 8.54kA | 合格 |
| 5 | 动稳定电流 | 50kA | ≥ | 动稳定电流 | 50kA | 合格 |

【例 11-2】按【例 11-1】所给的条件，选择户内高压隔离开关。

**解**：由于 10kV 出线控制采用成套开关柜，选择 GN8-10T/600 高压隔离开关。选择计算结果列于表 11-5。

表11-5 高压隔离开关选择校验表

| 序号 | GN8-10T/600 | | 选择要求 | 安装地点电气条件 | | 结论 |
|---|---|---|---|---|---|---|
| | 项目 | 数据 | | 项目 | 数据 | |
| 1 | 最大工作电压 | 11.5kV | ≥ | 工作电压 | 10kV | 合格 |
| 2 | 额定电流 | 600A | ≥ | 工作电流 | 275A | 合格 |
| 3 | 极限通过电流峰值 | 52kA | ≥ | 极限通过电流峰值 | 8.54kA | 合格 |
| 4 | 热稳定电流 | 5s：20kA | ≥ | 热稳定电流 | 5s：20kA | 合格 |

【例11-2】某企业变电所的主结线系统如图 11-3 所示，6kV 侧的总负荷为 12500kV·A，在正常情况下，两台变压器并联运行。变电所 35kV 设备，采用室外布置，进线的继电保护动作时间为 2.5s。6kV 侧的变压器总断路器（QF6、QF7）设保护，变电所 35kV 与 6kV 母线的短路参数见表 11-6。试选择变压器两侧的断路器 QF4、QF6（QF5、QF7）及 QF1、QF2 两侧的隔离开关。已知上级变电所出线带有过电流及横差功率方向保护。

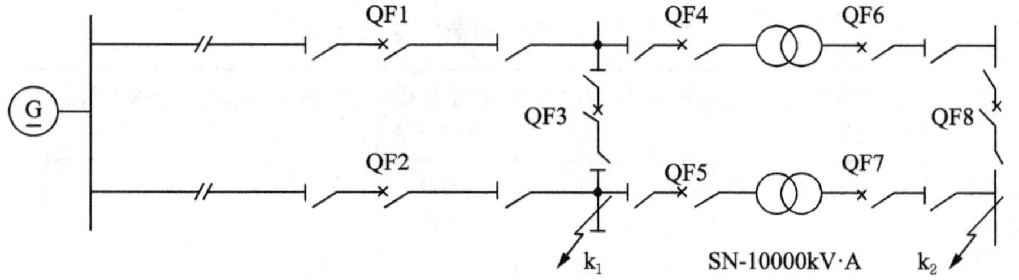


图 11-3 某企业变电所的主结线系统

表11-6　变电所35kV和6kV母线的短路参数

| 运行方式 | 35kV母线 $K_1$ 点的短路参数 | | | 6kV母线 $K_2$ 点的短路参数 | | |
|---|---|---|---|---|---|---|
| | 三相短路电流/kA | 三相短路冲击电流幅值/kA | 三相短路容量/（MV·A） | 三相短路电流/kA | 三相短路冲击电流幅值/kA | 三相短路容量/（MV·A） |
| | $I''=I_\infty$ | $i_{k,ch}^{(3)}$ | $S''=S_e$ | $I''=I_\infty$ | $i_{ch}$ | $S''=S_e$ |
| 并联运行 | 20 | 51 | 1212.5 | 19.9 | 50.7 | 206.8 |
| 解列运行 | 12 | 30.6 | 727.5 | 10.9 | 27.8 | 124.7 |

**解：（1）断路器的选择**　首先按设备工作环境条件及电压、电流选择断路器的型号，然后按所选断路器参数及短路参数进行校验。

QF4与QF6断路器在正常工作情况下只负担全部总负荷的一半，但当一台变压器故障或断路器检修时，长时最大负荷即等于变压器的额定容量。此时35kV侧的长时最大工作电流为

$$I_{1,\max}=\frac{S_e}{\sqrt{3}U_{e1}}=\frac{10000}{\sqrt{3}\times10.5}\text{A}=165\text{A}$$

6kV侧的长时最大工作电流为

$$I_{2,\max}=\frac{S_e}{\sqrt{3}U_{e2}}=\frac{12500}{\sqrt{3}\times6}\text{A}=960\text{A}$$

QF4所在电网的额定电压为35kV，长时最大工作电流为165A，布置在室外，初步选室外式少油断路器，其型号为SW2-35II。QF6所在电网的额定电压为6kV，长时最大工作电流为960A，布置在室内，初步选用成套配电装置。断路器为户内式少油断路器，型号为SN10-10I，额定电流为1000A，额定电压为10kV，所选断路器的电气参数见表11-7。

根据短路电流，对断路器的动、热稳定性及断流容量进行校验。进行校验时，应根据接线系数找出该设备的最大运行方式，然后进行校验。由题意可知，QF4的最大运行方式是两台变压器并联运行，QF6的最大运行方式是两台主变分列运行。

表11-7　所选断路器的电气参数

| 型　号 | 额定电压/kV | 额定电流/A | 开断电流/kA | 断流容量/（MV·A） | 极限电流峰值/kA | 热稳定流/kA | 热稳定时间/s |
|---|---|---|---|---|---|---|---|
| SW2-35 | 35 | 1500 | 25 | 1500 | 62.5 | 25 | 4 |
| SN10-10 | 10 | 100 | 16 | 300 | 40 | 16 | 2 |
| GW2-35G | 35 | 600 | | | 50 | 14 | 5 |

1）动稳定性校验。根据表11-5和表11-6中的数据，QF4按 $K_1$ 点并联运行的最大冲击电流校验，即

$$i_{k,ch}^{(3)}=62.5\text{kA}>i_{sh}=51\text{kA}$$

动稳定性符合要求。

2）热稳定性校验。

①对 QF4 热稳定性的校验。由于变压器容量为 10000kV·A，变压器装设有差动保护，因此在差动保护范围内短路时，继电保护动作时间 $t_{op}=0s$，此时 $t_{ima}=0.2s$。当短路发生在 6kV 母线上时，差动保护不动作，此时过电流保护动作时间 $t_{op}=2s$（比进线保护少 0.5s）。此时假想时间 $t_{ima}=2.2s$。故 $K_1$点短路 QF4 相当于 4s 的热稳定电流由式 11-12 求出。

$$I_t = I_\infty \sqrt{\frac{i_{gf}}{4}} \qquad \text{式11-12}$$

式中：$I_\infty$ —短路终止时的三相短路电流，(kA)；

$i_{gf}$ —开关电器极限通过电流峰值，(kA)；

$I_t$ —断路器 $t$ 时间热稳定电流。

将 4s 的热稳定电流代入式 11-13 得

$$I_t = I_\infty \sqrt{\frac{i_{gf}}{4}} = 20\sqrt{\frac{2.2}{4}}\text{kA} = 4.4\text{kA}$$

$$I_t = 4.4\text{kA} < I_{ts} = 25\text{kA}$$

在 $K_2$点短路时，QF4 相当于 4s 的热稳定电流为：

$$I_{t1} = \frac{I_\infty}{n}\sqrt{\frac{i_{gf}}{4}} = \frac{10.9\times6}{35}\times\sqrt{\frac{2.2}{4}}\text{kA} = 1.385\text{kA}$$

$$I_{t1} = 1.385\text{kA} < I_{ts} = 25\text{kA}$$

QF4 的热稳定性满足要求。

②对 QF6 热稳定性的校验。因 QF6 的过电流保护动作时间为 2s，短路持续时间 $t_{ima}=2.2s$，在 $K_2$点短路时相当于 2s 的热稳定电流：

$$I_{t2} = I_\infty \sqrt{\frac{i_{gf}}{2}} = 10.9\times\sqrt{\frac{2.2}{2}}\text{kA} = 8.08\text{kA}$$

$$I_{t2} = 8.08\text{kA} < I_{ts} = 16\text{kA}$$

QF6 的热稳定性满足要求。

3）断路器断流容量的校验。

QF4 的额定断流容量为 1500MV·A，则

$$S_{dn} = 1500\text{MV}\cdot\text{A} > S''_1 = 1212.5\text{MV}\cdot\text{A}$$

QF6 在 10kV 时的额定断流容量为 300MV·A，在 6kV 时的断流容量为

$$S_{dn} = 300\text{MV}\cdot\text{A}\times\frac{6}{10} = 180\text{MV}\cdot\text{A} > S''_2 = 124.7\text{MV}\cdot\text{A}$$

QF4、QF6 均符合要求，故 QF4 选用 SW2-35Ⅱ型少油断路器，QF6 选用 SN10-10I 型少油断路器完全符合要求。

**(2) 隔离开关的选择**　计算隔离开关的长时最大工作电流 $I_{max}$。当一条线路故障时，全部负荷电流都通过 QF1 的隔离开关，故长时最大工作电流为

$$I_{max}=\frac{12500}{\sqrt{3}\times35}A=206A$$

由于电压为35kV，设备采用室外布置，故选用GW2-35G型户外式隔离开关。其主要数据见表11-5。

由于其最大运行方式为分列运行，由表11-6查得$K_1$点短路时，最大冲击电流为30.6kA<50kA，故动稳定性符合要求。

热稳定性校验：最严重的情况是线路分列运行，此时横差保护不起作用，当短路发生在QF1隔离开关后、QF1断路器前时，事故排除靠上一级变电所过电流保护，继电保护动作时间为

$$t_{dz}=(2.5+0.5)s=3s$$

此时短路电流经过隔离开关的总时间为

$$t_{\Sigma}=t_{dz}+t_{ka}=(3.0+0.2)s=3.2s$$

相当于5s的热稳定电流为

$$I_{t5s}=I_{\infty}\sqrt{\frac{t_{\Sigma}}{5}}=12\times\sqrt{\frac{3.2}{5}}kA=9.6kA<14kA$$

热稳定性符合要求。

### 3. 高压熔断器的型号及选择条件

熔断器是最简单、使用最多的一种保护电器。它用来保护电路中的电气设备，使其在短路故障或过负荷时免受损坏。它的优点是结构简单、体积小、重量轻、使用和维护方便。在功率较小和对保护性要求不高的地方，与负荷开关配合可代替高压断路器，因而在110kV以下电网中广泛使用（见表11-8）。

熔断器型号表示方式如下：

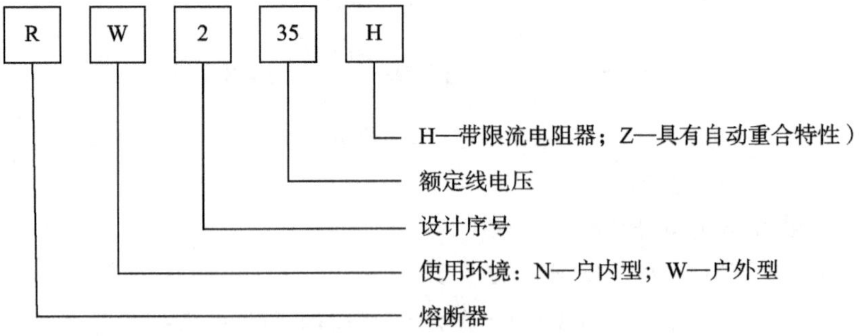


选择高压熔断器应满足以下条件：

1）熔断器的额定电压不低于装设地点电网的额定电压（限流熔断器的额定电压则应等于装设地点电网的额定电压。

2）考虑熔断器的热稳定性，熔断器的额定电流必须符合下列要求：

$$I\leqslant I_{r,j}\leqslant I_{r,g}\ (A) \qquad 式11-13$$

式中：$I$—持续工作电流（A）；

$I_{r,j}$—熔丝额定电流（A）；

$I_{r,g}$—熔断器额定电流（A）。

**表11-8　高压熔断器选择条件**

| 类别项目 | | 按工作电压选择 | 按额定电流选择 | 按断路容量选择 | 保护特性 |
| --- | --- | --- | --- | --- | --- |
| 保护 TV 用的熔断器（RN、$RW_2$等） | | $U_{eR}=U_g$ | | $I_{dn}\geqslant I''$或$S_{nd}\geqslant S$ | |
| 保护其他设备的熔断器 | 有限流作用（$RN_1$等） | $U_{eR}=U_g$ | $I_{eR}\geqslant I_{ej}\geqslant I_g$ | $I_{dn}\geqslant I''$或$S_{nd}\geqslant S''$ | 按选择性要求，保证上下级保护动作时间相互配合 |
| | 无限流作用 | $U_{eR}\geqslant U_g$ | | $I_{dn}\geqslant I''$或$S_{nd}\geqslant S''$ | |

注：$I_{ej}$—熔断器额定电流（A），其余表中符号说明同前。

3）低压熔断器的分类及适用范围：

①$RC_1A$ 型瓷插杆式熔断器：适用于低压交流分支线路及设备短路保护。

②RL 型螺旋式熔断器：适用于机床电器的过载及短路保护。

③RM 型无填料管式熔断器：适用于低压交直流线路的过载及短路保护。

④RTO 型有填料管式熔断器：适用于低压大电流交直流线路的过载及短路保护。

### 4. 高压负荷开关的型号及选择条件

负荷开关是介于隔离开关与断路器之间的电器，就其结构而言，它与隔离开关相似，即在其断开状态下有可见的断开点；但它却有特殊的灭弧结构，可切断较大的负荷电流。就其主要功能来说，用于接通和切断正常电路时它又和断路器相近。值得指出的是，它的灭弧结构是以接通和切断负荷电流而设计的，不能切断系统中的短路电流，所以大多数情况下要和高压熔断器配合使用，依靠熔断器来切断短路电流（见表11-9）。

**表11-9　高压负荷开关的选择条件**

| 按工作电压选择 | 按工作电流选择 | 按断路容量选择 | 按动稳定校验 | 按热稳定校验 |
| --- | --- | --- | --- | --- |
| $U_e>U_g$ | $I_e>I_g$ | $I_{dn}\geqslant I_{zd}$<br>$I_{dn}\geqslant S_{zd}$ | $i_{gt}\geqslant i_{ch}^{(3)}$ | $I_t\geqslant I_\infty\sqrt{\dfrac{t_j}{t}}$ |

注：①$I_{zd}$—该负荷开关可能切断的最大过负荷电流；$S_{zd}$—由$I_{zd}$求得的最大断流容量；$t$—与之配合的熔断器切断故障电流所需的时间；②在进行热稳定校验时，均需考虑到熔断器的限流作用。

负荷开关型号表示方式如下：

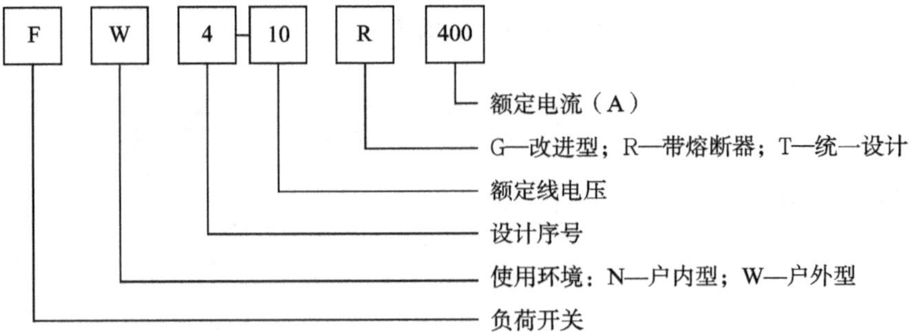


## 5. 电抗器的型号及选择条件

电网中所采用的电抗器，常见的是为限制系统短路电流而采用的串联电抗器（或故障时串入）。为吸收系统电容功率，限制电压升高，对超高压长距离输电线路和10kV电缆系统等处，则采用并联电抗器。此外为了限制电力系统的高次谐波对电力电容器的影响，在电力电容器前串联一定比例的电抗器。

电抗器型号表示方式如下：

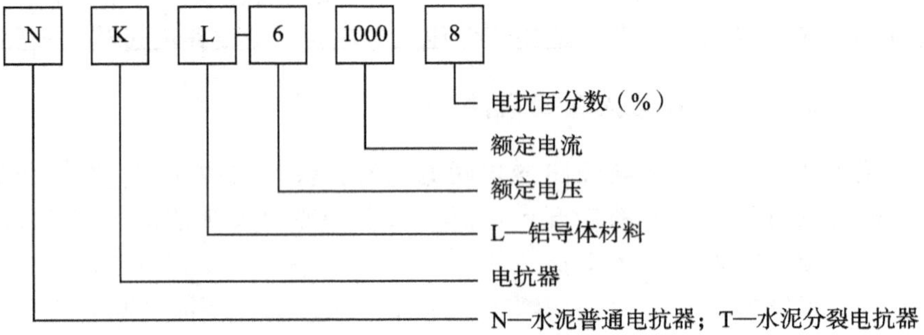


应按照基本技术参数进行选择（见表11-10、表11-11）。

**表11-10　限流电抗器的参数选择**

| 项　　目 | | 参　　数 |
|---|---|---|
| 技术条件 | 正常工作 | 电压、电流、频率、电抗百分数 |
| | 短路稳定性 | 动稳定电流、热稳定电流和持续时间 |
| | 安装条件 | 安装方式、进出线端子的角度 |

**表11-11　电抗器的选择条件**

| 按工作电压选择 | 按工作电流选择 | 按动稳定校验 | 按热稳定校验 | 选择电抗百分数 |
|---|---|---|---|---|
| $U_{eK}>U_g$ | $I_{eK}>I_g$ | $i_{gt}\geqslant i_{ch}^{(3)}$ | $I_t\geqslant I_\infty\sqrt{\frac{t_j}{t}}$ | $U_{dk}$ =% |

(1) **额定电流的选择**

$$I = KI_e \geqslant I_{max} \qquad 式11-14$$

式中：$I$—电抗器应选择的电流（A）；

$K$—温度修正系数，当环境温度 $T>40℃$时，电抗器的 $K = 0.129\sqrt{100-T}$；

$I_e$—普通电抗器的额定电流或分裂电抗器一个臂的额定电流（A）；

$I_{max}$—通过电抗器或分裂电抗器一个臂的最大持续工作电流。

(2) **电抗百分数的选择**

安装电抗器的目的是限制短路电流，以便合理地选择电器，选择电抗器的电抗百分数时，通常是限制电抗器后面的次暂态短路电流 $I''_Z$ 不超过断路器的额定开断电流 $I_{Nbr}$，即

$$I''_Z = I_{Nbr} \qquad 式11-15$$

在选择普通电抗器时，因电抗器未选出，则估算电源至短路点的总电抗标幺值 $x_{*\Sigma}$ 为

$$x_{*\Sigma} = \frac{I_j}{I''_Z} \qquad 式11-16$$

式中：$I_j$—基准电流（A）；

$I''_Z$—短路电流周期分量零秒值（A）；

$I_{Nbr}$—断路器的额定开断电流（A）。

所需电抗器的电抗标幺值 $X_{*dk}$ 为

$$X_{*dk} = X_{*\Sigma} - x_{1*\Sigma} = \frac{I_j}{I_{Nbr}} - X''_{1\Sigma} \qquad 式11-17$$

式中：$X_{1*\Sigma}$—电源至电抗器前的系统电抗标幺值。

电抗器在其额定参数下的电抗百分数 $X_{*dk}\%$ 为

$$X_{*dk}\% = X_{*dk}\frac{I_eU_j}{I_jU_e}\times 100\% = \left(\frac{I_j}{I_{Nbr}} - X_{*1\Sigma}\right)\frac{I_eU_j}{I_jU_e}\times 100\% \qquad 式11-18$$

式中：$U_j$—基准电压（kV）；

$U_e$—电抗器额定电压（kV）；

$I_e$—电抗器额定电流（A）。

从产品手册中选择接近且稍大于式 11-18 计算结果的标准电抗值。

## 6. 电压互感器的选择

电压互感器的型号及技术数据电压互感器是用来将电力设备上的高电压降到 100V 后，再供给测量仪表和继电保护装置的。通过电压互感器，便可以利用低压仪表间接测量高压参数，使仪表电路构造简单，价格低廉，保证设备和工作人员安全。

电压互感器型号表示方式：

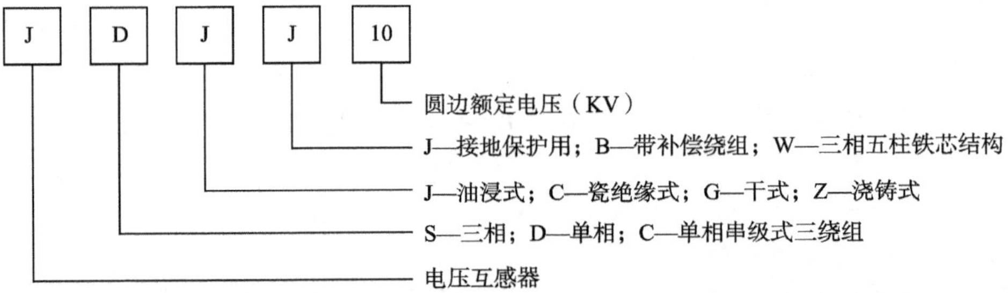


常用电压互感器的技术数据，见表 11-16。电压互感器准确级别和相应的最大误差，见表 11-12。

电压互感器根据额定电压、装置种类、构造形式、准确级别和二次负荷条件选择，并进行二次回路电压降的校验。

（1）**电压互感器的额定电压**　电压互感器一次额定电压应大于接入的被测电压的 90%，小于接入的被测电压的 1.1 倍；二次电压按表 11-13 选择。

**表11-12　电压互感器（代号 TV）的选择条件**

| 按工作电压选择 | 按准确级度 | 按用途 | 按负荷校验 | 按电压损失率选择副边导线 | |
|---|---|---|---|---|---|
| | | | | 有电能表 | 无电能表 |
| $U_{1e}=U_g$ | 0.2 级—精密测量<br>0.5 级—电能测量<br>1.0 级—仪表盘<br>3.0 级—非精密测量 | 按负荷性质 | $S_{ze} \geqslant S_{zg}$ | 0.5% | 3% |
| $S_{ze}$—电压互感器二次侧额定容量；$S_{zg}$—二次负荷侧最大工作容量 | | | | | |
| 按机械强度选择副边导线<br>铜芯大于 1.5mm$^2$，铝芯大于 2.5mm$^2$ | | | | | |

**表11-13　电压互感器二次电压的选择**

| 线　圈 | 二　次　线　圈 | | 接零序电压滤过器的三次线圈（辅助二次线圈） | |
|---|---|---|---|---|
| 高压侧接法 | 接入一次线电压 | 接入一次相电压 | 在中性点直接接地系统 | 在中性点与地绝缘或经消弧线圈接地系统 |
| 二次电压/V | 100 | $100/\sqrt{3}$ | 100 | $100/\sqrt{3}$ |

（2）**准确级别**

1）与仪表连接的分流器、变送器、互感器或中间互感器应不低于表 11-14 中的要求。

表11-14　仪表附件和配件的准确级别

| 仪表准确级别 | 与仪表相配的分流器、变送器的准确级别 | 与仪表相配的互感器或中间互感器的准确级别 |
|---|---|---|
| 1.0 | 1.5 | 0.5 |
| 1.5 | 0.5 | 0.5 |
| 2.5 | 0.5 | 1.0 |

2）用于电能计量的互感器准确级别：

0.5级有功电能表应配0.2级互感器；1.0级有功电能表及2.0级无功电能表应配用0.5级互感器；2.0级有功电能表及3.0级无功电能表应配用1.0级互感器。

3）一般继电保护用的互感器应选择3.0级互感器。

**（3）电压互感器的额定容量**　电压互感器的额定容量应满足$S_{2e} \geq S_2$。

$$S_2 = \sqrt{(\Sigma S_i \cos\varphi_{2i})^2 + (\Sigma S_i \sin\varphi_{2i})^2} = \sqrt{(\Sigma P_i)^2 + (\Sigma Q_i)^2} \quad 式11-19$$

式中：$S_{2e}$—电压互感器给定准确级别的二次额定容量，即额定容量（V·A）；

$S_2$—电压互感器二次负荷的容量总和（V·A）；

$S_i$、$P_i$、$Q_i$、$\varphi_{2i}$—电压互感器二次侧连接各仪表和继电器的视在容量、有功容量、无功容量和功率因数角。

**（4）校验二次回路压降**　根据有关规程规定：对用户计费用0.5级电能表，其电压回路电压降不宜超过0.25%；对电力系统内部的0.5级电能表，其电压降要求可适当放宽，但不应超过0.5%；对接有继电保护的电压互感器，当全部保护装置动作和接入全部测量仪表时，不应超过3%。

**（5）电压互感器二次导线的选择**

电压互感器二次导线，一般按允许电压降来选择其截面面积。计算时只考虑有功电压降，按下式进行：

$$\Delta U = \sqrt{3} K_{jx} \frac{P}{U_{21}} \frac{\rho L}{S} \leq \Delta U_{ux} \quad 式11-20$$

式中：$\Delta U$—电压互感器至仪表及继电保护屏的电压降（V）；

$K_{jx}$—接线系数，对于三相星形接线，$K_{jx}=1$，对于两相星形接线，$K_{jx}=\sqrt{3}$，对于单相接线，$K_{jx}=2$；

$P$—电压互感器每一相负荷（V·A）；

$U_{21}$—电压互感器二次线电压（V）；

$\rho$—电线芯材料电阻率（$\Omega \cdot mm^2/m$）；

$\Delta U_{ux}$—允许电压降（V），对于继电保护，不应超过额定电压的3%，对用于电能计量，不应超过额定电压的0.25%（0.5级表）和0.5%（1.0、2.0级表）；

$S$—导线截面面积（$mm^2$）。

**（6）电压互感器的极限容量范围**　电压互感器在各级规定的误差范围内和在下述的二次极限容量范围及一次电压范围内，不应超过表11-17规定的数值。

二次极限容量范围为

$$(0.25 \sim 1)(\frac{U_1}{U_e})^2 S_e \qquad 式11-21$$

一次电压范围为

$$(0.9 \sim 1.1)U_e$$

式中：$U_1$——一次电压（V）；

$U_e$—额定电压（V）；

$S_e$—额定容量（V·A）。

**【例11-3】** 某工厂变电站10kV母线接有JSJW-10型三相户内式电压互感器，准确级别为0.5级，三相额定容量$S_e$为120V·A，该电压互感器到仪表盘的距离为60m，电能表为1.0级，已知二次负荷电流为60A，$\cos\varphi=1$，试选择连接导线的截面面积并计算电压互感器二次压降级角误差。

**解**：互感器二次额定电流的计算：

$$I_{2e}=\frac{S_e}{\sqrt{3}U_{2e}}=\frac{120}{\sqrt{3}\times100}\text{A}=0.697\text{A}$$

该电流大于工作电流$I_g=0.6$A，所以互感器具有0.5级准确度。

设连接导线的电阻为$R$。根据规定，对于1.0级电能表，互感器二次侧允许电压降为0.5%，即

$$\Delta U_{uv}=\frac{2RI_u\cos\varphi+rI_w\sin(30°+\varphi)}{U_{2e}}$$

$$=\frac{2R\times0.6\times1+0.6R\sin(30°+0°)}{100}=0.5\%$$

解上式得 $R=0.333\Omega$

导线截面面积为 $S=\rho\frac{L}{R}=(0.0184\times\frac{60}{0.333})\ \text{mm}^2=3.24\text{mm}^2$

取标称截面面积为4mm²的铜导线。

这时电阻为 $R=(0.0184\times\frac{60}{4})\ \Omega=0.27\Omega$

电压降为 $\Delta U_{ab}=\frac{2\times0.27\times0.6\times1+0.27\times0.6\times0.5}{100}\approx0.4\%$

角度误差为 $\beta=\arctan\frac{2RI_a\sin\varphi-RI_c\cos(30°+\varphi)}{U_{2e}}$

$$=\arctan\frac{0-0.27\times0.6\times0.866}{100}=-4.8'$$

**【例11-4】** 某工厂变电站3kV进线母线上计划装两只单相电压互感器，接成V形接线，负荷为有功电能表、无功电能表和有功功率表各两只，无功功率表一只及电压表两只，试选择电压互感器。

**解**：(1) 将所有仪表的消耗功率等数据列入表11-15中。

表11-15　【例 11-4】中所有仪表的有关数据

| 仪表名称 | 仪表中电压线匝数 | 仪表数目 | 每只线圈的功率/（V·A） | | 仪表的 $\cos\varphi_2$ | 仪表的 $\sin\varphi_2$ | UV 相 | | VW 相 | |
|---|---|---|---|---|---|---|---|---|---|---|
| | | | 每只仪表 | 小计 | | | $P_{uv}$/W | $Q_{uv}$/V·A | $P_{uv}$/W | $Q_{uv}$/V·A |
| 有功电能表 | 2 | 2 | 1.5 | 3 | 0.38 | 0.952 | 1.14 | 2.86 | 1.14 | 2.86 |
| 有功电能表 | 2 | 2 | 1.5 | 3 | 0.38 | 0.952 | 1.14 | 2.86 | 1.14 | 2.86 |
| 有功电能表 | 2 | 2 | 0.75 | 1.5 | 1 | 0 | 1.5 | 0 | 1.5 | 0 |
| 有功电能表 | 2 | 1 | 0.75 | 0.75 | 1 | 0 | 0.75 | 0 | 0.75 | 0 |
| 电压表 | 1 | 2 | 4.5 | 9 | 1 | 0 | 4.5 | — | 4.5 | — |
| 总计 | | | | | | | 9.03 | 5.72 | 9.03 | 5.72 |

（2）由表 11-15 查得，电压互感器最大一相负载为

$$S_{AB} = S_{BC} = S_{ab} = S_{bc}\sqrt{P_{ab}^2 + Q_{ab}^2}$$

$$= \sqrt{9.03^2 + 5.72^2}\,V \cdot A = 10.68V \cdot A$$

由表 11-16、表 11-17 查得准确度为 0.5 级的 JDJ-6 型电压互感器的额定容量为 30V·A，因此能满足仪表所需要求。

表11-16　常用电压互感器（简称 TV）技术数据

| TV 名称 | 型号 | 装置类别 | 额定电压/V | | | 额定容量/V·A | | | 最大容量/（V·A） | 绝缘形式 |
|---|---|---|---|---|---|---|---|---|---|---|
| | | | 一次绕组 | 二次绕组 | 辅助绕组 | 0.5 级 | 1 级 | 3 级 | | |
| 三相三圈式 | JSJW-3<br>JSJW-6<br>JSJW-10<br>JSJW-15 | 户内 | 3000<br>6000<br>10000<br>13800 | 100<br>100<br>100<br>100 | 100/3<br>100/3<br>100/3<br>100/3 | 50<br>80<br>120<br>120 | 80<br>150<br>200<br>200 | 200<br>220<br>480<br>480 | 400<br>640<br>960<br>960 | 油浸式五柱三绕组 |
| | SGW-0.5 | | 380 | 100 | 100/3 | 50 | 80 | 200 | 400 | 干式 |
| 三相双圈式 | JSJB-3<br>JSJB-6<br>JSJB-10 | 户内 | 3000<br>6000<br>10000 | 100<br>100<br>100 | 100/3<br>100/3<br>100/3 | 50<br>80<br>120 | 80<br>150<br>200 | 200<br>220<br>480 | 400<br>640<br>960 | 油浸式带补偿绕组 |
| 单相双圈式 | JDG-0.5 | 户内 | 220<br>380<br>500 | 100<br>100<br>100 | | 25<br>25<br>25 | 40<br>40<br>40 | 100<br>100<br>100 | 200<br>200<br>200 | 干式降底绝缘 |
| 单相叠接式 | JDJ-3<br>JDJ-6<br>JDJ-10 | 户内 | 3000<br>6000<br>10000 | 100<br>100<br>100 | | 30<br>50<br>80 | 50<br>80<br>150 | 120<br>200<br>320 | 240<br>400<br>600 | 油浸式 |

续表

| TV名称 | 型号 | 装置类别 | 额定电压/V | | | 额定容量/V·A | | | 最大容量/（V·A） | 绝缘形式 |
|---|---|---|---|---|---|---|---|---|---|---|
| | | | 一次绕组 | 二次绕组 | 辅助绕组 | 0.5级 | 1级 | 3级 | | |
| 单相浇铸式 | JJDZ-3<br>JDZ-3<br>JDZ-6<br>JDZ-6<br>JDZ-10<br>JDZ-10<br>JDZ-15 | 户内 | 3000<br>$3000/\sqrt{3}$<br>6000<br>$6000/\sqrt{3}$<br>10000<br>$10000/\sqrt{3}$<br>1500 | 100<br>$100/\sqrt{3}$<br>100<br>$100/\sqrt{3}$<br>100<br>$100/\sqrt{3}$<br>100 | 100/3<br>100/3<br>100/3<br>100/3<br>100/3<br>100/3<br>100/3 | 30<br>30<br>50<br>50<br>50<br>50<br>80 | 50<br>50<br>80<br>80<br>80<br>80 | 120<br>120<br>200<br>200<br>200<br>200 | 400<br>400<br>400 | 环氧树脂浇铸 |

**表11-17 电压互感器准确级别和相应的最大误差**

| 类型 | 最大变比误差（%） | 最大角误差（%） | 一次电压变化范围 | | 二次线圈负荷变化范围 | 准确级别 | 零序电压线圈负荷变化范围 | 线圈形式 |
|---|---|---|---|---|---|---|---|---|
| | | | 中性点直接接地系统 | 中性点不接地系统 | | | | |
| 电压互感器的二次线圈 | ±0.2 | ±10 | （0.85～1.15）$U_{1e}$ | | （0.25～1.0）$S_{2e}$① | 0.2 | | 单、双相两线圈 |
| | ±0.5 | ±20 | | | | 0.5 | | |
| | ±0.1 | ±40 | | | | 1.0 | | |
| | ±3.0 | 不规定 | | | | 3.0 | | |
| 电压互感器的零序电压线圈 | ±3.0 | ±120 | （0.85～1.15）$U_{1e}$ | | （0.85～1.95）$U_{1e}$ | 3B | （0.25～1.0）$S_{3e}$② | 单相三线圈 |
| | ±6.0 | ±240 | | （0.85～1.15）$U_{1e}$ | | 6B | | |

注：①$S_{2e}$为相应准确级别下的额定二次负荷。

②$S_{3e}$为零序电压线圈的额定负荷。

## 7. 电流互感器的选择计算

电流互感器把主电路中的大电流变成小电流（一般二次线圈的额定电流为5A）后，再供给继电保护装置及测量仪表的串联线圈。这样，可使继电保护装置及测量仪表的构造简单、价格低廉，而且工作可靠，同时还可以将继电保护和测量仪表安装在离被测设备较远的地方。

### （1）电流互感器型号表示方式

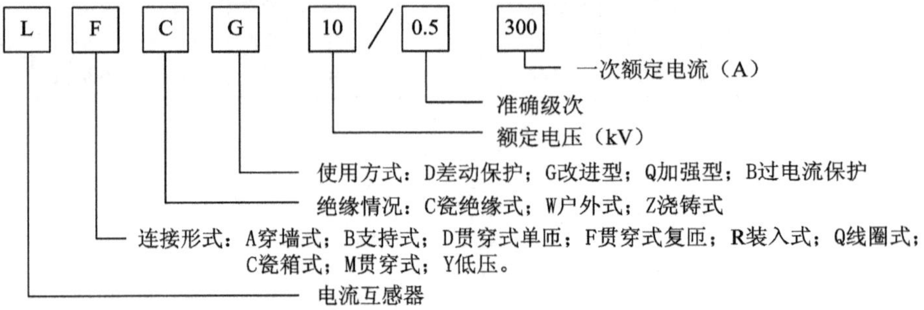

（2）电流互感器的选择条件（见表 11-18）

**表11-18　电流互感器（代号 TA）的选择条件**

| 按工作电压选择 | 按原边电流选择 | 按准确度级选择 | 按用途 |
|---|---|---|---|
| $U_{1e}=U_g$ | $I_g\leqslant110\%I_e$ | 0.2S 级—精密测量<br>0.5 级—电能测量<br>1.0 级—仪表盘<br>3.0 级—过电流保护<br>D—差动保护<br>10—非精密测量 | 按负荷性质 |
| 按动稳定校验 | | 按热稳定校验 | 按负荷校验 |
| $\sqrt{2}I_{1e}K_d\geqslant i_{ch}$ | | $(I_{1e}K_r)^2t\geqslant I_\infty^2t_j$ | $S_{ze}\geqslant S_{zg}$ |

注：$K_r$—1s 热稳定倍数；$t$—1s；$K_d$—动稳定倍数；$S_{ze}$、$S_{zg}$ 含义同电压互感器。

根据电压、一次和二次额定电流、装置种类、构造形式、准确级别以及二次负荷等条件选择电流互感器，进行动稳定性和热稳定性校验。

1）电流互感器的额定电压。

$$U_e\geqslant U_g$$

式中：$U_e$—电流互感器的额定电压（kV）；

$U_g$—电流互感器的工作电压（kV）。

2）电流互感器的一次额定电流。电流互感器的一次额定电流不应低于工作电流值的 50%，即

$$I_{1e}\geqslant0.5I_g$$

式中：$I_{1e}$—电流互感器的一次额定电流（A）；

$I_g$—电流互感器的工作电流（A）。

3）准确级别。

①与仪表连接的分流器、变送器、互感器或中间互感器应不低于表 11-18 中的要求。

②用于电能计量的互感器准确级别：

a. 0.5 级有功电能表应配 0.2 级互感器。

b. 1.0 级有功电能表及 2.0 级无功电能表应配用 0.5 级互感器。

c. 2.0 级有功电能表及 3.0 级无功电能表应配用 1.0 级互感器。

③一般继电保护用的互感器应选择 3.0 级；差动保护、距离保护及高频保护用的电流互感器宜选用 D 级（有些产品用“C”或“B”标注）。保护用电流互感器一般按 10% 误差曲线进行校验计算。

4）电流互感器动稳定性校验。

$$K_d\sqrt{2}I_{1e}\geqslant i_{ch}\qquad\text{式11-22}$$

式中：$K_d$—动稳定倍数，由产品目录给出；

$i_{ch}$—三相短路冲击电流（A）。

5）电流互感器的热稳定性校验。

$$(K_t I_{1e})^2 t_g = I_\infty^2 t_j \qquad \text{式11-23}$$

式中：$K_t$—热稳定倍数，由产品目录给出；

$t_g$—给定时间（s）；

$I_\infty$—三相稳态短路电流有效值（A）；

$t_j$—假想时间（s），根据短路延续时间 $t$ 求得。

6）电流互感器二次额定电流一般有 1A、5A 及 0.5A 几种，应根据二次回路中所带负荷电流的大小来选择。

**（3）继电保护用电流互感器一次电流倍数的选择** 当电力系统发生短路故障时，流过继电保护用的电流互感器的电流可能比其额定电流大很多倍。当一次电流增大到一定值时，电流互感器的铁芯将饱和，励磁电流迅速增大，使电流互感器的误差增大，以致危及继电器的灵敏性或选择性。为保证继电保护装置可靠运行，要求电流互感器在通过短路电流时变比误差不大于10%，角度误差不大于7°。电流互感器的10%误差曲线是指变比误差满足10%时，一次电流 $I_1$ 对于额定电流 $I_e$ 的倍数 $m_{10}=\frac{I_1}{I_{1e}}$ 与二次负荷阻抗 $Z_2$ 的关系曲线。电流互感器的10%误差曲线由厂家提供。使用电流互感器10%误差曲线时，应先计算出一次短路电流倍数 $m$，然后从10%误差曲线上找出与 $m$ 相对应的二次负荷 $Z_2$，当实际二次负荷阻抗 $Z'_2$ 小于 $Z_2$ 时，即可保证该电流互感器误差小于10%，机电保护装置能可靠运行。

当 $Z'_2 > Z_2$ 时，应采取以下措施：

①选用变比较大或负荷能力较强的电流互感器，或将两个二次侧线圈串联使用，以减小每个电流互感器的负荷（为整个二次负荷的一半）。

②增大二次侧连接导线的截面面积，以减小 $Z_2$。

③重新安排二次负荷元件的接法，以减小 $Z_2$。

④改变电流互感器的接线方式。如将不完全星形连接改接成完全星形接线、将两相差电流接线改接为不完全星形接线等。

**（4）电流互感器二次负荷的计算及二次导线的选择** 为满足电流互感器的准确度要求，互感器二次负荷必须满足以下条件：

$$S_{2e} \geqslant S_2$$

$$S_2 = I_{2e}^2 Z_2 \qquad \text{式11-24}$$

式中：$S_{2e}$—电流互感器二次额定容量（V·A）；

$S_2$—电流互感器二次负荷容量（V·A）；

$I_{2e}$—电流互感器二次额定电流（A）；

$Z_2$—电流互感器二次负荷总阻抗（Ω）。

$Z_2$ 值包括所有仪表和继电器串联线圈的总阻抗 $\Sigma Z_m$、二次侧连接导线的计算电阻 $R_L$ 和接头的接触电阻 $R_C$（一般为0.05~0.1Ω）。

电流互感器在不同接线方式下的负荷阻抗及导线计算长度，见表11-19。实际的二

次导线电阻应小于 $R_L$，否则不能满足准确度要求。

表11-19　电流互感器二次阻抗计算公式

| 序号 | 接线方式 | 二次阻抗计算公式 | 二次导线计算长度 |
|---|---|---|---|
| 1 | 单相电流互感器 | $Z_2=\Sigma Z_m+2R_L+R_C$ | $2L_1$ |
| 2 | 不完全星形接线（V形） | $Z_2=\Sigma Z_m+\sqrt{3}R_L+R_C$ | $\sqrt{3}L_1$ |
| 3 | 三相星形(Y形) | $Z_2=\Sigma Z_m+2R_L+R_C$ | $L_1$ |
| 4 | 两相差流 | $Z_2=\sqrt{3}(\Sigma Z_m+2R_L)+R_C$ | $2\sqrt{3}L_1$ |
| 5 | 三相三角形（△形） | $Z_2=3(\Sigma Z_m+2R_L)+R_C$ | $3L_1$ |

**【例11-5】**某工厂配电室进线电流互感器为 LQG 型，准确级别为 0.5 级，二次额定容量 $S_{2e}$ 为 15V · A，用作电能计量和过电流保护，其上接有 1T1 型电流表、1D1 型有功功率表、DS1 型有功电能表、DX1 型无功电能表和 1D1 型功率因数表各一只和 DL-11/10 型电流继电器三只（与二次线圈并联）。互感器至主控制室的导线长度 $L_1$ 为 40m，电流互感器采用三相星形连接方式，试选择铜芯连线的截面面积。

**解：**根据题意和已知条件，将电流互感器的二次线圈负荷列于表 11-20 中。

表11-20　电流互感器二次各相负荷

| 仪表和继电器型号 | 电流互感器二次线圈负荷/V · A | | |
|---|---|---|---|
| | U 相 | V 相 | W 相 |
| 电流表 1T1 | 3 | — | — |
| 有功功率表 1D1 | 1.45 | — | 1.45 |
| 有功电能表 DS1 | 0.5 | 0.5 | 0.5 |
| 无功电能表 DX1 | 0.5 | 0.5 | 0.5 |
| 功率因数表 1D1 | — | 3 | — |
| 电流继电器 | 0.3 | 0.3 | 0.3 |
| 共计 | 5.75 | 4.3 | 2.75 |

根据表中数据显示，可知最大一相负荷为 $\Sigma Z_m I_{2e}^2=5.75$V · A，二次导线截面面积应按此负荷选择。

互感器为三相星形接线，$I_{2e}=5$A，设接触电阻 $R_C=0.1\Omega$，二次导线电阻在满足给定准确级别（0.5 级）的条件下，其允许值为

$$R_L=\frac{S_{2e}-\Sigma Z_m I_{2e}^2-R_C I_{2e}^2}{I_{2e}^2}=\frac{15-5.75-0.1\times5^2}{5^2}\Omega=0.27\Omega$$

查表 11-19，$L=L_1=40$m，故铜导线的截面面积为：

$$S=\rho\frac{L}{R_L}=\left(0.0188\times\frac{40}{0.27}\right)\text{mm}^2=2.78\text{mm}^2$$

因此可选用铜导线的截面面积为 4mm²。

**【例11-6】**某工厂变电所的出线电压为 10kV，出线容量为 1200kV · A，已知 $I_\infty$ 为 4.5kA，$i_{ch}$ 为 16.4kA，假想时间 $t_j$ 为 2.2s，试选择电流互感器。电流互感器采用不完全

星形接线，测量仪表的二次线圈负荷见表 11-21。

表11-21　测量仪表二次线圈负荷

| 仪表名称 | 二次线圈负荷/V·A | |
|---|---|---|
| | U 相 | W 相 |
| 电流表 | 3 | — |
| 有功电能表 | 0.5 | 0.5 |
| 无功电能表 | 0.5 | 0.5 |
| 共计 | 4 | 1 |

**解**：有功电能计量用电流互感器的准确级别应取 0.5 级。工作电流为

$$I_g=\frac{S}{\sqrt{3}U_e}=\frac{1200}{\sqrt{3}\times 10}\text{A}=69.3\text{A}$$

因此，暂选用 100A、10kV 的 LQJ-10-0.5/3-100 型电流互感器。其 0.5 级铁芯的额定负荷为 0.4Ω，其额定容量为

$$S_{2e}=I_{2e}^2Z_2=(5^2\times 0.4)\ \text{V}\cdot\text{A}=10\text{V}\cdot\text{A}$$

由于测量仪表二次线圈负荷未超过 $S_{2e}=10$A（见表 11-20），故电流互感器额定容量满足要求。由表 11-20 可见，U 相负荷最大，$\Sigma Z_m I_{2e}^2=4$V·A。电流互感器至测量仪表间连接导线的电阻为

$$R_L\leqslant\frac{S_{2e}-\Sigma Z_m I_{2e}^2-R_C I_{2e}^2}{I_{2e}^2}=\frac{10-4-0.1\times 5^2}{5^2}\Omega=0.14\Omega$$

其中接触电阻 $R_L$ 取 0.1Ω。

电流互感器至测量仪表间连接导线长约 6m，采用铜芯电缆。因为电流互感器采用不完全星形接线方式，查表 11-19，得 $L=\sqrt{3}L_1=6\sqrt{3}$m。连接导线的截面面积为

$$S=\rho\frac{L}{R_L}=\left(0.0188\times\frac{\sqrt{3}\times 6}{0.14}\right)\ \text{mm}^2=1.4\text{mm}^2，取\ 2.5\text{mm}^2$$

计算数据如下：

工作电压 $U_g=10$kV；工作电流 $I_g=69.3$A；冲击短路电流 $i_{ch}=16.4$k·A；热稳定性校验 $I_\infty^2 t_j=4.5^2\times 2.2=44.6$。

所以，选定的电流互感器 LQJ-10-0.5/3-100，其参数如下：

额定电压 $U_{1e}=10$kV；额定电流 $I_{1e}=100$A；动稳定性校验 $K_d\sqrt{2}I_{1e}=(225\times 1.41\times 0.1)$ kA=31.7kA；热稳定性校验 $(K_tI_{1e})^2t=(90\times 0.1)^2\times 1=81$kA。

由计算可知，所选电流互感器满足要求。

**(5) 常用电流互感器技术数据（见表 11-22）**

表11-22　常用电流互感器技术数据

| 名　称 | 型　号 | 主要规格和技术数据 | | | |
|---|---|---|---|---|---|
| | | 额定电压/kV | 基准级别 | 额定容量/（V·A） | 一次侧电流/A / 二次侧电流/A |
| 绕线式电流互感器 | LQ-0.5 | 0.5 | 0.5 | 5 | （5~800）/5 |
| 绕线式电流互感器 | LQG-0.5 | 0.5 | 0.5~1 | 10~15 | （5~800）/5 |
| 绕线式电流互感器 | LQG2-0.5 | 0.5 | 1 | 15 | （10~800）/5 |
| 母线式电流互感器 | LYM-0.5 | 0.5 | 1 | 20 | （750~5000）/5 |
| 速饱和电流互感器 | LQS-0.5 | 0.5 | | | （4~5）/3.5 |
| 穿芯汇流排式电流互感器 | LM-0.5 | 0.5 | 3 | 20 | （800~1000）/5 |
| 贯穿式电流互感器 | LDQ-10 | 10 | 0.5~1~3 | 20 | （600~1500）/5 |
| 贯穿式电流互感器（加强式） | LDCQ-10 | 10 | 0.5~1~3 | 20 | （400~1000）/5 |
| 贯穿式电流互感器（差动保护） | LDCD-10 | 10 | D~0.5~1~3 | 20 | （600~1500）/5 |
| 贯穿式电流互感器（加强型、差动保护） | LDCQD-10 | 10 | D~0.5~1~3 | 20 | （600~1500）/5 |
| 贯穿式电流互感器 | LFC-10 | 10 | 0.5~1~3 | 15 | （5~400）/5 |
| 贯穿式电流互感器（加强式） | LFCQ-10 | 10 | 0.5~1~3 | 15 | （5~300）/5 |
| 贯穿式电流互感器（差动保护） | LFCD-10 | 10 | D~0.5~1~3 | 15 | （75~400）/5 |
| 贯穿式电流互感器（加强式、差动保护） | LFCQD-10 | 10 | D~0.5~1~3 | 30 | （75~400）/5 |
| 穿芯汇流排式电流互感器 | LMT1-0.5 | 0.5 | D~1.2 | 30/40 | 7500/5 |
| 母线式电流互感器 | LYM1-0.5 | 0.5 | 1 | 20 | 2000/5 |
| 绕线式电流互感器 | LQG1-0.5TH | 0.5 | 0.5 | 5 | 200/5、300/5 |

续表

| 名　　称 | 型　　号 | 主要规格和技术数据 | | | |
|---|---|---|---|---|---|
| | | 额定电压/kV | 基准级别 | 额定容量/（V·A） | 一次侧电流/A / 二次侧电流/A |
| 环氧树脂浇铸电流互感器 | LMZ-0.5 | 0.5 | 1 | 5 | （75～600）/5 |
| | LMJ-10 | 10 | 0.5～1～3 | 10/15 | （600～1500）/5 |
| | LMJC-10 | 10 | 1/C | 10/15 | （600～1500）/5 |
| | LMJ-10A | 10 | 0.5/3 | 15/30 | （600～1500）/5 |
| | LMJC-10A | 10 | 05/C | 15/30 | （600～1500）/5 |
| | LQJ-10 | 10 | 0.5～1～3 | 10/15 | （5～400）/5 |
| | LQJ-10 | 10 | 3/3 | 10/10 | 1/5 |
| | LQJ-10A | 10 | 0.5～1～3 | 15/30 | （5～400）/5 |
| 环氧树脂浇铸电流互感器 | LQJC-10A | 10 | 0.5/C　1/C | 15/30 | （75～400）/5 |
| | LQJ-15 | 15 | 0.5/3 | 10/15 | （5～400）/5 |
| 零序电流互感器 | LJ-ϕ75 | 0.5 | | | |
| 35kV 电流互感器 | LCW-35 | 35 | 0.5～3 | | （15～1000）/5 |

注：1. 额定变比 15～1000/5 是指：15/5、20/5、30/5、40/5、50/5、75/5、100/5、150/5、200/5、300/5、400/5、600/5、750/5、1000/5。

2. 额定一次电流（A）一般分为 5、7.5、10、15、20、30、40、50、75、100、150、200、300、400、600、750、(800)、1000、1500、2000、3000、4000、5000、7500、10000、15000 和 25000，额定二次电流绝大多数为 5A。

### （6）电流互感器的准确级别和相应的最大误差（见表 11-23）

**表11-23　电互感器的准确级别和相应的最大误差**

| 准确级别 | 原线圈电流占标准电流的百分数/% | 最大变比误差/% | 最大角误差/% |
|---|---|---|---|
| 0.2 | 从 120 到 100<br>50<br>20<br>10 | ±0.20<br>±0.30<br>±0.35<br>±0.50 | ±10<br>±13<br>±15<br>±20 |
| 0.5 | 从 120 到 100<br>50<br>20<br>10 | ±0.50<br>±0.65<br>±0.70<br>±1.0 | ±40<br>±45<br>±50<br>±60 |
| 1 | 从 120 到 100<br>50<br>20<br>10 | ±1.0<br>±1.3<br>±1.5<br>±2.0 | ±80<br>±90<br>±100<br>±120 |
| 3 | 从 120 到 50 | ±3 | 无规定 |
| 10 | 从 120 到 50 | ±10 | 无规定 |

## 8. 电力变压器的选择

变压器是一种改变电压的设备，变压器把某一电压值的交流电变换成同频率的另一电压值的交流电。变压器的种类众多，应用在电力系统中供输电和配电用的统称为电力变压器。

**（1）电力变压器型号表示方式**

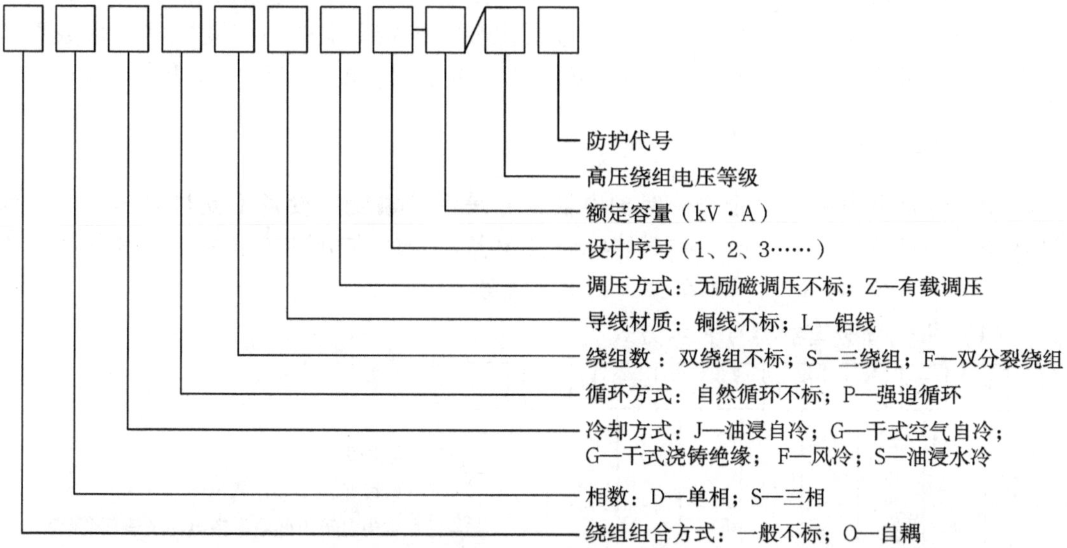


例如：SFPL2-31500/220型变压器为三相强迫有循环风冷、铝绕组、31500kV・A、高压侧电压等级为220kV、双变压器。

**（2）变电站主变压器容量及台数的选择原则**

1）按电压等级选择变压器的容量。变电站主变压器容量选择的一般原则为电压等级高，变电站密度低，主变压器容量就要选择大些；电压等级低，变电站密度高，一般变压器的容量可选择小些。

2）同级电压的单台变压器容量的级别。同级电压的单台变压器容量的级别不宜套多，应从全网出发，推行主变压器容量的系列化、标准化。在同一个地区的电网中，同一级电压的主变压器单台容量不宜超过三种。一般在同一变电所中同一级电压的主变压器容量宜采用相同容量规格。

3）按容载比确定主变压器的容量，在选择变电站单台主变压器容量及变电站主变压器容量时，应考虑变电容载比，即在满足供电可靠性的基础上，电网变电站主变压器容量（kV・A）与对应的网供最大负荷（kW）之比值。如果容载比选择得过大，变电站建设早期投资增大；容载比选择过小，变电站适应性较差，影响正常供电。电网变电容载比一般220kV电网为1.6~1.9，35~110kV电网为1.8~3.1。

4）按负荷密度选择变电站主变压器容量。由于城市建设和城镇化建设的迅速发展和经济的繁荣，电力负荷大幅度增长，有的城市负荷密度已达30~50MW/km$^2$，个别城市的经济开发区负荷密度高达每平方千米几十万千瓦，农村用电负荷密度较小，35kV

变电站一般选 2×3150kV · A 或 2×6300kV · A 主变压器即可满足供电。

变电站主变压器容量，一般应按 5~10 年规划负荷来选择，并适当考虑到远期 10~20 年的负荷发展。根据城市规划、负荷性质、电网结构等综合考虑确定其容量。对于重要变电站，应当考虑 1 台主变压器停运时，其余变压器容量在计及过负荷能力允许时间内，能满足 1 类及 2 类负荷的供电；对于一般变电站，当考虑 1 台主变压器停运时，其余变压器容量应能满足全部负荷的 60%。

5）变电站主变压器台数的选择。应根据地区供电条件，即负荷性质、供电负荷大小、运行方式、供电可靠性等进行综合分析比较后确定。变电站主变压器的台数不宜少于 2 台，最多不宜多于 4 台，一般情况下 3 台变压器就能满足供电要求。

### 9. 避雷器的选择计算

避雷器是电力系统中的一种保护电器，它是保护输变电设备不受过电压危害、保证系统安全运行的重要设备。避雷器的特性又是决定输变电设备绝缘水平的依据。因此，在电力系统中，避雷器不可缺少且极其重要。

**（1）氧化锌避雷器型号表示方式**

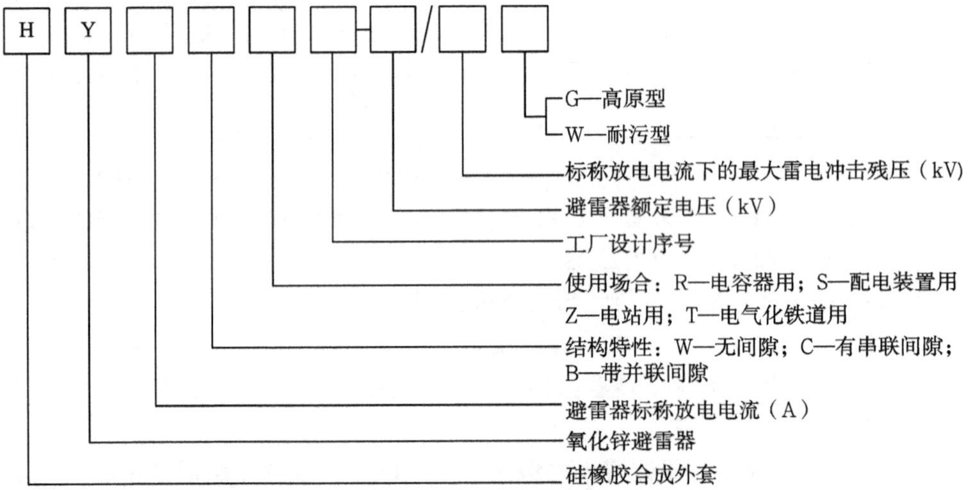


例如：HY5WR5-10/27 型避雷器，表示避雷器的额定电压为 10kV，雷电冲击电压下的残压为 27kV，避雷器标称放电电流为 5kA，用硅橡胶有机合成外套制成，用于保护电力电容器的无间隙氧化锌避雷器。

**（2）选择避雷器时应考虑的事项**

1）保护并联电容器装置的氧化锌避雷器额定电压，应考虑系统单相接地引起的工频电压升高，并留有一定的裕度。

2）设计中应校验避雷器的通流容量，以确保运行安全；对保护并联电容器组单相重燃过电压的氧化锌避雷器，应以电源侧单相接地时，断路器发生操作过电压为校验其通流容量的条件。

**（3）技术数据**

保护电力电容器的氧化锌避雷器的电气参数见表 11-24。

硅橡胶外套氧化锌避雷器的电气参数见表 11-25。

无间隙金属氧化物避雷器持续运行电压和额定电压见表 11-26。

无间隙电站型和配电型避雷器的电气参数见表 11-27。

变电所常用氧化锌避雷器型号见表 11-28。

**表11-24　保护电力电容器的氧化锌避雷器的电气参数**

| 型　号 | 系统额定电压 | 避雷器额定电压 | 避雷器持续运行电压 | 直流 1mA 电压 /kV | 2ms 方波电流 /A | 雷电冲击电流下残压 | 操作冲击电流下残压 |
|---|---|---|---|---|---|---|---|
| | 有效值/kV | | | | | 峰值/kV | |
| Y5WR5-10/27 | 6 | 10 | 7.6 | 14.4 | 400 | 27 | 20.8 |
| Y5WR5-17/45 | 10 | 17 | 13 | 24 | 400~1000 | 45 | 38.3 |
| Y5WR5-48/134 | 35 | 48 | 38.4 | 74 | 400~2000 | 134 | 105 |
| Y10WR5-48/134 | 35 | 48 | 38.4 | 74 | 400~2000 | 134 | 105 |
| Y5WR5-51/134 | 35 | 51 | 40.8 | 74 | 400~1500 | 134 | 105 |
| Y10WR5-51/134 | 35 | 51 | 40.8 | 74 | 400~1500 | 134 | 105 |
| Y5WR5-52.7/134 | 35 | 52.7 | 42.2 | 74.5 | 400~2000 | 134 | 105 |
| Y10WR5-52.7/134 | 35 | 52.7 | 42.2 | 74.5 | 400~2000 | 134 | 105 |
| Y5WR5-54/134 | 35 | 54 | 43.3 | 74.5 | 400~2000 | 134 | 105 |
| Y10WR5-54/134 | 35 | 54 | 43.3 | 74.5 | 400~2000 | 134 | 105 |

**表11-25　硅橡胶外套氧化锌避雷器的电气参数**

| 型　号 | 系统额定电压 /kV | 避雷器额定电压 /kV | 避雷器持续运行电压 /kV | 直流 1mA 电压/kV | 残　压 (8/20S, 5Ka、kV) | 方波通流容量 (2ms, A) | 质　量 /kg |
|---|---|---|---|---|---|---|---|
| HY5WR5-10/27 | 6 | 10 | 8 | 14.4 | 27 | 400 | 2.2 |
| HY5WR5-17/45 | 10 | 17 | 13.6 | 24 | 45 | 400 | 2.8 |
| HY5WR5-48/134 | 10 | 17 | 13.6 | 24 | 42 | 400 | 2.8 |
| HY10WR5-48/130 | 35 | 48 | 38.4 | 73 | 134 | 600 | 22.5 |
| HY5WR5-51/134 | 35 | 48 | 38.4 | 73 | 130 | 600 | 22.5 |
| HY10WR5-51/130 | 35 | 51 | 40.8 | 73 | 134 | 400 | 22.5 |
| HY5WR5-51/125 | 35 | 51 | 40.8 | 73 | 125 | 400 | 10.61 |
| HY10WR5-52.7/134 | 35 | 51 | 40.8 | 73 | 125 | 400 | 10.61 |
| HY5WR5-52.7/130 | 35 | 52.7 | 42.2 | 73 | 134 | 400 | 10.61 |
| HY10WR5-52.7/130 | 35 | 52.7 | 42.2 | 73 | 130 | 400 | 10.61 |
| HY10WR5-48/134 | 35 | 48 | 38.4 | 73 | 134 | 800 | 25 |
| HY10WR5-51/134 | 35 | 51 | 40.8 | 73 | 134 | 800 | 25 |

表11-26　无间隙金属氧化物避雷器持续运行电压和额定电压

| 系统接地方式 | | 持续运行电压/kV | | 额定电压/kV | |
|---|---|---|---|---|---|
| | | 相地 | 中性点 | 相地 | 中性点 |
| 有效接地 | 110kV | $U_m/\sqrt{3}$ | $0.45U_m$ | $0.75U_m$ | $0.57U_m$ |
| | 220kV | $U_m/\sqrt{3}$ | $0.13U_m$ $(0.45U_m)$ | $0.75U_m$ | $0.17U_m$ $(0.57U_m)$ |
| 不接地 | 3~20kV | $1.1U_m$ | $0.64U_m$ | $1.38U_m$ | $0.8U_m$ |
| | 35kV、66kV | $U_m$ | $U_m/\sqrt{3}$ | $1.25U_m$ | $0.72U_m$ |
| 消弧线圈 | | $U_m$ | $U_m/\sqrt{3}$ | $1.25U_m$ | $0.72U_m$ |
| 低电阻 | | $0.8U_m$ | | $U_m$ | |
| 高电阻 | | $1.1U_m$ | $1.1U_m/\sqrt{3}$ | $1.38U_m$ | $0.8U_m$ |

**【例11-7】** 某供电局220kV变电所进线侧电压为220kV，试选择220kV过电压保护的氧化锌避雷器的规格型号。

**解：** 1）按额定电压选择。220kV系统最高电压为252kV，根据表11-25取避雷器相对地电压为：$0.75U_m=0.75\times252=189$kV。

取避雷器的额定电压为220kV，满足额定电压要求。

2）按持续运行电压选择。220kV系统相电压为$252/\sqrt{3}$ kV=145kV，查表11-27选Y10W5-200/520型无间隙氧化锌避雷器，该型避雷器持续运行电压有效值为146kV，满足持续运行电压的要求。

表11-27　无间隙电站型和配电型避雷器的电气参数

| 型　号 | 系统额定电压/kV | 避雷器额定电压/kV | 避雷器持续运行电压/kV | 陡坡冲击电流下残压峰值（不大于）/kV | 雷电冲击电流下残压峰值（不大于）/kV | 操作冲击电流下残压峰值（不大于）/kV | 直流1mA参考电压（不小于）/kV |
|---|---|---|---|---|---|---|---|
| Y5WZ5-10/27L | 6 | 10 | 5.2 | 31 | 27 | 23 | 14.4 |
| Y5W25-12.7/27L | 10 | 17 | 8.6 | 51.8 | 45 | 38.5 | 25 |
| Y5WS5-10/30L | 6 | 10 | 5.2 | 34.5 | 30 | 25.5 | 15 |
| Y5WS5-17/50L | 10 | 17 | 8.6 | 57.5 | 50 | 42.5 | 25 |
| Y5WZ4-51/134L | 35 | 51 | 40.5 | 154 | 134 | 114 | 73 |
| Y10WZ5-51/134L | 35 | 51 | 40.5 | 154 | 134 | 114 | 73 |
| Y5W5-96/250 | 110 | 96 | 73 | 279 | 250 | 212 | 136 |
| Y10W5-96/250 | 110 | 96 | 73 | 279 | 250 | 212 | 136 |
| Y5W5-100/250 | 110 | 100 | 73 | 291 | 260 | 221 | 145 |
| Y10W5-100/260 | 110 | 100 | 73 | 291 | 260 | 221 | 145 |
| Y10W5-192/500 | 220 | 192 | 146 | 558 | 500 | 424 | 271 |
| Y10W5-200/520 | 220 | 200 | 146 | 582 | 520 | 442 | 290 |

3）按标称放电电流选择。220kV氧化锌避雷器标称放电电流选10kA。

4）按雷电冲击残压选择。查相关技术手册得220kV变压器额定雷电冲击（内、外绝缘）耐受电压（峰值）为850kV，按式11-19，计算避雷器标称放电电流引起的雷电冲击残压。

$$U_{\mathrm{ble}} \leqslant \frac{BIL}{K_{\mathrm{c}}} \qquad \text{式11-25}$$

式中：$U_{\mathrm{ble}}$—避雷器额定雷电冲击电流下残压峰值（kV）；

$BIL$—各类设备绝缘全波雷电冲击耐压水平（kV）；

$K_{\mathrm{c}}$—雷电冲击绝缘配合因数，根据 GB 311.1-2012 规定取 $K_{\mathrm{c}}=1.4$。

代入式 11-25 得避雷器标称放电电流引起的雷电冲击残压为

$$U_{\mathrm{ble}} \leqslant \frac{BIL}{K_{\mathrm{c}}}=\frac{850}{1.4}=607\mathrm{kV}$$

查表 11-27 得 Y10W5-200/520 型无间隙氧化锌避雷器雷电冲击电流下的残压（峰值）不大于 520kV，该值小于 607kV，故选择的氧化锌避雷器满足雷电冲击残压的要求。

5）校验陡坡冲击电流下的残压。查相关技术手册得 220kV 变压器类设备的内绝缘截断雷电冲击耐受电压（峰值）为 950kV，按式 11-26 计算避雷器陡坡冲击电流下的残压

$$U'_{\mathrm{ble}} \leqslant \frac{BIL'}{K'_{\mathrm{c}}} \qquad \text{式11-26}$$

式中：$U'_{\mathrm{ble}}$—避雷器陡坡冲击电流下残压峰值（kV）；

$BIL'$—各类设备绝缘全波陡坡冲击耐压水平（kV）；

$K'_{\mathrm{c}}$—陡坡冲击绝缘配合因数，根据 GB 311.1-2012 规定取 $K'_{\mathrm{c}}=1.4$。

代入式 11-19 得避雷器陡坡冲击电流下的残压为

$$U'_{\mathrm{ble}} \leqslant \frac{BIL'}{K_{\mathrm{c}}}=\frac{950}{1.4}\mathrm{kV}=678\mathrm{kV}$$

查表 11-27 得 Y10W5-200/520 型无间隙氧化锌避雷器陡坡冲击电流下的残压（峰值）不大于 582kV，该值小于 678kV，故满足陡坡冲击电流下的残压要求。

6）按操作冲击残压选择。查相关技术手册得 220kV 变压器线端操作波试验电压值 $SIL=750\mathrm{kV}$，根据 GB 311.1-2012 规定，取 $K''_{\mathrm{c}}=1.15$，按式 11-27 计算避雷器操作冲击电流下残压。

$$U_{\mathrm{s}} \leqslant \frac{SIL''}{K''_{\mathrm{c}}} \qquad \text{式11-27}$$

代入式 11-27 得避雷器操作冲击电流下残压为

$$U_{\mathrm{s}} \leqslant \frac{SIL'}{K_{\mathrm{c}}}=\frac{750}{1.15}\mathrm{kV}=652\mathrm{kV}$$

查表 11-27 得 Y10W5-200/520 型无间隙氧化锌避雷器操作冲击电流下残压（峰值）不大于 442kV，该值小于 652kV，故满足操作冲击电流下的残压要求。

7）查表 11-27 选择 Y10W5-200/520 型无间隙氧化锌避雷器能满足主变压器 220kV 侧过电压保护的要求。

表11-28　变电所常用氧化锌避雷器型号

| 电压/kV | 名称 | 避雷器型号 | 电压/kV | 名称 | 避雷器型号 |
|---|---|---|---|---|---|
| 10 | 10kV 母线 | YH5WZ-17/45 | 110 | 110kV 主变压器进线 | Y10W5-100/260 |
| 10 | 10kV 电容器 | YH5WR-17/45 | 110 | 110kV 母线 | Y10W5-100/260 |
| 35 | 35kV 母线、TV 间隔 | YH5WZ-53/134 | 110 | 110kV 出线 | Y10W5-100/260 |
| 35 | 35kV 进线 | YH5WZ-53/134 | 110 | 110kV 变压器中性点 | YH1. 5W5-73/200 |
| 35 | 35kV 出线 | YH5WZ-53/134 | 220 | 220kV 主变压器进线 | Y10W5-200/520 |
| 35 | 35kV 变压器中性点 | YH1. 5W-30/85 | 220 | 220kV 主母线 | Y10W5-200/520 |

## 10. 母线和电力电缆的选择计算

（1）**硬母线截面的选择**　裸导体应根据具体情况，按工作电流、经济电流密度、电晕、动稳定或机械强度及热稳定等技术条件分别进行选择（见表 11-29）。

表11-29　母线选择条件

| 按最大长期工作电流选择母线截面 | 按经济电流密度选择母线截面面积 | 按短路条件校验母线热稳　定 | 按短路条件校验母线动稳　定 | 按电晕条件校验母线 |
|---|---|---|---|---|
| $I_{xu} \geqslant I_g$ | $S_j = \dfrac{I_g}{j}$ | $S_{zx} = \dfrac{I\infty}{C}\sqrt{K_f t_j}$<br>$S \geqslant S_{zx}$ | $\delta_{zd} \leqslant \delta_{zu}$ | $U_{ej} \geqslant U_g$ |

表中符号说明：

$I_{xu}$—对应于母线工作环境温度与放置方式下，所选母线根据正常工作时允许的最高工作温度决定的允许持续电流值（A）；

$j$—经济电流密度（$A/mm^2$）；

$C$—热稳定系数，铝：$C=91$，铜：$C=169$；

$K_f$—附加损耗系数，农村电网 $K_f=1$；

$S_{zx}$—热稳定要求的最小母线截面面积（$mm^2$）；

$t_j$—短路电流假想时间，$t_j=t$；

$S$—所选母线截面面积（$mm^2$）；

$\delta_{zd}$—母线最大计算应力（$kg/cm^2$）；

$\delta_{zu}$—材料最大允许应力（$kg/cm^2$）；

$U_{ej}$—临界电晕电压（kV）；

其余符号含义同断路器。

1）按最大长时间工作电流选择。

$$I_y \geqslant I_{max}$$

式中：$I_y$—母线的长时间最大允许电流（A）；

$I_{max}$—流过母线的长时间最大工作电流（A）。

矩形母线和管形的允许载流量见表 11-30~表 11-32。

注：母线的长时最大允许电流是指环境温度为 25℃、导体最高发热温度为 70℃时的长时允许电流，当实际环境温度为 $\theta$ 时，长时允许电流应按下式进行修正。

**表11-30　单极矩型铝母线允许持续载流量**

| 母线截面面积/(mm×mm) | 最大允许持续电流/A | | | | | | | |
|---|---|---|---|---|---|---|---|---|
| | 单条 | | | | 双条 | | | |
| | 铜 | | 铝 | | 铜 | | 铝 | |
| | 平放 | 竖放 | 平放 | 竖放 | 平放 | 竖放 | 平放 | 竖放 |
| 15×3 | 200 | 210 | 156 | 165 | | | | |
| 20×3 | 216 | 275 | 204 | 215 | | | | |
| 25×3 | 323 | 340 | 252 | 265 | | | | |
| 30×4 | 451 | 475 | 347 | 365 | | | | |
| 40×4 | 593 | 625 | 456 | 480 | | | | |
| 40×5 | 665 | 700 | 518 | 540 | | | | |
| 50×5 | 816 | 860 | 632 | 665 | | | | |
| 50×6 | 906 | 955 | 703 | 740 | | | | |
| 60×6 | 1069 | 1125 | 826 | 870 | 1650 | 1740 | 1282 | 1350 |
| 60×8 | 1251 | 1320 | 975 | 1025 | 2050 | 2160 | 1596 | 1680 |
| 60×10 | 1395 | 1475 | 1100 | 1155 | 2430 | 2560 | 1910 | 2010 |
| 80×6 | 1360 | 1480 | 1050 | 1150 | 1940 | 2110 | 1500 | 1630 |
| 80×8 | 1553 | 1690 | 1215 | 1320 | 2410 | 2620 | 1876 | 2046 |
| 80×10 | 1747 | 1900 | 1360 | 1480 | 2850 | 3100 | 2237 | 2410 |
| 100×6 | 1665 | 1810 | 1310 | 1425 | 2270 | 2470 | 1780 | 1935 |
| 100×8 | 1911 | 2080 | 1495 | 1625 | 2810 | 3060 | 2200 | 2390 |
| 100×10 | 2121 | 2310 | 1675 | 1820 | 3320 | 3610 | 2630 | 2860 |
| 120×8 | 2210 | 2400 | 1750 | 1900 | 3150 | 3400 | 2440 | 2650 |
| 120×10 | 2435 | 2650 | 1905 | 2070 | 3370 | 4100 | 2945 | 3200 |

**表11-31　矩形双层母线允许载流量**

| 母线截面面积/(mm×mm) | 最大允许持续电流/A | | | | | |
|---|---|---|---|---|---|---|
| | 25℃ | | 35℃ | | 40℃ | |
| | 平放 | 竖放 | 平放 | 竖放 | 平放 | 竖放 |
| 60×6 | 1282 | 1350 | 1126 | 1185 | 1035 | 1090 |
| 60×8 | 1596 | 1680 | 1460 | 1480 | 1281 | 1300 |
| 60×10 | 1910 | 2010 | 1680 | 1770 | 1558 | 1640 |
| 80×6 | 1500 | 1630 | 1320 | 1433 | 1222 | 1330 |
| 80×8 | 1876 | 2040 | 1651 | 1795 | 1520 | 1650 |
| 80×10 | 2237 | 2410 | 1950 | 2120 | 1809 | 1965 |
| 100×6 | 1780 | 1935 | 1564 | 1700 | 1450 | 1578 |
| 100×8 | 2200 | 2390 | 1930 | 2100 | 1794 | 1950 |
| 100×10 | 2030 | 2860 | 2300 | 2500 | 2130 | 2315 |
| 120×8 | 2440 | 2650 | 2140 | 2330 | 1985 | 2160 |
| 120×10 | 2945 | 3200 | 2615 | 2840 | 2410 | 2620 |

**表11-32　LF-21Y 管形铝锰合金导体长期允许载流量及计算用数据**

| 母线尺寸 $(D_1/D_2)$ /(mm×mm) | 导体截面 /$mm^2$ | 导体最高允许温度为下列值时的载流量/A | | 截面系数 /($W/cm^3$) | 惯性半径 $r_1$/cm | 惯性距 /($J/cm^4$) |
|---|---|---|---|---|---|---|
| | | 70℃ | 80℃ | | | |
| 30/25 | 216 | 572 | 565 | 1. 37 | 0. 976 | 2. 06 |
| 40/35 | 294 | 770 | 712 | 2. 60 | 1. 33 | 5. 20 |
| 50/45 | 373 | 970 | 850 | 4. 22 | 1. 68 | 10. 60 |
| 60/54 | 539 | 1240 | 1072 | 7. 29 | 2. 02 | 21. 90 |
| 70/64 | 631 | 1413 | 1211 | 10. 20 | 2. 37 | 35. 50 |
| 80/72 | 954 | 1900 | 1545 | 17. 30 | 2. 69 | 69. 20 |
| 100/90 | 1491 | 2350 | 2054 | 33. 80 | 3. 36 | 169 |
| 110/100 | 1649 | 2569 | 2217 | 41. 40 | 3. 72 | 228 |
| 120/110 | 1806 | 2782 | 2377 | 49. 90 | 4. 07 | 299 |
| 130/116 | 2705 | 3511 | 2976 | 79. 00 | 4. 36 | 513 |
| 150/136 | 3143 | | 3140 | | | |

$$I'_y = KI_y = I_y\sqrt{\frac{\theta_y - \theta}{\theta_y - \theta_0}} \qquad \text{式11-28}$$

式中：$I'_y$—实际环境温度下电气设备允许的最大长时工作电流（A）；

$I_y$—环境最高温度为25℃、导体最高发热温度为70℃时的长时允许电流（A）；

$\theta_y$—母线最高允许温度，一般为70℃，用超声波搪锡后，可提高到80℃；

$\theta_0$—电气设备规定的标准环境温度，可取25℃；

$\theta$—实际环境温度（℃）；

$K$—综合修正系数，与环境温度和导体连接方式等有关，修正系数见表11-33。

**表11-33　裸导体载流量在不同海拔及环境温度下的综合修正系数 $K$**

| 导体最高允许温度/℃ | 适用范围 | 海拔/m | 实际环境温度/℃ | | | | | | |
|---|---|---|---|---|---|---|---|---|---|
| | | | 20 | 25 | 30 | 35 | 40 | 45 | 50 |
| 70 | 屋内矩形、槽形、管形导体和不计日照的屋外软导线 | | 1. 05 | 1. 00 | 0. 94 | 0. 88 | 0. 81 | 0. 74 | 0. 67 |
| 80 | 计及日照的屋外软导线 | 100 及以下 | 1. 05 | 1. 00 | 0. 95 | 0. 89 | 0. 83 | 0. 76 | 0. 69 |
| | | 2000 | 1. 01 | 0. 96 | 0. 91 | 0. 85 | | | |
| | | 3000 | 0. 97 | 0. 92 | 0. 87 | 0. 81 | | | |
| | | 4000 | 0. 93 | 0. 89 | 0. 84 | 0. 77 | | | |
| | 计及日照的屋外管形导体 | 1000 及以下 | 1. 05 | 1. 00 | 0. 94 | 0. 87 | 0. 80 | 0. 72 | 0. 63 |
| | | 2000 | 1. 00 | 0. 94 | 0. 88 | 0. 81 | 0. 74 | | |
| | | 3000 | 0. 95 | 0. 90 | 0. 84 | 0. 76 | 0. 69 | | |
| | | 4000 | 0. 91 | 0. 86 | 0. 80 | 0. 72 | 0. 65 | | |

2）按经济电流密度选择。按经济电流密度选择母线截面可使年综合费用最低，年

综合费用包括电流通过导体时所产生的年电能损耗费、导体投资和折旧费、利息等。从降低电能损耗的角度看，希望母线的截面越大越好，而从降低投资、折旧费和利息的角度看，则希望母线的截面越小越好。综合这些因素，使年综合费用最小时所对应的母线截面称为母线的经济截面，对应的电流密度称为经济电流密度。常用不同金属材料的母线导体的经济电流密度值见表 3-34。

3）动稳定性校验。校验母线动稳定是校验母线在短路冲击电流电动力作用下是否会产生永久性变形或断裂，也即是否超过母线材料应力的允许范围。母线发生三相短路时，母线受到的电动力按下式进行计算：

$$F^{(3)} = 0.173K_f\,(i_{sh}^{(3)})^2\,\frac{l}{a}\,(\mathrm{N}) \qquad \text{式11-29}$$

式中：$i_{sh}$ —短路冲击电流（kA）；

$K_f$—矩形截面导体的形状系数，当 $\frac{a-b}{b+h} \geqslant 2$ 时，$K_f \approx 1$；

$l$ —母线两支持点间跨距（cm）；

$a$ —母线相间距离（cm）；

$b$ —母线的宽度（cm）；

$h$ —母线的厚度（cm）。

当跨越距离在两段以上时，其最大弯曲力矩按下式进行计算：

$$M = F \times \frac{l}{10}\,(\mathrm{N \cdot m}) \qquad \text{式11-30}$$

式中：$F$—短路时母线每跨距导线所受的力（N）；

$l$ —母线跨距（M）。

当跨距段小于或等于两段时，其最大弯曲力距按下式进行计算：

$$M = F \times \frac{l}{8}\,(\mathrm{N \cdot m}) \qquad \text{式11-31}$$

4）热稳定性校验。母线热稳定性按最小热稳定截面进行校验，即

$$A_m \geqslant A_{min} = \frac{I_\infty}{C}\sqrt{t_{ima}} \times 10^3 \qquad \text{式11-32}$$

式中：$A_m$—母线截面面积（$mm^2$）；

$A_{min}$—最小热稳定性截面面积（$mm^2$）；

$T_{ima}$—短路电流假想时间（s）；

$C$—母线材料的热稳定性系数。

短路前导体不同工作温度下的 $C$ 值见表 11-34。

**表11-34　导体不同工作温度下的 C 值**

| 工作温度/℃ | 50 | 55 | 60 | 65 | 70 | 75 | 80 | 85 | 90 | 95 | 100 | 105 |
|---|---|---|---|---|---|---|---|---|---|---|---|---|
| 硬铅及铝锰合金 | 95 | 93 | 91 | 89 | 87 | 85 | 83 | 81 | 79 | 77 | 75 | 73 |
| 硬铜 | 181 | 179 | 176 | 174 | 171 | 169 | 166 | 164 | 161 | 159 | 157 | 155 |

【例11-8】某供电局拟建一座110kV枢纽变电站，规划资料显示，该变电站110kV母线持续穿越功率为250MV·A，持续电流为1312A，110kV主母线三相短路电流周期分量稳态值为12.24kA，试选择110kV主母线。

**解：**

1）母线类型的选择。选择2×LGJ-400/35型钢芯铝绞线。

2）按主母线长期工作电流选择。由已知条件查表3-32，LGJ-400型导线在环境温度25℃、导体最高允许温度70℃时，长期允许载流量为865A，考虑环境温度40℃，由表11-33得温度校正系数为0.81，则导体长期允许载流量为

$$I'_y = KI_y = 865\times0.81\text{A} = 700\text{A}$$

则2×LGJ-400/35型钢芯铝绞线长期允许载流量为1400A，导体极限输送容量为

$$S = \sqrt{3}U_N I'_y = \sqrt{3}\times110\times1400\text{kV}\cdot\text{A} = 266.7\text{MV}\cdot\text{A}$$

选择的2×LGJ-400/35型导线极限输送功率及电流都大于实际输送的容量及电流，故选择的导体满足要求。

3）热稳定所要求的最小截面。按式11-32计算热稳定要求最小截面为

$$A_m = \frac{I_\infty}{C}\sqrt{t_{ima}}\times10^3 = (\frac{12.24}{87}\times\sqrt{0.2}\times10^3)\text{mm}^2 = 63\text{mm}^2$$

选择2×LGJ-400/35型导线截面大于热稳定要求最小截面，故满足要求。

4）按经济电流密度选择。主变压器110kV侧年最大负荷利用小时取$T_{max}=3000$h时的经济电流密度$j=1.65/\text{mm}^2$，则由下式计算经济截面面积为

$$S_j = \frac{I_{max}}{j} = \frac{1400}{1.65}\text{mm}^2 = 848.5\text{mm}^2$$

选择2×LGJ-400/35型导线输送经济电流为

$$I_{max} = jS_j = 1.65\times800\text{A} = 1730\text{A}$$

经济输送容量为

$$S_j = \sqrt{3}U_N I_{max} = \sqrt{3}\times110\times1730\text{kV}\cdot\text{A} = 252\text{MV}\cdot\text{A} > 250\text{MV}\cdot\text{A}$$

该值满足要求。

5）热稳定所要求的最小截面。按式3-32计算热稳定要求最小截面面积为

$$A_m = \frac{I_\infty}{C}\sqrt{t_{ima}}\times10^3 = \frac{12.24}{87}\times\sqrt{0.2}\times10^3\text{mm}^2 = 63\text{mm}^2$$

选择2×LGJ-400/35型导线截面大于热稳定要求最小截面，故满足要求。

铝母线允许通过的稳态短路电流有效值可由表11-35查取。

【例11-9】某供电局建一座110kV枢纽变电站，规划资料显示，该变电站110kV主母线持续穿越功率为250MV·A，持续电流为1312A，110kV主母线三相短路电流周期分量稳态值为12.24kA，试选择110kV主母线。

**解：**

1）母线类型的选择。选择$\phi$100/90形管形母线。

2）按主母线长期工作电流选择。由已知条件查表11-32，$\varphi$100/90型管形母线在环境温度25℃、导体最高允许温度70℃时，长期允许载流量为2350A，考虑环境温度

40℃，由表 11-33 得温度校正系数为 0.81，则导体长期允许载流量为

$$I'_y = KI_y = 2350\times0.81\text{A} = 1903.5\text{A}$$

则 $\phi$100/90 型管形母线长期允许载流量为 2350A，导体极限输送容量为

$$S = \sqrt{3}U_N I'_y = \sqrt{3}\times110\times2350\text{kV}\cdot\text{A} = 447.7\text{MV}\cdot\text{A}$$

大于 110kV 主母线长期穿越工作电流 1312A，持续极限输送容量为 429.2MV·A，110kV 主母线持续穿越容量 262MV·A。故选择 $\varphi$120/110 管形母线满足输送功率的要求。

3）热稳定所要求的最小截面。110kV 母线 $K_1$ 点三相短路电流周期分量稳态值 $I_\infty$ = 12.24kA，热稳定系数 C = 87，假想时间选 $t_{ima}$ = 0.2s，，按式 11-32 进行母线进行母线热稳定要求最小截面计算。

4）计算热稳定要求最小截面面积为

$$A_m = \frac{I_\infty}{C}\sqrt{t_{ima}}\times10^3 = \left(\frac{12.24}{87}\times\sqrt{0.2}\times10^3\right)\text{mm}^2 = 63\text{mm}^2$$

选择 $\phi$110/90 型导线截面面积 $S = 1491\text{mm}^2$，大于热稳定要求最小截面面积 $A_{min} = 63\text{mm}^2$，故选择的母线满足热稳定要求（见表 11-35）。

**表11-35　铝母线允许通过的稳态短路电流有效值**　（单位：kA）

| 母线规宽×厚/(mm×mm) | 假想时间/s | | | | | | | | | | | | |
|---|---|---|---|---|---|---|---|---|---|---|---|---|---|
| | 0.1 | 0.15 | 0.2 | 0.3 | 0.4 | 0.6 | 0.8 | 1.0 | 1.2 | 1.6 | 2.0 | 2.5 | 3.0 |
| 30×4 | 33 | 27 | 23 | 19 | 17 | 13 | 12 | 10 | 10 | 8 | 7 | 7 | 6 |
| 40×4 | 44 | 36 | 31 | 25 | 22 | 18 | 16 | 14 | 13 | 11 | 10 | 9 | 8 |
| 40×5 | 55 | 45 | 39 | 32 | 28 | 22 | 19 | 17 | 16 | 14 | 12 | 11 | 10 |
| 50×5 | 69 | 56 | 49 | 40 | 34 | 28 | 24 | 22 | 20 | 17 | 15 | 14 | 13 |
| 50×6 | 83 | 67 | 58 | 48 | 41 | 34 | 29 | 26 | 24 | 21 | 18 | 17 | 15 |
| 60×6 | 99 | 81 | 70 | 57 | 50 | 40 | 35 | 31 | 29 | 25 | 22 | 20 | 18 |
| 60×8 | 132 | 108 | 93 | 76 | 66 | 54 | 47 | 42 | 38 | 33 | 30 | 26 | 24 |
| 60×10 | 165 | 135 | 117 | 95 | 83 | 67 | 58 | 52 | 48 | 41 | 37 | 33 | 30 |
| 80×6 | 132 | 108 | 93 | 76 | 66 | 54 | 47 | 42 | 38 | 33 | 30 | 26 | 24 |
| 80×8 | 176 | 144 | 125 | 102 | 88 | 72 | 62 | 56 | 51 | 44 | 39 | 35 | 32 |
| 80×10 | 220 | 180 | 156 | 127 | 110 | 90 | 78 | 70 | 64 | 55 | 49 | 44 | 40 |
| 100×6 | 264 | 216 | 187 | 152 | 132 | 108 | 93 | 84 | 76 | 66 | 59 | 53 | 48 |
| 100×8 | 165 | 135 | 117 | 95 | 83 | 67 | 58 | 52 | 48 | 41 | 37 | 33 | 30 |
| 100×10 | 220 | 180 | 156 | 127 | 110 | 90 | 78 | 70 | 64 | 55 | 49 | 44 | 40 |
| 120×8 | 262 | 214 | 195 | 151 | 131 | 107 | 93 | 83 | 76 | 66 | 59 | 52 | 48 |
| 120×10 | 315 | 257 | 233 | 182 | 157 | 127 | 111 | 100 | 91 | 79 | 70 | 63 | 57 |

**（2）电力电缆的选择**　随着全国小城镇建设的快速发展和大、中、小城市的改建和扩建，因受地理环境条件的限制，多数地方若采用架空电力线路对用户供电的方式已没有线路安全走廊通道，因此，越来越多地采用电力电缆对用户供电的方式。正确、合理地计算、选择电缆的截面，是保证电网安全可靠地供电运行及控制工程造价处于合理的范围的重要一环。

电缆截面一般按长期容许截流量选择。当电缆与发电厂、变电所直接连通或距离很近时，由于电力系统短路容量较大，故必须按电缆的热稳定性能选择其截面面积。而在靠近发电厂或变电所出线电缆线路适当的距离采用较大截面的电缆，以满足发生短路故障时热稳定和动稳定的要求。在选择电缆截面面积时，有些电力用户用电量虽不大，但往往由于要考虑这个因素，除应按当地最高地（气）温校核外，还需考虑5~10年后的发展规划。

按发热条件选择导线和电缆截面时，应使导线和电缆的计算电流 $I_{js}$ 不大于其允许的载流量（允许持续电流）$I_{yx}$，即

$$I_{yx} \geqslant I_{js}$$

需要注意的是，导线和电缆的允许载流量与环境温度有关，所以在选择导线和电缆时，应该了解敷设地点的环境温度。表11-36列出了10~35kV常用交联聚乙烯绝缘电缆长期允许载流量，表11-37列出了BBLX型铝芯橡皮线和BLV型铝芯塑料线在明敷、穿钢管和穿塑料管时的允许载流量。关于其他导线和电缆的允许载流量可查有关设计手册。

**表11-36　10~35kV常用交联聚乙烯绝缘电缆长期允许载流量**

| 导线截面面积/cm² | 空气敷设长期允许载流量/A | | | | 直埋敷设长期允许载流量/A 土壤热阻系数100℃·cm/W | | | |
|---|---|---|---|---|---|---|---|---|
| | 10kV三芯电缆 | | 35kV单芯电缆 | | 10kV三芯电缆 | | 35kV单芯电缆 | |
| | 铜芯 | 铝芯 | 铜芯 | 铝芯 | 铜芯 | 铝芯 | 铜芯 | 铝芯 |
| 16 | 121 | 94 | | | 118 | 92 | | |
| 25 | 158 | 123 | | | 151 | 117 | | |
| 35 | 190 | 147 | | | 180 | 140 | | |
| 50 | 231 | 180 | 260 | 206 | 217 | 169 | 213 | 165 |
| 70 | 280 | 218 | 317 | 247 | 260 | 202 | 256 | 202 |
| 95 | 335 | 261 | 377 | 295 | 307 | 240 | 301 | 240 |
| 120 | 388 | 303 | 433 | 339 | 348 | 272 | 342 | 269 |
| 150 | 445 | 347 | 492 | 386 | 394 | 308 | 385 | 303 |
| 185 | 504 | 394 | 557 | 437 | 441 | 344 | 429 | 339 |
| 240 | 587 | 461 | 650 | 512 | 504 | 396 | 495 | 390 |
| 300 | 671 | 527 | 740 | 586 | 567 | 481 | 550 | 439 |
| 400 | 790 | 623 | | | 654 | 518 | | |
| 500 | 893 | 710 | | | 730 | 580 | | |

注：导线工作温度：80℃，环境温度：25℃，适用电缆型号：YJV、YJLV。

**表11-37　BBLX、BLV型铝芯绝缘线明敷设时的允许载流量**　（单位：A）

| 导线截面面积/mm² | BBLX型铝芯橡皮线 | | | | BLV型铝芯塑料线 | | | |
|---|---|---|---|---|---|---|---|---|
| | 环　境　温　度 | | | | | | | |
| | 25℃ | 30℃ | 35℃ | 40℃ | 25℃ | 30℃ | 35℃ | 40℃ |
| 2.5 | 25 | 23 | 21 | 19 | 23 | 21 | 20 | 17 |

续表

| 导线截面面积/mm² | BBLX型铝芯橡皮线 | | | | BLV型铝芯塑料线 | | | |
|---|---|---|---|---|---|---|---|---|
| | 环境温度 | | | | | | | |
| | 25℃ | 30℃ | 35℃ | 40℃ | 25℃ | 30℃ | 35℃ | 40℃ |
| 4 | 33 | 31 | 28 | 25 | 30 | 28 | 25 | 23 |
| 6 | 42 | 39 | 36 | 32 | 39 | 36 | 33 | 30 |
| 10 | 60 | 56 | 51 | 46 | 55 | 51 | 47 | 42 |
| 16 | 80 | 74 | 68 | 61 | 75 | 70 | 64 | 57 |
| 25 | 105 | 98 | 89 | 80 | 100 | 93 | 85 | 76 |
| 35 | 130 | 121 | 110 | 99 | 125 | 116 | 106 | 95 |
| 50 | 165 | 153 | 140 | 125 | 155 | 144 | 132 | 118 |
| 70 | 205 | 191 | 174 | 156 | 200 | 186 | 170 | 152 |
| 95 | 250 | 233 | 213 | 190 | 240 | 223 | 204 | 182 |
| 120 | 295 | 274 | 251 | 224 | | | | |
| 150 | 340 | 316 | 289 | 258 | | | | |
| 185 | 400 | 372 | 340 | 304 | | | | |

**表11-38　BBLX、BLV型铝芯绝缘线穿钢管时的允许载流量**　（单位：A）

| 导线截面面积/mm² | 两根单芯线 环境温度/℃ | | | | 管径/mm | | 三根单芯线 环境温度/℃ | | | | 管径/mm | | 四根单芯线 环境温度/℃ | | | | 管径/mm | |
|---|---|---|---|---|---|---|---|---|---|---|---|---|---|---|---|---|---|---|
| | 25 | 30 | 35 | 40 | G | DG | 25 | 30 | 35 | 40 | G | DG | 25 | 30 | 35 | 40 | G | DG |
| 2.5 | 20 | 19 | 17 | 15 | 15 | 20 | 19 | 18 | 16 | 14 | 15 | 20 | 17 | 16 | 14 | 13 | 20 | 25 |
| 4 | 29 | 27 | 25 | 22 | 15 | 20 | 25 | 23 | 21 | 19 | 20 | 20 | 23 | 21 | 20 | 18 | 20 | 25 |
| 6 | 34 | 32 | 29 | 26 | 20 | 20 | 31 | 29 | 26 | 24 | 20 | 25 | 28 | 26 | 24 | 21 | 20 | 25 |
| 10 | 51 | 47 | 43 | 39 | 20 | 25 | 42 | 39 | 36 | 32 | 25 | 32 | 37 | 34 | 31 | 28 | 5 | 32 |
| 16 | 61 | 57 | 52 | 46 | 25 | 32 | 55 | 51 | 47 | 42 | 25 | 32 | 49 | 46 | 42 | 37 | 32 | 40 |
| 25 | 82 | 76 | 70 | 62 | 32 | 32 | 75 | 70 | 64 | 57 | 32 | 40 | 65 | 60 | 55 | 49 | 40 | — |
| 35 | 96 | 89 | 82 | 73 | 32 | 40 | 84 | 78 | 71 | 64 | 40 | 40 | 82 | 76 | 70 | 62 | 50 | — |
| 50 | 125 | 116 | 106 | 95 | 40 | — | 109 | 101 | 93 | 83 | 50 | — | 89 | 83 | 76 | 68 | 50 | — |
| 70 | 156 | 145 | 133 | 119 | 50 | — | 141 | 131 | 120 | 107 | 50 | — | 125 | 116 | 106 | 95 | 70 | — |
| 95 | 187 | 174 | 159 | 142 | 50 | — | 175 | 163 | 149 | 133 | 70 | — | 152 | 141 | 129 | 116 | 70 | — |
| 120 | 219 | 204 | 186 | 167 | 70 | — | 190 | 175 | 160 | 143 | 70 | — | 178 | 166 | 151 | 136 | 80 | — |
| 150 | 248 | 231 | 211 | 189 | 70 | — | 224 | 208 | 190 | 170 | 70 | — | 204 | 190 | 173 | 155 | 80 | — |

**表11-39　BBLX、BLV型铝芯绝缘线穿塑料管时的允许载流量**　（单位：A）

| 导线截面面积/mm² | 两根单芯线 环境温度/℃ | | | | 管径/mm | 三根单芯线 环境温度/℃ | | | | 管径/mm | 四根单芯线 环境温度/℃ | | | | 管径/mm |
|---|---|---|---|---|---|---|---|---|---|---|---|---|---|---|---|
| | 25 | 30 | 35 | 40 | | 25 | 30 | 35 | 40 | | 25 | 30 | 35 | 40 | |
| 2.5 | 16 | 14 | 13 | 12 | 15 | 15 | 13 | 12 | 11 | 20 | 14 | 14 | 11 | 10 | 20 |
| 4 | 24 | 22 | 20 | 18 | 15 | 21 | 19 | 17 | 15 | 20 | 19 | 17 | 16 | 14 | 25 |

续表

| 导线截面面积/mm² | 两根单芯线 环境温度/℃ | | | | 管径/mm | 三根单芯线 环境温度/℃ | | | | 管径/mm | 四根单芯线 环境温度/℃ | | | | 管径/mm |
|---|---|---|---|---|---|---|---|---|---|---|---|---|---|---|---|
| | 25 | 30 | 35 | 40 | | 25 | 30 | 35 | 40 | | 25 | 30 | 35 | 40 | |
| 6 | 29 | 27 | 24 | 22 | 20 | 26 | 24 | 22 | 19 | 20 | 24 | 22 | 20 | 18 | 25 |
| 10 | 43 | 40 | 36 | 32 | 25 | 36 | 33 | 30 | 27 | 25 | 31 | 28 | 26 | 23 | 32 |
| 16 | 53 | 49 | 45 | 40 | 25 | 47 | 43 | 40 | 35 | 32 | 42 | 39 | 35 | 31 | 32 |
| 25 | 72 | 67 | 61 | 54 | 32 | 66 | 61 | 56 | 50 | 40 | 57 | 53 | 48 | 43 | 40 |
| 35 | 87 | 81 | 74 | 66 | 40 | 76 | 70 | 64 | 57 | 40 | 74 | 68 | 62 | 56 | 50 |
| 50 | 113 | 105 | 96 | 86 | 40 | 98 | 91 | 83 | 74 | 50 | 80 | 74 | 68 | 60 | 50 |
| 70 | 140 | 130 | 119 | 106 | 40 | 127 | 118 | 108 | 96 | 50 | 113 | 105 | 96 | 85 | 50 |
| 95 | 168 | 156 | 142 | 127 | 50 | 156 | 145 | 132 | 118 | 65 | 137 | 127 | 116 | 104 | 65 |
| 120 | 207 | 192 | 176 | 157 | 50 | 178 | 165 | 151 | 135 | 65 | 169 | 157 | 143 | 129 | 80 |
| 150 | 236 | 219 | 200 | 179 | 50 | 212 | 197 | 180 | 161 | 65 | 194 | 180 | 165 | 147 | 80 |

注：1. BBX 和 BV 型钢芯绝缘线的允许载流量为同面积的 BBL 和 BLV 型铝芯绝缘线的允许载流量的 1.3 倍。
2. 表中：G—焊接管，管径按内径计算；DG—电线管，管径按外径计算。
3. 四根单芯线，如其中一根仅供接地或接零保护用，其允许载流量仍按三根线的数值。
4. 管径的国际单位制和英制的换算，可按表 11-42 进行。

电力电缆型号表示方式如下：

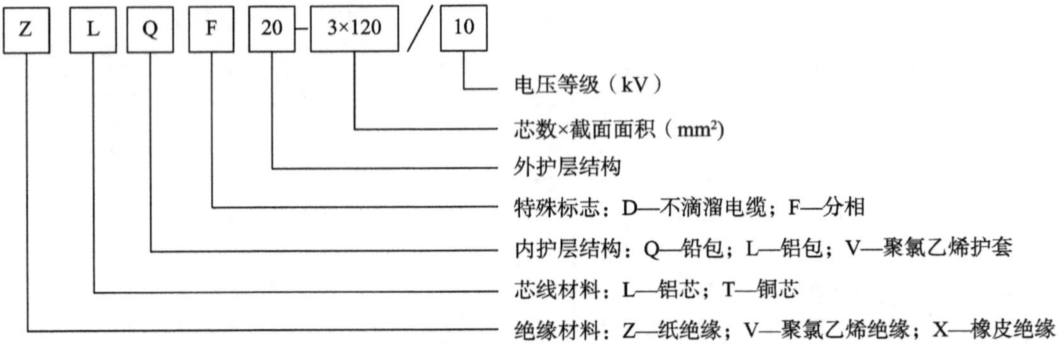


**表11-40　电力电缆选择条件**

| 根据电缆使用场所和敷设方法选择 | 按工作电压选择 | 按允许电流选择 | 按短路热稳定选择 | 按电压降选择 | 按经济电流密度选择 |
|---|---|---|---|---|---|
| 埋土中：户外用铠装。户内不用黄麻护层。电缆管道中：可不用铠装。高差>20m：用不滴溜电缆 | $U_e \geqslant U_g$ | $KI_{yx} \geqslant I_g$ | $S_d = \frac{I_\infty}{C}\sqrt{t_j}$ | $\Delta U\%$ 小于规定值 | $S_d = \frac{I_g}{j}$ |

电力电缆选择“△”及选择“V”条件见表 11-41。

**表11-41　电力电缆选择"△"及选择"∨"条件**

| 选择条件 / 回路名称 | 发电机或变压器 | 高压电动机 | 低压电动机 | 馈电干线 |
|---|---|---|---|---|
| 按允许电流选择 | ∨ | ∨ | △ | △ |
| 按短路热稳定选择 | △ | △ | | |
| 按电压降选择 | | ≤5% | ≤5% | ∨ |
| 按经济电流密度选择 | △ | | | |

表中符号说明：

$I_{yx}$—考虑标准敷设条件（空气温度25℃、土壤温度15℃）及电缆线芯允许最高发热温度的电缆允许载流量（A）；

$K$—考虑不同敷设条件的校正系数，查设计手册；

$S_d$—短路热稳定要求的最小截面面积（$mm^2$）；

$t_j$—短路电流假想时间（s）；

$C$—电力电缆热稳定系数；

$\Delta U\%$—网络允许电压降的百分值。

三相电力系统按电压损失校验电缆截面面积：

$$S_{\Delta u}=\frac{\sqrt{3}I_g\rho L}{U_e}\times\frac{100}{\Delta U\%}\ (mm^2) \qquad 式11-33$$

式中：$\rho$—电缆线芯电阻率，50℃时铝芯$\rho=0.35\Omega\cdot mm/m$；

$L$—电缆长度（m）；

$U_e$—网络额定电压（V）。

**【例11-10】** 有一条采用BBLX-500型铝芯橡皮明敷的380/220线路，最大负荷电流为50A，敷设地点的环境温度为30℃。试按发热条件选择此橡皮线的芯线截面。

查表11-37得气温为30℃时线芯截面面积为10mm²的BBLX型铝芯橡皮线的允许载流量$I_{yx}=56A>I_{js}=50A$。因此按发热条件，相线截面面积可初步选为10mm²。而零线截面面积可初步选为6mm²。

**【例11-11】** 仍按上例所示线路的已知参数，如采用同样的铝芯橡皮线穿硬塑料管埋地敷设，问按发热条件选择时此橡皮线的截面面积应为多少？已知环境温度为25℃。

**解**：查表11-39得环境温度为25℃时每相芯线截面为25（mm²）的四根单芯橡皮线穿塑料管的允许载流量$I_{yx}=57A>I_{js}=50A$。

因此按发热条件，相线截面可初步地选为25（mm²）。而零线截面可出选为10（mm²）。塑料管直径应选为40mm。

**表11-42　管径的国际单位制（SI）与英制的对照表**

| SI制（mm） | 15 | 20 | 25 | 32 | 40 | 50 | 65 | 80 |
|---|---|---|---|---|---|---|---|---|
| 英制 | $\frac{1''}{2}$ | $\frac{3''}{4}$ | 1″ | $1\frac{1''}{4}$ | $1\frac{1''}{2}$ | 2″ | $2\frac{1''}{2}$ | 3″ |

# 第十二章　电网中接地方式及防雷保护的计算

电力系统中某些点与具有地电位的点相连接，称为接地。接地有正常接地与故障接地两种情况，前者是人为的技术措施，后者则是一种故障状态。正常接地分为工作接地与安全接地。将电路中的某一点与大地做电气上的连接，如三相变压器中性点接地、三相发电机中性点接地以及防雷装置接地等，称为工作接地。为保证安全，防止人身触及带电设备外壳，将电机、电器的金属外壳及同外壳相连的金属架与大地做电气上的连接，如发电机、电动机、变压器等外壳接地，称为保护接地。在三相四线制低压配电系统中，将电器、电机的外壳和中性点直接接地系统中的中性线（零线）相接，称为接零。因此，对电力系统中的接地与接零进行必要的计算，对保证电气设备及人身安全，有着十分重要的促进作用。

## 第一节　电气设备接地保护的计算

电气设备接地电阻是接地装置的对地电压与流经接地体的电流之比。接地电阻的大小，主要是根据允许的接触电压和跨步电压来确定的。合格与否，将直接影响到安全保护和过电压保护装置的效果。

### 1. 接地电阻的计算公式

1）农村电网多为小接地短路电流系统，对于高压与低压电力设备公用的接地装置，要求设备的对地电压不超过120V，其接地电阻应按下式计算：

$$R \leqslant \frac{120\text{V}}{I} \quad （不宜超过 4\Omega） \qquad 式12-1$$

式中：$R$—考虑到季节变化的最大接地电阻（Ω）；

$I$—计算用的接地故障电流（A）。

在各种接地系统中，接地电阻值的要求必须满足表12-1的规定。各种电气设备的接地电阻必须满足表12-2的要求。对于高压中性点接地的系统，单相接地电流通常不超过30A，故接地电阻 $R \leqslant 4\Omega$ 就能满足要求。

2）仅用于高压电力设备的接地电阻

$$R = \frac{250\text{V}}{I} \quad （不宜超过 10\Omega） \qquad 式12-2$$

计算用接地故障电流 $I$ 的计算：

①变电所内发生短路时：

$$I = (I_{max} - I_z) \times (1 - K_f) \qquad 式12-3$$

②变电所外发生短路时：

$$I = I_z \times (1 - K_f) \qquad 式12-4$$

式中：$I_{max}$—接地短路时的最大短路电流（A）；

$I_z$—发生最大接地短路电流时，流经变电所接地中性点的最大接地短路电流（A）；

$K_f$—避雷线的工频分流系数。

计算 $R$ 时选择式 12-3 和式 12-4 中较大的数值。

**表12-1　各种接地系统接地电阻规定值**

| 系统名称 | 接地装置的特点 | 接地电阻值/Ω |
|---|---|---|
| 大电流接地系统 | 仅用于该系统的接地 | $R \leqslant 0.5$ |
| 小电流接地系统 | 1kV 以上设备的接地 | $R \leqslant 10$ |
| | 高、低压电力设备共用的接地 | $R \leqslant 4.0$ |

**表12-2　各种电气设备的接地电阻规定值**

| 序　号 | 接地装置名称 | 接地电阻/Ω | 附　　注 |
|---|---|---|---|
| 1 | 100kV·A 以上变压器（发电机） | 4 | 低压中性点直接接地系统 |
| 2 | 100kV·A 以上变压器（发电机）及供电线路的重复接地 | 10 | |
| 3 | 100kV·A 以下变压器（发电机） | 10 | |
| 4 | 100kV·A 以下变压器（发电机）及供电线路的重复接地 | 30 | 不得少于三处 |
| 5 | 高低压电气设备联合接地 | 4 | |
| 6 | 电流、电压互感器二次线圈 | 10 | |
| 7 | 高压线路的保护网或保护线 | 10 | |
| 8 | 电弧炉 | 4 | 中性点不接地系统 |
| 9 | 工业电子设备 | 10 | |
| 10 | 静电接地 | 100 | |

## 2. 几种常见接地装置接地电阻的计算

1）垂直接地体（图 12-1）

$$R = \frac{\rho}{2\pi \times L_c} \times L_n \frac{4L_c}{d} \qquad 式12-5$$

式中：$\rho$—土壤电阻率（Ω/m），土壤电阻率和土壤电阻率季节系数见表 12-3、表 12-4；

$L_c$—接地体埋入地中的长度（m）；

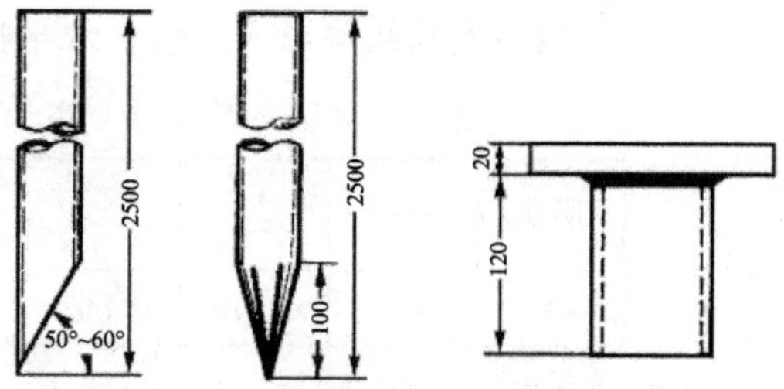

（a）斜口接地体　（b）锥形接地体　（c）护管帽

图 12-1　接地体及护管帽

$d$—接地体直径（m）。

**表12-3　不同土壤在不同情况下电阻率的变化范围值**

| 土壤类别 | 土壤电阻率近似值/(Ω·m) | 不同情况下土壤电阻率的变化范围/(Ω·m) | | |
|---|---|---|---|---|
| | | 较湿时（一般地区、多雨地区） | 较干时（少雨时、沙漠区） | 地下水含盐碱时 |
| 陶黏土 | 10 | 5~20 | 10~100 | 3~10 |
| 黑土、田园土 | 50 | 30~100 | 30~100 | 10~30 |
| 黏土 | 60 | 30~100 | 50~300 | 10~30 |
| 砂质黏土 | 100 | 30~300 | 80~1000 | 10~30 |
| 黄土 | 200 | 100~200 | 250 | 30 |
| 含砂黏土 | 300 | 100~1000 | 1000 以上 | 30~100 |
| 多石土壤 | 400 | — | — | — |
| 砂、沙砾 | 1000 | 250~1000 | 1000~2500 | — |

**表12-4　土壤电阻率季节系数**

| 接地体埋深/m | 季节系数 $\Psi$ | |
|---|---|---|
| | 水平接地体 | 垂直接地体 |
| 0.5 | 1.4~1.8 | 1.2~1.4 |
| 0.8~3.0 | 1.25~1.45 | 1.15~1.3 |
| 2.5~3.0 | 1.0~1.1 | 1.0~1.1 |

注：测量土壤电阻时，如土壤比较干燥，则采用表中较小值；如土壤比较潮湿，则采用较大值。

扁钢：$d=\dfrac{b}{2}$（$b$ 为扁钢长边尺寸）

等边角钢：$d=0.84b$（$b$ 是角钢的一边长）

不等边角钢：$d=0.771\sqrt[4]{bh(b^2+h^2)}$（$b$、$h$ 分别为两边之长），此公式适用于$L_c \geq d$

2）不同形状水平接地体。

$$R_P=\frac{\rho}{2\pi L}\times\left(\ln\frac{L^2}{hd}+A\right) \qquad \text{式12-6}$$

式中：$L$—接地体总长度（m）；

$d$—接地体直径（m）；

$h$—接地体埋深（m）；

$A$—不同结构形式系数，水平接地体的形状系数 $A$ 见表 12-5。

**表12-5　水平接地体的形状系数 $A$**

| 形状 | — | └ | 人 | ＋ | ✕ | ✳ | □ | ○ |
|---|---|---|---|---|---|---|---|---|
| $A$ | 0 | 0.378 | 0.867 | 2.14 | 5.27 | 8.81 | 1.69 | 0.48 |

3）复合接地体。

$$R_f=\frac{R}{n\eta} \qquad \text{式12-7}$$

式中：$R_f$—复合接地体工频接地电阻（Ω）；

$\eta$—复合接地体工频利用系数；

$R$—单根接地体工频接地电阻（Ω）；

$n$—接地体根数。

一般情况下按下列近似式计算利用系数：

$\eta \approx \eta_{ch}/0.9$（各种形式接地装置）　　式12-8

$\eta \approx \eta_{ch}/0.7$（拉线棒及单柱式杆塔各基础间）　　式12-9

### 3. 土壤电阻率的计算

所谓的土壤电阻率，就是 $1m^3$ 的土壤电阻值，单位是 Ω·m。土壤电阻率是很重要的参数，因为设计接地装置主要与土壤的性质有关，所以最好能实测土壤电阻率。

**（1）用钢管和圆钢做接地体**　埋设一根长 3m、直径 50mm 的钢管或长 1m、直径 25mm 的圆钢作为垂直接地体，先测量该接地体的接地电阻值 $R$，然后按以下公式计算土壤电阻率：

$$\rho = \frac{2\pi LR}{\ln \frac{4L}{d}} \quad \text{式12-10}$$

式中：$L$—扁钢的总长度（cm）；

$\rho$—土壤电阻率（Ω·cm）；

$d$—钢管或圆钢的外径（cm）；

$R$—测得的电阻值（Ω）。

**（2）用圆钢作为接地体**　埋设一根长 10～15m、宽高为 40mm×4mm 的扁钢水平接地体，埋深 0.8m，先测量该接地体的接地电阻值 $R$，然后按下式计算土壤电阻率：

$$\rho = \frac{2\pi LR}{\ln \frac{2L^2}{dh}} \quad \text{式12-11}$$

式中：$L$—扁钢的总长度（cm）；

$b$—扁钢的宽度（cm）；

$h$—扁钢距地面的深度（cm）；

$R$—测得的电阻值（Ω）。

用以上方法测量、计算出来的土壤电阻率，不一定是一年中的最高值，所以在设计中还应加以校正。

$$\rho_1 = \Psi\rho \quad \text{式12-12}$$

式中：$\rho_1$—设计中所需土壤电阻率；

$\Psi$—土壤电阻率季节系数，它与土壤性质、干湿条件有关，不同土壤的电阻率和土壤电阻率季节系数分别见表 12-3、表 12-4。

**（3）接地装置导线截面面积的计算**　根据发热条件，接地线的最小截面面积应符合下式要求：

$$S_{jd} \geqslant \frac{I_{jd}}{C}\sqrt{t_d} \qquad \text{式12-13}$$

式中：$S_{jd}$—接地线的最小截面面积（$mm^2$）（规定值见表 12-6）；

$I_{jd}$—流过接地线的短路电流稳定值（A）；

$t_d$—短路的等效持续时间（s）；

$C$—接地线材料的热稳定系数。

**表12-6 接地装置导线最小截面面积规定值**

| 材料种类 | 规格 | 地上 | | 地下 |
|---|---|---|---|---|
| | | 屋内 | 屋外 | |
| 圆钢 | 直径/mm | 6 | 8 | 8/10 |
| 扁钢 | 截面/$mm^2$<br>厚度/mm | 24<br>3 | 48<br>4 | 48<br>4 |
| 角钢 | 厚度/mm | 2 | 2.5 | 4 |
| 钢管 | 管壁厚度/mm | 2.5 | 2.5 | 3.5/2.5 |

注：

1. 地下部分圆钢的直径，其分子、分母数据分别对应于架空线路和发电厂、变电所的接地装置。
2. 地下部分钢管的壁厚，其分子、分母数据分别对应于土壤和埋于室内混凝土地坪中。
3. 架空线路杆塔的接地极引出线，其截面面积不应小于 $50mm^2$，并应热镀锌处理。
4. 埋入土壤接地线的最小截面：对于没有机械方法保护的：铜为 $16mm^2$，钢为 $16mm^2$；对于没有腐蚀保护的：铜为 $25mm^2$，钢为 $50mm^2$。

## 4. 人工接地体工频接地电阻的简易估算（见表 12-7、表 12-8）

**表12-7 各种形式接地装置工频接地电阻简易估算式**

| 接地体种类 | | 计算公式（Ω） | 备注 |
|---|---|---|---|
| 名称 | 敷设方式 | | |
| 单根垂直接地体 | 垂直 | $R \approx 0.3\rho$ | 长度 3m 左右 |
| 单根水平接地体 | 水平 | $R \approx 0.03\rho$ | 长度 60m 左右 |
| $n$ 根水平接地体 | 水平射线 | $R \approx \dfrac{0.062\rho}{n+1.2}$ | $\rho$—土壤电阻率（Ω·m）（下同）；各种杆塔 $n \leqslant 12$，每根长约 60m |
| 复合接地体 | 以水平为主的接地体 | $R \approx 0.5\dfrac{\rho}{\sqrt{3}} = 0.28\dfrac{\rho}{r}$ 或<br>$R \approx \dfrac{\sqrt{\pi}}{4} \times \dfrac{\rho}{\sqrt{S}} + \dfrac{\rho}{L} = \dfrac{\rho}{4r} + \dfrac{\rho}{L}$ | $S$—大于 $180m^2$ 的闭合接地网面积（$mm^2$）；<br>$r$—与接地网面积 $S$ 等值的网的半径（m）；<br>$L$—接地总长度（m） |
| 平面板形接地体 | 埋在地下 | $R \approx 0.22\dfrac{\rho}{\sqrt{A}}$ | $A$—平板面积（$m^2$） |

续表

| 接地体种类 | | 计算公式（Ω） | 备注 |
|---|---|---|---|
| 名称 | 敷设方式 | | |
| 直立板形接地体 | 埋在地下 | $R\approx 0.253\frac{\rho}{\sqrt{A}}$ | A—平板面积（$m^2$） |
| 钢筋混泥土杆的自然接地体 | 单杆<br>双杆<br>拉线杆 | $R\approx 0.3\rho$<br>$R\approx 0.2\rho$<br>$R\approx 0.1\rho$ | |

**表12-8　接地极的冲击利用系数 $\eta_{ch}$**

| 接地极形式 | 接地体的根数 | 冲击利用系数 | 备注 |
|---|---|---|---|
| n 根水平射线（每根长 10~80m） | 2<br>3<br>4~6 | 0.83~1.0<br>0.75~0.90<br>0.65~0.80 | 较小值用于较短的射线 |
| 以水平接地极连接的垂直接地极 | 2<br>3<br>4<br>6 | 0.80~0.85<br>0.70~0.80<br>0.70~0.75<br>0.65~0.70 | $\frac{D(\text{垂直接地极间距})}{l(\text{垂直接地极长度})}=2\sim3$，较小值用于 $\frac{D}{l}=2$ 时 |
| 自然接地极 | 拉线棒与拉盘间<br>铁塔的各基础间<br>门型、各种拉线杆塔的各基础间 | 0.6<br>0.4~0.5<br>0.7 | |

**【例12-1】**某工厂新建车间为保护零线（PE线）重复接地埋设一组接地体，计划使用50mm×50mm×5mm的镀锌角钢，每根角钢长2.5m，垂直埋设，共埋设三根组成三角形，两根角钢间距离5m，用40mm×4mm的镀锌扁钢连接起来，试计算其接地电阻是否符合要求。

**解**：查表12-3，得知黑土电阻率为50Ω·m，由垂直接地体计算公式得出每根接地体接地电阻为

$$R_{E(1)}=\frac{\rho}{l}=\frac{50}{2.5}\Omega=20\Omega$$

由表12-8中“敷以水平接地极连接的垂直接地极三根的利用系数 $\eta_{ch}$”，$\eta_1=0.70\sim0.80$，取 $\eta_1=0.78$，则总的接地电阻为

$$R_Z=\frac{R_E}{n\eta_1}=\frac{20}{3\times0.78}\Omega=8.55\Omega$$

因1kV以下系统重复接地电阻要求 $R_E\leqslant10\Omega$，故接地电阻符合要求。

## 第二节　接零保护的要求和计算

### 1. 中性点直接接地的低压电力设备短路保护计算

为保证自动切除故障段，其接地线和零线应保证在导电部分与接地部分或零线之间发生短路时，电力网任何一点的短路电流不应小于最近处熔断器熔体额定电流的4倍，或不应小于自动开关瞬时或短延时动作电流的1.5倍。

用公式表示就是：

1）熔体保护的线路：

$$I_d^{(1)} \geqslant 4I_{Rr} \quad \text{式12-14}$$

式中：$I_{Rd}$—熔断器的额定电流；

$I_d^{(1)}$—单相接地短路电流。

2）自动开关保护的线路：

$$I_d^{(1)} \geqslant 1.5I_{S\cdot zk} \quad \text{式12-15}$$

式中：$I_{S\cdot zk}$—自动开关瞬时脱扣器整定电流；

$I_d^{(1)}$—单相接地短路电流。

单相短路电流按下式计算：

$$I_d^{(1)} = \frac{U_\varphi}{\sqrt{(R_{\varphi-0}+R_B)^2+(X_{\varphi-0}+X_B)^2}}\ (\text{A}) \quad \text{式12-16}$$

式中：$U_\varphi$—线路的相电压（V）；

$R_{\varphi-0}$、$X_{\varphi-0}$—相一零回路的电阻和电抗（Ω），可查有关设计手册；

$R_B$、$X_B$—变压器单相电阻和电抗（Ω），一般只有三相变压器容量在500kV·A及以上时才需予以计算。

如不符合要求，则应增大相一零回路的导线截面，或在可能的条件下减小自动开关瞬时脱扣电流或熔断器熔体电流。

**【例12-2】**某工厂一车间电力变压器容量为400kV·A，低压380V/220V侧有一LJ型导线的架空线路，长300m，相线和零线截面面积分别为35mm²、16mm²，水平敷设。线路首端装有DZ-100型自动开关，过电流脱扣器整定电流为150A。试进行接零保护的校验。

**解：**由表8-27查得相一零回路的电阻为2.75Ω/km，电抗为0.771Ω/km，因此

$$R_{\varphi-0}=(2.75\times0.3)\Omega=0.852\Omega$$

$$X_{\varphi-0}=(0.771\times0.3)\Omega=0.231\Omega$$

查得变压器电阻和电抗分别为

$$R_B=0.016\Omega$$

$$X_B=0.015\Omega$$

因此相一零回路电流由式 12-16 得：

$$I_d^{(1)}=\frac{220}{\sqrt{(0.825+0.016)^2+(0.231+0.015)^2}}A=254A$$

而　　$I_d^{(1)}=1.5I_{S\cdot zk}=1.5\times150A=225A$

由此可见满足 $I_d^{(1)}\geqslant1.5I_{S\cdot zk}$ 的条件，说明符合保护接零的要求。

### 2. 同一低压系统中的接零保护方式的分析计算

在 380V/220V 三相四线制中性点直接接地系统中，只能采用一种接地保护方式。如果采用两种保护接线，也即一种设备采用接零保护，而另一种设备采用接地保护方式，则当设备 1（如电动机 G1）绝缘损坏，出现漏电时，会使整个零线出现危险电压，从而使所有采用接零保护的电气设备的外壳也同时出现危险的电压，危及人身安全。

设备出现漏电时，整个零线危险电压可由下式计算：

$$U_0=\frac{R_0}{R_0+R_d}U_{xg}\qquad\text{式12-17}$$

式中：$R_d$—设备 2 接地体的电阻（Ω）；

$U_{xg}$—相电压（V）；

$R_0$—变压器工作零线接地电阻（Ω）。

漏电设备外壳上的电压为

$$U_d=\frac{R_d}{R_0+R_d}U_{xg}\qquad\text{式12-18}$$

**【例12-3】**某客户配电变压器的低压交流系统，已知：变压器工作零线的电阻为 4Ω，2 号电动机接地体的电阻也为 4Ω，当 2 号电动机发生漏电时，求在中性线及所有采用接零保护的电气设备外壳上的电压。

**解**：在中性线及所有采用接零保护的电气设备外壳上的电压为

$$U_0=\frac{R_0}{R_0+R_d}U_{xg}=\left(\frac{4}{4+4}\times220\right)V=110V$$

2 号电动机外壳上的电压为

$$U_d=\frac{R_d}{R_0+R_d}U_{xg}=\left(\frac{4}{4+4}\times220\right)V=110V$$

由计算可知，采用接零保护的 1 号电动机和采用接地保护的 2 号电动机以及所有采用接零保护的电气设备外壳上都带有危险的电压。

## 第三节　电气设备的防雷保护计算

1）避雷针的一般制作要求：避雷针一般用镀锌圆钢或镀锌焊接钢管制成，其长度在 1.5m 以上时，圆钢直径不得小于 10mm，钢管直径不得小于 20mm，管壁厚度不得小于 2.75mm。当避雷针的长度在 3m 以上时，可用粗细不同的几节钢管焊接起来。避雷针下端的接地引线，如采用圆钢，直径不得小于 8mm，如采用扁钢，厚度不得小于

4mm，截面面积不得小于 48mm²。

2）避雷针的保护范围以它对直击雷保护的空间来表示。

①避雷针在地面上的保护半径按下式计算（单支避雷针的保护范围如图 12-2 所示）：

$$r = 1.5h\ (\mathrm{m}) \qquad \text{式12-19}$$

式中：$h$—避雷针总高度（m）。

②在被保护物高度 $h_b$ 水平面上的保护半径，按下式计算：

a. 当 $h_b \geqslant \frac{h}{2}$ 或 $\frac{h_b}{h} \geqslant 0.5$ 时：

$$r_b = (h - h_b)p = h_a p\ (\mathrm{m}) \qquad \text{式12-20}$$

式中：$h_a$—避雷针的有效高度（m）；

$p$—高度影响系数，$h \leqslant 30\mathrm{m}$ 时，$p=1$，$30\mathrm{m}<h\leqslant 120\mathrm{m}$ 时，$p=\frac{5.5}{\sqrt{h}}$。

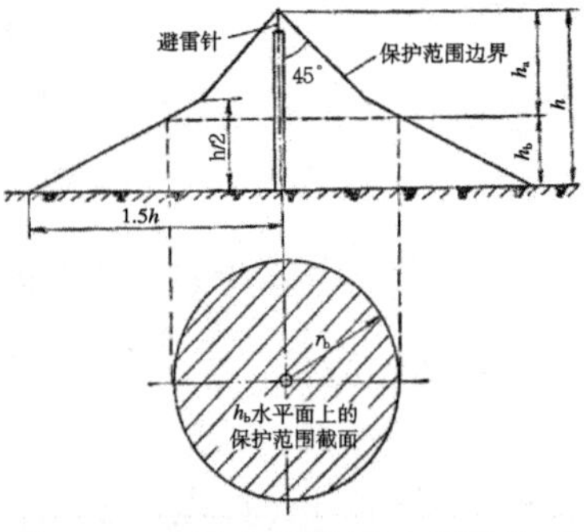


图 12-2　单支避雷针的保护范围

b. 当 $h_b < \frac{h}{2}$ 或 $\frac{h_b}{h} < 0.5$ 时

$$r_b = (1.5h - 2h_b)p\ (\mathrm{m}) \qquad \text{式12-21}$$

【例12-4】某工厂一座 30m 高的水塔旁边，建有一个车间变电所，尺寸如图 12-3 所示，单位为 m。水塔上边本来装有一根高 2m 的避雷针来防护直击雷。试计算水塔上的避雷针能否保护这一变电所。

**解**：已知 $h_b=8\mathrm{m}$，$h=30\mathrm{m}+2\mathrm{m}=32\mathrm{m}$，故

$$\frac{h_b}{h} = \frac{8}{32} = 0.25 < 0.5$$

故由式 12-21 得出被保护变电所高度水平面上的保护半径

$$r_b = (1.5h - 2h_b)p$$
$$= \left[(1.5\times32-2\times8)\times\frac{5.5}{\sqrt{32}}\right]\mathrm{m} = 31\mathrm{m}$$

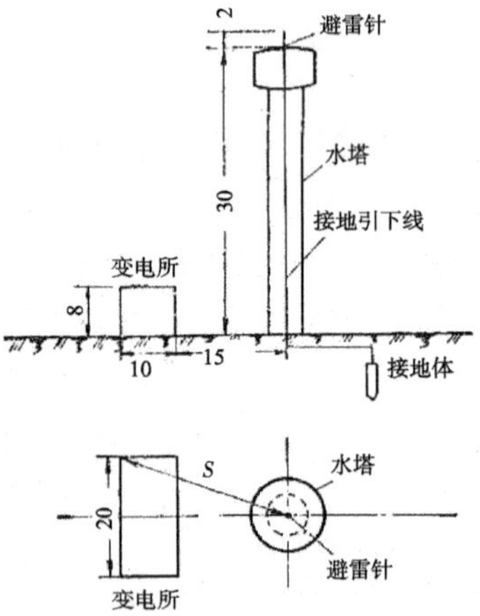


图 12-3　变电所防雷保护图

现变电所一角距避雷针最远的水平距离为

$$r = \sqrt{(10 + 15)^2 + 10^2}\,\mathrm{m} = 27\mathrm{m} < r_b$$

由计算结果可知，水塔上的避雷针完全能够保护这个变电所。

# 附录表

## 1. 各种度量衡

| 类别 | 长　度 | 面　积 | 体 积 容 积 | 重　量 |
|---|---|---|---|---|
| 公制 | 1公里=1000米<br>1米=10分米<br>1分米=10厘米<br>1厘米=10毫米 | 1平方公里=100公顷<br>1公顷=100公亩<br>1公亩=100平方米 | 1立方米=10公石<br>1公石=10公斗<br>1公斗=10公升<br>1公升=1000立方厘米 | 1公吨=10公担=1000公斤<br>1公担=100公斤<br>1kg=1000克（公分） |
| 市制 | 1市里=150市丈<br>1市丈=10市尺<br>1市尺=10市寸<br>1市寸=10市分 | 1顷=100亩=10垧<br>1亩=10分=500平方尺<br>1分=10厘 | 1市石=10市斗<br>1市斗=10石升<br>1石升=10市合<br>1市合=10市勺 | 1石担=100市斤<br>1市斤=10市两<br>1市两=10市钱<br>1市钱=10市分 |
| 英美制 | 1哩=320杆<br>1杆=5.5码<br>1码=3呎<br>1呎=12吋<br>1吋=8分 | 1方哩=640英亩<br>1英亩=4840放码<br>1放码=9方呎<br>1方呎=144方吋<br>1方吋=64方分 | 1斛=4叫（英斗）<br>1叫（英斗）=2加仑<br>1加仑=4夸脱<br>1夸脱=2品脱<br>（1英加仑=1.2008美加仑）<br>（1美加仑=0.8327英加仑）<br>1品脱=4及尔 | 1吨=20担<br>1担（会）=112英磅<br>=100美磅<br>1磅=16唡=7000喱 |

## 2. 度量衡换算

| 公里 | 市里 | 英里（哩） | 海里（浬） | 米 | 市尺 | 呎 | 码 | 厘米 | 市寸 | 吋 |
|---|---|---|---|---|---|---|---|---|---|---|
| 1 | 2.0000 | 0.6214 | 0.5400 | 1 | 3.0000 | 3.2808 | 1.0936 | 1 | 0.3000 | 0.3937 |
| 0.5000 | 1 | 0.3107 | 0.2700 | 0.3333 | 1 | 1.0936 | 0.3645 | 3.3333 | | 1.3123 |
| 1.6093 | 3.2187 | 1 | 0.8689 | 0.3048 | 0.9144 | 1 | 0.3333 | 2.5400 | 1 | 1 |
| 1.8520 | 3.7040 | 1.1508 | 1 | 0.9144 | 2.7432 | 3.0000 | 1 | | 0.7620 | |

## 3. 面积换算表

| 公里$^2$ | 公顷 | 市亩 | 英亩 | 哩$^2$ | 米$^2$ | 市尺$^2$ | 呎$^2$ | 码$^2$ | 厘米$^2$ | 市寸$^2$ | 吋$^2$ |
|---|---|---|---|---|---|---|---|---|---|---|---|
| 1 | 100.00 | 1500.0 | 247.12 | 0.3861 | 1 | 9.000 | 10.7643 | 1.1960 | 1 | 0.090 | 0.155 |
| 0.0100 | 1 | 15.000 | 2.4712 | 0.0039 | 0.1111 | 1 | 1.1960 | 0.1329 | 11.1111 | 1 | 1.7222 |
| 0.00067 | 0.0667 | 1.0000 | 0.1647 | 0.0003 | 0.0929 | 0.8361 | 1 | 0.1111 | 6.4516 | 0.5806 | 1 |
| 0.00396 | 0.4047 | 6.0716 | 1 | 0.0016 | 0.8361 | 7.5251 | 9.0000 | 1.0000 | | | |
| 2.59 | 259.00 | 3885.0 | 640.00 | 1 | | | | | | | |

## 4. 体积换算表

| 米³ | 市尺³ | 呎³ | 码³ | 公升 | 英加仑 | 美液加仑 | 美固加仑 | 厘米³ | 市寸³ | 吋³ |
|---|---|---|---|---|---|---|---|---|---|---|
| 1 | 27.0000 | 35.3155 | 1.3079 | 1 | 0.2201 | 0.2642 | 0.2270 | 1 | 0.027 | 0.061 |
| 0.0370 | 1 | 1.3079 | 0.0484 | 4.5435 | 1 | 1.2011 | 1.0322 | 37.037 | 1 | 2.2604 |
| 0.0283 | 0.7645 | 1 | 0.0370 | 3.7854 | 0.8324 | 1 | 0.8594 | 16.3854 | 0.4426 | 1 |
| 0.7645 | 20.6420 | 27.0000 | 1 | 4.405 | 0.969 | 1.164 | 1 | | | |

## 5. 重量换算表

| 吨 | 英吨（长吨） | 美吨（短吨） | 公　担 | 公　斤 | 市　斤 | 磅 | 市　担 | 克 | 市　两 | 唡（盎司） |
|---|---|---|---|---|---|---|---|---|---|---|
| 1 | 0.9842 | 1.1023 | 10.0000 | 1 | 2.0000 | 2.2046 | 0.0200 | 1 | 0.0200 | 0.0353 |
| 1.0161 | 1 | 1.1200 | 10.1610 | 0.50000 | 1 | 1.1023 | 0.0100 | 50.00 | 1 | 1.7637 |
| 0.9072 | 0.8929 | 1 | 9.0720 | 0.4536 | 0.9072 | 1 | 0.0091 | 28.3500 | 0.5165 | 1 |
| 0.1000 | 0.0984 | 0.1102 | 1 | 50.00 | 100.00 | 110.23 | 1 | | | |

## 6. 温度换算表

| 开氏度（°K） | 摄氏度（℃） | 华氏度（℃） | 列子度（°R） |
|---|---|---|---|
| $K=C+273.16$<br>水冰点　273.16<br>水沸点　373.16 | $C=\frac{5}{4}R=\frac{5}{9}(F-32)$<br>0<br>100 | $F=\frac{9}{5}C+32=\frac{9}{4}R+32$<br>31<br>212 | $R=\frac{4}{5}C=\frac{4}{9}(F-32)$<br>0<br>80 |

## 7. 压力换算表

| kg/厘米²（工程大气压） | 物理大气压 | 水柱高度（米） | 水银柱高度（米） | 磅/吋² | 磅/呎² |
|---|---|---|---|---|---|
| 1 | 0.9678 | 10.0000 | 735.3000 | 14.2230 | 2048.4200 |
| 1.0334 | 1 | 10.3340 | 760.0000 | 14.7000 | 2116.8000 |
| 0.1000 | 0.0968 | 1 | 73.5300 | 1.4223 | 204.8420 |
| 0.01360 | 0.01316 | 0.13600 | 1 | 0.1934 | 27.8496 |
| 0.0703 | 0.0680 | 0.7030 | 51.7000 | 1 | 144.0000 |
| 0.00048826 | 0.00047240 | 0.00488360 | 0.03590700 | 0.00694400 | 1 |

## 8. 重度换算表

| kg/米³ | kg/公升 | 克/米³ | 磅/呎³ | 磅/英加仑 | 磅/美加仑 |
|---|---|---|---|---|---|
| 1 | 0.001000 | 1000.000000 | 0.062430 | 0.010020 | 0.008345 |
| 1000.000 | 1 | 1000000.000 | 62.430 | 10.020 | 8.345 |
| 0.001 | 0.000001 | 1 | $6.243\times10^{-5}$ | $10.02\times10^{-6}$ | $8.345\times10^{-5}$ |
| 16.018000 | 0.016018 | 16018.000000 | 1 | 0.160500 | 0.133700 |
| 99.8000 | 0.0998 | 99800.0000 | 602344 | 1 | 0.8327 |
| 119.8000 | 0.1198 | 119800.0000 | 7.4810 | 1.2011 | 1 |

## 9. 力矩换算表

| kg·厘米 | kg·米 | 吨·米 | 时·磅 | 呎·磅 |
|---|---|---|---|---|
| 1 | 0.01000 | | 0.8680 | 0.0723 |
| 100.000 | 1 | 0.001 | 86.800 | 7.230 |
| | 1000.000 | 1 | 86796.000 | 7230.000 |
| 1.15200 | 0.01152 | | 1 | 0.08330 |
| 13.826 | 0.13824 | | 12.00000 | 1 |

## 10. 速度换算表

| 米/秒 | 呎/秒 | 码/秒 | 公里/时 | 哩/时 | 浬/时 |
|---|---|---|---|---|---|
| 1 | 3.2808 | 1.0936 | 1 | 0.6214 | 0.5400 |
| 0.3048 | 1 | 0.3333 | 1.0693 | 1 | 0.8689 |
| 0.9144 | 3.0000 | 1 | 1.8520 | 1.1508 | 1 |

## 11. 流量换算表

| 升/秒 | 英加仑/秒 | 美加仑/秒 | 米³/时 | 呎³/时 | 码³/时 |
|---|---|---|---|---|---|
| 1 | 0.2201 | 0.2642 | 1 | 35.3155 | 1.3079 |
| 4.5435 | 1 | 1.2011 | 0.0283 | 1 | 0.0310 |
| 3.7845 | 0.8324 | 1 | 0.7645 | 27.0000 | 1 |

## 12. 热能及功量换算表

| 千　焦　耳 | kg·米 | 大　　卡 | 瓦·时 | 马力·时 | 英热单位 |
|---|---|---|---|---|---|
| 1 | 102.0400 | 0.2389 | $2.718\times10^{-4}$ | $3.725\times10^{-4}$ | 0.9480 |
| 0.00981 | 1 | 0.00234 | $2.724\times10^{-6}$ | $3.652\times10^{-6}$ | $9.291\times10^{-3}$ |
| 4.186 | 427.1 | 1 | $1.1628\times10^{-3}$ | $1.5593\times10^{-3}$ | 3.969 |
| 3600 | 367300 | 860 | 1 | 1.341 | 3413 |
| 2685 | 273900 | 641.3 | 0.7457 | 1 | 2545 |
| 1.0548 | 107.63 | 0.252 | $2.93\times10^{-4}$ | $3.929\times10^{-4}$ | 1 |

## 13. 功率换算表

| 千瓦（千焦耳/秒） | kg·米/秒 | 呎·磅/秒 | 千卡/秒 | 马力 | 英热单位/秒 |
|---|---|---|---|---|---|
| 1 | 102.04 | 738.1 | 0.2839 | 1.341 | 0.948 |
| 0.0098 | 1 | 7.233 | 0.002341 | 0.013142 | 0.009291 |
| 0.0013549 | 0.13826 | 1 | 0.0003237 | 0.0018169 | 0.0012845 |
| 4.186 | 427.1 | 3090 | 1 | 5.613 | 3.969 |
| 0.7457 | 76.09 | 550.4 | 0.17814 | 1 | 0.7070 |
| 1.0548 | 107.63 | 778.5 | 0.252 | 1.4145 | 1 |

## 14. 气压换算表

| 海拔（米） | 当地气压（毫米汞柱） | 海拔（米） | 当地气压（毫米汞柱） |
|---|---|---|---|
| 0 | 760 | 900 | 681 |
| 100 | 751 | 1000 | 674 |
| 200 | 742 | 1500 | 635 |
| 300 | 733 | 2000 | 598 |
| 400 | 724 | 2500 | 544 |
| 500 | 716 | 3000 | 530 |
| 600 | 706 | 3500 | 491 |
| 700 | 697 | 4000 | 470 |
| 800 | 690 | 5000 | 417 |

## 15. 气体重量表

（大气压，4℃时）

| 名　称 | 比　重 | kg/米$^3$ | kg/呎$^3$ | 米$^3$/kg |
|---|---|---|---|---|
| 空气 | 1.000 | 1.2931 | 0.08072 | 0.773 |
| 氧气 | 1.1052 | 1.4291 | 0.08921 | 0.700 |
| 氢气 | 0.0692 | 0.0895 | 0.00559 | 11.173 |
| 氮气 | 0.9701 | 1.2544 | 0.07831 | 0.797 |
| 一氧化碳 | 0.9671 | 1.2505 | 0.07836 | 0.800 |
| 二氧化碳 | 1.5197 | 1.9651 | 0.12267 | 0.509 |
| 水蒸气 | 0.6218 | 0.8045 | 0.05019 | 1.244 |
| 氨气 | 0.5889 | 0.7615 | 0.04754 | 1.313 |

## 16. 汉语拼音字母表

| 字母 | | 读音 | | 字母 | | 读音 | | 字母 | | 读音 | |
|---|---|---|---|---|---|---|---|---|---|---|---|
| 大写 | 小写 | 汉语 | 拉丁语 | 大写 | 小写 | 汉语 | 拉丁语 | 大写 | 小写 | 汉语 | 拉丁语 |
| A | a | 啊 | 爱 | J | j | 基 | 街 | S | s | 思 | 爱斯 |
| B | b | 玻 | 比 | K | k | 科 | 凯 | T | t | 特 | 涕 |
| C | c | 雌 | 西 | L | l | 勒 | 爱耳 | U | u | 乌 | 优 |
| D | d | 得 | 低 | M | m | 摸 | 爱姆 | V | v | 迂 | 维 |
| E | E | 鹅 | 衣 | N | n | 讷 | 嗯 | W | w | 娃 | 达不溜 |
| F | f | 佛 | 爱抚 | O | o | 喔 | 欧 | X | x | 希 | 爱克斯 |
| G | g | 哥 | 基 | P | p | 坡 | 匹 | Y | y | 呀 | 歪 |
| H | h | 喝 | 爱曲 | Q | q | 欺 | 凯由 | Z | z | 资 | 贼 |
| I | i | 衣 | 哀 | R | r | 日 | 阿尔 | | | | |

注：字母 V 只用来拼写外来语、少数民族语言和方言。

## 17. 希腊字母及读音

| 大写 | 小写 | 读音 | 大写 | 小写 | 读音 | 大写 | 小写 | 读音 |
|---|---|---|---|---|---|---|---|---|
| Α | α | 阿尔法 | Ι | Ι | 约塔 | Ρ | ρ | 肉 |
| Β | β | 贝塔 | Κ | Κ | 卡帕 | Σ | σ | 西格玛 |
| Γ | γ | 格马 | Λ | Λ | 兰姆达 | Τ | τ | 陶 |

续表

| 大写 | 小写 | 读音 | 大写 | 小写 | 读音 | 大写 | 小写 | 读音 |
|---|---|---|---|---|---|---|---|---|
| Δ | δ | 德尔塔 | M | M | 米由 | Υ | υ | 阿普西隆 |
| E | ε | 艾浦西隆 | N | N | 谬 | Φ | φ | 费衣 |
| Z | Z | 截塔 | Ξ | Ξ | 克西 | X | x | 喜 |
| H | H | 爱塔 | O | O | 欧米克伦 | Ψ | Ψ | 普西 |
| Θ | θ | 西塔 | Π | π | 派 | Ω | ω | 欧米格 |

## 18. 国际单位制（SI）的词头

| 因数 | 词头名称 | | 符号 |
|---|---|---|---|
| | 法文 | 中文 | |
| $10^{24}$ | yotta | 尧［它］ | Y |
| $10^{21}$ | zetta | 泽［它 | Z |
| $10^{18}$ | exa | 艾［可萨］ | E |
| $10^{15}$ | peta | 拍［它］ | P |
| $10^{12}$ | tera | 太［拉］ | T |
| $10^{9}$ | giga | 吉［咖］ | G |
| $10^{6}$ | mega | 兆 | M |
| $10^{3}$ | kilo | 千 | k |
| $10^{2}$ | hecto | 百 | h |
| $10^{1}$ | deca | 十 | da |
| $10^{-1}$ | deci | 分 | d |
| $10^{-2}$ | centi | 厘 | c |
| $10^{-3}$ | milli | 毫 | m |
| $10^{-6}$ | micro | 微 | μ |
| $10^{-9}$ | nano | 纳［诺］ | n |
| $10^{-12}$ | pico | 皮［可］ | p |
| $10^{-15}$ | femto | 飞［母托］ | f |
| $10^{-18}$ | atto | 阿［托］ | a |
| $10^{-21}$ | zepto | 仄［普托］ | z |
| $10^{-24}$ | yocto | 幺［科托］ | y |

## 19. 本书所用的角注文字符号及其写法和读法

| 符号 | | 符号名称 | 符号 | | 符号名称 |
|---|---|---|---|---|---|
| 旧 | 新 | | 旧 | 新 | |
| a | | 有效、有功 | JX | | 接线 |
| Al | | 铝 | k | | 可靠 |
| b | | 保护 | K | | 架空线 |
| B | T | 变压器 | l | | 线、线路 |
| C | | 电容 | L | | 电缆 |
| cj | | 冲击 | lc | | 励磁 |
| Cu | | 铜 | max | | 最大 |
| d | | 短路 | min | | 最小、分 |
| D | M | 电动机 | n | | 数 |
| dc | | 电磁 | ni | | 年 |
| dl | | 断路 | pj | av | 平均 |

续表

| 符号 | | 符号名称 | 符号 | | 符号名称 |
|---|---|---|---|---|---|
| 旧 | 新 | | 旧 | 新 | |
| dz | OP | 动作 | q | ast | 自起动 |
| e | N | 额定 | r | | 无效、无功 |
| f | | 返回 | RD | | 熔断器 |
| F | G | 发电机 | RT | | 熔体 |
| Fe | | 铁 | r·ZK | | 自动开关热脱扣 |
| F-z | | 非周期 | s | | 电枢 |
| gf | | 过负荷 | S | | 设备 |
| h | | 环 | s·ZK | | 自动开关瞬时脱扣 |
| H | | 负荷 | t | | 时间 |
| i | | 电流 | u | | 电压 |
| j | | 基准 | x | | 需要 |
| J | | 继电器 | XT | | 系统 |
| jc | | 接触 | yx | en | 允许 |
| jd | | 接地 | z | | 周期 |
| jf | | 尖峰 | φ | | 相、相位 |
| ji | | 经济 | Σ | | 总和、混合 |
| js | | 计算 | ∞ | | 无穷大 |
| js·i | | 任一的计算 | O | | 零、无 |
| jx | | 假想 | * | | 标幺值 |
| PT | TA | 电流互感器 | U | | 电压 |
| TA | TV | 电压互感器 | E | | 电势 |
| bh | | 保护 | P | | 有功功率 |
| ZCH | AR | 自动重合 | Q | | 无功功率 |
| ZMC | | 自动灭磁装置 | S | | 视在功率 |
| DZJZ | | 低周减载装置 | L | | 电感 |
| FLL | | 负序电流滤过器 | C | | 电容 |
| FYL | | 负序电压滤过器 | R | | 电阻 |
| Δt | | 时间级差 | X | | 电抗 |
| l | | 长度、范围、自感 | cl | | 差流 |
| M | | 互感 | cy | | 残余 |
| N | | 变比 | ch | | 冲击 |
| T | | 周期 | d | | 短路 |
| fj | | 继电器返回 | xl | | 断路器合闸、跳闸 |
| fgz | | 非故障 | dh | | 电弧 |
| fzq | | 非周期 | dz | | 动作 |
| fz | | 分支 | dz·j | | 继电器动作 |
| gd | | 过渡 | e | | 额定 |
| hg | | 弧光 | f | | 返回 |
| j | | 继电器、基准 | fh | | 负荷 |
| | set | 整定 | zy | | 继电器返回 |
| | op | 动作 | ph | | 平衡 |
| fh | re | 返回 | sq | | 死区 |
| K | rel | 可靠 | sd | | 速断 |
| | W | 工作 | x | | 相 |
| lm | sen | 灵敏 | x-x | | 相间 |
| u、i | | 电压、电流瞬时值 | xj | | 线路 |

续表

| 符号 | | 符号名称 | 符号 | | 符号名称 |
|---|---|---|---|---|---|
| 旧 | 新 | | 旧 | 新 | |
| zd | | 制动 | xt | | 相继 |
| zhd | | 振荡 | xt | | 系统 |
| zqd | | 自起动 | zq | | 周期 |
| J | K | 继电器 | KR | ZKJ | 阻抗继电器 |
| LJ | kA | 电流继电器 | kW | GJ | 功率方向继电器 |
| CJ | KD | 差动继电器 | KOF | BCJ | 保护出口中间继电器 |
| BSJ | KL | 闭锁继电器 | KM | ZJ | 中间继电器 |
| ZJ | KI | 中间或冲击继电器 | KSU | JSJ | 加速继电器 |
| SJ | KT | 时间继电器 | KOR | HWJ | 合闸位置监视继电器 |
| JJ | KP | 极化或功率继电器 | KOFR | TWJ | 跳闸位置监视继电器 |
| XJ | KS | 信号继电器 | KPU | XMJ | 脉冲继电器 |
| GK | kV | 电压继电器 | KLU | TBJ | 跳跃闭锁继电器 |
| LJ | QS | 隔离开关 | KS | TJJ | 同步鉴定继电器 |
| DL | QF | 断路器 | KS | JJ | 监视继电器 |
| $Z_b$ | $Z_T$ | 变压器阻抗 | c | | 长度 |
| a | | 算子，$a = e^{j120°}$ | unb | | 不平衡 |
| 0、1、2、3 | | 零序、正序、负序或编号 | β | | 阻抗比$\beta = \dfrac{Z_{0\Sigma}}{Z_{1\Sigma}}$ |
| Ⅰ、Ⅱ、Ⅲ、Ⅳ、Ⅴ | | 保护一、二、三、四、五段或编号 | A、B、C、N | | A相、B相、C相（一次） |
| | | | a、b、c、n | | a相、b相、c相（二次） |
| 右上角符号说明 | | | | | |
| $I_d^{(3)}$、$I_d^{(2)}$、$I_d^{(1)}$ | | 三相短路、两相短路、单相短路 | ′、″ | | 暂态、次暂态或量的区别 |

## 20. 本书所用继电保护整定计算中的常用符号

| 常规保护符号 | 微机保护符号 | 符号名称 |
|---|---|---|
| $K_k$ | $K_{rel}$ | 可靠系数 |
| $K_f$ | $K_r$ | 返回系数 |
| $I_{zd}$ | $I_{set}$ | 保护整定电流 |
| $I_{dz}$ | $I_{OP}$ | 保护动作电流 |
| $U_{zd}$ | $U_{set}$ | 保护整定电压 |
| $U_{dz}$ | $U_{op}$ | 保护动作电压 |
| $n_{Pr}$ | $n_{TA}$ | 电压互感器变比 |
| $n_{CT}$ | $n_{TV}$ | 电流互感器变比 |
| $I_{bp}$ | $I_{unb \cdot max}$ | 最大负荷时的不平衡电流 |
| $I_{lc.yl}$ | $I_{e \cdot max}$ | 变压器励磁涌流 |
| $K_{fz}$ | $K_b$ | 分支系数 |
| $I_{z.min}$ | $I_{res.0}$ | 最小制动电流 |
| $K_z$ | $K_{res}$ | 制动系数 |
| $K_{zqd}$ | $K_{ss}$ | 电动机自起动系数 |
| $K_{lm}$ | $K_{sen}$ | 灵敏系数 |
| $K_{jx}$ | $K_{con}$ | 接线系数 |
| $K_{zq}$ | $K_{ss}$ | 自起动系数 |
| $K_{fzq}$ | $K_{unp}$ | 非同期分量系数 |
| $K_{tx}$ | $K_{cc}$ | 电流互感器同型系数 |

续表

| 常规保护符号 | 微机保护符号 | 符号名称 |
|---|---|---|
| $K_{bw}$ | $K_{ri}$ | 电容器纹波系数 |
| | $K_{rel1}$ | 电容器过载倍数 |
| | $K_{rel2}$ | 电容器充电涌流倍数 |
| $t_{Ⅰ}$、$t_{Ⅱ}$、$t_{Ⅲ}$ | | 分别表示保护装置第Ⅰ、第Ⅱ、第Ⅲ段动作时间 |
| | $K_v$ | 过电压系数 |
| | $K_{ap}$ | 配合系数 |
| | $U_{ODo}$ | 开口三角绕组的零序电压 |
| | $U_{unb}$ | 开口三角绕组正常运行时的不平衡电压 |
| | $I_0$ | 中性点流过的不平衡电流 |
| | $I_{unb}$ | 正常时中性点间的不平衡电流 |
| $I_e$ | $I_N$ | 额定电流 |
| $U_e$ | $U_N$ | 额定电压 |
| $S_e$ | $S_N$ | 额定容量 |
| $P_e$ | $P_N$ | 额定功率 |

## 21. 罗马字母表

| | | | | | | | | | | |
|---|---|---|---|---|---|---|---|---|---|---|
| Ⅰ | Ⅱ | Ⅲ | Ⅳ | Ⅴ | Ⅵ | Ⅶ | Ⅷ | Ⅸ | Ⅹ | Ⅺ |
| 1 | 2 | 3 | 4 | 5 | 6 | 7 | 8 | 9 | 10 | 11 |
| XX | XXX | XL | L | LX | LXX | LXXX | XC | C | D | M |
| 20 | 30 | 40 | 50 | 60 | 70 | 80 | 90 | 100 | 500 | 1000 |

## 22. 自愈式低压电容器的主要数据

| 型号 | 额定电容/μF | 额定电流/A | 接法 | 高度/mm |
|---|---|---|---|---|
| BGMJ0.23-4-3 | 240 | 10 | △ | 280 |
| BGMJ0.23-5-3 | 300 | 12.6 | △ | 280 |
| BGMJ0.4-1-3 | 20 | 1.4 | △ | 100 |
| BGMJ0.4-1.5-3 | 30 | 2.2 | △ | 140 |
| BGMJ0.4-2.5-3 | 50 | 3.6 | △ | 260 |
| BGMJ0.4-3.3-3 | 66 | 4.8 | △ | 260 |
| BGMJ0.4-5-3 | 100 | 7.2 | △ | 260 |
| BGMJ0.4-8-3 | 159 | 11.5 | △ | 240 |
| BGMJ0.4-10-3 | 199 | 14.4 | △ | 240 |
| BGMJ0.4-12-3 | 239 | 17.3 | △ | 280 |
| BGMJ0.4-14-3 | 279 | 20.2 | △ | 280 |
| BGMJ0.4-15-3 | 298 | 21.7 | △ | 280 |
| BGMJ0.525-10-3 | 115 | 11 | △ | 280 |
| BGMJ0.525-12-3 | 139 | 13.2 | △ | 320 |
| BGMJ0.4-15-3 | 173 | 16.5 | △ | 320 |

## 23. 常用电力变压器主要技术参数

### (1) 三相油浸式双绕组无励磁调压 S11 型卷铁芯配电变压器技术参数

| 容量/(kV·A) | 电压组合 | | | 连接组别 | 空载电流/% | 空载损耗/W | 负载损耗/W | 阻抗电压/% |
|---|---|---|---|---|---|---|---|---|
| | 高压/kV | 高压分接范围 | 低压/kV | | | | | |
| 30 | 10<br>10.5<br>11 | ±5% | 0.4 | Y，yno | 0.63 | 100 | 600 | 4.0 |
| 50 | | | | | 0.6 | 130 | 870 | |
| 63 | | | | | 0.57 | 150 | 1040 | |
| 80 | | | | | 0.54 | 180 | 1250 | |
| 100 | | | | | 0.48 | 210 | 1500 | |
| 125 | | | | | 0.45 | 240 | 1800 | |
| 160 | | | | | 0.42 | 270 | 2200 | |
| 200 | | | | | 0.39 | 330 | 2600 | |
| 250 | | | | | 0.36 | 400 | 3050 | |
| 315 | | | | | 0.33 | 480 | 3650 | |
| 400 | | | | | 0.30 | 570 | 4300 | |
| 500 | | | | | 0.30 | 680 | 5100 | |

### (2) 10kV S9 型三相双绕组变压器技术参数

| 型号 | 额定容量/(kV·A) | 电压组合 | | 损耗 | | 阻抗电压/% | 空载电流/% |
|---|---|---|---|---|---|---|---|
| | | 高压/kV | 低压/kV | 空载 $\Delta P_0$/kW | 负载 $\Delta P_k$/kW | | |
| S9 | 30 | 6.0<br>6.3<br>10±5%<br>10.5<br>11 | 0.4 | 0.13 | 0.60 | 4.0 | 2.1 |
| S9 | 50 | | | 0.17 | 0.87 | | 2.0 |
| S9 | 63 | | | 0.20 | 1.04 | | 1.9 |
| S9 | 80 | | | 0.24 | 1.25 | | 1.8 |
| S9 | 100 | | | 0.29 | 1.50 | | 1.6 |
| S9 | 125 | | | 0.34 | 1.80 | | 1.5 |
| S9 | 160 | | | 0.40 | 2.20 | | 1.4 |
| S9 | 200 | | | 0.48 | 2.60 | | 1.3 |
| S9 | 250 | | | 0.56 | 3.05 | | 1.2 |
| S9 | 315 | | | 0.67 | 3.65 | | 1.1 |
| S9 | 400 | | | 0.80 | 4.30 | | 1.0 |
| S9 | 500 | | | 0.96 | 5.10 | | 1.0 |
| S9 | 630 | | | 1.20 | 6.20 | 4.5 | 0.9 |
| S9 | 800 | | | 1.40 | 7.50 | | 0.8 |
| S9 | 1000 | | | 1.70 | 10.30 | | 0.7 |
| S9 | 1250 | | | 1.95 | 12.00 | | 0.6 |
| S9 | 1600 | | | 2.40 | 14.50 | | 0.6 |

(3) 10kV S9-M 系列配电变压器主要技术参数

| 型号 | 容量/(kV·A) | 电压组合 | | | 连接组别 | 损耗/W | | 空载电流/% | 短路阻抗/% |
|---|---|---|---|---|---|---|---|---|---|
| | | 高压/kV | 分接范围 | 低压/kV | | 空载/W | 负荷/W | | |
| S9-M-100/10 | 100 | 6、6.3<br>10、10.5<br>11 | ±5%或<br>±2×2.5% | 0.4 | Y，yno | 290 | 1500 | 1.6 | 4 |
| S9-M-125/10 | 125 | | | | | 340 | 1800 | 1.5 | 4 |
| S9-M-160/10 | 160 | | | | | 400 | 2200 | 1.4 | 4 |
| S9-M-200/10 | 200 | | | | | 480 | 2600 | 1.3 | 4 |
| S9-M-250/10 | 250 | | | | | 560 | 3050 | 1.2 | 4 |
| S9-M-315/10 | 315 | | | | | 670 | 3650 | 1.1 | 4 |
| S9-M-400/10 | 400 | | | | | 800 | 4300 | 1.0 | 4 |
| S9-M-500/10 | 500 | | | | | 960 | 5100 | 1.0 | 4 |
| S9-M-630/10 | 630 | | | | | 1200 | 6200 | 0.9 | 4 |
| S9-M-800/10 | 800 | | | | | 1400 | 7500 | 0.8 | 4 |
| S9-M-1000/10 | 1000 | | | | | 1700 | 10300 | 0.7 | 4 |
| S9-M-1250/10 | 1250 | | | | | 1950 | 12000 | 0.6 | 4 |
| S9-M-1600/10 | 1600 | | | | | 2400 | 14500 | 0.6 | 4 |

(4) 10kV SCBH15 非晶合金干式变压器技术参数

| 型号 | 容量/(kV·A) | 电压组合 | | 连接组别 | 损耗 | | 空载电流/% | 短路阻抗/% |
|---|---|---|---|---|---|---|---|---|
| | | 高压/kV | 低压/kV | | 空载/W | 负荷(120℃)/W | | |
| SCBH15 | 30 | ±5%<br>2×2.5%<br><br>6<br>6.3<br>10<br>10.5<br>11 | 0.4 | dyn11 | 70 | 710 | 1.6 | 4 |
| SCBH15 | 50 | | | | 90 | 1000 | 1.4 | |
| SCBH15 | 80 | | | | 120 | 1380 | 1.3 | |
| SCBH15 | 100 | | | | 130 | 1570 | 1.2 | |
| SCBH15 | 125 | | | | 150 | 1850 | 1.1 | |
| SCBH15 | 160 | | | | 170 | 2130 | 1.1 | |
| SCBH15 | 200 | | | | 200 | 2530 | 1.0 | |
| SCBH15 | 250 | | | | 230 | 2760 | 1.0 | |
| SCBH15 | 315 | | | | 280 | 3470 | 0.9 | |
| SCBH15 | 400 | | | | 310 | 3990 | 0.8 | |
| SCBH15 | 500 | | | | 360 | 4880 | 0.8 | |
| SCBH15 | 630 | | | | 420 | 5880 | 0.7 | 6 |
| SCBH15 | 800 | | | | 480 | 6960 | 0.7 | |
| SCBH15 | 1000 | | | | 550 | 8130 | 0.6 | |
| SCBH15 | 1250 | | | | 650 | 9690 | 0.6 | |
| SCBH15 | 1600 | | | | 760 | 11730 | 0.6 | |
| SCBH15 | 2000 | | | | 1000 | 14450 | 0.5 | |
| SCBH15 | 2500 | | | | 1200 | 17170 | 0.5 | |

(5) 10kV S(B)H15-M 系列非晶合金油浸式变压器技术参数

| 型号 | 容量/(kV·A) | 电压组合 | | 连接组别 | 损耗 | | 空载电流/% | 短路阻抗/% |
|---|---|---|---|---|---|---|---|---|
| | | 高压/kV | 低压/kV | | 空载/W | 负荷(120℃)/W | | |
| S(B)H15-M | 30 | | | | 33 | 600 | 1.7 | |

续表

| 型号 | 容量/(kV·A) | 电压组合 | | 连接组别 | 损耗 | | 空载电流/% | 短路阻抗/% |
|---|---|---|---|---|---|---|---|---|
| | | 高压/kV | 低压/kV | | 空载/W | 负荷(120℃)/W | | |
| S (B) H15-M | 50 | ±5%<br>2×2.5%<br>6<br>6.3<br>10<br>10.5<br>11 | 0.4 | dyn11 | 43 | 870 | 1.3 | 4 |
| S (B) H15-M | 63 | | | | 50 | 1040 | 1.2 | |
| S (B) H15-M | 80 | | | | 60 | 1250 | 1.1 | |
| S (B) H15-M | 100 | | | | 75 | 1500 | 1.0 | |
| S (B) H15-M | 125 | | | | 85 | 1800 | 0.9 | |
| S (B) H15-M | 160 | | | | 100 | 2200 | 0.7 | |
| S (B) H15-M | 200 | | | | 120 | 2600 | 0.7 | |
| S (B) H15-M | 250 | | | | 140 | 3050 | 0.7 | |
| S (B) H15-M | 315 | | | | 170 | 3650 | 0.5 | |
| S (B) H15-M | 400 | | | | 200 | 4300 | 0.5 | |
| S (B) H15-M | 500 | | | | 240 | 5150 | 0.5 | |
| S (B) H15-M | 630 | | | | 320 | 6200 | 0.3 | 4.5 |
| S (B) H15-M | 800 | | | | 380 | 7500 | 0.3 | |
| S (B) H15-M | 1000 | | | | 450 | 10300 | 0.3 | |
| S (B) H15-M | 1250 | | | | 530 | 12000 | 0.2 | |
| S (B) H15-M | 1600 | | | | 630 | 14500 | 0.2 | |

## (6) 10kV SZ7 型三相双绕组有载调压变压器技术参数

| 型号 | 额定容量/(kV·A) | 电压组合 | | 损耗 | | 阻抗电压/% | 空载电流/% |
|---|---|---|---|---|---|---|---|
| | | 高压/kV | 低压/kV | 空载 $\Delta P_0$/kW | 负载 $\Delta P_k$/kW | | |
| SZ-7 | 200 | 6<br>6.3±4×2.5%<br>10 | 0.4 | 0.54 | 3.40 | 4 | 2.1 |
| SZ-7 | 250 | | | 0.64 | 4.00 | | 2.0 |
| SZ-7 | 315 | | | 0.76 | 4.80 | | 2.0 |
| SZ-7 | 400 | | | 0.92 | 5.80 | | 1.9 |
| SZ-7 | 500 | | | 1.08 | 6.90 | | 1.9 |
| SZ-7 | 630 | | | 1.40 | 8.50 | | 1.8 |
| SZ-7 | 800 | | | 1.66 | 10.40 | | 1.8 |
| SZ-7 | 1000 | | | 1.12 | 12.18 | 4.5 | 1.7 |
| SZ-7 | 1250 | | | 1.33 | 14.49 | | 1.6 |
| SZ-7 | 1600 | | | 1.54 | 17.30 | | 1.6 |

## (7) 10kV S7 型三相双绕组变压器技术参数

| 型号 | 额定容量/(kV·A) | 电压组合 | | 损耗 | | 阻抗电压/% | 空载电流/% |
|---|---|---|---|---|---|---|---|
| | | 高压/kV | 低压/kV | 空载 $\Delta P_0$/kW | 负载 $\Delta P_k$/kW | | |
| S7 | 10 | | | 0.084 | 0.306 | | 2.86 |
| S7 | 20 | | | 0.132 | 0.52 | | 2.84 |
| S7 | 30 | | | 0.15 | 0.80 | | 2.8 |
| S7 | 50 | | | 0.19 | 1.15 | | 2.6 |
| S7 | 63 | | | 0.22 | 1.40 | | 2.5 |
| S7 | 80 | | | 0.27 | 1.65 | | 2.4 |
| S7 | 100 | 6.0 | | 0.32 | 2.00 | 4.0 | 2.3 |
| S7 | 125 | 6.3 | | 0.37 | 2.45 | | 2.2 |
| S7 | 160 | 10±5% | 0.4 | 0.46 | 2.85 | | 2.1 |

续表

| 型号 | 额定容量/（kV·A） | 电压组合 | | 损耗 | | 阻抗电压/% | 空载电流/% |
|---|---|---|---|---|---|---|---|
| | | 高压/kV | 低压/kV | 空载 $\Delta P_0$/kW | 负载 $\Delta P_k$ /kW | | |
| S7 | 200 | 10.5 | | 0.54 | 3.40 | | 2.1 |
| S7 | 250 | 11 | | 0.64 | 4.00 | | 2.0 |
| S7 | 315 | | | 0.76 | 4.80 | | 2.0 |
| S7 | 400 | | | 0.92 | 5.80 | | 1.9 |
| S7 | 500 | | | 1.08 | 6.90 | | 1.9 |
| S7 | 630 | | | 1.30 | 8.10 | 4.5 | 1.8 |
| S7 | 800 | | | 1.54 | 9.90 | | 1.5 |
| S7 | 1000 | | | 1.80 | 11.60 | | 1.2 |
| S7 | 1250 | | | 2.20 | 13.80 | | 1.2 |
| S7 | 1600 | | | 2.65 | 16.50 | | 1.1 |

（8）10kV S9 型三相双绕组有载调压变压器技术参数

| 型号 | 额定容量/（kV·A） | 电压组合 | | 损耗 | | 阻抗电压/% | 空载电流/% |
|---|---|---|---|---|---|---|---|
| | | 高压/kV | 低压/kV | 空载 $\Delta P_0$/kW | 负载 $\Delta P_k$ /kW | | |
| SZ-9 | 200 | 10<br>10.5<br>11 | 0.4 | 0.4 | 3.25 | 4 | 1.8 |
| SZ-9 | 250 | | | 0.53 | 3.70 | | 1.7 |
| SZ-9 | 315 | | | 0.63 | 4041.00 | | 1.6 |
| SZ-9 | 400 | | | 0.75 | 5.40 | | 1.5 |
| SZ-9 | 500 | | | 0.88 | 6.45 | | 1.4 |
| SZ-9 | 630 | | | 1.12 | 7.65 | 4.5 | 1.3 |
| SZ-9 | 800 | | | 1.33 | 9.35 | | 1.2 |
| SZ-9 | 1000 | | | 1.54 | 11.00 | | 1.1 |
| SZ-9 | 1250 | | | 1.88 | 13.05 | | 1.0 |
| SZ-9 | 1600 | | | 2.40 | 15.60 | | 0.9 |
| SZ-9 | 2000 | | | 2.70 | 18.50 | | 0.8 |

（9）10kV SC 型三绕组环氧浇注干式变压器技术参数

| 型号 | 额定容量/（kV·A） | 电压组合 | | 损耗 | | 阻抗电压/% | 空载电流/% |
|---|---|---|---|---|---|---|---|
| | | 高压/kV | 低压/kV | 空载 $\Delta P_0$/kW | 负载 $\Delta P_k$ /kW | | |
| SC | 30 | 6.0<br>6.3<br>6.6<br>10.0<br>10.5<br>11.0 | 0.4 | 0.22 | 0.70 | 4 | 2.3 |
| SC | 50 | | | 0.30 | 1.00 | | 2.2 |
| SC | 80 | | | 0.40 | 1.40 | | 2.1 |
| SC | 100 | | | 0.45 | 1.60 | | 2.0 |
| SC | 125 | | | 0.52 | 1.90 | | 1.9 |
| SC | 160 | | | 0.60 | 2.20 | | 1.8 |
| SC | 200 | | | 0.70 | 2.60 | | 1.7 |
| SC | 250 | | | 0.80 | 2.90 | | 1.6 |
| SC | 315 | | | 0.95 | 3.50 | | 1.6 |
| SC | 400 | | | 1.10 | 4.20 | | 1.5 |
| SC | 500 | | | 1.30 | 5.20 | 6 | 1.5 |
| SC | 630 | | | 1.50 | 6.50 | 4 | 1.4 |
| SC | 800 | | | 1.60 | 7.50 | 6 | 1.4 |
| SC | 1000 | | | 1.80 | 8.80 | | 1.2 |
| SC | 1250 | | | 2.10 | 10.50 | | 1.2 |
| SC | 1600 | | | 2.70 | 12.60 | | 1.1 |

续表

| 型号 | 额定容量/（kV·A） | 电压组合 | | 损耗 | | 阻抗电压/% | 空载电流/% |
|---|---|---|---|---|---|---|---|
| | | 高压/kV | 低压/kV | 空载 $\Delta P_0$/kW | 负载 $\Delta P_k$/kW | | |
| SC | 2000 | | | 3.50 | 15.00 | | 1.1 |
| SC | 2500 | | | 4.40 | 17.00 | | 1.0 |

## （10）10kV SZ7 型三相双绕组有载调压变压器技术参数

| 型号 | 额定容量/（kV·A） | 电压组合 | | 损耗 | | 阻抗电压/% | 空载电流/% |
|---|---|---|---|---|---|---|---|
| | | 高压/kV | 低压/kV | 空载 $\Delta P_0$/kW | 负载 $\Delta P_k$/kW | | |
| SZ-7 | 200 | 6.0<br>6.3±4×<br>2.5%<br>10 | 0.4 | 0.54 | 3.40 | 4 | 2.1 |
| SZ-7 | 250 | | | 0.64 | 4.00 | | 2.0 |
| SZ-7 | 315 | | | 0.76 | 4.80 | | 2.0 |
| SZ-7 | 400 | | | 0.92 | 5.80 | | 1.9 |
| SZ-7 | 500 | | | 1.08 | 6.90 | | 1.9 |
| SZ-7 | 630 | | | 1.40 | 8.50 | | 1.8 |
| SZ-7 | 800 | | | 1.66 | 10.40 | | 1.8 |
| SZ-7 | 1000 | | | 1.12 | 12.18 | 4.5 | 1.7 |
| SZ-7 | 1250 | | | 1.33 | 14.49 | | 1.6 |
| SZ-7 | 1600 | | | 1.54 | 17.30 | | 1.6 |

## （11）35kV S9 型三相双绕组变压器技术参数

| 型号 | 额定容量/（kV·A） | 电压组合 | | 损耗 | | 阻抗电压/% | 空载电流/% |
|---|---|---|---|---|---|---|---|
| | | 高压/kV | 低压/kV | 空载 $\Delta P_0$/kW | 负载 $\Delta P_k$/kW | | |
| S9 | 50 | 38.5<br>35±5% | 0.4 | 0.21 | 1.22 | 6.5 | 2.0 |
| S9 | 100 | | | 0.29 | 2.03 | | 1.8 |
| S9 | 125 | | | 0.33 | 2.38 | | 1.75 |
| S9 | 160 | | | 0.37 | 2.83 | | 1.65 |
| S9 | 200 | | | 0.44 | 3.33 | | 1.55 |
| S9 | 250 | | | 0.51 | 3.96 | | 1.40 |
| S9 | 315 | | | 0.61 | 4.77 | | 1.40 |
| S9 | 400 | | | 0.73 | 5.76 | | 1.3 |
| S9 | 500 | | | 0.86 | 6.95 | | 1.3 |
| S9 | 630 | | | 1.05 | 8.30 | | 1.25 |
| S9 | 800 | | | 1.23 | 9.90 | | 1.05 |
| S9 | 1000 | | | 1.44 | 12.15 | | 1.0 |
| S9 | 1250 | | | 1.76 | 14.65 | | 0.85 |
| S9 | 1600 | | | 2.12 | 17.55 | | 0.75 |
| S9 | 2000 | | | 1.65 | 19.50 | | 0.70 |
| S9 | 2500 | 38.5<br>35±5% | | 3.20 | 20.70 | 6.5 | 0.75 |
| S9 | 3150 | | | 3.80 | 24.30 | 9.0 | 0.70 |
| S9 | 4000 | | | 4.50 | 28.80 | | 0.70 |
| S9 | 5000 | | | 5.40 | 33.00 | | 0.60 |
| S9 | 6300 | | | 6.55 | 37.00 | 7.5 | 0.60 |
| S9 | 8000 | | | 9.00 | 40.50 | | 0.55 |
| S9 | 10000 | | | 10.85 | 47.50 | | 0.55 |
| S9 | 12500 | | | 12.50 | 56.50 | | 0.50 |
| S9 | 16000 | | | 15.50 | 69.50 | | 0.50 |
| S9 | 20000 | | | 18.00 | 83.50 | 8.0 | 0.50 |

续表

| 型号 | 额定容量/(kV·A) | 电压组合 高压/kV | 电压组合 低压/kV | 损耗 空载 $\Delta P_0$/kW | 损耗 负载 $\Delta P_k$/kW | 阻抗电压/% | 空载电流/% |
|---|---|---|---|---|---|---|---|
| S9 | 25000 | | | 21.50 | 99.00 | | 0.40 |
| S9 | 31500 | | | 25.00 | 119.00 | | 0.40 |

## (12) 35kV S9 型三相双绕组有载调压变压器技术参数

| 型号 | 额定容量/(kV·A) | 电压组合 高压/kV | 电压组合 低压/kV | 损耗 空载 $\Delta P_0$/kW | 损耗 负载 $\Delta P_k$/kW | 阻抗电压/% | 空载电流/% |
|---|---|---|---|---|---|---|---|
| SZ-9 | 1000 | | | 1.80 | 10.5 | | 1.2 |
| SZ-9 | 1250 | | | 2.20 | 12.0 | | 1.2 |
| SZ-9 | 1600 | | | 2.60 | 15.5 | 6.5 | 1.1 |
| SZ-9 | 2000 | | 11 | 2.85 | 18.7 | | 1.0 |
| SZ-9 | 2500 | 35 | 10.5 | 3.40 | 21.7 | | 1.0 |
| SZ-9 | 3150 | 38.5 | 10 | 4.0 | 26.0 | | 0.9 |
| SZ-9 | 4000 | ±3×2.5% | 6.3 | 4.8 | 30.7 | 7.0 | 0.9 |
| SZ-9 | 5000 | | 6.0 | 5.8 | 36.0 | | 0.85 |
| SZ-9 | 6300 | | | 7.0 | 38.7 | | 0.85 |
| SZ-9 | 8000 | | | 9.8 | 42.75 | 7.5 | 0.75 |
| SZ-9 | 10000 | | | 11.6 | 50.55 | | 0.75 |
| SZ-9 | 12500 | | | 13.65 | 59.85 | 8.0 | 0.70 |

## (13) 35kV S7、SF7 型低损耗三相双绕组变压器技术参数

| 型　号 | 容量/(kV·A) | 电压组合 高压/kV | 电压组合 低压/kV | 连接组别 | 损耗 空载/W | 损耗 负荷/W | 空载电流/% | 短路阻抗/% |
|---|---|---|---|---|---|---|---|---|
| S7-50/35 | 50 | | | | 0.265 | 1.35 | 2.8 | |
| S7-100/35 | 100 | | | | 0.37 | 2.25 | 2.6 | |
| S7-125/35 | 125 | | | | 0.42 | 2.65 | 2.5 | |
| S7-160/35 | 160 | | | | 0.47 | 3.15 | 2.4 | |
| S7-200/35 | 200 | | | | 0.55 | 3.7 | 2.2 | |
| S7-250/35 | 250 | | | | 0.64 | 4.4 | 2.0 | |
| S7-315/35 | 315 | 35±5% | 0.4 | Y，yn0 | 0.76 | 5.3 | 2.0 | |
| S7-400/35 | 400 | | | | 0.92 | 6.4 | 1.9 | 6.5 |
| S7-500/35 | 500 | | | | 1.08 | 7.7 | 1.9 | |
| S7-630/35 | 630 | | | | 1.30 | 9.2 | 1.8 | |
| S7-800/35 | 800 | | | | 1.54 | 11.0 | 1.5 | |
| S7-1000/35 | 1000 | | | | 1.80 | 13.5 | 1.4 | |
| S7-1250/35 | 1250 | | | | 2.20 | 16.3 | 1.2 | |
| S7-1600/35 | 1600 | | | | 2.65 | 19.5 | 1.1 | |
| S7-2000/35 | 2000 | | 31.5 | Y，d11 | 3.4 | 19.8 | 1.1 | |
| S7-2500/35 | 2500 | | | | 4.0 | 23.0 | 1.1 | |
| S7-3150/35 | 3150 | 35±5% | 6.3 | | 4.75 | 27.0 | 1.0 | |
| S7-4000/35 | 4000 | 38.5 | 10.5 | | 5.65 | 32.0 | 1.0 | 7 |
| S7-5000/35 | 5000 | | | | 6.45 | 36.7 | 0.9 | |
| S7-6300/35 | 6300 | | | | 8.2 | 41.0 | 0.9 | |
| SF7-8000/35 | 8000 | | | | 11.5 | 45.0 | 0.8 | 7.5 |
| SF7-10000/35 | 10000 | 35 | 3.15 | | 13.6 | 53.0 | 0.8 | |
| SF7-12500/35 | 12500 | ±2×2.5% | 3.3 | Y，d11 | 16.0 | 63.0 | 0.7 | |

续表

| 型　号 | 容量/（kV·A） | 电压组合 | | 连接组别 | 损耗 | | 空载电流/% | 短路阻抗/% |
|---|---|---|---|---|---|---|---|---|
| | | 高压/kV | 低压/kV | | 空载/W | 负荷/W | | |
| SF7-16000/35 | 16000 | 38.5 | 6.3 | | 19.0 | 77.0 | 0.7 | 8 |
| SF7-20000/35 | 20000 | | 6.6 | | 22.5 | 93.0 | 0.7 | |
| SF7-25000/35 | 25000 | | 10.5 | | 26.6 | 110.0 | 0.6 | |
| SF7-31500/35 | 31500 | | 11 | | 31.6 | 132.0 | 0.6 | |

## （14）35kV SZL7、SZ7、SFZ7 型低损耗三相双绕组有载调压变压器技术参数

| 型　号 | 容量/（kV·A） | 电压组合 | | 连接组别 | 损耗 | | 空载电流/% | 短路阻抗/% |
|---|---|---|---|---|---|---|---|---|
| | | 高压/kV | 低压/kV | | 空载/W | 负荷/W | | |
| SZL7-3150/35 | 3150 | 38.5 ±3×2.5% 35 | 6.3 10.5 | Y，yd11 | 5.05 | 28.9 | 1.3 | 7 |
| SZL7-4000/35 | 4000 | | | | 6.05 | 34.1 | | |
| SZL7-5000/35 | 5000 | | | | 7.25 | 40.0 | 1.2 | |
| SZL7-6300/35 | 6300 | | | | 8.80 | 43.0 | | 7.5 |
| SZ7-2000/35 | 2000 | | | | 3.6 | 20.8 | 1.4 | 6.5 |
| SZ7-2500/35 | 2500 | | | | 4.25 | 24.15 | | |
| SZ7-3150/35 | 3150 | | | | 5.05 | 28.9 | 1.3 | 7.0 |
| SZ7-4000/35 | 4000 | | | | 6.05 | 34.1 | | |
| SZ7-5000/35 | 5000 | | | | 7.25 | 40.0 | 1.2 | |
| SZ7-6300/35 | 6300 | | | | 8.80 | 43.0 | | 7.5 |
| SZ7-8000/35 | 8000 | | | | 12.3 | 47.5 | 1.1 | |
| SZ7-10000/35 | 10000 | | | | 14.5 | 56.2 | | |
| SZ7-12500/35 | 12500 | | | | 17.1 | 66.5 | 1.0 | 8.0 |
| SZ7-16000/35 | 16000 | | | | 18.5 | 78.0 | 0.69 | |
| SZ7-20000/35 | 20000 | | | | 20.1 | 101.7 | 0.79 | |

## （15）110kV SFZ-9 型三相双绕组有载调压变压器技术参数

| 型号 | 额定容量/（kV·A） | 电压组合 | | 损耗 | | 阻抗电压/% | 空载电流/% |
|---|---|---|---|---|---|---|---|
| | | 高压/kV | 低压/kV | 空载 $\Delta P_0$/kW | 负载 $\Delta P_k$/kW | | |
| SFZ9 | 6300 | 110 ±8×1.25% | 6.3 6.6 10.5 11 | 11.5 | 39.8 | 10.5 | 0.95 |
| SFZ9 | 8000 | | | 13.2 | 45.0 | | 0.90 |
| SFZ9 | 10000 | | | 15.2 | 54.0 | | 0.85 |
| SFZ9 | 12500 | | | 17.5 | 65.9 | | 0.80 |
| SFZ9 | 16000 | | | 20.5 | 82.2 | | 0.75 |
| SFZ9 | 20000 | | | 23.5 | 100 | | 0.70 |
| SFZ9 | 25000 | | | 27.0 | 114 | | 0.65 |
| SFZ9 | 31500 | | | 31.0 | 133 | | 0.60 |
| SFZ9 | 40000 | | | 37.0 | 156 | | 0.55 |
| SFZ9 | 50000 | | | 44.0 | 194 | | 0.50 |
| SFZ9 | 63000 | | | 56.0 | 260 | | 0.45 |
| SZ9D | 6300 | 110 ±8×1.25% | 6.3 6.6 10.5 11 | 11.0 | 39.8 | 10.33 | 1.08 |
| SZ9D | 8000 | | | 12.0 | 45.0 | 10.26 | 1.13 |
| SZ9D | 10000 | | | 14.4 | 54.0 | 10.26 | 0.90 |
| SZ9D | 12500 | | | 16.4 | 65.9 | 10.4 | 0.85 |
| SZ9D | 16000 | | | 19.5 | 82.2 | 10.6 | 0.81 |
| SZ9D | 20000 | | | 22.3 | 100 | 10.3 | 0.79 |
| SZ9D | 25000 | | | 25.7 | 114.5 | 10.28 | 0.72 |

续表

| 型号 | 额定容量/（kV·A） | 电压组合 | | 损耗 | | 阻抗电压/% | 空载电流/% |
|---|---|---|---|---|---|---|---|
| | | 高压/kV | 低压/kV | 空载 $\Delta P_0$/kW | 负载 $\Delta P_k$/kW | | |
| SZ9D | 31500 | | | 29.5 | 133.2 | 10.27 | 0.67 |
| SZ9D | 40000 | | | 35.8 | 156.2 | 10.62 | 0.65 |
| SZ9D | 50000 | | | 42.2 | 194.2 | 10.57 | 0.61 |

（16）110kV SFSZ-9型三相三绕组有载调压变压器主要技术参数

| 型号 | 容量/（kV·A） | 电压组合 | | | 阻抗电压/% | 损耗 | | 空载电流/% | 容量分配/% |
|---|---|---|---|---|---|---|---|---|---|
| | | 高压/kV | 中压/kV | 低压/kV | | 空载/W | 负荷/W | | |
| SFZ-9 | 6300 | | | | | 13.5 | 51.3 | 1.1 | |
| SFZ-9 | 8000 | | | | | 16.0 | 60.2 | 1.05 | |
| SFZ-9 | 10000 | | | | 高-中： | 18.0 | 71.1 | 1.0 | |
| SFZ-9 | 12500 | | | | 10.5 | 21.0 | 86.1 | 0.95 | 100/ |
| SFZ-9 | 16000 | | 38.5 | 6.3 | 高-低： | 24.5 | 101 | 0.9 | 100/ |
| SFZ-9 | 20000 | 110 | ±2×2.5% | 6.6 | 17-18 | 28.0 | 101 | 0.85 | 100 |
| SFZ-9 | 25000 | ±8×1.25% | | 10.5 | 中-低： | 32.0 | 127 | 0.8 | |
| SFZ-9 | 31500 | | 38.5 | 11 | 6.5 | 38.5 | 157 | 0.75 | |
| SFZ-9 | 40000 | | ±5% | | | 43.0 | 188 | 0.70 | |
| SFZ-9 | 50000 | | | | | 52.0 | 225 | 0.65 | |
| SFZ-9 | 63000 | | | | | 63.0 | 274 | 0.60 | |

（17）110kV SFZ7型三绕组有载调压变压器技术参数

| 型　号 | 容量/（kV·A） | 电压组合 | | | 连接组别 | 损耗 | | 空载电流/% | 阻抗电压/% |
|---|---|---|---|---|---|---|---|---|---|
| | | 高压/kV | 中压/kV | 低压/kV | | 空载/W | 负荷/W | | |
| SFZ7-6300/110 | 6300 | | | | | 15 | 53 | 1.7 | |
| SFZ7-6300/110 | 8000 | | 38.5 | | | 18 | 63 | 1.7 | |
| SFZ7-6300/110 | 10000 | | ±2×2.5% | | | 21.3 | 74 | 1.6 | |
| SFZ7-6300/110 | 12500 | | | | | 25.2 | 87 | 1.6 | 高-中： |
| SFZ7-6300/110 | 16000 | | | 6.3 | | 30.3 | 106 | 1.5 | 10.5 |
| SFZ7-6300/110 | 20000 | 110 | | 6.6 | YN， | 35.8 | 125 | 1.5 | 高-低： |
| SFZ7-6300/110 | 25000 | ±8×1.25% | | 10.5 | Yn0， | 42.3 | 148 | 1.4 | 17-18 |
| SFZ7-6300/110 | 31500 | | 38.5 | 11 | d11 | 50.3 | 175 | 1.4 | 中-低： |
| SFZ7-6300/110 | 40000 | | ±5% | | | 60.2 | 210 | 1.3 | |
| SFZ7-6300/110 | 50000 | | | | | 71.2 | 250 | 1.3 | |
| SFZ7-6300/110 | 63000 | | | | | 84.7 | 300 | 1.2 | |

（18）110kV SFS7型三绕组无励磁调压变压器技术参数

| 型　号 | 容量/（kV·A） | 电压组合 | | | 连接组别 | 损耗 | | 空载电流/% | 阻抗电压/% |
|---|---|---|---|---|---|---|---|---|---|
| | | 高压/kV | 中压/kV | 低压/kV | | 空载/W | 负荷/W | | |
| SFZ7-6300/110 | 6300 | | | | | 14.0 | 53 | 1.3 | |
| SFZ7-6300/110 | 8000 | | 35 | | | 16.6 | 63 | 1.3 | |
| SFZ7-6300/110 | 10000 | | 38.5 | | | 19.8 | 74 | 1.2 | 高-中： |

续表

| 型　号 | 容量/（kV·A） | 电压组合 | | | 连接组别 | 损耗 | | 空载电流/% | 阻抗电压/% |
|---|---|---|---|---|---|---|---|---|---|
| | | 高压/kV | 中压/kV | 低压/kV | | 空载/W | 负荷/W | | |
| SFZ7-6300/110 | 12500 | | ±2×2.5% | 6.3 | | 23.0 | 87 | 1.2 | 10.5 |
| SFZ7-6300/110 | 16000 | | | 6.6 | YN, | 28.0 | 106 | 1.1 | |
| SFZ7-6300/110 | 20000 | 110 | | 10.5 | Yn0, | 33.0 | 125 | 1.1 | 高-低： |
| SFZ7-6300/110 | 25000 | 121 | | 11 | d11 | 38.5 | 148 | 1.0 | 17-18 |
| SFZ7-6300/110 | 31500 | ±2×2.5% | 35 | | | 46.0 | 175 | 1.0 | |
| SFZ7-6300/110 | 40000 | | 38.5 | | | 54.5 | 210 | 0.9 | 中-低： |
| SFZ7-6300/110 | 50000 | | ±5% | | | 65.0 | 250 | 0.9 | 6.5 |
| SFZ7-6300/110 | 63000 | | | | | 77.0 | 300 | 0.8 | |

（19）110kV SF7 型双绕组无励磁调压变压器技术参数

| 型　号 | 容量/（kV·A） | 电压组合 | | | 连接组别 | 损耗 | | 空载电流/% | 阻抗电压/% |
|---|---|---|---|---|---|---|---|---|---|
| | | 高压/kV | 中压/kV | 低压/kV | | 空载/W | 负荷/W | | |
| SFZ7-6300/110 | 6300 | | | | | 11.6 | 41 | 1.1 | |
| SFZ7-6300/110 | 8000 | | | | | 14.0 | 50 | 1.1 | |
| SFZ7-6300/110 | 10000 | | | | | 16.5 | 59 | 1.0 | |
| SFZ7-6300/110 | 12500 | | | | | 19.5 | 70 | 1.0 | |
| SFZ7-6300/110 | 16000 | | ±2×2.5% | 6.3 | | 23.5 | 86 | 0.9 | |
| SFZ7-6300/110 | 20000 | 110 | | 6.6 | YN, | 27.5 | 104 | 0.9 | 10.5 |
| SFZ7-6300/110 | 25000 | 121 | | 10.5 | | 32.5 | 123 | 0.8 | |
| SFZ7-6300/110 | 31500 | | | 11 | d11 | 38.5 | 148 | 0.8 | |
| SFZ7-6300/110 | 40000 | | | | | 46.0 | 174 | 0.7 | |
| SFZ7-6300/110 | 50000 | | | | | 55.0 | 216 | 0.7 | |
| SFZ7-6300/110 | 63000 | | | | | 65.0 | 260 | 0.6 | |

## 24. 电力电缆技术参数

（1）10kV 单芯硅烷交联聚乙烯绝缘轻型架空电力电缆技术参数

| 标称截面面积/$mm^2$ | 电缆外径/mm | 导体直流电阻/（Ω/km） | 电缆载流量/A | 质量/（kg/km） |
|---|---|---|---|---|
| 25 | 14 | 1.2 | 120 | 150 |
| 35 | 15 | 0.868 | 151 | 200 |
| 50 | 16.3 | 0.641 | 182 | 250 |
| 70 | 18 | 0.443 | 228 | 320 |
| 95 | 19.8 | 0.32 | 278 | 410 |
| 120 | 21.2 | 0.253 | 396 | 490 |
| 150 | 22.8 | 0.206 | 406 | 600 |
| 185 | 24.4 | 0.164 | 425 | 710 |
| 240 | 26.6 | 0.125 | 505 | 880 |
| 300 | 28.6 | 0.086 | 585 | 1050 |

注：型号 JKYJ，为铜芯电缆，长期允许工作温度为+90℃。

(2) 10kV 铝芯三芯硅烷交联聚乙烯绝缘轻型架空电力电缆技术参数

| 标称截面面积/$mm^2$ | 电缆外径/mm | 导体直流电阻/(Ω/km) | 电缆载流量/A | 质量/(kg/km) |
|---|---|---|---|---|
| 25 | 30.2 | 1.2 | 115 | 450 |
| 35 | 32.3 | 0.868 | 120 | 600 |
| 50 | 35.1 | 0.641 | 146 | 750 |
| 70 | 38.8 | 0.433 | 182 | 960 |
| 95 | 42.6 | 0.32 | 222 | 1230 |
| 120 | 45.7 | 0.253 | 317 | 1470 |
| 150 | 49.1 | 0.206 | 325 | 1800 |
| 185 | 52.6 | 0.164 | 340 | 2130 |
| 240 | 57.3 | 0.125 | 404 | 2640 |
| 300 | 62.0 | 0.086 | 468 | 3150 |

注：型号 JKLYJ，长期允许工作温度为+90℃。

(3) 10kV 铝芯三芯硅烷本色交联聚乙烯绝缘轻型架空电力电缆技术参数

| 标称截面面积/$mm^2$ | 电缆外径/mm | 导体直流电阻/(Ω/km) | 电缆载流量/A | 质量/(kg/km) |
|---|---|---|---|---|
| 25 | 31.6 | 1.2 | 95 | 320 |
| 35 | 33.6 | 0.868 | 120 | 460 |
| 50 | 36.2 | 0.641 | 145 | 600 |
| 70 | 39.6 | 0.433 | 180 | 740 |
| 95 | 43.2 | 0.32 | 220 | 920 |
| 120 | 46.0 | 0.253 | 255 | 1100 |
| 150 | 48.0 | 0.206 | 290 | 1300 |
| 185 | 52.4 | 0.164 | 340 | 1540 |
| 240 | 56.8 | 0.125 | 400 | 1900 |
| 300 | 61.2 | 0.086 | 460 | 2260 |

注：型号 JKLYJ-B，长期允许工作温度为+90℃。

(4) 6~10kV 铜芯三芯硅烷交联聚乙烯绝缘、聚氯乙烯护套电力电缆技术参数

| 标称截面面积/$mm^2$ | 电缆外径/mm | 20℃时导体直流电阻/(Ω/km) | 电缆载流量/A | | 质量/(kg/km) |
|---|---|---|---|---|---|
| | | | 空气中 | 土壤中 | |
| 25 | 43 | 0.727 | 120 | 125 | 2132 |
| 35 | 45 | 0.524 | 140 | 155 | 2491 |
| 50 | 48 | 0.387 | 165 | 180 | 3091 |
| 70 | 52 | 0.268 | 210 | 220 | 3884 |
| 95 | 56 | 0.193 | 255 | 265 | 4778 |
| 120 | 59 | 0.153 | 290 | 300 | 5595 |
| 150 | 63 | 0.124 | 330 | 340 | 6732 |
| 185 | 66 | 0.0991 | 375 | 380 | 7954 |
| 240 | 77 | 0.0754 | 435 | 435 | 9729 |
| 300 | 77 | 0.0601 | 495 | 485 | 11855 |

注：型号 VJV，电缆导体最高额定温度为+90℃。

(5) 6~10kV 铝芯三芯硅烷交联聚乙烯绝缘、聚氯乙烯护套电力电缆技术参数

| 标称截面面积 /$mm^2$ | 电缆外径 /mm | 20℃时导体直流电阻 /(Ω/km) | 电缆载流量/A | | 质量/(kg/km) |
|---|---|---|---|---|---|
| | | | 空气中 | 土壤中 | |
| 25 | 43 | 1.2 | 90 | 100 | 1658 |
| 35 | 45 | 0.868 | 110 | 120 | 1828 |
| 50 | 48 | 0.641 | 130 | 140 | 2144 |
| 70 | 52 | 0.443 | 165 | 170 | 2558 |
| 95 | 56 | 0.32 | 200 | 210 | 2978 |
| 120 | 59 | 0.253 | 225 | 235 | 3322 |
| 150 | 63 | 0.206 | 255 | 260 | 3891 |
| 185 | 66 | 0.164 | 295 | 300 | 4450 |
| 240 | 77 | 0.125 | 345 | 345 | 5183 |
| 300 | 77 | 0.10 | 390 | 390 | 6173 |

(6) 6~10kV 铜芯三芯硅烷交联聚乙烯绝缘、聚氯乙烯绝缘、钢带铠装、聚氯乙烯电力电缆技术参数

| 标称截面面积 /$mm^2$ | 电缆外径 /mm | 20℃时导体直流电阻 /(Ω/km) | 电缆载流量/A | | 质量/(kg/km) |
|---|---|---|---|---|---|
| | | | 空气中 | 土壤中 | |
| 25 | 48 | 0.727 | 120 | 125 | 3190 |
| 35 | 50 | 0.524 | 140 | 155 | 3731 |
| 50 | 53 | 0.387 | 165 | 180 | 4396 |
| 70 | 57 | 0.268 | 210 | 220 | 5198 |
| 95 | 62 | 0.193 | 255 | 265 | 6350 |
| 120 | 65 | 0.153 | 290 | 300 | 7257 |
| 150 | 69 | 0.124 | 330 | 340 | 8383 |
| 185 | 72 | 0.0991 | 375 | 380 | 9741 |
| 240 | 78 | 0.0754 | 435 | 435 | 11854 |
| 300 | 84 | 0.0601 | 495 | 485 | 14861 |

(7) 6~10kV 铝芯三芯硅烷交联聚乙烯绝缘、聚氯乙烯绝缘、钢带铠装、聚氯乙烯电力电缆技术参数

| 标称截面面积 /$mm^2$ | 电缆外径 /mm | 20℃时导体直流电阻 /(Ω/km) | 电缆载流量/A | | 质量/(kg/km) |
|---|---|---|---|---|---|
| | | | 空气中 | 土壤中 | |
| 25 | 48 | 1.2 | 90 | 100 | 2716 |
| 35 | 50 | 0.868 | 110 | 120 | 3068 |
| 50 | 53 | 0.641 | 130 | 140 | 3449 |
| 70 | 57 | 0.443 | 165 | 170 | 3872 |
| 95 | 62 | 0.32 | 200 | 210 | 4551 |
| 120 | 65 | 0.253 | 225 | 235 | 4984 |
| 150 | 69 | 0.206 | 255 | 260 | 5542 |
| 185 | 72 | 0.164 | 295 | 300 | 6237 |
| 240 | 78 | 0.125 | 345 | 345 | 7309 |
| 300 | 84 | 0.10 | 390 | 390 | 9178 |

(8) 35kV 铜芯三芯硅烷交联聚乙烯绝缘架空电力电缆技术参数

| 标称截面面积/$mm^2$ | 电缆外径/mm | 导体直流电阻/(Ω/km) | 电缆载流量/A | 质量/(kg/km) |
|---|---|---|---|---|
| 50 | 67.9 | 0.399 | 208 | 4104 |
| 70 | 71.5 | 0.276 | 254 | 4719 |

续表

| 标称截面面积/mm² | 电缆外径/mm | 导体直流电阻/(Ω/km) | 电缆载流量/A | 质量/(kg/km) |
|---|---|---|---|---|
| 95 | 75 | 0. 199 | 302 | 5592 |
| 120 | 78 | 0. 158 | 346 | 6396 |
| 150 | 81. 4 | 0. 128 | 394 | 7239 |
| 185 | 84. 9 | 0. 1021 | 446 | 8280 |
| 240 | 89. 6 | 0. 0777 | 520 | 9897 |
| 300 | 94. 4 | 0. 0619 | 592 | 11547 |

(9) 35kV 铝芯三芯硅烷交联聚乙烯绝缘型架空电力电缆技术参数

| 标称截面面积/mm² | 电缆外径/mm | 导体直流电阻/(Ω/km) | 电缆载流量/A | 质量/(kg/km) |
|---|---|---|---|---|
| 50 | 67. 9 | 0. 641 | 162 | 3468 |
| 70 | 71. 5 | 0. 443 | 198 | 3612 |
| 95 | 75 | 0. 32 | 236 | 4605 |
| 120 | 78 | 0. 253 | 271 | 4482 |
| 150 | 81. 4 | 0. 206 | 309 | 4872 |
| 185 | 84. 9 | 0. 164 | 340 | 5358 |
| 240 | 89. 6 | 0. 125 | 410 | 6105 |
| 300 | 94. 4 | 0. 100 | 469 | 6813 |

(10) 35kV 单芯铜芯三芯硅烷交联聚乙烯绝缘型架空电力电缆技术参数

| 标称截面面积/mm² | 电缆外径/mm | 导体直流电阻/(Ω/km) | 电缆载流量/A | 质量/(kg/km) |
|---|---|---|---|---|
| 50 | 31. 5 | 0. 399 | 260 | 1368 |
| 70 | 33. 2 | 0. 276 | 317 | 1573 |
| 95 | 34. 8 | 0. 199 | 377 | 1864 |
| 120 | 36. 2 | 0. 158 | 433 | 2123 |
| 150 | 37. 8 | 0. 128 | 492 | 2413 |
| 185 | 39. 4 | 0. 1021 | 557 | 2760 |
| 240 | 41. 6 | 0. 0777 | 650 | 3299 |
| 300 | 43. 8 | 0. 0619 | 740 | 3849 |

(11) 35kV 单芯铝芯三芯硅烷交联聚乙烯绝缘型架空电力电缆技术参数

| 标称截面面积/mm² | 电缆外径/mm | 导体直流电阻/(Ω/km) | 电缆载流量/A | 质量/(kg/km) |
|---|---|---|---|---|
| 50 | 31. 5 | 0. 641 | 206 | 1156 |
| 70 | 33. 2 | 0. 443 | 247 | 1204 |
| 95 | 34. 8 | 0. 32 | 295 | 1535 |
| 120 | 36. 2 | 0. 253 | 339 | 1494 |
| 150 | 37. 8 | 0. 206 | 386 | 1624 |
| 185 | 39. 4 | 0. 164 | 437 | 1786 |
| 240 | 41. 6 | 0. 125 | 512 | 2035 |
| 300 | 43. 8 | 0. 100 | 586 | 2271 |

(12) 35kV 铜芯三芯硅烷交联聚乙烯绝缘、钢带铠装、聚氯乙烯护套电力电缆技术参数

| 标称截面面积/mm² | 电缆外径/mm | 20℃时导体直流电阻/(Ω/km) | 电缆载流量/A | | 质量/(kg/km) |
|---|---|---|---|---|---|
| | | | 空气中 | 土壤中 | |
| 50 | 90 | 0. 387 | 220 | 228 | 9687 |

续表

| 标称截面面积/$mm^2$ | 电缆外径/mm | 20℃时导体直流电阻/(Ω/km) | 电缆载流量/A | | 质量/(kg/km) |
|---|---|---|---|---|---|
| | | | 空气中 | 土壤中 | |
| 70 | 95 | 0.268 | 272 | 280 | 10283 |
| 95 | 98 | 0.193 | 332 | 336 | 12074 |
| 120 | 102 | 0.153 | 380 | 384 | 13276 |
| 150 | 106 | 0.124 | 432 | 432 | 14659 |
| 185 | 110 | 0.0991 | 496 | 496 | 16226 |
| 240 | 115 | 0.0754 | 584 | 586 | 18507 |
| 300 | 120 | 0.0601 | 672 | 744 | 20899 |

注：电缆型号为 $YJV_{22}$、$YJLV_{22}$，电缆导体最高温度为+90℃。

(13) 35kV 铝芯三芯硅烷交联聚乙烯绝缘、钢带铠装、聚氯乙烯护套电力电缆技术参数

| 标称截面面积/$mm^2$ | 电缆外径/mm | 20℃时导体直流电阻/(Ω/km) | 电缆载流量/A | | 质量/kg |
|---|---|---|---|---|---|
| | | | 空气中 | 土壤中 | |
| 50 | 90 | 0.641 | 168 | 176 | 8821 |
| 70 | 95 | 0.443 | 212 | 216 | 9533 |
| 95 | 98 | 0.32 | 256 | 260 | 10379 |
| 120 | 102 | 0.253 | 296 | 296 | 11133 |
| 150 | 106 | 0.206 | 336 | 336 | 11980 |
| 185 | 110 | 0.164 | 384 | 384 | 12922 |
| 240 | 115 | 0.125 | 464 | 468 | 14222 |
| 300 | 120 | 0.100 | 520 | 624 | 15544 |

## 25. 三相异步电动机主要技术数据

(1) Y 系列 (IP23) 三相异步电动机主要技术

| 型号 | 额定功率/kW | 额定电压/V | 满载时 | | | | 质量/kg |
|---|---|---|---|---|---|---|---|
| | | | 电流/A | 效率/% | 功率因数 | 转速/(r/min) | |
| Y160M-2 | 15 | | 29.3 | 88 | 0.88 | 2928 | |
| Y160L1-2 | 18.5 | 380 | 35.2 | 89 | 0.89 | 2929 | 160 |
| Y160L2-2 | 22 | | 41.8 | 89.5 | 0.89 | 2928 | |
| Y180M-2 | 30 | | 56.7 | 89.5 | 0.89 | 2938 | |
| Y180L-2 | 37 | | 69.2 | 90.5 | 0.89 | 2939 | 220 |
| Y200M-2 | 45 | 380 | 84.4 | 91 | 0.89 | 2952 | |
| Y200L-2 | 55 | | 100.8 | 91.5 | 0.89 | 2950 | 310 |
| Y225M-2 | 75 | | 137.9 | 91.5 | 0.89 | 2955 | 380 |
| Y250S-2 | 90 | | 164.9 | 92 | 0.89 | 2966 | |
| Y250M-2 | 110 | 380 | 199.4 | 92.5 | 0.9 | 2965 | 465 |
| Y280M-2 | 132 | | 238 | 92.5 | 0.9 | 2967 | 750 |
| Y160M-4 | 11 | | 22.4 | 87.5 | 0.85 | 1459 | |
| Y160LI-4 | 15 | | 29.9 | 88 | 0.86 | 1458 | |
| Y160L2-4 | 18.5 | 380 | 36.5 | 89 | 0.86 | 1458 | 160 |
| Y180M-4 | 22 | | 43.2 | 89.5 | 0.86 | 1467 | |
| Y180L-4 | 30 | | 57.9 | 90.5 | 0.87 | 1467 | 230 |

续表

| 型　号 | 额定功率/kW | 额定电压/V | 满载时 | | | | 质量/kg |
|---|---|---|---|---|---|---|---|
| | | | 电流/A | 效率/% | 功率因数 | 转速/(r/min) | |
| Y200M-4 | 37 | | 71.1 | 90.5 | 0.87 | 1473 | |
| Y200L-4 | 45 | 380 | 85.5 | 91 | 0.87 | 1473 | 310 |
| Y225M-4 | 55 | | 103.6 | 91.5 | 0.88 | 1476 | 380 |
| Y250S-4 | 75 | | 140.1 | 92 | 0.88 | 1480 | |
| Y250M-4 | 90 | 380 | 167.2 | 92.5 | 0.88 | 1480 | 490 |
| Y280S-4 | 110 | | 202.4 | 92.5 | 0.88 | 1482 | |
| Y280M-4 | 132 | | 241.3 | 93 | 0.88 | 1483 | 820 |
| Y160M-6 | 7.5 | 380 | 16.7 | 85 | 0.79 | 971 | |
| Y180L-6 | 11 | | 23.9 | 86.5 | 0.78 | 971 | 150 |
| Y180M-6 | 15 | | 31 | 88 | 0.81 | 974 | |
| Y180L-6 | 18.5 | | 37.8 | 88.5 | 0.83 | 975 | 215 |
| Y200M-6 | 22 | 380 | 43.7 | 89 | 0.85 | 978 | |
| Y200L-6 | 30 | | 58.6 | 89.5 | 0.85 | 975 | 295 |
| Y225M-6 | 37 | | 70.2 | 90.5 | 0.87 | 982 | 360 |
| Y250S-6 | 45 | | 86.2 | 91 | 0.86 | 983 | |
| Y250M-6 | 55 | 380 | 104.2 | 91 | 0.87 | 983 | 465 |
| Y280S-6 | 75 | | 140.8 | 91.5 | 0.87 | 986 | |
| Y280M-6 | 90 | | 166.8 | 92 | 0.88 | 986 | 820 |
| Y160M-8 | 5.5 | | 13.5 | 83.5 | 0.73 | 723 | |
| Y160L-8 | 7.5 | 380 | 18 | 85 | 0.73 | 723 | 150 |
| Y180M-8 | 11 | | 25.1 | 86.5 | 0.74 | 727 | |
| Y180L-8 | 15 | | 34 | 87.5 | 0.76 | 726 | 215 |
| Y200M-8 | 18.5 | | 40.2 | 88.5 | 0.78 | 728 | |
| Y200L-8 | 22 | 380 | 47.7 | 89 | 0.78 | 729 | 295 |
| Y225M-8 | 30 | | 61.7 | 89.5 | 0.81 | 734 | 360 |
| Y250S-8 | 37 | | 76.3 | 90 | 0.8 | 735 | |
| Y250M-8 | 45 | | 92.8 | 90.5 | 0.79 | 736 | 465 |
| Y280S-8 | 55 | 380 | 112.4 | 91 | 0.8 | 740 | |
| Y2B0M-8 | 75 | | 151 | 91.5 | 0.81 | 740 | 820 |

注：IP23 中，IP—防护特征字母；2—防接触和防异物等级；3—防水等级。

### (2) Y 系列（IP44）三相异步电动机主要技术数据

| 型　号 | 额定功率/kW | 额定电压/V | 满载时 | | | | 质量/kg |
|---|---|---|---|---|---|---|---|
| | | | 电流/A | 效率/% | 功率因数 | 转速/(r/min) | |
| Y801-2 | 0.75 | | 1.8 | 75 | 0.84 | 2830 | 16 |
| Y802-2 | 1.1 | 380 | 2.5 | 77 | 0.86 | 2830 | 17 |
| Y90S-2 | 1.5 | | 3.4 | 78 | 0.85 | 2840 | 22 |
| Y90L-2 | 2.2 | | 4.8 | 80.5 | 0.86 | 2840 | 25 |
| Y100L-2 | 3.0 | | 6.4 | 82 | 0.87 | 2880 | 33 |
| Y112M-2 | 4.0 | 380 | 8.2 | 85.5 | 0.87 | 2890 | 45 |
| Y132S1-2 | 5.5 | | 11.1 | 85.5 | 0.88 | 2900 | 64 |
| Y132S2-2 | 7.5 | | 15 | 86.2 | 0.88 | 2900 | 70 |

续表

| 型　号 | 额定功率/kW | 额定电压/V | 满载时 | | | | 质量/kg |
|---|---|---|---|---|---|---|---|
| | | | 电流/A | 效率/% | 功率因数 | 转速/(r/min) | |
| Y160M1-2 | 11 | 380 | 21.8 | 87.2 | 0.88 | 2900 | 117 |
| Y160M2-2 | 15 | | 29.4 | 88.2 | 0.88 | 2930 | 125 |
| Y160L-2 | 18.5 | | 35.5 | 89 | 0.89 | 2930 | 147 |
| Y180M-2 | 22 | | 42.2 | 89 | 0.89 | 2940 | 180 |
| Y200L1-2 | 30 | 380 | 56.9 | 90 | 0.89 | 2950 | 240 |
| Y200L2-2 | 37 | | 69.8 | 90.5 | 0.89 | 2950 | 255 |
| Y225M-2 | 45 | | 84 | 91.5 | 0.89 | 2970 | 309 |
| Y250M-2 | 55 | | 103 | 91.5 | 0.89 | 2970 | 403 |
| Y280S-2 | 75 | 380 | 139 | 92 | 0.89 | 2970 | 544 |
| Y280M-2 | 90 | | 166 | 92.5 | 0.89 | 2970 | 620 |
| Y315S-2 | 110 | | 203 | 92.5 | 0.89 | 2980 | 980 |
| Y315M-2 | 132 | | 242 | 93 | 0.89 | 2980 | 1080 |
| Y315L1-2 | 160 | 380 | 292 | 93.5 | 0.89 | 2980 | 1160 |
| Y315L2-2 | 200 | | 365 | 93.5 | 0.89 | 2980 | 1190 |
| Y801-4 | 0.55 | 380 | 1.5 | 73 | 0.76 | 1390 | 17 |
| Y802-4 | 0.75 | | 2.0 | 74.5 | 0.76 | 1390 | 17 |
| Y90S-4 | 1.1 | | 2.7 | 78 | 0.78 | 1400 | 25 |
| Y90L-4 | 1.5 | | 3.7 | 79 | 0.79 | 1400 | 26 |
| Y100L1-4 | 2.2 | 380 | 5.0 | 81 | 0.82 | 1430 | 34 |
| Y100L2-4 | 3.0 | | 6.8 | 82.5 | 0.81 | 1430 | 35 |
| Y112M-4 | 4.0 | | 8.8 | 84.5 | 0.82 | 1440 | 47 |
| Y132S-4 | 5.5 | | 11.6 | 85.5 | 0.81 | 1440 | 68 |
| Y132M-4 | 7.5 | 380 | 15.4 | 87 | 0.85 | 1440 | 79 |
| Y160M-4 | 11 | | 22.6 | 88 | 0.84 | 1460 | 122 |
| Y160L-4 | 15 | | 30.3 | 88.5 | 0.85 | 1460 | 142 |
| Y180M-4 | 18.5 | | 35.9 | 91 | 0.86 | 1470 | 174 |
| Y180L-4 | 22 | 380 | 42.5 | 91.5 | 0.86 | 1470 | 192 |
| Y200L-4 | 30 | | 56.8 | 92.2 | 0.87 | 1470 | 253 |
| Y225S-4 | 37 | | 70.4 | 91.8 | 0.87 | 1480 | 294 |
| Y225M-4 | 45 | | 84.2 | 92.3 | 0.88 | 1480 | 327 |
| Y250M-4 | 55 | 380 | 103 | 92.6 | 0.88 | 1480 | 381 |
| Y230S-4 | 75 | | 140 | 92.7 | 0.88 | 1480 | 535 |
| Y280M-4 | 90 | | 164 | 93.5 | 0.89 | 1480 | 634 |
| Y315S-4 | 110 | | 201 | 93 | 0.89 | 1480 | 912 |
| Y315M-4 | 132 | 380 | 240 | 94 | 0.89 | 1480 | 1048 |
| Y315L1-4 | 160 | | 289 | 94.5 | 0.89 | 1480 | 1105 |
| Y315L2-4 | 200 | | 361 | 94.5 | 0.89 | 1480 | 1260 |
| Y90S-6 | 0.75 | 380 | 2.3 | 72.5 | 0.7 | 910 | 21 |
| Y90L-6 | 1.1 | | 3.2 | 73.5 | 0.72 | 910 | 24 |
| Y100L-6 | 1.5 | | 4 | 77.5 | 0.74 | 940 | 35 |
| Y1I2M-6 | 2.2 | | 5.6 | 80.5 | 0.74 | 940 | 45 |
| Y132S-6 | 3 | 380 | 7.2 | 83 | 0.76 | 960 | 66 |
| Y132M1-6 | 4 | | 9.4 | 84 | 0.77 | 960 | 75 |
| Y132M2-6 | 5.5 | | 12.6 | 85.3 | 0.78 | 960 | 85 |
| Y160M-6 | 7.5 | | 17 | 86 | 0.78 | 970 | 116 |

续表

| 型　号 | 额定功率/kW | 额定电压/V | 满载时 | | | | 质量/kg |
|---|---|---|---|---|---|---|---|
| | | | 电流/A | 效率/% | 功率因数 | 转速/(r/min) | |
| Y160L-6 | 11 | 380 | 24.6 | 87 | 0.78 | 970 | 139 |
| Y180L-6 | 15 | | 31.4 | 89.5 | 0.81 | 970 | 182 |
| Y200L1-6 | 18.5 | | 37.7 | 89.8 | 0.83 | 970 | 228 |
| Y200L2-6 | 22 | | 44.6 | 90.2 | 0.83 | 970 | 246 |
| Y225M-6 | 30 | 380 | 59.5 | 90.2 | 0.85 | 980 | 294 |
| Y250M-6 | 37 | | 72 | 90.8 | 0.86 | 980 | 395 |
| Y280S-6 | 45 | | 85.4 | 92 | 0.87 | 980 | 505 |
| Y280M-6 | 55 | | 104 | 92 | 0.87 | 980 | 566 |
| Y315S-6 | 75 | 380 | 141 | 92.8 | 0.87 | 980 | 850 |
| Y315M-6 | 90 | | 169 | 93.2 | 0.87 | 980 | 965 |
| Y315L1-6 | 110 | | 206 | 93.5 | 0.87 | 980 | 1028 |
| Y315L2-6 | 132 | | 246 | 93.8 | 0.87 | 980 | 1195 |
| Y132S-8 | 2.2 | 380 | 5.8 | 80.5 | 0.71 | 710 | 66 |
| Y132M-8 | 3 | | 7.7 | 82 | 0.72 | 710 | 76 |
| YI60MI-8 | 4 | | 9.9 | 84 | 0.73 | 720 | 105 |
| Y160M2-8 | 5.5 | 380 | 13.3 | 85 | 0.74 | 720 | 115 |
| Y160L-8 | 7.5 | | 17.7 | 86 | 0.75 | 720 | 140 |
| Y180L-8 | 11 | | 24.8 | 87.5 | 0.77 | 730 | 180 |
| Y200L-8 | 15 | | 34.1 | 88 | 0.76 | 730 | 228 |
| Y225S-8 | 18.5 | 380 | 41.3 | 89.5 | 0.76 | 730 | 265 |
| Y225M-8 | 22 | | 47.6 | 90 | 0.78 | 730 | 296 |
| Y250M-8 | 30 | | 63 | 90.5 | 0.8 | 730 | 391 |
| Y280S-8 | 37 | | 78.7 | 91 | 0.79 | 740 | 500 |
| Y280M-8 | 45 | 380 | 93.2 | 91.7 | 0.8 | 740 | 562 |
| Y315S-8 | 55 | | 114 | 92 | 0.8 | 740 | 875 |
| Y315M-8 | 75 | | 152 | 92.5 | 0.81 | 740 | 1008 |
| Y315L1-8 | 90 | | 179 | 93 | 0.82 | 740 | 1065 |
| Y315L2-8 | 110 | 380 | 218 | 93.3 | 0.82 | 740 | 1195 |
| Y315S-10 | 45 | | 101 | 91.5 | 0.74 | 590 | 838 |
| Y315M-10 | 55 | | 123 | 92 | 0.74 | 590 | 960 |
| Y315L2-10 | 75 | | 164 | 92.5 | 0.75 | 590 | 1180 |

注：IP44 中，IP—特征字母；第一位 4—防接触和防异物等级；第二位 4—防水等级。

### (3) YX 系列三相异步电动主要技术数据

| 型　号 | 额定电压/V | 额定功率/kW | 额定电流/A | 效率/% | | | 功率因数 cosφ | 转速/(r/min) | 质量/kg |
|---|---|---|---|---|---|---|---|---|---|
| | | | | 输出功率/额定功率/% | | | | | |
| | | | | 100 | 75 | 50 | | | |
| YX100L-2 | 380 | 3 | 5.9 | 86.5 | 86.8 | 86.3 | 0.89 | 2880 | 36 |
| YX112M-2 | | 4 | 7.7 | 88.8 | 88.6 | 88 | 0.89 | 2910 | 48 |
| YX132S1-2 | | 5.5 | 10.6 | 88.6 | 89 | 88.2 | 0.89 | 2920 | 70 |
| YX132S2-2 | | 7.5 | 14.3 | 89.7 | 90.2 | 89.4 | 0.89 | 2920 | 75 |
| YX160M1-2 | 380 | 11 | 20.9 | 90.8 | 91.2 | 90.4 | 0.88 | 2950 | 135 |
| YX160M2-2 | | 15 | 27.8 | 92 | 92.4 | 91.6 | 0.89 | 2950 | 146 |
| YX160L-2 | | 18.5 | 34.3 | 92 | 92.4 | 91.7 | 0.89 | 2950 | 157 |
| YX180M-2 | | 22 | 40.1 | 92.5 | 92.5 | 92.1 | 0.9 | 2950 | 195 |

续表

| 型　号 | 额定电压/V | 额定功率/kW | 额定电流/A | 效率/% 输出功率/额定功率/% | | | 功率因数 cosφ | 转速/(r/min) | 质量/kg |
|---|---|---|---|---|---|---|---|---|---|
| | | | | 100 | 75 | 50 | | | |
| YX200L1-2 | 380 | 30 | 54.5 | 93 | 93 | 92.7 | 0.9 | 2960 | 258 |
| YX200L2-2 | | 37 | 67 | 93.2 | 93.4 | 93 | 0.9 | 2950 | 275 |
| YX225M-2 | | 45 | 80.8 | 94 | 94 | 93.5 | 0.9 | 2970 | 332 |
| YX250M-2 | | 55 | 99.7 | 94.2 | 94.2 | 93.6 | 0.89 | 2980 | 472 |
| YX280S-2 | 380 | 75 | 135.8 | 94.2 | 94.4 | 93 | 0.89 | 2970 | 565 |
| YX280M-2 | | 90 | 162.6 | 94.5 | 94.6 | 94 | 0.89 | 2980 | 605 |
| YX100L1-4 | | 2.2 | 4.7 | 86.3 | 87 | 86.5 | 0.82 | 1440 | 36 |
| YX100L2-4 | 380 | 3 | 6.4 | 86.5 | 87.2 | 86.6 | 0.82 | 1440 | 41 |
| YX112M-4 | | 4 | 8.3 | 88.3 | 89 | 88.5 | 0.83 | 1460 | 52 |
| YX132S-4 | | 5.5 | 11.2 | 89.5 | 90.2 | 89.5 | 0.83 | 1460 | 75 |
| YX132M-4 | | 7.5 | 14.8 | 90.3 | 90.7 | 90.3 | 0.85 | 1460 | 82 |
| YX160M-4 | 380 | 11 | 20.9 | 91.8 | 92 | 91.6 | 0.87 | 1470 | 133 |
| YX160L-4 | | 15 | 28.5 | 91.8 | 92.2 | 91.7 | 0.87 | 1470 | 157 |
| YX180M-4 | | 18.5 | 35.2 | 93 | 93.2 | 92.8 | 0.86 | 1480 | 190 |
| YX180L-4 | | 22 | 41.7 | 93.2 | 93.5 | 93 | 0.86 | 1480 | 205 |
| YX200L-4 | 380 | 30 | 56 | 93.5 | 93.8 | 93.5 | 0.87 | 1480 | 274 |
| YX225S-4 | | 37 | 68.9 | 93.8 | 94.2 | 93.7 | 0.87 | 1490 | 324 |
| YX225M-4 | | 45 | 83.5 | 94.1 | 94.5 | 94 | 0.87 | 1480 | 349 |
| YX250M-4 | | 55 | 100.2 | 94.5 | 94.8 | 94.2 | 0.88 | 1480 | 447 |
| YX280S-4 | 380 | 75 | 136.7 | 94.7 | 95 | 94.6 | 0.88 | 1490 | 605 |
| YX280M-4 | | 90 | 161.7 | 95 | 95.2 | 94.8 | 0.89 | 1490 | 670 |
| YX100L-6 | | 1.5 | 3.8 | 82.4 | 82.8 | 82 | 0.72 | 960 | 35 |
| YX112M-6 | | 2.2 | 5.3 | 85.3 | 85.8 | 84.8 | 0.74 | 970 | 48 |
| YX132S-6 | 380 | 3 | 6.9 | 87.2 | 87.5 | 86.8 | 0.76 | 980 | 70 |
| YX132M1-6 | 380 | 4 | 9 | 88 | 88.4 | 87.6 | 0.77 | 970 | 77 |
| YX132M2-6 | | 5.5 | 12.1 | 88.5 | 88.9 | 88.3 | 0.78 | 970 | 85 |
| YX160M-6 | | 7.5 | 16 | 90 | 90.4 | 89.6 | 0.79 | 980 | 127 |
| YX160L-6 | | 11 | 23.4 | 90.4 | 91 | 90.2 | 0.79 | 980 | 155 |
| YX180L1-6 | 380 | 15 | 30.7 | 91.7 | 92.2 | 91.5 | 0.81 | 980 | 195 |
| YX200L1-6 | | 18.5 | 36.9 | 91.7 | 92.2 | 91.5 | 0.83 | 980 | 250 |
| YX200L2-6 | | 22 | 43.2 | 92.1 | 92.5 | 91.8 | 0.84 | 980 | 270 |
| YX225M-6 | | 30 | 57.7 | 93 | 93.4 | 92.8 | 0.85 | 990 | 327 |
| YX250M-6 | 380 | 37 | 70.8 | 93.4 | 93.8 | 93.2 | 0.85 | 990 | 441 |
| YX280S-6 | | 45 | 84 | 93.6 | 94 | 93.4 | 0.87 | 990 | 540 |
| YX280M-6 | | 55 | 102.4 | 93.8 | 94.2 | 93.6 | 0.87 | 990 | 595 |

## (4) YR系列 (IP23) 三相绕线式异步电动机主要技术数据

| 型　号 | 额定电压/V | 额定功率/kW | 额定电流/A | 满载时 | | | 转　子 | | 质量/kg |
|---|---|---|---|---|---|---|---|---|---|
| | | | | 效率/% | 功率因数 cosφ | 转速/(r/min) | 电压/V | 电流/A | |
| YR160M-4 | 380 | 7.5 | 16 | 84 | 0.84 | 1421 | 260 | 19 | 160 |
| YR160L1-4 | | 11 | 22.6 | 86.5 | 0.85 | 1434 | 275 | 26 | |
| YR160L2-4 | | 15 | 30.2 | 87 | 0.85 | 1444 | 260 | 37 | |
| YR180M-4 | | 18.5 | 36.1 | 87 | 0.88 | 1426 | 197 | 61 | |

续表

| 型　号 | 额定电压 /V | 额定功率 /kW | 额定电流 /A | 满载时 | | | 转　子 | | 质量 /kg |
|---|---|---|---|---|---|---|---|---|---|
| | | | | 效率 /% | 功率因数 cosφ | 转速 /(r/min) | 电压 /V | 电流 /A | |
| YR180L-4 | 380 | 22 | 42.5 | 88 | 0.88 | 1434 | 232 | 61 | 335 |
| YR200M-4 | | 30 | 57.7 | 89 | 0.88 | 1439 | 255 | 76 | |
| YR200L-4 | | 37 | 70.2 | 89 | 0.88 | 1448 | 316 | 74 | |
| YR225M1-4 | | 45 | 86.7 | 89 | 0.88 | 1442 | 240 | 120 | |
| YR225M2-4 | 380 | 55 | 104.7 | 90 | 0.88 | 1448 | 288 | 121 | 420 |
| YR250S-4 | | 75 | 141.1 | 90.5 | 0.89 | 1453 | 449 | 105 | |
| YH250M-4 | | 90 | 167.4 | 91 | 0.89 | 1457 | 521 | 107 | 590 |
| YR280S-4 | | 110 | 201.3 | 91.5 | 0.89 | 1458 | 349 | 196 | |
| YR280M-4 | 380 | 132 | 239 | 92.5 | 0.89 | 1463 | 419 | 194 | 880 |
| YR160M-6 | | 5.5 | 12.7 | 82.5 | 0.77 | 949 | 279 | 13 | |
| YR160L-6 | 380 | 7.5 | 16.9 | 83.5 | 0.78 | 949 | 260 | 19 | 160 |
| YR180M-6 | | 11 | 24.2 | 84.5 | 0.78 | 940 | 146 | 50 | |
| YR180L-6 | | 15 | 32.6 | 85.5 | 0.79 | 947 | 187 | 53 | |
| YR200M-6 | | 18.5 | 39 | 86.5 | 0.81 | 949 | 187 | 65 | |
| YR200L-6 | 380 | 22 | 45.5 | 87.5 | 0.82 | 955 | 224 | 63 | 315 |
| YR225ML-6 | | 30 | 59.4 | 87.5 | 0.85 | 955 | 227 | 86 | |
| YR225M2-6 | | 37 | 73.1 | 89 | 0.85 | 964 | 287 | 82 | 400 |
| YR250S-6 | | 45 | 8S | 89 | 0.85 | 966 | 307 | 93 | |
| YR250M-6 | 380 | 55 | 105.7 | 89.5 | 0.86 | 967 | 359 | 97 | 575 |
| YR280S-6 | | 75 | 141.8 | 90.5 | 0.88 | 969 | 392 | 121 | |
| YH280M-6 | | 90 | 166.7 | 91 | 0.89 | 972 | 481 | 118 | 880 |
| YR160M-8 | | 4 | 10.5 | 81 | 0.71 | 703 | 262 | 11 | |
| YR160L-8 | 380 | 5.5 | 14.2 | 81.5 | 0.71 | 705 | 243 | 15 | 160 |
| YR180M-8 | | 7.5 | 18.4 | 82 | 0.73 | 692 | 105 | 49 | |
| YRI80L-8 | 380 | 11 | 26.8 | 83 | 0.73 | 699 | 140 | 53 | |
| YR200M-8 | | 15 | 36.1 | 85 | 0.73 | 706 | 153 | 64 | |
| YR200L-8 | | 18.5 | 44 | 86 | 0.73 | 712 | 187 | 64 | 315 |
| YR225M1-8 | | 22 | 48.6 | 86 | 0.78 | 710 | 161 | 90 | |
| YR225M2-8 | 380 | 30 | 65.3 | 87 | 0.79 | 713 | 200 | 97 | 400 |
| YR250S-8 | | 37 | 78.9 | 87.5 | 0.79 | 715 | 218 | 110 | |
| YR250M-8 | | 45 | 95.5 | 88.5 | 0.79 | 720 | 264 | 109 | 515 |
| YR280S-8 | | 55 | 114 | 89 | 0.82 | 723 | 279 | 125 | |
| YR280M-8 | 380 | 75 | 152.1 | 90 | 0.82 | 725 | 359 | 131 | 850 |

### (5) YR 系列（IP44）三相绕线式异步电动机主要技术数据

| 型　号 | 额定电压 /V | 额定功率 /kW | 额定电流 /A | 满载时 | | | 转　子 | | 质量 /kg |
|---|---|---|---|---|---|---|---|---|---|
| | | | | 效率 /% | 功率因数 cosφ | 转速 /(r/min) | 电压 /V | 电流 /A | |
| YR132S1-4 | 380 | 2.2 | 5.3 | 82 | 0.77 | 1440 | 190 | 7.9 | 60 |
| YR132S2-4 | | 3 | 7 | 83 | 0.78 | 1440 | 215 | 9.4 | 70 |
| YR132M1-4 | | 4 | 9.3 | 84.5 | 0.77 | 1440 | 230 | 11.5 | 80 |
| YR132M2-4 | | 5.5 | 12.6 | 86 | 0.77 | 1440 | 272 | 13 | 95 |

续表

| 型　号 | 额定电压/V | 额定功率/kW | 额定电流/A | 满载时 | | | 转　子 | | 质量/kg |
|---|---|---|---|---|---|---|---|---|---|
| | | | | 效率/% | 功率因数 cosφ | 转速/(r/min) | 电压/V | 电流/A | |
| YR160M-4 | 380 | 7.5 | 15.7 | 87.5 | 0.83 | 1460 | 250 | 19.5 | 130 |
| YR160L-4 | | 11 | 22.5 | 89.5 | 0.83 | 1460 | 276 | 25 | 155 |
| YR180L-4 | | 15 | 30 | 89.5 | 0.85 | 1465 | 278 | 34 | 205 |
| YR200L1-4 | | 18.5 | 36.7 | 89 | 0.86 | 1465 | 247 | 47.5 | 265 |
| YR200L2-4 | 380 | 22 | 43.2 | 90 | 0.86 | 1465 | 293 | 47 | 290 |
| YR225M2-4 | | 30 | 57.6 | 91 | 0.87 | 1475 | 360 | 51.5 | 380 |
| YR250M1-4 | | 37 | 71.4 | 91.5 | 0.86 | 1480 | 289 | 79 | 440 |
| YR250M2-4 | | 45 | 85.9 | 91.5 | 0.87 | 1480 | 340 | 81 | 490 |
| YR280S-4 | 380 | 55 | 103.8 | 91.5 | 0.88 | 1480 | 485 | 70 | 670 |
| YR280M-4 | | 75 | 140 | 92.5 | 0.88 | 1480 | 354 | 128 | 800 |
| YR132S1-6 | | 1.5 | 4.17 | 78 | 0.7 | 955 | 180 | 5.9 | 60 |
| YR132S2-6 | | 2.2 | 5.96 | 80 | 0.7 | 955 | 200 | 7.5 | 70 |
| YR132M1-6 | 380 | 3 | 8.2 | 80.5 | 0.69 | 955 | 206 | 9.5 | 80 |
| YR132M2-6 | | 4 | 10.7 | 82 | 0.69 | 955 | 230 | 11 | 95 |
| YR160M-6 | | 5.5 | 13.4 | 84.5 | 0.74 | 970 | 244 | 14.5 | 135 |
| YRI60L-6 | | 7.5 | 17.9 | 86 | 0.74 | 970 | 266 | 18 | 155 |
| YR180L-6 | 380 | 11 | 23.6 | 87.5 | 0.81 | 975 | 310 | 22.5 | 205 |
| YR200L1-6 | | 15 | 31.8 | 88.5 | 0.81 | 975 | 198 | 48 | 280 |
| YR225M1-6 | | 18.5 | 38.3 | 88.5 | 0.83 | 980 | 187 | 62.5 | 335 |
| YR225M2-6 | | 22 | 45 | 89.5 | 0.83 | 980 | 224 | 61 | 365 |
| YR250M1-6 | 380 | 30 | 60.3 | 90 | 0.84 | 980 | 282 | 66 | 450 |
| YR250M2-6 | 380 | 37 | 73.9 | 90.5 | 0.84 | 980 | 331 | 69 | 490 |
| YR280S-6 | | 45 | 87.9 | 91.5 | 0.85 | 985 | 362 | 76 | 680 |
| YR280M-6 | | 55 | 106.9 | 92 | 0.85 | 985 | 423 | 80 | 730 |
| YR160M-8 | | 4 | 10.7 | 82.5 | 0.69 | 715 | 216 | 12 | 135 |
| YR160L-8 | 380 | 5.5 | 14.1 | 83 | 0.71 | 715 | 230 | 15.5 | 155 |
| YR180L-8 | | 7.5 | 18.4 | 85 | 0.73 | 725 | 255 | 19 | 190 |
| YR200L1-8 | | 11 | 26.6 | 86 | 0.73 | 725 | 152 | 46 | 280 |
| YR225M1-8 | | 15 | 34.5 | 88 | 0.75 | 735 | 169 | 56 | 265 |
| YH225M2-8 | 380380 | 18.5 | 42.1 | 89 | 0.75 | 735 | 211 | 54 | 390 |
| YR250M1-8 | | 22 | 48.1 | 89 | 0.78 | 735 | 210 | 65.5 | 450 |
| YR250M2-8 | | 30 | 66.1 | 89，5 | 0.77 | 735 | 270 | 69 | 500 |
| YR280S-8 | | 37 | 78.2 | 91 | 0.79 | 735 | 281 | 81.5 | 680 |
| YR280M-8 | 380 | 45 | 92.9 | 92 | 0.8 | 735 | 359 | 76 | 800 |

## 26. 电力电容器主要技术数据

| 型　号 | 额定电压/kV | 额定容量/kvar | 额定电容/μF | 电容器尺寸/mm | | | | | | | | 质量/kg |
|---|---|---|---|---|---|---|---|---|---|---|---|---|
| | | | | $L$ | $l_1$ | $l_2$ | $B$ | $h_1$ | $h_2$ | $H$ | $F$ | |
| BWF6.6/$\sqrt{3}$-50-1W | 6.6/$\sqrt{3}$ | 50 | 10.97 | 443 | 416 | 383 | 163 | 365 | 255 | 555 | 250 | 32 |
| BFF6.6/$\sqrt{3}$-50-1W | 6.6/$\sqrt{3}$ | 50 | 10.97 | 372 | 345 | 312 | 122 | 365 | 255 | 540 | 200 | 24 |
| BWF6.6/$\sqrt{3}$-100-1W | 6.6/$\sqrt{3}$ | 100 | 21.93 | 443 | 416 | 383 | 163 | 640 | 460 | 830 | 250 | 60 |
| BFF6.6/$\sqrt{3}$-100-1W | 6.6/$\sqrt{3}$ | 100 | 21.93 | 443 | 416 | 383 | 163 | 430 | 280 | 620 | 250 | 45 |

续表

| 型　号 | 额定电压/kV | 额定容量/kvar | 额定电容/μF | 电容器尺寸/mm | | | | | | | | 质量/kg |
|---|---|---|---|---|---|---|---|---|---|---|---|---|
| | | | | $L$ | $l_1$ | $l_2$ | $B$ | $h_1$ | $h_2$ | $H$ | $F$ | |
| BAM6.6/$\sqrt{3}$-100-1W | 6.6/$\sqrt{3}$ | 100 | 21.93 | 443 | 416 | 383 | 123 | 350 | 240 | 540 | 250 | 25 |
| BAM26.6/$\sqrt{3}$-100-1W | 6.6/$\sqrt{3}$ | 100 | 21.93 | 443 | 416 | 383 | 119 | 425 | 275 | 615 | 250 | 30 |
| BWF6.6/$\sqrt{3}$-200-1W | 6.6/$\sqrt{3}$ | 200 | 43.87 | 699 | 657 | 619 | 174 | 780 | 630 | 970 | 350 | 120 |
| BFF6.6/$\sqrt{3}$-200-1W | 6.6/$\sqrt{3}$ | 200 | 43.87 | 443 | 416 | 383 | 163 | 780 | 600 | 970 | 250 | 78 |
| BAM6.6/$\sqrt{3}$-200-1W | 6.6/$\sqrt{3}$ | 200 | 43.87 | 443 | 416 | 383 | 123 | 640 | 460 | 830 | 250 | 48 |
| BAM26.6/$\sqrt{3}$-200-1W | 6.6/$\sqrt{3}$ | 200 | 43.87 | 443 | 416 | 383 | 119 | 675 | 475 | 865 | 250 | 48 |
| BWF6.3-50-1W | 6.3 | 50 | 4.01 | 443 | 416 | 383 | 163 | 365 | 255 | 555 | 250 | 32 |
| BFF6.3-50-1W | 6.3 | 50 | 4.01 | 372 | 345 | 312 | 122 | 365 | 255 | 540 | 200 | 24 |
| BWF6.3-100-1W | 6.3 | 100 | 8.02 | 443 | 416 | 383 | 163 | 640 | 460 | 830 | 250 | 60 |
| BFF6.3-100-1W | 6.3 | 100 | 8.02 | 443 | 416 | 383 | 163 | 430 | 280 | 620 | 250 | 45 |
| BAM6.3-100-1W | 6.3 | 100 | 8.02 | 443 | 416 | 383 | 123 | 350 | 240 | 540 | 250 | 25 |
| BAM26.3-100-1W | 6.3 | 100 | 8.02 | 443 | 416 | 383 | 119 | 425 | 275 | 615 | 250 | 30 |
| BFF6.3-200-1W | 6.3 | 200 | 16.05 | 443 | 416 | 383 | 163 | 780 | 600 | 970 | 250 | 78 |
| BAM6.3-200-1W | 6.3 | 200 | 16.05 | 443 | 416 | 383 | 123 | 640 | 460 | 830 | 250 | 48 |
| BAM26.3-200-1W | 6.3 | 200 | 16.05 | 443 | 416 | 383 | 119 | 675 | 475 | 865 | 250 | 48 |
| BWF11$\sqrt{3}$-50-1W | 11/$\sqrt{3}$ | 50 | 3.95 | 443 | 416 | 383 | 163 | 365 | 255 | 605 | 250 | 32 |
| BFF11/$\sqrt{3}$-50-1W | 11/$\sqrt{3}$ | 50 | 3.95 | 372 | 345 | 312 | 122 | 365 | 255 | 570 | 200 | 24 |
| BWF11/$\sqrt{3}$-100-1W | 11/$\sqrt{3}$ | 100 | 7.90 | 443 | 416 | 383 | 163 | 640 | 460 | 880 | 250 | 60 |
| BFF11/$\sqrt{3}$-100-1W | 11/$\sqrt{3}$ | 100 | 7.90 | 443 | 416 | 383 | 163 | 430 | 280 | 680 | 250 | 45 |
| BAM11/$\sqrt{3}$-100-1W | 11/$\sqrt{3}$ | 100 | 7.90 | 443 | 416 | 383 | 123 | 350 | 240 | 600 | 250 | 25 |
| BAM211/$\sqrt{3}$-100-1W | 11/$\sqrt{3}$ | 100 | 7.90 | 443 | 416 | 383 | 119 | 425 | 275 | 675 | 250 | 30 |
| BWF11/$\sqrt{3}$-200-1W | 11/$\sqrt{3}$ | 200 | 15.79 | 699 | 657 | 619 | 174 | 760 | 610 | 1010 | 350 | 120 |
| BFF11/$\sqrt{3}$-200-1W | 11/$\sqrt{3}$ | 200 | 15.79 | 443 | 416 | 383 | 163 | 780 | 600 | 1030 | 250 | 78 |
| BAM11/$\sqrt{3}$-200-1W | 11/$\sqrt{3}$ | 200 | 15.79 | 443 | 416 | 383 | 123 | 640 | 460 | 890 | 250 | 48 |
| BAM211/$\sqrt{3}$-200-1W | 11/$\sqrt{3}$ | 200 | 15.79 | 443 | 416 | 383 | 119 | 675 | 475 | 925 | 250 | 48 |
| BFF10.5-50-1W | 10.5 | 50 | 1.44 | 372 | 345 | 312 | 122 | 365 | 255 | 570 | 200 | 24 |
| BWF10.5-100-1W | 10.5 | 100 | 2.89 | 443 | 416 | 383 | 163 | 640 | 460 | 880 | 250 | 60 |
| BFF10.5-100-1W | 10.5 | 100 | 2.89 | 443 | 416 | 383 | 163 | 430 | 280 | 680 | 250 | 45 |
| BAM10.5-100-1W | 10.5 | 100 | 2.89 | 443 | 416 | 383 | 123 | 350 | 240 | 600 | 250 | 25 |
| BAM210.5-100-1W | 10.5 | 100 | 2.89 | 443 | 416 | 383 | 119 | 425 | 275 | 665 | 250 | 30 |
| BFF10.5-200-1W | 10.5 | 200 | 5.78 | 443 | 416 | 383 | 163 | 780 | 600 | 1030 | 250 | 78 |
| BAM10.5-200-1W | 10.5 | 200 | 5.78 | 443 | 416 | 383 | 123 | 640 | 460 | 890 | 250 | 48 |
| BAM210.5-200-1W | 10.5 | 200 | 5.78 | 443 | 416 | 383 | 119 | 675 | 475 | 925 | 250 | 48 |
| BFF10.5-334-1W | 10.5 | 334 | 9.65 | 699 | 657 | 619 | 174 | 810 | 660 | 106C | 350 | 130 |
| BAM10.5-334-1W | 10.5 | 334 | 9.65 | 443 | 416 | 383 | 163 | 780 | 600 | 1030 | 250 | 72 |
| BAM210.5-334-1W | 10.5 | 334 | 9.65 | 525 | 498 | 465 | 154 | 675 | 475 | 925 | 300 | 70 |
| BWF11-50-1W | 11 | 50 | 1.32 | 443 | 416 | 383 | 163 | 365 | 255 | 605 | 250 | 32 |
| BFF11-50-1W | 11 | 50 | 1.32 | 372 | 345 | 312 | 122 | 365 | 255 | 570 | 200 | 24 |
| BWF11-100-1W | 11 | 100 | 2.63 | 443 | 416 | 383 | 163 | 640 | 460 | 880 | 250 | 60 |

续表

| 型 号 | 额定电压/kV | 额定容量/kvar | 额定电容/μF | 电容器尺寸/mm | | | | | | | | 质量/kg |
|---|---|---|---|---|---|---|---|---|---|---|---|---|
| | | | | $L$ | $l_1$ | $l_2$ | $B$ | $h_1$ | $h_2$ | $H$ | $F$ | |
| BFF11-100-1W | 11 | 100 | 2. 63 | 443 | 416 | 383 | 163 | 430 | 280 | 680 | 250 | 45 |
| BAM11-100-1W | 11 | 100 | 2. 63 | 443 | 416 | 383 | 123 | 350 | 240 | 600 | 250 | 25 |
| BAM211-100-1W | 11 | 100 | 2. 63 | 443 | 416 | 383 | 119 | 425 | 275 | 675 | 250 | 30 |
| BWF11-200-1W | 11 | 200 | 5. 26 | 699 | 657 | 619 | 174 | 760 | 610 | 1010 | 350 | 120 |
| BFF11-200-1W | 11 | 200 | 5. 26 | 443 | 416 | 383 | 163 | 780 | 600 | 1030 | 350 | 78 |
| BAM11-200-1W | 11 | 200 | 5. 26 | 443 | 416 | 383 | 123 | 640 | 460 | 890 | 250 | 48 |
| BAM211-200-1W | 11 | 200 | 5. 26 | 525 | 498 | 465 | 119 | 675 | 475 | 925 | 250 | 48 |
| BFF11-300-1W | 11 | 300 | 7. 90 | 699 | 657 | 619 | 174 | 760 | 610 | 1010 | 265 | 120 |
| BFF11-334-1W | 11 | 334 | 8. 79 | 699 | 657 | 619 | 174 | 845 | 695 | 1100 | 265 | 135 |
| BAM11-334-1W | 11 | 334 | 8. 79 | 443 | 416 | 383 | 163 | 780 | 600 | 1030 | 250 | 72 |
| BAM211-334-1W | 11 | 334 | 8. 79 | 5. 25 | 498 | 465 | 154 | 675 | 475 | 925 | 300 | 70 |
| BW12-50-1W | 12 | 50 | 1. 11 | 443 | 416 | 383 | 163 | 365 | 255 | 605 | 250 | 32 |
| BFF12-50-1W | 12 | 50 | 1. 11 | 372 | 345 | 312 | 122 | 365 | 255 | 570 | 200 | 24 |
| BWF12-100-1W | 12 | 100 | 2. 21 | 443 | 416 | 383 | 163 | 640 | 460 | 880 | 250 | 60 |
| BFF12-100-1W | 12 | 100 | 2. 21 | 443 | 416 | 383 | 163 | 430 | 280 | 680 | 250 | 45 |
| BAM12-100-1W | 12 | 100 | 2. 21 | 443 | 416 | 383 | 123 | 350 | 240 | 600 | 250 | 25 |
| BAM212-100-1W | 12 | 100 | 2. 21 | 443 | 416 | 383 | 119 | 425 | 275 | 675 | 250 | 30 |
| BWF12-200-1W | 12 | 200 | 4. 42 | 699 | 657 | 619 | 174 | 760 | 610 | 1010 | 265 | 120 |
| BFF12-200-1W | 12 | 200 | 4. 42 | 443 | 416 | 383 | 163 | 780 | 600 | 1030 | 250 | 78 |
| BAM12-200-1W | 12 | 200 | 4. 42 | 443 | 416 | 383 | 123 | 640 | 460 | 890 | 250 | 48 |
| BAM212-200-1W | 12 | 200 | 4. 42 | 443 | 416 | 383 | 119 | 675 | 475 | 925 | 250 | 48 |
| BFF12-300-1W | 12 | 300 | 6. 63 | 699 | 657 | 619 | 174 | 760 | 610 | 101。 | 265 | 120 |
| BFF12-334-1W | 12 | 334 | 7. 39 | 699 | 657 | 619 | 174 | 845 | 695 | 1100 | 265 | 135 |
| BAM12-334-1W | 12 | 334 | 7. 39 | 443 | 416 | 383 | 163 | 780 | 600 | 103C | 250 | 72 |
| BAM212-334-1W | 12 | 334 | 7. 39 | 525 | 498 | 465 | 154 | 675 | 475 | 925 | 300 | 70 |
| BFF19-334-1W | 19 | 334 | 2. 95 | 710 | 668 | 630 | 174 | 860 | 710 | 1200 | 275 | 135 |
| BAM19-334-1W | 19 | 334 | 2. 95 | 443 | 416 | 383 | 163 | 780 | 600 | 103C | 250 | 72 |
| BAM219-334-1W | 19 | 334 | 2. 95 | 525 | 498 | 465 | 154 | 675 | 475 | 925 | 300 | 70 |
| BFF11/2-200-1W | 11/2 | 200 | 21. 1 | 443 | 416 | 383 | 163 | 780 | 600 | 1030 | 250 | 78 |
| BAM11/2-200-1W | 11/2 | 200 | 21. 1 | 443 | 416 | 383 | 123 | 640 | 460 | 890 | 250 | 48 |
| BFF11/2-334-1W | 11/2 | 334 | 35. 16 | 699 | 657 | 619 | 174 | 810 | 660 | 1060 | 350 | 130 |
| BAM11/2-334-1W | 11/2 | 334 | 35. 16 | 443 | 416 | 383 | 163 | 780 | 600 | 103C | 250 | 72 |
| BWF16. 5/2V3-200-1W | 16. 5/2$\sqrt{2}$ | 200 | 28. 07 | 699 | 657 | 619 | 174 | 760 | 610 | 1010 | 265 | 120 |
| BFF11/$\sqrt{3}$-100-1GW | 11/$\sqrt{3}$ | 100 | 7. 90 | 443 | 420 | 383 | 163 | 420 | 295 | 670 | 250 | 50 |
| BAM11/$\sqrt{3}$-100-1GW | 11/$\sqrt{3}$ | 100 | 7. 90 | 443 | 420 | 383 | 123 | 350 | 230 | 600 | 250 | 30 |
| BAM11/$\sqrt{3}$-200-1GW | 11/$\sqrt{3}$ | 200 | 15. 79 | 443 | 420 | 383 | 123 | 640 | 420 | 890 | 250 | 55 |
| BAM11/$\sqrt{3}$-334-1GW | 11/$\sqrt{3}$ | 334 | 26. 37 | 443 | 420 | 383 | 163 | 780 | 580 | 1030 | 250 | 80 |
| BAM11/$\sqrt{3}$-150-1W | 11/$\sqrt{3}$ | 150 | 11. 83 | 423 | 397 | 363 | 163 | 435 | 285 | 685 | 220 | 42 |
| BWF6. 6-100-3W (Δ) | 6. 6 | 100 | 7. 31 | 683 | 657 | 619 | 174 | 365 | 255 | 555 | 230 | 60 |

续表

| 型　号 | 额定电压 /kV | 额定容量 /kvar | 额定电容 /μF | 电容器尺寸/mm | | | | | | | | 质量 /kg |
|---|---|---|---|---|---|---|---|---|---|---|---|---|
| | | | | $L$ | $l_1$ | $l_2$ | $B$ | $h_1$ | $h_2$ | $H$ | $F$ | |
| BWF6. 6-100-3W（Y） | 6. 6 | 100 | 21. 93 | 683 | 657 | 619 | 174 | 365 | 255 | 555 | 230 | 60 |
| BWF10. 5-100-3W（Δ） | 10. 5 | 100 | 2. 89 | 683 | 657 | 619 | 174 | 365 | 255 | 555 | 230 | 60 |
| BWF10. 5-100-3W（Y） | 10. 5 | 100 | 8. 67 | 683 | 657 | 619 | 174 | 365 | 255 | 615 | 230 | 60 |
| BWF11-100-3W（Δ） | 11 | 100 | 2. 63 | 683 | 657 | 619 | 174 | 365 | 255 | 615 | 230 | 60 |
| BW11-100-3W（Y） | 11 | 100 | 7. 90 | 683 | 657 | 619 | 174 | 365 | 255 | 615 | 230 | 60 |
| BWF10. 5-120-3W（Δ） | 10. 5 | 120 | 3. 47 | 683 | 657 | 619 | 174 | 440 | 360 | 690 | 230 | 72 |
| BWF10. 5-120-3W（Y） | 10. 5 | 120 | 10. 40 | 683 | 657 | 619 | 174 | 440 | 360 | 690 | 230 | 72 |
| BAM11-300-3W（Δ） | 11 | 300 | 7. 90 | 683 | 657 | 619 | 174 | 365 | 255 | 615 | 230 | 60 |
| BAM11-300-3W（Y） | 11 | 300 | 23. 69 | 683 | 657 | 619 | 174 | 365 | 255 | 615 | 230 | 60 |
| BW0. 4-12-1 | 0. 4 | 12 | 238. 73 | 372 | 345 | 312 | 123 | 340 | 230 | 420 | 200 | 22 |
| BW0. 4-15-1 | 0. 4 | 15 | 298. 42 | 442 | 415 | 383 | 123 | 340 | 230 | 420 | 200 | 23 |
| BW11/$\sqrt{3}$-12-1W | 11/$\sqrt{3}$ | 12 | 0. 95 | 372 | 345 | 312 | 123 | 365 | 255 | 570 | 200 | 23 |
| BWF6. 6/$\sqrt{3}$-30-1W | 6. 6/$\sqrt{3}$ | 30 | 6. 58 | 372 | 345 | 312 | 123 | 365 | 255 | 540 | 200 | 27 |
| BW6. 3-30-1W | 6. 3 | 30 | 2. 41 | 372 | 345 | 312 | 123 | 365 | 255 | 540 | 200 | 20 |
| BWF11/$\sqrt{3}$-30-1W | 11/$\sqrt{3}$ | 30 | 2. 38 | 372 | 345 | 312 | 123 | 365 | 255 | 570 | 200 | 20 |
| BW6. 6-30-1W | 6. 6 | 30 | 2. 19 | 372 | 345 | 312 | 123 | 365 | 255 | 540 | 200 | 20 |
| BWF10. 5-30-1W | 10. 5 | 30 | 0. 87 | 372 | 345 | 312 | 123 | 365 | 255 | 570 | 200 | 20 |
| BWF11-30-1W | 11 | 30 | 0. 79 | 372 | 34. 5 | 312 | 123 | 365 | 255 | 570 | 200 | 20 |